RECLAMS CHORMUSIK- UND ORATORIENFÜHRER

Reclams Chormusik- und Oratorienführer

VON WERNER OEHLMANN

FÜNFTE AUFLAGE

PHILIPP RECLAM JUN. STUTTGART

Universal-Bibliothek Nr. 10017

Printed in Germany 1987. Satz: Reclam, Ditzingen; Walter Rost, Stuttgart. Noten: Barbara Schaper, Kist; LoRo Seyffer, Nellingen-Esslingen.
Druck und Bindung: Reclam, Ditzingen
ISBN 3-15-010017-8

Inhalt

Vorwort

Ein Führer durch das weite Gebiet der Chormusik, der ein einigermaßen übersichtliches Bild des Ganzen geben will, muß sich in der Behandlung des Einzelnen auf eine Auswahl charakteristischer, beispielhafter Werke beschränken, die dem Leser ein Bild der gesamten Entwicklung vermitteln. Um dieses Gesamtbildes willen ist eine historisch-chronologische Form der Darstellung gewählt worden; in der historischen Folge sind die Werke nach Formtypen geordnet. Das Buch kann darum auch als eine Geschichte der Chormusik in Beispielen gelesen werden, und es mag durch diese Eigenschaft ersetzen, was es als reines Nachschlagewerk notwendig schuldig bleiben muß.

Die Auswahl mußte selbstverständlich die bedeutenden, anerkannten Meisterwerke aller Zeiten berücksichtigen, die ihren festen Platz im geistlichen und weltlichen Konzert haben. Sie durfte aber auch Werke von Wert heranziehen, die vielleicht zu Unrecht vernachlässigt werden und zu größerer Beachtung zu empfehlen sind, wie die geistlichen Kompositionen Cherubinis und Rossinis und die Oratorien Mendelssohns, Berlioz' und Liszts.

Das Oratorienschaffen Händels wurde vollständig behandelt, denn es scheint, daß es hier, wo jedes Stück von hohem künstlerischem Wert und unvergleichlicher Eigenart ist, für die moderne Aufführungspraxis noch manches zu entdecken gibt. Epochen, deren detaillierte Behandlung Sache einer Spezialbetrachtung wäre, wie die weltliche Chorkunst der Renaissance und das volkstümliche Chorlied der Romantik, sind zu kurzem Überblick zusammengefaßt. Wieweit die Auswahl dem Stoff und dem Bedürfnis des Lesers gerecht wird, muß die Erfahrung lehren. Ein Buch dieser Art ist niemals vollendet; wenn es lebendig ist, kann es wachsen und sich wandeln.

Einleitung

Chorgesang ist eine ursprüngliche Form gemeinsamen Musizierens. Wo Menschen das Bedürfnis haben, allgemeinem Erlebnis musikalischen Ausdruck zu geben, treten sie zum singenden Chor zusammen. Auf primitiver Stufe ist der Gesang selbstverständlich mit Instrumentalmusik und Tanz verbunden. Die rituellen Gesänge der Naturvölker und die getanzten, von Aulos und Kithara begleiteten Chöre der antiken griechischen Tragödie dienten demselben Zweck: sie wollten durch die Magie der künstlerischen Form das Walten göttlicher Übermächte bannen, sie wollten die Menschheit von der Last des tragischen Schicksals befreien; die Singenden verbanden sich durch das gleiche Erlebnis, die gleiche Beschwörung zur Gemeinschaft.

Die christliche Kultur gab der Musik als Sprache und Medium der überirdischen Welt neue Würde und Bedeutung. Singende und musizierende Engelchöre gehören zur ursprünglichen Vorstellung des christlichen Paradieses. In der Kirche war der Chorgesang von Anfang an ein elementarer Bestandteil des Gottesdienstes. Priester und Gemeinde traten einander im Psalmengesang in Gestalt von Chören gegenüber; Hymnus, Antiphon, Responsorium sind alte Formen chorischer Liturgik. Der Gesang der Priester wurde fixiert im Gregorianischen Choral, der im 7. und 8. Jahrhundert entstand: eine Sammlung einstimmiger Melodien für die gesamte Ordnung des katholischen Gottesdienstes, die älteste, noch heute unverändert gültige schöpferische Leistung des musikalischen Abendlandes. Der Gesang der Gemeinde erlebte – künstlerisch zum Chor ausgebildeter Sänger stilisiert – eine lange, ereignisreiche Entwicklung.

Diese Entwicklung begann in dem Augenblick, als das Prinzip des mehrstimmigen Musizierens gefunden worden war. Der Musiker, der zuerst den Gedanken hatte, zwei Stimmen zwei verschiedene Melodien zu gleicher Zeit singen zu lassen, ist der Entdecker einer neuen musikalischen Welt. Nicht nur der musikalische Raum, der ein Nebeneinander und Übereinander der Stimmen ermöglichte, war damit gefunden, die Beziehung der zugleich erklingenden Töne ergab neue musikalische Begriffe; die Gesetze der Harmonie, des wohllautenden Zusammenklangs wurden erprobt, die Möglichkeiten des Kontrapunkts, des Nebeneinanderlaufens selbständiger Stimmen, wurden errechnet. Die Musik als autonome, der Poesie und der Architektur gleichwertige Kunst war geboren. Auch diese Erfindung wurde nicht an einem Tage gemacht; die Musikgeschichte verzeichnet Vorformen des Singens in parallelen Oktaven und Quinten, die das Ohr an den Zusammenklang gewöhnten. Dennoch wird sie zwei Musikern vor allem zugeschrieben, den Meistern Leoninus und Perotinus, die zwischen 1150 und 1250 als Kapellmeister an der Kirche Notre-Dame in Paris wirkten und die als die Schöpfer dessen gelten dürfen, was als abendländische Musik in Jahrhunderten zu einem unermeßlichen Komplex von Phantasie, Formkraft und Erlebnisgehalt gewachsen ist.

Nun erst, da die Stimmen aus dem starren Zwang des Einklangs befreit waren, entwickelte sich der Chor zu einer kunstvoll organisierten Gemeinschaft der menschlichen Stimmgattungen, zum Instrument einer reichen, vielgestaltigen Kunst. Die frühen Jahrhunderte der mehrstimmigen Musik sind die große Epoche der Chormusik, die von der Gotik über die Renaissance bis in den Barock reicht. Das Ideal der Vierstimmigkeit, das den vier menschlichen Stimmgattungen Baß, Tenor, Alt, Sopran entspricht, wurde erst spät erreicht. Der polyphone Satz baute sich über der Grundstimme, dem meist in langen, ruhigen Noten fortschreitenden Tenor oder Cantus firmus auf; bei Leoninus ist es eine einzige Stimme, bei Perotinus sind es schon zwei oder drei, die ihn in schnellerer Bewegung kontrapunktieren. Perotinus schuf als Form geistlichen Chorgesangs die Motette; sie wurde von den Meistern des 13. und 14. Jahrhunderts weiter entwickelt. Guillaume de Machaut (1300/05–1377) schrieb die erste vollständige Messe; damit waren zwei Grundformen geistlicher Musik gegeben, die bis heute Geltung behielten. Die Meister der niederländischen Schule, die das 15. und 16. Jahrhundert ausfüllte, steigerten den melodischen Fluß und die Kantabilität des Satzes; sie entwickelten die Kunst der Stimmführung bis zur Künstelei, brachen die Vorherrschaft des Tenors und weckten das Gefühl für die Selbständigkeit und die Gleichberechtigung aller Stimmen. Als bedeutend sind zu nennen: aus der älteren Generation der kunstreiche, in großen Formen schaffende Johannes Ockeghem (um 1425 bis 1496/97), aus der mittleren Generation der ausdrucksvolle, italienischen Wohllaut pflegende Josquin des Prez (um 1440–1521), aus der jüngeren Generation der vielseitige, in geistlicher und weltlicher Komposition gleich erfahrene Orlando di Lasso (um 1532–1594), der Zeitgenosse des großen Vollenders der römischen Schule, Giovanni Pierluigi Palestrinas (um 1525–1594), dessen Schaffen einen absoluten, niemals überbotenen Höhepunkt der Musica sacra darstellt.

Neben der ernsten, großen Kunst der Kirchen hatte sich eine vielgestaltige weltliche Gesellschaftskunst entwickelt, die teils der höfischen Unterhaltung diente, teils, mit dem Aufstieg des Bürgertums, auf volkstümlicher Ebene ausgeübt wurde. Ihre Formen waren in Frankreich die Chanson, in Italien das Madrigal und die einfacheren Villanella und Frottola, in Deutschland das Lied, das im 16. Jahrhundert durch Meister wie Heinrich Isaac (um 1450–1517), Heinrich Finck (1444/45–1527), Ludwig Senfl (um 1486–1542/43) eine Blütezeit erlebt. Aus den Wurzeln der Gregorianik und des deutschen Liedes erwuchs nach Luthers Reformation von 1517 als Neuschöpfung der protestantische Choral, der sowohl als schlichter Gemeindegesang wie auch als Cantus firmus der späteren chorischen Kunstmusik überzeitliche Bedeutung erhielt. Diese ganze Epoche kannte noch nicht den Klang des aus Männer- und Frauenstimmen gleichmäßig gemischten Chores, der uns zum Normalklang geworden ist. Frauenstimmen waren selten beteiligt. Der Diskant wurde von Chorknaben, der Alt von falsettierenden Männern gesungen. Fast immer wurde der Chorklang durch mitgehende oder eine eigene Stimme spielende Instrumente koloriert; der Chorgesang des Mittelalters und der Renaissance ist ohne die reizvollen Klangfarben von Harfe und Laute, Fiedel und Gambe, Flöte, Zink, Posaune, Orgel und mancherlei Schlagzeug nicht zu denken.

Die schaffensmächtige, phantasiegewaltige Kunstzeit des Barock entwickelte neue Formen: das Oratorium, eine Form des geistlichen Konzerts, die in Rom aus musikalischen Betgottesdiensten hervorging und in den gewaltigen Chorepen Händels (1685–1759) gipfelte, und die Passion, die – eine musikalische Ausschmückung der Evangelienlesungen der Karwoche – in rein chorischer Form oder als Wechselgesang von Solosängern und Chor musiziert und später durch einen begleitenden Orchesterpart und durch eingelegte lyrische Soloarien bereichert wurde. Auch die neue liturgische Form der Kantate führte die Mittel der Oper, Rezitativ und Arie, in die Kirche ein und verband sie mit der überlieferten Praxis chorischer Polyphonie. Zwischen Heinrich Schütz (1585 bis 1672), dem Schöpfer freier, von Klang und Harmonie bestimmter chorischer Formen, und Johann Sebastian Bach (1685–1750), dem Vollender und Zusammenfasser alter musikalischer Traditionen, liegt eine reiche und vielgestaltige Epoche des kirchlichen Kantoreigesangs, dem eine ebenso lebendige weltliche Musikübung in den Formen des Madrigals und des Liedes gegenübersteht.

In der Zeit der Aufklärung, deren künstlerische Leistung die Klassik ist, trat die Musik aus den alten religiösen Bindungen heraus und öffnete sich neuen, weltlichen Impulsen. Das bedeutet nicht, daß sie ihre ursprüngliche geistliche Eigenschaft und Fähigkeit eingebüßt hätte. Die Messen Haydns (1732–1809) und Mozarts (1756–1791) sind reine geistliche Musik, Beethovens (1770–1827) „Missa solemnis" steht gleichwertig neben den großartigsten Kirchenwerken des Barock; Bruckners (1824–1896) Messe-Vertonungen sind absolute Höhepunkte der Musica sacra. Daneben aber entfaltete sich die weltlich-bürgerliche Musik zu neuer, reicher Blüte. Joseph Haydn schuf mit dem Naturgemälde der „Jahreszeiten" den Typus des weltlichen Oratoriums und gab damit der bürgerlichen Chorkultur eine feste künstlerische Grundlage. Schumann (1810–1856), Berlioz (1803–1869) und andere folgten ihm mit Vertonungen dichterischer Stoffe, die dem Chor seine Stelle im öffentlichen Konzertleben sicherten. Die Romantik suchte den Quell des Volksliedes wieder zu erschließen. Weber (1786–1826), Silcher (1789–1860), Schubert (1797 bis 1828) schufen Liedsätze von volkstümlichem Klang, aus der ursprünglich mit Einzelsängern besetzten geselligen „Liedertafel" Zelters (1758–1832) entwickelten sich die für das 19. Jahrhundert charakteristischen, noch heute lebendigen Männergesangvereine, die eine besondere Gattung des mehrstimmigen Volks- und Kunstliedes pflegten.

Das 20. Jahrhundert brachte, nach einer vorübergehenden, durch den Verfall der romantischen Musikformen hervorgerufenen Krise, eine Erneuerung des Chorgesanges und der Chormusik, die von der Jugendbewegung Fritz Jödes (1887–1970) und seiner Mitarbeiter ausging. Das Lied wurde entromantisiert, von

Sentimentalität befreit, das neue Melos wurde dem Vorbild barocker Linearität nachgeformt und in „offenen Singstunden“ in die Öffentlichkeit getragen; viele bedeutende Komponisten, unter ihnen Paul Hindemith (1895–1963), widmeten sich dieser volkstümlichen Gemeinschaftskunst, die den Grund einer neuen, jungen musikalischen Kultur legen wollte. In unmittelbarer Verbindung mit dieser Bewegung vollzog sich die Erneuerung der Kirchenmusik, die zu den großen musikalischen Leistungen des Jahrhunderts zählt. In der Bindung an den Cantus firmus des Chorals, in Anlehnung an die polyphone Kunst der Vergangenheit, aber in der Freiheit eines neuen Klang-, Harmonie- und Formgefühls entstand in den Werken Johann Nepomuk Davids (geboren 1895), Ernst Peppings (geboren 1901), Hugo Distlers (1908–1942) eine sakrale Musik, die der der Renaissance an formaler Qualität und geistlichem Ernst ebenbürtig ist. Daß der Chor als Stimme der Gemeinschaft im Zeitalter der Massen auch in der großen Kunstmusik sein Recht behauptete, ist selbstverständlich. Carl Orffs (geboren 1895) Liedkantaten stehen zwischen Volks-, Konzert- und Theatermusik. Arnold Schönberg (1874 bis 1951), Igor Strawinsky (1882–1971), Paul Hindemith, Luigi Dallapiccola (1904–1975), Olivier Messiaen (geboren 1908) haben wesentliche Werke für Chor geschaffen und die Sänger an die schweren intonationstechnischen Anforderungen der modernen Tonsprache gewöhnt. Sosehr sich aber die musikalischen Mittel in Jahrhunderten verändert und kompliziert haben: noch immer sind die alten Formen früher vokaler Musizierpraxis – Motette, Madrigal und Lied – lebendig, noch immer ist der Chor der Menschenstimmen das ursprünglichste, einfachste und natürlichste Instrument der sakralen und der humanen Musik.

VON DER GOTIK BIS ZUM ENDE DES BAROCK

Die Messe

Die Messe, das „Hochamt", ist die zentrale liturgische Form des katholischen Gottesdienstes. Sie begleitet die Feier des Opfers, die sie mit Anrufung, Lobpreisung und Bekenntnis vorbereitet und mit der Bitte um göttlichen Frieden beschließt. Das Ordinarium, der feststehende, in jedem Gottesdienst zelebrierte Teil der Messe, umfaßt fünf Teile. Das *Kyrie* ist ein einleitendes Gebet zu Gott und Christus. Das *Gloria*, ursprünglich ein Morgenhymnus, ist ein hymnischer Lobgesang. Das *Credo*, das Glaubensbekenntnis, der längste und textreichste Teil, wurde erst spät in das Ordinarium eingefügt; in der Komposition bildet es durch Ausdehnung und Bilderfülle meist den Schwerpunkt. Das *Sanctus* ist der von Jesajas überlieferte Gesang der Engel vor Gott, dem Benedictus und Osanna – die Rufe, die bei Jesu Einzug in Jerusalem erklangen – folgen. Am Ende steht das *Agnus Dei*, dessen dritte Anrufung „Dona nobis pacem" von den Komponisten oft als selbständiger Teil ausgeführt wird. Dazu kommen die Sätze des Propriums, *Introitus*, *Graduale*, *Alleluja*, *Tractus*, *Sequenz*, *Offertorium*, *Communio*.

Das Meß-Ordinarium, das die Essenz des christlichen Kultes enthält, wurde zu einem begehrten Textvorwurf der Komponisten, die Messe zu einer musikalischen Form, die aus der Kirche in den Konzertsaal überging; der alte Text, zwar seinem ursprünglichen liturgischen Zweck entfremdet, verwandelte sich in ein dichterisches Symbol, das in immer neuer Auseinandersetzung mit immer veränderten künstlerischen Mitteln musikalisch geschmückt und gedeutet wurde.

Die große Zeit der Vokalmesse, die sich etwa mit der kulturgeschichtlichen Epoche der Renaissance deckt, kann hier nur durch wenige ausgewählte Beispiele anschaulich gemacht werden. Die Produktion war überreich, die Werke der Meister wurden durch Drucke und Abschriften in allen europäischen Musikländern verbreitet und waren im Besitz der Sängerkapellen aller großen Dome und Kathedralen. Josquin des Prez hat über dreißig, Orlando di Lasso über fünfzig, Palestrina hundert Messen geschrieben. In allen Kompositionen dieser Epoche – mochten sie ihren Cantus firmus der Gregorianik entnehmen, mochten sie nach dem Brauch der Zeit weltliche Weisen und Volkslieder verarbeiten, mochten sie ganz aus der freien Erfindung der Meister geschaffen sein – lebt der Geist einer reinen, im steten Dienst der Kirche entwickelten Frömmigkeit, die ruhige Lyrik eines tiefen, weltliche Regungen ausschließenden Gefühls, wie sie von der Kunst späterer, säkularisierter Zeiten nicht wieder erreicht wurden.

GUILLAUME DE MACHAUT (1300/05–1377), der Meister der französischen Ars nova, ist der erste Komponist, der eine vollständige Vertonung des Messe-Ordinariums hinterlassen hat; sie wurde um 1364, vielleicht zur Krönungsfeier Karls V. in Reims, geschrieben und unter dem Namen der „Messe von Nostre Dame“ überliefert; eine um einige Jahre ältere, anonyme Handschrift, die „Messe von Tournai“, ist eine Zusammenstellung von Einzelsätzen verschiedener Autoren. Machauts großartiges Alterswerk besteht aus sechs vierstimmigen, stilistisch verschiedenartigen Sätzen. Kyrie, Sanctus und Agnus sind in der Form der isorhythmischen Motette gehalten; die Stimmen werden selbständig geführt, die Wiederkehr gleicher rhythmischer Strukturen bei veränderter Intervallfolge bildet das innere Band des Satzes. Von hoher Feierlichkeit ist der dreimalige, weitausschwingende Sanctus-Ruf (Zitat auf S. 17), von schlichter Innigkeit das Agnus Dei, dem die kurze Formel „Ite, missa est“ als Abgesang des kolorierten

Diskants über ruhenden Unterstimmen folgt. Gloria und Credo, die wortreichen Teile des Messetextes, greifen auf die einfachere Form der Conductus-Motette zurück, die die Stimmen in annähernd gleicher Bewegung zusammenführt und jedes musikalische Ausschweifen in freie Melismen vermeidet; offenbar wollte der Komponist mit Rücksicht auf die liturgische Bestimmung der Komposition dem Wort den Vorrang lassen und ein Sichausbreiten der Musik ins Uferlose vermeiden.

GUILLAUME DUFAY (um 1400–1474), ein Jahrhundert jünger als Machaut, franko-flämischer Abstammung, wird als der älteste Meister der niederländischen Schule betrachtet; stilistisch steht er noch auf der Grenze der gotischen Musik: sein Chorsatz wirkt konstruktiv, nicht von Wortsinn und Ausdruck, sondern von abstrakt-musikalischen Gesetzen bestimmt. Die Mehrstimmigkeit ist ein durchaus melodisches Geschehen. Die einzelne Stimme, ihr freier, natürlicher Fluß und ihr Spannungsverhältnis zu den Nebenstimmen macht die ästhetische Wirkung aus, die Harmonik bleibt von latenter Bedeutung. Hermann Kretzschmar spricht von den terzlosen Akkordschlüssen, deren geschlechtslose Natur den Eindruck einer erhabenen Gottesverehrung erwecke; mag dieser Eindruck auch von unserem modernen Musikgefühl in die alte Musik hineingetragen sein, so trifft die Bemerkung doch ein wesentliches Erlebnis, das uns im Umgang mit Schöpfungen früher Kunst immer wieder berührt; Einfachheit wirkt als Geistigkeit, die noch nicht durch die Berührung mit der Materie entstellt ist. Von den sieben erhaltenen Messen Dufays fesselt am stärksten diejenige, der seine eigene Ballade „Se la face ay pale (Wenn mein

Gesicht bleich ist)“ als Tenor zugrunde liegt; eine schön geschwungene, den Raum einer Septime ausfüllende Melodie, aus der die Thematik der fünf Sätze entwickelt ist:

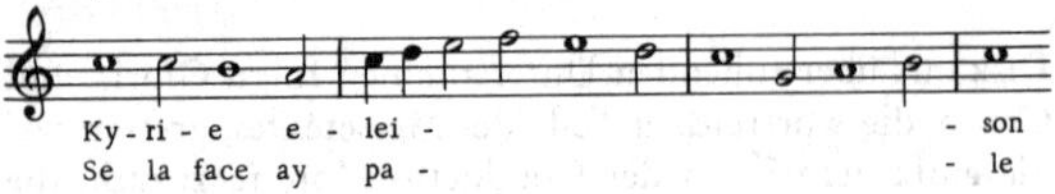

JOHANNES OCKEGHEM (um 1425–1496/97), von der älteren Musikwissenschaft als Meister ausgeklügelter Satzkünsteleien gefeiert, erscheint heute mehr als ein früher Mystiker der Musik, dem die Kunst des musikalischen Satzes Symbol göttlicher Ordnung bedeutete. Gerade er hat die Musik aus den Fesseln des gotischen Konstruktivismus befreit; seine schöpferische Kraft zeigt sich im freien, großen Fluß seines Melos, der das gesamte Stimmengewebe durchflutet und die Formen zu weiten Dimensionen dehnt. Bei ihm zuerst wird das Wort zum zeugenden Element der Komposition; deklamatorische Motive werden imitierend verarbeitet, der Textinhalt beginnt sich im Tonsatz zu spiegeln. Unter den elf erhaltenen Messen Ockeghems sind die über die Chansons „Serviteur“ und „Ma maistresse“ bekannt; ein Zeugnis seiner Kunstfertigkeit ist eine „Missa cuiuslibet toni“, die sich in verschiedenen Kirchentonarten singen läßt; eine sechsunddreißigstimmige kanonische Messe, die zu seiner Zeit als kompositorisches Wunderwerk berühmt war, ging verloren. Zweifellos sind es gerade die einfacheren Kompositionen Ockeghems, die noch heute durch ihren Gehalt an lebendiger, natürlicher Musik fesseln. Von hoher, ernster Schönheit ist eine fünfstimmige, nur bis zum Schluß des Credo geführte „Missa sine nomine“ (eine Messe, der keine bestimmte Melodie zugrunde liegt) durch den wohlberechneten Kontrast der einzelnen Sätze. Das Kyrie (Notenbeispiel auf S. 19) ist nur ein kurzer Auftakt, aber ein Satz von gedrängter kontrapunktischer Dichte und weicher, dunkler Klang-

fülle. Das „Gloria“ entwickelt sich in ruhigem lyrischem Fluß aus dem liturgischen Text. Die Anreden „Domine Deus“, „Jesu Christe“, „Agnus Dei“ sind jeweils deklamatorisch hervorgehoben, die Stelle „Suscipe deprecationem nostram“ wird in gleichmäßigem syllabischem Psalmodieren aller Stimmen wie ein eindringliches Gebet vorgetragen, die Schlußformel „In gloria Dei patris“ strahlt im Glanz breit gehaltener Akkorde. Im Credo singt der Tenor die Worte des Glaubensbekenntnisses in gleichförmiger, auf wenigen Tönen ruhender Deklamation, die nur ein einziges Mal den Tonraum einer Quarte überschreitet; er gibt damit das feste liturgische Gerüst, um das sich die übrigen Stimmen in vielfach durchbrochenem Satz, nur Bruchstücke des Textes aufgreifend, herumranken.

JOSQUIN DES PREZ (um 1440–1521) hat zu allen Zeiten den Ruhm eines begnadeten Genius der Musik genossen. Martin Luthers Lobspruch ist bekannt: „Josquin ist der Noten Meister; die habens müssen machen, wie er gewollt.“ Später hat man ihn mit Raffael, dem Meister der reinen malerischen Schönheit, dann wieder mit Schubert, dem allmächtigen Melodiker, verglichen; immer war es das Ursprüngliche, naturhaft Einfache, was die Hörer für seine Kunst gewann. Bei Josquin gibt es nichts Starres, Errechnetes mehr, alles ist melodischer Fluß, freie, wohllautende Erfindung, alles ist Ausdruck menschlichen Gefühls oder sakraler Feierlichkeit. Zeitgenossen sahen in ihm den Anreger der „Musica riservata“, einer geheimen, den Kennern vorbehaltenen Musik. Aber diese Musica riservata, die Musik der lebendigen Affekte, der ausgelassenen Freude und der tiefen, dunklen Trauer, der stürmischen Leidenschaft und der stillen, resignierenden Überwindung, eine echte Schöpfung der Renaissance, wurde zum Vorbild der allgemeingültigen humanen Musik der Jahrhunderte vom Barock bis zur Romantik, und so ist Josquin des Prez der erste Meister der Musik, der unsere Sprache spricht, der ohne historisierende Vorbehalte unmittelbar verständlich ist. Mehr als dreißig Messen Josquins, meist über Chansons, Volkslieder oder fixierte Tonsymbole (etwa die Notenfolge la sol fa re mi) gesetzt, sind überliefert; als sein Meisterwerk gilt, neben der Messe über das vielbearbeitete Lied „L'homme armé", die vierstimmige Messe über den liturgischen Hymnus „Pange lingua (Erklinge, Zunge)". Jeder Satz der breit angelegten, von thematischer Phantasie überquellenden Komposition beginnt mit dem Hymnus, dessen Teile weiterhin in den einzelnen Sätzen verarbeitet werden; der phrygische Cantus firmus wird als freies Melos in die moderne ionische Tonart eingeschmolzen.

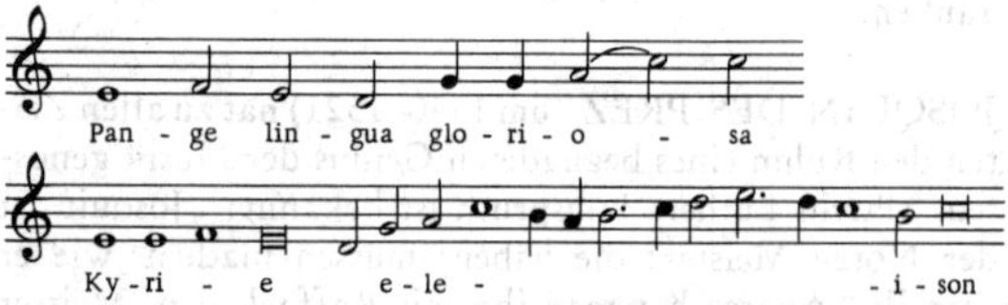

Charakteristisch ist der durchbrochene, pausenreiche Satz, der oft hohe und tiefe Stimmen paarweise gekoppelt miteinander abwechseln läßt, so daß ein farbiges Klangbild entsteht; ganze Sätze wie „Pleni sunt coeli" und „Benedictus" sind nur zweistimmig gehalten. Der Anschein der Freiheit und Kunstlosigkeit herrscht überall, volkstümliche Melodiewendungen, symmetrisch-liedhafte Perioden drängen sich ein. So wird das Gloria zu einem heiteren, in zwanglosem Wechsel der Stimmen hinströmenden Lobgesang. Ein Meisterwerk für sich ist das Credo, das sich langsam aus schlichter Zweistimmigkeit zu vollem Klang entwickelt. Die Mystik des „Et incarnatus est“ wird in geradezu romantischer Weise durch eine feierliche Folge ruhender Dreiklänge versinnbildlicht. Auf den akkordisch schweren Grabgesang „passus et sepultus est“ folgt die frohe Botschaft „Et resurrexit“ in kraftvollen kanonischen Einsätzen der Männerstimmen, ein Kontrast, der bis in die Gegenwart immer wieder nachgeahmt worden ist.

GIOVANNI PIERLUIGI DA PALESTRINA (um 1525–1594), das Haupt der römischen Schule des 16. Jahrhunderts, ist zum klassischen Meister der katholischen Kirchenmusik überhaupt geworden. Vieles kommt zusammen, seiner Musik diese überragende Stellung zu sichern. Palestrina steht am Ende der Entwicklung, die die Mittel der Musik zu voller Freiheit ausgebildet hatte; der ganze Reichtum der polyphonen Künste und geläuterten harmonischen Zusammenklänge, den die Jahrhunderte vor ihm erworben und gesammelt hatten, stand ihm unbeschränkt zur Verfügung. Er hatte nur die letzte, alles überhöhende Synthese zu schaffen, und gerade der vollkommene Ausgleich der melodischen und der harmonischen Kräfte ist es, der in seiner Musik den Eindruck der hohen, abgeklärten Schönheit hervorruft; jede Stimme ist Bestandteil einer reinen, leuchtenden Harmonie, jede Harmonie ist Begegnung bewegter, frei schwebender Stimmen. Dazu lebte Palestrina zur Zeit der Gegenreformation, in der sich das religiöse Leben vertiefte und die höchsten und edelsten Forderungen an den Meister der Musica sacra gestellt wurden; die Wechselwirkung zwischen seiner Kunst und den Reformbestrebungen des Tridentiner Konzils ist bekannt. Er verbrachte ein langes Leben im Dienste der Kirche in Rom, dem Zentrum christlicher Kultur; der reine religiöse Geist, der alles Weltlich-Vergängliche ausschließt, ist die Kraft, die seine Musik hat die Zeiten überdauern lassen.

Die künstlerische Entwicklung Palestrinas wird in zehn Schaffensperioden eingeteilt, in die sein Werk sich stilistisch gliedert. Aus der Fülle seiner hundert Messen sind zwei Meisterwerke zu nennen, die der siebenten und der neunten Stilperiode, also seiner Reifezeit angehören. Die Missa Papae Marcelli, 1562 vollendet, ist nicht nur historisch bedeutsam. Die Legende berichtet, daß Palestrina durch diese schlichte, tief religiöse Komposition den Widerstand der Kardinäle auf dem Tridentiner Konzil gegen die Figuralmusik überwunden und damit die mehrstimmige Kirchenmusik vor dem Verbot bewahrt habe. Die Musikwissenschaft hat die Legende nicht bestätigt, aber auch nicht unbedingt widerlegt. Die Auftragskomposition, die die Sinnesänderung des Konzils herbeiführte, ist 1561 von dem flämischen Komponisten Jacobus de Kerle (1531/32–1591) geschrieben worden. Andererseits hat man festgestellt, daß in der Thematik von Palestrinas Marcellus-Messe das beliebte, vielzitierte Lied „L'homme armé" enthalten ist, daß das Werk also, wenn auch verschleiert, gerade den Typus der weltlichen Parodiemesse darstellt, den das Konzil verpönte. Das alles schließt die Möglichkeit nicht aus, daß auch Palestrinas Marcellus-Messe für das Konzil komponiert wurde, oder daß sie mittelbar auf die Beschlüsse des Konzils eingewirkt hat. Vielleicht wollte Palestrina zeigen, daß man auch mit Verwendung weltlicher Melodien geistliche Musik machen konnte. Wirklich ist es der Stil strenger, wortbestimmter Schlichtheit, der den Rang des sechsstimmigen Werkes ausmacht. Es gibt kein freies Ausschwingen der Melodie, keinen ekstatischen Aufschwung, kein Ausmalen von Stimmungen. Die Sorge des Komponisten gilt einzig der Verdeutlichung des Wortes, das den Duktus der Stimmen bestimmt; er legt seiner Phantasie Zügel an, um nur durch die Kraft und Klarheit eines liturgischen Stils zu wirken. Schon der Anfang des Kyrie läßt erkennen, wie sich die Einzelstimmen bei Palestrina sogleich zum harmonischen Ganzen binden:

Das Gloria ist klar nach dem Worttext gegliedert, Lobpreisungen und Bitten um Erbarmen reihen sich in gedrängten Sätzen aneinander, nur im abschließenden „Amen“ wird dem Tenor ein melodischer Aufschwung gegönnt:

Das Credo behält den deklamatorischen Stil bei, im „Crucifixus“ wird der Chorsatz zur Vierstimmigkeit reduziert. Dem reicher gesetzten, sechsstimmigen Sanctus und dem akkordisch feierlichen Osanna folgt ein zartes, nur von hohen Stimmen gesungenes Benedictus, in den siebenstimmigen Satz des zweiten Agnus Dei ist ein dreifacher Kanon eingearbeitet.

Reicher in der Erfindung, poetischer in ihrem Stimmungsgehalt ist die ebenfalls sechsstimmige Messe über die Antiphone Assumpta est. Im Jahre 1585 aufgeführt, gehört sie einer Schaffenszeit an, der man lebhaften Ausdruck, durchsichtigen Satz und glanzvolle Klangwirkung nachrühmt; ihr dürfte überhaupt der Preis unter den Messen des römischen Meisters zukommen. Das Kyrie (Notenbeispiel auf S. 24) bezaubert durch Zartheit des Stimmengeflechts und Heiterkeit des Ausdrucks. Das Gloria schreitet feierlich im steten Wechsel hoher und tiefer Stimmgruppen, die Bitten

„Miserere“ haben den Ton schlichter, herzlicher Frömmigkeit. Das Credo setzt ein mit einfacher syllabischer Deklamation. Der Vorgang „descendit de coelo“ wird durch eine absteigende Tonleiter des Soprans illustriert, die Menschwerdung in einem liedhaften akkordischen Satz berichtet. Ein Intermezzo von seraphischem Klang ist der vierstimmige Satz der Soprane und Alte, der die Kreuzigung und Auferstehung enthält; niemals sonst sind Leiden und Triumph des Heilands mit so naiver Innigkeit besungen worden. Der Schluß „Et in spiritum sanctum“ entfaltet ebenso wie das folgende Sanctus den ganzen Glanz des sechsstimmigen Chores, das Agnus Dei ist ruhiger, milder Abgesang eines Werkes, das zu den schönsten und vollkommensten seiner Gattung zählt.

Das folgende Jahrhundert konnte diesem Höhepunkt nichts Gleichwertiges gegenüberstellen. Schon Palestrinas großer, ungemein vielseitiger Zeitgenosse Orlando di Lasso läßt auf dem Gebiete der Messe-Komposition nicht den Willen zu religiösem Ernst, wohl aber den zur großen, zeremoniellen Form vermissen; er bevorzugt die kurze, aus liedhaft-lyrischen Sätzen zusammengesetzte Gebrauchsmesse, und Jüngere wie Leonhard Lechner und

Hans Leo Hassler sind ihm hierin gefolgt. Im protestantischen Deutschland verschwand die Messe aus dem Gottesdienst, das Generalbaß-Zeitalter löste die A-cappella-Kultur ab; zum Chor gesellten sich, nicht als Verstärkung, sondern als selbständiges, kontrastierendes Element, die Instrumente, die Kultur des Orchesters verband sich, angeregt durch das Vorbild der Oper, mit der des Chores.

JOHANN SEBASTIAN BACH (1685–1750), der protestantische Thomaskantor, hat eine Vertonung des Messetextes geschaffen, die alles, was frühere Epochen an musikalisch-sakraler Pracht geschaffen hatten, zusammenfaßt und überbietet. Der Anlaß zur Komposition war äußerlicher Art: Bach schickte Kyrie und Gloria im Jahre 1733 seinem katholischen Landesherrn in Dresden, um damit den Titel eines Hofkomponisten zu erwerben. Da er aber in den folgenden fünf Jahren das angefangene Werk, teilweise unter Benutzung älterer Kompositionen, zu Ende führte und dazu noch vier andere, weniger bedeutende Messevertonungen in Angriff nahm, ist es sicher, daß die Auseinandersetzung mit dem altüberlieferten Text des katholischen Hochamts seinem allumfassenden religiösen Gefühl ein inneres Bedürfnis war; und wirklich ist das Nebeneinander traditioneller und moderner, katholisch-großartiger und evangelisch-inniger Züge Zeugnis für seinen bewußten Versuch, das Wesen beider Konfessionen in ein christlich-allgemeingültiges Werk zusammenzufassen.

Bachs h-Moll-Messe geht durch ihre außerordentlich breite Anlage – sie besteht aus vierundzwanzig Musikstücken – weit über das Maß einer liturgischen Komposition hinaus. Auch im Konzertsaal stellt sie an Ausführende und Hörer fast übermäßige Ansprüche. Wie andere Spätwerke Bachs scheint sie nicht im Hinblick auf reale Aufführbarkeit komponiert zu sein; der Aufwand an polyphoner Kunst, die Überfülle der musikalischen Gedanken, die jeden Satz des Textes breit ausführen, die Erhabenheit und Eindringlichkeit der Tonsprache haben etwas Phantastisch-Ausschweifendes, das den Rahmen barocker Gebrauchsmusik sprengt. Fünfzehn Chorsätzen stehen neun Solostücke, Arien und Duette gegenüber. Die Orchesterbesetzung ist reich und farbig; zu den Streichern treten Flöten, Oboen, Oboen d'amore, Fagotte, Horn, drei Trompeten, Pauken und Orgel. Die Einteilung in die fünf Hauptstücke der Meßhandlung ist gewahrt und sollte auch in der Aufführung deutlich gemacht werden. Die Tonalität schwankt zwischen h-Moll, der Anfangstonart, und D-Dur, der Schlußtonart; das Ausschöpfen beider Bereiche ergibt nicht nur einen erstaunlichen harmonischen Reichtum, sondern auch eine packende Varietät des Ausdrucks.

Die erste Abteilung besteht aus drei Stücken; zwei Chorsätze „Kyrie eleison" schließen ein Duett zweier Soprane „Christe eleison" ein. Das erste Kyrie, eine fünfstimmige Fuge, wird immer zu den Wundern großer Musik gezählt werden. Ein viertaktiger Adagio-Vorspruch geht voran, ein mächtiger akkordischer Chorruf nach dem Herrn, dem der zweite Sopran das Band einer schmiegsamen melodischen Linie einflicht. Dann setzt in den Flöten und Oboen das herrliche, von flehender Inbrunst erfüllte Kyrie-Thema ein, das von den Tenören aufgegriffen und an die übrigen Stimmen, zuletzt an den Baß, weitergegeben wird:

Die erste Durchführung der Fuge führt über eine Ausweichung nach cis-Moll in die Dominante fis-Moll. Dann setzt nach kurzem Orchesterzwischenspiel die fugierte Entwicklung von neuem ein. Dieses Mal intoniert der Baß das Thema, das danach über Tenor und Alt in die Soprane aufsteigt; genau der ersten Durchführung entsprechend, aber nun im harmonischen Raum der Tonica verharrend, geht das gewaltige, vom Ton einer allgemeinen Menschheitsklage erfüllte Stück mit einem aufstrahlenden H-Dur-Dreiklang zu Ende. Auf das intime D-Dur-Duett „Christe eleison", das zwei Sopranstimmen zur Begleitung der Violinen in Terzen und Sexten zusammenführt oder imitierend abwechseln läßt, folgt das zweite Kyrie, ein Satz in archaischem Stil, wie ihn Bach in dieser Messe noch einige Male verwendet. Das fis-Moll-Thema, dem die phrygische Sekunde g den Ausdruck demütiger Bitte gibt, wird über ruhig schreitendem

Baß mit dem Pathos wachsender Zuversicht durchgeführt; der abschließende, harmonisch wohlvorbereitete Fis-Dur-Dreiklang wirkt wie ein Symbol errungener Glaubensgewißheit.

Gehört das Kyrie in seinen Rahmensätzen der h-Moll-Sphäre an, so steht das Gloria, das mit scharfem harmonischem Kontrast einsetzt, in klarem D-Dur, dem die Mollregion als Ausweichung untergeordnet ist; mit acht Musiknummern erreicht der Teil an Ausdehnung das nachfolgende Credo. „Gloria in excelsis" ist ein fünfstimmiger, von drei Trompeten begleiteter Jubelchor in lebhaftem Dreiachteltakt. Ein wundervoller, weihnachtliche Pastoralstimmung atmender Kontrast ist die Stelle „Et in terra pax", deren sanftes Melos von Flöten und Oboen schalmeiengleich begleitet wird; um langhinrollende Koloraturen verlängert, wird es zum Thema einer prächtigen Fuge:

Auf die von der Solovioline mit zierlichen Ornamenten begleitete Arie des zweiten Soprans „Laudamus te“ folgt das „Gratias“ als archaisch streng gesetzter, vierstimmiger Chor, der am Schluß der Messe als „Dona nobis pacem“ wiederkehrt:

Dem Duett „Domine Deus“, das die Einheit von Vater und Sohn („Domine fili unigenite“) durch kanonische Verschränkung von Sopran und Tenor ausdrückt, folgt unmittelbar der Chorsatz „Qui tollis peccata mundi“, der wieder in der Haupttonart h-Moll einsetzt; dank seiner ausdrucksvollen, kanonisch ineinander verschlungenen Melodik zählt der Satz zu den ergreifendsten Eingebungen der Partitur. Die Stimmung der Alt-Arie „Qui sedes ad dextram Patris“ ist durch die Worte „miserere nobis“ gegeben; die Baß-Arie „Quoniam tu solus sanctus“, die von einem Horn und zwei Fagotten kraftvoll begleitet wird, ist durch einen Zug majestätischer Feierlichkeit charakterisiert. Sie geht unmittelbar über in den Chor „Cum sancto spiritu“. Nach einer hymnischen, akkordisch klangvollen Introduktion setzt mit einem fanfarenartigen Thema eine Fuge ein, in der die Phantasie des Komponisten sich an Steigerungen und jubelnden, vielstimmig gekoppelten Koloraturen nicht genugtun kann; die erste Durchführung endet in h-Moll, die zweite, längere, in glänzendem D-Dur.

Die gregorianische Intonation

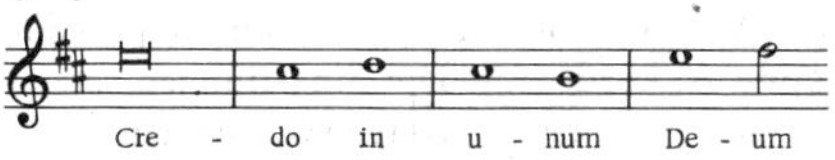

hat Bach zu einem fünfstimmigen Chorsatz über gleichmäßig ab- und aufwärtsschreitenden Bässen verarbeitet, der wie ein Motto über der folgenden Abteilung steht. Das A-Dur dieser Introduktion wird von dem kraftvoll bewegten Chor „Patrem omnipotentem“ aufgenommen und nach D-Dur geführt; schon der tonal ungewöhnliche Beginn weist auf die harmonischen Spannungen hin, die das Credo in sich vereinigt. In dem Duett „Et in unum Dominum“ wird wieder die Einheit von Vater und Sohn durch eine einzige, von Sopran und Alt als Kanon im Abstand einer Viertelnote gesungene Melodie versinnbildlicht. Auch die harmonische Ausweichung des G-Dur-Stückes nach Es-Dur, c- und g-Moll bei den Worten „descendit de coelis“ dürfte symbolisch als Eintritt in das Erdendunkel zu verstehen sein. Die zwei folgenden Chöre, „Incarnatus“ und „Crucifixus“, haben mystischen Klang. Der erste, in h-Moll, fesselt vor allem durch die in gebundenen Halbtönen abwärtssinkende Begleitfigur der Violinen; Albert Schweitzer deutet sie dahin, daß der himmlische Geist über der Welt schwebe und sich nach einem Wesen sehne, in das er eingehen könne. Von noch geheimnisvollerer Wirkung ist das „Crucifixus“, eine der erschütterndsten Totenklagen um den Heiland, die die Kunst überhaupt aufweist. Ein ostinates, chromatisch absteigendes Baßmotiv, der Kantate „Weinen, klagen“ entnommen, ist das starre Fundament des Satzes:

Darüber führen Violinen und Flöten impressionistisch hingetupfte Akkorde aus. Die Singstimmen setzen nacheinander mit seufzenden Klagemotiven ein und finden sich erst allmählich zu gebundenem Satz zusammen. Zwölfmal erklingt das starre Baßthema in unerbittlicher Monotonie und kehrt, in jedem vierten Takt kadenzierend, unentwegt nach e-Moll zurück. Beim dreizehnten Male wendet es sich plötzlich nach G-Dur, der Satz verklingt, keineswegs aufhellend, sondern gleichsam ins Leere, Unbetretbare entweichend, in tiefster Lage der Stimmen wie eine mystische Grabmusik. In die Stille hinein klingt, vom vollen Orchester getragen, der Ruf

und es entwickelt sich ein D-Dur-Satz von geradezu ausgelassener Fröhlichkeit, der sich nicht zur strengen Fuge verdichtet, sondern im Ton einer volkstümlichen Festmusik verharrt. Die jauchzende Triolenfigur des Themas wird immer wieder zitiert, ausschweifende Koloraturen steigern den Jubel. Eine pittoreske, zwielichtige Episode ist das krause, in die Mollsphäre umschlagende Solo der Chorbässe „Et iterum venturus est", das vom Gericht über Lebende und Tote spricht; aber der Sturm der chorischen Begeisterung vertreibt die Schatten, und das Nachspiel der Flöten, Oboen und Violinen, zu denen Trompeten und Bässe später hinzutreten, bestätigt die Stimmung eines musikalischen Volksfestes, das den Sieg über den Tod und die allgemeine, alle angehende Entsühnung der Menschheit feiert. Auf die exaltiert freudige Baß-Arie „Et in spiritum sanctum“ folgt als Abschluß des Credo ein zweiteiliger Chorsatz, der als Dokument eines dramatisierenden, der Zeit vorauseilenden Ausdruckswillens auffällt. „Confiteor unum baptisma in remissionem peccatorum“ wird von den imitierend einsetzenden Stimmen als schwer schreitender fünfstimmiger Chorsatz in düsterem fis-Moll gesungen. Die alte gregorianische Intonation des Textes ist versteckt als Kanon von Baß und Alt in den Satz eingeflochten. Die

Stelle „Et expecto resurrectionem mortuorum“ wird von Bach gleichsam in zwiefacher Beleuchtung gegeben, einmal vom menschlichen Standpunkt mit dem Ausdruck tiefer Todestrauer, sodann ihrem geistlichen Sinne nach als Triumph des ewigen Lebens. Mit der Tempovorschrift „Adagio“ bleiben die Stimmen auf gehaltenen Noten liegen, der Satz gerät in ein unheimliches, weit entfernte Klänge berührendes chromatisches Gleiten, gleichsam in eine Auflösung, deren tonaler Schwerpunkt d-Moll immer wieder verschleiert wird. Dann bricht, mit der Wiederholung des Textes, der Auferstehungsjubel im Allegro mit D-Dur-Fanfaren der Trompeten aus, die Chorstimmen übernehmen die primitiven Dreiklangsbrechungen der Trompeten

und verbinden sie mit einem in gleichmäßigen Achteln hinfließenden Steigerungsmotiv, um die frohe Gewißheit des ewigen Lebens zu feiern.

Das Sanctus imponiert durch feierliche Klangfülle, die durch fließende Triolenkoloraturen der nach Fauxbourdon-Art in Sextakkorden verbundenen Stimmen erzielt wird:

Die majestätische Wirkung des Satzes beruht auf der Baßstimme, die in gleichmäßigen, ruhigen Vierteln gewaltige Tonräume durchschreitet; es ist, als stimme das All von den Grundfesten der Erde bis zur Höhe des Himmels in den Ruf „Heilig" ein. „Pleni sunt coeli" und „Osanna" sind brillante fugierte D-Dur-Sätze in feurig bewegtem Dreiachteltakt, die die Stimmung des Sanctus ins Ekstatische steigern. Seltsamerweise läßt Bach in den folgenden Stücken, die das Zentrum des Meß-Mysteriums sind, den Chor schweigen. Das Benedictus ist eine Tenor-Arie von milder Schönheit, gleichsam ein pietistisch gesehenes Christusbild; zum letzten Male klingt hier die Grundtonart h-Moll an, die allerdings durch das g-Moll der folgenden Alt-Arie „Agnus Dei" energisch widerrufen wird. Diese Arie, die übrigens der Kantate Nr. 11 „Lobet Gott in seinen Reichen" entnommen ist, zählt wegen ihrer ergreifenden Ausdruckskraft zu den berühmtesten Stücken der Messe; man mag sie als stilles Gebet einer trauernden, um Erbarmen flehenden Seele deuten, die kultische Feier wird hier fast zum Individual-Erlebnis. Die Bitte um Frieden ist wieder dem Chor zugeteilt; derselbe archaisch feierliche, aus der Kantate Nr. 29 „Wir danken dir" stammende D-Dur-Satz, der das „Gratias" trug, schließt die Messe in großem kirchlichem Stile ab.

Sequenz und Hymne

Eine Sonderart der Messe ist die Missa pro defunctis, die Totenmesse. Sie unterscheidet sich textlich beträchtlich von der Missa de tempore. Dem Kyrie geht der Introitus *Requiem aeternam dona eis domine* voraus, nach dem die ganze Messe volkstümlich **Requiem** genannt wird. Gloria und Credo sind ausgeschieden, als Graduale und Offertorium erscheinen die Sequenz *Dies irae* (der Name Sequenz bezeichnet eine dichterisch und musikalisch frei ausschwingende Einfügung in das Ordinarium der Messe) und die Hymne *Domine Jesu Christe*. Vor allen anderen Stücken hat die Dies-irae-Sequenz, die dem Dichter Thomas a Celano (1250) zugeschrieben wird und erst verhältnismäßig spät in den Text der Totenmesse aufgenommen wurde, die Requiem-Komposition bestimmt und Anlaß zu vielen düsteren Tonbildern von den Schrecken des Jüngsten Gerichts gegeben. Diese dramatisch-phantastische Deutung der liturgischen Dichtung setzt aber erst in der Zeit der Klassik und Romantik ein. Auch die Musiker früherer Jahrhunderte haben Totenmessen komponiert; da es ihnen aber nicht um die Schauder der Todesangst, sondern um kirchliche Feierlichkeit zu tun war, konnte sich die Totenmesse noch nicht als charakteristische musikalische Form, als eine Art von geistlichem „Nachtstück" herausbilden. Johannes Ockeghem schrieb sein eigenes Requiem, das zu seiner Bestattung gesungen wurde. Palestrina und Lasso haben Totenmessen, noch mit Auslassung der Dies-irae-Sequenz, komponiert, Antonio Lotti (1666–1740), Francesco Durante (1684–1755), Niccolò Jommelli (1714 bis 1774) pflegten das instrumental begleitete Requiem, das von Mozart in die Region der großen Musik erhoben wurde.

Unter den Sequenzen hat das **Stabat mater**, das früher

dem Dichter Jacoponus de Benedictis aus Todi (um 1300) zugeschrieben wurde, besondere Bedeutung gewonnen. Die Klage um Maria, die unter dem Kreuze der Passion ihres Sohnes Jesus zusieht, gehört als Verherrlichung leidender Mutterliebe zu den menschlich ergreifendsten Stücken kirchlicher Dichtung, und dieser menschliche Gehalt, zusammen mit dem aller Mariendichtung innewohnenden poetischen Zauber, hat Musiker und Hörer von jeher angezogen und gefesselt. Nächst dem seinerzeit hochberühmten Stabat mater Josquins ist die zweichörige Komposition PALESTRINAS unter den wertvollsten Vertonungen des Textes zu nennen. Auffällig ist, daß Palestrina sich in diesem Werk – wohl angeregt durch den menschlich-einfachen Gehalt der Dichtung und auf volkstümlich-unmittelbare Wirkung bedacht – überwiegend homophoner Schreibweise bedient, so daß die Schönheit der Harmoniefolgen den Reiz des Stückes ausmacht. Der akkordische Anfang ist charakteristisch für den Ablauf des Ganzen:

Ein harmonisches Motiv von schmerzlicher Ausdruckskraft, einer ungemein weiträumigen D-Tonalität zugehörig; die erste D-Dur-Kadenz kommt erst am Strophenschluß „Pertransivit gladius". Das Weben und Fließen der Harmonien ist von einer reinen, frommen Phantasie bewegt; bei der Stelle „Eia mater, fons amoris" sinkt die Komposition in gebethafte Einfachheit zurück, die Worte „Virgo virginum praeclara" leuchten in baßlosen, ätherischen Akkorden, der ganze Schluß von dem großartigen achtstimmigen F-Dur-Einsatz „Fac ut portem Christi mortem" an atmet verklärte, aus Trauer und Paradiesesfreude gemischte Stimmung. Der Chor ist in zwei vierstimmige Halbchöre geteilt, die miteinander abwechseln und an Höhepunkten zu achtstimmigem Vollklang zusammentreten.

Zwei „Stabat-mater“-Vertonungen des 18. Jahrhunderts haben lange Zeit hohe Schätzung genossen. Des Italieners EMANUELE D'ASTORGA (1680–1757 oder 1755) Stabat mater für vierstimmigen Chor und Streichorchester ist heute fast vergessen; zu Unrecht, denn es handelt sich um ein ernstes und kunstreiches Werk, das durch herben und klagenden Ausdruck des Leidens ebenso ergreift, wie es durch kirchliche Feierlichkeit zu erheben vermag. Noch mehr verdient das Stabat mater GIOVANNI BATTISTA PERGOLESIS (1710–1736) Beachtung, das letzte Werk des genialen, frühvollendeten Komponisten, der die melodische Ausdruckskraft der Klassik um mehr als ein Menschenalter vorweggenommen hat. Die Besetzung – Sopran, Alt und Streichorchester – entspricht der Zartheit und Intimität der Mariendichtung; die einzelnen Stücke sind unter zweistimmigem Frauenchor und Solistinnen aufzuteilen. Der Vorwurf kam dem elegischen Naturell des Komponisten entgegen; die Einheit der Stimmung, die Wehmut, die sich zuweilen zu erhabenem Ernst steigert, entsprechen völlig dem Inhalt der Dichtung. Der Anfang mit seinen schmerzlichen, sich überschneidenden Dissonanzen, mit dem ruhigen Bogen der sich ineinander verschlingenden Melodien, die von einer gleichmäßigen Achtelbewegung des Instrumentalbasses getragen werden, prägt sich jedem Hörer unvergeßlich ein:

Von gleicher, ergreifender Wirkung sind die schlichten, durch Chromatik und dissonante Stimmführung fesselnden Chorsätze „O quam tristis“ und „Quis est homo“, Höhepunkt ist das großartige, harmonisch reiche Chor-Duo „Sancta mater, istud agas“; Expression und Pathos der Opernmelodie werden hier in den Dienst des religiösen Erlebens gestellt. Zweimal, in dem Chor „Fac ut ardeat cor meum“ und im abschließenden „Amen“ deutet sich polyphoner Satz an; im übrigen beruht gerade auf der reinen, kontrapunktische Gelehrsamkeit ausschließenden Naivität der unvergleichliche Reiz des Werkes.

Auch das **Magnificat** ist ein Bestandteil des Marienkultes. Sein Text ist, ebenso wie der Lobgesang des Simeon, unmittelbar der Bibel, dem Lukas-Evangelium entnommen; er enthält die Lobpreisung der Jungfrau Maria, der der Engel die Geburt ihres Sohnes Jesus angekündigt hat. Zu den Musikern, die den Hymnus vertont haben, zählen Dufay, Orlando di Lasso, Palestrina, Senfl, Hassler, Schütz; wieder, wie im Fall der Messe, trägt JOHANN SEBASTIAN BACHS Vertonung den Stempel der Endgültigkeit. Bach hat das Magnificat für die Weihnachtsvesper des Jahres 1723 komponiert; damals stand das Werk in Es-Dur und enthielt als Einlagen die Choräle „Vom Himmel hoch“, „Freut euch und jubiliert“ und das Lied „Virga Jesse floruit“. In der zweiten, um 1730 angefertigten Fassung, die heute verwendet wird, ist das ganze Stück nach D-Dur transponiert, die Choral- und Liedsätze sind gestrichen. Ein Teil der Wirkung des Werkes beruht in der bei Bach ungewöhnlichen Kürze und Prägnanz der Chorsätze; Jubel und Begeisterung sind in geringen Zeitraum zusammengedrängt und zu äußerster Intensität verdichtet. Der Anfangschor bricht herein wie ein Rausch der Freude; die Instrumentalsinfonie, besetzt mit Streichern, Flöten, Oboen, Fagotten, Trompeten, Pauken und Orgel, fließt in ununterbrochener Sechzehntelbewegung dahin, die Chorstimmen nehmen die Sechzehntel als jauchzende Koloraturen auf oder werfen die Worte „Magnificat anima mea" in scharfer rhythmischer Skandierung in das brausende Tonmeer. Die Mezzosopran-Arie „Et exultavit spiritus meus" steht in dem bei Bach als Ausdruck der Freude typischen Dreiachteltakt, die Sopran-Arie „Quia respexit humilitatem ancillae suae", ein Adagio in mildem h-Moll, wird beherrscht von einem bezaubernden Motiv der Demut, das die Singstimme von der Oboe d'amore übernimmt. Der Solosopran schließt mitten im Satz mit den Worten „beatam me dicent"; „Omnes generationes" fällt der Chor in majestätischem Allegro, in dichtem polyphonem Satz über gewaltig stürmenden Bässen ein, als wolle die ganze Menschheit die Seligpreisung bestätigen. Die Dramatik wird durch den Schluß des Satzes noch gesteigert. In fünfstimmigem kanonischem Einsatz steigt das Thema vom Baß bis in den Sopran auf, mit einem Dominantnonenakkord auf Cis reißt die Musik im Fortissimo ab; dann intoniert der Chor aufs neue in geheimnisvollem Adagio-Pianissimo die Worte „Omnes generationes" und führt den Satz in rascher, großer Steigerung in fis-Moll zu Ende. Nach einer Baß-Arie und einem Duett für Alt und Tenor setzt der Chor mit den Worten „Fecit potentiam" mit grandiosen Dreiklangsmotiven und prächtigen Koloraturen wieder ein. Auch hier wird die Dramatik durch einen Absturz der Stimmen bei „dispersit superbos mente cordis sui" auf die Spitze getrieben, das Verderben der Hoffärtigen schildert erschreckend eine Folge dreier scharf dissonanter, fortissimo gesungener Akkorde (übermäßiger Dreiklang, großer Septakkord, verminderter Septakkord):

Eine Tenor-Arie macht die Erniedrigung der Gewaltigen und die Erhöhung der Niedrigen mit drastischer Tonsymbolik deutlich, der Solo-Alt singt von der Güte des Herrn, der die Hungrigen mit Gütern füllt. „Suscepit Israel puerum suum" ist ein schlichtes, ruhig fließendes Terzett der weiblichen Solostimmen, im Klang der zarten Poesie des Marienhymnus angemessen. Der Chor „Sicut locutus est" gibt dem Wort des Herrn die Würde lapidarer Thematik:

Das nachfolgende Gloria, nur neunzehn Takte lang, stellt akkordische Chorrufe und triolische, fünfstimmig ineinander verschlungene Melismen zu wahrhaft ekstatischer Wirkung einander gegenüber; die Schlußformel „Sicut erat in principio et nunc et semper in saecula saecolorum" wird von der Thematik des Anfangschores bestritten, so daß sich der Hymnus mit zwingender Konsequenz zum Ganzen rundet.

Der Ambrosianische Lobgesang **Te Deum laudamus** hat unter den Hymnendichtungen der Kirche besondere Volkstümlichkeit erworben, weil er als Lob- und Dankgesang oft zu festlichen Gelegenheiten von öffentlicher Bedeutung gesungen wurde; während die Dichtung, deren ekstatische Diktion und naive Bildhaftigkeit Bewunderung verdienen, früher dem heiligen Ambrosius, Bischof von Mailand (333–397), zugeschrieben wurde, glaubt man heute, daß der um 340 geborene heilige Nicetas sie nach älteren Vorbildern redigiert hat. Lange Zeit hat sich die Kirche auf die gregorianische Fassung des Tedeum beschränkt; erst gegen Ende der Renaissance wurde es zum Gegenstand der Figuralmusik. In deutscher Übersetzung haben das Tedeum Hassler, Praetorius, Schein, Demantius, in englischer Byrd, Gibbons, Purcell vertont;

hier knüpfte GEORG FRIEDRICH HÄNDEL (1685 bis 1759) an, der die Werke seiner englischen Vorgänger aus der kirchlichen Musikübung verdrängte. Händel hat den Tedeum-Text fünfmal komponiert; zwei Vertonungen gewannen – sei es durch musikalische Qualität, sei es durch großen politischen Anlaß – besondere Bedeutung.

Das Utrechter Tedeum, 1713 zur Feier des Friedens von Utrecht, der den spanischen Erbfolgekrieg beendete, komponiert, ist eine kirchliche Festmusik von glänzender Wirkung, mit hochbarocker Satz- und Instrumentationskunst gearbeitet; zum Chor treten fünf Solostimmen, das Orchester ist mit Streichinstrumenten, Trompeten, Oboen und Fagotten besetzt. Der feierliche, von den Singstimmen mit choralhafter Würde in D-Dur intonierte Anfangssatz „Herr Gott dich loben wir" wird von den Instrumenten mit einer rauschenden fugierten Sinfonie begleitet. Er findet seine Fortsetzung in einem Allegro „Alle Welt bringt Ehre dir", das zwei gegensätzliche Themen nach Art einer Doppelfuge koppelt:

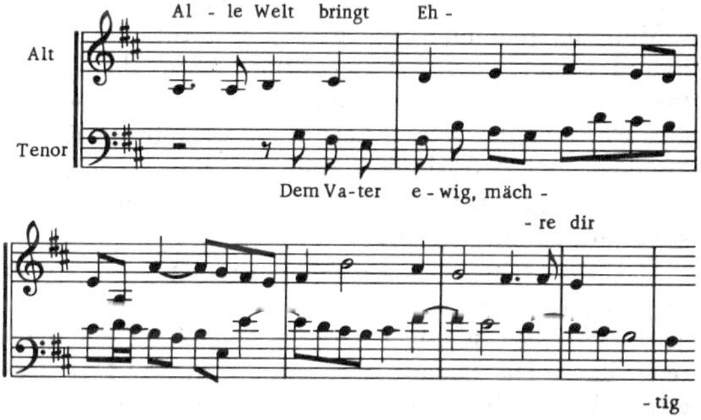

Die Solostimmen singen zu schweren punktierten Rhythmen „Dich preisen alle Engel laut". In gewaltigen Akkorden von fünfstimmigem Chor und Orchester erklingt der Ruf „Heilig Herre Zebaoth". Apostel, Propheten und Märtyrer werden von den Solostimmen charakterisiert, zur Versinnbildlichung der heiligen Kirche setzt der Chor wieder ein. In unvermitteltem F-Dur, schlicht melodisiert, mit aufwärtsdrängenden Achtelläufen verziert, folgt der Satz „Du bist der Ehrenkönig“, in dessen Mitte, ebenso unvermittelt nach d-Moll rückend, zwei langgehaltene Christus-Rufe stehen. In ernstem d-Moll, nach einem zeremoniellen Orchester-Ritornell, gedenken die Solostimmen der Menschwerdung und Passion Christi; der Chor fällt in hellem C-Dur mit dem Preise der Erlösung ein und bekräftigt die Tonart durch einen lapidaren Fugensatz „Du sitzt zur Rechten an Gottes Thron in der Herrlichkeit des Vaters“. Die Bitte um ein mildes Gericht wird von Solisten und Chor gemeinschaftlich in zagendem g-Moll vorgetragen. Ein Höhepunkt festlicher Freude ist der trompetenbegleitete Doppelchor „Tag für Tag wir beten dich an“, der von einer nur neunzehn Takte langen Doppelfuge gekrönt wird. Ein letzter Halt vor dem Schluß ist das Miserere „Sei gnädig, Herr“, ein ausdrucksvoll flehendes Adagio in h-Moll; dann nimmt der Schlußchor „Auf dich, Herr, hab ich gehoffet, laß mich ewig bei dir leben“ die Grundtonart und die frohe, festliche Grundstimmung wieder auf. Der Reiz des Werkes liegt in der scheinbaren Kunstlosigkeit und Natürlichkeit, mit der eine lange Reihe kurzer, prägnanter Sätze und Tonbilder zum Ganzen zusammengeschlossen sind.

Das Dettinger Tedeum, dreißig Jahre später im Jahre 1743 zur Feier des englischen Sieges bei Dettingen geschrieben, überbietet das frühere Werk an äußerem Glanz. Die Haupttonart ist auch hier D-Dur. Der erste Chor beginnt mit triumphierenden Fanfaren-Motiven des Orchesters, dem Trompeten und Pauken Kraft und Elan geben. Der Chor setzt mit gehaltenen Akkorden in gewaltiger Klangfülle ein: „Herr Gott, dir sei Lob, Herr Gott, dir sei Dank.“ Bei den Worten „O Gott, wir preisen dich" springt im Alt ein flüssiges Legato-Thema auf, dessen weiterer Entwicklung jedoch immer wieder von lapidaren Chorrufen Einhalt geboten wird. Das Klangbild bleibt pastos, wie mit breitem Pinsel gemalt; die rauschenden Sechzehntelfiguren der Violinen und Oboen geben Leben und Bewegung. Das folgende Stück, „Alle Welt verehret dich", beginnt nach graziösem Orchester-Präludium verhalten in durchbrochenem Chorsatz und steigert sich allmählich zu großer Schlußwirkung. „Dir singt der Engel reiner Chor" ist ein Largo, in dem der melodieführende Sopran mit einer schlichten, refrainartigen Phrase der Männerstimmen abwechselt. Das Sanctus wird von jubelnden Trompeten eingeleitet; von wunderbarer Wirkung ist, wie erst der Alt, dann der Sopran den Ruf „Heilig" als liegende Stimme aus dem froh bewegten Chorsatz und über ihn hinaushebt; ein machtvoller akkordischer Schluß preist Gottes Majestät. Aus dem folgenden ruhigen G-Dur-Satz bricht plötzlich in strahlendem H-Dur das Bekenntnis zum „Vater unermeßlicher Herrlichkeit" auf. Der Solobaß, der einzige Solist der Partitur, stimmt in langgezogenen Melismen die Lobpreisung Christi an, die der Chor aufnimmt, und feiert in einer schlichten, ruhigen Arie das Menschenlos des Gottessohnes. Der Chor besingt in fünfstimmigem, figurenreichem Satz die Erlösungstat des Heilands. In den folgenden Partien verzichtet Händel auf alle äußerlichen Effekte. „Du sitzest zur Rechten des Herrn in der Herrlichkeit des Vaters" wird von einem dreistimmigen Chor ohne Soprane, gleichsam aus dem menschlichen Aspekt der Demut gesungen. Das Gericht wird vom drohenden Glanz der Trompeten angekündigt; um so verhaltener klingt die Bitte „Hilf den Deinen", ein ruhiger g-Moll-Satz, der in einen Nachsatz der in Terzen singenden Frauenstimmen wie in ein kindliches Gebet ausklingt. Gebetsstimmung, ruhige Ergebenheit atmet auch der schöne, harmonisch reiche Chor „Nimm uns auf in deiner Heiligen Zahl". Der Satz „Tag für Tag sei Dank und Lob dir" ist auch in dieser Komposition der Höhepunkt: ein D-Dur-Chor von volkstümlichem Klang, in der Faktur dem Anfangschor ähnlich, beschlossen durch eine weit ausgreifende Fuge, die am Ende Stimmen und Instrumente zu gewaltigen Klangballungen massiert. Dann folgt, höchst ungewöhnlich, ein ruhiger Epilog. Die Bitte um Erbarmen ist dem Solisten zugeteilt; „Herr, auf dich steht mein Hoffen" singt der Chor im Tone ruhigen Vertrauens, das sich am Schluß, mit den Worten „Laß mich nicht zu Schanden werden", zum dreimaligen Bekenntnis fester Zuversicht steigert.

Zu den Hymnen im weiteren, nicht liturgischen Sinne zählen auch Händels **Anthems,** Kompositionen von Psalmentexten in Kantatenform. Zehn dieser Hymnen hat Händel als Kapellmeister des Herzogs von Chandos in den Jahren 1716 bis 1718 für den gottesdienstlichen Gebrauch geschrieben, vier weitere, die „Krönungs-Anthems", entstanden 1727 zur Krönung Georgs II. in Westminster. Alle diese bedeutenden Kompositionen haben sich nicht von ihrem Entstehungsanlaß loslösen können, haben in der Nachwelt keine Popularität erworben.

Anders steht es mit der Trauerhymne, die Händel im Jahre 1737 auf den Tod der Königin Karoline schrieb. Sie verbreitete den Ruhm Händels außerhalb Englands, der Historiker Charles Burney (1726–1814) hat sie geradezu für Händels bestes Werk erklärt. Die schlichte, durch Gefühlsunmittelbarkeit ergreifende Komposition, deren Text zum großen Teil aus Psalm-Zitaten besteht, hat den Wert eines Requiems auf menschliche Vergänglichkeit. Die kurze, von Händel erst später hinzugefügte Ouvertüre, die die Grundtonart g-Moll anschlägt, ist die Andeutung eines Trauermarsches. Stockend beginnt der erste Chor „Die Wege Zions trauern", der, an den Choral „Herr Jesu Christ, du höchstes Gut" anklingend, sich erst allmählich zum gebundenen Satz zusammenfügt. Zu den zerrissenen Rhythmen des Chores „Wie sank die Macht dahin“ steht die elegische Lyrik der vierstimmigen Fuge „Sie legte an Gerechtigkeit“ in schönem Kontrast. In der Folge der Trauerchöre entfaltet sich die unerschöpfliche Phantasie des Komponisten. Das Solistenquartett verspricht der Entschlafenen „eine köstliche Krone aus des Herren Hand“, der Schlußchor verbindet schwere Trauermarschrhythmen mit choralhaft einfacher Melodik und verklingt mit einem in die Tiefe hinabsinkenden Orchesternachspiel, das sich im Todesdunkel zu verlieren scheint.

Die Motette

Lange bevor die Messe und andere liturgische Texte Gegenstand der musikalischen Komposition wurden, hatte sich die Form freien religiösen Musizierens herausgebildet, die während des ganzen Zeitalters der Vokalmusik beherrschende Bedeutung hatte und die Gedankenfülle vieler schaffensmächtiger Komponistengenerationen in sich aufnahm: die **Motette.** Der Name Motette ist abgeleitet vom französischen „mot", Wort (die Herleitung von motus, Bewegung, hat man heute fallenlassen) und bezeichnet ein wortbestimmtes chorisches Gesangstück. Motetus hieß ursprünglich, in der Frühzeit der Mehrstimmigkeit, jene Stimme, die der tiefen Grundstimme, dem Ténor (auf der ersten Silbe betont), als nächsthöhere, bewegtere Gegenstimme hinzugefügt wurde; die dritte, noch höhere Stimme, die Oberstimme des dreistimmigen Satzes, hieß Triplum. Von der einen Stimme ging der Name Motetus auf die ganze dreistimmige, später auch vier- und mehrstimmige Komposition über. Die Motette, die älteste Form mehrstimmigen Musizierens, hat eine lange Entwicklung durchgemacht. Die drei- und vierstimmigen Organa des Perotinus, des jüngeren Meisters von Notre-Dame, vorzüglich die berühmten Sätze „Viderunt omnes fines" und „Sederunt principes", dürfen als ihre Vorläufer gelten. Hier sind die Stimmen fest an den starren gregorianischen Cantus firmus gebunden, den sie ornamental in einfachen Naturklängen umspielen. Die Motette der Ars antiqua des 13. Jahrhunderts entwickelt schon die Selbständigkeit der Stimmen, die über dem in langen Notenwerten fortschreitenden Tenor verschiedene Texte in verschiedenen Sprachen in verschiedenartiger Bewegung singen. Die Ars-nova-Motette des 14. Jahrhunderts, die vor allem durch Guillaume de Machaut vertreten ist, behält die Mehrsprachigkeit der Texte und die Bindung an den Cantus firmus bei; ihr bestimmendes Formprinzip ist die Isorhythmik, die Wiederholung gleicher rhythmischer Strukturen bei Veränderung der Tonhöhen. Erst bei den niederländischen Meistern entwickelt sich die Form zu voller Freiheit. Die Stimmen sind gleichberechtigt, nicht mehr einem Cantus firmus untergeordnet, sie gewinnen melodisches Eigenleben und verschmelzen zum harmonischen Satz. Die Form ergibt sich aus der Reihung einander folgender thematischer Episoden, der Wortinhalt bestimmt Ausdruck und Charakter der Musik. Eine unabsehbare Reihe höchst produktiver Meister hat der Motette ihre besten Kräfte gewidmet. Ockeghem und Obrecht lieferten bedeutende, noch heute singbare Beiträge, Josquin des Prez hat Meisterwerke von höchster Ausdruckskraft geschaffen, Heinrich Isaac, der fruchtbare Orlando di Lasso, Palestrina gaben Beispiele, denen Scharen ernster, gediegener Musiker wie Jacob Gallus (1550–1591), Leonhard Lechner (1553–1606), Adam Gumpelzhaimer (1559 bis 1625), Hieronymus Praetorius (1560–1629), Hans Leo Hassler (1564–1612), Michael Praetorius (1571/72 bis 1621), Andreas Hammerschmidt (1611/12–1675) nachgeeifert haben; Heinrich Schütz, der sich von der Klangkunst der Venezianer Andrea und Giovanni Gabrieli anregen ließ, und Johann Sebastian Bach führten auch diese Gattung zur Vollendung.

Es ist unmöglich, das ungeheuere Gebiet der Motette hier durch Besprechung von Einzelwerken auch nur annähernd erschöpfend zu behandeln, zumal der Gattungscharakter der einzelnen Kompositionen im allgemeinen so stark ist, daß die Aufzählung monoton ausfallen müßte. Wenn statt dessen wenige charakteristische Kompositionen und Werke nach dem Gesichtspunkt ihrer Rolle in der heutigen Aufführungspraxis ausgewählt worden sind, so haben sie die Bedeutung von Stichproben; der Eifer der Chordirigenten und Chorsänger, sich des ganzen Gebietes wieder zu bemächtigen, soll damit nur angeregt werden.

ORLANDO DI LASSO (um 1532–1594), der universale, die Stilmittel der Renaissancemusik zusammenfassende Vollender der niederländischen Schule, darf als Hauptmeister der Motette genannt werden; er hat nicht weniger als 516 Motetten hinterlassen, die seine Söhne zehn Jahre nach seinem Tode in der Sammlung M a g n u m O p u s m u s i c u m herausgegeben haben. Die ungeheuere Schaffensfülle, die sich in diesem Vermächtnis bezeugt, ist von der Nachwelt niemals ganz bewältigt und angeeignet worden. Es scheint, daß Lasso, der Vielseitige, in allen Sätteln Gerechte, immer schöpferisch Aktive sich mit der unübersehbaren Vielzahl seiner Produktionen selbst im Wege steht. Es ist schwer, die Fülle zu sichten, das Außerordentliche vom Alltäglichen zu scheiden; trotz aller Bemühung der Spezialforschung ist das Werk Lassos für die Allgemeinheit etwas wie ein weißer Fleck auf der musikhistorischen Landkarte; die repräsentativen, aus der Fülle hervorragenden Meisterwerke sind der musikalischen Öffentlichkeit noch nicht zum Besitz geworden. Es kann sich hier nicht darum handeln, einzelne Beispiele Lassoscher Motettenkunst anzuführen; die Auswahl könnte nur vom Zufall bestimmt sein. Auf das Gesamtwerk aber ist als auf die Mitte aller motettischen Kunst hinzuweisen. Orlando hat in seinen Motetten jede Art von Besetzung von zwei bis zu zwölf Stimmen verwendet. Die fünfstimmigen Sätze stehen nicht nur der Zahl, sondern auch der künstlerischen Bedeutung nach an der Spitze; Stücke wie „Tristis est anima mea" und „Adoramus te Christe" sind Höhepunkte Lassoscher Kunst. Die vierstimmigen Motetten sind ungleichwertig, unter den sechsstimmigen findet sich das ebenso großartige wie berühmte „Timor et tremor". Stilistisch erscheint das Motettenwerk vieldeutig; Lassos Größe ist die des Zusammenfassers, der alles in sein Werk einschmolz, was Vergangenheit und Gegenwart, Nähe und Ferne an Kunstmitteln boten. Die Cantus-firmus-Technik und die lineare, imitatorische Kunst der Niederländer finden bei ihm ebenso Bestätigung wie die akkordische Klangkunst der Venezianer. Wortsymbolik und Tonmalerei spielen eine große Rolle, ein starker Sinn für Farbwirkung lebt sich in häufigen Gegenüberstellungen hoher und tiefer Stimmen und in kontrastreichem Wechsel der Stimmenzahl aus. Auffällig ist, bei aller Klarheit des kontrapunktischen Stiles, die Rolle des harmonischen Elements, das nicht nur als Farb- und Stimmungsmittel, sondern auch als ursprüngliche musikalische Triebkraft Bedeutung hat; Harmonien haben in Lassos Musikwelt fast schon romantischen Sinn und Klang. Zu den Motetten zählt auch Orlando di Lassos berühmtestes Werk, die Bußpsalmen (Psalmi Davidis poenitentiales), die unter den repräsentativen Musikwerken des 16. Jahrhunderts, etwa als Gegenstück von Palestrinas Missa Papae Marcelli, mit an erster Stelle stehen. Die Legende hat sie mit der Bartholomäusnacht in Verbindung gebracht; sie entstanden aber schon Jahre vor diesem schrecklichen Ereignis, wahrscheinlich zwischen 1560 und 1565. Sie sind Ausdruck der ernsten und düsteren Zeitstimmung, der strengen und tiefen Religiosität, die von der Gegenreformation gepflegt wurde, und es ist charakteristisch für die weite, widerspruchsreiche Natur Lassos, daß er, der jeder Art von Humor und Lebensfreude zugeneigt war, andererseits gerade für diese dunkle und triste Seite religiösen Erlebens überwältigenden Ausdruck gefunden hat. Die Bußpsalmen sind ein Kompendium, das alle Mittel des Vokalstils zusammenfaßt, kontrapunktische Kunstfertigkeit und melodische Schlichtheit, Klangfülle und Askese, harmonische Farbe und rhythmische Finesse. Die Grundstimmung der Reue und Zerknirschung, die alle sieben Psalmen festhalten, ist doch in den einzelnen Stücken durch tröstliche und zuversichtliche, erhabene und großartige Episoden abgewandelt; der Ausdruck leidenschaftlicher Klage wird monumentalisiert durch die Größe einer zyklischen Konzeption, die zu ihrer Zeit kaum ihresgleichen hat.

LEONHARD LECHNER (um 1553–1606), Schüler Lassos, aus Tirol stammend, vor allem in Nürnberg und Stuttgart wirkend, ist der bedeutendste Meister der Motette in der auf Lasso folgenden, aus der Renaissance in den Barock hineinwachsenden Generation. Schon im Jahre 1575, als Zweiundzwanzigjähriger, hat er unter dem Titel Motectae sacrae ein Sammelwerk von einunddreißig vier-, fünf-, sechs- und achtstimmigen Motetten veröffentlicht, das die ihm in einem Nürnberger Ratsprotokoll zugestandene Kennzeichnung als „gewaltiger Componist und Musicus“ vollkommen rechtfertigt. Die Motetten des jungen Lechner stehen fest in der von den Niederländern begründeten Tradition, aber sie sind voll von Zügen einer neuen Freiheit. Die Imitationstechnik wird meist locker gehandhabt, Tonmalerei und Wortausdeutung werden nur vorsichtig eingeführt. Die Beziehung auf die Kirchentonarten scheint noch durch, ja die Gruppen der vier-, fünf- und sechsstimmigen Stücke sind jeweils in der Reihenfolge dorisch, phrygisch, lydisch, mixolydisch geordnet. Der Satz ist thematisch und rhythmisch lebendig und überraschend einfallsreich, die Formen werden zuweilen durch Zäsuren und Wiederholungen in sich gegliedert; charakteristisch sind vor allem die kernige Kraft der Thematik und der Sinn für flüssige, weitausschwingende Melodik, auf der die besondere Sangbarkeit der Lechnerschen Motetten beruht. Die Texte enthalten neben lateinischen Psalmen, Propheten- und anderen Bibelstellen auch Hymnen und geistliche Humanistendichtung, das neunte Stück ist ein Widmungsgedicht. Von der Inspiration der Lechnerschen Musik kann durch herausgeschnittene Notenbeispiele nur ein schwacher Begriff gegeben werden. Bezeichnend für die Frische seiner Erfindung ist etwa jene Stelle aus dem dritten Stück, einer Hohelied-Motette für vier gleiche Stimmen, wo der Viertakt plötzlich in tanzenden Dreitakt umschlägt und die Freude sich in Koloraturen auslebt:

Von hoher Feierlichkeit ist eine dreiteilige Weihnachtsmotette für vier gemischte Stimmen, deren phrygisches Thema mystischen Klang hat:

Ein Anfang wie der der achten Motette „Singet dem Herrn ein neues Lied" zeugt von dem Schwung der

Lechnerschen Melodik, eine akkordische, wie ein Nachklang Josquins wirkende Stelle der neunten „Illumina oculos meos" spricht für die Ausdrucksfähigkeit des Komponisten, die auch dunklen Stimmungen gerecht wird (Zitat auf S. 50).

Ebenso enthält die reichere Polyphonie der fünf- und sechsstimmigen Motetten viele Momente spontaner Inspiration; die achtstimmige Vertonung des 116. Psalms „Dilexi quoniam exaudiet Dominus vocem orationis meae" krönt die Sammlung mit vollem doppelchörigem Klang.

Mehr noch als diese Motettensammlung sind es aber zwei erst nach dem Tode des Komponisten im Jahre 1606 veröffentlichte Werke der Spätzeit, die den Ruhm Leonhard Lechners in der Gegenwart neu begründet haben: eine vierstimmige, wunderbar zarte und poetische Vertonung des ersten und zweiten Kapitels des Hohen Liedes in deutscher Sprache und eine Folge von fünfzehn kurzen, vierzeiligen Spruchgedichten, denen der moderne Herausgeber den Titel „Deutsche Sprüche von Leben und Tod" gegeben hat. In beiden Werken zeigt sich Lechner als Meister einer Kurzform, die den Gefühlsinhalt in wenige Takte zusammendrängt und die Motette zum musikalischen Aphorismus konzentriert. Diese Behandlungsweise kommt vor allem dem zweiten Werk zugute, den Sprüchen eines unbekannten Dichters (vielleicht Lechners selbst), die in schmucklosen, prägnanten Worten von der Unbeständigkeit der Welt und der Beständigkeit Gottes reden. Man hat vermutet, daß Lechner mit diesem Werk sein eigenes Requiem geschrieben habe, und wirklich haben die Sprüche auch in ihrer musikalischen Form etwas Endgültiges, Vermächtnishaftes. Alle Eigenschaften der Lechnerschen Tonsprache sind erkennbar, die Klarheit der Textausdeutung, die die Stimmungskontraste schärft, die Freude am lyrischen Melos und an ausschwingender Figuration. Über allem steht aber ein tiefer Ernst, der in der dunklen Monotonie des ständig festgehaltenen g-Moll zum Ausdruck kommt; das Thema des zweiten Spruches

ist eine Art von Leitmotiv, das in Varianten und Anklängen wiederkehrt und die innere Einheit des Zyklus auch thematisch bezeugt.

HANS LEO HASSLER (1564–1612), in Nürnberg als Sohn eines erzgebirgischen Organisten geboren, in Venedig von Andrea Gabrieli ausgebildet, in Augsburg, Nürnberg, Ulm und Dresden tätig, gilt als entschiedener Vorkämpfer des italienischen Geistes in der deutschen Musik. Seine Fähigkeit als Liedschöpfer bewährte er in der Sammlung „Neue teutsche Gesang" von 1596 und im „Lustgarten" von 1601, der die berühmte, zum Kirchenlied umgedeutete Melodie „Mein G'müt ist mir verwirret" enthält. Als Kirchenkomponist betätigte er sich in den „Cantiones sacrae" von 1591, den „Sacri concentus" von 1601 und vor allem in Psalmen und christliche Gesäng von 1607, die die Reife seines motettischen Stiles bezeugen. Der Untertitel „Mit vier Stimmen auf die Melodeyen fugweis komponiert" gibt Auskunft über die Eigenart des Werkes. Es enthält zweiundfünfzig Choralbearbeitungen in fugierter, das heißt imitierender Technik. Wenn Hassler sich sonst gern italienisch gibt: hier zeigt er sich als Meister niederländisch-deutscher Kontrapunktik, dem die Choralweise nicht nur musikalisches Material, sondern religiöses Bekenntnis ist. Sie durchdringt den ganzen Satz, es gibt kaum eine Note, die ihr nicht zugehört oder nicht von ihr abgeleitet ist. Bei aller Klarheit der konstruktiven Logik bleibt aber immer der Lyriker Hassler spürbar, der leichte Fluß der Stimmen und die reine Schönheit ihres Zusammenklangs bestimmen den Eindruck. Eine Melodie wie „Ein feste Burg ist unser Gott" wird nicht monumentalisiert, sondern aus ruhigem, leisem Anfang allmählich entwickelt; charakteristisch für die Dichte des fugierten Satzes sind die thematischen Verzahnungen der Stelle „mit Ernst er's jetzt meint":

Die Motette A u s t i e f e r N o t s c h r e i i c h z u d i r zieht ihre melodische Kraft aus dem Quintfall am Anfang der herrlichen Melodie, der, in allen Stimmen wiederkehrend, dem Satz dramatisches Leben gibt. Hasslers kompositorische Zutat ist die Ausfüllung dieser Quinte durch diatonisch auf- und absteigende Viertel, die, über den Raum einer Septime gedehnt, dem in einen offenen Halbschluß ausklingenden Satz ein wunderbar ausdrucksvolles Ende geben:

„Wir glauben all an einen Gott", das Luthersche Credo, wird sinnentsprechend als dreiteilige, Gottvater, Sohn und Heiligen Geist anrufende Motette verarbeitet. Hier ist es der Quintaufstieg der dorischen Melodie, der dem Satz Profil verleiht; in formaler Hinsicht ist vor allem der fünfstimmige dritte Teil „Wir glauben in den heiligen Geist" zu bewundern, in dem Cantus und Quintus – das heißt Sopran und zweiter Tenor – die Choralmelodie in strengem Kanon als verdoppelten Cantus firmus singen, während Alt, erster Tenor und Baß sie in freiem fugiertem Spiel umgeben.

Das in religiösem Sinne bedeutendste Stück der Sammlung ist die Bearbeitung von Luthers Choral „Vater unser im Himmelreich". Es handelt sich um eine zehnteilige Motette; jede Strophe des Liedes, das heißt jede Bitte, bildet einen geschlossenen Satz, die Choralweise ist allen Sätzen gemeinsam. Der Gefahr der Monotonie hat Hassler mit vieler Kunst vorgebeugt. Die erste Strophe ist ein langes, reich ausgeführtes Präludium. Die zweite, „Geheiligt werd der Name dein", wird in zweistimmigem Wechselgesang der hohen und tiefen Stimmen vorgetragen. Die dritte, „Es komm' dein Reich in dieser Zeit", wird von der Umkehrung des Choralthemas eingeleitet. „Dein Will gescheh, Herr Gott, zugleich" ist eine Cantus-firmus-Motette; der Choral liegt in langen Notenwerten im Tenor. Die fünfte Strophe, „Gib uns heut unser täglich Brot", ist das kunstreichste Stück; den Cantus firmus singen in strengem zweistimmigem Kanon Altus und Quintus; Sopran, Tenor und Baß ergänzen den Satz zur Fünfstimmigkeit. Dann wird das Satzbild einfacher. In der sechsten Strophe liegt der Choral im Sopran, in der siebenten im Baß. Die achte Strophe „Von allem Übel uns erlös" hat, wie die erste, durch ihre Länge Gewicht. Das Amen wird zweimal gesungen, zuerst in Vier-, dann in Dreihalbetakt.

SAMUEL SCHEIDT (1587–1654), Schüler Jan Pieterszon Sweelincks, lebenslang in seiner Heimatstadt Halle wirkend, zählt mit Heinrich Schütz und Johann Hermann Schein zur Trias der großen Meister, die die deutsche Musik in der Epoche des Dreißigjährigen Krieges repräsentieren. Unter seinen Vokalwerken (Concertus sacri 1621–22, Neue geistliche Konzerte 1631–35) sind am bedeutendsten die Cantiones sacrae von 1620, eine Sammlung von achtunddreißig achtstimmigen, doppelchörigen Motetten. In ihrer feierlichen Klangpracht sind sie charakteristische Schöpfungen des ernsten und tiefen Meisters, der noch fester als seine vorwärtsstrebenden Zeitgenossen der Vergangenheit verbunden war. Sein Satz von „Ein feste Burg ist unser Gott" ist, anders als der Hasslers, von schwerer barocker Fülle. Die erste Zeile wird vom ersten Chor imitierend durchgeführt und vom zweiten Chor in mehr akkordischem Satz wiederholt; „ein gute Wehr und Waffen" ist ein Wechselgesang kurzer, fast deklamatorischer Motive. Dann aber treten beide Chöre zu einem gewaltigen Einsatz strahlender C-Dur-Dreiklänge zusammen; die sieghafte Kraft lutherischen Gottesglaubens war noch nicht so imponierend dargestellt worden:

Das Alternieren der Chöre, das immer mehr akkordische als lineare Wirkungen sucht, mündet in die achtstimmige, durch eine Oberstimme des zweiten Soprans kolorierte Schlußzeile. In „Christe, der du bist Tag und Licht" sind sieben Choralstrophen durchkomponiert. Die erste ist ein voller achtstimmiger Motettensatz, in dem wieder viele akkordische, mit einfachen Harmoniefolgen spielende Stellen auffallen. Die zweite Strophe wird vierstimmig behandelt mit der Choralmelodie im Sopran, die dritte ebenso mit der Melodie im Tenor. Die vierte Strophe bildet ein Duett von Sopran und Alt, die fünfte ein vierstimmiger Satz mit dem Cantus firmus im Baß. Die sechste Strophe ist ein Kanon im Einklang, im Abstand einer halben Note von zwei Sopranen über dem Choral des Tenors gesungen; in achtstimmigem homophonem Satz macht die siebente Strophe den klangmächtigen Beschluß.

Die Motette über das Jesaias-Wort Zion spricht: der Herr hat mich verlassen hat Scheidt für das Begräbnis seines Vaters geschrieben. Hier stehen ein hoher, mit zwei Sopranen, Alt und Tenor besetzter Chor und ein tiefer, aus Alt, Tenor und zwei Baßstimmen gebildeter Chor einander gegenüber, so daß die Möglichkeit starker Klangkontraste gegeben ist. Der zweite, tiefe Chor beginnt mit klagenden Halbtonschritten; „der Herr hat mich verlassen" erklingt im dunklen Ton eines Trauergesangs, die Stimmen verbinden sich in Terzen, der Baß hallt allein nach. Der erste Chor setzt eine Oktave höher ein: „Zion spricht: der Herr hat mein vergessen"; der zweite Chor tritt dazu, die Rufe „der Herr" tönen aufgeregt durcheinander, die Verzweiflung des Vergessenseins wird leidenschaftlich ausgesungen. Mit der Frage „Kann auch ein leiblich Mutter ihres Kindleins vergessen?" beruhigt sich der Satz; ergreifend ist die Chromatik des Mitleids an der Stelle:

Die Stimmung bleibt tröstlich. Kraftvoll setzt die Coda ein „Und ob sie schon desselben würde vergessen, so will ich doch dein nimmermehr vergessen"; vier gehaltene Akkorde, die zweimalige einfache Folge von Tonika und Dominante, leiten die abschließende Verheißung ein: „In meine Hände hab ich dich gezeichnet."

JOHANN HERMANN SCHEIN (1586–1630), aus dem Erzgebirge stammend, als Leipziger Thomaskantor einer der Vorgänger Bachs, ist im Verhältnis zu Scheidt eine weniger in die Tiefe dringende, aber beweglichere Begabung. Sein vokales Schaffen umfaßt sowohl geistliche wie weltliche Musik. Ein Musikhistoriker seines Jahrhunderts hat ihn als Meister des „Stylo madrigalesco" bezeichnet, und wirklich hat er der klangsinnlichen Eleganz des Madrigals nicht nur in den A-cappella-Quintetten des „Venuskränzleins" von 1609, in den „Waldliederlein" von 1621 und in der „Hirtenlust" von 1624 gehuldigt; auch sein geistliches Schaffen ist von der Weltlichkeit des Madrigals durchdrungen, er löst sich aus der mittelalterlichen Überlieferung der motettischen Polyphonie und nähert sich der modernen Technik des Generalbaß-Musizierens, dem Konzert der Instrumente und Solostimmen. Mit dem „Cymbalum Sionium" von 1615 und dem vierundzwanzigstimmigen Tedeum von 1618 steht er noch auf dem Boden der alten Tradition, mit dem „Cantional", einem vier- bis sechsstimmigen Gesangbuch, hat er der gottesdienstlichen Praxis gedient. Dazwischen stehen aber Kompositionen in konzertierendem Stil, die sich, zwar mehr konventionell gebunden, dem Schützschen Individualismus annähern. Aufs schönste zeigt sich sein künstlerisches Naturell in den sechsundzwanzig Sätzen für fünfstimmigen Chor und Generalbaß des Israelsbrünnlein (Fontana d'Israel) von 1623, die nicht als Motetten, sondern als geistliche Madrigale bezeichnet werden; die Texte sind, wie der Titel sagen will, Stellen des Alten Testaments, überwiegend Psalmen und Prophetenworte. Schon das Thema des ersten Madrigals „O Herr, ich bin dein Knecht“ ist charakteristisch für den Stil des Ganzen: ein profiliertes Thema in modernem Sinne, tonartlich unzweideutig festgelegt und dem Wort eng verbunden:

Ganz madrigalesk erfunden, mit Ausdruckschromatik gesättigt und durch melismatische Verzierungen gesteigert, ist der Anfang des dritten Stückes „Die mit Tränen säen“:

Dem elegischen Beginn folgt ein lebhafter Kontrast „werden mit Freuden ernten“. „Sie gehen hin und weinen und tragen edlen Samen“ wird wieder in ruhiger Mollharmonie gesungen, aber „und kommen mit Freuden“ erklingt in fröhlichem Dreitakt, ganz homophon zuerst von den hohen, dann von den tiefen Stimmen, endlich vom ganzen Chor gebracht. Der Schluß „und bringen ihre Garben“ greift thematisch auf die aufsteigende Achtelbewegung am Ende der Anfangsmelodie zurück. In dem kraftvoll aufgereckten, über Quinte und Sexte zur Septime aufsteigenden Thema des vierten Stückes „Ich lasse dich nicht“ ist der Glaubenstrotz Jakobs symbolisiert, der mit dem Engel ringt (Zitat auf S. 58).

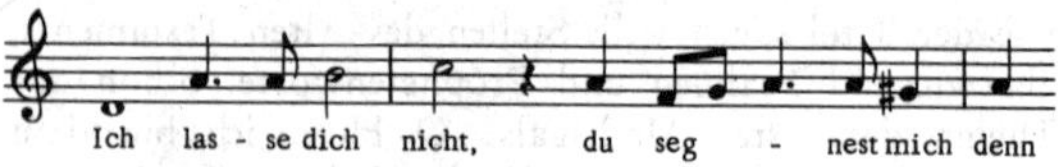

Das fünfte Stück, der Psalm „Dennoch bleibe ich stets bei dir", ist ein Satz von motettischer Fülle und Lebendigkeit der Stimmen. Die Stelle „denn du hältst mich bei meiner rechten Hand" hat weichen, vertrauensvollen Klang, die strenge harmonische Sequenz „Du leitest mich nach deinem Rat"

soll wohl die unumstößliche Festigkeit und Zielsicherheit des göttlichen Ratschlusses symbolisieren. Der Schluß „und nimmest mich endlich in Ehren an" wird in prächtigen, die „Ehren" ausdrückenden Akkorden gesungen. Die neunte Motette „Der Herr denket an uns" atmet eine ähnliche Stimmung ruhigen Gottvertrauens; auch hier wird der dichte polyphone Satz bei den Rufen „Ihr seid die Gesegneten des Herrn" von mächtigen, hymnischen Akkorden abgelöst. Eine anschaulich und ergreifend gemalte biblische Szene ist die zehnte Motette, die Geschichte vom Tode Jakobs: „Da Jakob vollendet hatte die Gebot an seine Kinder, tät er seine Füße zusammen aufs Bette und verschied." Zu Anfang frappiert das harte Nebeneinander der Dreiklänge A-Dur und C-Dur und A-Dur und F-Dur. Das Verscheiden wird durch stockende Akkorde, A-Dur und G-Dur, wechselnd angedeutet. „Und ward versammelt zu seinem Volk" ergibt einen großen Aufstieg, der über E-Dur und C-Dur nach A-Dur zurückführt. Der zweite Teil, „Da fiel Joseph auf seines Vaters Angesicht und weinet über ihn und küsset ihn“ ist Musik von starkem, mitreißendem Affekt. Das dreizehnte Stück, ein Sinnspruch aus dem Prediger Salomo, fesselt wieder durch ein markantes, durch Quinte, Septime und Oktave charakterisiertes Kopfthema:

„Unser Leben währet siebnzig Jahr“, die fünfzehnte Motette, ist reich an Ausdruck und Tonmalerei; „Müh und Arbeit“ wird durch einen geschäftigen Dreiachtelrhythmus gekennzeichnet, „als flögen wir davon“ durch eilende Achtelpassagen anschaulich gemacht:

„Lehre uns bedenken, daß wir sterben müssen“ ist die Mahnung der vorletzten Motette, in der wieder unvermittelte Harmonierückungen, etwa die Folge D-Dur, B-Dur als koloristisches und dramatisierendes Moment auffallen. Das letzte, sechsundzwanzigste Stück ist „Nu danket alle Gott“, nicht der damals noch nicht existierende Crügersche Choral, sondern ein freier, vielfältig gegliederter Satz nach dem Text des Jesus Sirach, der in die Bitte „Er gebe uns allen ein fröhliches Herz“ optimistisch ausklingt.

HEINRICH SCHÜTZ (1585–1672) ist der freien, fließenden Polyphonie des motettischen Stils in seinem gesamten Schaffen verbunden gewesen; unter seinen Hauptwerken, den „Psalmen Davids" von 1619, den „Sinfoniae Sacrae" von 1629, 1647 und 1650, den „Geistlichen Konzerten" von 1636 und 1639, den „Geistlichen Gesängen" von 1657 sind es vor allem die „Cantiones sacrae" von 1625 und die Sätze der 1648, im Jahre des Westfälischen Friedens erschienenen „Geistlichen Chormusik", die die Kunst des motettischen Satzes ausprägen.

Cantiones sacrae heißt eine Sammlung von vierzig vierstimmigen Motetten mit Basso continuo auf lateinische Texte, die Heinrich Schütz im Jahre 1625 als sein Opus 4 herausgab. Die Texte sind einem 1553 erschienenen Gebetbuch des lutherischen Theologen Andreas Musculus entnommen. Der musikalische Stil der Sätze schwankt zwischen traditioneller Polyphonie und neuer konzertierender Monodie. Die Stücke der ersten Art sind am besten in chorischer Besetzung, die der zweiten durch Solostimmen wiederzugeben; den ersten ist die Stütze des Basso continuo entbehrlich, den zweiten muß er, von Orgel und zusätzlichen Streichinstrumenten gespielt, als Begleitung beigegeben werden. Zu den ausgesprochen chorisch konzipierten Sätzen zählt die dritte Motette, deren Text „Deus, misereatur nostri (Herr Gott, hilf und erbarm dich unser)" dem siebenundsechzigsten Psalm entstammt; der Quintfall des Themas gibt dem Beginn des Satzes prägnante Züge:

Im allgemeinen macht aber nicht die Prägnanz der Themen, sondern die Zwanglosigkeit der Stimmverflechtung und der lyrische Fluß des harmonischen Ganzen die Wirkung aus; so in den zusammengehörigen Motetten 9 und 10 „Verba mea auribus percipe (Meine Worte höre in Gnaden an)", die aus den Worten des fünften Psalms ein ausdrucksvolles, am Ende in wohllautende Melismen ausschwingendes Vokalkonzert entwickeln, und in den Nummern 11 und 12, denen Verse des Hohen Liedes zugrunde liegen: „Ego dormio, et cor meum vigilat (Wenn ich schlafend ruh, wachet doch mein liebend Herz)"; hier klingt, dem Text entsprechend, ein fast weltlicher Ton auf, der Satz wird mit anmutigen Koloraturen geschmückt. Auch die Motetten 19 bis 20 (120. Psalm „Ad Dominum cum tribularer, Ich rief zum Herrn") und 26 bis 28 (Psalm 131 „Domine, non est exaltatum cor meum, Herr, mein Gott, nicht vermessen dränget mein Herze") vertreten den alten, strengen Stil. Selbstverständlich können aber auch die mehr monodischen, auf intimere Klangdimension berechneten Motetten mit guter Wirkung von Kammerchören oder in gemischter solistischer und chorischer Besetzung gesungen werden.

Die Geistliche Chormusik bezeichnet im Schaffen von Heinrich Schütz die Rückkehr zum alten Stil der reinen, nicht durch einen Basso continuo gestützten Polyphonie. In seinem Vorwort nennt der Komponist diesen Stil „das rechte Fundament eines guten Contrapuncts" und rät vor allem den jungen deutschen Komponisten, diese „harte Nuss" aufzubeißen, bevor sie zum konzertierenden Stile fortschritten; der dreiundsechzigjährige Meister bemühte sich, den Zusammenhang seiner modernistisch-frei wirkenden Kunst mit der strengen kontrapunktischen Tradition zu demonstrieren. Damit verlangt er keineswegs eine rein vokale Wiedergabe, sondern schlägt – wieder im Sinne der Tradition – vor, Chor- und Instrumentalstimmen nach Belieben zu mischen und auch die Orgel zu beteiligen; die letzten Stücke der Sammlung sind geradezu für Singstimmen und Instrumente – Gamben, Fagotte, Posaunen – notiert, der Text ist nur den Gesangspartien beigegeben; was wiederum nicht ausschließt, daß auch die heute übliche A-cappella-

Wiedergabe dem Satzgefüge gerecht wird. Die Geistliche Chormusik, 1648 erschienen und den Leipziger Thomanern gewidmet, enthält neunundzwanzig fünf- bis siebenstimmige Motetten auf Bibel- und Choraltexte in deutscher Sprache. Die einzelnen Stücke sind verschiedenartig an Länge, Charakter und Gewicht. Die erste und zweite Motette „Es wird das Szepter von Juda nicht entwendet werden" und „Er wird sein Kleid in Wein waschen" sind kurze Stücke in schlichtem, syllabisch deklamiertem Satz. In der dritten „Es ist erschienen die heilsame Gnade Gottes" klingt der ekstatische Ton auf, der für das religiöse Gefühl des Komponisten charakteristisch ist, die Wortwiederholungen „allen, allen Menschen" haben den Klang begeisterter Verkündigung. Der erste Teil, der vom gottseligen Leben in dieser Welt handelt, kadenziert kraftvoll in der Dominante D-Dur. Der zweite, vom Warten auf die Hoffnung und Erscheinung der Ewigkeit, ist aufgelockerter, leichter und lebhafter im Satz; Höhepunkte sind die aufsteigenden, im zweistimmigen Kanon verketteten Skalen, die zwischen hohen und tiefen Stimmen abwechseln:

Die vierte und fünfte Motette „Verleih uns Frieden genädiglich" und „Gib unsern Fürsten und aller Obrigkeit Fried und gut Regiment" sind eine Bitte um Wohlfahrt des Gemeinwesens. In der einen fallen die lebhafte Deklamation der Stelle „Und ist ja doch kein andrer nicht, der für uns könnte streiten" und die Quartenrufe

„Denn Du, unser Gott" auf, die zweite malt in ausgehaltenen Akkorden das erbetene geruhige und stille Leben; von schöner Wirkung ist das gebundene, polyphon ineinander verschlungene „Amen" am Schluß. Tiefer Ernst erfüllt die Motette „Unser keiner lebet ihm selber", ein kurzes, konzentriertes, ausdruckgeladenes Stück. „Leben wir, so leben wir dem Herrn" wird mit überschwenglicher Lebensfreude gesungen:

Dann, nach einer Generalpause, folgt als Gegensatz „Sterben wir" in schweren, gehaltenen Akkorden; aber bei „so sterben wir dem Herrn" steigen die Stimmen, in Terzen und Sexten verbunden, zuversichtlich zur Höhe auf – eine Stelle, die durch Schlichtheit bezwingt:

„Herr, auf Dich traue ich", die neunte Motette, ist ein Gebet von beschwörender Kraft. Der Tenor beginnt allein mit dem langgehaltenen Rufe „Herr", den die übrigen Stimmen mit milder Harmonie umkleiden. Jede Bitte – laß mich nimmermehr zu Schanden werden, errette mich, neige deine Ohren zu mir – erhält ein neues, wortgezeugtes Motiv; „sei mir ein starker Hort" wird durch feste Akkorde, „dahin ich immer fliehen möge" durch eilige, fliehende Achtelbewegung charakterisiert.

Ein ergreifendes Stück ist „Die mit Tränen säen, werden mit Freuden ernten". Leere Quintklänge, Mollharmonien und lange Seufzerketten versinnbildlichen die Tränen; in tanzendem Dreitakt und lichtem Dur wird die Freude dagegengestellt. Ebenso ausdrucksvoll ist der zweite Satz des Textes komponiert. „Sie gehen hin und weinen und tragen edlen Samen" erklingt in langsamem, gebundenem Satz; der Gegensatz „und kommen mit Freuden und bringen ihre Garben" entfesselt eine fröhliche Achtelbewegung, die bis zum Schluß anhält. Die Sterbemotette „So fahr ich hin zu Jesus Christ" beginnt mit einem diatonischen Aufstieg zur Quarte, der kraftvolle Zuversicht ausdrückt:

Mit wunderbarer Naivität sind die Textworte vertont. „So schlaf ich ein und ruhe fein" wird in ruhigen, leuchtenden Durharmonien wie ein Schlaflied gesungen. Jesus Christus, der die Himmelstür auftut, erscheint gleichsam leibhaftig im Klang, das ersehnte ewige Leben läßt ein sanftes lyrisches Melisma aufblühen. „Also hat Gott die Welt geliebt", eines der meist gesungenen Stücke, ist eine Spruchmotette von lapidarer Kürze und Ausdruckskraft in überwiegend homophonem fünfstimmigem Satz; die Überschrift „Aria" wird durch die Schlußzeile gerechtfertigt, einen herrlichen Melodiebogen von schlicht volkstümlichem Klang, der zu den schönsten Eingebungen des Komponisten zählt:

Von hoher melodischer Schönheit und besonderem Reichtum der Erfindung ist die dreizehnte Motette „O lieber Herre Gott, wecke uns auf“. An das gebundene Anfangsmotiv

und seine Verarbeitung reihen sich immer neue charakteristische Episoden, Zwei- und Dreitakt wechseln, akkordisch-homophone Stellen werden von lebhaft bewegter, die Motive verschränkender Sechsstimmigkeit abgelöst. Ebenso farbig ist das folgende Stück „Tröstet mein Volk“. Die Vergebung, die Jerusalem zuteil wird, verkündet ein vollstimmiger, wohllautender Satz. Die Stimme des Predigers in der Wüste wird durch feierlichen Dreihalbe-Takt hervorgehoben, Männer- und Frauenstimmen teilen sich in zwei alternierende, erst zum Schluß sich zur Sechsstimmigkeit verbindende Chöre. „Ich bin eine rufende Stimme“, die Predigt Johannes des Täufers, beginnt mit einem prägnanten, kantigen Motiv, welches die hohe, heroische Gestalt des Propheten zu zeichnen scheint:

Die Musik erhöht die Eindringlichkeit des Wortes. Der „Weg des Herrn“ wird durch punktierte Marschmotive angedeutet, das Wasser der Taufe wogt in gebundenen Achtelfiguren, geheimnisvolle Harmonien bezeichnen die Stelle: „Aber er ist mitten unter euch getreten, den ihr nicht kennet.“ Weihnachtliche Poesie klingt aus der Idylle „Ein Kind ist uns geboren“ (Zitat auf S. 66).

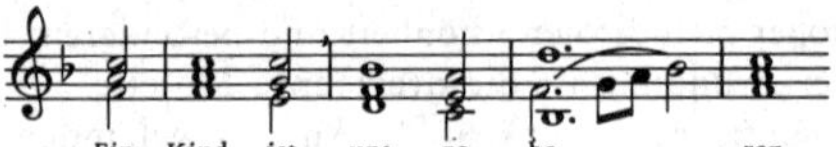

Der pastorale Ton der volkstümlichen Verkündigung steigert sich am Ende, wenn von der ewigen Herrschaft des Gottessohnes und vom Eifer des Herrn Zebaoth gesungen wird, zu ruhiger Größe. Mystischer Ernst ist der Grundton der Motette „Das Wort ward Fleisch"; die Worte des Evangeliums Johannes' werden in schmucklosem, archaisch anmutendem Satz rezitiert. Ein glänzendes, bewegtes Stück ist „Die Himmel erzählen die Ehre Gottes, und die Feste verkündiget seiner Hände Werk". Zweimal wird die Lobpreisung vorgetragen, zuerst wie ein schwebender Engelsgesang nur von den drei hohen Stimmen, dann in mächtigen Akkordsäulen des sechsstimmigen, homophon geführten Chores – eine musikalische Vision göttlicher Majestät, die der dichterischen Größe des Psalmwortes gerecht wird. Im Fortgang löst sich der Satz in ein vielstimmiges Singen und Sagen auf. Manche Bilder des Textes werden tonmalerisch verdeutlicht; wenn die Sonne wie ein Bräutigam aus seiner Kammer tritt, „zu laufen den Weg", rührt eine eilende Achtelbewegung den Satz bis in seine Tiefen auf. Der majestätische Lobgesang „Die Himmel erzählen die Ehre Gottes" wird notengetreu wiederholt, als sei die tönende Architektur durch zwei gleiche Pfeiler gestützt; dann folgt noch die Formel „Ehre sei dem Vater und dem Sohne und auch dem heiligen Geiste" als lyrischer Abgesang. „Herzlich lieb hab ich dich, o Herr", ein inniges, von tiefem Vertrauen erfülltes Gebet in Welt- und Todesnot, ist dem Choraltext entsprechend dreistrophig gehalten. Wie ein Motto stehen die drei, von Moll nach Dur strebenden Akkorde (Notenzitat auf S. 67) am Anfang jeder Strophe. Die schlicht syllabische, in

gleichmäßigen Notenwerten schreitende Deklamation hat den Klang eines Chorals; von ruhiger Kraft ist die langsam zur Dezime aufsteigende Linie des Basses, die wie ein mächtiges Fundament die Schlußzeile der Strophen untermauert:

Die zwanzigste Motette, „Das ist je gewißlich wahr“, gehört zu den meistgesungenen Stücken der Sammlung. Ihre Wirkung beruht auf der Bekenntniskraft, mit der das Lutherwort untermalt wird, „daß Christus Jesus kommen ist in die Welt, die Sünder selig zu machen, unter welchen ich der fürnehmste bin“. Der schlichte, stellenweise deklamatorisch akzentuierte Satz des umfangreichen Stückes verzichtet auf alle thematische Feinarbeit; dafür gibt es elementare, aus Grundakkorden gemeißelte Klangwirkungen wie den Beginn der Coda:

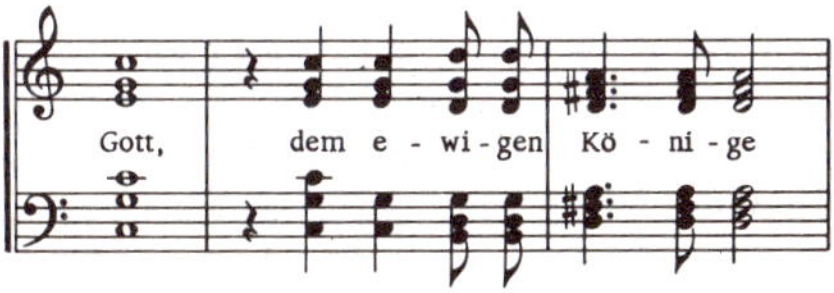

„Ich bin der rechte Weinstock“ und „Unser Wandel ist im Himmel“ fesseln durch melodischen Fluß des Satzes. In der Motette „Selig sind die Toten“ kommt noch einmal der Mystiker Schütz zu Worte. Von tiefer Wirkung sind die magischen, in die Romantik vorausweisenden Akkordfolgen bei „Sie ruhen von ihrer Arbeit“, die übrigens nicht dazu verführen sollten, das Stück, eine Seligpreisung, im Vortrag zu verweichlichen. Unter den letzten Stücken müssen das siebenstimmige, überwiegend homophon gesetzte „Ich weiß, daß mein Erlöser lebt“ und der palestrinensisch ruhige Satz „Der Engel sprach zu den Hirten“, eine klangvolle Verkündigung der Weihnachtsbotschaft, hervorgehoben werden.

Die Musikalischen Exequien (von exsequi = hinausgeleiten), die Heinrich Schütz im Jahre 1636 zur Bestattung des Fürsten Heinrich von Reuss komponiert hat und die als frühester Versuch eines „Deutschen Requiem“, einer kirchlichen Trauermusik auf deutsche, nicht von der Liturgie gegebene Texte hohen musikgeschichtlichen Ruhm genießen, dürfen ihrer Form nach dem Bereich der Motette zugeordnet werden. Der Text der dreiteiligen Komposition besteht aus Schriftstellen und Kirchenliedern, die der Verstorbene zu Lebzeiten ausgesucht hatte und die um das Thema der Rechtfertigung und Heiligung des irdischen Lebens kreisen. Den ersten Teil bezeichnet Schütz als „Concert in Form einer Teutschen Begräbnis-Missa“. Er hat ihn ursprünglich für sechs Solostimmen und Orgel konzipiert, schreibt aber im Vorwort der gedruckten Ausgabe, daß an den mit „Capella“ bezeichneten Stellen sechs andere Stimmen dazutreten dürfen; wirklich gewinnt der ausgedehnte Satz durch den Wechsel von Solo- und Chorstimmen an Wirkung. An die Intonation des Priesters „Nacket bin ich vom Mutterleibe kommen“ knüpfen die solistischen Männerstimmen an „Nacket werde ich wiederum dahinfahren“; der ganze Chor singt das Miserere „Herr Gott

Vater im Himmel, erbarm dich über uns", das als Gebet an Jesus Christus und an Gott den Heiligen Geist zweimal wiederholt wird. Eine neue Intonation „Also hat Gott die Welt geliebt, daß er seinen eingeborenen Sohn gab" leitet einen Abschnitt ein, der Christus, dem Mittler der Sündenvergebung, gewidmet ist. Tiefer Ernst erfüllt den von einfachen Harmonien getragenen Chorsatz „Es ist allhier ein Jammertal". Die Solostimmen zitieren das pessimistische Psalmwort „Unser Leben währet siebzig Jahre", und wieder bestätigt der Chor in asketisch schlicht harmonisiertem Satz „Ach wie elend ist unser Zeit allhier auf dieser Erden". Mit dem Gesang des Solotenors „Ich weiß, daß mein Erlöser lebt" schlägt die Stimmung in Zuversicht um; der Chor steigert sie durch einen wunderbar wohlklingenden, in milden Harmonien leuchtenden Schlußgesang: „Er sprach zu mir: halt dich an mich – da bist du selig worden." – Der zweite Teil ist eine Motette für zwei vierstimmige Chöre „Herr, wenn ich dich nur habe", ein Stück von feierlicher Klangpracht. Am Schluß steht der Lobgesang Simeons „Herr, nun lässest du deinen Diener in Frieden fahren", der wieder vom Priester solistisch intoniert wird. Ein fünfstimmiger Chor singt die Worte der Hymne in den Akkorden eines schweren, gegen das Ende hin modulatorisch ausgeweiteten g-Moll. In den Chorgesang hinein aber klingen die Stimmen zweier Seraphim und der erlösten Seele „Selig sind die Toten, die in dem Herrn sterben" als Terzett zweier Soprane und einer Baßstimme, das als leiser und lichter Kontrast – Schütz stellt anheim, den zweiten Chor in der Ferne singen zu lassen – in den Chorsatz eingeschmolzen ist; Vergänglichkeit und Ewigkeit sind in eine einzige, dramatisch-mystische Klangvision gepreßt.

JOHANN SEBASTIAN BACH (1685–1750) hat nur sechs Motetten komponiert; weitere sechs, die ihm früher zugeschrieben wurden, haben sich als unecht erwiesen. Es erscheint seltsam, daß der Vollender alter kirchenmusikalischer Traditionen gerade der Motette, der zentralen Form der Chormusik, keinen größeren Anteil seiner Schaffenskraft gewidmet hat, obgleich die Motette zum festen musikalischen Bestand des Leipziger Gottesdienstes gehörte. Bach ließ im Gottesdienst überkommene Motettenkompositionen älterer Meister singen; seine eigenen Motetten sind als Auftragsarbeiten für besondere Anlässe geschrieben worden, drei von ihnen als Trauermusiken für Begräbnisse. „Die Motette Bachs", hat Philipp Spitta gesagt, „wurzelt in seinen Kantaten." Das musikalische Denken der Zeit war so überwiegend instrumental bestimmt, daß der reine A-cappella-Gesang als kompositorische Aufgabe zur Ausnahme geworden war. Auch Bach hat seine Motetten keineswegs rein vokal, sondern zur Begleitung des Orgel-Continuo und mitgehender Instrumente singen lassen; zur Motette „Der Geist hilft unsrer Schwachheit auf" sind eigenhändig geschriebene Begleitstimmen für Orgel, Streicher und Bläser erhalten. Dennoch ist auch die moderne Art der A-cappella-Aufführung gerechtfertigt. Bachs Motetten, zwar wenig an der Zahl, sind nun einmal dank der Kraft ihrer thematischen Gedanken, der Kunst ihres polyphonen Satzes, der Reinheit ihres geistlichen Gehalts ein absoluter Höhepunkt aller Chormusik. Ihre Bewältigung stellt ein Ziel des künstlerischen Ehrgeizes dar, das ebensoviel Virtuosität wie Begeisterung erfordert; ihre Aufführung in Kirche und Konzertsaal ist jeweils ein Augenblick der Erhebung, wie sie dem Menschen auf den höchsten Gipfeln der Kunst zuteil wird.

Singet dem Herrn ein neues Lied ist eine Komposition von Worten des 149. und 150. Psalms; die Stimmung des Jubels und der begeisterten Danksagung, die die Schlußstücke des Psalters erfüllt, wird hier ekstatisch erregte Musik. Die Motette, die für achtstimmigen Doppelchor gesetzt ist, besteht aus drei Teilen; zwei bewegte Sätze umschließen einen ruhigen, durch eine Choralmelodie charakterisierten Mittelteil. Hermann Kretzschmar hat den Anfangsteil mit dem Stimmengewirr einer festlich erregten Volksmenge verglichen. Gleich mit dem ersten Takte bricht die ganze Kraft der Begeisterung unvermittelt über den Hörer herein. Die Oberstimmen des ersten Chores ergehen sich über dem sieben Takte lang ausgehaltenen Grundton b des Basses in lang ausgesponnenen Melismen, der zweite Chor feuert sie an mit akkordischen Viertel-Rufen „Singet", die das ganze Stück hindurch wiederkehren.

Die Chöre wiederholen den ersten Themenkomplex mit vertauschten Rollen. Die folgende Textzeile „Die Gemeine der Heiligen sollen ihn loben" wird in zweimaligem Wechselgesang der Einzelchöre vierstimmig durchgeführt. Bei der Stelle „Israel freue sich des, der ihn gemacht hat" treten die Chöre wieder zur Achtstimmigkeit zusammen; eine energische harmonische Wendung führt von der Haupttonart B-Dur nach d-Moll, worauf der erste Teil des Satzes in der Dominante F-Dur kadenziert. Den zweiten Teil des Satzes beginnt der zweite Chor mit der Reprise des Anfangsthemas „Singet dem Herrn", das der erste Chor nun mit einem neuen, prägnanten Thema kontrapunktiert (Zitat auf S. 72).

Aus diesem neuen, in langen Sechzehntelfolgen fortgesponnenen Thema entwickelt sich, noch immer mit Material der Anfangsgruppe durchsetzt, eine prächtige Fuge, die die Tonarten c-Moll und g-Moll berührt und von einer glänzenden Coda in der Grundtonart B gekrönt wird. Dem zweiten, langsamen Satz der Motette gibt der zweite Chor mit einer Choralmelodie das innere Band:

Die Zeilen des Chorals, der in vierstimmigem Satz gesungen wird, sind durch Pausen getrennt; die Pausen füllt der erste Chor mit freien Zwischenrufen: „Gott, nimm dich ferner unser an", so daß ein fast dramatisches Alternieren der Chöre entsteht. Man mag sich vorstellen, daß etwa eine Prozession mit gebundenem Gesang ruhig und unbeirrt durch eine Volksmenge schreitet, die ihrerseits mit spontanem Rufen und Singen in das fromme Lied einstimmt; der Eindruck einer anschaulichen Szene ist unabweislich. Der dritte, zweiteilige Satz beginnt als fröhlich bewegter Wechselgesang der Chöre, die sich in der Coda zur Vierstimmigkeit vereinigen und ein Thema in Dreiachteltakt, dem Bachschen Freudenrhythmus, in einer kurzen, brillanten Fuge durchführen:

Der Geist hilft unsrer Schwachheit auf, nach Worten des Römerbriefes, ist für das Begräbnis des Thomas-Rektors Ernesti komponiert worden; Bach hat später den Choralvers „Du heilig Brunst, süßer Trost“ angehängt, wohl um die Motette für den Pfingstgottesdienst zu verwenden. Der traurige Anlaß hat jedoch nur die Stimmung eines kurzen Mittelteils beeinflußt; das ganze Werk atmet die starke, fast frohe Zuversicht, mit der der christlich-barocke Geist dem Tode begegnete. Wieder liegt, sieht man von dem Choral ab, ein dreiteiliger Formbegriff zugrunde; der Satz ist achtstimmig, in der Fuge und dem Schlußchoral vierstimmig. Das erste Allegro entwickelt sich aus einem reich figurierten Thema:

Die drei Silben: „Der Geist hilft“, auf markierte Achtelnoten gesungen, gehen als thematische Abbreviatur durch das ganze Stück. Die Worte „Denn wir wissen nicht, was wir beten sollen, wie sichs gebühret“ werden gleichsam als schlichteres Seitenthema behandelt. Am Ende wendet sich der B-Dur-Satz in interessanter Chromatisierung über g-Moll nach d-Moll. An den Schlußakkord schließt sich unmittelbar ein langsamer Satz über ein synkopisches Thema von seltsam schwebendem Charakter, das den geheimnisvollen Inhalt der folgenden Textzeile ausdrückt: „Sondern der Geist selbst vertritt uns aufs beste mit unaussprechlichem Seufzen." Der meist fünfstimmige Satz – die Unterstimmen der zwei Chöre sind identisch, nur die Soprane weichen voneinander ab – ist gekennzeichnet durch chromatische Schritte, durch ungewöhnliche Intervallfortschreitungen und Atempausen, die das „Seufzen" symbolisieren; musikalische Komplizierung wird zum Ausdruck eines mystischen Gehalts. Um so einfacher ist die folgende Fuge, deren holzschnittartig derbes Thema in klarem vierstimmigem Satz verarbeitet ist:

Jesu, meine Freude, eine Choralmotette, ist nicht nur die umfangreichste und an Gehalt bedeutendste der Bachschen Motetten; sie hat geradezu den Charakter eines Glaubensbekenntnisses, in ihr ist, wie Philipp Spitta meint, der Kern des protestantischen Christentums verkörpert. Bach hat alle sechs Strophen des Liedes von Johann Franck komponiert, das von der Sicherheit des Lebens in Christo und von der Ohnmacht und dem Unwert der Welt handelt. Er hat die einzelnen Strophen durch Einfügungen aus dem Briefe des Paulus an die Römer getrennt, die den Wandel im Geist dem Wandel im Fleisch gegenüberstellen; der Satz „Das Gesetz des Geistes, der da lebendig macht in Christo Jesu hat mich freigemacht von dem Gesetz der Sünde und des Todes" ist die Quintessenz, die durch Choral und Bibelwort gleichermaßen verkündet wird. Formal betrachtet, besteht die Motette aus einer Folge von Choralvariationen, zwischen denen freie Zwischengesänge eingeschoben sind; die Technik der Variation wechselt, sie reicht von einfacher Harmonisierung der Grundmelodie bis zu deren freier Verarbeitung und Auflösung in ihre thematischen Partikeln. Mit der ersten Strophe des Chorals in ruhigem vierstimmigem Satz hebt die Motette an:

Der Choral schließt in E-Dur. Es folgt unmittelbar, mit harter Rückung nach e-Moll, in fünfstimmigem Satz und schmuckloser syllabischer Deklamation, das Paulus-Wort „Es ist nun nichts Verdammliches an denen, die in Christo Jesu sind". Das Wort „nichts" wird dreimal, abwechselnd laut und leise, wiederholt und auf geradezu naturalistische Weise hervorgehoben; der ganze Satz hat den archaischen und apodiktischen Klang, durch den Bach zuweilen die Bedeutung des überlieferten, dogmatisch gültigen „Wortes" gleichsam predigend zu unterstreichen liebt. Die erste Variation des Chorals läßt die Melodie unangetastet, bereichert aber die Harmonie zur Fünfstimmigkeit. Den zentralen Satz „Denn das Gesetz des Geistes hat mich frei gemacht" hat Bach in gedrängter Kürze als Terzett zweier Soprane und einer Altstimme komponiert, eine Wirkung der Diskretion, die stärker ist als klangmächtige Betonung. Vielleicht soll der Verzicht auf die tiefen Stimmen die Loslösung von den dunklen Mächten der Sünden und des Todes symbolisieren; auf jeden Fall ist das Sätzchen eine Kostbarkeit überirdischer, seraphisch heiterer Musik. Dann aber folgt mit der dritten Choralstrophe „Trotz dem alten Drachen" der dramatische Höhepunkt der Motette, ein Einbruch dämonischer Kräfte, die die Choralmelodie zu zerreißen drohen und doch ihre Elemente bestehen lassen (Zitat auf S. 76).

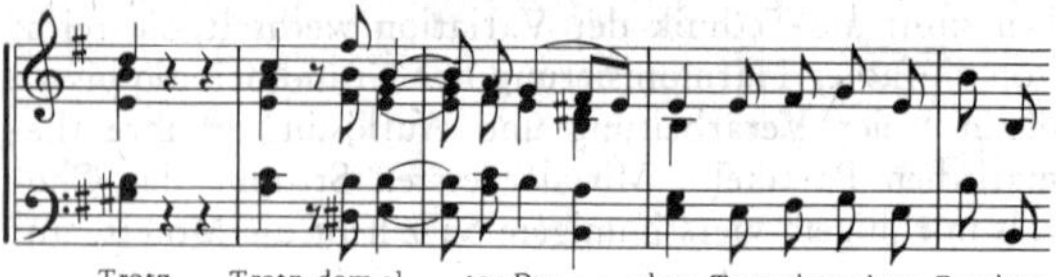

In dieser Variation ist alles vereinigt, was Bach an Ausdrucksmitteln für die Sphäre des Widersachers zur Verfügung steht. Schon der Beginn mit dem dissonanten Quintsextakkord auf das Wort „Trotz" wirkt erschrekkend. Die Verzerrung der Melodie, deren Linie sich erst im dritten Takt durchsetzt, das spitze, stakkatiert zu singende Unisono, die gewaltsamen harmonischen Fortschreitungen, der krasse Wechsel von Forte und Piano zur Charakterisierung der Worte „Trotz" und „Furcht", die grollende Baß-Koloratur auf „tobe, Welt", das alles summiert sich zu einem gewaltigen Ausbruch wilder Energie, dem wiederum die Versicherung „Ich steh hier und singe in gar sichrer Ruh", in gleichförmiger Bewegung über ruhendem Baß-Orgelpunkt gesungen, als Zeichen unerschütterter Glaubensstärke gegenübersteht. Diese Variation, das dynamische Zentrum des Werkes, wird von Bach überdies durch ein fugiertes, kunstvolles Nachspiel über ein reich figuriertes Thema hervorgehoben:

Auf die Überwindung der bösen Mächte folgt mit der vierten Choralstrophe die Absage an die Welt: „Weg mit allen Schätzen." Der Sopran singt ruhig die unveränderte Melodie, aber die Unterstimmen drängen sich mit aufgeregten Rufen „Weg, weg" dagegen an; es ergibt sich ein kontrastreicher, durch die Selbständigkeit und Freiheit der Stimmführung fesselnder Chorsatz, der auch für die Leiden der Welt, für „Elend, Not, Kreuz, Schmach und Tod" ergreifenden Ausdruck findet. Wie an die zweite Choralstrophe, so schließt sich auch an die vierte ein Terzett, dieses Mal von den tiefen Stimmen Alt, Tenor und Baß gesungen. Es spricht in klarem C-Dur und in heiterer Bewegung vom Leben des Geistes, das über den Tod des Leibes triumphiert. Hermann Kretzschmar hat auf die elementare, befreiende Wirkung dieses C-Dur hingewiesen, das keineswegs durch eine lange Pause von dem E-Dur-Schlußakkord des vorhergehenden Chorals getrennt werden dürfe. Der zweite Teil des Satzes steigert den Ausdruck zu lebhafter Freude:

Überraschend ist die phrygische Schlußkadenz, die den C-Dur-Satz in die Dominante von a-Moll ausklingen läßt. A-Moll ist die Tonart der vierten Variation, die sich der Technik des Orgelchorals bedient. Zwei eng zusammengekettete Sopranstimmen, die teils in Terzen parallel gehen, teils sich in Imitationen umspielen, stimmen eine Art von Schlaflied an: „Gute Nacht, o Wesen, das die Welt erlesen." Der Tenor singt eine in gleichmäßigen Achteln schreitende, aus der Umkehrung der ersten Choralzeile entwickelte Unterstimme nach Art eines Pedalbasses; der Alt singt die Choralweise als Cantus firmus, die einzelnen Zeilen durch lange Pausen trennend; der Abschied von der Welt hat schwermütigen Klang. Die letzte Verheißung wird auf die archaisch feierliche Musik des ersten Zwischenspiels gesungen, die hier verkürzt und verändert erscheint; die größte Änderung betrifft den Schluß „Um des willen, daß sein Geist in euch wohnet“, wo der Sopran sich mit einer kurzen, jubelnden Koloratur über den akkordischen Satz emporschwingt. Durch die Wiederaufnahme rundet sich die Variationensuite zur zyklischen Form; die sechste Choralstrophe „Weicht, ihr Trauergeister“, vierstimmig wie zu Anfang gesungen, ist der Abschluß.

Fürchte dich nicht, ich bin bei dir nach Worten des Propheten Jesajas, ist ein Trostgesang, dessen heitere Stimmung sich schon in der lichten Tonart A-Dur ausspricht. Im Gegensatz zu dem kleingliedrigen Organismus der vorigen Motette besteht diese aus einem einzigen, vom achtstimmigen Doppelchor schwungvoll und pausenlos durchgesungenen Satz, dem eine vierstimmige Coda angehängt ist. Dem kurzen Motiv

werden zu den Worten „weiche nicht“ und „ich stärke dich“ ähnlich lapidare Bildungen gegenübergestellt, aber Bach gelingt es, aus diesen thematischen Rudimenten einen rauschenden, reichverzierten Satz zu entwickeln, der ohne Schluß in eine dreistimmige Fuge über ein chromatisches Thema übergeht:

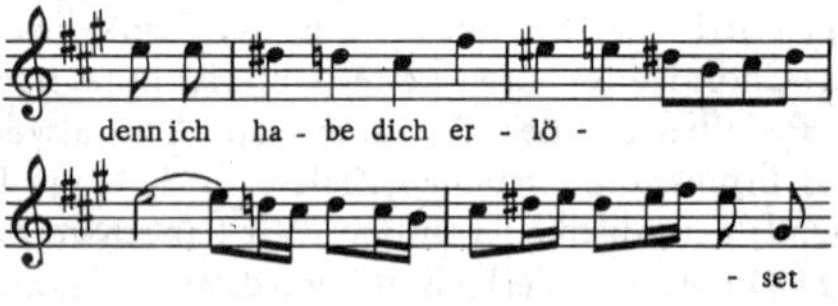

Während das Thema von den Unterstimmen verarbeitet

wird, singt der Sopran darüber die Choralmelodie „Herr, mein Hirt, Brunn aller Freuden! Du bist mein, ich bin dein!" – die Furcht ist besiegt, die Gewißheit der Einheit mit Gott ist errungen.

Komm, Jesu, komm ist ein Gesang der Todessehnsucht und eines der tiefsten und ergreifendsten Werke Bachs überhaupt. Der Text stammt von Paul Tymich, einem 1694 verstorbenen Lehrer der Thomasschule; er ist kein Choral, sondern ein freies geistliches Gedicht, das in zwei Strophen Lebensmüdigkeit und Christusglauben einander gegenüberstellt. Die Motette, die durchgehend achtstimmig gesetzt ist, besteht aus drei ineinander übergehenden Teilen und einer abschließenden „Aria". Der erste Teil, Lento in g-Moll, ist von überwältigender Ausdrucksfülle. Viermal ruft der Chor die Silbe „komm", bevor sich aus den Akkorden mit den Worten „Komm, Jesu, komm" die Melodie loslöst. „Mein Leib ist müde" wird durch lastende Vorhalte ausgedrückt, „die Kraft verschwind't je mehr und mehr" durch eine abwärtssinkende Melodiephrase. Bei „Ich sehne mich nach deinem Friede" beginnt das Melos frei und voll zu strömen, die Musik atmet Hoffnung und Glück; die schöne Episode kadenziert in klarem F-Dur. Aber wieder melden sich die irdischen Mühen mit einem schwerfälligen, durch einen Septimenfall charakterisierten Thema, das, in allen acht Stimmen hintereinander im Abstand eines Taktes einsetzend, die Last des Lebensweges deutlich macht:

Ein Aufstieg der Soprane zum hohen a wirkt wie ein Schmerzensschrei; auf einem Orgelpunkt der Dominante D bleibt der Satz mit der schon früher vorkommenden absinkenden Melodiephrase liegen. Dann bricht unvermittelt in einem Fugato voll drängender Engführungen ein leidenschaftliches Fordern aus, eine Krise der Hingabe, die die Form des demütigen Gebets sprengt; die Rufe „Komm, komm“, mit denen beide Chöre abwechseln, haben fast aufrührerischen Klang. Damit aber ist der Durchbruch zur Heilsgewißheit gewonnen. Der dritte Teil ist ein heiterer Wechselgesang der Chöre in anmutigem Sechsachteltakt:

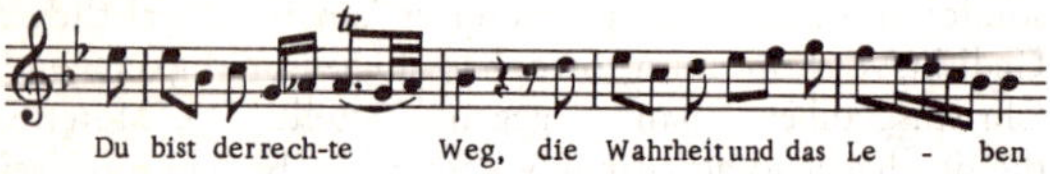

Der modulatorische Weg führt von Es-Dur über c-Moll, g-Moll, d-Moll in ein endgültiges g-Moll. Die zweite Strophe des Gedichts hat Bach als vierstimmige „Aria“ komponiert und wie einen frei erfundenen Choral der Motette angehängt; die Schönheit der Melodie entspricht dem Rang und der Bedeutung des ganzen Werkes:

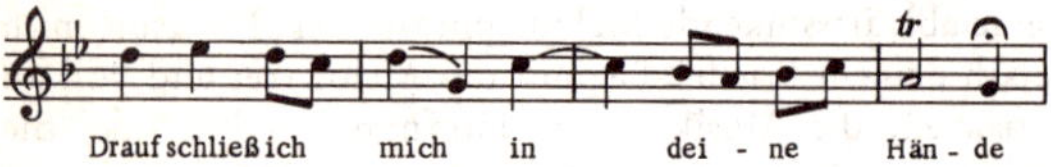

L o b e t d e n H e r r n, a l l e H e i d e n, der 117. Psalm, ist die einzige Motette, die von Bach mit einem selbständigen, vom Chorbaß abweichenden Continuobaß versehen ist, die also die Stütze der Orgel unbedingt verlangt. Dennoch steht gerade diese Motette am festesten in der alten, vorbarocken Tradition, es scheint, daß Bach ihr bewußt archaischen Charakter geben wollte.

Aus einem spröden Dreiklangsthema entwickelt sich ein

brillanter, polyphoner Satz, dem die Stelle „Denn seine Gnade und Wahrheit waltet über uns" als lyrischer, homophon kontrastierender Seitengedanke eingefügt ist:

Ein Alleluja im Dreivierteltakt beendet ein Werk, in dem die geistliche Strenge, aber auch der reine formale Glanz alter liturgischer Musik noch einmal Gestalt werden.

Die Kantate

Die Kantate ist eine Schöpfung des Barock. Die Oper, die Erfindung des endenden 16. Jahrhunderts, stellte dem Chor die von Instrumenten begleitete Einzelstimme gegenüber, das neue, individualistische Prinzip der Monodie trat gleichberechtigt neben die alte, aus dem Gefühl der Gemeinschaft genährte Kultur der Polyphonie. Ähnlich ist die Kantate nicht mehr, wie die Motette, eine rein chorische Form; der Wechsel von Solo- und Chorgesang bestimmt ihren Aufbau, das Orchester ist das Band, das die gegensätzlichen Elemente zusammenhält. Die stilistische Entwicklung der Kantate hält im wesentlichen mit der Oper Schritt. Die Monodie Peris und Monteverdis spiegelt sich in der kirchlichen Form; Rezitativ und Arie dienen dem Ausdruck religiöser Lyrik. Einen bedeutenden Beitrag zur Entwicklung der Kantate hat Heinrich Schütz mit seinen „Geistlichen Konzerten" gegeben; bis zu Bach hin war die Bezeichnung „Konzert" für die Kantate gebräuchlich. Andreas Hammerschmidt (1611/12–1675), Franz Tunder (1614–1667), Matthias Weckmann (1621–1674), Johann Rudolf Ahle (1625 bis 1673), Johann Kaspar Kerll (1627–1693) sind ferner als Kantatenmeister zu nennen.

DIETRICH BUXTEHUDE (1637–1707), der Meister des norddeutschen Orgelbarock, hat die Kantate in den weitberühmten Abendmusiken der Lübecker Marienkirche gepflegt; von seinen 140 überlieferten Kantaten sind heute manche im Kirchenkonzert wieder lebendig geworden. Buxtehudes Kantaten sind durchweg durch lapidare Einfachheit des musikalischen Satzes gekennzeichnet; es ging dem Komponisten nicht so sehr um die

Entwicklung und Steigerung einer musikalischen Form, sondern um die Kraft und Tiefe volkstümlicher Wirkung. Im Fluß des ariosen Melos, im Aufbau und Zusammenschluß der kurzen Sätze zeigen sich italienische Einflüsse. Dennoch lebt auch in den schlichten Kantaten etwas von dem phantastischen und mystischen Geiste, der den Orgelwerken des Lübecker Meisters einen unvergleichlichen, unergründbaren Zauber gibt. Wie als Orgelkomponist, so steht Buxtehude auch als Kantatenschöpfer unmittelbar vor Bach; er hat in der Verbindung von Arie und Choral, von subjektiver Lyrik und liturgischer Symbolik die Form vorbereitet, die Bach unermüdlich variierend mit dem Reichtum seines religiösen Erlebens erfüllt hat. Wenige, zufällig gewählte Beispiele müssen hier genügen, um von der Bedeutung dieses formal in sich gleichartigen, aber durch Erlebnistiefe und Originalität des Ausdrucks vielfältig interessanten Kantatenwerks einen Begriff zu geben.

Fürwahr er trug unsere Krankheit ist eine Passionskantate von bezwingend einheitlicher Stimmungskraft. Die Aufteilung des Vokalparts in Chor- und Einzelstimmen bleibt dem aufführenden Dirigenten überlassen; die Instrumentalbegleitung wird von zwei Violinen, zwei Violen da gamba, Baß und Orgel bestritten. Eine Sinfonie in schweren Mollharmonien, aus abgerissenen, durch Pausen getrennten Motivgliedern gefügt, legt die Trauerstimmung fest; ihren Hauptteil füllt, durch chromatische Harmonien schreitend, der bedeutungsvolle Rhythmus  aus. Im ersten Teil der Kantate übernimmt der Baß als Vorsänger mit einem ausdrucksvollen Arioso die Führung, erster und zweiter Sopran, Alt und Tenor begleiten mit psalmodierenden Einfügungen. Der zweite Teil ist ein ruhig ausschwingender fünfstimmiger Chor von einfacher, wortgezeugter Melodik, der Episoden von schmerzlicher Spannung enthält (Zitat auf S. 84).

E r s t a n d e n i s t d e r H e i l i g C h r i s t, eine Osterkantate, beginnt mit einer Sinfonie, in der wenige feierliche Adagiotakte einen kurzen, fröhlichen Allegroteil umrahmen. Der Baß setzt schwungvoll in volkstümlichem Tone ein:

Die Frauenstimmen singen an den Zeilenenden refrainartig „Halleluja". In der zweiten Strophe übernehmen die Frauen, zweistimmig imitierend, den Text, der Baß folgt mit „Halleluja", von der dritten Strophe an wirken alle in dreistimmigem, locker gearbeitetem Chorsatz zusammen; ein anspruchsloses, wohllautendes Musizieren, das der Osterfreude unbeschwerten, etwas vulgären Ausdruck gibt.

W o s o l l i c h f l i e h e n h i n, ein hochbedeutendes, seit langem gewürdigtes Spätwerk des Komponisten, vertritt den Typus der Choralkantate. Die thematische Substanz gibt die alte, auf Jakob Regnart zurückgehende Liedweise; Choral und freie ariose Formen wechseln miteinander ab. Eine kurze, ausdrucksvolle Sinfonie für

Streicher und Orgel in der Haupttonart g-Moll, durch Echoeffekte unterbrochen, bildet die Einleitung. Das Folgende ist ein Dialog: die irrende Seele fragt, Christus antwortet. Die Seele, eine Sopranstimme, bedient sich der Choralmelodie: „Wo soll ich fliehen hin, weil ich beschweret bin mit vielen großen Sünden?“ Christus, eine Baß-Stimme, erwidert mit einem freien, ausdrucksvollen Arioso: „Kommt her zu mir, alle, die ihr mühselig und beladen seid.“ Deklamation und Melos folgen getreu dem Wortsinn; von hoher Schönheit ist die choralhafte Phrase bei: „So werdet ihr Ruhe finden für eure Seelen“, ergreifend die schlichte Verkündigung: „Denn mein Joch ist sanft, und meine Last ist leicht.“ Schon getröstet, bittet die Seele mit Wort und Melodie des Chorals um Gnade; Christus versichert mit großem Pathos: „So wahr ich lebe, will ich nicht den Tod des Sünders“; bei „Bittet, so werdet ihr nehmen“ belebt sich der Satz, „Klopfet an, so wird euch aufgetan“ wird durch Klopfmotive der Streicher illustriert. Nach einem kurzen instrumentalen Zwischenspiel fügt der Tenor eine lyrische, textlich frei erfundene Meditation ein, die als strophische Arie mit Orchesterritornell ausgeführt ist. Nun findet die Seele den Weg zur Gnade. Die Sopranstimme singt zur Melodie eines zweiten Chorals („Herr Jesu Christ, du höchstes Gut“): „So komm ich nun, mein Gott, allhie in meiner Angst geschritten.“ Der Chor, der erst hier, spät, aber mit überzeugender Wirkung, in Aktion tritt, übernimmt die Melodie anfangs in vierstimmigem akkordischem Satz, dann in freier, aufgelöster Form; ein ekstatisches „Amen“ beschließt das Werk, das bei aller Einfachheit und Kürze in die Tiefe religiöser Mystik greift:

Das Jüngste Gericht, einst als Abendmusik an den Sonntagen um die Wende des Kirchenjahres mit erschütternder Wirkung in St. Marien zu Lübeck aufgeführt, hat lange Zeit hindurch als verschollenes Hauptwerk Dietrich Buxtehudes legendären Ruhm genossen; nach der Wiederauffindung der Partitur im Jahre 1924 ist es möglich, den Eindruck im modernen Kirchenkonzert zu wiederholen. Das seltsame Werk trägt den Untertitel: „Das allererschröcklichste und allererfreulichste, nehmlich Ende der Zeit und Anfang der Ewigkeit, gesprächsweise in fünf Vorstellungen auff der Operen Art mit vielen Arien und Ritornellen in einer musicalischen Harmonia gezeiget." Es besteht aus fünf Kantaten, die nicht zusammen, sondern an fünf Abenden vom vorletzten Sonntag nach Trinitatis bis zum vierten Advent aufgeführt wurden; es ist darum, obgleich es im ganzen betrachtet den Charakter eines Oratoriums hat, seiner musikgeschichtlichen Herkunft und Bedeutung nach in dieses Kapitel einzuordnen. Die fünf Kantaten haben ein gemeinsames Thema, aber keine fortschreitende, zusammenhängende Handlung. Die erste Kantate beginnt – der Text ist vielleicht vom Komponisten selbst verfaßt – mit einem Aufruf an die Menschenkinder, zu wachen und mit der Sünde zu ringen. Die Laster – Geiz, Wollust, Hoffart – stellen sich in charakteristischen Arien einzeln vor und schließen im Terzett: „Laßt uns unsre Kunst verbrüdern und das Teutsche Reich durchgliedern." Die göttliche Stimme, die als Baß-Solo durch das ganze Werk geht, warnt die Menschen mit Worten der Bibel und droht der Verderbnis den Untergang. Der Choral „Man fragt nach Gott dem Herrn nicht mehr" schließt die erste Kantate mit düsterer Ahnung des Gerichtes ab. Die zweite Kantate stellt die böse und die gute Seele als zweiten und ersten Sopran einander gegenüber. Die Reihe der Arien beendet der Chor mit der zweiten Strophe des Chorals „Wie schön leuchtet der Morgenstern". Die dritte

Kantate ist reich an großartigen Chorsätzen. Die Melodie „Vater unser im Himmelreich“ wird vom Chor zu einem dreistrophigen Hymnus geweitet; ebenso bedeutend ist das Schlußstück, eine mehrteilige Fantasie über „Herzlich lieb hab ich dich, o Herr“. In der vierten Kantate werden die Gegensätze weiter geschärft. Die böse Seele berauscht sich in einem fröhlichen Siziliano an der Lust des Gelages, „wenn Krüge und Gläser zum Trinken uns winken, wenn unterm Gejauchze der Lärmen Klarinen uns hundert der niedlichsten Speisen bedienen“, und endet: „Ich kann nicht mehr, ganz voll und toll bin ich gesoffen, o weh, o Kopf, o Herz, ich vergeh!“ Die stammelnde, die Logik der Syntax vernachlässigende Deklamation entspricht der dionysischen Situation. Die göttliche Stimme weckt die Trunkenen mit einem Weheruf, die gute Seele lobt dagegen den Wein der göttlichen Liebe; die dritte und fünfte Strophe von „Wie schön leuchtet der Morgenstern“ sind der chorische Schluß. Die letzte Kantate enthält die Katastrophe des Gerichts. Noch einmal warnt der Chor, aber die böse Seele weist die traurigen Todesgedanken von sich. Und nun bricht mit einem wilden Männerchor und einem Ritornell von fünf Posaunen die Hölle los: „Itzt alles Erfreuen geht itzo zu Grunde, euer der scheußliche Abgrund begehrt.“ „Zu spät“ klagt die böse Seele. Ein Chor von Richtern hält ihr in einem monumentalen Gesange ihr Schuldenregister vor; sie versinkt in der Höllenpein, ein Männerchor von Dämonen begleitet mit grotesken Koloraturen ihren Absturz. Aber die göttliche Stimme preist die Frommen: „Ich will zu euch kommen und euch zu mir nehmen, daß ihr seid, wo ich bin.“ Der Choral „Mit Fried und Freud ich fahr dahin“, durch ein Instrumentalvorspiel eingeleitet und vom fünfstimmigen Chor reich paraphrasiert, ist der ruhige, feierliche Ausklang. Mag das Werk in seiner geistigen Anlage und in seiner musikalischen Form mit manchen zeitbedingten Elementen belastet sein, als barocke Todesvision, als Schöpfung einer geistlich erregten, den dunklen Regionen des Höllenglaubens zugeneigten Phantasie ist es von hoher musik- und kulturgeschichtlicher Bedeutung; ein Dokument des nachklingenden Mittelalters, das nicht nur mit der Seligkeit, sondern auch mit den Schrecken der Religion vertraut war.

JOHANN SEBASTIAN BACH hat der Kantate eine stete und liebevolle Pflege gewidmet; seine Produktion erstreckt sich über alle seine Schaffensperioden von der Arnstädter bis in die späte Leipziger Zeit. Die Kantate, ein fester Bestandteil des Gottesdienstes großer Kirchen, war ihm eine liturgische Kleinform, deren unendliche Variabilität seiner Phantasie unbegrenzten Spielraum ließ und vor allem feine, intime Wirkungen des Satzes, des Ausdrucks und Kolorits erforderte; in seinem Schaffen verhält sich die Kantate zur Passion wie in dem Beethovens die Kammermusik zur Symphonie. Bach hat fünf Jahrgänge von Kirchenkantaten geschrieben, also etwa 300, von denen 199 erhalten sind. Die Texte stammen, soweit sie nicht der Bibel und dem Gesangbuch entnommen sind, von dem Weimarer Konsistorialsekretär Salomo Franck, dem Hamburger Hauptpastor Erdmann Neumeister, dem Leipziger Oberpostkommissarius Christian Friedrich Henrici, der sich Picander nannte, und der Leipziger Offizierswitwe Mariane von Ziegler. Die Kantaten umfassen alle Zeiten des Kirchenjahres und damit die ganze christliche Vorstellungswelt mit ihren Gestalten, Symbolen und Erlebnissen; sie enthalten überdies die persönlichsten, spontansten Bekenntnisse des Komponisten, für die weder in den Werken der absoluten Musik noch in den epischen und kultischen Formen der Passion und Messe Raum war. An Reichtum und Feinheit der musikalischen Mittel stehen die Kantaten nicht hinter den Orgelwerken zurück und gehen weit über alle frühere Vokalmusik hinaus. Der Choral ist die Essenz der Kantatenmusik. Er erscheint als schlichter Chorgesang, als Cantus firmus und Thema kunstvoller musikalischer Satzformen, er durchdringt Arie und Rezitativ. Im allgemeinen ist der Chor der wichtigste Träger des musikalischen Geschehens und der religiösen Verkündigung; Bach hat aber, zum Teil wohl durch äußere Umstände veranlaßt, auch eine Reihe chorloser Solokantaten geschrieben. Da es nicht möglich ist, das gesamte Kantatenwerk hier ausführlich zu behandeln, soll versucht werden, durch ausgewählte, nach der Entstehungszeit geordnete Beispiele einen Begriff dieses Kunstbereichs zu geben, dessen eigentümliche, unvergleichliche Schönheit sich freilich nur dem religiös ergriffenen Gefühl ganz erschließt.

Gott ist mein König (Nr. 71 in der Gesamtausgabe der Bachgesellschaft) ist eine der frühesten Bachschen Kantaten. Sie wurde am 4. Februar 1708 zur Feier des Ratswechsels in Mühlhausen aufgeführt; Textbuch und Stimmen wurden zu diesem Anlaß gedruckt, was keiner anderen Kantate zu Lebzeiten des Komponisten widerfahren ist. Der Text besteht aus Psalmworten und anderen Stellen des Alten Testaments. Bach hat sich bemüht, dem festlichen Anlaß durch eine glänzende, wirkungsvolle Komposition gerecht zu werden. Die Partitur besteht aus sieben Stücken, von denen vier dem Chor zugeteilt sind. Der Chor singt abwechselnd in großer und kleiner Besetzung; Bach schreibt vor „Coro pleno" und „senza ripieni" (ohne Ripienisten). Ein großes Orchester ist aufgeboten: zu den Streichern treten Flöten, Oboen, Fagott, drei Trompeten, Pauken und Orgel. Stilistisch steht das Werk des Dreiundzwanzigjährigen noch den Vorbildern der norddeutschen Schule nahe; die meist kurzen Themen sind von schlichter, etwas eckiger Faktur wie die Buxtehudes, den fugierten Entwicklungen fehlt noch der Zug zur Größe, nur in den Arien ist schon der Atem des Lyrikers Bach zu spüren. Prächtige Klangwirkung entfaltet der von Trompeten und Pauken eingeleitete Anfangschor mit den fanfarenartigen C-Dur-Rufen „Gott ist mein König“ und einer schönen polyphonen Steigerung in der Mitte. Tiefes lyrisches Gefühl erfüllt die folgende Tenor-Arie über die Worte Samuels „Ich bin nun achtzig Jahr, warum soll dein Knecht sich mehr beschweren?“, die vom Sopran durch eine figurierte Choralmelodie kontrapunktiert wird. Höchst charakteristisch ist das Thema der vom kleinen Chor gesungenen a-Moll-Fuge:

Flöten und Oboen begleiten eine Arie des Basses, Trompeten und Pauken spielen die Ritornelle einer Alt-Arie, die Gott als mächtigen Schützer der Landesgrenzen besingt. Dann schlägt die Stimmung um. Es folgt, vom großen Chor gesungen, ein demütiges Gebet: „Du wollest dem Feinde nicht geben die Seele deiner Turteltauben“, und hier, in einem c-Moll-Larghetto, das durch Flöten, Oboen und eine wiegende Begleitungsfigur des Violoncello in dämmernde, verschwimmende Klangfarben getaucht wird, enthüllt sich schon die ganze Tiefe des Bachschen Genius. Der fast monodische, eine kantable Oberstimme tragende Chorsatz hat italienisch weichen Klang, das Spiel der Modulationen ist von bezaubernder Zartheit; c-Moll, Es-Dur, g-Moll, f-Moll werden berührt, bevor der Satz in mildem C-Dur erlösend ausklingt. Der Schlußsatz, der dem neuen Regiment Heil und Segen wünscht, greift auf das festlich lärmende C-

Dur des Anfangs zurück; in den Gesang des großen Chores ist eine barock-gravitätische Fuge des kleinen Chores eingefügt:

Eine Besonderheit der Kantate ist ein instrumentaler Echo-Effekt, der sich am Schluß des ersten Satzes sowie in der Mitte und am Schluß des letzten Satzes findet: die Schlußphrase wird zuerst von Trompeten, dann von Oboen, dann von Flöten allein, also von immer schwächeren Instrumenten, gespielt, so daß der prachtvolle Klangrausch der Chöre am Ende unerwartet ins Nichts zerrinnt; eine Wirkung der Diskretion, deren Absicht, da man ihr keinen komisch-buffonesken Sinn unterlegen kann, sich schwer erklären läßt; vielleicht ist sie so etwas wie ein auskomponierter Nachhall des Kirchenraumes.

Gottes Zeit ist die allerbeste Zeit (Kantate 106, in der Ausgabe der Bachgesellschaft „Actus tragicus" überschrieben) ist eine Sterbekantate, die Bach in Weimar, man weiß nicht zu welchem Anlaß, geschrieben hat. Der Text besteht aus Bibelstellen, die den ewigen Gegensatz von Todesangst und Lebensverheißung zum Ausdruck bringen. Eine elegische Sonatina in Es-Dur für Flöten, Gamben und Baß ist die Einleitung. Der Chor stellt die Worte „Gottes Zeit ist die allerbeste Zeit" wie ein Motto hin und erläutert sie durch eine musikalische Antithese. „In ihm leben, weben und sind wir, so lange er will" ist ein fröhlich eilender Es-Dur-Satz, dem der Nachsatz „In ihm sterben wir zu rechter Zeit, wenn er will" als chromatisch beschwertes c-Moll-Adagio folgt. Das Adagio endet mit einem Halbschluß auf der Dominante, an den die folgende Tenorarie unmittelbar anschließt; die ganze Kantate ist in einem Zuge durchkomponiert, nur der Schlußchoral durch eine Pause abgesetzt. Der Tenor singt: „Ach Herr, lehre uns bedenken, daß wir sterben müssen“, der Baß fährt fort: „Bestelle dein Haus, denn du wirst sterben“; der Chor bestätigt mit einem ungemein eindringlichen, den Raum einer verminderten Septime umgreifenden Thema: „Es ist der alte Bund: Mensch, du mußt sterben.“ Aber der Sopran hält den fatalistischen Stimmen des Alten Testaments das Schlußwort der Offenbarung Johannis „Ja, komm Herr Jesu, komm“ entgegen, Flöte und Gambe intonieren den Choral „Ich hab mein Sach Gott anheimgestellt“. Alle diese Elemente werden in einen langsam schreitenden f-Moll-Satz verschmolzen, der ohne eigentlichen Schluß in eine liebliche Koloratur des Soprans auf die Worte „Herr Jesu“ ausläuft; der Trost ist stärker als die Trauer. Das geistliche Drama geht weiter. Der Alt verkündet: „In deine Hände befehl ich meinen Geist“, der Baß antwortet mit der Verheißung des gekreuzigten Christus: „Heute wirst du mit mir im Paradies sein“, worauf der Alt den Choral „Mit Fried und Freud ich fahr dahin“ anstimmt. Das alles spielt sich ab in lockerer arioser Form über einem in Sechzehntel-Skalen auf- und ablaufenden Continuobaß; erst mit dem Einsatz des Chorals wird der Satz vollstimmig und umspielt den Cantus firmus, wie es in Orgelvorspielen üblich ist. Der Schlußchoral „Glorie, Lob, Ehr und Herrlichkeit“ wird von Orchesterritornellen eingeleitet und unterbrochen. Die letzte Zeile weitet sich zu einer brillanten Fuge aus, die Trauerfeier endet mit Gotteslob; aber an die klangstarke Schlußkadenz des Chores sind zwei Akkorde, Dominante und Tonika, angehängt, von den Instrumenten, Flöten, Gamben und Bässen, piano gespielt: der Klang der Wehmut, mit dem das Ganze begann, hallt über den tröstlichen Schluß hinaus nach. Diese frühe Kantate ist ein Meisterwerk, das im Schaffen Bachs einzig dasteht, nicht nur wegen des rein biblischen Textes, sondern auch wegen ihrer durchkomponierten, improvisatorisch freien Form, die die ungebrochene Einheit der Stimmung verbürgt; der tiefe Ernst und die geistliche Überlegenheit, mit denen der junge Bach das Thema des Todes bewältigte, haben dem Werk besondere Bewunderung und Liebe verschafft.

Ich hatte viel Bekümmernis (Nr. 21), für den dritten Sonntag nach Trinitatis des Jahres 1714 geschrieben, verkörpert einen neuen Kantatentyp. An die Stelle des Bibelwortes tritt eine Zweckdichtung, an die Stelle des durchlaufenden musikalischen Flusses das Formschema der Oper mit ihren geschlossenen Stücken Chor, Rezitativ und Arie. Bach unterwarf sich damit der Zeitmode und dem Publikumsgeschmack, was vielleicht zu bedauern ist; andererseits hat gerade das Spiel mit den gegebenen Formen seine Phantasie angeregt und ihn viele eigenartige Lösungen finden lassen. So sehr sich diese Kantate der Form nach von der vorher besprochenen unterscheidet, so nah steht sie ihr inhaltlich; auch sie ist wahrscheinlich außerhalb ihrer liturgischen Bestimmung als Begräbnisgesang verwendet worden. Sie beginnt mit einer pathetischen Sinfonia in c-Moll; Oboe und Violine konzertieren mit reichem, ausdrucksvollem Figurenwerk über starren, gleichmäßig schreitenden Achtelbässen; kurz vor dem Schluß stockt die Bewegung dreimal auf verminderten Septakkorden, eine dramatische Wirkung, die für die innere Erregtheit des Satzes bezeichnend ist. Das dreimal auf starken Akkorden wiederholte „Ich", mit dem der Chor einsetzt, ist oft als sinnlos getadelt worden. Man darf es als eine Art von musikalischem Motto nehmen; der Halt auf einem Akkord, der den Fluß des Satzes unterbricht, ist ein Effekt, der in dieser Kantate öfter vorkommt. Das höchst charakteristische Thema des ersten Chores hat Bach ähnlich auch für eine Orgelfuge benutzt:

Der Satz „Ich hatte viel Bekümmernis in meinem Herzen“ wird in langer fugierter Entwicklung durchgeführt. Dann folgt, nach einem Einschnitt, auf zwei Adagio-Akkorden das Wort „aber“, und in figurenreichem Vivace lebt sich die gegensätzliche Stimmung aus: „Deine Tröstungen erquicken meine Seele“; der helle Dur-Schluß des c-Moll-Satzes ist gerechtfertigt. Die Sopranarie „Seufzer, Tränen“ und die Tenorarie „Bäche von gesalzenen Zähren“, die auf die traurige Stimmung des Anfangs zurückgreifen, sind von hoher Schönheit. Der Chor fragt in einem kunstlosen, ungemein ausdrucksvollen Adagiosatz: „Was betrübst du dich, meine Seele, und bist so unruhig in mir?“ Nach zwei intermittierenden Akkorden erklingt der Zuspruch: „Harre auf Gott, denn ich werde ihm noch danken.“ Die Fuge, die sich anschließt, darf in der gleichmäßigen Achtelbewegung als Entsprechung zum Anfangschor aufgefaßt werden, so daß sich der erste Teil der Kantate zum geschlossenen Ganzen zusammenfügt:

Der zweite Teil der Kantate beginnt mit einem Gespräch der Seele mit Christus, das als Rezitativ und mehrteiliges Duett breit ausgesponnen wird. Christus hat die zagende Seele getröstet. Der folgende g-Moll-Satz ist ein wundervolles Beispiel tiefempfundener Chorlyrik; in dem gleichmäßig fließenden Melos wird der Choral „Wer

nur den lieben Gott läßt walten" kontrapunktisch verflochten mit dem Text der fünften Strophe: „Denk nicht in deiner Drangsalshitze, daß du von Gott verlassen seist." Der Rest ist Freude. Mit Trompeten und Pauken wird in frohem C-Dur das „Lamm" gefeiert, das Fanfaren-Thema der prächtigen Schlußfuge ist von einer Einfachheit, die man eher Händel als Bach zuschreiben möchte:

Nun komm, der Heiden Heiland (Nr. 61) hat Bach zum ersten Advent des Jahres 1714 in Weimar komponiert und später in Leipzig wiederaufgeführt. Der Anfangschor wurde, was bei Bach selten ist, aus instrumentalem Geiste konzipiert; Bach hat ihm die Form einer französischen Ouvertüre mit der Satzfolge Langsam-Schnell-Langsam gegeben. Im ersten Teil, einem kraftvollen a-Moll-Largo in punktierten Rhythmen, dominiert das nur aus Streichern bestehende Orchester; die Chorstimmen singen einzeln nacheinander die erste Choralzeile hinein und finden sich bei der zweiten zum vierstimmigen Satz zusammen. Im schnellen, mit „gai" überschriebenen Mittelteil übernehmen die Singstimmen in flüssiger Vierstimmigkeit die Führung; die Wiederkehr des ersten Zeitmaßes schließt den eigenartigen Satz mit großer Feierlichkeit ab. Interessant ist das Baßrezitativ auf Worte der Offenbarung Johannis: „Siehe, ich stehe vor der Tür und klopfe an“; es wird von Pizzikato-Akkorden begleitet, die das Klopfen versinnbildlichen. Die Sopranarie „Öffne dich, mein ganzes Herze“ bezaubert durch natürliche, liebliche Melodik. Der kurze, von einem rauschenden Instrumentalsatz begleitete Schlußchor, der die Choralmelodie „Wie schön leuchtet der Morgenstern“ als Oberstimme hat, läßt die Kantate ohne Rücksicht auf die Anfangstonart in fröhlichem G-Dur ausklingen.

In Leipzig hat Bach in den dreißiger Jahren eine zweite Kantate über den gleichen Choral geschrieben (Nr. 62). Den Anfangschor, der in h-Moll steht, trägt ein prächtiger, bewegter Orchestersatz; der vierstimmige Chor wird thematisch aus der Choralmelodie entwickelt, die er in der Oberstimme führt. Von großer Wirkung ist die heroische, koloraturenreiche Baß-Arie „Streite, siege, starker Held“; der Chor beteiligt sich nur noch mit dem schlichten vierstimmigen Schlußchoral. Die beiden Vertonungen, die fast zwei Jahrzehnte auseinanderliegen, machen die Entwicklung der Bachschen Kompositionstechnik deutlich; aber das Werk des jungen Bach kann durch seine Frische und seine formale Prägnanz neben dem reiferen Spätwerk voll bestehen.

Die Elenden sollen essen (Nr. 75), für den ersten Sonntag nach Trinitatis des Jahres 1723 geschrieben, ist die Kantate, mit der Bach sein Amt als Thomaskantor in Leipzig antrat und die, wie berichtet wird, „mit gutem applausu“ aufgenommen wurde. Es ist verständlich, daß er seiner Gemeinde ein eindrucksvolles Bild seiner Kunst geben wollte. Die Kantate ist zweiteilig, reich an verschiedenartigen Formen und an kontrapunktischer Arbeit, dem Chor und sogar dem Orchester fallen dankbare Aufgaben zu. Das Werk beginnt mit einem gravitätisch-langsamen Satz; der Orchesterpart bewegt sich in den punktierten Rhythmen, die für den Stil der französischen Ouvertüre charakteristisch sind, der Chor führt ein schleppendes, sich windendes Motiv durch, das wohl das Textwort „Die Elenden“ versinnbildlichen soll (herbe Dissonanzen wie das Zusammentreffen von fis und g im vierten Takt finden sich in dem Satz auch weiterhin):

Die Versicherung „Euer Herz soll ewiglich leben“ wird dagegen in einem froh bewegten, unmittelbar anschließenden Fugensatz gegeben. Die Tenor-Arie „Mein Jesus soll mein Alles sein“ ist voll innigen Gefühls, die Sopran-Arie „Ich nehme mein Leiden mit Freuden auf mich“ drückt den Gefühlskontrast der Textworte durch einen graziösen Freudenrhythmus in leidvollem Moll aus. Dem vierstimmigen Choral „Was Gott tut, das ist wohlgetan“ ist eine lebhafte, aus der Choralmelodie entwickelte Orchesterbegleitung untergelegt. Eine prächtige Streichersymphonie, in die die Oboen denselben Choral als Cantus firmus hineinblasen, leitet den zweiten Teil ein, aus dem die zuversichtliche, trompetenbegleitete Baß-Arie „Mein Herze glaubt und liebt“ hervorzuheben ist. Derselbe vom Orchester getragene Choralsatz, der am Ende des ersten Teils steht, beschließt auch den zweiten Teil der Kantate.

Die Himmel erzählen die Ehre Gottes (Nr. 76), die Kantate des zweiten Sonntags nach Trinitatis 1723, ist von Bach zugleich mit der vorigen komponiert worden und ähnelt ihr im Aufbau wie eine Zwillingsschwester; auch hier findet sich die Instrumentalsymphonie, freilich ohne Cantus-firmus-Choral, zu Beginn des zweiten Teils, auch hier werden der erste und der zweite Teil von dem gleichen, orchesterbegleiteten Choralsatz – hier „Es woll uns Gott genädig sein" – beschlossen. Die Stimmung des 19. Psalms, eines majestätischen Lobgesangs, erfüllt die Komposition. Aus elementaren Gesangsthemen

und

ist der erste Chorsatz gefügt, den ein rauschender Orchesterpart von Streichern, Oboen und Trompeten begleitet; aus Satzkunst und Klangfülle ergibt sich ein musikalischer Naturhymnus, in dem die Stimmen der Himmel und der Feste widerklingen. Unter den Solostücken sind die anmutige, von der Solovioline begleitete Sopranarie „Hört, ihr Völker, Gottes Stimme", die kraftvolle Trompetenarie des Basses „Fahr hin, abgöttische Zunft" und die ungemein ausdrucksvolle, durch schmerzliche Chromatik und ein eigenwillig aufbegehrendes Baßmotiv charakterisierte Tenorarie zu nennen, die dem hellen Grundklang der Kantate eine weltflüchtige Stimmung gegenüberstellt: „Hasse nur, hasse mich recht, feindliches Geschlecht; Christum gläubig zu umfassen, will ich alle Freude lassen."

Preise, Jerusalem, den Herrn (Nr. 119) wurde 1723 in Leipzig zur Feier der Ratswahl komponiert und im Festgottesdienst am 30. August aufgeführt. So sehr der Text mit seinen Hinweisen auf Stadt und Obrigkeit an den Anlaß gebunden ist, so sehr wächst Bachs Musik über diesen Anlaß hinaus. Die Chöre des Werkes gehören zu dem Prächtigsten, das Bach geschrieben hat; der Ton einer weltlichen Feierlichkeit, die den Glanz barocker Bürgerherrlichkeit versinnbildlicht, hebt sie von Bachs rein kirchlicher Musik ab; das kraftvolle, durch Reibungen der Stimmführung geschärfte C-Dur, das Wagner in den „Meistersingern" wieder angeschlagen hat, klingt hier in ursprünglicher Fülle und Frische. Wiederum hat der Anfangssatz die Form einer dreiteiligen französischen Ouvertüre, in der jedoch der Chor nur den Mittelteil, das Allegro, singt; das umrahmende Grave wird vom Orchester gespielt, das mit Streichern, Flöten, Oboen, Trompeten und Pauken reich besetzt ist. Vielleicht hat diese Sinfonia wirklich den Einzug der Ratsherren in die Kirche begleitet; sie trägt den Charakter eines feierlichen Marsches, punktierte Rhythmen, gewichtige Baßpassagen, fanfarenartige Einschübe der Trompeten und Pauken geben ihr würdevolle Solennität. Der Chor zeichnet sich durch reiche Figuration und Dichte des polyphonen Satzes aus; schon das Thema läßt den Überschwang an barocker Phantasie erkennen, der hier im Spiele ist:

Der Tenor preist das „Volk der Linden", einem Rezitativ des Basses wird durch Trompetenrufe Nachdruck gegeben, eine Altarie feiert die Obrigkeit als Gottes Ebenbild. Dann singt der Chor, wieder in glänzendem, reich figuriertem C-Dur: „Der Herr hat Guts an uns getan, des sind wir alle fröhlich"; wenn gebeten wird, daß Gott lange Jahre im Regimente haushalten solle, erlaubt sich Bach eine drastische Tonmalerei: die langen Jahre werden durch einen drei Takte langen Halt der Chorstimmen angedeutet. Der Schlußchoral, in einfachen Harmonien fast durchgehend Note gegen Note gesetzt, bestätigt noch einmal den weltlich-festlichen Charakter, der der ganzen Kantate eigentümlich ist.

Sehet! Welch eine Liebe hat uns der Vater erzeiget (Nr. 64) ist eine der Weihnachtskantaten des Jahres 1723. Der Anfangschor nach den Worten des ersten Johannes-Briefes ist das gewichtigste Stück des Werkes: eine meisterliche vierstimmige Vokalfuge, in der die Instrumente im wesentlichen nur die Singstimmen verstärken. Das Thema mit dem markanten Quintfall als Kopf, dem wortgezeugten Mittelteil und der weitausschwingenden Koloratur am Ende birgt alle Gegensätze, aus denen sich in der Durchführung ein lebendiger polyphoner Satz ergibt:

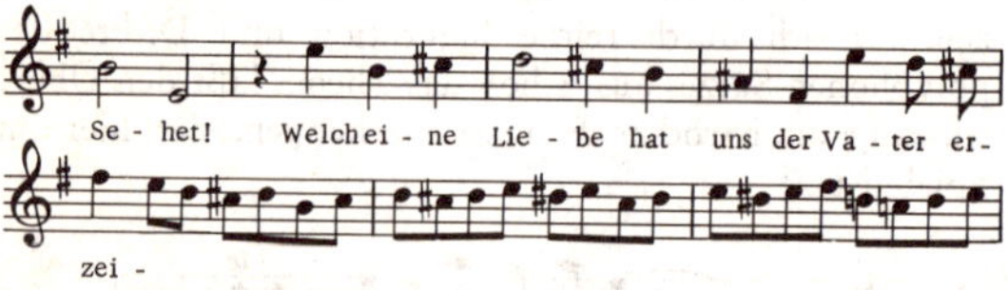

Auf die kunstvolle, in zweistimmig verschränkten Achtelpassagen hinlaufende Fuge folgt unmittelbar die letzte Strophe von „Gelobet seist Du, Jesu Christ" in schlichtem Choralsatz. Ein Altrezitativ, das die Schätze der Welt zurückweist, leitet zum zweiten Choral: der Chor singt „Was frag ich nach der Welt und allen ihren Schätzen" über einer gleichmäßig und gleichmütig fließenden Achtelbewegung des Basses. Eine schöne, durch Tonmalerei fesselnde Sopranarie, ein Baßrezitativ und eine Arie für Alt behandeln weiter die Nichtigkeit der Welt. Mit dem Choral „Gute Nacht, o Wesen, das die Welt erlesen", der fünften Strophe von „Jesu, meine Freude", klingt das Werk aus, das bei aller Einfachheit des Aufbaus doch zu den vollgültigen Dokumenten des Fugenmeisters Bach zählt.

Christ lag in Todesbanden (Nr. 4), die Osterkantate des Jahres 1724, vertritt den Typus der streng choralgebundenen Kantate, den Bach in seiner Spätzeit wiederaufgenommen hat. Hier verzichtet Bach, wohl ergriffen von der erhabenen Größe des Ostergedankens, der den Sieg des Lebens über den Tod und damit das zentrale Mysterium des christlichen Glaubens feiert, auf alle poetische Auslegung und Ausschmückung und zugleich auf das musikalische Rüstzeug der italienischen Oper, auf Rezitativ und Arie. Den Text liefert allein der Lutherchoral, der auf den lateinischen Hymnus „Victimae paschali laudes" und das alte deutsche Lied „Christ ist erstanden" zurückgeht; die musikalische Thematik ist ganz aus der Choralmelodie entwickelt, die innere Einheit des Satzes vollkommen. Damit verbinden sich der strenge Ernst der Textdeutung und der Ton einer düsteren, grotesken Todesphantastik, der aus manchen Partien der Kantate klingt; selten hat sich Bach so entschieden als Gotiker, als Anwalt deutsch-mittelalterlicher Frömmigkeit gezeigt. In sieben Sätzen werden sieben Strophen des Chorals musikalisch behandelt. Die alte dorische Melodie hat Bach durch Erhöhung des zweiten Tones von a zu ais in die moderne Molltonalität übertragen und dem Leittonbedürfnis seines chromatisch orientierten Musikgefühls angepaßt (Zitat S. 102).

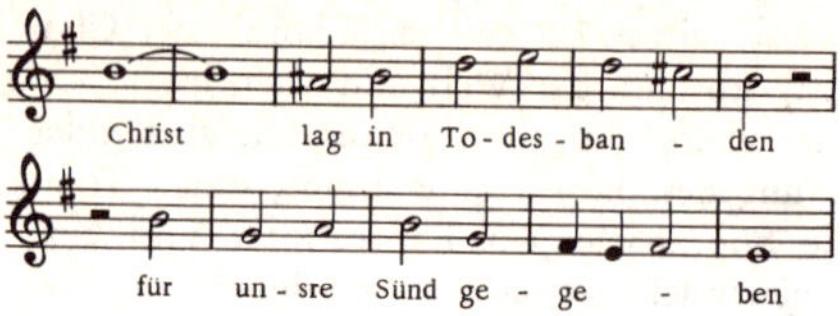

Der Halbtonschritt, den er durch diese Alterierung gewinnt, wird geradezu zum Leitmotiv, das alle Sätze der Kantate durchzieht. Der Anfangschor, dem eine kurze, das Choralthema antönende Sinfonia in e-Moll vorangeht, bringt den Cantus firmus in langen Notenwerten wie eine unantastbare Verkündigung im Sopran; die Unterstimmen begleiten ihn mit einem reich figurierten Themengeflecht. Jede Zeile wird, dem Text entsprechend, anders charakterisiert. Während der ersten Choralzeile schreitet der Baß schwer in trauernder Chromatik. Bei „Er ist wieder erstanden“ wandert ein kurzes Freudenmotiv durch die Begleitstimmen. „Des wir sollen fröhlich sein“ wird durch lustige Koloraturen ausgedrückt:

Die Unterstimmen nehmen jeweils die neue Choralzeile vorweg und variieren sie in dreistimmigem gebundenem Satz, bevor der Sopran gleichsam bestätigend dazutritt. Die Violinen schmücken den Satz überdies durch selbständige Stimmen in Sechzehntelbewegung, die den thematischen Halbtonschritt vielfältig umspielen. Das abschließende Hallelujah wird zu einer selbständigen, in Achtelbewegung hineilenden Fuge, die wie das Frohlocken himmlischer Chöre klingt; das Thema ist aus der letzten Choralzeile gebildet (Zitat auf S. 103):

Die zweite Choralstrophe handelt von der Macht des Todes vor der Erlösungstat des Heilands. Zwei Solostimmen, Sopran und Alt, singen die Choralmelodie in schlichtem Duettieren; Bach wünscht sie durch Trompete und Posaune verstärkt; ein starrer, abwärtssinkender Baß der Orgel symbolisiert, immer wiederkehrend, die unerschütterliche Übermacht des Todes. In der dritten Strophe berichtet der Solotenor, zumeist an die Choralmelodie gebunden, daß Jesus Christus dem Tode die Macht genommen habe; die Violinen begleiten seinen Gesang mit rauschenden, an den Anfangssatz anklingenden Sechzehntelpassagen, in die der Sänger beim „Hallelujah" miteinstimmt. Das eigenartigste Stück der Kantate ist die vierte Strophe „Es war ein wunderlicher Krieg, da Tod und Leben rungen; das Leben, das behielt den Sieg, es hat den Tod verschlungen". Bach malt den mystischen Kampf in einem orgelbegleiteten Chorsatz. Der Alt singt den Choral als Cantus firmus, die übrigen Stimmen umspielen ihn mit skurriler Thematik:

Spitze, stechende Achtelnoten und schlangenhaft sich windende Sechzehntelketten verschlingen sich zu einem dichten Stimmenknäuel; die Schlußzeile „Ein Spott aus dem Tod ist worden" hat in ihrer zerhackten Diktion geradezu gassenhauerischen Klang. Die unheimliche Klangvision scheint von derselben Phantasie eingegeben zu sein, die sich in vielen Höllendarstellungen mittelalterlicher Maler ausgelebt hat; bei Bach tritt diese Nachtseite des religiösen Erlebens nur selten zutage.

Aber auch diesen Teil beendet das Halleluja, das sich beruhigend über den Raum einer Oktave herabsenkt und den sieghaften E-Dur-Dreiklang als Schlußakkord herbeizieht. Nach diesem Kampfgemälde beruhigt sich die Stimmung. Die fünfte Strophe, die vom Kreuzestod Christi erzählt, ist ein zeremonieller, streng gebundener Gesang des Solobasses. Der Sänger singt jeweils eine Choralzeile vor, die die Violinen des Orchesters notengetreu wiederholen, so daß Choral und freies Melos immerfort in beiden Stimmen alternieren; nur bei der Erwähnung des „Würgers Tod" wird das gebundene thematische Spiel durch naturalistische Klangeinschübe unterbrochen. Bedeutungsvoll ist, daß in diesem Passionsgesang der Halbtonschritt des Chorals sich zu der chromatischen Baßlinie erweitert, die im „Crucifixus" der h-Moll-Messe wiederkehrt:

Die sechste Strophe „So feiern wir das hohe Fest", ein Duett von Sopran und Tenor, ist durch punktierte Festrhythmen des Basses und durch Triolenketten der in Terzen- und Sextenparallelen gehenden Singstimmen charakterisiert, wie sie auch im Sanctus der h-Moll-Messe erklingen. Als siebente Strophe erscheint der Choral in reiner Gestalt als vierstimmiger Chorsatz und beschließt das phantastische Tongedicht in liturgischer Einfachheit.

W e i n e n, K l a g e n, S o r g e n, Z a g e n (Nr. 12), die Kantate zum Sonntag Jubilate des Jahres 1724, ist berühmt durch ihren Anfangschor, der als Skizze zum „Crucifixus" der h-Moll-Messe erscheint. Dieselbe chromatisch absteigende Baßlinie, die in der Kantate „Christ lag in Todesbanden" beiläufig auftritt, wird hier, wie in der Messe, als Passacaglia-Thema durchgeführt:

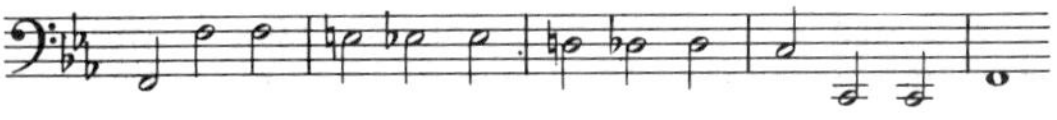

Auch die Anlage des Chorsatzes mit den klagenden Rufen der Einzelstimmen und der dreizehnmaligen Wiederholung des Basses ist bis auf einige Dissonanzverschärfungen der späteren Fassung dieselbe; hier schließt sich ein freier Chorsatz als Mittelteil an, worauf die Passacaglia wiederholt wird. Der Satz ist außer dem Schlußchoral „Was Gott tut, das ist wohlgetan" das einzige Chorstück des Werkes. Zur Einleitung dient eine Sinfonia in der Haupttonart f-Moll, in der die Oboe mit elegisch-lyrischem Melos konzertierend hervortritt; daß hier der Baß in diatonischen Sekundschritten einmal zur Quinte, einmal gar zur Undezime aufsteigt, darf vielleicht als Kontrastidee zum chromatisch absteigenden Baß des Chorsatzes in Beziehung gesetzt werden. Drei charakteristische Arien für Alt, Baß und Tenor, die Alt-Arie wieder mit konzertierender Oboe, vervollständigen die Partitur.

W e r n u r d e n l i e b e n G o t t l ä ß t w a l t e n (Nr. 93), nach 1730 entstanden, ist ein Versuch, das Prinzip der Choralkantate mit einer freien dichterischen Idee zu verbinden. Der Dichter Picander hat dem Komponisten einen Text geschrieben, der die Choralzeilen mit kommentierenden Betrachtungen durchsetzt. Demgemäß läßt Bach ein Baß-Solo mit der Choralzeile beginnen:

und fährt rezitativisch fort: „Sie drücken uns das Herz mit Zentnerpein, mit tausend Angst und Schmerz" und führt diesen Wechsel die ganze Strophe lang durch. Entsprechend behandelt der Tenor die meditierend ausgeschmückte Strophe: „Denk nicht in deiner Drangsalshitze, – wenn Blitz und Donner kracht und dir ein schwüles Wetter bange macht, – daß du von Gott verlassen seist", wobei Bach es sich nicht nehmen läßt, Blitz und Donner im Rezitativ durch anschauliche Cembalofiguren nachzuahmen. Überhaupt hat Bach in dieser Kantate die Allgegenwärtigkeit des Chorals mit besonderen Mitteln angestrebt. Die Thematik der Tenorarie „Man halte nur ein wenig still", eines Scherzo im Dreiachteltakt, ist aus den ersten Noten der Choralmelodie entwickelt. Die vierte Strophe „Erkennt die rechten Freudenstunden" ist als Duett von Sopran und Alt über gleichmäßig bewegtem Continuobaß komponiert; in den dreistimmigen Satz spielen Geigen und Bratschen den Choral als Cantus firmus hinein, die Technik der Orgelbearbeitung wird auf den orchesterbegleiteten Vokalsatz übertragen. Der Chor, dem der Anfangs- und Schlußgesang zugeteilt sind, hält sich streng an den Wortlaut des Neumarkschen Kirchenliedes. Für den Anfangschor hat Bach eine Form gefunden, die dem Grundgedanken dieser Kantate, der Verschmelzung von freier und choralgebundener Thematik, vollkommen entspricht. Zwei Stimmen, Sopran und Alt oder Tenor und Baß, singen jeweils eine Choralzeile in freier, figurierter Form voran, der ganze Chor wiederholt sie sodann als vierstimmig harmonisierten Cantus firmus; erst in den Schlußzeilen durchdringt der Figuralsatz den Choral. Zwei konzertierende Oboen umranken das thematische Spiel mit fließenden Arabesken. Die Auflösung der starren Choralmelodie, ihr immerfort wiederholtes Auftauchen und Wiederverschwinden gibt dem ganzen Werk einen freien, phantastischen Charakter; die ruhige Glaubensgewißheit des volkstümlichen Trostliedes durchweht als Grundstimmung alle Stücke der Kantate, in der sich musikalische Schönheit und Ausdruckskraft zu tiefer Wirkung verbinden.

Ein feste Burg ist unser Gott (Nr. 80), wahrscheinlich für das Reformationsfest des Jahres 1730 komponiert, ist ein Höhepunkt Bachscher Kantatenkunst. Das Glaubenslied des Reformators hat den bedeutendsten Musiker der evangelischen Kirche zu einer Komposition inspiriert, die den Rang eines Manifestes, einer Konfession hat. Das Pathos, das der Dichtung und der gewaltigen Melodie innewohnt, hebt das Werk über die Sphäre der Intimität hinaus, die sonst das Kennzeichen der Kantate ist. Das Wesen dieser Musik ist Größe, sie berichtet von Erhebungen, Kämpfen und Triumphen, die nicht die Einzelseele, sondern die christliche Menschheit angehen; das „Reich", das uns doch bleiben muß, das Reich Gottes, tritt als strahlende Vision vor das innere Auge des Hörers. Bach hatte sich in der Zeit dieser Kantate nach mancherlei Versuchen mit Bibelworten und freier Dichtung wieder dem Choral als ergiebigster Textquelle zugewandt; der Chor ist ausschließlich Künder des Choralwortes, nur in Solostücken mischt sich freie poetische Betrachtung ein. Immer hat man den Anfangschor mit dem Bilde der lutherischen Dichtung einer hochgetürmten Burg verglichen. Mit überwältigender Emphase setzt das Thema der Tenöre ein:

Aus den Durchführungen der einzelnen Choralzeilen ersteht eine Fugenarchitektur, die den Geist der Gotik wiederaufleben läßt. Während die Chorstimmen die Choralmelodie frei abwandeln, spielen Oboen und Bässe, den Klangraum von oben und von unten umgreifend, im Kanon die originale Melodie, als wollten sie den wuchernden Satz mit festen Klammern zusammenhalten; der Schlußton der Bässe wird zum lange ruhenden Orgelpunkt, über dem die Singstimmen kadenzierend ausschwingen. In der zweiten Strophe, einem Duett für Sopran und Baß, schildert das Orchester mit tumultuöser Streicherthematik den Kampf des „rechten Mannes, den Gott hat selbst erkoren". Der Sopran singt den Choral, der Baß, die Stimme Christi, gibt seiner Siegesgewißheit durch frohe Koloraturen Ausdruck. Noch großartiger ist das Bild, das durch die dritte Strophe beschworen wird: ein Schlachtengemälde, das den Aufstand der weltlichen und satanischen Mächte gegen die Gläubigen schildert. Während das Orchester mit grellen Trompetenrufen und grotesk verschlungenen Sechzehntelläufen der Violinen, die am Ende bis in die Baßtiefe hinabgreifen, einen Dämonenkampf entfesselt, singen Männer- und Frauenstimmen des Chores in starren Oktaven die Choralmelodie: „Und wenn die Welt voll Teufel wär und wollt uns gar verschlingen"; die Unerschütterlichkeit des Glaubens kann nicht deutlicher und überzeugender symbolisiert werden. Als Solostücke hat Bach Kompositionen aus der Weimarer Zeit eingefügt, die der Kantate einen Beiklang zarter, jugendlicher Mystik geben; die empfindsame Sopranarie „Komm in meines Herzens Haus" und das volkstümlich schlichte, Alt und Tenor in Terzen und Sexten zusammenführende Duett „Wie selig sind sie doch, die Gott im Munde tragen" fügen sich als Kontrastelemente in das großartige Ganze, das mit der vierten Choralstrophe „Das Wort sie sollen lassen stahn" in monumentaler Einfachheit, in vierstimmiger Harmonie der Sänger und Instrumente ausklingt.

Wachet auf, ruft uns die Stimme (Nr. 140), 1731 entstanden, hat wie die vorgenannte Kantate einen melodisch ungemein scharfgeprägten Choral zum Thema, aber der mystische Text von den Töchtern Zion, die den Bräutigam erwarten, fordert eine andere Behandlung.

Bach hält sich an das Bild, hinter dem der Dichter Philipp Nicolai, dem Gleichnis von den törichten und den klugen Jungfrauen folgend, die Frage der christlichen Bereitschaft verborgen hat; seine Kantate ist ein Gemälde, die Musik wirkt in erster Linie pittoresk, durch die Tonmalerei schimmert die Bedeutung wie durch einen farbigen Schleier hindurch. Der Anfangschor enthält die Essenz des Ganzen: ein Stück voll mystischer Unruhe, voll von drängenden Rhythmen, pochenden Bässen, aufwärtsstrebenden Figuren der Violinen und Oboen; Albert Schweitzer deutet ihn als Schilderung des Erwachens. Der Sopran stimmt die Choralweise an: „Wachet auf" und behält sie das ganze lange Stück hindurch bei. Das Horn begleitet den Cantus firmus; das Bild der Wächter hoch auf der Zinne könnte musikalisch nicht deutlicher gemalt werden. Die Unterstimmen begleiten den Choral auf naturalistische Weise mit abgerissenen Motiven, die wie ein erregtes Durcheinanderrufen klingen. Das in den Text eingeworfene „Alleluja" wird zu einem freien lyrischen Intermezzo; Alt, Tenor und Baß spinnen den Jubelruf in langen Koloraturen aus, der Sopran kommt erst auf dem Höhepunkt dazu. Der Solotenor kündigt in einem Rezitativ das Kommen des Bräutigams an. Ein Duett von Sopran und Baß schildert die Erwartung der erwählten Jungfrau, der die Stimme des Bräutigams gleichsam von fern „Ich komme" zuruft; eine Solovioline begleitet mit graziös-poetischer Figuration. Die zweite Strophe des Chorals singt der Tenor, von der mitgehenden Orgel gestützt, zu einer reigenartigen Melodie, die Geigen und Bratschen im Einklang über ruhig schreitenden Bässen spielen; es ist das Bild des nahenden Hochzeitszuges. Der Bräutigam begrüßt die erwählte Braut, ein Duett von Sopran und Baß feiert die mystische Vereinigung; die dritte Choralstrophe, textlich eine strahlende Vision himmlischer Freuden – „Gloria sei dir gesungen mit Menschen- und mit Engelszungen, mit Harfen und mit Zymbeln schön" –, erklingt in einfachster musikalischer Gestalt, in vierstimmigem Chorsatz.

Gelobet sei der Herr (Nr. 129) ist ein weiteres Beispiel des choralgebundenen Kantatentypus dieser Jahre. Das Gewicht liegt auf dem ersten Chor. Die in den Tönen des D-Dur-Dreiklangs absteigende Choralmelodie

inspiriert den Komponisten zu einem glänzenden, reich figurierten Orchestersatz; die strahlende Grundtonart wird nur selten durch Ausweichungen nach e-Moll und fis-Moll modulatorisch schattiert. Der Chor lobt Gott den Schöpfer, die folgende Baß-Arie Gott den Sohn; eine bedeutende, breit ausgeführte Sopran-Arie, die ein choralhaftes Thema mit großem Aufwand an Vokalkoloratur und imitierender Instrumentalfiguration behandelt, feiert den Geist. Auf eine dritte, dem Alt zugeteilte Arie folgt der Schlußchoral, der mit seiner prächtigen orchestralen Untermalung die rauschende D-Dur-Stimmung des Anfangs wieder anschlägt und dem Ganzen eine schöne Geschlossenheit verleiht.

Ihr werdet weinen und heulen (Nr. 103) ragt unter den späten Kantaten durch Kraft und Schärfe der Ausdruckscharakteristik hervor. Der Text der Dichterin Mariane von Ziegler stützt sich auf die Leidensverkündigungen des Johannes-Evangeliums; Jesus sagt zu den Jüngern, auf seine bevorstehende Passion anspielend: „Ihr werdet weinen und heulen, aber die Welt wird sich freuen; ihr aber werdet traurig sein; doch eure Traurigkeit soll in Freude verkehrt werden." Den zweimal ausgesprochenen Gegensatz von Freude und Trauer hat

Bach in dem großartigen Eingangschor mit starken musikalischen Mitteln herausgearbeitet. Er stellt einem klagenden chromatischen Motiv ein freudig bewegtes innerhalb desselben Hauptthemas gegenüber:

Das Orchester beginnt, da die Freude das Wesentliche, die Trauer vorübergehend ist, sinngemäß mit dem Freudenrhythmus, die Singstimmen verbinden und verschlingen die Themen so, daß oft beide Affekte kontrastierend zugleich erklingen. Eine geniale Eingebung ist die Weise, in der Bach den zweiten Teil des Textes einführt. Der volle Chor endet auf der Dominante fis-Moll, dann singt der Baß allein in freiem ariosem Melos weiter: „Ihr aber werdet traurig sein", als spreche nun Christus selbst zu den Jüngern; nacheinander treten die übrigen Stimmen wieder in fugiertem Satz dazu und führen die Freudenverkündigung, zwar immer wieder mit gehaltenen Tönen der Klage durchsetzt, glanzvoll zu Ende. Ein Tenor-Rezitativ und eine Arie für Alt malen den Stimmungsgegensatz weiter aus. Die Entscheidung bringt eine Tenorarie in D-Dur, der Paralleltonart des herrschenden h-Moll, die mit fanfarenartigen Dreiklangsthemen, Koloraturen und der Versicherung „Mein Jesus läßt sich wieder sehen" zur Freude aufruft; der Chor setzt mit der Melodie „Was mein Gott will, das g'scheh allzeit" das Schlußwort: „Dein kurzes Leid soll sich in Freud und ewig Wohl verkehren."

Gott fähret auf (Nr. 43), die Himmelfahrtskantate des Jahres 1735, ist eine umfangreiche zweiteilige Komposition, deren Text ebenfalls von der Dichterin Mariane von Ziegler stammt. Dem großartigen, von einem Orchester-Adagio eingeleiteten Anfangschor, dessen C-Dur barock-festlichen Klang hat, liegt ein Wort des sechsundvierzigsten Psalms zugrunde: „Gott fähret auf mit Jauchzen und der Herr mit heller Posaune. Lobsinget Gott, lobsinget unserm Könige." Die „helle Posaune" wird gleich zu Beginn des Allegro durch eine melodieführende Trompete, das „Auffahren" durch immer wiederkehrende aufsteigende Achtelläufe der Streichinstrumente illustriert; der Chor singt eine Melodie von hymnischem Schwung:

Die vielstimmig verschlungenen Achtelketten geben dem Satz froh bewegtes Leben, drei akkordisch intonierende Trompeten setzen den Höhepunkten Glanzlichter auf, die Wirkung des Stückes liegt nicht in ausschweifender Länge, sondern in seiner gedrängten Kürze. Ein kurzes Rezitativ des Soprans berichtet mit den Worten des Markus-Evangeliums: „Und der Herr, nachdem er mit ihnen geredet hatte, ward er aufgehoben gen Himmel, und sitzet zur rechten Hand Gottes." Die Phantasie der Dichterin malt die Szene ungemein lebendig aus. Eine Tenor-Arie erzählt von tausenden himmlischer Heerscharen, die den Wagen des auffahrenden Königs begleiten, eine feierlich gestimmte Sopran-Arie gilt der Betrachtung: „Mein Jesus hat nunmehr das Werk vollendet und nimmt die Wiederkehr zu dem, der ihn gesendet.“ Bedeutsam ist vor allem die von einem heroischen Rezitativ eingeleitete Baß-Arie des zweiten Teils, die mit anschaulicher Tonmalerei den Helden feiert, „der ganz allein die Kelter hat getreten, voll Schmerzen, Qual und Pein“; ein Triumphgesang in kraftvollem C-Dur, mit rollenden Koloraturen prunkend, von einer Solotrompete festlich begleitet. Die folgende a-Moll-Arie des Alts spricht dagegen vom Schmerz der irdisch gebundenen Seele: „Ich stehe hier am Weg und schau ihm sehnlich nach.“ Der Chor kommt nur noch in dem Schlußchoral „Du Lebensfürst, Herr Jesu Christ“ zu Worte.

Also hat Gott die Welt geliebt (Nr. 68), für den zweiten Pfingsttag des Jahres 1735 geschrieben, ist eine chorisch reich bedachte Kantate, die gänzlich, auch am Schluß, auf den Choral verzichtet. Der Text ist dem geheimnisvollen Gespräch Jesu mit Nicodemus entnommen, von dem der Evangelist Johannes im dritten Kapitel berichtet, und von Mariane von Ziegler frei in Verse gefaßt worden. Der erste Chor, d-Moll in graziös schwingendem Sizilianotakt, spricht das Glück aus, das der Glaube an Gottes eingeborenen Sohn verleiht: „Wer sich im Glauben ihm ergibt, der soll dort ewig bei ihm leben“, ein idyllisches Stück, voll einer inneren Heiterkeit, die zu den reinsten Klängen der Bachschen Empfindungswelt gehört. Die zwei Arien des Werkes sind einer weltlichen Jagdkantate der Weimarer Zeit entnommen. Die Sopranarie „Mein gläubiges Herze, frohlocke, sing, scherze“ mit einer durchlaufenden Sechzehntelbegleitung des Violoncellos ist als Konzertstück berühmt geworden, die Baßarie läßt ihre ursprüngliche weidmännische Bestimmung gar zu deutlich erkennen. Bedeutsam ist der Schlußchor, der den Text ungeschminkt in der Fassung des Evangeliums bringt: „Wer an ihn glaubet, der wird nicht gerichtet, wer aber nicht glaubet, der ist schon gerichtet, denn er glaubet nicht an den Namen des eingeborenen Sohnes Gottes." Hier schafft Bach, wohl angeregt durch den Gedanken des Gerichtes, einen fast düsteren Kontrast zu dem lieblichen Eingangschor. In gemeißelter Thematik, in archaischem motettischem Satz, der von den mitgehenden Instrumenten nur selten um selbständige Stimmen bereichert wird, singt der Chor:

– ein strenges, drohendes Schlußwort, das auch durch den finalen D-Dur-Dreiklang nicht gemildert, sondern eher verhärtet wird.

Bleib bei uns, denn es will Abend werden (Nr. 6) ist die Kantate des zweiten Osterfesttages 1736, ein intimes Musikstück von milder, abendlicher Stimmung. Dem Text liegen die Worte der Jünger zugrunde, die auf dem Wege nach Emmaus dem auferstandenen Herrn begegneten und ihn baten, nicht von ihnen zu gehen; die Meditationen der Rezitative und Arien deuten die Symbolik der Szene mit dem Kontrast von Erdendunkel und Gotteslicht ins Allgemeine. Der erste Chor, das bedeutendste Stück des Werkes, ähnelt im Klang dem Grabgesang, der die Matthäuspassion beschließt:

Die Abendstimmung wird mit Todeslyrik verquickt, aber das musikalische Bild bleibt zwingend anschaulich. Der liedhafte Satz in Dreivierteltakt wird durch ein sanft drängendes Fugato unterbrochen, das von langen, sehnsüchtigen Rufen „Bleib bei uns" durchzogen ist:

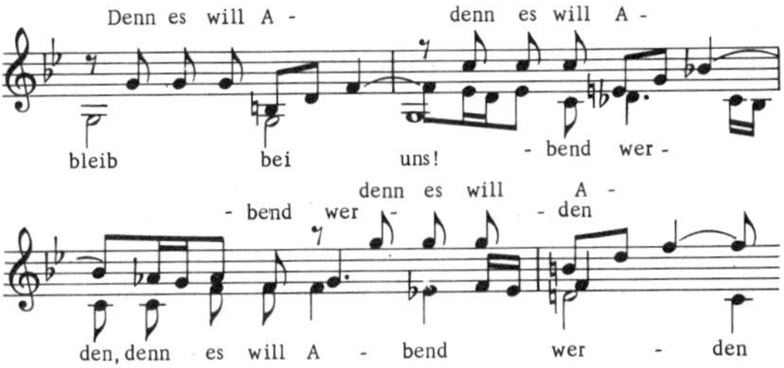

Am Ende dieses Teiles vereinen sich alle Stimmen in ausgehaltenen Oktaven zu der Bitte „Bleib bei uns". Dann setzt die sanfte Melodie im Dreivierteltakt wieder ein; der C-Dur-Dreiklang am Ende wirkt wie ein mildes Licht in der Abenddämmerung. Auf eine Altarie folgt ein rätselhaftes Stück: der Tenor singt den Choral „Ach bleib bei uns, Herr Jesu Christ" zu einer lebhaften konzertierenden Begleitung des Violoncellos. Ob Bach mit den Passagen des tiefen Streichinstruments das Drohen nächtlicher Dämonen, ob er umgekehrt die mutige Entschlossenheit der christlichen Seele zeichnen wollte, ob er sich einfach eine brillante musikalische Wirkung gestattet hat, ist schwer zu entscheiden. Auf eine zweite Tenorarie folgt der Schlußchoral, der mit der Bitte „Beschirm dein arme Christenheit" das Werk in g-Moll dunkel, wie es begonnen, ausklingen läßt.

Mache dich, mein Geist, bereit (Nr. 115), für den zweiundzwanzigsten Sonntag nach Trinitatis des Jahres 1736 geschrieben, verkörpert den Typus der Choralkantate, zu der Bach nach langer Bemühung um freiere Formen in diesem Jahre endgültig zurückkehrte, wohl weil sie ihm zum Ausdruck strengen kirchlichen Geistes am geeignetsten erschien. Das Hauptgewicht liegt in diesen Werken meist auf dem Anfangschor, der als kunstvoll ausgeführte, von einem reichen Orchestersatz getragene Choralphantasie erscheint. Der Choral „Mache dich, mein Geist, bereit, wache, fleh und bete", eine Warnung vor der Versuchung der Welt und des Satans, wird vom Chorsopran schlicht und unverziert als Oberstimme gesungen; Baß, Tenor und Alt, motivisch untereinander verbunden, legen einen dreistimmigen Satz darunter. Die einzelnen Choralzeilen sind durch lange Pausen getrennt, die vom Orchester ausgefüllt werden. Der durchgehende Orchesterpart ist das innere Band des Satzes, eine kraftvolle Symphonie in G-Dur, die thematisch nicht auf den Choral Bezug nimmt, sondern ihm kontrastierende Elemente hinzufügt. Während der Gesang eine ängstliche Stimmung ausdrückt, stellt ihm das Orchester ein immerfort wiederholtes, aufwärtsstrebendes Motiv aus Achteln und Sechzehnteln gegenüber, das sich mutig über die Lebensangst zu erheben scheint und dem ganzen Satz trotz drohender chromatischer Mollwendungen der Singstimmen freudig bewegten Charakter gibt. Dem schönen, kirchliche Schlichtheit und musikalische Kunst verbindenden Eingangschor entspricht der Fortgang der Kantate. Zwei ausdrucksvolle Arien, beide in Adagio-Zeitmaß, rufen zum Gebet auf. Der Alt warnt mit einer Wiegenlied-Melodie die schläfrige Seele; erregte Läufe des Orchesters malen das erschreckte Auffahren: „Es möchte die Strafe dich plötzlich erwecken." Der Tenor mahnt in einem herrlichen, von Flöte und Violoncello zart duettierend eingeleiteten und begleiteten Gesang, den Richter um Reinigung von der Sünde zu bitten. Der Choral schließt das Werk mit der Drohung des Endes: „Denn die Zeit ist nicht weit, daß uns Gott wird richten und die Welt vernichten."

Liebster Immanuel, Herzog der Frommen (Nr. 123), eine Epiphanias-Kantate, atmet die mystische Stimmung, die sich bei Bach so oft mit der h-Moll-Tonart verbindet. Die Choralmelodie hat hym-

nischen und zugleich volkstümlich-liedhaften Charakter. Der Anfang der Melodie, der Ruf „Liebster Immanuel", durchzieht in immer neuen Einsätzen, stets zweistimmig in Terzen und Sexten gekoppelt, schon das Orchestervorspiel und wird dann vom Chor aufgenommen; es ist ein Rufen geheimnisvoller, einander überschneidender und ablösender Stimmen, getragen von sanftem Wogen triolischer Rhythmen, als riefe die ganze Welt nach dem Heiland, sich ihm in Liebe zu ergeben. Die fis-Moll-Arie des Tenors von den Schrecken der „harten Kreuzesreise", von zwei Oboi d'amore klagend begleitet, schlägt dunklere Töne an; die tobenden Ungewitter, die den Frommen bedrohen, werden durch wilde Koloraturen gemalt. Die Sopran-Arie „Laß, o Welt, mich aus Verachtung in betrübter Einsamkeit" erhält durch treibende Rhythmisierung und spielerische Flötenfiguren den Charakter fröhlicher, gelassener Weltflucht. Der Schlußchoral, ganz homophon gesetzt, bringt noch einmal die ruhige hymnische Schönheit der Melodie in weicher harmonischer Klangfülle zur Geltung.

Wie schön leuchtet der Morgenstern (Nr. 1) ist ein Glanzstück unter den Choralkantaten der Spätzeit. Der majestätische Anfangschor faßt alle Künste der Choralbearbeitung zusammen. Der Sopran singt ausschließlich den unverzierten Cantus firmus. Die Unterstimmen stehen zu ihm in enger thematischer Beziehung;

so wird die Zeile „voll Gnad und Wahrheit von dem Herrn" nacheinander von Tenor und Alt in halben Notenwerten vorangesungen, bevor sie im Sopran erklingt. Bei den Worten „Lieblich, freundlich" beruhigt sich der Satz, in der Schlußzeile steigert er sich zu ekstatischer Bewegtheit. Lange Zwischenspiele trennen die Gesangszeilen; Hörner geben dem Klangbild Glanz, die durchgehende, die Singstimmen umspielende Sechzehntelbegleitung der Violinen mag man als das Funkeln des Morgensterns deuten. Die Arien für Sopran und Tenor, beide sehr breit angelegt, erfüllt reiner lyrischer Wohllaut; die letzte Strophe des Nicolaischen Chorals, festlich instrumentiert, bildet den Schluß.

Meine Seel erhebet den Herrn (Nr. 10) ist eine Vertonung des deutschen Magnificat, die dem Lobgesang Marias überwältigende Kraft und Größe gibt. Den ersten Chor – in der Tonart g-Moll, die hier nicht dem Ausdruck der Schwermut, sondern der Demonstration majestätischer Würde gilt – beherrscht ein Freudenmotiv des Basses,

das durch zwei Oktaven auf- und absteigt und den ganzen Satz mit dem Ausdruck der Freude und des Außer-sich-Seins durchzieht. Die Choralmelodie wird vom Sopran angestimmt, dann bei der Wiederholung eine Quinte tiefer vom Alt übernommen; beide Male wird sie von der Trompete verstärkt und aus dem ungemein lebhaften Chor- und Orchestersatz hervorgehoben. Durch die Transposition des Chorals ergibt sich für den zweiten Teil des Satzes die Haupttonart c-Moll, aus der sich die breit ausgeführte Coda über einen Orgelpunkt D wieder nach g-Moll zurückwendet. Den Ton ekstatischer Freude behalten die folgenden Stücke bei. Die

Sopran-Arie „Herr, der du stark und mächtig bist" wird beherrscht von einer dem Baßmotiv des Anfangssatzes ähnelnden Sechzehntelfigur des Streichorchesters, die Baß-Arie „Gewaltige stößt Gott vom Stuhl" baut sich auf über einem Tumultmotiv, wie es Bach ähnlich in der Kantate „Ein feste Burg" zur Schilderung der „Welt voll Teufel" verwendet; der Absturz in den Schwefelpfuhl wird durch eine abwärtseilende Skala des Sängers versinnbildlicht, die auf dem tiefen Fis geradezu lautmalend liegenbleibt. Das Duett von Sopran und Tenor „Er denket der Barmherzigkeit" erhält durch den von Oboen und Trompete eingefügten Cantus firmus „Magnificat anima mea" einen strengen liturgischen Zug; der Rat Albert Schweitzers, die Solostimmen vom Chor singen zu lassen, verdient Beachtung. Nach einem ariosen, klangvoll begleiteten Tenor-Rezitativ, das Gottes Treue gegen Abraham rühmt, schließt die Lobpreisung Gottes, des Vaters und des Sohnes, als vierstimmiger Choral die Kantate ab.

Jesu, der du meine Seele (Nr. 78) ist eine Schöpfung der Spätzeit, ein Werk in schwerem, dunklem g-Moll, in dem noch einmal die ganze Inbrunst und Ausdruckskraft der Bachschen Tonsprache beschlossen sind. Den ersten Chor durchzieht ein chromatisch um eine Quarte abwärts gleitendes Motiv, das Bach immer wieder zum Ausdruck von Trauer und Klage verwendet:

Als Baß eröffnet es, sogleich wiederholt, den Satz im Charakter einer Passacaglia, geht dann in die Mittelstimmen über, wird von den Chorstimmen aufgegriffen und variiert; nur der Sopran, durch Oboen verstärkt, schwebt mit der Choralmelodie über dem stark chromatisierten Satzgefüge. Der Text lautet: „Jesu, der du meine Seele hast durch deinen bittern Tod aus des Teufels finstrer Höhle und der schweren Seelennot kräftiglich herausgerissen“; das Herausreißen wird durch verschiedene kleine Sechzehntelmotive, eine energisch aufwärtsdrängende Baßfigur und erregte Bewegung der Singstimmen drastisch dargestellt, wodurch der langsam schreitende Satz in rhythmischen Aufruhr gerät. Ein Duett von Sopran und Alt „Wir eilen mit schwachen, doch emsigen Schritten, o Jesu, o Meister, zu helfen dir“ ist in unablässig eilender Bewegung. Eine pittoresk begleitete Tenorarie spricht vom beherzten Streit gegen den Herrn der Hölle, ein dramatisches Baß-Rezitativ stellt der bedrohlich aufsteigenden Vision des Gerichts die rettende Liebe und den Gedanken an das Blut Christi entgegen. Die Modulation ist von g-Moll über Es-Dur in ein düsteres c-Moll gelangt; im ernsten, heroischen c-Moll einer Baß-Arie schwingt die schwermütige Stimmung aus. Der Schlußchoral „Herr, ich glaube, hilf mir Schwachen, laß mich ja verzagen nicht“ führt in die Haupttonart g-Moll zurück.

Du Friedefürst, Herr Jesu Christ (Nr. 116) ist die späteste der erhaltenen Bachschen Kantaten; wegen der Anspielung auf ein „erschreckt geplagtes Land“, die sich im Rezitativ findet, hat man sie in das Jahr 1744 datiert, in dem Sachsen von einer preußischen Invasion heimgesucht wurde. Die Bitte an den „Friedefürsten“ leitet das Orchester mit einem frohen, Zuversicht aussprechenden Vorspiel ein:

Die Choralmelodie wird vom Sopran gesungen und vom Horn kraftvoll gestützt. Die Unterstimmen begleiten die erste und zweite Zeile in homophonem Satz; von der dritten Zeile an übernehmen sie die bewegte Thematik des Orchesters, so daß sich ein lebendiges, von Imitationen durchsetztes Klangbild ergibt; erst in der Schlußzeile finden sich die Stimmen wieder zu akkordischem Satz zusammen. Ein langes, stark modulierendes Orchesternachspiel schließt den großartigen, von geistlicher Überlegenheit über weltliche Gefahr zeugenden Chorsatz ab. Eine Alt-Arie „Ach, unaussprechlich ist die Not" ist, ebenso wie die Rezitative dieser Kantate, von ergreifender Ausdruckskraft. Das Terzett „Ach, wir bekennen unsre Schuld und bitten nichts als um Geduld", für Sopran, Tenor und Baß zur Begleitung des Basso continuo, wird durch seine große Länge zum Schwerpunkt des Werkes, eine vierstimmige Choralstrophe bildet den Ausklang.

Nun ist das Heil und die Kraft (Nr. 50) ist als Torso überliefert; wir besitzen nur den Anfangschor einer im übrigen verlorenen, wahrscheinlich der Spätzeit Bachs angehörenden Michaelis-Kantate, aber dieser achtstimmige Doppelchor ist ein so gewaltiges Musikstück, daß er als Musterbeispiel Bachscher Polyphonie die Betrachtung der Kantaten abschließen darf. Die Offenbarung Johannis hat den Text geliefert. Als der Streit Michaels mit dem Drachen entschieden und der Teufel auf die Erde hinabgestürzt ist, ertönt im Himmel eine Stimme: „Nun ist das Heil und die Kraft und das Reich und die Macht unsers Gottes seines Christus worden, weil der verworfen ist, der sie verklagete Tag und Nacht vor Gott." Bach hat den ganzen langen Schriftsatz – nicht gewillt, ihn zu zerlegen – musikalisch in ein einziges, zweiundzwanzig Takte langes Fugenthema gefaßt, dessen erster, kraftvoll deklamierter Teil lautet:

Die Bässe des ersten Chores beginnen in der Tonika D ohne vorbereitendes Vorspiel, im Unisono von den Orchesterbässen gestützt. Tenor, Alt und Sopran setzen jeweils nach sieben Takten ein, während die andern Stimmen das Thema zu Ende singen. Auf dem Höhepunkt dieser Exposition, mit dem achten Takte des Soprans, tritt der zweite Chor mit der harmonisch vollstimmig gesetzten Umkehrung des Themas ein:

Zugleich kommen Trompeten hinzu, die die Originalgestalt des Themas blasen, und Oboen mit aufsteigenden Dreiklangsfanfaren: eine Siegessymphonie für den Erzengel Michael, den Gewinner des mystischen Kampfes. Die zweite Durchführung der Fuge, die von den Bässen des ersten Chores in der Dominante A angestimmt wird, verliert sich in eine zwielichtige, den geschlagenen Dämonen gewidmete Episode, die in fis-Moll kadenziert und abschließt. Nach einer Pause setzt unvermittelt in D-Dur die dritte Durchführung ein: das Thema, akkordisch ausgesetzt, ist im Wechselgesang auf beide Chöre verteilt, Trompeten, Oboen und Pauken begleiten den Einsatz gleichsam mit einem Tusch. Auf dem Höhepunkt singen die beiden Tenorstimmen das Thema zugleich in originaler und umgekehrter Gestalt, während sich die Frauenstimmen mit freudig bewegten Figuren um den doppelten Cantus firmus schlingen. Zu Beginn der vierten und letzten Durchführung wiederholen die beiden Baßstimmen denselben Effekt. Der dichte achtstimmige Chorsatz lockert sich noch einmal bei den Worten „weil der verworfen ist, der sie verklagte“, dann beendet eine kurze, fast brutale D-Dur-Kadenz den Satz, der so, wie er überliefert ist, ein in sich geschlossenes, erhabenes Kunstwerk darstellt, das keiner Fortsetzung bedarf.

Das Weihnachts-Oratorium trägt den Namen, den Bach selbst ihm gegeben hat, nicht ganz zu Recht. Es ist kein Oratorium, keine dramatische Darstellung biblischer Geschichte, sondern eine Erzählung der Christgeburt vermittels des Evangelientextes des Lukas, die von lyrischen Betrachtungen nach der Dichtung Picanders unterbrochen wird, ein episch-lyrisches Gebilde nach Art der Passion. Es war überdies ursprünglich kein geschlossenes Ganzes, sondern eine Zusammenfassung von sechs Kantaten, die Bach im Jahre 1734 für die Weihnachtsfestzeit – das heißt für die drei Weihnachtstage, den Neujahrstag, den Sonntag nach Neujahr und das Epiphaniasfest – geschrieben und im jeweiligen Gottesdienst aufgeführt hat. Das Werk ist also zwar im liturgischen, aber nicht im künstlerischen Sinne eine Einheit, ein Zyklus, dessen Aufführung sich über die schönste Festzeit des Kirchenjahres verteilt. Hinzu kommt, daß Bach einen beträchtlichen Teil der Musik nicht neu für die Illustration der Weihnachtsgeschichte erfunden, sondern älteren weltlichen Werken entnommen und, mit geistlichem Text versehen, „parodiert“ hat; nicht weniger als siebzehn Stücke der Partitur, darunter die großen Einleitungschöre der einzelnen Kantaten und viele bedeutende Arien, entstammen Festkantaten, die Bach zum Geburtstag der Königin und des Kurprinzen von Sachsen und für andere weltliche Anlässe geschrieben und mit dem Telemannschen Collegium musicum aufgeführt hatte. Es mag sein, daß Bach die Weihnachtsgeschichte zum Teil darum vertont hat, um dieser sonst verlorenen Musik nachträglich eine würdigere geistliche Bestimmung zu geben. Es ist fast ein Wunder zu nennen, daß der Hörer nirgends eine Diskrepanz von Musik und Text spürt. Der Jubel der Huldigungskantaten geht in die höhere Freude des Kirchenfestes auf, Weihnachtsstimmung durchdringt die verschiedenartigen Teile und verschmilzt sie zum Ganzen. Gerade dem Weihnachts-Oratorium gehört heute die besondere Liebe der Hörer, seine Aufführung in Kirche und Konzert ist ein unumgänglicher Bestandteil der winterlichen Festzeit. Daß Bach selbst die Kantaten zum Ganzen zusammengestellt hat, rechtfertigt ihre Gesamtaufführung als Oratorium. Da das Ganze für einen Konzertabend zu lang ist, tut man am besten, das Werk zu teilen und je drei Kantaten an zwei Abenden aufzuführen. Singt man alle sechs Kantaten, so sind beträchtliche Kürzungen nötig, die vor allem die Arien betreffen müssen. Nur die erste, zweite und dritte Kantate, das heißt die Weihnachtsgeschichte in engerem Sinne, aufzuführen und auf den Rest zu verzichten, ist die am weitesten verbreitete, aber keineswegs beste Lösung. Entsprechend seiner ursprünglichen Bestimmung als liturgischer Kantatenzyklus ist das Werk hier zu betrachten.

Jauchzet, frohlocket, auf, preiset die Tage, die erste Kantate, berichtet von Joseph und Maria, die nach Bethlehem zogen, und von der Geburt des Kindes. Der Anfangschor, von Pauken, Oboen und Trompeten eingeleitet, von rauschenden Skalen der Violinen begleitet, ist einer der D-Dur-Sätze in kraftvoll akzentuiertem Dreiachteltakt, durch die Bach die höchste Freude auszudrücken liebt. Der Chor setzt nach ausführlichem, brillantem Orchestervorspiel unisono in tiefer Lage mit dem Ruf „Jauchzet, frohlocket" ein; aus den syllabischen Rufen entwickelt sich das Hauptthema, das sogleich in ausgelassener Fröhlichkeit bis zum hohen A emporsteigt:

Das umfangreiche Stück ist in dreiteiliger Liedform nach dem Schema A^1A^2-B-C-A^1A^2 angelegt. Der Hauptsatz erklingt zweimal, er kadenziert das erste Mal in der Dominante, das zweite Mal in der Tonika. Es folgt ein Mittelsatz, der aus zwei thematisch verschiedenen Episoden in h-Moll und fis-Moll besteht, dann wird der Hauptsatz als Dacapo wiederholt. Der Evangelist beginnt die Weihnachtserzählung. Die Altstimme unterbricht ihn mit einem lyrischen, von zwei Oboen begleiteten Rezitativ, das die Erwartung des Heilands ausspricht, und fordert in einer stimmungshaft verhaltenen a-Moll-Arie: „Bereite dich, Zion, mit zärtlichen Trieben, den Schönsten, den Liebsten bald bei dir zu sehn." Der erste Choral ist ein ergreifendes Zeugnis von der Tiefe der Bachschen Religiosität. Das Adventslied „Wie soll ich dich empfangen", ein Gesang froher Erwartung, wird auf die Melodie des Passionschorals „O Haupt voll Blut und Wunden" gesungen, und zwar in der düsteren, in eine bange Frage ausklingenden a-Moll-Fassung, die in der Matthäus-Passion nach dem Verscheiden des Gekreuzigten erklingt. Geburt und Tod sind eins, der Heiland ist, schon bevor er Mensch wird, zum Erlösertode bestimmt; der dunkle Schatten, der in die Weihnachtsidylle fällt, ist mehr als eine künstlerische Kontrastwirkung, er gehört zum Bilde des Kindes in der Krippe, er ist der Hintergrund der Christgeburt, die der Evangelist nun in einem kurzen Rezitativ berichtet. Den Eintritt des Heilands in die Welt begrüßt kein glänzender Jubelchor; die Vision des Stalles von Bethlehem wird in einem schlichten und doch ungemein kunstvollen Musikstück von volkstümlichem Klang aufgefangen, das der ärmlichen Szenerie ebenso wie der Bedeutung des Geschehens entspricht. Oboen und Fagott spielen eine liebliche, in Terzenketten hinfließende Pastoralmusik, zu der der Chorsopran allein den Choral „Er ist auf Erden kommen arm, daß er unser sich erbarm" auf die Melodie „Gelobet seist Du, Jesu Christ" anstimmt, als klinge eine einsame Stimme von fernher durch die Heilige Nacht. Der Solobaß unterbricht den Gesang nach jeder Zeile durch rezitativische Betrachtungen, er deutet wissend und ergriffen den Sinn des tönenden Bildes. Der Choralgesang verklingt mit der frommen Formel „Kyrieleis", die Schalmeien spielen ruhig zu Ende, die Vision erlischt. Eine andere Stimmung schlägt die folgende, von der Solotrompete begleitete Arie an; der Solobaß huldigt mit kraftvoll rhythmisierter, freudiger Melodie dem „großen Herrn und starken König", der der Erde Pracht verachtet. Der Schlußchoral, auf die lutherische Weihnachtsmelodie „Vom Himmel hoch da komm ich her" gesungen, beteuert dem Jesuskind herzliche und zärtliche Liebe; aber in den Ritornellen zwischen den Choralzeilen zeugen festliche Trompetenklänge von der Majestät des Himmelskönigs.

Und es waren Hirten in derselbigen Gegend, die zweite Kantate, wird durch eine ausgedehnte Sinfonia in G-Dur eingeleitet, die zu den schönsten Instrumentalsätzen Bachs überhaupt zählt. Der Sinn des Stückes ist von den Forschern übereinstimmend gedeutet worden; es ist eine musikalische Szene, die in der Art eines Prologs den wesentlichen Inhalt der folgenden Kantate darstellt: die Begegnung der Hirten und der Engel auf dem Felde von Bethlehem. Zwei Themen werden einander gegenübergestellt, ein schwebendes, schwingendes, dem vibrierenden Ton der Streichinstrumente verbundenes, das die Erscheinung der geflügelten Engel versinnbildlicht,

und ein behaglich-ruhiges, dem Schalmeienklang der Holzblasinstrumente zugeteiltes, das die Hirten charakterisiert:

Beide Themen umspielen und umschlingen einander, das Bild der auf- und abschwebenden, vom Glück der Verkündigung berauschten Engel und der gläubig und staunend emporschauenden Hirten wird anschaulich gemalt. Aber wichtiger als die Tonmalerei ist die rein musikalische Schönheit des Stückes, in dem Naturpoesie und religiöse Schau, naive Volkstümlichkeit und mystische Feierlichkeit in graziösem Siziliano-Rhythmus zusammenklingen. Nachträglich kommentiert der Evangelist das Stück, er erzählt von dem Engel des Herrn, der in überirdischer Klarheit zu den Hirten tritt; eine Sechzehntelfigur des Basso continuo, durch einen verminderten Septakkord harmonisiert, drückt ihr Erschauern aus:

Nach dem Ruhepunkt eines eingeschobenen Chorals verkündet der Engel seine Botschaft: „Denn euch ist heute der Heiland geboren, welcher ist Christus, der Herr, in der Stadt Davids." Ein Baßrezitativ und eine koloraturenreiche Tenor-Arie glossieren das Ereignis, bevor der Engel seine Botschaft vollendet und die Hirten zu dem Kinde weist, das in Windeln gewickelt in einer Krippe liegt. Bei diesem Bilde verweilt der Komponist. „Schau hin, da liegt im finstern Stall, dess' Herrschaft gehet überall" singt der Chor auf die Melodie „Vom Himmel hoch". Der Baß wiederholt im Rezitativ die Aufforderung an die Hirten, nach Bethlehem zu gehen, und heißt sie, während das Violoncello eine wiegende Begleitung spielt, dem Kinde ein Wiegenlied singen. Aus der Vorstellung des Wiegenliedes steigt die Vision Marias an der Krippe auf, die das Jesuskind in Schlaf singt; die herrliche Alt-Arie „Schlafe, mein Liebster" wird der Stimmung so ganz gerecht, daß man ihre Herkunft aus einer Huldigungskantate an einen sächsischen Prinzen kaum glauben mag:

Nach dieser langen Abschweifung führt der Evangelist auf das Feld von Bethlehem zurück, wo die Menge der himmlischen Heerscharen erscheint; ihr Gesang ist durch die Kraft der Begeisterung und die gedrängte Fülle des Satzes der chorische Schwerpunkt des Oratoriums. Das Hauptthema, das durch den Aufschwung großer Intervallsprünge charakterisiert ist, wird in dichten Imita-

tionen verarbeitet und von G-Dur über e-Moll nach H-Dur geführt; eine erregte Stakkatobegleitung der Streichinstrumente gibt den Hintergrund. Der Wunsch „und Friede auf Erden" erhält durch dissonante Stimmenüberschneidungen einen seltsam schmerzlichen Klang:

Um so freudiger ist der dritte Teil des Satzes – „und den Menschen ein Wohlgefallen" – gehalten, dessen lebhaftes, fugiertes Thema in langen Sechzehntelketten ausschwingt. Die Reprise des ersten Themas „Ehre sei Gott" schließt den Satz mit großer Klangpracht ab. Der Solobaß als Stimme des Menschen lobt den Gesang der Engel und fordert alle auf, mit einzustimmen. Die Choralmelodie „Vom Himmel hoch" beschließt auch diesen Teil, vom Engelsmotiv im Orchesterbaß getragen, aber die Zwischenspiele werden nicht von Trompeten geblasen, sondern von den Oboen der Hirten mit der Thematik der Sinfonia bestritten, so daß Anfang und Schluß der Kantate in schöner Entsprechung stehen.

Herrscher des Himmels erhöre das Lallen, die dritte Kantate, hat den Weg der Hirten nach Bethlehem zum Inhalt. Der erste Chor ähnelt im Charakter dem der ersten Kantate; auch hier ein D-Dur-Satz in lebhaftem Dreiachteltakt, auch hier der Wechsel von scharfer Wortdeklamation und gebundener Figuration. Anschaulich ist der gemächliche Schritt der aufbrechenden Hirten geschildert; zu ihrem Gesang, der als Kanon in Gegenbewegung anhebt (Zitat auf S. 130),

steht die Sechzehntelbegleitung der Violinen als Ausdruck der erregten Erwartung im Kontrast. Der Chor wendet sich von A-Dur nach cis-Moll und wird, ehe er zum eigentlichen Schluß kommt, vom Solobaß unterbrochen, der den Hirten den Sinn des Geschehens in Bethlehem deutet und damit eine längere Unterbrechung der Erzählung einleitet. Auf den Choral „Dies hat er alles uns getan" folgt ein ausgedehntes Duett für Sopran und Baß von lieblich-graziösem Charakter, das für das Erbarmen des väterlichen Gottes dankt. Dann faßt der Evangelist das ganze Geschehen der Kantate in ein Rezitativ zusammen: Die Hirten finden das Kind in der Krippe und breiten das Wort aus, das ihnen gesagt war; „Maria aber behielt alle diese Worte und bewegte sie in ihrem Herzen." Das ist das Stichwort für die zweite Marienarie, die wieder der Altstimme zugeteilt ist; ein inniger Gesang in affektuosem h-Moll: „Schließe, mein Herze, dies selige Wunder fest in deinen Glauben ein." Der Chor bekräftigt ihre Worte durch einen Choral: „Ich will dich mit Fleiß bewahren." Die Hirten kehren wieder um, ein Choral klingt ihnen nach; dann schließt die Wiederholung des Eingangschors „Herrscher des Himmels" die Kantate ab.

Fallt mit Danken, fallt mit Loben, die vierte Kantate, nimmt nicht nur durch ihre von dem zentralen D-Dur entfernte Tonart F-Dur eine Sonderstellung im Zyklus ein. Auffällig ist auch der weitgehend homophone Stil des von sonoren Hörnern begleiteten Eingangschores, der fast von Gluck komponiert sein könnte. Vielleicht wollte Bach durch die einfache Introduktion von vornherein andeuten, daß diese Kantate keinerlei mystische oder dramatische Sensationen enthält; die „Handlung“, die Beschneidung und Namengebung des Jesuskindes, wird in einem kurzen, unmittelbar auf den Anfangschor folgenden Rezitativ des Evangelisten abgetan, was noch folgt, sind schwärmerische Betrachtungen, die den Namen Jesu verherrlichen; aber gerade in der Freiheit der Zutaten bezeugen sich die Phantasie des Dichters Picander und das religiöse Gefühl des Komponisten Bach. Ein volksliedhaft inniges, in das Rezitativ eingefügtes Duett von Sopran und Baß spricht die Liebe zu Jesus ergreifend aus. In einer Arie des Soprans wird das Gespräch der Seele mit dem Heiland fast spielerisch stilisiert; Jesus antwortet durch eine zweite Sopranstimme als Echo auf die Fragen des ersten Soprans, eine Soloflöte klingt als zweites Echo nach. Die Künstlichkeit der Konzeption wird erklärt, wenn man weiß, daß die Arie ursprünglich in der Kantate „Die Wahl des Hercules“ die Antworten des Orakels auf die Fragen des griechischen Helden enthielt. Ein zweites pathetisches Duett von Sopran und Baß, eine großartige, in Koloraturen hinfließende d-Moll-Arie des Tenors sind weiterhin zu erwähnen. Auch der Schlußgesang „Jesus richte mein Beginnen“ ist weniger ein Choral als eine lyrische, von Ritornellen der Hörner und Oboen unterbrochene Chor-Arie. Diese Kantate macht deutlich, wie nahe Bach der zeitgenössischen Oper stand, sobald er auf das ererbte Stilmittel der chorischen Polyphonie verzichtete.

Ehre sei dir, Gott, gesungen, der Anfangschor der fünften Kantate, ist wieder ein Stück in großem geistlichem Stil: ein rauschender, glänzend instrumentierter A-Dur-Satz in dreiteiliger Dacapo-Form, der die Stimmen bald in kompakten Klängen zusammenführt, bald in Imitationen einander folgen läßt; reizvoll ist der dynamisch verhaltene, in fis-Moll stehende Mittelteil, in den Singstimmen und Instrumente über dem durchgehenden Continuo-Baß abwechselnd eintreten. Die fünfte und sechste Kantate behandeln die Ankunft der Weisen aus dem Morgenlande, denen wohl der musikalische Glanz des Einleitungschores huldigen will, und die Nachstellungen des Herodes; sie sind die dramatischsten Partien des Weihnachts-Oratoriums. Die Weisen werden in direkter Rede nach Art der Turbachöre der Passionen eingeführt. Sie fragen aufgeregt: „Wo, wo, wo ist der neugeborene König der Juden?" und fahren lebhaft fort: „Wir haben seinen Stern gesehen im Morgenlande." Ein Choral „Dein Glanz all Finsternis verzehrt" und eine Arie des Basses, der um Erleuchtung der „finstren Sinnen" bittet, sind eingeschoben. Dann berichtet der Evangelist von der Furcht des Herodes, der die Hohenpriester und Schriftgelehrten nach dem neuen König fragt; die alte Weissagung „Und du Bethlehem im jüdischen Lande bist mitnichten die Kleinste unter den Fürsten Juda" wird durch einen schlicht-feierlichen, gebundenen Satz aus dem Rezitativ hervorgehoben. Dem Prophetenwort wird ein musikalischer Kommentar beigegeben, ein Terzett, das Erwartung und Erfüllung dramatisch kontrastiert. Leise und zaghaft singen Sopran und Tenor: „Ach, wann wird die Zeit erscheinen?" Laut, mit energischer Deklamation unterbricht sie der Alt: „Schweigt, er ist schon wirklich hier." Die Kantate endet schlicht mit einem vierstimmigen Choral.

Herr, wenn die stolzen Feinde schnauben, die sechste, in die Haupttonart des Zyklus D-Dur zurückkehrende Kantate, gibt dem Ganzen eine dramatische Schlußsteigerung. Der erste Chor nutzt die Situation zu einem temperamentgeladenen, von heroischen Trompeten begleiteten Gesang des Trotzes und der Zuversicht (Zitat auf S. 133). Ein Rezitativ des Soprans schilt die ohnmächtige Bosheit des Herodes, die folgende Sopranarie huldigt mit anmutiger Melo-

die der Übermacht Gottes. Mit dem Besuch der Weisen an der Krippe zu Bethlehem und ihrem Traum, der sie auf anderem Wege, ohne Herodes wieder zu begegnen, in ihr Land zurückkehren heißt, endet der Bericht des Evangelisten. Eine kantable h-Moll-Arie des Tenors hält die Stimmung des Triumphes über das Böse fest, ein rezitativisch schlichtes Quartett der Solostimmen faßt sie zu einem letzten Bekenntnis zusammen: „Was will der Hölle Schrecken nun, da wir in Jesu Händen ruhn." Am Ende steht eine Choralfantasie, die die Wirkung der Schlußstücke der ersten und zweiten Kantate großartig überbietet. Die Melodie ist der Passionschoral „O Haupt voll Blut und Wunden"; die Weihnachtsgeschichte endet mit der Ankündigung des Kreuzestodes. Aber nun erklingt die Melodie in kraftvollem D-Dur. Sie ist in ihre einzelnen Zeilen zerlegt, aber die Zwischenspiele werden nicht von einzelnen Instrumenten, sondern vom ganzen Orchester in rauschender Sechzehntelbewegung ausgeführt. Die letzten Worte sprechen die Gewißheit aus: „Bei Gott hat seine Stelle das menschliche Geschlecht."

Passion und Historie

Die Passionserzählung hat im christlichen Gottesdienst von alters her unter den liturgischen Evangelienlektionen eine besondere Stellung eingenommen. Schon im 13. Jahrhundert kam der Brauch auf, die Lesung der Leidensgeschichte auf verschiedene Stimmen zu verteilen: Der Diakon trug, in stimmlicher Mittellage, den Bericht des Evangelisten vor, ein anderer Kleriker sang in tieferer Lage mit größerer Feierlichkeit die Worte Jesu, ein dritter, in höherem und lebhafterem Tone, die Reden der Nebenpersonen. Als man überdies die Äußerungen des Volkes, der Hohenpriester und Soldaten zum Chor verstärkte, als den „Soliloquenten" die „Turba" gegenübertrat, war der Umriß der musikalischen Passionserzählung, wie er bis zu Schütz und Bach gültig blieb, im wesentlichen gegeben.

Die Entwicklungsgeschichte der Passion ist nichtsdestoweniger reich an Spielarten und Formen, die die verschiedenartigen, sich reicher ausbildenden musikalischen Mittel in den Dienst der Leidensverkündigung stellten. Die ursprüngliche, älteste Vortragsart ist die deklamatorische Form des gregorianischen Choralgesangs, der Accentus (im Gegensatz zum Concentus, der lyrisch gesteigerten Form der Gregorianik): eine getragene, einstimmige und unbegleitete musikalische Rezitation auf wenigen Tönen in festgelegten, einfachen Intervallen. Die Passionsvertonung, die sich überwiegend einstimmig, an Chorstellen zu harmonisch schlichtem vierstimmigem Satz gesteigert, des gregorianischen Choraltons bedient, wird als Choralpassion bezeichnet. Im Gegensatz zu ihr entstand im 16. Jahrhundert, hervorgerufen durch die stetige Bereicherung der musikalischen Mittel, eine Form, die die Mehrstimmigkeit der Motette zum Prinzip des musikalischen Vortrags machte. Der Chor wurde zum

Erzähler. In polyphonem, meist vierstimmigem Chorsatz wurde die ganze Erzählung einschließlich der Reden Christi und der übrigen Personen abgesungen; der lyrische Geist der Musik triumphierte über den episch-dramatischen Gehalt des Wortes, die Motettenpassion wurde eine der bedeutungsvollsten Schöpfungen des Chorzeitalters auf der Wende zwischen Renaissance und Barock. Als ausgleichende Zwischenform ergab sich eine Vertonungsart, die den epischen Bericht und die Worte der Einzelpersonen von Solostimmen in Anlehnung an die gregorianische Choralrezitation oder in freier rezitativischer Form vortragen ließ, die Turba-Chöre aber zu kunstvollem polyphonem Satz ausarbeitete; man hat diesen Typus, der vor allem durch die Schützschen Passionshistorien repräsentiert wird, als dramatische Passion bezeichnet. Die späteste und reichste Form, die alle Mittel der universalen Musik – den Instrumentalklang, die Arienform der Oper, den reichen Chorsatz des Oratoriums, den Choral der evangelischen Kirche – einbezog, ist die oratorische Passion; sie ist durch Johann Sebastian Bach zur Vollendung und Krönung der gesamten Gattung gemacht worden.

Die Auswahl der Evangelientexte war durch alten liturgischen Brauch festgelegt; alle vier Evangelien wurden während der Karwoche rezitiert, dem Karfreitag war das Johannes-Evangelium vorbehalten. Schon früh bildete sich aber eine Textform heraus, die die Berichte der vier Evangelisten untereinander vermischte – vor allem wohl, um die sieben Worte des Erlösers am Kreuz vollständig zitieren zu können; dieser kombinierte Text wird als „Evangelienharmonie“ bezeichnet. Die lyrischen Einlagen der oratorischen Passion waren gereimte Meditationen geistlicher Poeten. In späterer Zeit, im beginnenden 18. Jahrhundert, ging man zuweilen ganz vom Bibeltext ab und ersetzte ihn durch freie, gedichtete Erzählung.

Neben der Passion entwickelte sich die musikalische Historie auch auf der Grundlage anderer Stoffe, vor allem als Historie von der Geburt und von der Auferstehung Christi, als Weihnachts- und Oster-Oratorium. Wenn diese Formen auch nicht die Bedeutung erreichten, die das dogmatische und liturgische Gewicht der Leidensgeschichte den Passionsmusiken zuerteilte, so hat doch vor allem die Weihnachtsgeschichte charakteristische, poetische und mystische Vertonungen erfahren, die, da sie sich der gleichen rezitativischen und chorischen Mittel bedienen, im Anschluß an die Passion zu behandeln sind.

Die dramatische und motettische Passion der Frühzeit

JOHANNES WALTER (1496–1570), der Freund und Mitarbeiter Martin Luthers, in Dresden und Torgau wirkend, hat drei Passionen nach Matthäus, Johannes und dem Text der Evangelienharmonie geschrieben, die den Typus der deutschen dramatischen, aus dem Choralton entwickelten Passionsvertonung geprägt haben. Bedeutsam ist in diesem Sinne – als einfaches, schlichtes Urbild – vor allem das früheste der drei Werke, die Matthäuspassion von etwa 1530. Die liturgischen Formeln der Evangelienlektion gelten für die Rezitative ebenso wie für die Chorsätze. Der Evangelist stützt sich auf den Dominantton c, Jesus auf das um eine Quinte tiefere f, die übrigen Soliloquenten streben vom c zum höheren f empor; die Intervallbewegungen der Stimmen beim Anheben und Schließen, bei Absatz und Frage sind formelhaft bestimmt. Die vierstimmigen Chorsätze ruhen ebenso monoton auf dem F-Dur-Dreiklang. Sie sind monodisch Note gegen Note gesetzt und, ohne Takteinteilung in modernem Sinne, als mehrstimmiges Psalmodieren nach dem Wortrhythmus vorzutragen. Sie verzichten noch gänzlich auf dramatische Charakterisierung, auf Ausdruck von Gefühlen und Tonmalerei; es wirkt nur der liturgische Geist der Musik selbst, die Kraft des streng gebundenen, rezitativischen Melos und der reine Klang einfacher, ruhender Harmonie.

SAMUEL BESLER (1574–1625), Kantor in Breslau, hat Walters Matthäus-Passion, die sich fest im kirchlichen Gebrauch hielt und von Zeit zu Zeit modernisierende Umformungen erfuhr, grundlegend umgearbeitet, und seine Neufassung von 1612 läßt die Entwicklung der musikalischen Ausdrucksmittel erkennen. Jetzt wird die Erzählung von kurzen Chorgesängen, Ankündigung und Danksagung, umrahmt. Die melodischen Formeln des Rezitativs sind wesentlich bereichert, der Bericht ist lebendiger, ausdrucksvoller geworden. In den Chorsätzen ist das Prinzip des monodischen Psalmodierens nicht mehr unbedingt herrschend. Die Frage der Jünger „Herr, bin ichs?“, die Walter im Rezitativ abtat, wird zu einem Nacheinander aufgeregter Einzelstimmen, „Laß ihn kreuzigen“ ist ein Durcheinander langgezogener Rufe, das sich erst nachträglich zum akkordischen Satz bindet; oft wird der schlichte Satz durch melodische Floskeln der Ober- und Mittelstimmen bereichert. Man spürt, wie die erregte Lebensstimmung des Frühbarock in das starre Gefüge der liturgischen Kunst eindringt, wie der Kunst eines Heinrich Schütz der Boden bereitet wird.

MELCHIOR VULPIUS (um 1570–1615), Kantor und Lehrer in Weimar, hat sein Meisterwerk, eine Matthäus-Passion, im Jahre 1613 veröffentlicht. Auch er knüpft an die alte Choralpassion an, er läßt den Evangelisten im Lektionston psalmodieren und unterbricht den Bericht durch kurze, an die Grundtonart F gebundene Turba-

Chöre. Aber seine harmonischen Mittel sind schon reicher, der Klang ist farbiger. Es gibt Episoden von packender Kraft der Charakteristik. Die zwei falschen Zeugen singen einen kleinen imitierenden Duettsatz. Der Schrei nach Barrabas und der Ruf „Laß ihn kreuzigen" sind sechsstimmig ausgesetzt, wohl um die Macht und Fülle des Geschreis der Menge anzudeuten. Der Schlußchor klingt aus in ein melodisches Arabeskenspiel, das durch alle vier Stimmen geht und den Satz in eine lyrische Schwingung versetzt, welcher erst die starre Kadenz Einhalt gebietet. Auch hier melden sich schon Vorboten des kommenden Ausdruckszeitalters. Aber noch trüben sie nicht die verklärte Reinheit des Klanges, noch gilt das strenge Gesetz der liturgischen Kunst, aus deren Reich menschliche Leidenschaften verbannt sind.

JOACHIM VON BURCK (1546–1610), als Blasius-Organist in Mühlhausen in Thüringen wirkend, lieferte mit seiner Johannes-Passion von 1568 einen der frühesten Beiträge zur Form der deutschsprachigen Motettenpassion, die in den lateinischen Werken von Lengueval, Resinarius, Gallus und Gesius ihre Vorgänger und Begleiter hatte. Die Motettenpassion, die auf die von der kirchlichen Tradition überlieferte Rezitation der Solostimmen verzichtete und den gesamten Evangelienbericht in fortlaufenden polyphonen Chorsatz umschmolz, war naturgemäß die freiere, musikalisch reichere, den Zeitströmungen in höherem Grade aufgeschlossene Form der Passionskomposition. Sie machte eine schnellere, bewegtere Entwicklung durch als die wesentlich konservative, liturgisch gebundene Choralpassion, sie spiegelte den ganzen künstlerischen Reichtum des polyphonen Chorzeitalters wider, sie war aber auch mit dem Ende dieses Zeitalters, um die Mitte des 17. Jahrhunderts, zum Untergehen verurteilt. Das Werk von Burcks ist eine schlichte, streckenweise in gleichförmigen Wortrhythmen psalmodierende Chorerzählung. Die Harmonik ist einfach, Frauen- und Männerstimmen wechseln oft in zweistimmigen Sätzen ab, die Worte Jesu werden meist von den Männerstimmen gesungen. In dem Chorsatz steckt viel dramatisches Leben. Die Dornenkrone wird durch Mollwendungen und gewaltsame Sprünge der Baßstimme als Schmerzsymbol hervorgehoben, der Spott der Kriegsknechte durch leichtfertige triolische Rhythmen gekennzeichnet, der Ruf „Kreuzige“ wird durch Taktverschiebungen und Pausen zum wirren Geschrei, der Tod des Heilands ist mit äußerster Schlichtheit als Erfüllung des Leidensschicksals akzentuiert. Die Möglichkeiten, die die reine chorische Form bietet, sind schon hier angedeutet.

LEONHARD LECHNER (um 1553–1606), der ausdrucksgewaltige Lyriker, Schöpfer von Messen und Psalmen, Liedern, Canzonen und Villanellen, hat als Spätwerk aus dem Jahre 1593 eine Johannes-Passion für vierstimmigen Chor hinterlassen, die zu den hervorragendsten Schöpfungen ihrer Gattung zählt. Der große lyrische Atem der Figuralmusik erfüllt die Komposition vom Anfang bis zum Ende, sie wirkt wie eine riesige Reihenmotette, die sich in immer neuen Episoden und Varianten fortspinnt. Der alte Choralton ist zwar auch hier noch als Grundlage der melodischen Diktion der Oberstimme erkennbar, aber er wird immer wieder überspielt von lyrischem Figurenwerk, das den Fluß der Musik gleichsam wogend bewegt. An Tonmalerei fehlt es nicht; wenn die Häscher bei der Gefangennahme vor Jesus zurückweichen und zu Boden fallen, wenn Petrus mit dem Schwert zuschlägt, wenn der Hahn kräht, so findet der Komponist dafür unmißverständliche musikalische Symbole. Die Ausdruckskraft der Musik ist schon zu dramatischer Gewalt gesteigert. Wenn Pilatus den verspotteten Christus dem Volke vorstellt: „Sehet, welch ein Mensch“, so erstarrt der Satz in erhabener akkordischer Ruhe, um gleich darauf mit dem Geschrei „Kreuzige ihn" tobend loszubrechen. Das Gebet des Gekreuzigten „Vater, vergib ihnen, denn sie wissen nicht, was sie tun", die Worte an den Schächer und das „Es ist vollbracht" sind mit einer schlichten Innerlichkeit gesungen, die dem Geist des Johannes-Evangeliums entspricht.

CHRISTOPH DEMANTIUS (1567–1643), in seiner böhmischen Geburtsstadt Reichenberg, in Zittau und Freiberg als Kantor tätig, krönte sein Lebenswerk im Jahre 1631 mit einer in motettischer Form gesetzten Johannes-Passion, deren durchgehend sechsstimmiger, harmonisch ungemein farbiger Chorsatz ganz von der menschlichen Gefühlskraft und dem leidenschaftlichen Ausdruckswillen des Schütz-Zeitalters erfüllt ist. Die Spannung von archaischer Form und innerer Modernität wird zum besonderen ästhetischen Reiz des Werkes. Die Entwicklung, die von der liturgischen Objektivität der Historie zum Erlebnis des religiös-mystischen Dramas führte, hatte ihren Höhepunkt erreicht. Die deutenden und expressiven Züge überwiegen, Realismus und Mystik vermischen sich zu erregendem Zusammenklang. Symbolismus und Tonmalerei sind voll ausgebildet, man darf sogar von einer Kunst des Kolorismus sprechen; die Ausnutzung der tiefen, dunklen Stimmlagen gibt nicht nur den Heilandsworten Gewicht, sondern versinnbildlicht auch die Trauer des Sterbens. Die Harmonik bedient sich aller Reizmittel, die der Dramatiker Monteverdi in die Musik eingeführt hatte; Chromatik, Querstandswirkungen, übermäßige Dreiklänge geben dem Satz Spannung und Leben. Dem Passionsbericht ist eine „Weissagung des Leidens und Sterbens Jesu Christi aus dem 23. Kapitel des Propheten Jesaja" angehängt, eine dreiteilige Chormotette, die das F-Dur der Passion in ein weiches a-Moll ausklingen läßt. Das Werk des Demantius, historisch betrachtet schon ein einsamer Nachzügler, faßt abschließend noch einmal alle Mittel und Möglichkeiten einer Kunstform zusammen, die erst in unserem Jahrhundert, in den Werken von Thomas und Pepping, wieder auferstehen sollte.

Die Historien von Heinrich Schütz

Die Passionen von Heinrich Schütz sind, wie die von Johann Sebastian Bach, endgültige, vollendete, in sich ruhende Schöpfungen, Höhe- und Zielpunkte einer Entwicklung; eine Betrachtung, die sie als schlichtere, anspruchslosere Vorläufer der reicheren Bachschen Formen begreifen wollte, würde an ihrem Wesen vorübergehen. Beide, Schütz und Bach, sind nicht zu vergleichen. Sie sind von einander so verschieden wie die Jahrhunderte, in denen sie lebten, aber beide sind Vollender, Meister eines hohen, konsequent geprägten Stils, beiden gemeinsam ist die Kraft der religiösen Inspiration, die Musik zum Medium der Verkündigung, zum reinen Spiel heiliger Bilder und Erlebnisse macht. Wenn man immer wieder von dem Mystiker Schütz gesprochen hat, so wollte man die geheimnisvolle Ausdruckskraft, die lodernde Gefühlsglut bezeichnen, die er seinen Vokalsätzen einzuhauchen wußte; er hat, wie vor ihm nur der ganz anders geartete Palestrina, den Chor der Menschenstimmen zum sprechenden Zeugen des Wunders gemacht.

Heinrich Schütz, der von 1585 bis 1672 lebte und von 1617 an fünfundfünfzig Jahre lang als sächsischer Hofkapellmeister in Dresden wirkte, steht auf der Grenze der aus dem Mittelalter sich herleitenden Kultur der polyphonen Motette und der neuen, von Monteverdi geschaffenen, ins Barock vorausweisenden Monodie, der Sprache der freien menschlichen Individualität. Seine Unabhängigkeit und Fortschrittlichkeit zeigen sich im Vermeiden liturgischer Formen, in der Ausschaltung des

Chorals, im Vorwiegen expressionistischer Züge und individueller Gestaltungsweisen. Seine Traditionsverbundenheit erweist sich im Festhalten an den alten, von den Venezianern übernommenen motettischen Formen. Auch seine Passionen, Altersschöpfungen des Achtzigjährigen, sind Grenzwerke zwischen Gestern und Morgen, zwischen Tradition und schöpferischer Freiheit. Alt sind die Verwendung der überlieferten Form der dramatischen Passion, die strenge Beschränkung auf den Bibeltext und auf solistisch und chorisch verwendete Menschenstimmen, der Verzicht auf lyrische Zutaten sowie auf begleitende Instrumente, die Beziehung auf Kirchentonarten. Neu ist die Belebung des Evangelisten-Rezitativs durch Elemente der freien Monodie, seine Loslösung aus den Fesseln der starren Choralrezitation. Drei Schützsche Passionsvertonungen – nach Lukas, Johannes und Matthäus – sind überliefert, eine vierte, nach Markus, ist unecht. Schütz schrieb die Lukas-Passion nach 1653, die beiden anderen in den Jahren 1665 und 1666; sie zählen zu den spätesten Arbeiten des Meisters und dürfen als Krönung seines in langen Jahrzehnten gewachsenen und gehäuften Lebenswerkes gelten. Neben den ernsten Passionen aber stehen zwei Werke mehr heiteren Charakters, die glaubensfrohe Auferstehungsgeschichte und die idyllische Weihnachts-Historie. Während die aus dem Jahre 1623 stammende, durch die Verschmelzung alter (die zweistimmig gesetzte Jesus-Partie) und neuer Elemente fesselnde Vertonung der Ostergeschichte heute nur selten aufgeführt wird, hat sich die Schützsche Weihnachtsgeschichte seit der Wiederauffindung der Urfassung in Uppsala im Jahre 1908 durch Arnold Schering große Volkstümlichkeit erworben.

Die Historia von der Geburt Jesu Christi gehört in den Kreis der Schützschen Alterswerke, unterscheidet sich aber vom Stil der Passionen, da sie das instrumentale Kolorit als wichtiges Wirkungsmittel einbezieht und darum als spätes Gegenstück der frühen Auferstehungs-Historie gelten darf. Berücksichtigt man die Meinung Hans Joachim Mosers, daß die chorischen und solistischen Intermedien, die in die Erzählung des Lukas-Evangeliums eingeschoben sind, als Aufzüge im Kostüm dargestellt und musiziert wurden, so wird der Abstand von den Passionsmusiken noch deutlicher: wir haben hier die Musik zu einem Krippenspiel, in der die Naivität und der Märchenzauber des volkstümlichen Weihnachtserlebnisses widerklingen. Das Werk wird heute in einer Fassung gespielt, die aus der Urfassung, dem Erstdruck der Evangelistenpartie von 1664 und einer dritten, von Max Schneider in Berlin gefundenen Partitur kombiniert worden ist. Der Eingang, der zum Teil ergänzt werden mußte, und der Beschluß sind vierstimmige, von Streichern, Fagotten, Posaunen und Orgel begleitete Chöre. Als das eigentlich Neue und Charakteristische seiner Komposition bezeichnet Schütz in seinem Vorwort die Partie des Evangelisten, die nicht im alten Choralton, sondern im neuen, durch begleitende Harmonien gestützten „Stylo Recitativo“ gehalten ist: „Und wird der verständige Director zu des Evangelisten Partey eine gute, helle Tenor-Stimme zu erwehlen und gebrauchen wissen, von welcher die Worte ohne einige Tactgebung mit der Hand nur nach der Mensur einer vernehmlichen Rede abgesungen werden mögen.“ Die musikalische Phantasie des Komponisten lebt sich in den acht von Solostimmen, Chor und einem jeweils charakteristischen Instrumentarium getragenen Intermedien aus. Den Engel, der den Hirten auf dem Felde die frohe Botschaft verkündet, der Joseph im Traum zur Flucht nach Ägypten und zur Rückkehr nach Israel auffordert, begleiten stets gedämpfte, volksliedhafte Violenklänge, er naht sich nicht in himmlischem

Glanze, sondern schlicht und ruhig wie ein Freund. Erst die Menge der Heerscharen, die „Ehre sei Gott" singen, ist von dem klanglichen Glanz umstrahlt, der der weihnachtlichen Vision gebührt; ihr sechsstimmiger, von Streichinstrumenten getragener Chorsatz strömt in Akkorden und weichen Melismen durch einen Kreis verwandter und doch farbig kontrastierender Tonarten; im Spannungsfeld der Haupttonart F-Dur werden B-Dur, D-Dur, g-Moll, c-Moll und C-Dur berührt, die Leuchtkraft der Schützschen Harmonik strahlt in milder Glut. Die Hirten sind drei Altstimmen, deren dritte vom Tenor besetzt werden kann, von Flöten und Fagott mit bukolisch tändelnden Passagen begleitet. Die Weisen aus dem Morgenlande treten als Tenöre auf, mit gemessener Würde von Violinen und Bässen begleitet. Die Rede der Hohenpriester, vier Bässen zugeteilt, erhält überdies durch zwei Posaunen Gewicht und Nachdruck, Herodes singt eine Baß-Arie zur Begleitung zweier Trompeten. In alledem zeigt sich eine Kunst fast dramatischer Charakterisierung, eine lebendige, farbenfrohe Phantasie, die die Geschichte von Bethlehem zur wunderbaren und doch anheimelnden, in ihrer Schlichtheit glaubhaften Idylle macht.

Die Lukas-Passion, „Historia des Leidens und Sterbens unseres Herrn und Heilandes Jesu Christi nach dem Evangelium St. Lukas", ist die älteste der drei Passionen. Sie steht in F, für die Chorsätze wählte Schütz die lydische, durch die übermäßige Quart charakterisierte Tonart, für die Rezitative die ionische, dem modernen Dur entsprechende Tonart. Der Bericht des Evangelisten bleibt hier noch dem alten, die Töne F, A, C umspielenden Choralton nahe; er verharrt in tenoraler Mittellage und enthält sich aller auffällig charakterisierenden Wendungen. Dennoch dürfte auch für ihn gelten, was Schütz dem Erzähler seiner Auferstehungshistorie vorschreibt:

er singe frei und fließend, im Zeitmaß natürlicher, ungezwungener Rede. Der naiv-anschauliche, an lebendig geschilderten Episoden reiche Text des Evangelisten Lukas gibt der Leidensgeschichte den Charakter einer wunderbaren, farbigen Erzählung, die Figuren, Ereignisse und Schauplätze deutlich vor das innere Auge des Lesers und Hörers stellt; die Vorgänge des Abendmahls, Jesu Gebet und die Gefangennahme in Gethsemane, die Kreuzigung sind aus naher Sicht, mit Genauigkeit und Anteilnahme berichtet. Auch in den Worten Jesu überwiegt das konkrete, anschauliche Element; Christus ist, volkstümlicher Vorstellung entsprechend, der Prophet und Wundermann, der von der Herrlichkeit seines Reiches und den künftigen Leiden Israels weissagt. Schütz hat ihm, dem Brauch der alten Choralpassion folgend, die Baßregion zugewiesen. Sein Rezitativ ist, im Gegensatz zu dem des Evangelisten, bei aller feierlichen, den Gottessohn kennzeichnenden Würde ausdrucksgeladen, von großer, aus der Tiefe des Gefühls dringender rhetorischer Gewalt, reich an eigenartigen, bildhaften Wendungen; es moduliert frei zwischen den Bereichen der Kirchentonarten und ist erfüllt von starken, latenten harmonischen Spannungen. Das Gebet in Gethsemane, Ausdruck schmerzlichen, aufrührenden Seelenkampfes, weicht aus der vom Evangelisten fixierten F-Tonart mit einer leidenschaftlichen Wendung in ein modernes g-Moll aus und kehrt, gleichsam resigniert, in die Ausgangstonart zurück:

Bei den übrigen Soliloquenten hat sich Schütz nicht streng an die traditionelle hohe Stimmlage gehalten. Petrus singt Tenor, die Magd und zwei Knechte, die ihn als Jünger des gefangenen Jesus erkennen, sind Sopran, Tenor und Baß. Pilatus, der mit ruhiger, ernster Würde spricht, und der Zenturio sind Bässe, die zwei Schächer Alt und Tenor.

In den dramatischen Chören zeigt sich vor allem das Genie des Komponisten; die kurzen Sätze sind von scharfem thematischem Profil und von einer Treffsicherheit der Charakteristik, die in wenigen Takten die Situation erschöpft. Jede Gruppe der Akteure hat ihr eigenes Gesicht. Die Jünger, anfangs demütig, ruhig in schlichten, klaren Harmonien singend, erregen sich bei der Gefangennahme zu der Frage: „Herr, sollen wir mit dem Schwert dreinschlagen"; ein Durcheinander freizügiger Stimmen, in dem das Wort „Schwert" jeweils durch eine gleichsam schneidende oder schwirrende Figur hervorgehoben ist. Die Hohenpriester und Schriftgelehrten sind durch pedantische Starrheit charakterisiert, die „ganze Schar" des Volkes durch entfesselte Wildheit; der Ruf „Kreuzige ihn" ist mit der Kontrapunktierung von scharf skandiertem Sprechgesang und drohend aufwärtsheulendem Legato-Melos eine beispielhafte Formulierung dieses Wutausbruchs; auch Bach hat sich derselben Mittel bedient:

Die Obersten des Volkes, die den Gekreuzigten verspotten, witzeln in leichtgefügtem Satz, die Kriegsknechte derb und drastisch, die Worte „so hilf dir selber" wie einen Kehrreim wiederholend. Die einzigen Zutaten, die der Komponist, wieder der Tradition folgend, dem Evangelium hinzugefügt hat, sind der Eingangs- und Schlußchor. Der Introitus ist die auskomponierte Überschrift: „Das Leiden unsers Herren Jesu Christi, wie uns das beschreibet der Heilige Evangeliste Lukas.“ Der Satz legt die lydische Tonart, die das moderne Tonalitätsgefühl als Schwanken zwischen F-Dur und C-Dur auffaßt, in breit gehaltenen Akkorden fest. Der Name „Christus“ wird durch eine feierliche C-Dur-Kadenz, der Name „Lukas“ durch ein scharfprofiliertes, einen Oktavsprung umfassendes Tenormotiv, gleichsam einen komponierten Namenszug, hervorgehoben. Der Beschluß, der als Text eine Strophe des alten Passionsliedes „Da Jesus an dem Kreuze stund“ verwendet, ist eine freie, harmonisch weit ausgreifende motettische Fantasie, die die Verheißung der Gnadè durch tröstliche, lichte Durkadenzen unterstreicht.

Die Johannes-Passion ist durch die phrygische Tonart (die Tonleiter e-f-g-a-h-c-d) auf einen elegisch-schwärmerischen Ton gestimmt, wie er dem Geiste des vierten Evangelisten entspricht. Schon die Einleitung wendet sich nach archaischen Quintklängen des Beginns der Sphäre weicher Empfindsamkeit zu, der Schlußchor, der aus der Choralmelodie „Christus, der uns selig macht“ motettisch entwickelt ist, bleibt in dieser milden, durch den Ausklang auf der Dur-Tonika charakterisierten Stimmung. Auch die Rezitative halten ohne jede Ausweichung die Grundtonart ein; der Quintsprung e – h, mit dem der erste Chor beginnt, kehrt zuweilen als

Introitus

Markierung von Abschnitten oder bedeutungsvollen Stellen im Rezitativ des Evangelisten wieder (Zitat S. 148).

Die Worte Jesu werden vom Bassisten leidenschaftslos, mit priesterlicher Ruhe vorgetragen, auch sie verlassen nicht den tonalen Raum; so herrscht im gesamten Bericht der Eindruck düsterer Monotonie. Petrus und Pilatus sind Tenöre, die Magd Sopran, des Hohenpriesters Knecht Baß.

In den Chören liegt das dramatische Leben des Werkes. Gerade in der Johannes-Passion sind sie von suggestiver Bild- und Ausdruckskraft und, bei aller Kargheit des klanglichen Aufwands, von fast romantischer Dämonie. Jeder Satz ist ein dramatisches Epigramm, jede Situation eine packende Szene. Die Häscher, die zur Nachtzeit mit Fackeln und Waffen kommen, um Jesus gefangenzunehmen, sprechen lauernd, mit verhaltener Stimme, ihre Antwort auf die Frage: „Wen suchet ihr?" hat unheimlichen, fahlen Klang. Die Chöre der Juden vor Pilatus sind charakterisiert durch plappernde, hektische Erregtheit. Die Kriegsknechte, die Christus verhöhnen, begrüßen ihn übertrieben zeremoniell und brechen mit den Worten „Lieber Judenkönig" gleichsam in spöttisches, böses Gelächter aus. Der Ruf „Kreuzige ihn" erklingt einmal in langen, gebundenen Melismen, in einer Art von wiegendem Tanzrhythmus, ein zweites Mal hart und schwer, Silbe für Silbe laut hervorgestoßen. Meisterhaft ist der Ärger der Hohenpriester über die Kreuzesinschrift dargestellt: während eine Stimme eindringlich mit übertriebener Betonung in gedehnten Notenwerten die anstößigen Worte Christi zitiert: „Ich bin der Juden König", schreien alle anderen aufgeregt und empört durcheinander. Das alles ist im Zusammenhang des Ganzen kein platter Realismus; es ist, in Beziehung gesetzt zu der feierlichen Strenge der rezitativischen Teile, ein Ausschweifen ins Extreme, eine Übersteigerung, die das Walten satanischer Mächte zu versinnbildlichen scheint.

Die Matthäus-Passion, die letzte der Schützschen Passionen, ist die musikalisch reichste und dramatisch lebendigste. Sie steht in dorischer Tonart auf dem Grundton g. Die Tonleiter, die ihr zugrunde liegt, ist g-a-b-c-d-e-f; da aber das e häufig zu es erniedrigt und das f zum Leitton fis erhöht wird, hören wir weithin ein modernes g-Moll. Die Kunst des freien, ausdrucksvollen Sprechgesangs, die sich in der Lukas-Passion ankündigte, ist hier zur Vollendung entwickelt. Man hat für diesen Rezitationsstil, der aus der Verschmelzung von Gregorianik, italienischer Opernmonodie und deutscher Liedweise hervorgegangen ist, die Bezeichnung „Neugregorianik" geprägt; tatsächlich wirkt sie wie eine Regeneration des alten, starren Choraltons, wie ein Erneuern seiner liturgischen Würde mit reicheren, differenzierten, menschlichen Mitteln. Noch immer ist der Tonraum von Grundton bis zur Quinte mit der Terz als Schwerpunkt der Bereich des Evangelisten, den er nur nach der Höhe und Tiefe überschreitet, wenn es besondere Akzente zu setzen gilt; die Stelle „Um die neunte Stunde schrie Jesus laut" etwa steigt bis zum f empor. Die Jesusgestalt der Matthäus-Passion ist gleichsam die Synthese der Christusbilder, die die Lukas- und Johannes-Passion zeigten; sie vereinigt die menschlichen Züge des einen mit den göttlichen des anderen. Höhepunkte der Partie sind das priesterliche Pathos, das die Einsetzung des Abendmahls eindringlich hervorhebt, die ruhige Ergebung des Gebetes in Gethsemane und der großartig melodisierte, in Stufen zur Oktave aufsteigende und wieder absinkende Verzweiflungsruf des Gekreuzigten (Notenzitat auf S. 150).

Judas, der Alt singt, ist durch eindringliche Wortwiederholungen als aufgeregter, innerlich unsicherer Fanatiker gezeichnet. Auch der Sanguiniker Petrus, ein Tenor, hat die übersteigerte Ausdrucksweise eines schwankenden Charakters. Die zwei Mägde sind Sopranistinnen. Kaiphas, streng und groß als würdiger Gegner Christi gezeichnet, singt Baß, Pilatus Tenor, sein traumgläubiges Weib Alt, zwei falsche Zeugen sind Tenöre. Die lebendige, beseelte Charakterschilderung des Matthäus-Evangeliums findet in den rezitativischen Partien ihre getreue Spiegelung.

Nicht weniger dramatisch-ausdrucksvoll sind die Chöre. Die Einleitung, ein feierlicher, Erwartung weckender Vorspruch, benutzt den Wechsel der großen dorischen Sext und der kleinen Mollsext zu scharfen Stimmungskontrasten; das tiefalterierte Es auf „Leiden“ und, im letzten Takte, mit dissonanter Verschärfung auf dem Namen „Matthäus“ ist von ergreifender Wirkung. Die Hohenpriester sind durchweg selbstsicher, entschieden, mit starrer Würde gezeichnet. Die zwei falschen Zeugen, die gegen Jesus aufgestellt werden, singen im Kanon; der zweite wiederholt die Aussage des ersten wörtlich, wie eingelernt, anfangs einen Ton höher, dann einen Ton tiefer. Der Spruch „Er ist des Todes schuldig“, mit energischem Quintfall in gedrängtem, viertaktigem Satz verkündet, klingt wie ein unumstößliches Urteil. Die Abweisung des reuigen Judas und die Ablehnung des Blutgeldes sind kurze Sätze, die durch die Beschränkung auf Männer- und Altstimmen in ein unheimliches Dunkel getaucht werden. Das Volk erscheint als rohe, erregte Menge. Gleich der erste Chor des „ganzen Haufens“ mit dem höhnisch-schwungvoll emporgeworfenen Ruf der

Bässe „Weissage uns, Christe“ und der frech und zudringlich wiederholten Frage „Wer ist es, der dich schlug“ wird zu einem Bild der Gemeinheit und Roheit. Der Ruf nach Barrabas ist nur eine vielfache, durch ineinandergeschachtelte Imitationen gesteigerte Wiederholung des Namens, das zweimalige „Laß ihn kreuzigen“ ein naturalistisches, in drei kurze Takte zusammengedrängtes Geschrei. Die Spöttereien der Juden und der Kriegsknechte sind freigesetzte, aus der Wortdeklamation entwickelte Charakterstücke. In dem Bekenntnis der Kriegsknechte „Wahrlich, dieser ist Gottes Sohn gewesen“ fallen die lyrisch gebundenen Melismen des Anfangs auf, die wohl die Geste des Gebets andeuten sollen. Noch einmal nehmen die Hohenpriester bedeutungsvoll das Wort, als sie Pilatus bitten, das Grab Jesu zu bewachen; sie malen die Legende der Auferstehung, deren Ausbreitung sie verhindern wollen, so deutlich aus, daß der Satz geradezu das Osterwunder vorwegnimmt. Der Schlußchor der Matthäuspassion aber ist ein Stück erhabeneinfacher, mystisch unergründlicher und zugleich allgemeinverständlicher Musik, das nur mit den entsprechenden Eingebungen Johann Sebastian Bachs zu vergleichen ist. Den Text hat die letzte Strophe des Passionsliedes „Ach wir armen Sünder“ geliefert, die Musik ist frei erfunden und in motettischer Form ausgesponnen. „Ehre sei dir, Christe, der du littest Not, an dem Stamm des Kreuzes für uns den bittern Tod“ – der erste Teil des Satzes steht in geschlossener, liedhafter Form. Feierlich setzt der Gesang in der Grundtonart g-Moll ein, der Name „Christus“ wird über einer zur None aufsteigenden Skala der Bässe durch breite Dehnung hervorgehoben. Die Not des Leidens versinnbildlichen herbe Dissonanzen, die Schlußzeile kadenziert zuerst in d-Moll, dann, bei der Wiederholung, in c-Moll. Nach einer Pause folgt das zweite Glied der motettischen Entwicklung. „Und herrschest mit dem Vater dort in Ewigkeit“ wird dreimal in homophoner, akkordisch klangsatter Deklamation aller vier Stimmen triumphierend wiederholt; beim dritten Male ist die Grundtonart g-Moll wieder erreicht. „Hilf uns armen Sündern" wird zweistimmig in weichen Terzen zuerst von den Frauenstimmen, dann von den Männerstimmen gesungen; eine Episode von volksliedhafter Schlichtheit, ein Miserere von rührender Eindringlichkeit. Der Lobgesang „Kyrie eleison, Christe eleison" ist das Ende: ein kunstvoller, die Subdominante und die Durparallele der Tonika in weichen Modulationen berührender Abgesang, der in ruhiger Entrückung mit einem langen, zweistimmigen Melisma der Soprane und Tenöre verklingt. Der Satz faßt die motettische Kunst der Vergangenheit mit zwingender Konzentration und Einfachheit zusammen und weist zugleich in seiner harmonischen Fülle weit in die romantische Zukunft der Musik voraus: ein Vermächtnis des zeitlosen Musikers Schütz, das über allem Wandel der Geschichte steht.

Die Passionen Johann Sebastian Bachs

JOHANN SEBASTIAN BACH hat vier Passionsmusiken geschrieben; eine fünfte, nach dem Evangelisten Lukas, deren Partitur in des Meisters Handschrift erhalten ist und die man lange Zeit für ein Frühwerk hielt, gilt heute als unecht, da sie, selbst als Jugendarbeit betrachtet, Bachs nicht würdig ist. Die Passionsmusik nach dem Evangelisten Johannes ist die früheste der Bachschen Passionsvertonungen. Bach hat sie am Anfang des Jahres 1723 in Köthen als Antrittsarbeit für seine neue Stellung als Kantor der Leipziger Thomaskirche komponiert; hier, in Leipzig, wurde sie am Karfreitag 1723, noch ehe Bach fest angestellt worden war, aufgeführt. Bach hat das Werk während seiner Amtszeit mehrere Male, zuerst

1727, wiederholt und dabei bedeutsame Umarbeitungen vorgenommen. Zwei Passionen nach Picanderschen Texten sind verloren; Bach schrieb die erste im Jahre 1725, die zweite, die sich an das Markus-Evangelium anlehnte und für die er Stücke aus der Trauerode für die Königin Christiane Eberhardine benutzte, im Jahre 1731. Die dazwischenliegende Matthäus-Passion wurde im Herbst 1728 begonnen und am Karfreitag 1729 aufgeführt.

Alle Passionsvertonungen Johann Sebastian Bachs entsprechen in der Form der Oratorienpassion. Bach hält, im Gegensatz zu anderen Komponisten seiner Zeit, am Bibelwort der Evangelienerzählungen fest. Er bereichert aber den Bericht durch lyrisch-meditative Einschübe, Chorsätze und Arien, deren Texte er geistlichen Zeitdichtern wie Brockes und Picander entnimmt. Die musikalischen Mittel sind denkbar reich, anspruchsvoll und vom Standpunkt der Zeit modern. Die Formen der Oper werden unbedenklich mit denen der kirchlichen Tradition kombiniert. Der Arie wird breiter Raum gewährt, das Rezitativ zu einer Ausdruckskraft entwickelt, die ohne jede Beziehung zum alten, gregorianischen Lektionston ist. Der instrumentale Teil gewinnt höchste Bedeutung; ausgiebige Verwendung von Flöten, verschiedenartig timbrierten Oboen, von Solovioline und Viola d'amore ergibt ein fein getöntes Kolorit. Der liturgische Geist der Komposition wird durch zwei Elemente verbürgt: durch den strengen, motettisch-polyphonen Chorsatz, der bis in die kurzen Turba-Chöre herrschend bleibt, und durch die Einfügung des protestantischen Chorals, der das reiche, frei konzipierte Werk fest mit den Fundamenten der liturgischen Tradition verklammert.

Die Johannes-Passion wird in ihrer musikalischen Eigenart durch die Besonderheit der biblischen Textvorlage bestimmt. Der Passionsbericht des Johannes-

Evangeliums ist arm an äußerem Geschehen. Er beginnt mit der Gefangennahme Jesu in Gethsemane, enthält die Verleugnung des Petrus, das Verhör beim Hohenpriester Hannas, das Gericht des Pilatus, die Kreuzigung und das Begräbnis. Dementsprechend ist die musikalische Behandlung auf Einheit und Zusammenfassung bedacht. Die Gerichtsszene, die den zweiten Teil eröffnet, steht im Mittelpunkt des Werkes. Christus ist, gemäß dem Bilde des Johannes-Evangeliums, der erhabene Herr der Welt, eine ganz und gar göttliche Gestalt, der menschlich-gefühlshafte Züge fehlen. Der Ton des Ganzen ist herb und streng. Ein enger Tonartenkreis faßt den Hauptteil der Musik. Das g-Moll des Anfangschores darf als Haupttonart betrachtet werden, die an entscheidenden Stellen, im „Kreuzige"-Chor und in der Golgatha-Arie des Basses, wiederkehrt. Allerdings hat Bach diese Bedeutung der Tonart erst nachträglich, aber gewiß mit absichtsvoller Korrektur, betont; in der ersten Fassung begann die Johannes-Passion in Es-Dur mit dem Chorsatz, der jetzt, einen halben Ton höher transponiert, am Ende des ersten Teils der Matthäus-Passion steht. Der erste Teil der Johannes-Passion verharrt in der Nähe von g-Moll, in c- und d-Moll sowie B-Dur; erst mit der Verleugnung des Petrus weicht die Musik in entfernte Kreuztonarten aus, vielleicht, um die Entfremdung vom Herrn zu symbolisieren. Der zweite Teil, die Pilatus-Szene, beginnt in a-Moll und wendet sich bald in den g-Moll-Bereich zurück. Erst mit der wachsenden Erregung der Menge tauchen die grellen Kreuztonarten wieder auf. Während der Kreuzigung herrschen g-Moll, B- und Es-Dur. Beim Tode des Herrn weicht die Musik nach h-Moll, der Klage-Tonart Bachs, und dem fernen, das Ungeheuerliche des Ereignisses bezeichnenden fis-Moll aus. Der Schluß, der Grabgesang, ist nach c-Moll verdunkelt, der Schlußchoral bringt die erlösende Aufhellung nach Es-Dur.

Der Eingangschor kündigt an, was Bach aus der Leidenshistorie zu machen gewillt ist: das gewaltige, in einem Guß geschmiedete Stück ragt weit über die schlichten Invokationen älterer Passionsmeister hinaus. Mit dem dreimaligen Ruf „Herr“ wendet sich der Chor an den Herrscher, der auch in der Erniedrigung des Leidens verherrlicht worden ist. Über langgehaltenen Baß-Orgelpunkten spielen die Violinen als Mittelstimmen eine kreisende Sechzehntelfigur, die unbeirrt während des ganzen Stückes durchgehalten wird und zuweilen in die Tiefe der Baßregion hinabsinkt. Die thematische Oberstimme haben Flöten und Oboen mit einem Motiv ergreifender Klage:

Der Chor, mit dessen Einsatz die Streichbässe in einen monoton pochenden Achtelrhythmus verfallen, spinnt die Sechzehntelbewegung der Violinen in thematischen Koloraturen aus und bringt als Gegenthema das eigentliche kantable Hauptmotiv des Satzes, einen scharf profilierten, von musikalischer Kreuzessymbolik (Synkope und Quartschritt) geprägten Mollgedanken, der später, nach Es-Dur übertragen, den Mittel- und Hauptteil des dreiteiligen Stückes beherrscht:

Von ähnlich elementarer Gewalt, aber viel einfacher in der Faktur ist der Schlußchor, dessen Thema zu den volkstümlichsten Bachschen Eingebungen zählt (Zitat auf S. 156).

Ein schlichter, trauervoller Grabgesang, vom c-Moll-Hauptthema episodisch in verwandte Tonartbereiche ausweichend und durch die stete Wiederkehr des Hauptgedankens gleichsam das Unausweichliche, nicht zu Verwindende des Leides bekundend; ein menschlich rührender Epilog zur Passion des Gottessohnes, dem als geistlich-liturgische Abrundung noch der Choral folgen muß.

Der Part des Evangelisten bildet das Rückgrat des Werkes. Der Wortlaut ist dem achtzehnten und neunzehnten Kapitel des Johannes-Evangeliums entnommen, zwei Episoden – die Reue des bitterlich weinenden Petrus im ersten Teil und das Zerreißen des Tempelvorhangs im zweiten Teil – sind von Bach aus dem Matthäus-Evangelium eingefügt worden, beide tonmalerisch mit besonderer Sorgfalt behandelt. Der Bericht, einer hohen Tenorstimme zugeteilt, ist musikalische Prosa, freier Sprechgesang, der sich gänzlich von dem Vorbild des gregorianischen Lektionstons freigemacht hat und selbständig aus der Wort- und Satzmelodie des Luthertextes entwickelt ist. Gerade in diesem Teile der Komposition sind die Modernität und die Unabhängigkeit des Bachschen Genius zu bewundern. Die Singstimme zeigt eine unerschöpfliche Bild- und Ausdruckskraft, sie steigert sich zum lyrischen Gesang in den chromatischen Melismen der Stelle „Und (Petrus) ging hinaus und weinte bitterlich", sie wird zur Wehklage im Bericht von der Geißelung, den der Baß mit punktierten Rhythmen wie mit Stockschlägen untermalt:

Jesus, dessen Gestalt vor allem im Gespräch mit Pilatus zu voller Majestät wächst, singt Baß, die Nebenfiguren sind individuell durch verschiedene Stimmlagen charakterisiert: Petrus und Pilatus als Bässe, Magd und Diener als Sopran und Tenor. Den harmonischen Untergrund der Rezitative, der von der Orgel ausgeführt wird, kennzeichnet eine Fülle und Freizügigkeit der Modulationen, die von der Souveränität und Konventionslosigkeit des Harmonikers Bach zeugen.

Die dramatischen Chöre, die Turbae, sind von höchster Schärfe der Charakteristik. Der erste Teil der Johannes-Passion, der bis zur Verleugnung des Petrus geht, enthält nur drei kurze Choreinwürfe; zwei gehören den Kriegsknechten, die Jesus gefangennehmen; sie haben das gleiche kompositorische Schema, das auch in der Volksszene des zweiten Teils wieder auftaucht; der dritte, etwas längere, illustriert die Fragen der Knechte an Petrus: „Bist du nicht seiner Jünger einer?" Im zweiten Teil aber hat Bach es sich angelegen sein lassen, die fanatisierte, tobende Menge zum bedeutsamen und gefährlichen Mitspieler im Drama zu machen. Der Volksauflauf vor dem Richthaus ist eine imposante Massenszene auf weitem Schauplatz. Sogleich zu Anfang, wenn Pilatus hinaustritt und fragt: „Was bringet ihr für Klage wider diesen Menschen?", tönt ihm ein wildes, vielstimmiges, langanhaltendes Geschrei entgegen; die Erregung ist von Anfang an auf dem Siedepunkt. Der Chor „Wäre dieser nicht ein Übeltäter" enthält schon alle Elemente der Charakterisierung, die Bach für diesen Zweck bereit hat: scharfzackige oder chromatisch auf- und abwärtsheulende Thematik, dicht verschachtelte, wie Durcheinanderrufen wirkende Imitationen, Ketten dissonanter Durchgänge, die Wut und Haß ausdrücken; von alters her feiert der Naturalismus in diesen Teilen der Passion Triumphe. Der folgende Chor „Wir dürfen niemand töten" ist aus dem gleichen thematischen Material gemacht, der Ruf nach Barrabas, dem Mörder, hier beiläufig abgetan, greift auf die kurzen Choreinwürfe des ersten Teiles zurück. Ein Meisterstück ist die Verhöhnung des dornengekrönten Christus durch die Kriegsknechte, ein zeremonieller Satz über gravitätisch schreitenden Bässen, von Flöten und Oboen wie von spöttischem Gelächter begleitet. Pilatus führt Jesus, mit Dornenkrone und Purpurkleid geschmückt, vor das Volk. Da bricht der Sturm los: „Kreuzige, kreuzige!" Langgezogene, heulende Rufe, stets im dissonierenden Intervall der Septime oder der Sekunde einsetzend, dazu rauh hervorgestoßene, scharf rhythmisierte Schreie, die am Ende mit den Gegenstimmen zu hartnäckig gesteigerten Legato-Koloraturen verschmelzen. Nach diesem Ausbruch folgt eine Beruhigung. Die Juden besinnen sich auf ein Gesetz, das Gotteslästerer zum Tode verurteilt, und versuchen Pilatus durch legale Argumente zu überzeugen. Der Chor „Wir haben ein Gesetz" ist bei aller Eindringlichkeit gemäßigter im Ausdruck. Er wird sogleich auf den Text „Lässest du diesen los, so bist du des Kaisers Freund nicht mehr" wiederholt. Dann erklingt wieder, ebenfalls notengetreu wiederholt, das „Kreuzige", und nach letztem kurzem Sträuben überantwortet Pilatus den Gefangenen zur Kreuzigung. Die Kreuzesszene hat nur noch zwei kürzere Chorsätze. Für den Chor der Juden „Schreibe nicht: Der Juden König" verwendet Bach die Musik des Spottchores „Sei gegrüßet, der Juden König". Der Chor der Kriegsknechte aber, die um den Rock des Heilands losen, hat fast den Sinn eines komischen Intermezzos, ähnlich wie auf Passionsbildern mittelalterlicher Meister die Soldaten zuweilen als groteske Rüpel dargestellt sind: die Söldner singen, von gleichförmigen Dreiklangsfiguren des Violoncellos behaglich begleitet, eine fast banale C-Dur-Fuge, die am Schluß vollends in simple Homophonie ausläuft.

Das lyrisch-meditative Element, das sich in acht Arien und zwei ariosen Solosätzen verkörpert, ist mit Bedacht in den epischen Ablauf eingefügt. Alle Arien stehen an Stellen, die zur Betrachtung herausfordern, und sind deutenden, auslegenden Charakters; als Unterlage hat Bach den Wortlaut der Brockesschen Passion benutzt. Die Gefangennahme Jesu im ersten Teil gibt Anlaß zu zwei Sologesängen, einem herben d-Moll-Stück, das die Altstimme in einen strengen kontrapunktischen Satz der Bässe und Oboen einbaut, die „Stricke der Sünden“ versinnbildlichend, und einer heiteren, durch ein munter eilendes Flötensolo charakterisierten Sopranarie „Ich folge dir gleichfalls mit freudigen Schritten“. Das bedeutendste Stück ist die Tenorarie, die den ersten Teil beschließt, eine breit hinströmende, vom Streichorchester getragene fis-Moll-Elegie, die die Untreue des Petrus betrauert. Im zweiten Teil wird die Geißelung Anlaß lyrischer Lamentation. Auf ein tiefempfundenes arioses Baß-Adagio folgt unmittelbar eine lange Tenorarie, die das Geißelungsmotiv des Rezitativs in der Singstimme und im Orchesterpart vielfältig verarbeitet; beide Stücke sind durch den dunklen, verschleierten Klang der begleitenden Violen und Violoncelli charakterisiert. Der ersten Erwähnung des Namens „Golgatha“ folgt eine hochbedeutende Baßarie in der Haupttonart g-Moll. Mit hastig aufwärtsstrebenden Sechzehntelläufen setzen die Streichinstrumente ein, der Solist übernimmt die rasche Bewegung: „Eilt, ihr angefochtnen Seelen“; „wohin?“ fragen die Chorstimmen in erregt hervorgestoßenen Zwischenrufen, und der Solobaß antwortet, zuerst auf einem schmerzlich dissonierenden verminderten Dreiklang, dann beruhigend in die Tonika kadenzierend: „Nach Golgatha." Der Tod Jesu wird zum lyrischen Ruhepunkt. Das letzte Wort „Es ist vollbracht" wird von der Altstimme in einer gefühlsgesättigten Kantilene in der Trauertonart h-Moll aufgenommen; instrumentale Partnerin ist wieder die elegische Viola da gamba. Der Mittelsatz der Arie, ein martialisches Allegro in D-Dur, feiert den Sieg des „Helden aus Juda", als verkürzte Reprise erklingt zweimal das bedeutungsvolle Wort „Es ist vollbracht", in das Violen-Ritornell des h-Moll-Teils eingefügt. Nur ein einziger Satz des Evangelisten, „und neigte das Haupt und verschied", trennt die Arie von der nächsten lyrischen Einlage, die die Form einer Choralkantate hat. Mit dringlicher Betonung, in einer durch weite Intervallsprünge gekennzeichneten Melodie stellt der Solobaß die Frage nach der Erlösung, während der Chor leise, wie von ferne, dem Choral „Jesu, der du warest tot, lebest nun ohn' Ende" hineinsingt. An die Erzählung von dem Erdbeben und der Auferstehung der Heiligen schließen sich ein tonmalerisch fesselndes Arioso des Tenors und eine von Flöte und Oboe da caccia begleitete Sopranarie, die der Trauer zartlyrischen Ausdruck gibt.

Der Choral ist das liturgische Element, durch das die Passionserzählung in den Rhythmus des Gottesdienstes eingeordnet wird. Zwölf Choralstrophen, alle in schlichtem vierstimmigem Satz, sind in die Partitur der Johannes-Passion eingefügt. Dreimal erscheint die Melodie des Stockmannschen Passionsliedes „Jesu Kreuz, Leiden und Pein", die für das Werk ähnlich leitmotivische Bedeutung hat wie die Melodie „O Haupt voll Blut und Wunden" für die Matthäus-Passion. Außerdem sind Melodien wie „Herzliebster Jesu, was hast du verbrochen", „Vater unser im Himmelreich", „O Welt, ich muß dich lassen", „Valet will ich dir geben" verwendet. Als Abschluß dient der Choral „Ach Herr, laß dein lieb Engelein am letzten End die Seele mein in Abrahams Schoß tragen", eine sanfte, weitausgesponnene, von Bach in hoher Stimmlage zitierte Weise, die dem Werk beruhigenden und erhellenden Ausklang gibt.

Die Matthäus-Passion Johann Sebastian Bachs hat sich seit ihrer Wiederentdeckung durch die Aufführung der Berliner Singakademie unter der Leitung Felix Mendelssohns im Jahre 1829 besonderen Ruhm erworben; sie gilt unangezweifelt als Gipfelwerk ihrer Gattung, als eine der seltenen Schöpfungen der Musikgeschichte, in denen sich die absolute, zeitlose Vollkommenheit der Kunst offenbart. Sie verdankt diese allgemeine Schätzung ihrer unvergleichlichen inneren Fülle, ihrem Reichtum an musikalischer Erfindung und geistig-geistlicher Bedeutung. Gerade in diesem Werk, im Gegensatz zu der strengen, fast karg erfundenen Johannes-Passion, zeigt sich Bach als das Genie des Barock, das Größe durch verschwenderischen Aufwand künstlerischer Mittel realisiert, das aber zugleich die Fülle durch Form zu bändigen vermag. Schon der Umfang des Werkes ist so außergewöhnlich, daß eine ungekürzte Wiedergabe große Anforderungen an Ausführende und Hörer stellt und man immer wieder geraten hat, die zwei Teile der Passion an zwei Tagen, etwa am Gründonnerstag und Karfreitag, aufzuführen. Der Text des Matthäus-Evangeliums ist, wo es immer angeht, durch lyrische Exkurse und Meditationen unterbrochen. Ihre dichterische Formulierung stammt von Picander, der offenbar nach Richtlinien des Komponisten arbeitete, so daß Anlage und Aufbau des Ganzen das Werk Bachs sein dürften; die Auswahl und Einfügung der Choräle besorgte Bach allein. Picander hat den Personen der Passionshandlung die Figur der Tochter Zion hinzugefügt, die von einem Chor der gläubigen Seelen begleitet ist; sie personifiziert die sündige und reuige, durch das Leiden des Heilands erlöste Menschheit. Bach hat ihr keine eigene Stimme zugestanden, sondern ihre Äußerungen auf die verschiedenen Solisten und den Chor verteilt; das meditative Element bleibt damit dem Passionsbericht gegenüber im Hintergrunde. Als musikalischer Apparat sind zwei alternierende oder respondierende Chöre, zwei Orchestergruppen und zwei Orgeln aufgeboten. Der Satzstil entspricht dem Reichtum des Klanggewandes. Die Formen sind in die Breite gedehnt, die Stimmführung ist oft zu akkordischer Fülle verdichtet, das Kolorit stark und vielfältig. Die Partitur enthält über den Evangelienbericht und die Choräle hinaus dreißig Musikstücke als lyrische Zutat; elf davon sind Akkompagnato-Rezitative. Es ist kein Zufall, daß Bach diese ausdrucksfähige, freie, bindende und weiterleitende Form hier so ausgiebig verwendet hat. Es ging ihm, das zeigt auch der ungemein lebendige, über reich bewegtem harmonischem Untergrund gesungene Vortrag des Evangelisten, um unmittelbar ergreifende Wirkung, um packende Gegenwärtigkeit der Darstellung. Nicht ganz zu Unrecht hat man den Stil der Matthäus-Passion mit dem des Wagnerschen Musikdramas verglichen. So geschlossen bei Bach die Form der Einzelstücke ist, wesentlich bleibt doch der gebundene, pausenlose Ablauf des Ganzen, und die Wiedergabe hat dafür zu sorgen, daß das Passionsdrama in unerbittlichem Fortschreiten dem Hörer zum ergreifenden Erlebnis wird.

Der Tonartenkreis der Matthäus-Passion ist weiter gezogen als der der Johannes-Passion. Grund- und Ausgangstonart bildet das e-Moll des Anfangschores. Es ist die Tonart der menschlichen Trauer. Es hat einen fahlen, bei aller Herbheit weichen Klang, es gibt dem Werk eine schwermütige, tränenvolle Grundstimmung, die von dem erhabenen Ernst der Johannes-Passion sehr verschieden ist. Der erste Teil der Matthäus-Passion ist ganz auf diese Grundtonart bezogen, der fis-Moll und h-Moll, die Tonarten der lyrischen Klagegesänge, verwandt sind und die sich in dem großen, instrumental umrahmten Schlußchoral des ersten Teiles zu E-Dur auflichtet. Der zweite Teil aber löst sich aus dem Bann der Grundtonart. Das h-Moll des Beginns, das zuweilen noch in wichtigen Arien wieder aufklingt, hat keine bindende Kraft. Die Musik schweift entfesselt durch weite tonale Räume, die dramatischen Vorgänge der Gerichtsverhandlung und der Kreuzigung führen zu scharfen Kontrasten und Spannungen, g-Moll und d-Moll sind vorübergehend Ruhepunkte; am Ende setzt sich das düstere c-Moll des Grabgesanges durch, das schon im ersten Teil in der Arie „Ich will bei meinem Jesu wachen" einmal bedeutungsvoll aufklang. So sind Anfangs- und Schlußchor die tonalen Pole des Werkes; als Spannung zwischen e-Moll und c-Moll darf die Tonalität der Matthäus-Passion bestimmt werden.

Der Eingangschor, ein imposantes, wie ein gewaltiger Strom wogender, in Dissonanzen aufbrandender Harmonie hinrauschendes Musikstück von neunzig Takten, legt den Stil der kontrapunktischen Fülle und der expressiven Eindringlichkeit fest. Geigen und Bratschen, Flöten und Oboen spannen ein dichtverschlungenes, von herben Reibungen wie von Schmerzenslauten durchsetztes Stimmengewebe über den schweren, ruhenden Fundamenten der Bässe, die sich nur stellenweise am thematischen Spiel beteiligen und an Höhepunkten durch wuchtige, bis zur Tredezime aufsteigende Skalen pathetische Akzente setzen. „Kommt, ihr Töchter, helft mir klagen" ruft die „Tochter Zion" ihre Gefährtinnen; der erste Chor beginnt mit einer weitgeschwungenen, an eine Gegenstimme gebundenen Melodie:

Die Gefährtinnen, repräsentiert durch den zweiten Chor, antworten mit erregten Zwischenrufen: „Wen? Wie? Was?“ und stimmen erst gegen den Schluß hin in den gebundenen Gesang ein. Man hat in dem Chor das Abbild einer erregten, durcheinanderwogenden Volksmenge gesehen, die sich ausschweifender Klage hingibt. Das Bild wird vervollständigt durch die Erscheinung von Engeln, die wie auf alten Gemälden vom Himmel auf die Welt des Leidens hinabschauen: ein Chor von Knabenstimmen singt das Passionslied „O Lamm Gottes unschuldig am Stamm des Kreuzes geschlachtet“ in den polyphonen Satz hinein, der damit zu einer großartigen Choralkantate wird; als schlichter, unbeirrter Cantus firmus steht die Melodie über dem Gewirr der chromatisch gleitenden Stimmen.

Der erste Teil der Matthäus-Passion enthält das Abendmahl, das Gebet in Gethsemane und die Gefangennahme, drei breit ausgeführte, deutlich voneinander getrennte Szenen. Die ersten Worte, die Jesus spricht, stehen wie ein Motto über dem Ganzen: „Des Menschen Sohn wird überantwortet werden, daß er gekreuziget werde.“ Bach vermeidet in diesem Werk zur Bezeichnung der Evangelienerzählung das Wort „Rezitativ“, vor allem wohl darum, weil die Worte Jesu auf eine Weise hervorgehoben sind, die weit über den rezitativischen Stil hinausgeht. Nicht nur, daß die Deklamation entweder ausdrucksvoll akzentuiert und über weiten Intervallraum hin gedehnt oder arios gebunden ist; Bach läßt auch, sobald Jesus spricht, das Streichquintett mit zarten, gehaltenen Akkorden zur Orgel hinzutreten; er umgibt die Christusgestalt (der Vergleich mit der alten religiösen

Malerei ist unabweisbar) mit einem tönenden Heiligenschein, der ihre göttliche Natur offenbart. Unmittelbar auf die ersten Worte Jesu folgt der erste Choral: „Herzliebster Jesu, was hast du verbrochen?" Schon hier zeigt sich, wie eng und sinnvoll Bach den Choral mit der Evangelienhandlung verknüpft, wie die lyrische Betrachtung dem Bericht auf Schritt und Tritt folgt und das Geschehen zur Höhe liturgischer Feierlichkeit erhebt. Die Chöre der Hohenpriester, die sich heimlich verschwören, und der Jünger, die die Verschwendung des köstlichen, auf Jesu Haupt ausgegossenen Wassers tadeln, sind dramatisch charakterisierende Musik. Die Episode der frommen Jüngerin ist Anlaß zu der ersten Arie: „Buß und Reu", die die Tropfen der Bußtränen mit der Spezerei vergleicht; ein fis-Moll-Stück von dem weichen, lyrisch-elegischen Klang, der für die Matthäuspassion charakteristisch ist. Auf den Bericht vom Verrat des Judas folgt die zweite, nicht minder berühmte Arie „Blute nur, du liebes Herz." Violinen und Flöten begleiten die Sopranstimme mit einem ständig wiederkehrenden Seufzermotiv, der satte h-Moll-Klang wird durch kühne chromatische Alterationen belebt. Die Abendmahlsszene gipfelt in den feierlichen Einsetzungsworten: „Nehmet hin, das ist mein Leib" und in der Prophezeiung vom himmlischen Abendmahl im Reich des Vaters. Das Arioso in ruhig fließendem Sechsvierteltakt, das die Singstimme fest in einen vierstimmigen Streichersatz einbaut, gehört zu den bewundernswertesten Eingebungen Bachs. Es vereinigt vollkommene Schlichtheit mit erhabener Größe, es steigert sich zu wahrhaft prophetischer Entrückung, die die Vision des Himmelreichs glaubhaft macht.

Die Gethsemane-Szene wird durch einen tonmalerisch anschaulichen Bericht des Evangelisten eingeleitet. Hier erscheint zweimal hintereinander der Choral „O Haupt voll Blut und Wunden", die Leitmelodie der Matthäus-Passion. Jesu Worte „Meine Seele ist betrübt bis an den

Tod" leiten über zu einem lyrischen Intermezzo, das zu den ausdrucksvollsten Partien des Werkes gehört. Bach glossiert die Situation durch zwei aufeinander folgende, eng aufeinander bezogene Musikstücke. Das erste ist eine Choralphantasie über „Herzliebster Jesu"; die Worte der Melodie lauten: „Was ist die Ursach aller solcher Plagen? Ach, meine Sünden haben dich geschlagen." Der Solotenor beginnt, vom ersten Orchester begleitet, mit einer ausdrucksvollen Klage, über monoton pochenden Sechzehntelbässen schweben Seufzermotive der Flöten und Oboi da caccia. Der zweite Chor, vom zweiten Orchester begleitet, antwortet leise, wie von ferne, mit dem Choral. Zeile für Zeile respondieren die beiden Klanggruppen, der Satz, der in f-Moll begann, endet mit offenem Halbschluß auf der Dominante von c-Moll. Unmittelbar daran schließt sich ein ähnliches, wieder auf den Wechsel von Tenorsolo und Chorgesang gestelltes Stück. Es knüpft an die letzten Worte des Christusrezitativs an: „Bleibet hier und wachet mit mir." Albert Schweitzer hat darauf hingewiesen, daß das Hauptmotiv, mit dem die Oboe unbegleitet im Charakter einer Fan-

fare einsetzt, als Wachsignal zu deuten ist. Der Solotenor übernimmt es auf die Worte „Ich will bei meinem Jesu wachen" und spinnt es aus zu einer kunstvollen Koloraturarie, die der Chor mit dem immer wiederholten, leisen Zwischenwurf „So schlafen unsere Sünden ein" in freiem, nicht choralgebundenem vierstimmigem Satz unterbricht; eine Nachtszene, die die düstere äußere Szenerie und das innere Geschehen, die Verlassenheit des ringenden, verzweifelnden Gottessohnes, zu mystischer Einheit verschmilzt. Eine Baßarie kommentiert mit ruhiger Zuversicht die Worte des Heilands, die den Sieg über die Anfechtung verkünden: „Nicht wie ich will, sondern wie du willst."

Im folgenden Abschnitt, der die Gefangennahme Jesu behandelt, wächst der Chor vollends in eine Rolle hinein, die weit über die des kommentierenden Betrachters hinausgeht. Auf das Stichwort des Evangelisten: „Da traten sie hinzu und legten die Hände an Jesum und griffen ihn" folgt ein Stück ausgesprochen dramatischen Charakters, das als „Arie für zwei Chöre" bezeichnet ist. Die Chöre vertreten die allegorische Figur der Tochter Zion und ihr Gefolge, die Menschheit. Die Tonart des düsteren, in gleichmäßig ruhiger Bewegung schreitenden Stükkes ist e-Moll, die Anfangstonart des Werkes. Geigen und Bratschen intonieren eine langgesponnene, den Grundton umspielende Melodielinie, die sich wie ein Band durch den ganzen Satz zieht und wohl mit Recht als musikalisches Symbol der Kette, die den Gefangenen fesselt, gedeutet worden ist. Flöte und Oboen beginnen dagegen einen zweistimmigen Klagegesang, der von den Frauenstimmen des ersten Chores aufgenommen und, stellenweise in schlichten Terzen und Sexten gebunden, fortgeführt wird: „So ist mein Jesus nun gefangen." Der zweite Chor aber, vierstimmig besetzt und vom zweiten Orchester begleitet, unterbricht die Klage durch erregte, scharf rhythmisierte Zwischenrufe: „Laßt ihn, haltet, bindet nicht!" als versuche er vergeblich, dem Geschehen Einhalt zu gebieten. Dann verbinden sich beide Chöre zu einem Ausbruch der Empörung und Verzweiflung, der die Mächte der Natur zum Schutze des Heilandes aufrufen will: „Sind Blitze, sind Donner in Wolken verschwunden?" Die zackige, zerrissene Thematik spiegelt das Zucken der Blitze, während Sechzehntelketten der Bässe das dumpfe Rollen des Donners versinnbildlichen; nach einer Generalpause malt ein jäher Fis-Dur-Einsatz des Orchesters mit stürmischen Streicherpassagen den feurigen Abgrund der Hölle, der den Verräter Judas verschlingen soll. Nach diesem dramatischen Exzeß kehrt Bach um so entschiedener zu liturgischem Stil zurück. Den ersten Teil der Passion beschließt, anstelle des ursprünglichen schlichten Chorals, in der endgültigen Fassung eine lang und kunstvoll ausgesponnene Fantasie über den Choral „O Mensch, bewein dein Sünde groß", die beide Chöre mit ihren Orchestern zu weicher Klangfülle zusammenfaßt. Das Stück, ursprünglich als Einleitungschor der Johannes-Passion komponiert, hat hier, nach E-Dur transponiert und dadurch im Klang aufgehellt, seine entsprechendere Stätte gefunden. Es gehört zu den Bachschen Eingebungen, die den Hörer durch seltsam unmittelbare Gefühls- und Stimmungskraft ergreifen. Der Chorsopran singt Zeile für Zeile die Choralmelodie, von den Unterstimmen in freiem, lockerem Satz begleitet. Das Orchester, in dem sanfte Flöten und Oboi d'amore dominieren, führt unentwegt ein gebundenes Sechzehntelmotiv durch. Der harmonischen Freizügigkeit sind durch die in der Tonart verharrende Choralweise Grenzen gesetzt, lang ausgehaltene Orgelpunkte des Basses verstärken den Eindruck der Ruhe; ein Ausklang von tröstlicher Wirkung, der die Verklärung des Leidenden und die Erlösung der sündigen Menschheit vorwegzunehmen scheint.

Der handlungsreichere zweite Teil der Passion umfaßt vier große, durch Episodenszenen bereicherte Abschnitte: die Verhöre vor Kaiphas und Pilatus, die Kreuzigung und die Grablegung. Die Tochter Zion stimmt zur Einleitung eine rührende Klage an, eine fast idyllische Alt-Arie in h-Moll, die der Chor durch kurze fugierte Strophen unterbricht und gliedert. Dann führt der Evangelist mit lebhafter, scharf deklamierter Rede in die Versammlung der Hohenpriester und Ältesten. Die zwei falschen Zeugen, die gegen Jesus aussagen, singen – ähnlich wie bei Schütz – einen kurzen Kanon, der das Aufbauen des Tempels mit fast komischem, aufschneiderischem Pathos persifliert. Das Schweigen des Beschuldigten wird durch eine Tenor-Arie zur Begleitung der Gambe kommentiert. Auf die zweite, dringlichere Frage nach seiner messianischen Eigenschaft antwortet Jesus mit einer Prophezeiung: „Ihr werdet sehen des Menschen Sohn sitzen zur Rechten der Kraft und kommen in den Wolken des Himmels." Hier wird das schlichte Rezitativ unversehens zur musikalischen Vision. Die akkordische Begleitung der Streichinstrumente nimmt thematische Gestalt an, über feierlich ruhigen Bässen umranken die Violinen die Singstimme mit lichten, wolkenhaft schwebenden Figuren. Die dramatischen Turba-Chöre, die nun folgen, sind achtstimmig gesetzt. Das Todesurteil ist eine kurze, fünftaktige, schneidend formulierte Sentenz, im Spottgesang der Schergen heben sich die höhnisch-übermütigen Rollfiguren hervor, die den Worten: „Weissage, Christe, wer ist's, der dich schlug?" brutalen Klang geben. Die Verleugnung des Petrus ist rezitativisch behandelt; die melodische Dehnung der Worte „und weinete bitterlich" ist ein oft zitiertes Beispiel Bachscher Ausdruckskunst. Die Alt-Arie, die sich anschließt, ist nicht Verdammung des Sünders, sondern Fürbitte für den Schwachmütigen, der bereut; ein Duett der Singstimme und der Solovioline in der elegischen Tonart h-Moll, das durch seine melodische Schönheit der Episode Gewicht gibt. Der Reue des Judas, der den Hohenpriestern das Blutgeld zurückgibt und sich erhängt, folgt als lyrische Betrachtung eine Baß-Arie konzertanten Charakters, die wieder die Solovioline als Begleitinstrument verwendet.

Während des Verhörs durch Pilatus, da, wo Jesus die Antwort verweigert, erklingt wieder die Choralweise „O Haupt voll Blut und Wunden", hier mit den Worten des Liedes „Befiehl du deine Wege". Dann spitzen sich die Ereignisse dramatisch zu. Der Barrabas-Ruf des Volkes, ein einziger rhythmisierter Schrei beider Chöre auf dem verminderten Septakkord, hat an naturalistischer

Wirkung bei Bach sonst nicht seinesgleichen; die Chöre „Laß ihn kreuzigen“ mit ihren verminderten Intervallen und dem drohenden Aufwärtssteigen des ganzen Satzes, die fanatische Herausforderung „Sein Blut komme über uns“ halten den Ton wilder Erregung fest. Um so schärfer kontrastieren die lyrischen Einlagen. Die a-Moll-Arie des Soprans „Aus Liebe will mein Heiland sterben“, die von lyrischen Ornamenten der Flöte begleitet und, ohne Baßstütze, von zarten Harmonien zweier Oboi da caccia getragen wird, ist eines der affektlosesten, durch rein musikalische Schönheit wirkenden Stücke der Partitur; die g-Moll-Arie des Alts „Können Tränen meiner Wangen nichts erlangen“ fesselt vor allem durch das einleitende Rezitativ, in dem punktierte Rhythmen der Streichinstrumente, dissonant durch Septakkordfolgen gleitend, die Peitschenschläge der Geißelung malen.

Der Choral „O Haupt voll Blut und Wunden“, nun auf diesen seinen eigenen Text gesungen, leitet die Szene der Kreuzigung ein. Eine Baß-Arie, von einem schwärmerischen Solo der Viola da gamba begleitet, kommentiert die Episode des Kreuzträgers Simon von Kyrene. Die Spottchöre des Volkes und der Hohenpriester sind breit ausgeführt; imitierende Einsätze der Stimmen machen deutlich, wie die einzelnen Gruppen des Volkes die lästernden Zurufe nachplappern, die Aufforderung „So steige herab vom Kreuz“ wird mit grausamem Hohne unablässig wiederholt, wobei der Tonraum der absteigenden Figur allmählich von der Quinte bis zur Undezime gedehnt wird. Ein ausdrucksvolles Arioso der Altstimme apostrophiert trauernd das „unselige Golgatha“, die Stätte, wo der Herr der Herrlichkeit schimpflich verderben muß; die nachfolgende Arie des Alt, die von Zwischenrufen des Chores unterbrochen wird, verspricht den Gläubigen Trost und Erlösung. Beide Stücke, die die sonore Tiefe der Altstimme zur Geltung bringen, sind überdies durch den dunklen Klang zweier meist in

Terzen und Sexten geführter Oboi da caccia als Klagegesänge charakterisiert. Der Schmerzensruf Jesu ist nach altem Brauch durch expressives Melos und die Vorschrift „Adagio“ aus dem Rezitativ hervorgehoben:

Bei diesem Ruf des tiefsten menschlichen Leidens schweigen die Violinen, die sonst die Stimme des Herrn mit schwebenden Akkorden wie mit einer göttlichen Gloriole umgaben. Den Tod des Heilands beklagt die letzte Strophe von Paul Gerhardts Passionslied: „Wenn ich einmal soll scheiden, so scheide nicht von mir.“ Hier, da sie zum letzten Male erklingt, ist die phrygische Weise nicht, wie vorher, nach Dur, sondern nach Moll gedeutet. Die letzte Zeile mit ihrer fast gewaltsamen chromatischen Wendung nach a-Moll, mit dem fast beiläufigen Erscheinen der Tonika auf schlechtem Taktteil und dem geheimnisvoll ins Leere schwingenden Halbschluß auf der Dur-Dominante ist eine der bewundernswertesten Eingebungen des Harmonikers Bach:

Das Zerreißen des Vorhangs im Tempel, von der Orgel mit wilden, auf- und abwärtsrasenden Skalen gemalt, das Erdbeben und die Erscheinung der Heiligen werden kurz in rezitativischer Form behandelt. Dagegen dehnt sich der letzte Teil der Passion, das Begräbnis des Gekreuzigten, zu einer musikalischen Trauerzeremonie, die ganz von den menschlichen Regungen der Schwermut und des Mitleidens erfüllt ist. Das Rezitativ des Basses „Am Abend, da es kühle ward" ist ein geistliches Abendlied von schlichtem, volkstümlichem Klang; die ausdrucksvolle, der Wortmelodie nachgehende Führung der Singstimme entspricht ganz der glücklichen poetischen Formulierung des Textes, der die Versöhnung der Menschheit mit Gott feiert; dämmernder Bratschenklang versinnbildlicht die Abendstimmung. Die folgende Baßarie, in der zu den Streichinstrumenten die Oboe da caccia hinzutritt, hält die ruhige, mild-versöhnliche Stimmung fest. Der breit ausgeführte Chor der Hohenpriester, die von Pilatus die Bewachung des Grabes erbitten, hat nur episodischen Charakter. Dann beginnt der zweiteilige Schlußgesang, der die Stelle der alten Danksagung vertritt. Ein ruhiger Wechselgesang der Solostimmen und des Chores ist die Einleitung: „Nun ist der Herr zur Ruh gebracht" beginnt der Baß; Tenor, Alt und Sopran folgen in rezitativischer Rede, als spräche jeder einzelne seinen Spruch am Grabe, während der Chor in vierstimmigem Satz jedesmal respondiert: „Mein Jesu, gute Nacht." Die vier Zeilen des Gesanges kadenzieren in As-Dur, Es-Dur, f-Moll und c-Moll, womit die Tonart des letzten Stückes erreicht ist. Dieser letzte Satz ist eine Totenklage, die dem Schmerz in geradezu ausschweifender Weise Ausdruck gibt:

Die Melodie wird in vollem, weichem, vierstimmigem Satz, mit echoartigem Alternieren der beiden Chöre, in dreiteiliger Liedform durchgeführt, Es-Dur und c-Moll sind die tonalen Schwerpunkte, eine milde, tröstliche G-Dur-Episode ist der Mittelteil, der Schluß kehrt zu der

Trauerstimmung des Anfangs zurück. Noch dem letzten, lang ausklingenden c-Moll-Dreiklang der Chorstimmen mischen Violinen und Oboen mit dem Leittonvorhalt h vor c eine schmerzliche Dissonanz bei.

Das Oratorium des Barock

Die Geschichte des Oratoriums beginnt gleichzeitig mit der Geschichte der Oper, um das Jahr 1600. Der Begriff bezeichnet eine musikalische Kunstform, die Handlungen und Vorgänge mit epischen und lyrischen Mitteln darstellt, ohne die szenischen Wirkungen des Theaters, Bild und Aktion, zu Hilfe zu nehmen; das Oratorium ist gleichsam ein musikalisches Drama auf imaginärer, geistiger Bühne, wie die Oper ist es eine Schöpfung der überquellenden, alle Lebensgebiete überflutenden und mit phantastischen Erfindungen schmückenden Form- und Spiellust, die zu den Wesenskräften des Barock gehört. Es ist zweckmäßig, den Begriff gegen die mehr liturgisch bestimmten, an den Bibeltext gebundenen Formen der Historie und der Passion abzugrenzen. Zum Oratorium gehört im allgemeinen die subjektiv-freie dichterische und musikalische Gestaltung sowie die konzerthafte, außergottesdienstliche Wirkung auf ein künstlerisch interessiertes Publikum. Der Name ist so zufällig wie der der Schwestergattung „Oper". Er geht auf das „Oratorio", den Betsaal von San Girolamo della Carità in Rom zurück. Dort veranstaltete der heilige Filippo Neri (1515–1595), Leiter einer weltpriesterlichen Gemeinschaft, Bet-Übungen, in denen die alte Kunst des Laudengesangs gepflegt wurde. Man setzt die Schöpfung des Oratoriums zu dem Zeitpunkt an, in dem der Komponist EMILIO DE CAVALIERI (etwa 1550–1602) die neuen Ausdrucksmittel der jungen Florentiner Oper mit den Überlieferungen des liturgischen Dramas und der volkstümlichen Darstellungsform verschmolz. Sein Werk, „Rappresentazione di anima e di corpo" (Spiel von Seele und Leib), im Jahre 1600 in Rom im Betsaal der Congregazione dell'Oratorio aufgeführt, wird von der Musikgeschichte als erstes Oratorium verzeichnet, obgleich es, szenisch dargestellt, eher der Gattung der geistlichen Oper zuzuzählen wäre; die Grenzen zwischen den nahverwandten Gattungen sind nicht immer scharf zu ziehen.

Der Text, von der Dichterin Laura Guidiccioni verfaßt, ist ein Gespräch zwischen dem Leib als dem irdischen Teil des Menschen und der Seele als Bürgin seiner himmlischen Existenz. Die Weltlust tritt mit einem Gefolge von Musikanten und Tänzern personifiziert auf, die Stimmen der Verdammten klingen warnend aus dem Abgrund; der Leib aber folgt den Lehren der Seele, die ihm den Weg zur Erlösung zeigt. Die Sologesänge sind im Stile der ausdrucksvollen Monodie der Florentiner Oper komponiert. Was die Bezeichnung als Oratorium rechtfertigt, ist der bedeutende, weit über das für die Oper geltende Maß hinausgehende Anteil der Chöre, die – in vielerlei Funktion und Besetzung im Sinne barocker Klangraumarchitektur – durchgehend in volkstümlicher homophoner Satzweise verwendet werden. Sie vor allem bestimmen den Charakter des klangprächtigen „Hör-Spiels", das den Glanz der Oper in eine rein musikalische Sphäre überträgt.

Die Geschichte des Oratoriums verzeichnet als wichtigste Schauplätze der Entwicklung Italien, Wien und das nördlichere Deutschland, als Komponisten neben dem in Rom wirkenden GIACOMO CARISSIMI (1605 bis 1674), der mit einer Reihe biblischer Stücke (unter anderen „Jonas", „Jephtha", „Ezechias", „Balthazar", „Abraham et Isaac", „David et Jonathas") zum bedeutendsten, noch zur Händelzeit verehrten Oratorien-Meister des 17. Jahrhunderts wurde, Namen wie Alessandro SCARLATTI, Leonardo VINCI, Leonardo LEO, Giovanni Battista PERGOLESI, Giovanni LEGRENZI, Johann Joseph FUX, Andreas HAMMERSCHMIDT, Johann ROSENMÜLLER, Dietrich BUXTEHUDE, als Dichter hervorragende Dramaturgen der Opernbühne wie Apostolo Zeno und Metastasio. Aus vielerlei Wandlungen, wie sie die fortschreitende Zeitmode und der wechselnde Einfluß kirchlicher und opernhafter Musizierformen bedingte, bildete sich die reiche und variable Form heraus, die opernhafte Elemente – Rezitativ und Arie, Ouvertüre, Marsch und Tanzstück – mit dem großen Erbe kirchlich-chorischer Polyphonie verschmolz und Raum für ideale, die Sinnenwelt überfliegende Konzeptionen bot, für die die Opernbühne keinen Platz hatte.

Das Oratorium Georg Friedrich Händels

GEORG FRIEDRICH HÄNDEL (1685–1759), in Halle geboren, Organist und Kirchenkomponist, früh der Musikbühne zugetan, ging über Hamburg, Neapel, Venedig, Hannover nach London, wo er als Leiter und Komponist der Königlichen Akademie in den Jahren von 1711 bis 1740 eine lange Reihe von Opern schuf. Des finanziellen Risikos als Theaterunternehmer müde, wohl auch überhaupt der Scheinwelt der von Kastraten und Primadonnen beherrschten, von der Publikumsgunst abhängigen Opernbühne überdrüssig, wandte er sich schon in den dreißiger Jahren dem Oratorium zu, dem er die volle Schaffenskraft seiner späten Lebensjahrzehnte widmete. Das Händelsche Oratorium entstand als Sublimierung der Oper, die auf die Äußerlichkeit des Kostüm- und Kulissenwesens verzichtete und dafür die Fähigkeit gewann, auf der unsichtbaren Bühne der Phantasie erhabene religiöse und im edlen Sinne volkstümliche Themen zu bewältigen. Durch seine Oratorien, die er mit großen Laienchören unter Mitwirkung hervorragender Solosänger aufführte, wurde Händel zum Begründer der englischen Chorkultur, die sich bis heute erhalten hat. Händels an musikalischen Schönheiten überreiche

Opern sind Erfüllungen des barocken Stilideals und eben darum in ihrer Wirkung bis zu einem gewissen Grade an ihre Entstehungszeit gebunden; seine Oratorien, auf die Geschichten der Bibel, der Legende und des antiken Mythos gegründet, sind Meisterwerke großer, zeitloser Kunst, allen Epochen gleich zugänglich und in ihrer Vielfalt und Inhaltsfülle von der Musizierpraxis keiner Zeit erschöpft.

Acis und Galatea, das früheste unter den oratorienhaften Werken Händels und eine der vollendetsten Schöpfungen des Komponisten überhaupt, wurde gegen 1720 in Cannons für den Herzog von Chandos geschrieben; es trägt den Titel „Masque", was auf eine halbszenische Aufführungsform mit kostümierten, aber konzertant singenden Sängern hinweist; in deutschen Ausgaben wurde das Werk als „Pastoral" bezeichnet. Schon im Jahre 1708 in Italien hatte Händel den beliebten Stoff in einer Kantate bearbeitet, deren Titel „Aci, Galatea e Polifemo" lautet. Die Komposition von 1720 hat mit dem älteren Werke nichts gemeinsam. Allerdings nahm Händel 1732 eine Verschmelzung der beiden Partituren vor und fügte in dieser dritten Fassung des Sujets einige neue Nummern, darunter die durch ihre wilden Baß-Koloraturen berühmte Arie des Polyphem, hinzu. Später kam er jedoch auf die Fassung von 1720 zurück, die als authentische Form des Pastoral-Oratoriums gelten darf. Die Personen sind Galatea (Sopran), Acis (Tenor), Damon (Tenor oder Sopran), Polyphemus (Baß), ein Chor von Hirten.

Die alte Fabel, die zuerst von Theokrit dichterisch geformt wurde, ist ein Stück sizilianischer Naturpoesie. Die liebliche, idyllische Landschaft, deren Frieden stets von der vulkanischen Gewalt des riesigen Aetna, von Felsstürzen und Lavaströmen bedroht ist, wird personifiziert in den Figuren der Nymphe Galatea, ihres Geliebten Acis und des wilden, eifersüchtigen Riesen Polyphem, der die schöne Hirtin mit Felssteinen erschlägt; bei Händel ist es Acis, der von dem barbarischen Rivalen getötet und von Galatea betrauert wird. Die Textfassung weist den Solostimmen den Hauptanteil am musikalischen Geschehen zu. Aber auch die Chöre sind so bedeutend, daß das reizvolle, idyllische Werk von jeher als Chor-Oratorium hohe Schätzung genießt.

Die einsätzige Ouvertüre wird durch den pastoralen Klang melodieführender Oboen charakterisiert. Der Anfangschor behält diese Stimmung bei: ein Hirtenlied mit Schalmeienklang und ruhendem, dudelsackartigem Baß; der Vokalsatz entwickelt sich aus einfacher Melodik zu spielerischer Verflechtung der Stimmen, der dreiteiligen Da-capo-Form fügt ein Moll-Mittelteil eine leicht elegische Nuance ein. Die Arien der Galatea, des liebenden Acis und seines Freundes Damon atmen die Stimmung des Schäferspiels; Galateas „Taubenarie“, eine heiter tändelnde F-Dur-Melodie, hat es zu besonderem Ruhme gebracht. Das Duett der Liebenden, ein frisch bewegtes Stück vom Charakter einer Gigue, wird vom Chor aufgenommen und zum fröhlichen Schlußstück des ersten Teiles gesteigert.

Der Chorsatz, mit dem der zweite Teil in dramatischem Kontrast zum ersten beginnt, darf als Kernstück des Werkes betrachtet werden; er bezeichnet den Stimmungsumschwung zum Tragischen, er ist die Nahtstelle zwischen den heiteren und den ernsten Partien der Handlung. Ein wehmütiger, frei fugierter Satz weist auf das drohende Unheil hin. Dann beschreibt der Chor in ungefüger, polternder Sechzehntelbewegung das Nahen des Riesen Polyphem. Der Satz, immer noch durchzogen von dem klagenden ersten Thema, wird zur Doppelfuge, die auf dem Höhepunkt von harten, naturalistischen Akkordschlägen und scharf rhythmisierten Schreckensrufen gleichsam auseinandergerissen wird; der Einbruch der zerstörenden Elementarmacht in den Frieden der Natur kann nicht packender dargestellt werden. Dann erhebt Polyphem selbst seine ungeschlachte Stimme in hartem, rauhem Staccato und rollenden Koloraturen. Galatea weist ihn ab, Acis stellt sich ihm entgegen. Das dramatische Terzett, das die Stimmen der Liebenden mit den Zornesrufen des Verschmähten verbindet, endet mit dem Ausbruch Polyphems: „Verruchter Acis, stirb!", und die Sechzehntelläufe des Orchesters malen die stürzenden Felssteine. Die Klage des Chores ist ein chaconneartiges Adagio über ein chromatisch abwärts sinkendes Motiv, von einem stockenden Orchesternachspiel beschlossen. Dem f-Moll-Satz folgt, ebenfalls Adagio, ein pianissimo beginnendes Stück in F-Dur, angeführt von der Solo-Oboe und der Stimme Galateas, begleitet von einem Männerchor, der aus drei Tenorstimmen und einer Baßstimme besteht: ein rührendes Klagelied von zarter Wehmut, das später durch laute, verzweifelte Zwischenrufe der Männerstimmen zum Wechselgesang zwischen Chor und Solistin wird. Der Chor bittet die trauernde Nymphe Galatea, den toten Geliebten durch ihre Zaubermacht in einen Silberquell zu verwandeln. Während Galatea den Zauber vollzieht, malen Flöten und Violinen in einem zart wogenden Larghetto das langsame Entspringen und Rieseln der Quelle. Ein einfacher, tröstender Chor, der auf die idyllische Stimmung des Anfangs zurückgreift, schließt das Werk friedlich ab.

Esther ist, wie „Acis und Galatea", ein Werk auf der Grenze zwischen Oper und Oratorium. Die erste Fassung aus dem Jahre 1720 ist als „Masque" bezeichnet. Die zweite Fassung von 1732 bereicherte das Werk und gab ihm oratorienhafte Gestalt; sie wird modernen Aufführungen zugrunde gelegt. Der Text ist wahrscheinlich von Arbuthnot und Pope verfaßt, die Erweiterungen der zweiten Fassung stammen von Samuel Humphrey. Das Personenverzeichnis nennt: Ahasverus, König von Persien (Tenor), Haman (Baß), Harbonah (Tenor), einen persischen Hauptmann (Tenor), Esther (Sopran), zwei Israelitinnen (Sopran und Alt), Mardachai (Alt), einen israelitischen Priester (Tenor) und zwei Israeliten; der Chor erscheint als Gruppe persischer Krieger und als israelitisches Volk.

Das Buch Esther, das dem Oratorium zugrunde liegt, ist eine der farbigsten, romanhaftesten Erzählungen der Bibel, erfüllt von der Sinnlichkeit und Phantastik orientalischer Fabelei. Die Handlung spielt zur Zeit der jüdischen Gefangenschaft. Die schöne Israelitin Esther ist zur Lieblingsfrau des Königs Nebukadnezar (im Oratorium Ahasverus) aufgestiegen. Der Jude Mardachai bestimmt sie, beim König für ihr unglückliches Volk zu bitten, dem der mächtige Minister Haman schwere Verfolgungen angedroht hat. Esther tritt, ohne Furcht vor der Todesstrafe, mit der das Gesetz solche Kühnheit ahndet, unangemeldet vor das Antlitz des Königs, der sie gnädig anhört und ihre Bitte erfüllt; Haman fällt in Ungnade, die Israeliten feiern ihre Rettung. Dieser ungemein theatergerechte Stoff mußte den fünfunddreißigjährigen, noch ganz im Opernschaffen befangenen Händel fesseln. Aber die Textfassung vermeidet jede opernhafte Dramatisierung und legt das Gewicht auf die lyrisch-meditativen Partien, auf die Klagen und den Jubel des israelitischen Volkes. Händel und seinen Mitarbeitern schwebte also von Anfang an eine rein musikalisch bestimmte, von den Gesetzen der Bühne unbeeinflußte Oratorienform vor, deren Hauptakteur der Chor ist, der Sprecher der leidenden und beglückten, betenden und dankenden Menschheit.

Schon dieses frühe, in drei Akte geteilte Oratorium enthält große musikalische Schönheiten. Daß die Charaktere durch Rezitative und Arien scharf und fein umrissen sind, ist selbstverständlich. Die schöne Esther erscheint zart, schwärmerisch, fähig der religiösen Begeisterung, aber auch mit weltlichen, damenhaft-eleganten Zügen gezeichnet; Ahasverus, durch üppig ornamentale Koloraturarien charakterisiert, ist der glänzende orientalische Herrscher, Haman, der Baß, eine Personifizierung triebhaften Hasses. Unter den Chorsätzen muß bereits die kurze Moll-Elegie hervorgehoben werden, die den ersten Akt beschließt: „Ihr Söhne Judas, klagt." Der zweite Akt beginnt mit einem ebenfalls gedrängten Stück von massiver Klangwirkung, das ein starres, passacagliaartiges Thema durch die verschiedenen Stimmen gehen läßt; der Text spricht vom Vertrauen auf die Allmacht, die den Schlag gegen die Tyrannen führen wird. Eine kurze, reich instrumentierte Freudenhymne in strahlendem D-Dur dankt für die Gnade des Königs. Der Anfang des dritten Aktes ist eine Vision von alttestamentarischer Größe. Auf ein majestätisches Arioso eines Israeliten folgt ein von kriegerischen Hörnern getragener Chorhymnus an Jehova: „Er kommt als Judas Freund, ein Gott der Rache unserm Feind." Nicht weniger glanzvoll ist der wieder in D-Dur stehende Schlußchor „Der Herr hat unsern Feind besiegt", der in zwei Fassungen vorliegt. Die erste umrahmt chorisch ein reich koloriertes Altsolo, die zweite, wohl endgültige, unterbricht den im wesentlichen homophonen Ablauf durch ein fugiertes Intermezzo der Chorstimmen, das die durch eine Generalpause spannend unterbrochene Schlußsteigerung um so machtvoller zur Geltung bringt.

Debora wurde am 17. März 1733 im Londoner Haymarket-Theater in szenischer Form erstmals aufgeführt; den Text schrieb Samuel Humphrey. Personen sind: Debora (Sopran), Barak (Alt), Abinoam, sein Vater (Baß), Sisera (Alt oder Tenor), Jael (Sopran), drei Israelitinnen, zwei Priester; der Chor versieht zwei gegensätzliche Rollen: Priester und Volk der Israeliten und Priester Baals.

Der Text des Oratoriums behandelt eine grausige Episode aus den Kämpfen zwischen Israeliten und Kanaanitern, die die Bibel im vierten und fünften Kapitel des Buches der Richter erzählt. Die Israelitin Jael nimmt den Feldherrn der von den Juden unter Barak geschlagenen Kanaaniter zur Rast in ihre Hütte auf und ermordet ihn, während er schläft, mit einem Nagel, den sie durch seinen Schädel schlägt; die Prophetin Debora feiert den Mord als gottgefällige, ruhmvolle Tat zur Rettung des Volkes. Es ist verwunderlich, daß Händel diese abstoßende Geschichte aus der rauhen, blutigen Frühzeit des jüdischen Volkes, die nur noch in der Erzählung von Judith und Holofernes ein Gegenstück hat, zum Stoff eines geistlichen Oratoriums gewählt hat. Das barocke Verlangen nach starken, wilden Leidenschaften, nach urtümlichen Charakteren und pittoresken Stimmungsmomenten mag ihn geleitet haben, und in diesem Betracht rechtfertigt die großartige, den Stoff ausschöpfende Musik seine Wahl. Dem modernen Hörer fällt es aber bei allem Interesse für die mänadische, heilig-verbrecherische Frauengestalt schwer, die fromme Begeisterung über den gelungenen Mord zu teilen, und das mag Ursache sein, daß das Oratorium verhältnismäßig selten aufgeführt wird. Dennoch geht es nicht an, wie es Friedrich Chrysander in einer Bearbeitung versucht hat, die Figur der Jael und damit das Hauptmotiv der Handlung zu streichen. Jael ist die aktive Gestalt, die eigentliche Heldin, Debora die lyrisch-musikalische Hauptfigur, aus der Beziehung der Gegenspielerinnen ergibt sich die Spannung des Ganzen. Wenn man „Debora" aufführt, sollte man sich an die Originalgestalt halten.

Die viersätzige Ouvertüre deutet den Konflikt der Völker an, indem sie den ruhigen Hymnus der Israeliten den wilden Rhythmen der Baalspriester gegenüberstellt. Der Einleitungschor der Juden, „Du Gott der Macht“, ist ein Meisterstück barocker musikalischer Architektur; nach breiter thematischer Entwicklung, akkordischen Zwischenrufen und einer Doppelfuge gipfelt er in einer vollstimmigen, glänzenden Coda. Die Prophetin Debora ernennt Barak zum Feldherrn für den Kriegszug. Das Volk erbittet Gottes Hilfe: ein ruhiges Gebet in Form eines achtstimmigen c-Moll-Satzes, aus langgezogenen Rufen und bewegten Parlando-Themen gewoben, leitet zu einem zuversichtlich-kraftvollen Allegrosatz in C-Dur. Die Seherin weissagt dem feindlichen Feldherrn unrühmlichen Tod durch Weibeshand und ruft in einer fast heiteren F-Dur-Arie die Hilfe der Engelscharen für Jael an, der die blutige Tat bestimmt ist; Jaels d-Moll ist der dämonische Kontrast. Nach den Arien Baraks und Abinoams schließt der Akt hoffnungsvoll mit einem der vierten Krönungshymne entnommenen Chorsatz. Der zweite Akt bringt eine gewaltige musikalische Steigerung. Ein wuchtiger g-Moll-Chor malt die dumpfe Erwartung der Israeliten, die das kanaanitische Heer heranziehen sehen. Aus der eng verschlungenen Polyphonie hebt sich in der Mitte in naturalistischem Unisono der Kampfruf ab: „Juda, steh auf für deinen Gott.“ Der Gegensatz der feindlichen Völker wird zuerst in den Arien Siseras, Baraks und Deboras, dann noch großartiger in den Chören ausgeprägt. Gegen den wilden Zwölfachtel-Tanzrhythmus der Baalspriester steht der ruhige akkordische Hymnus der Israeliten, ein doppelchöriges, von der Solostimme Deboras geführtes Ensemble von opernhafter Dramatik stellt die Heere wie auf einer riesigen imaginären Bühne einander gegenüber. Unter den Arien, die den Rest des Aktes füllen, ragt das herbe, brutal rhythmisierte g-Moll-Stück der Jael hervor. Als Chorfinale ist wieder eine Krönungshymne verwendet. Die Schilderung der Schlacht wird übergangen. Der dritte

Akt enthält die Siegesfeier der Israeliten und die Klage der Baalspriester um ihren Feldherrn. In einem kurzen, gewaltsam modulierenden Secco-Rezitativ schildert Jael ihre furchtbare Tat und läßt einen entfesselten Triumphgesang folgen. Ein chorisches Danklied, das in eine pomphafte Halleluja-Fuge ausläuft, beendet das Werk, das als Auseinandersetzung des Komponisten mit der düsteren, schreckensreichen Stoffwelt des Alten Testaments von Bedeutung ist.

Athalia wurde 1733 für die Universität Oxford geschrieben und dort, nach einer festlichen Händel-Woche, am 16. Juli aufgeführt. Den Text schrieb Samuel Humphrey nach der gleichnamigen Tragödie Racines. Athalia, Josabeth und das Kind Joas sind Soprane, der Priester Joad Alt, der abtrünnige Mathan Tenor, der Krieger Abner Baß. Dem Chor werden die Gesänge der Jungfrauen, der sydonischen und der jüdischen Priester sowie des jüdischen Volkes zugeteilt.

Das Oratorium steht nach Stil und Stimmung zu dem vorhergehenden Werk in scharfem Gegensatz. Zwar handelt es sich auch hier wieder um einen alttestamentlichen, der krassen und blutigen Züge nicht entbehrenden Stoff, um eine Episode aus der Zeit des nachsalomonischen, gespaltenen jüdischen Reiches, die im 11. Kapitel des zweiten Buches der Könige sowie im 22. und 23. Kapitel des zweiten Buches der Chronik aufgezeichnet ist. Die abtrünnige, baalgläubige Athalia, die sich nach dem Tode ihres Sohnes Ahasja zur Königin von Juda gemacht hat, läßt alle Angehörigen des rechtmäßigen Königshauses ermorden; aber der junge Sohn Ahasjas, Joas, wird von Josabeth, der Frau des Priesters Joad, gerettet und sechsjährig von der Priesterpartei zum König ausgerufen. Das Volk läuft ihm zu, Athalia wird am Tor des Palastes erschlagen. Der Kontrast zu „Debora" ist schon im Textbuch begründet, das Samuel

Humphrey in enger Anlehnung an das französische Vorbild als theatralisches Intrigenspiel ohne große lyrisch-musikalische Momente verfaßt hat. Dazu kommt, daß Händel hier offenbar nicht volkstümlich, sondern für ein Publikum ästhetischer Feinschmecker komponieren wollte. Er bevorzugt kleine, elegante Formen, graziöse und idyllische Stimmungen, die Solo-Arien nehmen auf Kosten der Chöre breiten Raum ein; „Athalia" steht der Opernform näher als die meisten Händelschen Oratorien.

Nach der in leichtem Allegro-Charakter gehaltenen Sinfonia eröffnet Josabeth mit einer anmutigen Arie die Handlung. Der anfangs einstimmige, dann vierstimmig ausladende g-Moll-Chor der Jungfrauen, der ihr antwortet, ist von der schlichten Feierlichkeit, deren Ton später Gluck in den Priesterinnenchören der taurischen Iphigenie wieder anschlug. Ein passacagliaartiger Chorhymnus über viertaktig absteigendem Baß und, nach einer koloraturenreichen Baßarie des Kriegers Abner, feurig bewegte und trauernde Chorsätze sprechen von der Hoffnung und der Furcht der Juden, die sich um den Priester Joad scharen. Die Introduktion findet ihren Kontrast in der folgenden Szene, die am Hofe Athalias spielt. Die Königin berichtet in einem ariosen Rezitativ von einem Angsttraum, der blutigen Tod voraussagt. Aber ihre Begleiter beruhigen sie durch einen lieblichen, pastoral getönten F-Dur-Satz und einen zauberhaften, über ruhigen Orgelpunkten schwebenden Gesang an Baal, ein geradezu impressionistisches Stück von duftiger Klangwirkung. Als sie endlich genauer von dem Traumbild erzählt, daß ein Jüngling in jüdischem Priesterkleide ihr einen Dolch in die Brust gestoßen habe, raten ihr ihre Getreuen, den Jüngling im Tempel suchen zu lassen und zu vernichten. Die gewaltige, von Sechzehntelpassagen der Violinen umrauschte Chorhymne der gottesgläubigen Juden, die den zweiten Akt eröffnet, ist große religiöse Musik. Athalias Frage nach dem unbekannten Knaben Joas, Josabeths Angst und Joads Tröstung werden im Wechsel von Rezitativ und Arie behandelt. Ernste, gemessene Moll-Gesänge der Jungfrauen und der Leviten nehmen das chorische Pathos wieder auf. Im dritten Akt verkündet Joad in prophetischer Verzückung die Einsetzung des neuen Königs und huldigt dem jungen Joas. Das Volk begrüßt ihn in einem festlichen, von Trompeten und Pauken getragenen D-Dur-Stück, das ein lyrisches Altsolo Joads einschließt. Die Tyrannin Athalia geht mit einer wilden g-Moll-Arie trotzig zum Tode. Der Schluß steigert sich über Sologesang und Duett zu dem rauschenden Freudenchor, mit dem der zweite Akt begann.

Das Alexander-Fest wurde am 20. Februar 1736 vor einem glänzenden Auditorium von 1300 Personen in London aufgeführt und fünfmal wiederholt; der Erfolg blieb dem Werk treu, das zu den beliebtesten Schöpfungen Händels zählt. Die Vertonung der berühmten, im Jahre 1697 gedichteten Ode Drydens, die schon mehrere Musiker vor Händel komponiert hatten, ist nicht eigentlich ein Oratorium, sondern eine Kantate für Soli und Chor. Die Dichtung entwickelt keine Handlung, sondern schildert ein Fest des siegreichen Makedonen Alexander, das durch Hymnen des Sängers Timotheus verschönt wird. Der Schluß bringt eine geistliche Pointe: dem heidnischen Sänger wird die christliche Cäcilia gegenübergestellt und gleichgeordnet: „Er zog den Menschen himmelan – den Engel sie herab." Die Ode ist ein Hymnus auf die Macht der Musik. Daß sie den großen Musiker Händel zu einer seiner inspiriertesten Partituren begeisterte, ist verständlich.

Erstaunlich bleibt, daß Händel hier, ohne irgendwelche künstliche, historisierende Stilmittel zu verwenden, eine Musik aus wahrhaft griechischem Geiste geschaffen hat, die

Vision eines apollinisch heiteren und dionysisch berauschten Kunstfestes, wie es die antiken Sänger, Kitharöden und Flötenspieler gefeiert haben mögen. Das Fest beginnt mit einem Liebes- und Hochzeitshymnus für Alexander und seine Geliebte Thais, den der Tenor anstimmt und den der Chor wie einen verschlungenen Reigen in wechselnden Figuren weiterführt; ein gemessen rhythmisierter, von lauterem Wohlklang erfüllter A-Dur-Satz, der Grazie und Gravität vereinigt. Einem Lobgesang auf Bacchus in wiegendem Dreiviertel-Rhythmus, dem Oboen und Hörner, paarweise in Fanfarenmotiven geführt, kräftige Farbe und den Klang übermütiger Freude geben, folgt eine Trauermusik auf den gefallenen Perserkönig Darius, eine Ehrung des überwundenen Gegners. Das „lydische Brautlied" des Solotenors ist als eine der köstlichsten Händelschen Arien zu erwähnen. Ein zweiteiliger, aus kunstvoller Chaconne und feurig bewegtem Schlußteil gefügter Jubelchor zum Preise der Musen beschließt den ersten Teil. Mit arpeggierendem Saitenspiel des Sängers, von den Violinen des Orchesters angedeutet, beginnt der zweite. Ein donnernder Kriegsgesang mit Pauken und Trompeten weckt Alexander aus seinem Liebestraum. Die Geister der Gefallenen erscheinen, Alexander ergreift die Fackel, um zur Rache den Tempel von Persepolis in Brand zu stecken. Auf den kriegerischen Rausch folgt die fromme Feier Cäciliens. Der Chor verkündet ihr Nahen in einem zuerst schlicht deklamierten, dann zur kunstvollen Fuge entfalteten Satz; die plötzliche Wendung zum polyphonen Stil soll wohl den Eintritt des christlichen Geistes in die heidnische Welt bezeichnen. Eine Quadrupelfuge, deren kraftvoll geschnitzte, aufsteigende und absinkende Themen – den Versen des Dichters gemäß – den Gegensatz von „himmelan" und „herab" symbolisieren, besiegelt die Versöhnung von heidnischer und christlicher Kunst. Mit diesem grandiosen Stück pflegt man das Werk zu schließen; mit Recht, da hier die Dichtung Drydens endet. Der Anhang, den Händel auf Verse Newburgh Hamiltons komponierte, wirkt abschwächend.

Die Caecilien-Ode, ebenfalls nach einer Dichtung Drydens, drei Jahre später als das „Alexander-Fest" komponiert und am Cäcilientag, dem 22. November 1739, in London aufgeführt, ist als lyrischer Anhang und Ausklang des vorigen Werkes zu verstehen. Der christlichen Patronin der Musik, die in der Alexander-Kantate nur am Schluß zitiert worden war, wird nun ausschließlich in einem kurzen, aber von hohem und frommem Enthusiasmus erfüllten Tongedicht gehuldigt. Die Ode Drydens umspannt den gesamten Weltlauf von der Schöpfung bis zum Ende der Zeit und Anbruch der Ewigkeit; sie zeichnet sich nicht nur durch poetischen Schwung, sondern auch durch Gedanken- und Bilderfülle aus, die der Musik Gelegenheit zu lyrischer Vertiefung und zu farbiger Tonmalerei gibt.

Das fesselndste Musikstück der Partitur steht am Anfang: ein Arioso des Solotenors, welches mit anschaulicher orchestraler Tonmalerei den „verworrenen Mißklang" der leblosen Natur schildert, der durch den Ruf des Schöpfers in Wohllaut und Ordnung verwandelt sei; aus trüben Septakkorden steigt in den Intervallen des A-Dur-Dreiklangs der Ruf „Erwach, erwach" auf, der den Sieg der Harmonie über das Chaos ankündigt. Der Chor feiert den Triumph der Schönheit in aufsteigenden Skalen und Dreiklangsmotiven. Die Instrumente stimmen einzeln in den Lobgesang ein, Violoncello und Trompete gesellen sich zu den Solostimmen, Flöte, Laute und Orgel umspielen sanft eine Arie des Soprans. Der Schlußchor beschreibt die Rolle der Musik am jüngsten Tage. Hell und hoffnungsvoll, in Dreiklangstönen über anderthalb Oktaven aufsteigend, bläst die Trompete zum Gericht, in langen, ineinander verschlungenen Tonketten singt der Chor von Tod und Auferstehung, die heitere, hymnische Stimmung bleibt gewahrt.

Saul, 1738 komponiert und am 16. Januar 1739 in London aufgeführt, bezeichnet in Händels Biographie jenen Moment, in dem der Komponist sich endgültig von der Oper zum Oratorium wandte. Das Opernunternehmen, dem er jahrzehntelang seine Arbeitsenergie gewidmet hatte, war wieder einmal gescheitert, und die nationalistische, italienischer Kunst feindliche Volksstimmung ließ wenig Hoffnung auf ein Wiedererstehen des Instituts. Ein Schlaganfall hatte den Unermüdlichen daran gemahnt, daß auch seine gewaltigen Kräfte nicht unerschöpflich seien. Eine Kur in Aachen gab ihm überraschend schnell die Gesundheit wieder. Er nutzte sie, nachdem er mit „Faramonde“, „Serse“ und „Alessandro Severo“ von der Bühne Abschied genommen, zu Arbeiten von gigantischen Maßen, die das noch unerforschte Gebiet des chorischen Oratoriums in seiner ganzen Weite ermessen sollten. „Saul“ ist ein Werk von barocker Breite und Fülle, ein riesiges Tongemälde, einem Bild von Rubens vergleichbar, überladen mit Ereignissen und Gestalten. Der Textdichter, wahrscheinlich Newburgh Hamilton, hat ein formloses, episodenreiches biblisches Epos geschaffen, das auch die Musik kaum durch ihre Akzente zu gliedern vermag. Das Personenverzeichnis nennt eine lange Reihe von Figuren: Saul (Baß), Jonathan (Tenor), David (Alt), Abner (Tenor), Merab (Sopran), Doeg (Baß), die Hexe von Endor (Tenor), der Geist Samuels (Baß), ein Amalekiter (Tenor), Abiathar, ein Priester (Baß). Dem Chor ist, ähnlich wie in der antiken Tragödie, eine betrachtende, meditative Rolle zugeteilt.

Der Text stellt von Anfang an dem König Saul in David einen jugendlichen Gegenspieler entgegen; die

Rivalität der beiden, der Untergang des alten Herrschers und der Aufstieg des jungen, ist der Stoff des dreiaktigen Oratoriums. Es beginnt mit dem Bericht von Davids Sieg über Goliath. Die Siegesfeier erregt Sauls Eifersucht und Zorn. Vergeblich singt David, den König zu besänftigen. Als Saul seinen Speer nach ihm wirft, entflieht David. Jonathans Vermittlung stiftet Frieden, der König gibt David seine Tochter Michal zur Frau. Aber die Eifersucht Sauls entbrennt von neuem und läßt ihn seine Waffe gegen den eigenen Sohn, den Freund Davids, richten. Der finstere Wahnsinn des Königs wächst. Angst treibt ihn zur Hexe von Endor, die den Schatten Samuels beschwört. In der Schlacht gegen die Amalekiter sucht er den Tod, in die Trauer des Volkes mischt sich die Begeisterung für David, den künftigen König.

Die Musik enthält vor allem in ihren chorischen Teilen großartige Eingebungen, die der Szenerie dieser Königstragödie entsprechen. Schon die viersätzige, breit ausgeführte Ouvertüre deutet auf den Umfang des Ganzen; der dritte Satz hat den Charakter eines virtuosen Orgelkonzerts, wie es Händel zuweilen in seine Oratorien einzulegen liebte. Die Erzählung des Kampfes mit Goliath ist gleichsam eine Kantate für sich, eingeleitet und durchsetzt von kriegerischen Chören; ein rauschendes, mit Koloraturen geschmücktes Halleluja bildet den Ausklang. Arien Michals und Merabs, Davids und Jonathans füllen den ersten Teil des Aktes. Sinfonia und dreistimmiger Frauenchor, beide durch den hellen, lustigen Klang des Glockenspiels charakterisiert, leiten die Siegesfeier ein. Sie wird gestört durch das Toben Sauls, der in zwei Arien seinem Zorn Ausdruck gibt. Mit einer eindringlichen, an herben Durchgangsklängen reichen g-Moll-Fuge schließt der Chor, für David betend, den ersten Akt. Er eröffnet den zweiten mit einer Anrufung des „höllgebornen Neides", einem kurzen, gedrängten Musikstück von gewaltiger Schlagkraft. Über einer absteigenden Tonleiter, die als Basso ostinato fünfundzwanzigmal wiederholt wird, schweben die Rufe der Chorstimmen und die gleichförmig punktierten Rhythmen der Violinen; nur in der Mitte des Satzes ballt sich die Beschwörung zu starren Akkorden, die absteigende Baßlinie erscheint gedehnt und chromatisch verzerrt. Hier spricht Händel die lapidare Sprache eines Tondichters von unermeßlicher Ausdrucksgewalt, dem nur der Chor, die steigernde Vervielfachung der Menschenstimme, als Instrument genügen kann. Arien führen die Handlung weiter. In ein liebliches Duett Michals und Davids stimmt der Chor mit ein. Zweimal schiebt das Orchester symphonische Sätze ein. Erst am Aktschluß hat der Chor wieder mit einer ruhigen Meditation über die blinde Raserei des Königs das Wort. Die Geisterbeschwörung am Anfang des dritten Aktes ist eine düstere, gespenstische Opernszene. Eine heroische Sinfonia schildert die Schlacht, im Rezitativ berichtet ein amalekitischer Krieger, daß er den König Saul auf seine eigene Bitte getötet habe. Ein Trauermarsch in starrem, kaum modulierendem C-Dur, ein Stück von elementarer Einfachheit und Würde, leitet zu einem c-Moll-Trauergesang des Chores; die Verflechtung der Stimmen ist ebenso ergreifend wie ihr Verklingen am Schluß, wo sie einzeln und nacheinander, gleichsam seufzend, die Töne des Septakkords auf der Durtonika anschlagen, um dann nach einer langen Pause des Schweigens über die Subdominante und Dominante zur Molltonika zurückzukehren. Die Klage um Jonathan ist ein lyrisch-homophoner Satz von wundervoller harmonischer Farbenfülle. Dann wendet sich das Volk David zu, dem erwählten König: eine bewegte, glänzende Chorszene, die mit hellen C-Dur-Fanfaren beginnt und sich über kraftvolle harmonische Rückungen und fugierte Episoden zum hymnisch fließenden Schluß entwickelt.

Israel in Ägypten entstand im Jahre 1738 und wurde am 4. April 1739 aufgeführt. Den Text stellte sich Händel selbst aus der Bibel zusammen; er verwendete den 78., den 105. und 106. Psalm sowie den Lobgesang der Israeliten am Roten Meer, der im 13. Kapitel des zweiten Buches Mose aufgezeichnet ist. Dieser Lobgesang bildet das Keimstück des Werkes. Händel schrieb ihn zuerst, setzte dann den Bericht des Auszugs aus Ägypten ergänzend davor und fügte endlich als Einleitung einen Trauerchor der Israeliten über den Tod Josephs hinzu, der aber bei der Drucklegung wieder fortblieb. So ergab sich die endgültige zweiteilige Gestalt des Oratoriums, dem die Ouvertüre fehlt. „Israel in Ägypten" hat episch-lyrischen Charakter. Die Vorgänge werden erzählt, es gibt keine Personen und Rollen wie in den dramatischen Oratorien. Beteiligt sind sechs Solostimmen (zwei Soprane, Alt, Tenor, zwei Bässe) und der Chor, dessen Rolle als Erzähler und als Sänger hymnischer Lob- und Danklieder ins Ungeheure wächst; die Größe, um die Händel sich im „Saul" auf äußerliche Weise durch breites Ausspinnen der Handlung, durch Figuren- und Bilderfülle bemüht, ist hier mit rein musikalischen Mitteln durch einen monumentalen Chorstil verwirklicht.

Schon der einleitende Doppelchor, die Klage der Israeliten in der ägyptischen Knechtschaft, legt den grandiosen Stil des Werkes fest: ein ruhiger c-Moll-Satz über starren, schweren Bässen, gleichförmig in Bewegung und Harmonik, ein Bild der Hoffnungslosigkeit, aus dem sich die Schreie des Volkes als dissonante Instrumentalakkorde abheben. Mit dem Bericht von den Plagen, die Jehova den Ägyptern sendet, kommt das Geschehen in Gang. Das erste der Zeichen, „des Stromes Gewässer ward zu Blut", ist eine vierstimmige g-Moll-Chorfuge, deren mit einem Septimenfall einsetzendes Thema (Händel entnahm es einer seiner 1736 gedruckten Klavierfugen) schwer und drohend schreitet wie das unheilvolle Schicksal. Von der Plage der Frösche berichtet eine Arie des Soloalts, illustriert durch eine hüpfende Begleitungsfigur der Violinen. „Und es kam der Fliegen Gewühl" ist ein Doppelchor, dessen Gruppen jeweils in wortgebundener Homophonie deklamieren; Zweiunddreißigstelläufe der Violinen malen das Schwirren der Insektenflügel, den Einbruch der Heuschrecken bezeichnet eine sprunghafte und gestelzt schreitende Bewegung der Bässe; in feierlichen akkordischen Zwischenrufen erklingt die Stimme des Herrn. „Er sandte Hagel herab" ist ein glatt hinfließender Doppelchor, begleitet von gleichmäßig wie Regenguß rauschenden Violinfiguren; Donner und Blitz werden durch kontrapunktische Verdichtungen herausgehoben. Die Finsternis, die sich über das Land breitet, entsteht als unheimliche Klangvision. Streicher und Fagotte präludieren in düsteren, schleichenden Harmonien, der Chorsatz, in tiefer Stimmlage, greift von der Tonika C immer wieder tief in die B-Tonarten und wendet sich am Ende, während die Textdeklamation vom Sopran in den Baß hinabsinkt, nach chaotischer Modulation zu einem nächtlichen E-Dur, als sei alle Orientierung verlorengegangen. „Er schlug alle Erstgeburt" ist eine in hartem Staccato stürmende Chorfuge in a-Moll, von gewaltigen Akkordschlägen des Orchesters begleitet. Als Kontrast singt ein Chor in lichtem, pastoralem G-Dur von der Gnade des Herrn, der „gleichwie ein Hirt" mit dem Volk Israel dahinzog. Mit einem a-Moll-Chor über ein archaisch schlichtes Thema wird der große Augenblick des Auszugs in die Freiheit gefeiert. Noch einmal folgt eine Situation von malerischer Großartigkeit. Mit zweimaligem, gewaltigem Chorruf, in den Dreiklängen von C-Dur und Es-Dur, gebietet der Herr der Meerflut, daß sie austrockne. Der Durchzug durch das Rote Meer ist eine pittoreske Szene: die Hauptstimmen schreiten unentwegt in gleichmäßigen, schritthaften Vierteln, umgeben von wogenden Gegenstimmen, die wie flutende Wasserberge anstürmen. Der Untergang der nachsetzenden Feinde wird durch wild aufrauschende Triolenbewegung illustriert. Ein kurzer Hymnus führt zum hieratisch strengen Schlußchor des ersten Teiles: das gerettete Volk fürchtet den Herrn und erkennt seinen Diener Moses an, der es aus der Knechtschaft in die Freiheit geführt hat.

Im zweiten, lyrischen Teil erweist Händel sich als Meister des „Anthems", der eigentümlich englischen Form der chorischen Hymne, die als Gefäß erhobener Allgemeingefühle der Erlebniskraft und Begeisterungsfähigkeit seiner gewaltigen Natur besonders entsprach. Das Orchester präludiert mit einer Folge in punktierten Rhythmen aufsteigender Durdreiklänge, die unverbunden wie Blöcke nebeneinanderstehen; Posaunen tragen den Vorspruch des Chores: „Moses und die Kinder von Israel singen also zu dem Herrn." Der folgende Lobgesang ist ein Doppelchor, der sich im Kontrast eines feierlichen Hauptthemas mit gebundenen Koloraturketten und gestoßenen Rufen der Nebenthemen zu jubelnder Ekstase steigert. Nach einem Intermezzo zweier duettierender Solo-Soprane entwickelt eine vierstimmige Doppelfuge, von wenigen wuchtigen Grave-Takten eingeleitet, in strengem kirchlichem Stil den Gedanken: „Er ist mein Gott, ich will ihn preisen." Ein breit ausgeführtes Duett zweier Bässe, ein prächtiges Stück ritterlichen Charakters, feiert den Herrn als den starken Helden, der Wagen und Pferde ins Meer gestürzt hat. Der Chor malt die Erinnerung an die Schrecken der Verfolgung und die wunderbare Rettung weiter aus in einem viersätzigen, kantatenhaften Komplex, der die Gefühlsstadien vom Grauen bis zu frommer Begeisterung durchläuft. Ein Largo beschwört noch einmal das Bild der untergehenden Feinde; der Satz „Die Tiefe deckte sie" wird in unheimlichen Rückungen nach Moll schaudernd wiederholt. Ein jubelnder, in ein freies Fugato auslaufender Doppelchor preist die Wunder, die die Hand des Herrn tut. Ein kurzes Adagio-Zwischenstück führt zu einer strengen Fuge über ein herbes, rituelles Mollthema; sie endet überraschend mit naturalistischer, akkordisch hämmernder Deklamation der Worte „Du sandtest Deinen Grimm, der verzehrte sie wie Stoppeln“. Sanft wogende Terzenbewegung der Violinen leitet den folgenden Chor ein, der vom Wunder des wegsam gemachten Meeres handelt. Das Erstarren der Tiefe, die wie ein Wall stehende Flut werden mit deutlicher Tonsymbolik gemalt, die Stimmung ist heiter, fast idyllisch. Zwei Arien, für Tenor und Sopran, unterbrechen die Reihe der Chorgesänge; sie setzt sich fort in einem zweiteiligen, aus Introduktion und Fuge bestehenden Stück, das wie eine harmonisch reichere Variante des früheren Chors „Er ist mein Gott“ erscheint. Auf ein Duett von Alt und Tenor folgt ein neuer chorischer Höhepunkt: ein achtstimmiger Chorsatz schildert mit thematischen Vokabeln von dramatischer Ausdruckskraft das Staunen und die Angst der Feinde Israels; pochende, punktierte Rhythmen, phantastisch bewegte Harmonik und sprechende, affektgeladene Thematik ergeben ein Tongemälde von visionärer Größe. Nach einer innigen Alt-Arie setzt der Chor zum Schlußgesang an, der sich, von kurzen Tenor-Rezitativen unterbrochen, hymnisch ausbreitet. Der kurze, von Trompeten, Posaunen und Pauken begleitete Chor „Der Herr regiert auf immer und ewig“ wird zweimal, wie eine feierliche Doppelstrophe, gesungen. Der Schlußchor, den die Solostimme der Seherin Mirjam anführt, nimmt die jubelnde, koloraturenreiche Thematik des Chors wieder auf, der den zweiten Teil des Oratoriums eröffnete, und rundet so den Lobgesang zu großer zyklischer Form.

L'Allegro, il pensieroso ed il moderato ist der Titel eines kleineren, überwiegend aus

Soloarien bestehenden Oratoriums, das Händel im Januar 1740 in der Zeit von siebzehn Tagen schrieb und das er am 27. Februar dieses Jahres in London uraufführte. Der Text stammt zum größeren Teile von John Milton, der in zwei Oden altenglische Lebensfreude und puritanischen Ernst als weltanschauliche Gegensätze einander gegenüberstellt. Händel hat die Verse der zwei Oden ineinander verquickt, um reichere Möglichkeiten zu musikalischen Kontrasten zu erhalten; sein Textdichter Charles Jennens fügte einen selbständigen Schlußteil, ein Loblied auf die Mäßigkeit, hinzu. Da dieser abschwächende Teil bei Aufführungen meist weggelassen wird, spielt man das Oratorium heute unter dem deutschen Titel „Frohsinn und Schwermut“.

Das Werk, das keineswegs als trockene Allegorie, sondern als sehr persönliche Auseinandersetzung mit psychischen Erlebnissen und Verhaltensweisen, als eine Art barocker Stimmungslyrik zu verstehen ist, enthält in seinen Arien hohe musikalische Schönheiten; die Nachtigall-Arie des Koloratursoprans zählt zu den berühmtesten Stücken Händels überhaupt. Der Anteil des Chores aber ist gering: im ersten Teil singt er mit einem reizenden Sechsachtel-Satz in c-Moll den Refrain zu einem Tanzlied des Frohmütigen. Die Bitte des Schwermütigen um Seelenfrieden bekräftigt er durch einen ruhigen f-Moll-Satz, der eine vierstimmig ausgesetzte Wiederholung der vorhergehenden Arie ist. Am Schluß des ersten Teils steigert der Chor das Gemälde eines ländlichen Festes mit feurigen Zigeunerrhythmen zur Ausgelassenheit. Dann schlägt die Stimmung um: die Tänzer sind müde und gehen heim, zu schlafen. Das heitere D-Dur trübt sich plötzlich zu d-Moll, die Chorstimmen verfallen in stockende Monotonie, das Orchesternachspiel verklingt in wesenlosem Pianissimo: ein musikalisches Genrebildchen von bestrickender Anschaulichkeit. Im zweiten Teil hält der Chor den Einsamkeitsträumen des

Schwermütigen, der für die Sänger der Vorzeit schwärmt, das Bild der lebendigen Gegenwart entgegen. „Uns gefällt der Städte Gedränge" ist ein glänzendes, tumultuöses Musikstück, das in die Schilderung eines ritterlichen Turniers übergeht. Am Schluß des zweiten Teiles bringt der Chor den grundlegenden Stimmungskontrast des Werkes schlagend zum Ausdruck. Die Lebenslust des Frohmütigen steigert er in einem rauschenden, von Trompeten überblendeten D-Dur-Satz zum Hymnus der Freude. Unmittelbar danach leiht er der Weltflucht des Schwermütigen Sprache in einem schlichten, von improvisierten Orgel-Zwischenspielen unterbrochenen Choral und schließt den zweiten Teil mit einer stimmungsdichten Doppelfuge in d-Moll, einem wundervollen, vom Atem großer Dichtung inspirierten Gesang der Melancholie. Schließt man das Werk hier, so hat man einen Ausklang, der der Idee des Dichters Milton entspricht: besser als alle Lust und Schönheit der Welt sind die Ruhe des Klosters, das Glück des Einsiedlers; die „Freuden der Schwermut" sind die tiefsten und echtesten Freuden, die das Leben zu vergeben hat. Der dritte Teil des Oratoriums gibt dem Chor mit zwei Gesängen zum Preise der Mäßigkeit weniger bedeutende Aufgaben.

Der Messias entstand im August und September des Jahres 1741 während eines Zeitraums von vierundzwanzig Tagen; die Uraufführung fand auf Einladung des Vizekönigs von Irland am 13. April 1742 in Dublin statt. Den Text hat Händels Freund Charles Jennens oder, wie man heute annimmt, sein Hauskaplan Pooley aus Bibelworten zusammengestellt; auf jeden Fall war Händel selbst bei der Redaktion entscheidend beteiligt.

Die Komposition des „Messias" beendete eine Periode des Mißerfolgs und der Unsicherheit, die der niemals ruhende Meister mit einem Vielerlei kleinerer und größerer Werke, mit Oratorien kleiner, gefälliger Form, mit Instrumentalmusik und seiner letzten Oper „Deidamia" ausgefüllt hatte. Mit dem „Messias" nahm er den Gedanken des großen Chor-Oratoriums, dem er zuletzt mit „Israel in Ägypten" imposante Gestalt gegeben hatte, wieder auf und dachte ihn mit äußerster Konsequenz zu Ende; er faßte seine schöpferische Energie, die zu zersplittern drohte, unter der Gewalt einer großartigen Eingebung zusammen und schuf ein Werk, das nicht nur im Händelschen Gesamtschaffen, sondern auch in der Geschichte des Oratoriums einen unüberbietbaren Höhepunkt bedeutet.

Immer ist Händels „Messias" als etwas Einsames, Unvergleichliches empfunden worden. Diese Besonderheit liegt schon in der textlichen Konzeption. Der „Messias" ist die äußerste Vergeistigung der Oratorienform, ein metaphysisches Welttheater, das keiner dramatischen Fabel, keiner menschlichen Akteure und Schicksale bedarf, ein Stück Gottes- und Weltgeschichte, dargestellt durch das Medium der lyrisch-hymnischen Musik. In einem kühnen, sich über alle Konventionen hinwegsetzenden Entwurf wird der Messiasgedanke unmittelbar, ohne Einschaltung von Historie und Dogmatik, künstlerische Realität; die Musik hat sich an den erhabensten Stoff herangewagt und ihn bezwungen. Das Werk besteht aus drei Teilen. Der erste enthält die messianische Verheißung und die Geburt des Heilands. Der zweite schildert Passion und Auferstehung. Der dritte ist Meditation und Bekenntnis, Verherrlichung des Messiasgedankens, der die Welt erfüllt und überwindet. Denn mag auch die Leidensgeschichte in der Mitte des Werkes stehen. der Messias Händels ist nicht der Dulder der Bachschen Passion, sondern der Weltenherrscher und Himmelskönig, der eins ist mit dem allmächtigen Gotte.

Die Ouvertüre, ein majestätisch einsetzendes, unruhig fortschreitendes Stück in e-Moll, haben manche Beurteiler als ein Bild der verwirrten, die Ankunft des Heilands erwartenden Welt gedeutet. „Tröste dich, o Zion" ist das erste Wort der Verheißung, das erklingt; der Tenor singt es in einem trostvollen E-Dur-Larghetto, dem eine Arie voll begeisterter Prophetie folgt. Der Chor ergreift das Wort in einem wohlklingenden, sextenreichen Satz, der freudige und feierliche Züge in kontrastierender Thematik ineinanderflicht. Mit drohender Majestät spricht in einem Baß-Rezitativ, dem eine Arie folgt, die Stimme Jehovas. Eine Chorfuge in g-Moll, deren Stimmung im Zwielicht zwischen Furcht und Zuversicht liegt, spricht von der Erwartung der Menschheit, die vom Heiland Läuterung und Reinigung erhofft. Der folgende Abschnitt bereitet das Wunder der Christgeburt vor. Rezitativ, Arie und Chor atmen die gleiche hoffnungsfrohe Stimmung; der Ruf „Er kommt" ist eine kleine, jauchzende Koloratur. Ein begleitetes Baß-Rezitativ schildert mit raunenden Klängen die Nacht, die über den Völkern liegt. In mystischem h-Moll, von der Baßstimme in gewundenen Legatolinien unisono mit dem Streichorchester gesungen, erklingt die Prophezeiung: „Das Volk, das da wandelt im Dunkel, es sieht ein großes Licht." Ein fröhlicher Chor jubelt dem Heiland entgegen; aus der locker gefügten Thematik hebt sich als mächtiger Ruf der göttliche Name ab: „Wunderbar, Herrlichkeit, der starke Held, der Ewigkeiten Vater, Friedefürst." Und das Wunder wird Wirklichkeit. Eine schlichte, poetische Musik, gleichsam ein kleines Weihnachtsoratorium, erzählt die Geschichte der Geburt mit einer Anschaulichkeit, die den Hörer zum Miterlebenden macht. Eine liebliche Pastoral-Symphonie, den Melodien italienischer Pifferari nachgebildet, schildert die Hirten auf dem Felde. Im Glanze schimmernder Geigen-Arpeggien tritt der Engel des Herrn zu ihnen. Von fernher nahen, von Trompeten angekündigt, die himmlischen Heerscharen, die die Ehre Gottes singen. Das Schwirren der Engelsflügel wird durch rauschende Violinpassagen gemalt; immer wieder unterbricht der ernste Oktavruf der Männerstimmen „Und Fried auf Erden“ das Freudenlied, am Ende entschwindet die Lichtvision mit einem Orchesternachspiel, das in dreifachem Piano verklingt. Zwei Sopranarien, deren zweite „Er weidet seine Herde“ zu den berühmtesten Stücken der Partitur zählt, halten die idyllische Stimmung aufrecht, ein kammermusikalisch feiner Chorsatz beendet den ersten Teil.

Ganz anders ist die Stimmung des zweiten Teiles, der der Leidensgeschichte gewidmet ist. In einem ergreifenden, gefühlsgeladenen g-Moll-Satz singt der Chor vom Lamm, das der Welt Sünde trägt. Eine Alt-Arie berichtet von den Leiden des Herrn. Der Chor klagt in einem düsteren f-Moll-Largo, das von schmerzlichen, punktierten Rhythmen des Orchesters begleitet ist. Es folgen eine Fuge und ein Satz von kunstvoll verschlungener, das Irren der zerstreuten Herde malender Polyphonie: ein Triptychon der Klage, ein Gemälde der Trauer, das den Beweinungs-Darstellungen der bildenden Kunst entspricht. Rezitativ und Chorfuge schildern den Hohn der Söldner, die den Gekreuzigten verlachen, ein kurzes Rezitativ des Tenors meldet seinen Tod. Dann, nach einer vermittelnden Tenorarie, schlägt die Stimmung um: auf die Trauer der Passion folgt der Triumph der Auferstehung. Ein Chorsatz, der, anfangs fünfstimmig, hohe und tiefe Stimmen einander respondierend gegenüberstellt, dann aber sich zu klangsatter Vierstimmigkeit verdichtet, begrüßt den „König der Ehren“. Eine frische D-Dur-Fuge fordert die Engel zum Lobgesang auf. Der feierlich einsetzende, in lebhafte Polyphonie übergehende Chor „Der Herr gab das Wort“ verkündigt die Ausbreitung der christlichen Lehre. Die reizvolle Siziliano-Arie „Wie lieblich ist der Boten Schritt“ mit den anschließenden Chorsätzen ist in fünf verschiedenen Fassungen überliefert. Eine Arie des Basses singt vom Zorn der Heiden; der Chor antwortet mit einem kraftvollen Staccato-

Gesang „Auf, zerreißet ihre Bande“. Das Zeugnis des Tenors von der Macht Gottes, der seine Feinde zerschlägt, bestätigt der Chor mit einem der inspiriertesten Stücke, die Händel jemals gelungen sind: Das große Halleluja, das den zweiten Teil des „Messias“ krönt, ist ein Meisterwerk, das feurige Begeisterung und kunstvolle Architektur vereinigt. Der Halleluja-Ruf, auf Tonika und Dominante in strahlendem D-Dur unablässig wiederholt, gibt dem Chorsatz den Charakter elementarer Einfachheit. Ein Seitenthema wird in einer fugierten Episode durchgeführt. Dann brechen die Halleluja-Rufe, während die Oberstimmen in gehaltenen Tönen zur Höhe aufsteigen, in den Unterstimmen von neuem los, nun zum ersten Male bis in die Mollparallele ausweichend; nach einer zweiten Durchführung schließt das Stück mit orgiastischer, aus unersättlicher Wiederholung des Freudenrufs gewonnener Steigerung, ein imposantes Zeugnis Händelscher Größe, die sich im Einfachsten bezeugt.

Der dritte, meditative Teil muß nach dieser Steigerung mit ruhigeren Klängen beginnen. Die Sopranarie „Ich weiß, daß mein Erlöser lebet“ bringt nach dem Höhepunkt des Enthusiasmus einen Höhepunkt der Verinnerlichung. Kurze, schlichte Chorsätze behandeln das Dogma von Tod und Auferstehung. Ein Rezitativ des Basses, von einer langen Arie gefolgt, bringt die mystische Verkündigung des Paulus: „Wir entschlafen nicht alle, doch werden wir alle verwandelt.“ „O Tod, wo ist dein Stachel“ ist ein Duett von Alt und Tenor über gleichmäßiger Baßbewegung. Dann kommt der Chor wieder zu Wort. „Drum Dank sei dir, Gott“, ein ruhig schreitender Es-Dur-Satz, in Stimmung und Faktur das vorhergehende Duett fortsetzend, leitet über eine verbindende B-Dur-Arie des Soprans zum Finale, das in der triumphierenden D-Dur-Tonart das messianische Bekenntnis abrundet. In feierlichem Largo setzt der Gesang ein: „Würdig ist das Lamm, das da starb.“ Eine Fuge, von den Männerstimmen gravitätisch intoniert und mit bewundernswerter Kunst zu immer reicherem Leben und Klang entfaltet, huldigt dem, dem alle Gewalt, Ehre und Macht gebührt. Das Amen, als selbständige Fuge ausgeführt, wird zur letzten, krönenden Steigerung der gewaltigen Partitur. Ein weitgeschwungenes, über den Raum einer Oktave ansteigendes Thema treiben Stimmen und Instrumente zu einer lyrischen Ekstase empor, der endlich, nach dem gleichsam atemlosen Halt einer Generalpause, drei wuchtig kadenzierende Adagio-Takte ein Ziel setzen.

S a m s o n , im Jahre 1741 unmittelbar nach der Vollendung des „Messias" komponiert, aber erst 1743 in London aufgeführt, mag aus dem Bedürfnis des Dramatikers Händel entstanden sein, nach der Vision des Gottessohnes und der ihn umgebenden chorischen Gedankenlyrik wieder eine Gestalt von Fleisch und Blut, ein konkretes, menschlich ergreifendes Geschehen auf die imaginäre Bühne des Oratoriums zu stellen. Der kraftstrotzende, bedenkenlose Held, der der Philisterin Dalila in Liebe verfällt, der geblendet und durch den Verlust seines Haares – des Zeichens seiner Stärke – entehrt wird, der seine Schuld in schwerer Knechtschaft büßt und endlich sich und seine Feinde rächend unter den Trümmern des Hauses begräbt, dessen Säulen er mit der Kraft seiner Arme umstürzt, ist eine der vitalsten, blutvollsten Figuren des Alten Testaments, das im Buch der Richter von ihm erzählt. Aber Händels Textdichter Newburgh Hamilton, der eine Vorlage Miltons benutzte, hat sich nicht durch die leidenschaftlichen und pittoresken Züge der Gestalt und ihrer Geschichte zur Dramatisierung des Stoffes verführen lassen. Gerade der „Samson" ist in strengstem Sinne Oratorium, episch-lyrisches Musikwerk. Die Handlung beginnt mit der Gefangenschaft des Helden, die seelischen Leiden des Blinden, Ohnmächtigen, sind der eigentliche Stoff. Dalila tritt nur wie eine längst überwundene Erinnerung des Vergangenen auf, und lediglich der Untergang der siegestrunkenen Philister wird zu einem Tongemälde von packender Anschaulichkeit benutzt. Die Personen sind: Samson (Tenor), Manoah, sein Vater (Baß), Micha, sein Freund (Alt), ein Israelit; auf der Gegenseite Dalila (Sopran), der Riese Harapha; der Chor verkörpert die Stimmen der Israeliten, der Philisterinnen und der Dagonspriester.

Die glänzende, kraftvoll rhythmisierte Ouvertüre mit ihrem graziösen Schlußmenuett mag ebenso auf den heroischen Charakter Samsons wie auf das Fest der Philister zu Ehren ihres Gottes Dagon hinweisen, von dem der Anfangschor in jubelnden Fanfarenthemen, von Sologesängen der Feiernden unterbrochen, singt. Samsons Schwermut und das Mitleid seines Freundes Micha wirken nach dieser strahlenden Festszene als düsterer Kontrast; Samsons zweite Arie „Tiefdunkle Nacht" ist mit ihrer lichtlosen e-Moll-Tonart, mit der hallenden Öde ihrer einstimmigen Stellen und der radikalen, jedes Schmuckes, jeder Ausfüllung entbehrenden Einfachheit von Melodie und Harmonik ein Dokument menschlichen Leidens, das auf Gluck und die Seelenbilder der Klassik vorausweist. Der Chor nimmt die Klage des Helden zum Anlaß für eine Meditation über den Wert des Lichts: „O erstgeschaffner Strahl." Das Wort des Schöpfergottes „Es werde Licht" wird zweimal als Unisono-Ruf zitiert, in hellem C-Dur und D-Dur antworten Stimmen und Instrumente: „Und Licht ward überall" – eine Wirkung, die Haydn zu der noch gewaltsamer hereinbrechenden Lichtvision seines Schöpfungsoratoriums inspirierte. Dem strahlenden Dur-Teil folgt in gedämpftem a-Moll das inständige Gebet des Chores: „O gib dem Helden Licht und Kraft zurück." Es folgen Gespräche zwischen Samson, seinem greisen Vater Manoah und seinem Freund Micha, in denen eine schlichte, eindringlich klagende d-Moll-Arie Manoahs, vor allem aber eine heroische, durch kraftgeladenes Linienspiel der Streichinstrumente charakterisierte Arie Samsons Beachtung verdienen: „Warum liegt Judas Gott im Schlaf?“ Noch einmal erwacht in dem Helden die alte Kraft. Der Chor der Israeliten nimmt die frohe Stimmung in einer Tripelfuge auf, die die Herrlichkeit Jehovas besingt. Als Samson in einem düsteren Rezitativ seine Todessehnsucht ausspricht, tröstet ihn Micha mit einer Schilderung der Freuden des Paradieses; seine dreiteilige Koloraturarie, Adagio, Andante und Larghetto überschrieben, ist ein Stück entrückter, selig-ruhevoller Musik. Der Chor bekräftigt Michas Gesang mit einem Ewigkeits-Hymnus, der – ruhig in freier fugierter Form sich entfaltend – über motettenartig gereihte Episoden und eine Generalpause zum feierlichen Abschluß des ersten Aktes führt.

Den zweiten Akt eröffnen eine Rezitativ-Szene Samsons und Manoahs und eine strenge, den Sohn zum Glauben auffordernde c-Moll-Arie des Vaters. Mit einem Gebet Michas, einem melodischen Largo in Es-Dur, beginnt eine reizvolle Episode. Der zweite Teil der Arie, ein ausdrucksvoller Sprechgesang zu gleichförmig rhythmisierter, litaneiartiger Achtelbegleitung des Orchesters, wird vom Chor aufgenommen und weitergeführt. G-Moll, c-Moll und B-Dur sind die harmonischen Ruhepunkte, mit der Wiederkehr der Haupttonart Es-Dur stimmt auch Micha, nun vom Chor begleitet, seine schöne, weitgeschwungene Melodie wieder an. Es folgen Szenen von scharfer Kontrastwirkung; das Drama fordert sein Recht, aber es geht auf in der lyrisch-musikalischen Form des Oratoriums. Dalila, die Verführerin, erscheint mit ihren Frauen. Ihre Gesänge, teils gleißend, teils innig beschwörend, durch liebliche Chöre von Sopranstimmen verstärkt, bleiben ohne Wirkung auf Samson, und die Stimmen der beiden vereinigen sich zum Duett nur, um sich gegenseitig Treulosigkeit und Verrat vorzuwerfen.

Der Chor singt in einem langsamen und in einem bewegten, glänzend fugierten Satz von der Überlegenheit des Mannes über die Frau. Dann naht die zweite Versuchung: Der Riese Harapha höhnt den Geblendeten in einer prahlerischen, durch ungeschlachtes Unisono der Stimmen charakterisierten Arie. Samson antwortet männlich gefaßt in einem Larghetto in c-Moll; im Duett mit dem Gegner flammt sein Mut wieder auf, mit geläufigen Koloraturen antwortet er auf den schwerfälligen Gesang des Riesen. Die Streitenden werden von ihren Völkern unterstützt. In einem feierlichen, überwiegend akkordisch-homophonen Hymnus rufen die Israeliten den Gott Jakobs an. Die Philister antworten mit einem jubelnden Tanzchor, einem kunstvoll polyphonen Stück über einem zweitaktigen ostinaten Baßthema, das einundzwanzigmal erklingt. Ein Schlußchor drängt die feindlichen Parteien, Chöre und Solisten, in ein einziges monumentales Stück zusammen. Unmittelbar stehen die Rufe „Jehova“ und „Gott Dagon“ nebeneinander, rollende Tonketten der Instrumente, zum Teil von den Stimmen aufgenommen, führen steigernd zum Schluß; ein ungemein eindrucksvolles Tonbild, das Händels Größe in der Einfachheit erweist.

Der dritte Akt malt die Gegensätze weiter aus, bevor die Katastrophe hereinbricht. Noch einmal höhnt Harapha in einer mit der Vortragsbezeichnung „Pomposo“ versehenen Arie den Gefangenen. Ein Chor der Israeliten „Im Donnersturm, o Gott, erschein“ ist charakterisiert durch kriegerische punktierte Rhythmen und erregte Läufe, die an einer Stelle im Einklang durch alle Oktaven des Streichorchesters rasen. Samson, dem eine innere Stimme die Wiederkehr seiner alten Kraft ankündigt, bekräftigt in einer melodisch strömenden B-Dur-Arie seine Zuversicht, Micha empfiehlt ihn in einem stürmischen Rezitativ und einer froh bewegten Arie dem Schutz der Engel, ein kurzer, ermutigender Chorsatz begleitet

Samsons Gang zum Feste der Philister. Solo- und Chorgesang malt die Szenerie des Götzenfestes als beiläufige Episode. Dann erklingt wieder die Stimme des alten Manoah. Sein Gespräch mit Micha wird höchst naturalistisch mitten im Satz durch eine Symphonie unterbrochen, die, wie ein ferner Lärm herüberklingend, in abwärtsstürzenden Skalen und chromatischen Klagelauten das Zusammenstürzen des Dagontempels über den feiernden Philistern ankündigt: Samson, noch einmal mit seiner früheren Kraft begabt, hat sein Werk getan, er hat seine Feinde und sich unter den Trümmern des Tempels begraben. Die Symphonie wird als Chorsatz, mit den wild durcheinandertönenden und endlich in das Todesschweigen verklingenden Jammerrufen der Verschütteten, wiederholt: ein erschütterndes Bild des Grauens, eine Meisterleistung des Dramatikers Händel, wie er sie kaum einmal in seinen Opern vollbracht hat. Ein Bote meldet, was geschehen ist, Micha und der Chor der Israeliten klagen um den erschlagenen Helden Samson. Ein Trauermarsch in kaltem, klarem D-Dur – thematisch von äußerster Einfachheit, aber faszinierend durch sein seltsames, aus dem Alternieren der düsteren Hörner und Posaunen mit den sanften Flöten hervorgehendes Kolorit – leitet die Totenfeier ein; Manoah, eine Israelitin und ein Frauenchor bereiten den Gesang des ganzen Chores vor, ein düsteres, mächtig einsetzendes und leise verklingendes g-Moll-Adagio. Dann erfolgt der Umschwung zum befreienden, erhebenden Abschluß. Eine Israelitin, von einer schmetternden Solotrompete begleitet, ruft die Seraphim zum Preise Gottes; der Chor antwortet ihr in einem jubelnden, bald akkordisch kompakten, bald in freie Polyphonie aufgelösten Finale, dem wieder die strahlenden, wie Engelsstimmen hineinklingenden Trompeten Kraft und Glanz geben.

Semele, 1743 im Zeitraum von vier Wochen komponiert und im Februar 1744 in London aufgeführt, mag als Frucht eines Rückfalls des Komponisten in die Welt der Oper oder der „Masque", der opernhaften Kantate erscheinen. Das Werk knüpft an das 1720 geschaffene mythische Pastoral „Acis und Galathea" an, es verwendet ein Textbuch, das William Congreve schon 1707 unter dem Titel „The Story of Semele" verfaßt hatte, das aber wegen seines Mangels an Bühnenwirkung noch keinen Komponisten gefunden hatte. Dieser Mangel machte es aber zur Vertonung als Oratorium gerade geeignet. Die Komposition zeigt deutlich, daß es Händel keineswegs um opernhafte Wirkung zu tun war. Wenn er auch die Bezeichnung „Oratorium" vermied und den Titel „Die Geschichte von Semele" beibehielt, hat er doch ein echtes Oratorium geschaffen. Sein lebendiger, auf Abwechslung bedachter Geist mag nach vielen biblischen Werken durch die antike Stoffwelt mit ihren Göttern und Helden angezogen worden sein, vor allem aber dürfte ihn die Figur der Semele mit ihrer Anmut, Koketterie und Eitelkeit gefesselt und inspiriert haben, einmal ein Werk ganz anderer Art, voll Heiterkeit und Grazie, aber auch voll schrecklicher, erhabener Größe und tiefer Bedeutung zu schaffen. In ihrer Eigenart und Besonderheit ist „Semele" vollendet und besteht vollgültig in der Reihe der Oratorien. Das Personenverzeichnis ist lang; es nennt die Götter Zeus (Tenor), Apollon (Tenor), Somnus, den Gott des Schlafs (Baß), die Göttinnen Hera (Alt) und Iris (Sopran), Kadmos, den König von Theben (Baß), seine Töchter Semele (Sopran) und Ino (Alt), Athamas, einen Prinzen von Böotien (Alt); der Chor stellt Priester, Liebesgötter, Nymphen und Schäfer dar.

Die Ouvertüre, dreiteilig, aus einem majestätischen, mit rauschenden Dreiklangsbrechungen spielenden Anfangsteil, einem fugierten Allegrosatz und einer graziös hinfließenden Gavotte bestehend, weist in ihrer zwielichtigen, aus Festesglanz und tragischem Molldunkel gemischten Stimmung sowohl auf das Ganze wie besonders auf die erste Szene des Oratoriums hin. Im Tempel der Hera soll die Hochzeit Semeles mit dem Prinzen Athamas gefeiert werden. Ein Priester verkündet in einem gravitätischen Accompagnato-Rezitativ (eine Form, die Händel in diesem Werke bevorzugt) den glücklichen Ausgang der Opferhandlung. Der Chor, von Streicherfiguren wie von Harfen begleitet, wünscht dem Paare den Segen der Götter; dem theatralisch glänzenden Hauptteil des Festgesangs folgt ein schlichter, frei fugierter Nachsatz. Kadmos und Athamas bereden Semele in einem zweistimmigen, lyrischen Arioso, sich dem Wunsch des Freiers zu fügen. Sie aber, die der höchste der Götter zur Geliebten erwählt hat, kann keinem Sterblichen gehören. In einem leidenschaftlichen, dissonanzenreichen Rezitativ und einer schmerzvollen, gebethaft schlichten Arie fleht sie Zeus um Hilfe an. Eine weitere Arie, „Die Lerche weckt den Gram mir im Gemüt", ist ein bestrickendes Charakterbild der anmutigen, amourösen Frau; die Singstimme wetteifert mit den Violinen in zierlichen, wie Vogelstimmen jubilierenden Trillern und Koloraturen. Während Athamas den Gott Hymen anruft, bricht Ino, die heimlich den Athamas liebt, in Klagen aus; ein breit angelegtes Quartett verbindet die Klagen der Schwestern mit den Bitten Athamas und Kadmos zu wohllautendem Zusammenklang. Mit einem stürmisch einsetzenden d-Moll-Satz des Chores schlägt die Stimmung um: der Tag verwandelt sich in Nacht, der Donner rollt, der rauschende Regen löscht die Opferflamme; ein mächtiges dreiteiliges Stück, ebenso fesselnd durch polyphones Leben der Stimmen wie durch die Kraft und Anschaulichkeit grandioser, von überquellender Phantasie gespeister Tonmalerei. Der Nachsatz bringt noch eine Steigerung: jagende Sechzehntelpassagen der Streicher und ein dröhnender Quarten-Orgelpunkt der Pauke begleiten die Flucht der Menge, die sich dem Zorn des Zeus entziehen will. Ino wirbt um Athamas' Liebe, er weist sie ab; ein Duett schildert die Verwirrung der Herzen. Kadmos aber berichtet von einem Wunder, das sich ereignet hat: ein mächtiger Adler hat Semele ergriffen und in die Lüfte entführt; das Herabstoßen und Wiederaufwärtsschweben des Raubvogels wird im Instrumentalpart des Secco-Rezitativs anschaulich dargestellt. Die Priester des Zeus feiern den Gott in einem festlichen, tänzerisch bewegten Stück. In einer reizenden Gavotten-Arie singt Semele, die der Erdenwelt entrückt ist, von himmlischer Seligkeit; der Chor spinnt ihre Melodie fort und führt den Akt heiter zu Ende.

Der zweite Akt spielt in der olympischen Götterwelt. Die eifersüchtige Hera hat die Götterbotin Iris ausgesandt, nach der neuen Geliebten ihres Gemahls zu forschen; eine Sinfonia schildert die eilige Fahrt der Botin. Iris berichtet von einem Palast auf der Höhe des Kithäron, in dem Semele verborgen sei. In einem leidenschaftlichen Rezitativ ruft Hera die Todesgötter zur Rache. Da Iris, vom Orchester tonmalerisch unterstützt, von zwei schrecklichen Drachen erzählt, die das Zauberschloß bewachen, beschließt Hera, Somnus, den Gott des Schlafes, zu Hilfe zu holen, um die Wächter einzuschläfern. Die Szene wechselt: Semele in zärtlichen Träumen, Zeus als schmeichelnder Liebhaber, Chöre von Liebesgöttern und Zephyren, fröhliche Tänze „alla Hornpipe“: ein Bild des Liebesschlosses, das der Gott sich und seiner Erwählten zur Lust gebaut hat. Um Semele ganz glücklich zu machen, läßt Zeus ihre Schwester Ino als Gespielin herbeiholen. Die zauberhafte A-Dur-Arie Inos, die sich an der reinen Himmelsschönheit berauscht, der Zwiegesang, der die Stimmen der Schwestern in zärtlichen Melismen wie in Umarmungen verschlingt, der Schlußchor, in dem die Seligkeit mächtig strömende, fugierte Melodie wird: ein Abglanz antiker Schönheit liegt über diesen idyllischen Szenen, wie ihn sonst nur Gluck in die Musik zu bannen wußte.

Der dritte Akt spinnt die mythologischen Fabeleien weiter aus. Hera und Iris suchen Somnus auf, den Gott des Schlafs, um seine Hilfe zu erbitten. Das Reich des Schlafes könnte nicht besser dargestellt werden als durch die träge in gleichförmiger Achtelbewegung hinschleichende, durch die dunkle Klangfarbe der Violoncelli und Fagotte charakterisierte Sinfonia, die am Ende auf stokkenden Mollsubdominantdreiklängen gleichsam vollends einschläft. Mit energischen Weckrufen nahen die Göttinnen, aber Somnus ist nur durch den Namen einer schönen Nymphe zu erwecken. Hera befiehlt ihm, dem Zeus ein täuschendes Traumbild zu senden, sie selbst nimmt seinen Zauberstab, um damit die Drachen-Wächter des Götterschlosses zu überwinden. Ein Duett von magischem Mollklang besiegelt den Pakt. Hera führt ihren Racheplan aus. Sie ist in das Schloß eingedrungen. In der Gestalt Inos lehrt sie Semele, sich an der Schönheit ihres eigenen Spiegelbildes zu berauschen, und reizt sie auf, von Zeus eine verderbliche Gunst zu erbitten: er möge sich ihr in göttlicher Gestalt zeigen. Semeles Arien enthüllen verschiedene Wesenszüge dieser von Händel mit besonderer Liebe behandelten Gestalt: eine reizende Spiegelarie schildert ihre Eitelkeit, ein Siciliano ihren seligen Dank an die falsche Beraterin, in einem wehmütigen d-Moll-Larghetto verweigert sie sich dem Liebenden, um die Erfüllung ihres Wunsches zu erzwingen. Zeus verspricht, ihre Bitte zu gewähren; ein Paukensolo, gleichsam ein fern rollender Donner, bekräftigt seinen Schwur. Kaum hat Semele die Bitte ausgesprochen, so beschwört Zeus sie in einer stürmisch erregten Arie, das Wort zurückzunehmen; aber Semele, verblendet und siegessicher, antwortet mit einer leichtfertig sprudelnden Koloraturarie und besteht auf ihrem Willen. Die Katastrophe wird in epischer Form – durch drei parallele, indirekt schildernde Stücke – dargestellt. In einem schmerzerfüllten h-Moll-Largo sieht Zeus wie in einer Vision den Untergang der armen Sterblichen, der der flammende Donnergott erscheint, voraus. Hera äußert die Genugtuung über die Rache in einer Arie. Semeles Erlöschen ist ein zartes, aus stockenden Seufzern und absinkenden Melodielinien gewobenes Orchester-Larghetto, in das sich rezitativische und ariose Klagen der Singstimme mischen; der Hörer erlebt nicht das Ereignis selbst, die Erscheinung des Gottes, sondern nur seine vernichtende Wirkung; es ist, als wolle der Komponist der lieblichen, preziösen Figur alle harten, tragischen Züge ersparen. Der Chor beklagt in einem ernsten, nach stockenden Generalpausen verklingenden Fugato die Vergänglichkeit des Lebens, das wie ein Hauch verweht. Eine majestätische Symphonie kündigt das Nahen Apollons an; er verkündet den Zurückbleibenden, daß der Sproß der unseligen Liebe, Bakchos, durch die Macht des Zeus gerettet sei. Ein jubelnder polyphoner Schlußchor gibt dem Werk den heiteren Ausklang, den der Barock verlangte.

J o s e p h , im Sommer 1743 nach einem Text des Reverend James Miller komponiert und im März 1744 in London aufgeführt, zählt zu den am wenigsten bekannten Oratorien Händels – vor allem wohl darum, weil der Anteil der solistischen Partien so sehr überwiegt, daß für Chorvereinigungen kein starker Anreiz zur Aufführung besteht. Hinzu kommt, daß vier der Solopartien, darunter auch die des Helden, für Kastratenstimmen gesetzt sind und daß Händel einen Teil der Arien in Fassungen für verschiedene Stimmlagen hinterlassen hat, woraus sich für eine moderne Wiedergabe die Notwendigkeit der Bearbeitung ergibt. Das „geistliche

Drama", wie der Textdichter sein Werk nennt, behandelt die im ersten Buch Mose berichtete Geschichte von Joseph, der von seinen Brüdern als Sklave nach Ägypten verkauft wurde, der, von Pharao zum Statthalter erhöht, das Land durch weise Vorsorge vor der Hungersnot der sieben mageren Jahre rettet und an seinen Brüdern, die als Gefangene in seine Gewalt geraten, gnädige Vergeltung übt. Die Personen sind: Pharao, König von Ägypten (Baß), Joseph (Alt), Ruben (Baß), Simeon (Tenor), Juda (Tenor), Benjamin (Sopran), Potiphar, Hoherpriester (Alt), Asenath, Potiphars Tochter (Sopran), Phanor, Diener Pharaos (Alt), Chor der Ägypter und Hebräer.

Nach der viersätzigen, in Suitenform gehaltenen Ouvertüre beginnt die Handlung mit einer Kerkerszene: Joseph betrauert in einer schmerzvollen, durch ein starres Streicher-Unisono eingeleiteten und von einem Rezitativ unterbrochenen e-Moll-Arie das harte Los der Gefangenschaft. Phanor befiehlt den Gefangenen zu Pharao, beängstigende Träume des Königs zu deuten; Joseph ruft in einer Arie, in der seine Stimme kunstreich mit der Gegenstimme der Violinen duettiert, Gott um Erleuchtung an. Im Palast des Pharao beten die Ägypter in einem schlicht-zeremoniellen Chorsatz zum Gotte Josephs, daß die Deutung des Traumes gelinge. Bevor Joseph die Deutung verkündet, nimmt das Orchester sie in einer sinnfälligen Tonmalerei vorweg, als erlebe der Hörer, wie Bilder und Vorstellungen vor Josephs innerem Auge aufsteigen, ehe er sie ausspricht: lustig aufsteigende Dreiklangsfiguren schildern Glück und Freude der sieben fetten Jahre, träge schleichende Terzenketten Not und Trauer der mageren. Pharao setzt Joseph zum Statthalter und Fürsorger des Volkes ein. In einem opernhaften Festchor von hellem C-Dur-Klang huldigt ihm das Volk. Asenath, die Tochter des Priesters Potiphar, gesteht in zwei Arien von sich steigernder Leidenschaft ihre Liebe zu Joseph. Joseph wirbt um sie, und ein liebliches, durch sanfte Terzen der Flöten und Violinen gekennzeichnetes G-Dur-Duett vereint die Stimmen des Paares. Ein Marsch, von Trompeten, Pauken, Oboen und Streichern gespielt, leitet das Hochzeitsfest ein. Der Hohepriester bittet in einer wohllautenden Altarie die Götter um ihren Segen, der Chor stimmt mit einem Hymnus ein, der sich aus ruhigem akkordischem Satz zu reicher polyphoner Bewegtheit entwickelt; Pharaos Glückwunsch ist eine majestätische, koloraturenreiche Baßarie, der Oboen und eine konzertierende Trompete Glanz geben. Der Chor schließt mit einem reich instrumentierten, aus Freudenrufen und jauchzenden Gesangskoloraturen geformten D-Dur-Satz.

Feststimmung beherrscht auch den Anfang des zweiten Aktes. Ein gewaltiger zweiteiliger Chorgesang feiert Joseph als Erretter Ägyptens; auf ein Andante larghetto von quellender, sich geschmeidig verflechtender Stimmenbewegung folgt ein fugiertes, aus kraftvoller, kantiger Thematik gefügtes Allegro. An eine Arie Phanors schließt sich, weiter steigernd, ein prächtiger, von Bläsern und Pauken gestützter, immer wieder zu polyphonen Entwicklungen ausholender Chorsatz. Die zweite Szene bringt zu dem festlichen Bilde den düsteren Kontrast. Simeon, Josephs Bruder, liegt im Kerker, von Angst und Gewissensqualen geschüttelt: ein großartiges, durch starre punktierte Rhythmen und stürmische Skalenläufe charakterisiertes, von unheimlichen Pianissimo-Episoden unterbrochenes Akkompagnato-Rezitativ und eine verzweiflungsvoll hinjagende Arie des Tenors, beide in der schwermütigen Tonart g-Moll. Joseph läßt, ohne sich zu erkennen zu geben, zuerst Simeon, dann alle Brüder vor sich führen; zwei idyllische Arien Josephs und Asenaths, ein reuevoller Gesang Simeons schildern die Empfindungen der Beteiligten. Joseph spricht die Fremden von dem Vorwurf frei, die Not Ägyptens ausgenutzt und sich bereichert zu haben, und lädt sie ein, seine Gäste zu sein. Juda dankt mit einer männlich selbstbewußten Arie, ein schlichter Gesang Benjamins, seines Lieblingsbruders, rührt Joseph zu Tränen. Zweimal greift der Chor ein, die Gemeinschaft der Brüder vertretend: das erste Stück, ein Larghetto in g-Moll, ist ein stockendes, erregtes Durcheinander der Stimmen, das zweite, dreiteilig – nach einer kunstvollen, chromatische Bittmotive verwendenden d-Moll-Fuge in beruhigtes Dur ausklingend – ein Gebet um Beistand an den Gott Israels.

Der dritte Akt, eingeleitet durch eine frische, kraftvolle Sinfonia, enthält in seinem ersten Teil Sologesänge, unter denen eine ebenso koloraturenreiche wie ausdrucksvolle Arie Asenaths, ein Glanzstück dramatischen Gesanges, hervorragt. Joseph hat, um seine Brüder zu prüfen, einen kostbaren Kelch in ihrem Gepäck verstecken lassen; als der Kelch bei Benjamin gefunden wird, beschuldigt er diesen des Raubes. Wieder spricht ein hochbedeutender, aus Grave-Introduktion und Fuge bestehender Chorsatz die Stimmung der Brüder aus. Joseph stellt sich hart. Erst als Juda ihn beim Namen seines Vaters beschwört und Simeon sich reuevoll erbietet, für den schuldlosen Benjamin zu büßen, gibt er sich zu erkennen und überläßt sich der Rührung des Wiedersehens. In ein frohes, festliches Duett Asenaths und Josephs und einen jubelnden, reich instrumentierten D-Dur-Chor, der dem etwa gleichzeitig komponierten Dettinger Anthem entnommen ist, klingt das märchenhaft naive, gleichwohl an farbigen Bildern und ergreifender Seelenschilderung reiche Musikepos von Joseph und seinen Brüdern aus.

B e l s a z a r , im Sommer 1744 gleichzeitig mit dem folgenden Werk, dem „Herakles“, komponiert und am 27. März 1745 in London aufgeführt, nimmt nach einigen Schöpfungen intimeren Charakters die Linie des großen biblischen Chororatoriums wieder auf. Dem Text von Charles Jennens liegt die im Buch Daniel aufgezeichnete Erzählung von dem Babylonierkönig zugrunde, der die heiligen Tempelgefäße der gefangenen Juden zum Gelage mißbrauchte und den Frevel mit dem Tode und dem Untergang seines Reiches büßen mußte: ein großartiger Vorwurf, der die Leidenschaften bis zum Exzeß entfesselt, ein weltgeschichtliches Drama, das drei Völker – Babylonier, Perser und Juden – einander als Akteure gegenüberstellt. Als Personen erscheinen Belsazar, König von Babylon (Tenor), Nitocris, seine Mutter (Sopran), Cyrus, Fürst der Perser (Alt), Daniel, jüdischer Prophet (Alt), Gobrias, ein zu Cyrus übergegangener Assyrer (Baß), ein babylonischer Hofmann und ein Bote (Tenor und Baß). Dem Chor ist mit der Repräsentation der drei Völker eine große Aufgabe zugeteilt. Die Musik, die Händel zu diesem ungemein farbigen, schaurig-phantastischen Stoff geschrieben hat, zählt zu seinen stärksten Eingebungen; sie ist so voll dramatischen Lebens, daß man neuerdings mit Glück versucht hat, dieses Oratorium als Chordrama auf der Bühne aufzuführen.

Schon die zweisätzige Ouvertüre ist ein ausgesprochen dramatisches Musikstück. Wenn die Sechzehntelbewegung des Allegroteils durch stockende Stakkatoschläge und starre, ruhende Akkorde unterbrochen wird, so darf man darin wohl mit Recht einen Hinweis auf die Hauptszene des Dramas sehen: auf das lärmende Festtreiben im Schlosse von Babylon, das plötzlich angesichts der Erscheinung der schreibenden Geisterhand in starres Entsetzen umschlägt. Der vokale Teil beginnt mit einer ausdrucksgewaltigen, aus Rezitativ und pathetischer Largo-Arie bestehenden Szene der Königsmutter Nitocris, die den Verfall der weltlichen Reiche betrauert und die Ewigkeit des Reiches Gottes gläubig dagegenhält.

Der Prophet Daniel tröstet sie in einer ruhig hinfließenden, lichten E-Dur-Arie und rät ihr, dem Ratschluß des Allwissenden zu vertrauen. Nach diesem Vorspiel öffnet sich gleichsam der Vorhang vor der Hauptbühne, das Drama der Völker beginnt. Babylonier und Perser stehen einander gegenüber. Von den Mauern ihrer Stadt herab verspotten die Babylonier die Belagerer mit einem kriegerischen, aus übermütigen Rufen und drastischen tonmalerischen Scherzen entwickelten Chor, den das Orchester mit fanfarenartigen Figuren begleitet. Im Lager der Perser beraten sich Cyrus und Gobrias, ein Babylonier, der zu Cyrus übergegangen ist, weil der Tyrann Belsazar seinen Sohn ermordet hat. Daß der Kriegsheld Cyrus musikalisch durch eine Altstimme dargestellt wird, bedeutet für moderne Aufführungen ein Problem. Händel aber überspielt alle Bedenken durch die Ausdruckskraft seiner Musik. Sie bezeugt sich vor allem in einem dramatisch bewegten Accompagnato-Rezitativ, in dem Cyrus einen Traum berichtet: eine gewaltige, wie Donner tönende Stimme habe dem Euphrat befohlen, zu versiegen, und ihn, Cyrus, zum Streite und zur Befreiung des israelitischen Volkes aufgerufen. Cyrus beschließt, den Euphrat abzuleiten und während des Sesach-Festes, dessen Taumel Gobrias in einer plumpen, wilden Unisono-Arie schildert, in die Stadt einzudringen. Ein Chor der persischen Krieger, herb und kraftvoll harmonisiert und in ruhigem, reichem, fugiertem Stile sich ausbreitend, bekundet die Siegeszuversicht des Heeres. Wieder wechselt der Schauplatz. Der Prophet Daniel spricht zu den Juden. In einer feierlichen Arie preist er die Heilige Schrift als Quelle der Wahrheit; in einem Rezitativ verheißt er Befreiung durch Cyrus. Ein passacaglia-artiger Satz, durch ein zeremoniell schreitendes Baßthema gebunden, rundet die Gesangsszene zur Kantatenform, ein hoffnungsvoller Chor der Israeliten, in Amen- und Halleluja-Rufe ausklingend, macht den Beschluß. Die Sesach-Feier beginnt. Belsazar eröffnet sie mit einem heiteren Festgesang. Er ruft die Gäste zum Gelage und befiehlt, durch den Anblick der finster beiseitestehenden Juden gereizt, die prächtigen Schalen, die im Tempel von Jerusalem erbeutet wurden, zur Tafel zu holen. In einem archaisch schlichten, düster harmonisierten Gesang, der Frauen- und Männerchor in sechsstimmigem Satz alternieren läßt oder zusammenführt, warnen die Juden vor dem Frevel. Nitocris versucht in einem leidenschaftlichen Duett mit Belsazar, ihren Sohn von der Lästerung des jüdischen Gottes zurückzuhalten. Ein Chor der Israeliten ist das Finale des Aktes; sechsstimmig, in schwerem akkordischem Satz beginnend, steigert er sich über einen von verhaltener Spannung erfüllten langsamen Teil zu einer gewaltigen Fuge, die die Ohnmacht des frevelnden Menschen in einem chromatisch gleitenden Thema und den Donnerkeil des rächenden Gottes in einer immer wiederkehrenden, durch den Raum einer Undezime abwärtsfahrenden Skala malt.

Der zweite Akt drängt die Kontraste noch enger zusammen. Der Euphrat ist umgeleitet, der Weg in die Königsstadt ist offen. Die Perser freuen sich ihres Werkes. Ein heiterer Chorsatz schildert ihre Genugtuung; die Stimmen lösen einander ab wie frohe Zurufe, begleitende Violinfiguren malen das Fließen und Verrinnen des Wassers. Ein ruhiger, meditativer Mittelteil erhebt den Vorwurf der Falschheit gegen den Fluß, der die Stadt den Feinden verrät. Aber als dritter Teil folgt eine großartige, hart und düster wirkende Fuge über die Sentenz, daß nur im Menschen Falschheit sei. Eine Arie des Cyrus und ein kriegerischer Chor der Perser beschließen die Szene. Nun nähert sich das Drama seinem Höhepunkt: die nächtliche Orgie zu Ehren Sesachs ist entfesselt. Mit einem Trinklied in ausgelassenem Sechsachteltakt, mit jauchzenden, trunken taumelnden Koloraturen, setzt die Schilderung des Festes ein, ein

Hymnus ruft huldigend den Namen des Gottes an; in allen diesen Chorsätzen ist auf feine kontrapunktische Arbeit verzichtet, akkordischer Satz und Unisonowirkungen bezeichnen die Roheit der barbarischen Lust. Belsazar, aus einem heiligen Kelch trinkend, stimmt mit einer Arie in diesen Ton ein. Als er endlich im Rezitativ den gelästerten Gott unmittelbar herausfordert: „Wo ist der Gott, des Allmacht Juda rühmt?“, bricht das Unheil herein. Stockende, chromatisch aufwärtssteigende Achtel der Violinen versinnbildlichen das plötzliche Erstarren des Festtaumels, den Einbruch eines ungeheuren Schrekkens. Dreimal schreibt eine Geisterhand, wieder durch rezitativische Stakkatophrasen der Violinen dargestellt, fremde, unlesbare Buchstaben an die Wand des Saales, während die Festgäste angsterfüllt tonlose Zwischenrufe einwerfen: „Schaut hin, o schrecklich Wunderwerk!“ Erstarrt, mit flüsternden Fragen bleiben alle zurück. Belsazar läßt seine Weisen rufen, die Schrift zu deuten. In die düstere Stimmung platzt eine lustige Sinfonia über Postillon-Motive hinein, die vielleicht das Suchen nach den Schriftkundigen oder den Auftritt der grotesk geputzten Magier und Sterndeuter schildern soll. In einem kurzen, nur fünftaktigen Pianissimo-Chorsatz bekennen sie beschämt ihre Unfähigkeit. Die Höflinge rufen in einem Largosatz, in dem laute Aufschreie mit ängstlichem Raunen abwechseln, nach göttlicher oder menschlicher Hilfe. Nitocris läßt Daniel holen. Seine Deutung der Geisterschrift ist ein feierliches, streng gegliedertes Accompagnato-Rezitativ: „Mene Tekel Upharsin“, die geheimnisvollen Worte, bedeuten den Untergang des Reiches und des Königs, den Gott gewogen und zu leicht befunden hat. In einer Siciliano-Arie mahnt Nitocris ihren Sohn zur Reue. Einer Arie des Cyrus antwortet ein feuriger Chor der Krieger. Ihr Gesang, machtvoll mit Trompeten und Pauken einsetzend, feiert in ruhigen, fast idyllischen Episoden den Gehorsam und den

Frieden und schließt mit einer weitausgesponnenen Doppelfuge, die sich am Glanz des künftigen Reiches berauscht.

Damit ist die Katastrophe, der Tod Belsazars, noch immer hinausgeschoben. Nitocris eröffnet den dritten Akt mit einem in zwei Fassungen, einmal mehr heroisch, einmal weicher komponierten Gesang der Angst und Trauer. Daniel vermag sie nicht zu trösten. Ein Hofmann berichtet, daß das Fest weitergehe, ein Bote meldet den Einbruch der Perser in die Stadt. Die Juden feiern mit einem strengen, fanatisch eifernden Chorsatz schon den Sturz der falschen Götter. Dann blendet die Handlung in die Szenerie des Götzenfestes zurück. Belsazar hat sich von seinem Schrecken ermannt und erwartet, vor Trunkenheit stammelnd und in wilden Koloraturen tobend, das Kommen des Cyrus. Eine kurze, rein dekorative Kampfmusik schildert den Einbruch der Perser, die Eroberung des Königsschlosses und den Tod Belsazars: Gobrias erschlägt den Tyrannen. Cyrus triumphiert mit einer glänzenden D-Dur-Arie zum Klange von Trompeten, Pauken, Oboen und Streichern. Auf ein Duett des Cyrus und der Nitocris und ein kurzes Begrüßungsrezitativ Daniels folgt ein froher, von Sopranstimmen eingeleiteter Reigenchor der Israeliten. In einem feierlichen Rezitativ verspricht Cyrus, den Tempel in Jerusalem wieder aufzubauen. Die Juden danken und preisen Gott mit einem Chor, der eine erweiterte Bearbeitung des sechsten Chandos-Anthems ist. Aus zarten, melodischen Sologesängen einer Alt- und einer Sopranstimme entwickelt sich ein Lobgesang vielstimmig jubelnder Koloraturen, der machtvoll in die erhabene plagale Amen-Formel ausklingt.

H e r a k l e s wurde zugleich mit „Belsazar" in einem Zeitraum von etwa vier Wochen komponiert; das Textbuch schrieb der Geistliche Thomas Brougthon, der die

„Trachinierinnen“ des Sophokles als Quelle und Vorbild benutzte. Die erste Aufführung fand am 5. Januar 1745 in London statt. Händel bezeichnete das Werk, das mit seinem antiken Vorbild die Einfachheit der dramaturgischen Form gemeinsam hat, als „musikalisches Drama“. Es handelt sich um ein Drama der Eifersucht; die eigentliche Heldin ist Dejanira, des Herakles Gattin, die um ihren Mann kämpft und ihn am Ende unwissentlich ermordet. Die Personen sind: Herakles (Baß), Dejanira, seine Gemahlin (Sopran), Hyllos, sein Sohn (Tenor), Jöle, Fürstin von Öchalia (Sopran), Lichas, ein Herold (Alt), Priester des Zeus (Baß), Chor der Trachinier und der Öchalier.

Die Ouvertüre beginnt mit einem festlichen Marsch, dem ein fugiertes Allegro und ein Menuett folgen. Der Herold Lichas eröffnet den ersten Akt mit einem elegischen Arioso; es spricht von der Trauer der Fürstin Dejanira, von Sorge und Angst um ihren fernen Gatten: „Sie weint vom Morgenrot bis in die Nacht, vom Abendrot bis zu dem Licht des Tags.“ In einem ruhigen Gesang, ganz im kantablen Stil italienischer Opernarien, bittet sie Zeus, den Helden zu schützen. Dejanira, vom Komponisten liebevoll und eingehend in einer langen Reihe von Arien charakterisiert, läßt in einer zärtlichen, von graziösen Violinfiguren umspielten Arie ihrem Schmerz freien Lauf; ergreifend ist das Orchesternachspiel, eine chromatische Pianissimo-Klage der Violinen, die von zwei energisch dreinfahrenden Schlußtakten abgeschnitten wird. Hyllos, des Herakles Sohn, hat das Orakel nach dem Schicksal seines Vaters befragt. In einem heroischen, von wilden Skalenläufen des ganzen Streichorchesters durchzuckten, arios gebundenen Rezitativ berichtet er die Antwort des weissagenden Priesters: „Ich seh den Helden tot dahingestreckt, die Flamme steigt auf Ossas mächtgem Haupt empor.“ Dejanira, völlig verzweifelnd, denkt nur an den Tod und malt sich in einer Arie, deren Lieblichkeit seltsam mit der Situation kontrastiert, die elysischen Freuden aus, die sie mit ihrem Gatten zusammen genießen wird. Hyllos verkündet in einer langen, ruhig-ernsten Arie seinen Entschluß, auszuziehen und den Vater zu suchen. Nun ergreift der Chor im Sinne der antiken Tragödie mit einer Betrachtung über die Kindespflicht und den Ruhm, den der treue Sohn sich gewinnen wird, das Wort: eine lange, von zweiten Themen getragene, in vielstimmigen lyrischen Melismen sich ergehende Fuge in Es-Dur, umrahmt von zwei kurzen akkordischen Largosätzen in c-Moll; ein ernstes, wohlklingendes Stück von großartigem Zuschnitt, das dem Drama der Leidenschaft weiten, feierlich-tragischen Hintergrund gibt. Die Stimmung schlägt um, da Lichas die Nachricht bringt, daß Herakles lebt; er hat die Stadt Öchalia erobert und kehrt im Triumphzug zurück, ihm folgen die Gefangenen, darunter Jöle, die junge, schöne Fürstin, die Tochter des erschlagenen Königs Eurytos. Dejaniras Jubel äußert sich in einer graziösen Koloraturarie in strahlendem A-Dur. Der Chor findet Anlaß zu einer Betrachtung über die Zuversicht, die im Unglück nicht verzagt: ein ruhiges, in fugierter Form breit ausgesponnenes Tonstück, das nur gegen den Schluß hin in entferntere Tonarten ausweicht und die Rückkehr in die Haupttonart F-Dur durch orgelpunktartig gehaltene Baßtöne auf Tonika und Dominante unterstreicht. Mit einer klagenden Larghetto-Arie, die durch eingeschobene Adagio-Takte noch schwermütigere Züge erhält, führt sich die gefangene Jole ein. Ein heroischer Marsch mit Trompeten und Pauken begleitet den Einzug des Herakles; in kurzem Secco-Rezitativ dankt er dem Vater der Götter für den Sieg und schenkt Jöle die Freiheit; diese beklagt in einer wundervollen, schon auf den freien klassischen Stil Glucks vorausweisenden Es-Dur-Arie – der es-Moll-Teil klingt unmittelbar an entsprechende

Partien des „Orpheus" an – den Tod ihres Vaters. Herakles, gar nicht heroisch gezeichnet, spricht in einer heiteren Arie seine Absicht aus, dem kriegerischen Leben zu entsagen und die Freuden des Friedens zu genießen; ihm antwortet der Chor mit einem frohen, schlicht gesetzten D-Dur-Stück, dem Schalmeienklänge und Dudelsackbässe bukolische Züge geben: trachinische Hirten feiern den Helden mit Gesang und Reigentanz.

Eine Sinfonia in herbem g-Moll, von kantiger, harter Thematik, eröffnet den zweiten Akt; sie kündigt die tragische Verstrickung der Handlung an. In einer Reihe von Arien behalten die Solisten das Wort. Jöle träumt vom Glück der verlorenen Freiheit. Dejanira fürchtet die Untreue ihres Gatten und gibt sich der Qual der Eifersucht hin. Jöle beschwichtigt ihren Argwohn, Lichas verteidigt den Helden Herakles gegen ihren Verdacht. Der Chor beendet die Szene mit einer gewaltigen Apostrophe der Eifersucht. Ein Orchestervorspiel, mit einem hämmernd rhythmisierten Oktavabsturz, gleichsam mit dem Aufschrei „Eifersucht!" beginnend, setzt sich fort in einer kriechenden, in Schlangenwindungen schleichenden Unisonofigur der Streicher, die sich als Symbol des Schreckens durch das ganze Stück zieht. Dem Hauptteil, der mit aufsteigenden Tonleitern in den verschiedenen Stimmen das Andringen der bösen Dämonen malt, folgt ein kontrastierender Seitensatz, der mit schwebenden, gaukelnd auf- und absteigenden Tongestalten die Wesenlosigkeit des Wahns versinnbildlicht; ein großartiges, über seine Zeit vorausweisendes Stück, ein chorisches Tongedicht, das ohne kontrapunktische Künste mit schlichter Ausdrucksgewalt von den Abgründen des menschlichen Herzens spricht. Eine episodische Szene, in der Hyllos der schönen Jöle seine Liebe erklärt, wird bedeutungsvoll durch das Nachwort des Chores, der die Allgewalt der Liebe preist. Auch dieser Chorsatz steht schon außerhalb des barock-polyphonen Stilbereichs; eine in Triolenbewegung aufsteigende Tonleiter durchzieht ihn als rhythmisches Ostinato, während die Singstimmen sich melodisch frei in reichen, farbigen Modulationen ergehen. Die folgende Szene schärft den tragischen Konflikt bis zur Katastrophe. In einer prahlerischen, leeren C-Dur-Arie verteidigt sich Herakles gegen Dejaniras Anschuldigungen, aber er fordert nur ihren Spott heraus. Als er sie verlassen hat, beklagt Dejanira in einem nachtdunklen g-Moll-Larghetto ihr Leid und die Schmach ihres Gatten. Dann aber besinnt sie sich auf ein Mittel, das Herz des Treulosen zurückzugewinnen. Der Kentaur Nessos, der Herakles unterlag, hat ihr sterbend ein mit seinem Blut getränktes Kleid vermacht, das einen Liebeszauber bergen soll. Sie sendet es durch den Herold Lichas an Herakles, nicht ahnend, daß der Zauber des Blutes tödlich ist. Nun tritt sie der Rivalin Jöle froh entgegen. Das Duett der Frauen mündet in einen heiteren, gavottenartigen Chorsatz, ein Lob der Liebe und Eintracht, das den Akt mit vorzeitiger Fröhlichkeit beschließt.

Denn der dritte Akt bringt eine Häufung tragischer Schrecken. Die Katastrophe – der Herold berichtet sie nachträglich dem Volke – ist geschehen: Herakles hat das vergiftete Kleid zur heiligen Opferhandlung angelegt und ist dem furchtbaren Zauber zum Opfer gefallen; wie Feuer hat das Gewebe seinen Körper umhüllt und verzehrt. Die einleitende Sinfonia schildert im Wechsel von Largo und Furioso die Schmerzen des Helden, seine ohnmächtige Ergebung und sein vergebliches, rasendes Aufbegehren. Der Chor beklagt den sterbenden Helden, der die Menschen nicht mehr gegen Tyrannen schützen wird; die kühne, chromatisch gleitende Harmonik der Klage weist auf die Romantik voraus. Die Schmerzensszene des Herakles ist mit ihrer krassen orchestralen Tonmalerei, mit den Schreien und den rollenden Koloraturen der Singstimme, mit der wie in ruheloser, unentrinnbarer Qual hinjagenden Baßlinie ein Höhepunkt aller dramatischen Musik. Der Sterbende verlangt, auf den Gipfel des Öta getragen und auf einem Scheiterhaufen verbrannt zu werden. Dejaniras Verzweiflung ist das Gegenstück zu diesem Schreckensbild. Sie sieht die rächenden Furien nahen, sie wird hin und her gejagt zwischen Reue, Angst und wild ausbrechender Qual; mit dieser vielgliedrigen, naturalistisch-leidenschaftlichen Kantate, dem Schlußstrich unter das Drama der Eifersucht, wächst ihre Gestalt zu tragischer Größe. Ein Priester berichtet die Apotheose des Helden: Der Adler des Zeus hat sein unsterbliches Teil auf den Olymp entführt. Hyllos und Jöle werden vereint. Der Chor schließt, wieder im Stile dieses antikisch einfachen, die Stilmittel der Kirchenmusik meidenden Oratoriums, mit einem schlichten, akkordisch gesetzten Preisgesang, einer Art von Volkshymne, die den verewigten Helden als Schützer der Freiheit und des Friedens feiert.

Das Gelegenheitsoratorium ist eine Frucht politischer Ereignisse, die im Winter 1745/46 England erschütterten; es zeigt, wie eng Händels Kunst dem Tage verbunden war, wie sehr sie nach aktueller Wirkung strebte. Ein fast vergessener Kronprätendent aus dem Hause Stuart, Prinz Charles Edward, der in Frankreich lebte, machte unversehens seine Ansprüche geltend, landete in Schottland und entfesselte einen Aufstand; monatelang wurde gekämpft, und erst im April 1746 entschied die Schlacht bei Culloden den Sieg des Hannoverschen Königshauses; Händel fing die Zeitstimmung in einem Oratorium auf, das – zum größeren Teil auf Psalmentexte in Miltons Übersetzung komponiert – eine große, handlungslose Kantate von Kriegsnot und Siegeszuversicht darstellt; am 14. Februar 1746 aufgeführt, nahm es den wirklichen Sieg prophetisch vorweg. Die schnelle Arbeit des Komponisten ist daran erkennbar, daß der dritte Teil des Oratoriums überwiegend aus „Israel in Ägypten" und der zweiten Krönungshymne entlehnt wurde. Dennoch bleibt der musikalische Wert des Werkes bedeutend. Die viersätzige, kriegerische Ouvertüre und das reich begleitete, wild bewegte Baßrezitativ „Wer hat die Heiden empört" legen die siegesgewisse Stimmung von vornherein fest. Unter den Chören ragen im ersten Teil der drohende, aus zwei um ein kurzes akkordisches Mittelstück gruppierten Fugen bestehende Gesang „Hört Rat, ihr Fürsten voller Trotz" und die strenge, in archaische Polyphonie gefaßte Verkündigung „Gott fand sie schuldig" hervor, im zweiten Teil die aus einer Baßarie herauswachsende Freudenhymne „Stimmt an den Psalm", die nach Art einer Choralkantate die letzte Zeile des Liedes „Ein feste Burg" als dreimal wiederkehrenden Grundbaß zitiert.

J u d a s M a k k a b ä u s , im Sommer 1746 komponiert, am 1. April 1747 in London aufgeführt, ist der Nachhall der kriegerischen Ereignisse, die das Gelegenheitsoratorium hervorriefen. Vielleicht war es diese Beziehung zum Zeitgeschehen, die dem Werke einen durchschlagenden, unwidersprochenen Erfolg einbrachte, einen Erfolg, der Händels Stellung in England endgültig befestigte und ihn zum allseitig verehrten Volkskomponisten machte. Ebensosehr aber riefen gewiß die Eigenschaften des Werkes selbst diese Wirkung hervor: der Stoff – die alttestamentliche Heldengeschichte der Makkabäer –, das einfache, von dem Geistlichen Thomas Morell verfaßte Textbuch, das auf jede Ausschmükkung durch private Gefühle und nebensächliche Episoden verzichtet und das Interesse ganz auf den Freiheitskampf des jüdischen Volkes konzentriert, und endlich die reife, starke Händelsche Musik, die gerade in diesem Werke wie niemals vorher Größe und Volkstümlichkeit, Erhabenheit und Schlichtheit vereint. „Judas Makkabäus“ darf neben dem „Messias“ als Händels volkstümlichstes Werk bezeichnet werden. Es ist jederzeit oft aufgeführt worden, hat sich viele Bearbeitungen gefallen lassen müssen, seine Melodien sind Besitz der gesamten musikalischen Welt. Das Textbuch behandelt Abschnitte aus den jüdischen Glaubenskämpfen im zweiten vorchristlichen Jahrhundert, von denen die Bücher der Makkabäer berichten. Handelnde Personen sind Judas Makkabäus (Tenor) und sein Bruder Simon, der Hohepriester (Baß). Die übrigen treten nur als typische Gestalten aus dem Chor der Israeliten heraus: eine Israelitin (Sopran), ein Israelit (Baß), ein Bote (Alt); Eupolemus, jüdischer Gesandter in Rom (Baß), erscheint in einer Botenrolle am Schluß des Werkes.

Die Ouvertüre hebt an mit einem feierlichen Marsch, der sich von g-Moll nach B-Dur wendet. Auffällig ist das Thema der folgenden Fuge, das in gezackter Linie auf- und absteigt und durch Pausen zerrissen ist; es mag sein, daß das energische, wild gesteigerte, auf der Dominante unvermittelt abbrechende Stück als Schlachtsymphonie, vielleicht auch als Schilderung der Not des verfolgten Volkes zu deuten ist. Ein eingefügter langsamer Teil mit schweren punktierten Rhythmen und seufzenden Violintrillern, unverkennbaren Symbolen der Klage, dürfte auf den Tod des weisen, als Führer verehrten Mattathias zu beziehen sein. Mit der Trauerfeier für Mattathias, den Vater Judas' und Simons, beginnt der erste Akt. Die Zeremonie wird zur vierteiligen Kantate. Der erste Chor – Largo in c-Moll – ist eine Klage der Volksmenge, bald ein Seufzen, bald ein monotones Murmeln, bald ein aufgeregtes Durcheinanderrufen; die in Dreiklangsintervallen absteigende Phrase „Der Retter ist nicht mehr“ bezeichnet die Unwiderruflichkeit des traurigen Schicksals. Auf ein in gemessenen Rhythmen schreitendes Duett einer Israelitin und eines Israeliten folgt ein zweiter Chor im noch dunkleren f-Moll, der durch schwankende Zwölfachtel-Rhythmen und durch weiche chromatische Harmonik charakterisiert ist; ein Sologesang, den Händel wahlweise für Baß oder für Alt gesetzt hat, schließt die Trauerszene ab. Dann richtet sich das Denken des Volkes auf die Zukunft. Nach einem schlichten Gebet stimmen die Männer das Fugenthema an: „Send einen Mann voll Mut und Geist, der unsre Bande kühn zerreißt." Simon, der Hohepriester, verkündet in feierlichem Rezitativ, daß Gott die Bitte des Volkes erhört habe, und nennt Judas Makkabäus als neuen Führer; seine Arie, von frohen C-Dur-Fanfaren begleitet, und der folgende Chor bereiten die Stimmung für den Auftritt des Helden vor. Mit einer frohgemuten, von kraftvollen Oktavenläufen der Streicher umrahmten D-Dur-Arie tritt Judas sein Amt an. Eine Reihe von Sologesängen antwortet seinem kriegerischen Aufruf. Das Volk huldigt ihm in einem kurzen Chorsatz und bezeugt seinen Mut in einem feurigen Allegrostück in fast tänzerisch lebhaftem Dreiachteltakt, das – getragen von elementar bewegtem Streichersatz, nur von Alt- und Männerstimmen gesungen – einem wilden Freudenausbruch der Krieger gleicht. Vom Hohenpriester zum Gebet aufgefordert, beschließt das Volk den Akt mit einem motettischen Chorsatz, der, zwischen ruhig getragenem Gesang und drängenden aufsteigenden Skalenläufen abwechselnd, die Stimmen zu erhabener Fülle des Wohlklangs vereint.

Der Sieg ist errungen. Der zweite Akt beginnt, von stürmischen, wie Harfenklang in Dreiklangsbrechungen hinrauschenden Streicherpassagen eingeleitet, mit einem chorischen Freudengesang, der sich aus kurzen, weitintervalligen Jubelrufen erst langsam zu gebundener Polyphonie zusammenfügt; fast erschreckend wirkt ein wiederholtes plötzliches Pianissimo auf das Wort „Fall", das den entfesselten Tonstrom überraschend unterbricht. Der eigentliche, feierliche Siegesgesang, das berühmte „Zion hebt ihr Haupt empor“, ist von Händel nachträglich eingefügt worden; die feierliche, getragene Melodie, die vom Duett der Solisten angestimmt, dann vom Chor aufgenommen und über rollende Terzenketten und unaufhaltsam aufsteigende Skalen zum Höhepunkt, einem langgehaltenen Septakkord auf der siebenten Stufe, gesteigert wird, ist eine Eingebung aus Händels spätester Zeit. Die folgenden Stücke – Arie, Duett und Chor – sind erfüllt von froher Feststimmung; eine Arie des Judas mit kraftvollen Stakkato-Koloraturen mahnt zur Demut vor dem Herrn. Da meldet ein Bote neues Unheil: der Syrer Antonius hat seinen Feldherrn Gorgias zum Angriff auf Israel ausgesandt. Die folgende Klage der Israelitin ist eine der ruhigen, auf breiten Flügeln schwebenden Dreivierteltakt-Melodien, in die Händel erhabene Trauer zu kleiden pflegte; der Chor spinnt sie aus und läßt sie in einem stillen Adagio-Schluß verklingen. Simon erinnert an die Macht Gottes. Dem Aufruf des Judas „Blast die Trompet, erhebt das Feldgeschrei!“ antworten Chorgesang und schmetternde Kriegsinstrumente; mit einem schlichten, liedhaften Gesange zieht das Heer zum Kampfe. Simon bleibt zurück, das Heiligtum zu schützen. In einer durch farbiges Instrumentalkolorit ausgezeichneten Arie der Israelitin und in einem feierlichen, von c-Moll nach C-Dur umschlagenden Chor verwirft das Volk jeden Götzendienst und bekennt sich zu seinem Gott; das Gelöbnis „Wir dienen Gott, und Gott allein“ steht, akkordisch-homophon wie eine gewaltige Choralzeile gesungen, in der Mitte des Stückes; eine Fuge, die einen lapidaren, in halben Noten schreitenden Cantus firmus durch kraftvolle Achtelbewegung kontrapunktiert, ist der Schluß.

Mit Gebet und Opferhandlung beginnt der dritte Akt; die heitere, pastorale Sopranarie der Israelitin

„Dann tönt der Laut' und Harfe Klang" zählt zu den berühmten Stücken des Komponisten. Dann naht, durch ein Rezitativ des Boten vorbereitet, der Höhepunkt des Oratoriums: das siegreiche Heer kehrt aus dem Kampfe zurück. Die hymnisch schlichte, zwei-, drei- und vierstimmig mit ausgiebiger Verwendung von Terzenparallelen gesungene Melodie „Seht den Sieger ruhmgekrönt" hat wohl unter allen Eingebungen Händels die größte Popularität erworben. Wahrscheinlich geht sie auf eine französische Chanson-Weise zurück, was ihren liedhaft-volkstümlichen Duktus erklären würde. Sie ist aber – für den heutigen Hörer befremdlich zu wissen – in der ursprünglichen Fassung des „Judas Makkabäus" gar nicht enthalten und in den ersten Aufführungen des Werkes noch nicht erklungen. Händel hat sie erst ein Jahr später für den „Josua" geschrieben und nachträglich in den erfolgreicheren „Makkabäus" hinübergenommen. Seitdem aber hat sie sich fest mit dem Eindruck und der Vorstellung dieses Oratoriums verbunden, ihr Erklingen ist der große Augenblick, auf den der Hörer von Anfang an mit Spannung wartet. Zu dieser Wirkung trägt auch die raffinierte Schlichtheit bei, mit der der Komponist sie eingeführt hat. Dreimal hintereinander erklingt die zweiunddreißigtaktige Weise, thematisch unverändert, nur in wechselnder Besetzung der Stimmen und Instrumente. Der Chor der Jünglinge – zwei Soprane und Alt, von zwei Hörnern gestützt – setzt leise ein, als ziehe das Heer aus der Ferne heran. Frauen und Mädchen, erster und zweiter Sopran, fallen ein, ebenso leise intonierend, von zarten Flöten begleitet. Dann erst singt der ganze Chor mit großer Stimmfülle zum Klang des vollen Orchesters, und ein Marsch der Instrumente, aus dem gleichen thematischen Material entwickelt und im gleichen Rhythmus weiterschreitend, begleitet den Einzug der Sieger. Das Volk jubelt ihnen entgegen; „singt unserm Gott" fordern zuerst Solostimmen, dann der Chor; der kunstvolle polyphone Stil tritt wieder in seine Rechte. Judas mahnt in einer heroischen, aber durch Mollklang gedämpften Arie, auch der Gefallenen zu gedenken. Dann bringt Eupolemus, der Gesandte Israels in Rom, die frohe Nachricht von einem Bündnisangebot der Römer. Lobgesänge füllen den Rest des Werkes. Auf einen feierlichen, die Stimmen zu dichten Klangballungen verschränkenden g-Moll-Satz des Chores folgt ein heiterer, pastoraler Sologesang; an einen Freudengesang des Hohenpriesters schließt sich das lapidare, Ton um Ton zur Sexte auf- und wieder absteigende „Halleluja" des Chores, das das Werk in der Siegestonart D-Dur beschließt.

Alexander Balus, im Sommer 1747 komponiert, am 9. März 1748 aufgeführt, darf als eine Fortsetzung des „Judas Makkabäus" gelten, angeregt durch den großen Erfolg des vorangehenden Werkes. Wieder entnahm Händels Textdichter Thomas Morell den Stoff dem an kriegerischen Historien reichen Buch der Makkabäer. Es ist eine Episode aus den Diadochenkämpfen, die im dritten vorchristlichen Jahrhundert das vordere Asien erschütterten, eine Geschichte von Machtgier, Skrupellosigkeit und Verrat. Das Volk Israel und sein Fürst Jonathan stehen mehr betrachtend als selbständig handelnd zwischen den Großmächten Syrien und Ägypten und ihren Königen Alexander Balus und Ptolemäus. Unversehens aber drängt sich die ägyptische Prinzessin Cleopatra in den Vordergrund des Geschehens. Sie ist die eigentliche, preziöse und tragische Heldin des Werkes, und damit tritt das Oratorium in die Reihe der Händelschen Frauendramen, die mehr durch intime und opernhafte Züge als durch volkstümliche, chorische Wirkungen ausgezeichnet sind; so nah es dem Stoff nach dem biblischen Volksdrama „Judas Makkabäus" steht, so entgegengesetzt ist es ihm in der Stimmung und in der musikalischen Anlage und Ausführung. Die Personen sind: Alexander Balus, König von Syrien (Alt), Ptolemäus, König von Ägypten (Baß), Jonathan, Fürst der Juden (Tenor), Cleopatra, Tochter des Ptolemäus (Sopran), Aspasia, ihre Vertraute (Sopran), Chor der Israeliten und der Asiaten.

Wie sehr es Händel in diesem Werk um koloristische Wirkungen, um opernhafte Ausmalung der orientalischen Szenerie zu tun war, zeigt schon die Chor-Introduktion, die der dekorativen, nicht sehr gehaltvollen Ouvertüre folgt. Die Asiaten huldigen dem König Alexander Balus. Oboen und Fagotte intonieren einen feierlichen Marsch von jener harmonischen Monotonie und künstlichen Primitivität der Stimmführung, wie sie bis zu Carl Maria von Weber hin als asiatisch-märchenhaftes Kolorit verwendet wurden; Trompeten und Pauken fallen verstärkend ein, erst mit dem Choreinsatz tritt das volle Streichorchester hinzu. Das ganze Stück ist mit den Quart- und Dreiklangsintervallen der Melodie, dem massigen akkordischen Satz und den Parallelen der Stimmführung musikalisches Bild einer barbarisch-heidnischen Welt. Jonathan und Ptolemäus begrüßen den König von Syrien. Mit dem Auftritt Cleopatras kommt ein neuer, phantastischer Klang in die Musik. Ihre Arie ist ein zauberhaftes Konzert von Flöten, Violinen, obligaten Violoncelli, Harfe und Gitarre; die zierlichen Triller der Flöten und die kunstvollen, cembaloartigen Soli der Zupfinstrumente ergeben den Eindruck der Fremdartigkeit und des Luxus, von dem sich schlichte elegische Episoden der Singstimme um so ergreifender abheben. Alexander erwidert den Gruß der Ägypterin; ein lebhafter, reich instrumentierter Volkschor, wieder mit elementaren Klangwirkungen arbeitend, schließt die Szene glänzend ab. In einer Reihe fein gesetzter, charakteristischer Arien und Duette sprechen Alexander und Cleopatra zu ihren Vertrauten von der Neigung, die sie ergriffen hat. Endlich rafft sich Alexander zur Werbung um die ägyptische Prinzessin auf; zwei gleich reiche und ausdrucksvolle Arien, wahlweise zu singen, verkünden seinen Entschluß. In reigenhaftem, schlicht-lyrischen Chorgesang mit abschließender Fuge preisen Jonathan und die Israeliten ihren Gott.

Im zweiten Akt fesselt – motiviert durch die beiläufige Intrige eines Höflings, der Jonathan bei Alexander verleumdet – eine Chor-Meditation über die Verleumdung, ein Stück großartiger Gedankenlyrik, das den Rahmen der Handlung sprengt. „Largo e staccato" wird vom Streichorchester in starrem Einklang und gleichförmiger Viertelbewegung das Baßthema vorgetragen, das dem Satz, einer freien Passacaglia, zugrunde liegt. Mit dem Aufschrei „O Lästersucht" im c-Moll-Dreiklang fällt der Chor ein, in gemessener Bewegung, meist in schlichtem, vollem, akkordischem Satz deklamierend; eine langsam durch eine volle Oktave chromatisch abwärtssinkende Baßlinie führt zum düster auf dem Grundton c verklingenden Schluß. Während Cleopatra sich bräutlicher Hoffnung hingibt, enthüllt Ptolemäus im Rezitativ seinen verräterischen Plan: er will Alexander stürzen, um die Macht in seiner eigenen Hand zu sammeln; seine Arie ist der wilde Haßgesang eines Bösewichts, ein Hohnlied auf die Tugend, den Gott der Toren. Graziös-zeremonieller Hochzeitschor, Liebesduett des Brautpaares und rauschender, mit Bläsern und Pauken prunkender Festgesang der Asiaten beschließen den Akt.

Der dritte Akt, den eine eigene kleine Sinfonia eröffnet, zeigt die liebende Cleopatra als glückliche Gattin. Ihr Glück aber wird rauh gestört: ihr eigener Vater Ptolemäus läßt sie durch Räuber entführen. Die Stimmen der Räuber und die Hilferufe der Geraubten klingen in einer dramatischen Chorszene zusammen. Alexander hört die verzweifelten Rufe, Jonathan und Aspasia entdecken ihm des Ptolemäus Verrat. Seiner wilden Rachearie stellt Jonathan einen edlen, ruhigen Gesang entgegen, ein Gebet an den mächtigen Gott Jehova; der Chor der Israeliten stimmt mit einem Fugato über ein choralartiges, durch einen Quintfall charakterisiertes Thema ein. Die Handlung drängt zum unheilvollen Schluß. Vergeblich versucht Ptolemäus, den Alexander bei Cleopatra zu verleugnen. Ein Bote meldet, daß Alexander durch Freundeshand, durch die Schergen des Ptolemäus, gefallen ist. Cleopatras Klage um den Gatten ist ein wundervoller Nachtgesang, ein lyrisches Bekenntnis der vollkommenen Hoffnungslosigkeit. Als ein zweiter Bote meldet, daß auch ihr Vater Ptolemäus im Kampf um die Macht erschlagen worden ist, nimmt sie in einem schlichten, von stockenden, leisen Orchesterakkorden getragenen Arioso Abschied vom Leben. Das Schlußwort aber bleibt den Israeliten. Sie preisen die göttliche Vorsehung in einem Chorsatz, der, in vielstimmiges Halleluja auslaufend, dennoch die düstere, unheilvolle Stimmung bis zum letzten, schweren g-Moll-Dreiklang unaufgehellt bestehen läßt.

J o s u a wurde, wieder nach Worten Thomas Morells, unmittelbar nach dem „Alexander Balus“ im Sommer 1747 komponiert und am 23. März 1748 aufgeführt. Daß die Gestalt des ersten der Richter, des Nachfolgers Moses’, der die Israeliten in das gelobte Land führte, die Phantasie Händels entzünden konnte, daß die kriegerischen Abenteuer seiner Lebens- und Amtszeit als Stoff für eine große musikalische Historie geeignet waren, leuchtet ein. Wenn dennoch die Wirkung etwa des „Samson“ nicht ganz erreicht ist, so mag das daran liegen, daß der Held der menschlich-problematischen, tragischen Züge entbehrt und daß das Interesse von Anfang an – ähnlich wie zwischen Saul und David – zwischen

Josua und dem jungen Helden Othniel geteilt ist. Trotz dieser Einschränkung bleibt „Josua", schon durch die grandiose Szene des Falles von Jericho, eines der bedeutenden, aufführungswürdigen Oratorien der Händelschen Spätzeit. Personen sind Josua (Tenor), Kaleb (Baß), Othniel (Alt), Achsa, Kalebs Tochter (Sopran), ein Engel (Sopran), der Chor der Israeliten.

Die Ouvertüre, kurz, schlicht instrumentiert und mit offenem Halbschluß in den ersten Chor überleitend, bildet lediglich ein feierliches Präludium. Um so bedeutungsvoller ist der Chor der Israeliten, die die Überquerung des Jordans und den Eintritt in das verheißene Land Kanaan feiern. Scharf umrissene Thematik, durch enge kanonische Stimmführung fest gefügt, wechselt mit langen, weitgeschwungenen Laufketten. Dann erklingt, einstimmig wie eine Fanfare in Dreiklangstönen aufsteigend und vom ganzen, machtvoll einfallenden Chor bestätigt, das Lob des Herrn: „In Gilgal und am Jordanstrand erschall: nur er ist groß, Jehova, Herr im All." Kaleb und seine Tochter Achsa ehren Josua, der das Volk an das Ziel seiner Wanderung führte, in Dankgesängen. Josua läßt ein Mal aus zwölf Felsblöcken zum Gedächtnis an den Durchgang durch den Jordan errichten; in einer anschaulichen Chorerzählung voll eindrucksstarker Tonmalerei ruft sich das Volk das wunderbare Ereignis ins Gedächtnis zurück: starre C-Dur- und Es-Dur-Akkorde malen den Wall des Wassers, der den trockenen Weg freigab, wogende Achtelläufe versinnbildlichen das Rückwärtsrollen der weichenden Wellen. Josuas Arie ist erfüllt von der Selbstsicherheit einer starken, glänzenden Persönlichkeit. Ein Engel, von Othniel in einer lichten E-Dur-Arie begrüßt, überbringt Josua den Auftrag Gottes, Jericho, die Feste der Heiden, zu stürzen; sein Gesang ist ein asketisch strenges Akkompagnato-Rezitativ, das dem Orchester kein Thema, nur einen harten, pochenden Rhythmus zuweist. In einer koloraturenreichen Arie ruft Josua das Volk zum Kampfe, in einem gedrängten, dichtstimmigen Chorsatz äußert das Volk Gehorsam und Zuversicht. Auf die erhabene Szene streitbarer Glaubensbegeisterung folgt die Idylle. Der junge Othniel betrachtet schwärmerisch die Schönheit des gelobten Landes, die Pracht der Wiesen und Haine, das Labsal der Quellen. Er begegnet Achsa, die er liebt. Rezitative, Arien und Zwiegesänge von lieblichem pastoralem Klang lösen einander ab, der Schlußchor, der für den Liebenden den Segen der Engel erbittet, wahrt die heitere, lebensfrohe Stimmung.

Ohne Vorspiel, mit einem schlichten Secco-Rezitativ setzt der zweite Akt ein, der das Kernstück des Oratoriums enthält: den Fall der Mauern von Jericho. Das Heer der Israeliten steht vor der Stadt. Josua befiehlt, Trompeten und Hörner, die die Stelle der biblischen Posaunen vertreten, zu blasen. Mit einem „feierlichen Marsch" – ein Rigaudon Muffats hat das Modell gegeben – wird die Bundeslade rings um die Mauern der Stadt getragen. Ein brausender Chorgesang, den die Stimme Josuas mit leicht hinfließenden Koloraturen einleitet, kündigt den Fall der Burg an. Von packender Wirkung ist das h-Moll-Andante, das dem siegesgewissen D-Dur-Satz als Mittelstück eingefügt ist. Psalmodierendes Murmeln der Stimmen, das sich zu gewaltigem Forte steigert, berichtet von dem furchtsamen Beben der Völker und von dem schrecklichen Donner Gottes, rollende Zweiunddreißigstelfiguren der Kontrabässe malen das zerstörerische Wüten des Sturmes. Dieses Stück ist es, das mittelbar und gleichnishaft die Katastrophe umschreibt, deren direkte, dramatische Darstellung Händel vermieden hat. Wenn der Chor verklungen ist, fährt Kaleb rezitativisch fort: „Der Wall liegt nieder" – das Wunder ist geschehen, die Mauern Jerichos sind durch Gebet und den Klang heiliger Posaunen gestürzt. Josuas Dankgesang wird von einem zeremoniellen Streicher-

Unisono eingeleitet; der Chorsatz, der sich unmittelbar anschließt, benutzt das Thema als Passacaglia-Baß, der durch verschiedene Tonarten moduliert. In gemessener, ritueller Chorrede wird der Bund mit Jehovah bestätigt; imposant wirkt vor allem, kurz vor dem Schluß, der Halt auf einem großen Septakkord, der durch eine Kette wuchtiger Akkorde in die h-Moll-Tonika aufgelöst wird. Aber noch ist der Sieg nicht endgültig. Ein anderer Heerhaufen der Israeliten wurde geschlagen, die Freude des Volkes schlägt um in Klagen, ein stockendes Chor-Largo in e-Moll verkündigt den Umschwung der Stimmung. Während Josua den Kampfesmut des Volkes von neuem entflammt, hat sich Othniel ganz in die Liebe zu Achsa verloren; seine tändelnde Gavotte paßt schlecht in die kriegerische Stimmung. Es bedarf einer Mahnung Kalebs, den Säumenden an seine Aufgabe zu erinnern; in seiner schönen, ernsten Arie vom Ruhm der Völker ist er wieder er selbst. Eine Kriegsmusik erklingt zum Angriff der Israeliten, den ein neues Wunder begleitet: die Sonne steht über Gibeon, der Mond über Ajalon still, bis der Feind geschlagen und die Schlacht gewonnen ist. Wieder zeigt Händels Tonmalerei höchste Anschaulichkeit: schwirrende Sechzehntelfiguren der ersten Violinen, die den Lauf der Sonne darstellen, und gebundene Achtelketten der zweiten Violinen, das sanfte Gleiten des Mondes verdeutlichend, bleiben beide auf dem hohen, zweigestrichenen A, der Dominante von D-Dur, liegen, das – zuerst von den Geigen gestrichen, dann von den Oboen, endlich von der Solotrompete übernommen – dreiundzwanzig Takte lang wie ein unbewegt strahlendes Licht hoch über dem Orchester steht. Schließlich erliegt der Feind, ein Diminuendo begleitet seine Flucht. Die zwei Kampf- und Wunderszenen, die ihn eröffnen und schließen, machen den zweiten Akt des „Josua“ zu einer Tondichtung von packender Bild- und Wirkungskraft.

Der dritte Akt ist danach nur noch festlicher Ausklang: Ein stürmisch bewegter, von rauschenden Violinpassagen umspielter Dankchor des Volkes; Arien Kalebs, der Frieden und Besitz als Lohn des Kampfes lobt, und Othniels, der sich erbietet, die letzte noch unbesiegte Stadt zu erobern; weiter ein schlichtes Chorgebet in ernster, dunkler f-Moll-Tonart. Dann erklingt, den jungen Helden zu begrüßen, der Siegesgesang der Jünglinge, der Jungfrauen und des ganzen Volkes, dem Händel im „Judas Makkabäus" seine endgültige Stelle angewiesen hat. Kaleb vereint Othniel und Achsa; ihr Freudenlied „O hätt ich Jubals Harf" zählt zu den schönsten und berühmtesten Händelschen Koloraturarien. Josua schweigt, als habe er dem Jüngeren Amt und Macht abgetreten. Ein kurzer, einfacher Schlußchor rundet das Werk mit feierlichem Dankgesang.

Salomo ist im Mai und Juni 1748 komponiert und am 17. März 1749 zum ersten Mal aufgeführt worden. Der Textdichter, wahrscheinlich Thomas Morell, hat den weisen und kunstliebenden König von Israel zum Helden einer lyrischen Idylle gemacht und sich für die poetische Diktion der Arien und Chöre offensichtlich durch die Sprache der Psalmen und des Hohen Liedes inspirieren lassen. So ist ein Werk zustande gekommen, das von den übrigen alttestamentlichen Oratorien, von ihrer meist herben und düsteren Grundstimmung, von ihren kriegerischen Stoffen und Handlungsabläufen auf seltsame Weise absticht. Der erste Akt schildert mit blumiger Rhetorik das Eheglück Salomos. Der zweite Akt gilt dem Richter, dessen weises Urteil den Streit zweier Frauen um ein Kind schlichtet. Der dritte gibt Bericht von einem Feste, das der Sängerfürst zu Ehren der Königin von Saba veranstaltet. Das Ganze ist kein Drama, sondern eher eine dreiteilige Kantate, die der Musik weiten Raum zur Entfaltung bietet, und auf seinen Gehalt an blühender, reich erfundener Musik betrachtet, zählt Salomo zu den stärksten unter den Händelschen Oratorien. Außer Salomo, der für eine Altstimme geschrieben ist und heute auch durch einen Bariton besetzt werden könnte, singen der Hohepriester Zadok (Tenor), ein Levit (Baß), die Königin, Pharaos Tochter (Sopran), Nicaule, Königin von Saba, die zwei streitenden Weiber (Soprane); der Chor übernimmt die Stimmen der Priester und des Volkes.

Schon die dreisätzige Ouvertüre deutet den musikalischen Reichtum des Werkes an; bedeutend ist vor allem der Mittelteil, eine Fuge über ein majestätisches, durch eine Reihe von Quintfällen charakterisiertes Thema. Das erste Bild stellt eine Opferhandlung im Tempel dar. In feierlicher Einstimmigkeit, die wie ein Zitat antiken Tempelgesanges wirkt, erklingt unbegleitet der Ruf der Chorbässe: „Mit Harf und Cymbeln singt zu Gott Jehovas Preis." Der Doppelchor, der sich daraus entwikkelt, ist ein Stück von höchster Klangpracht und reicher kontrapunktischer Kunst; ein großartiger Höhepunkt ergibt sich, wenn das Dreiklangsmotiv, das im Hauptthema enthalten ist, sich zu rauschender akkordischer Fülle vervielfacht und die Tonarten d-Moll, c-Moll, B-Dur mit ihren Dominanten wie drei verschiedene Klangräume und Klangstufen unvermittelt nebeneinandergestellt werden. Auf eine Arie des Leviten folgt sogleich ein zweiter, nicht minder großartiger Chorgesang; aus einer langsamen Einleitung in subdominantisch verdunkeltem g-Moll ringt sich eine Doppelfuge los, die sich zum strahlenden B-Dur wendet und mit ihren gebundenen Achtelketten das Lodern der Opferflamme zu malen scheint. Salomos erstes Arioso, ein Stück von ernster, milder Würde, durch die Klangfarbe von Bratschen und Fagotten charakterisiert, kennzeichnet den Priesterkönig. Der Hohepriester verkündet, daß der Opferherd entflammt ist; das Volk preist den Herrn in einem strengen, schmucklosen Chorsatz, der die Stimmen kanonisch verschränkt. Mit Salomos E-Dur-Arie wendet sich die Musik idyllischen Stimmungen zu: auf eine graziöse Arie der Königin und ein zärtliches Duett folgen weitere Liebesgesänge; dann, als Aktschluß, ein bezaubernder Chor zur Feier der Liebe, den das Orchester mit zarten Tonmalereien wie Windessäuseln und Nachtigallenschlag begleitet.

Glanzvoll und festlich, mit einer Huldigung des Volkes an den König, beginnt der zweite Akt; das Hauptthema der prächtigen Fuge, deren Lauf verschiedentlich von wuchtigen homophonen Partien unterbrochen wird, ist identisch mit dem Allegro-Thema der Violinsonate in D-Dur. In Arien Salomos und des Leviten klingt die feierliche Stimmung aus. Dann berichtet ein Diener von dem Streit zweier Frauen, die nach dem Richter verlangen; beide behaupten, rechtmäßige Mutter eines Kindes zu sein, jede bezichtigt die andere, ihr das Kind geraubt zu haben. Salomo läßt sie vorführen. Damit beginnt die fesselndste Szene des Oratoriums. Gleich zu Anfang sind die Stimmen der drei Akteure in ein meisterhaftes Terzett zusammengefaßt: die rechte Mutter klagt in einer langsamen, weitgeschwungenen fis-Moll-Melodie, die falsche beschimpft sie in aufgeregtem Parlando; Salomo singt als Cantus firmus eine lakonische, starre Phrase, die die Unwandelbarkeit des Rechts versinnbildlicht. Das salomonische Urteil wird verkündet: das Kind, das beiden gehört, soll zerteilt werden. Freudig, mit erregten Synkopen über einer hartnäckig rhythmisierten Baßlinie antwortet die eine Frau, mit ergreifender Largo-Klage, die das Rechtsmotiv Salomos aus dem vorhergehenden Terzett andeutend zitiert, die andere. Salomo beruhigt sie: das grausame Urteil sollte nur an den Tag bringen, welche die wirkliche Mutter sei. Ein Duett der Beglückten und ihres gerechten Richters ist wieder auf jenes auf- und absteigende Rechtsmotiv gestellt. Ein fünfstimmiger, orchestral reich ausgeführter Jubelchor feiert die Weisheit Salomos, in einer lieblichen Pastoral-Arie singt die Mutter von ihrem Glück, eine Chorhymne beschließt würdig und groß den Akt.

Der Festfreude ist der dritte Akt gewidmet: Die Königin von Saba ist aus ihrer fernen Heimat hergezogen, angelockt von dem Ruhm und dem Ruf der Weisheit, der den Namen des Herrschers umgibt; heitere und erhabene Gesänge, von Salomo selbst angesagt und vorgesungen, erklingen zur Ehre des Gastes. Eine in Arpeggien-Figuren hinrauschende, durch den Wechsel von Streicher-Concertino, Oboenduett und Orchestertutti kurzweilig instrumentierte Sinfonia bereitet auf das Sängerfest vor. Ein lieblicher Wechselgesang der Stimmen, ein Tanzstück in gemessenem Dreiachteltakt, wie sie auch Gluck öfter geschrieben hat, ist der Anfang. Dann befiehlt Salomo eine Kriegsmusik; ein gewaltiger Doppelchor hebt an, ein elementares Stück über marschartigen, punktierten Bässen, das streckenweise in kanonischen Chorrufen zu rauschend gehaltenen Dreiklängen von Dominante, Tonika und Subdominante über tiefem Orgelpedal-Fundament geradezu zum naturalistischen Kriegsgeschrei wird. Unvermittelt bricht der wilde Gesang ab und weicht einer Liebesklage in pathetischem g-Moll; ihr folgt ein sanftes Chorlied in klarem Es-Dur, das die Ruhe des Gemütes preist. Das Ganze ist eine barocke Huldigung an die Musik, die Lenkerin der Seelen, die die Affekte deutet und bändigt. Auch die Steigerung zum Religiösen darf nicht fehlen; von Arien des Leviten und des Hohenpriesters eingeleitet, folgt ein reich instrumentierter, klangprächtiger Doppelchor zum Preise des Herrn. Auch dieses Stück verzichtet, wie die vorigen, zugunsten antik-urtümlicher Einfachheit auf kontrapunktische Künste. Erst gegen das Ende hin spaltet sich der Satz in Polyphonie; der Schluß aber ist eine Folge massiver Akkordblöcke, die sich bis zum scharf dissonierenden großen Septimenakkord auf der Subdominante zusammenballen, bevor sie sich in die befreiende Kadenz lösen. Salomos Gesang von der Schönheit seines Landes, der Königin zeremonielle Abschiedsarie, ein letztes, höfisch-feierliches Duett der beiden leiten zum kurzen Abgesang, der anfangs in doppelchörigem Wechsel, dann in achtstimmiger Fülle das moralische Schlußwort spricht: „Der Name des Bösen wird schnelle vergehn, doch der Ruhm der Gerechten wird ewig bestehn."

Susanna wurde nach dem „Salomo", im Juli und August 1748, komponiert, aber schon vor dem älteren Werk am 10. Februar 1749 aufgeführt. Der Stoff, von einem unbekannten Textdichter bearbeitet, ist die in Babylon zur Zeit des jüdischen Exils spielende Geschichte von Susanna, der treuen Gattin Joachims, die von zwei lüsternen Greisen im Bade belauert und – da sie sich weigert, ihnen zu Willen zu sein – von ihnen aus Rache der Untreue angeklagt und zum Tode verurteilt wird. Händel dürfte den zeitbeliebten Stoff, der vielen Malern zum Vorwurf gedient hat, einer verschollenen italienischen Oratoriendichtung entnommen haben, die, opernhaften Charakters, ganz auf die Wirkung von Sologesängen gestellt, durch Einfügung von Chören für ihn eingerichtet wurde. Der intime Charakter eines Liebes- und Intrigendramas ist dem Werk geblieben, und Händel hat es sich angelegen sein lassen, diesen Charakter durch sorgfältige, psychologisch feine Behandlung der Arien sowie durch Reduzierung des Orchesterapparats (der größte Teil der Partitur wird ausschließlich vom Streichorchester getragen) zu betonen. Das Ergebnis ist ein Frauen- und Familienbild, dessen Format den großen Rahmen des Chororatoriums nicht ganz ausfüllt, das aber doch aus dem Konflikt von Sinnenlust und ehelicher Treue so viel ethisches Pathos zieht, daß es sich aus dem Individuellen ins Allgemeine, aus dem Genrehaften ins Musikalisch-Hymnische erhebt. Die Akteure des Liebesspiels sind Susanna (Sopran), Joachim, ihr Gemahl (Alt), Chelsias, ihr Vater (Baß), der erste und zweite Richter (Tenor und Baß), ein dritter Richter (Baß), Daniel (Sopran), eine Dienerin (Sopran) und der Chor als teilnehmender und moralisierender Betrachter.

Nach der nicht sehr bedeutenden, in ihrem Mittelteil etwas trockenen Ouvertüre beginnt der Chor mit einer in Passacagliaform gehaltenen Klage über die Gefangenschaft des israelitischen Volkes, einem Stück, das mit der Handlung nur insofern in Beziehung steht, als es Zeit und Schauplatz des Geschehens andeutet. Eine Reihe von Arien und Duetten schildern das eheliche Glück Joachims und Susannas; Chelsias unterbricht die Liebesgesänge durch Mahnungen zum Gottvertrauen. Joachim nimmt Abschied, um zu verreisen, und verspricht, nach sieben Tagen wiederzukommen. Susanna, trüber Ahnungen voll, bleibt allein zurück. Mit ihrem Akkompagnato-Rezitativ und ihrer wundervollen, ruhige Ergebenheit atmenden h-Moll-Arie klingen ernstere, dunklere Töne auf; es ist eines jener Stücke, in denen es Händel gelungen ist, die Würde und Seelentiefe einer edlen Frauengestalt in schlichter, kantabler Melodie auszudrücken. Der Chor setzt einen Ruhepunkt mit einer Betrachtung über die Unschuld. Wie die Anrufung des Neides im „Saul" und die der Eifersucht im „Herakles" ist auch dieser Satz ein Stück erhabener Chorlyrik in antikem Sinne. Wie ein Motto wird das Wort „Unschuld" (Virtue) in den gehaltenen Akkorden von Tonika und Dominante vorangestellt, dann folgt die thematische Durcharbeitung, die fünfmal in verwandten Tonarten ansetzt und in eine breit ausgeführte, von langen Baß-Orgelpunkten gestützte Coda mündet. Die Gegenspieler treten auf die Szene. Die beiden Richter, würdige, ehrbare Männer, dem Rat der Ältesten angehörend, gestehen einander ihre Leidenschaft für die schöne Susanna. In höchst charakteristischen Rezitativen malt Händel mit psychologischem Scharfblick die düstere Glut greisenhafter Sinnlichkeit, der die beiden Alten erliegen; ein abseitiger, abstoßender Stoff ist mit Meisterschaft und rücksichtsloser Wahrhaftigkeit behandelt. Beide beschließen, der Schönen im Bade aufzulauern. Ein großer dreiteiliger Chorgesang, der den ersten Akt beschließt, sagt den Fortgang der Handlung voraus: „Gott der Herr kennt ihre List und gewährt nur kurze Frist." Ein kurzes Grave in ernstem d-Moll stellt den Spruch wie eine Prophezeiung hin, ein Andante in F-Dur kündigt das rächende Gewitter an, eine Fuge, wieder in Moll, über ein chromatisch abwärtsschreitendes Thema, gegen das Ende hin von wilden, rollenden Streicherpassagen begleitet, droht mit dem Zorne des Herrn.

Ein kurzes Intermezzo, ein sehnsüchtiger Gesang Joachims, des in der Ferne weilenden Gatten, eröffnet den zweiten Akt. Dann folgt die Hauptszene: Susanna geht zum Bade. Ihre Arie ist ein bezauberndes Tonstück, das die Situation und den Schauplatz mit allen Einzelheiten wie das Bild eines Malers festhält: murmelnde Wellen, sanft wehende Lüfte, Triller, die wie ferne Vogelstimmen über das Ganze hinwehen, eine Idylle, aus tiefem Naturgefühl geschaffen. Susanna schickt ihre Dienerin fort, die mit Liedern ihre Herrin unterhalten hat. Da treten die beiden Alten, durch ein paar lärmende g-Moll-Takte angekündigt, aus dem Hinterhalt; lüstern äußert der eine, mit wilder Gier der andere seine Wünsche. Empört weist Susanna sie ab; ein kurzes, hochdramatisches Terzett vereinigt die Stimmen. Die Weigerung der bedrängten Frau und das zudringliche Begehren der Greise sind in einem Ensemble von realistischer Ausdruckskraft kontrapunktiert. Nun gehen die Abgewiesenen zum Angriff über. Sie erklären, Susanna auf frischer Tat beim Ehebruch überrascht zu haben, und ihre Richterwürde verschafft ihnen den Glauben des Volkes, das in einem ruhig schreitenden, leidenschaftslosen Chorsatz fordert, das Recht möge seinen Lauf nehmen. Wieder wechselt die Szene, Joachim hat in der Fremde Nachricht von der Verdächtigung erhalten, die gegen seine Frau ausgesprochen worden ist. Er vertraut ihrer Treue und beschließt – in einer Arie, deren lebhafte Streicherbegleitung die Unruhe seines Herzens ausdrückt –, ihr zu Hilfe zu eilen. Der Chor tröstet ihn wie ein unsichtbarer, teilnehmender Freund: „Dein treues Weib beschirmt des Himmels Hand“; ein schlichtes, homophones Larghetto, dem zwei polyphone Durchführungsteile über ein kraftvoll-zuversichtliches und ein sanft-tröstendes Motiv folgen.

„Der Spruch ist gefallen“: Mit einem erregten Volkschor, der Zurufe durcheinanderklingen läßt und zu Höhepunkten zusammenballt wie die Turba-Chöre der Passionen, beginnt der letzte Akt; Susanna ist schuldig gesprochen, der Tod ist ihr Los. Susanna ergibt sich in ihr Schicksal. Ihre Arie, Largo in f-Moll, schmucklos, aber ausdrucksvoll in der Melodie, von einem seltsam eindringlichen, aus klanglichen und dynamischen Elementarwirkungen gefügten Streichersatz begleitet, ist ein ergreifender Gesang der Weltüberwindung und der Ewigkeitshoffnung; zarte, hohe Töne der Violinen, geradezu impressionistisch gesetzt, sind wie Strahlen himmlischen Lichtes, die in das irdische Dunkel fallen. Hier, im tiefsten Leide, angesichts des Todes, erfährt die reine Frauengestalt ihre letzte Vertiefung. Der erste Richter heuchelt Mitleid, der zweite befiehlt, die Sünderin zum Tode zu führen. Da stellt sich der junge Prophet Daniel, durch eine Sopranstimme als Knabe charakterisiert, vor die Beschuldigte. Er erwirkt sich das Recht, die Kläger prüfend zu befragen. Das Volk betet zu Gott, daß der

Jüngling das Recht an den Tag bringen möge; ein feierlicher, opernhafter Chorsatz, dessen gravitätischer Anfangsteil von Dreiklangsfiguren der Violinen pathetisch umrahmt wird. Daniel verstrickt durch seine Fragen die Verleumder in Widersprüche, entkräftet ihre Anklage und verurteilt sie zum Tode; in einer schlichten Arie huldigt er der reinen, unschuldig verklagten Frau. Was nun noch folgt, ist – sosehr es vom erhabenen Stil der meisten anderen Oratorien absticht – der rechte, entsprechende Ausklang dieses menschlich-intimen Werkes, das einem bürgerlichen Rührstück in biblisch-antikem Kostüm gleicht. Joachims Arie trägt fast Buffozüge, der Freudengesang des Chelsias, in den der Chor einstimmt, ist ein fröhliches Lied. Eine Arie, von enthusiastisch bewegten Violinfiguren begleitet, rundet das Charakterbild der Heldin, die auch im Glück Größe zeigt, ab, ein Duett von innig-herzlichem Klang bestätigt die Vereinigung der Eheleute. Dann verkündet der Chor die Schlußmoral „Ein ehrsam Weib trägt aller Ehren Kron" in einem lustigen, von Oboen und Trompeten begleiteten Reigenliede, das den Ton des bürgerlichen Singspiels vorwegnimmt; ein kunstloses, fast banales Stück, das in seiner Lebensfrische und unkonventionellen Wahrhaftigkeit so viel Bewunderung verdient wie die kunstvollen Fugenbauten des Meisters.

Theodora, im Sommer 1749 komponiert, am 16. März 1750 in London aufgeführt, nimmt eine Sonderstellung unter den Händelschen Oratorien ein. Der Komponist verherrlicht in diesem Werk, einer musikalischen Heiligenlegende, eine Märtyrerin der christlichen Kirche. Was ihn und seinen Textdichter Thomas Morell zu dieser Stoffwahl bewog, war wahrscheinlich nicht die katholisch-konfessionelle Bedeutung des Sujets, sondern vielmehr die Figur der Heldin selbst; der Dramatiker sah in der edlen Christin von Antiochia, die jedes Rettungsmittel ergreift, um der Schande zu entgehen, die sich aber freiwillig und furchtlos für ihren Glauben zum Tode führen läßt, eine großartige, von Leben und Leidenschaft erfüllte Frauenfigur, die zur Protagonistin seiner Oratorien-Bühne geeignet war. Dennoch hat jenes katholische Element der Verbreitung des Werkes im protestantischen England geschadet; den ersten Aufführungen blieb das Publikum fern, und auch später hat es „Theodora" nicht zu wirklicher Popularität gebracht. Händel selbst „schätzte sie mehr als irgendein anderes seiner Oratorien", und wirklich bedeutet das Werk, das vorletzte in der Reihe der Chorhistorien, noch einmal ein gewaltiges Ansteigen der Schaffenskräfte; die Musik ist von überwältigender Farben- und Ausdruckskraft, die Berührung mit einer neuen Stoffwelt hat dem Komponisten ganz neue Klänge und Symbole eingegeben. Der Gegensatz der römisch-heidnischen und der christlichen Welt wird in der Musik zu einem Kontrast des Kolorits, der geradezu nach szenisch-bildhafter Darstellung verlangt; wieder einmal ist die Grenze zwischen Oratorium und Oper aufgehoben. Als Personen der Legende treten auf Valens, römischer Statthalter in Antiochien (Baß), Didimus, römischer Offizier, zum Christentum bekehrt (Alt), Septimius, römischer Offizier (Tenor), Theodora, eine Christin von edler Herkunft (Sopran), Irene, eine Christin (Alt), ein Bote (Tenor); der Chor leiht sowohl den Christen wie den Heiden seine Stimme.

Die Ouvertüre ist eine viersätzige, reich ausgeführte Orchestersuite; die g-Moll-Tonart deutet auf ein tragisches Geschehen, Einleitung und fugiertes Allegro haben dramatischen Atem, ein kurzes Larghetto ist wie ein Gesang gefaßter Klage, auch die abschließende Courante hält sich im ernsten, erhabenen Stimmungsbereich. Mit den ersten gesungenen Worten ist der tragische Konflikt der Handlung gegeben. Valens, der römische Statthalter von Antiochia, ruft den Ehrentag des Kaisers Diokletian aus, der durch Opfer für Zeus gefeiert werden soll; wer sich dem Brauch widersetzt, soll mit Kerker oder Tod gestraft werden. Auf das Rezitativ folgt eine Arie von glänzendem, militärischem Charakter, die die Würde des römischen Machthabers charakterisiert. Der Chor greift ihre Thematik auf und huldigt dem Kaiser in einem Festgesang, der lebhaft figurierte Mehrstimmigkeit mit einfachen Terzenparallelen und homophoner Vierstimmigkeit mischt; Händel charakterisiert die Heiden durch Verzicht auf strenge, christlich-kirchliche Polyphonie. Vergeblich bittet Didimus, keinen Glaubenszwang gegen die Christen zu üben; der Statthalter droht ihnen mit Folter und Schwert, die fast durchgehende, in Arpeggien und Skalen hineilende Sechzehntel-Begleitung seiner Arie malt seinen Zorn. Wieder stimmt der Chor ein, den Feinden der römischen Götter Untergang wünschend. Die zwei römischen Offiziere, Didimus und Septimius, sprechen untereinander über den Befehl des Statthalters. Didimus will seinen Freund zur Gnade überreden. Aber Septimius gehorcht dem Befehl, so sehr er die Opfer bedauert; seine Arie an das Mitleid ist mit ihrer schlichten Dreiklangsthematik und ihrer lichten G-Dur-Stimmung ein Vorklang klassischer Humanitätsgesänge. Das Stück bereitet den Szenenwechsel vor, der zu den Christen führt. Die musikalische Erscheinung Theodoras gleicht einem Heiligenbild. Ihre Arie „Fahr, stolze Welt, dahin", mit einem seufzenden Halbtonschritt der Violinen beginnend, durch ein starres Oktavenmotiv fortgeführt, kündet von Entsagung und ruhiger Fassung; mit Bewußtsein sind hier alle individuellen Züge, mit denen die Gestalt später so reich ausgestattet wird, ausgeschaltet. Die Christin Irene antwortet mit einer schwärmerischen E-Dur-Arie, die Gottesfurcht über trügerisches Erdenglück stellt. Die Gemeinde bittet Gott um den Geist der Liebe: ein Chorsatz von wunderbarer Kraft und Innigkeit, scharf kontrastierend mit den Gesängen der Heiden; die aufsteigenden Skalen, die das Satzbild beherrschen und am Schluß vom Baß bis in den Sopran drei Oktaven durchlaufen, dürften das Strömen göttlicher Gnade und Wahrheit symbolisieren. Ein Bote stört die andächtige Ruhe, die drohende Verfolgung ankündigend. Die Christen vertrauen der Macht Gottes. Ihr feierlicher g-Moll-Chor, ruhig in fast homophoner, choralartiger Vierstimmigkeit beginnend, dann fugiert fortgeführt und immer von dem Ruf „Mighty" (hilfreich) – zwei langgehaltenen Noten auf gleicher Tonhöhe – durchklungen, ist ein Beispiel von Händels großem religiösem Stil. Zornig dringt Septimius ein und befiehlt den Schwärmern, Cäsar und Zeus zu ehren. Da Theodora sich weigert, bestimmt er ihr eine Strafe, die härter ist als der Tod: die Jungfrau soll zum Venusdienst gezwungen werden. Vergebens fleht sie in einer fast kindlich schlichten Arie die Engel an, ihre Reinheit zu schützen; sie wird abgeführt. Didimus kommt zu spät, um zu helfen; er eilt ihr nach, sie zu retten. Der Chor fleht um Segen für seine Tat; ein d-Moll-Larghetto von einfacher Kantabilität, in stockendem Flüstern verklingend, beschließt den Akt in ahnungsvoll trauernder Stimmung.

Ein farbenprächtiges Bild ist der Anfang des zweiten Aktes: das Götterfest der Römer. Es folgen aufeinander antikisch schlichte Tempelgesänge, eine Arie des Valens zum Preise Cäsars, ein Chorlied zum Lob der Venus, durch seine elementare Einfachheit an den Siegeschor des „Judas Makkabäus" erinnernd, faszinierend durch die Monotonie des immer wiederkehrenden Themas, einem Reigentanz mit strengen und doch lasziv erregten Figuren gleichend; der Szeniker Händel triumphiert, der im Klang Schauplatz und Geschehen des Dramas beschwört. Und so souverän er das glänzende Bild hat aufsteigen lassen, so leicht ersetzt er es durch ein anderes, kontrastierendes. Zehn Largotakte genügen ihm, die Vision des Kerkers zu schaffen, in dem Theodora gefangen liegt; starre, dumpfe Achtelakkorde der Streicher, darüber ein klagender Flötenton: die imaginäre Bühne wird zum dunklen Verließ, die Kerkerszene, das ergreifende Kernstück des Theodora-Dramas, hebt an. In zwei Arien enthüllt die Heldin, die bisher als leidenschaftslose Heilige geschildert war, ihr menschliches Wesen; Trauer und Sehnsucht atmet die erste, die stimmungsschwere, von lieblichen Violinfiguren umspielte fis-Moll-Arie, selige Entrückung und Himmelslust die zweite in e-Moll, deren Begleitung das leise Schweben von Engelsschwingen anzudeuten scheint. Ein Gespräch des Didimus und des Septimius, ein Gebet Irenes für die Gefangene sind retardierende Intermezzi. Dann blendet die Szene in den Kerker zurück. Didimus hat sich Einlaß verschafft und bietet Theodora Rettung an: in seiner Kleidung soll sie fliehen, er will an ihrer Stelle zurückbleiben. Anfänglich weigert sich Theodora und bittet in einem wehmütigen d-Moll-Siciliano den Freund um den Tod. Dann nimmt sie seine Hilfe an: sie flieht nicht den Tod, sondern die Schande, die das Urteil ihr bestimmt. Ein fast endlos ausgesponnenes f-Moll-Duett, das durch solistisch geführte Fagotte schwermütigen Klang erhält, ist der Abschied der Liebenden. Dann folgt das seltsamste und bedeutendste Stück der Partitur: der Chor, den Händel noch über das hochberühmte „Halleluja" des „Messias" stellte. Irene erinnert die betenden Christen daran, daß die Macht des Heilandes selbst Tote zum Leben erwecken kann, und der Chor singt wie eine tröstliche Ballade, als epischen Ruhepunkt im aussetzenden Ablauf des Dramas, die Wundergeschichte des Jünglings zu Nain. Stockend, in düsterem b-Moll setzt die Musik ein: tot ruht der Jüngling im Staube. Jesus tritt hinzu und spricht das Wort des Lebens, eine lakonisch-energische Formel in B-Dur; aufsteigende Tonleitern, wie sie in vielen „Resurrexit"-Kompositionen vorkommen: der Jüngling steht auf. Ein lyrisches, in langen Achtelketten hinfließendes Fugato schildert das überschwengliche Glück der Mutter, der ihr Sohn wiedergegeben ist.

Die befreite Theodora kehrt zu den Ihren zurück; die Christen danken Gott für ihre Rettung. Es entspricht der dramaturgischen Idee des Werkes, daß hier, lange vor dem Ende der äußeren Handlung und in scheinbarem Gegensatz zu ihrem tatsächlichen Ausgang, das Schlußstück des geistlichen Dramas steht. Die Jungfrau ist vor der Entehrung bewahrt worden, ihre Reinheit ist gerettet: Dafür gilt es dem Herrn und seinem Werkzeug, dem mutigen Jüngling Didimus, zu danken. Wie ein Motto durchklingt der Ruf „Heil sei der Hand", ein wuchtiges, akkordisch gehämmertes Viernoten-Motiv, den ganzen Chorsatz, der nach kurzer, die Begriffe „Schmach" und „Todesnacht" durch harmonische Eindunklung illustrierender Durchführung auf der Dominante stille steht. Dann erfleht Theodora allein mit einer choralartigen, lange auf dem Grundton ruhenden Phrase Schutz für ihren Retter. Mit voller Kraft fällt der Chor über gewaltig schreitenden Bässen ein, und der Satz wird in der Form einer Choralfantasie, gebunden durch den Cantus firmus der Chorsoprane, über einen feierlichen Plagalschluß in sakralem Glanz zu Ende geführt. Was noch folgt, ist die Vollendung der irdischen Geschicke. Als ein Bote berichtet, daß der erzürnte Statthalter dem Didimus und der entflohenen Theodora mit dem Tode drohe, stellt diese sich dem Gericht. Irene vermag sie nicht zurückzuhalten. Das leidenschaftliche Duett der Frauen und die melodisch strömende c-Moll-Arie der trauernd zurückbleibenden Irene sind große, inspirierte Musik. Vergeblich tritt Septimius für die Christen ein; in einer wilden Arie lehnt Valens die Begnadigung ab. Eine Chormeditation, getragen von einem höchst charakteristischen, mit einem Septimenfall einsetzenden Thema, feiert den Heldenmut der Märtyrer. Das letzte Wort der Verurteilten ist ein breit ausgesponnenes, aus einfachen Imitationen und sanften Terzenparallelen gefügtes Duett von ruhiger, verklärter Schönheit. Der Chor gibt den Epilog mit einem Lob der göttlichen Liebe; der kontrapunktisch schlichte g-Moll-Satz atmet Trauer, Ergebung und mystische Sehnsucht. So schließt die Legende der Märtyrerin mit ergreifender menschlicher Klage, nicht mit geistlichem Triumph.

Jephtha ist das letzte der Händelschen Oratorien, das letzte große Werk Händels überhaupt. Der fünfundsechzigjährige Meister begann die Komposition des Textes, den Thomas Morell nach der alten Erzählung aus dem Buch der Richter geschrieben hatte, am 21. Januar 1751. Während der Arbeit wurde Händel von der Augenkrankheit befallen, die später zur Erblindung führte. Im Autograph steht am Schluß des zweiten Aktes, bei dem Chor „Wie hart, wie dunkel, Herr, ist dein Beschluß", die Notiz: „Bis hieher, den 13. Februar 1751 verhindert worden, wegen Relaxion des Gesichts meines linken Auges." Vorübergehende Besserung machte es dem Komponisten möglich, das Oratorium fortzuführen und, nach ungewöhnlich langer Arbeitszeit, am 30. August abzuschließen; die erste Aufführung fand am 26. Februar 1752 in London statt. Mag das harte Schicksal, das den Meister traf, auf das Werk nicht ohne Einfluß geblieben sein, mögen manche Teile nicht die volle Kraft seines Geistes spüren lassen und mag vor allem der Schluß, in tiefster Bedrückung und Furcht vor der Nacht der Blindheit niedergeschrieben, der Spannung und Erfindungsfülle entbehren, so enthält doch gerade der „Jephtha" auch geniale Ausblicke auf die Zukunft, Vorahnungen Gluckscher und Beethovenscher Ausdrucksgewalt, so daß er in wahrem Sinne als Vermächtnis betrachtet werden darf. Das Textbuch verdient Lob, weil es den Stoff so verarbeitet und verwandelt, daß er den Komponisten auf neue Weise zum Vordringen in klassische Erlebnisbereiche inspirieren konnte. Das grausige Motiv des Kindesopfers, das den Kern der Jephtha-Geschichte bildet, wird dem Hörer dadurch nähergebracht, daß zu Anfang das jüdische Volk in den blutigen Bräuchen des Molochkults befangen gezeigt wird: das Opfer-Gelübde erscheint also wie ein Rückfall in atavistische Gewohnheit. Die Lösung, daß Iphis, ähnlich wie Iphigenie, durch den Spruch des Engels dazu bestimmt wird, als Jungfrau Gott zu dienen, daß sie dem Leben zugleich erhalten und entrückt wird, gibt der Fabel eine Wendung, wie sie dem Humanitätsgefühl der aufkommenden Klassik entsprach. Personen der Handlung sind Jephtha, der jüdische Richter (Tenor), Zebul, sein Bruder (Baß), Storge, seine Frau (Mezzosopran), Iphis, seine Tochter (Sopran), Hamor, Geliebter der Iphis (Alt), und der Chor der Israeliten.

Die Ouvertüre, dreiteilig in der Form Largo–Allegro–Largo angelegt und durch ein angefügtes Menuett abgeschlossen, ist durch die g-Moll-Tonart, durch die wuchtige Schwere der langsamen Teile und den wehmütig klagenden Charakter des bewegten Mittelsatzes auf einen tragischen Ton gestimmt; wie in Glucks Ouvertüre zu „Iphigenie in Aulis" kann man in ihr die Gegenüberstellung des unerbittlichen Schicksals mit der Klage und Ergebung des Opfers erkennen. Ein nur dreitaktiges Orchesterritornell über ein „Schicksalsmotiv" – eine dreimalige, kanonisch verschränkte, über einen Quintraum absteigende Mollskala – steht wie ein Motto am Anfang der Handlung; es leitet in ein Secco-Rezitativ Zebuls, der das von den Ammonitern unterdrückte Volk aufruft, seinen Bruder Jephtha zum Richter und Führer zu wählen und dem Götzendienst und der Knechtschaft ein Ende zu machen. Das Thema von Zebuls Arie, das ähnlich in der ersten B-Dur-Fuge von Bachs „Wohltemperiertem Klavier" vorkommt, hat Händel der Messe eines Zeitgenossen, des böhmischen Musikers Franz Johann Habermann entnommen, dem er auch andere Teile der Jephtha-Partitur entlehnte; die Auffassung der Zeit würdigte Originalität weniger in der Erfindung als in der Verarbeitung. Das Volk sagt dem Molochdienst ab in einem phantastisch-wilden, gewaltsam modulierenden Chorsatz, in dem der Rausch der heidnischen Riten nachzuklingen scheint. Jephtha stellt sich vor in einer schlichten, betont nüchternen G-Dur-Arie, die menschliche Tugend und Treue als Waffen gegen die Gewalt des Schicksals preist. Storge klagt über die bevorstehende Trennung von ihrem Gatten Jephtha, Hamor wirbt in einer zärtlichen Arie um Iphis, des Jephtha Tochter, die ihm mit anmutiger Freundlichkeit erwidert. Ein weit ausgesponnenes Duett der Liebenden, in Form und Ausdruck schon weit in den klassizistischen Stilbereich vorgreifend, schließt die idyllische Episode ab. Die folgende Szene gehört Jephtha, der sein verhängnisvolles Gelübde ablegt. Textdichter und Komponist haben diesem Moment Bedeutung und Eindringlichkeit gegeben. Der Monolog Jephthas beginnt als Secco-Rezitativ. Wilde Phantasien, lichte und düstere Bilder erregen seinen Geist, übermenschliche Kraft durchzuckt seinen Arm. Der Erwählte spürt die Nähe Gottes und gelobt ihm ein Opfer. Mit dem feierlichen Gelöbnis setzt das Orchester mit langgehaltenen Akkorden der F-Dur-Tonart ein: „Was zuerst daheim erscheint vor mir, sei Dir, o Herr, geweiht und fall als Opfer dir." Mit einem wuchtigen akkordischen Aufschrei setzt der Chor der Israeliten ein: „O Gott, sieh unsre Drangsal an." Fugiert, von akkordisch geballten Episoden unterbrochen, mit Themen, die die chromatischen Möglichkeiten und die verminderten Intervalle der Mollskala ausnutzen, wird der Bittgesang weitergeführt und endet bei den Worten „Segne mild, die dir flehend nahe“ in hoffnungsvoll aufleuchtendem D-Dur. Die folgende Arie der von düsteren Ahnungen gequälten Storge ist eines der für diese Partitur charakteristischen Nachtstücke, eine Beschwörung der Gespenster des Schattenreichs, mit den stärksten Mitteln musikalischer Schreckenssymbolik gestaltet. Iphis verscheucht die angstvolle Schwermut ihrer Mutter mit einer heiteren Bourrée. Anschließend verkündet das Volk in einem gewaltigen Chorsatz sein Gottvertrauen und seine Entschlossenheit. Donner, Sturm und Wogen werden als Symbole göttlicher Macht in drastischer Tonmalerei der Stimmen und der Instrumente zitiert, dann ordnet sich der Satz zum Fugato, das in elementarer Einfachheit zu Ende geht; noch einmal beweist der Chormeister Händel die ungeschwächte Kraft seiner Inspiration.

Der zweite Akt erhält den großen dramatischen Stil und die erhabene Stimmung aufrecht. Der Sieg über Ammon ist errungen. Hamon berichtet im Rezitativ von dem wunderbaren Kampf: Der Himmel öffnete sich und sandte zahllose Scharen der Cherubim, die dem Heere Jephthas voranzogen und den Feind schlugen. Ein Chorsatz schildert mit hymnischem Gesang und rauschenden Streicherfiguren den Siegeszug der Engel, eine Allegro-Fuge über ein durch den Oktavraum aufwärtsjagendes Thema berauscht sich an dem Bilde: „Sie fahren sausend im Sturmwind daher.“ Der melodische, von Flötenspiel begleitete Gesang der Iphis, die den heimkehrenden Vater erwartet, ist liebliche Episode. Von Zebul angekündigt, erscheint der Sieger Jephtha, der in einer stolzen, kraftgeladenen F-Dur-Arie den Ruhm des Kampfes seinem Gott zuteilt: „Jehovas Arm mit starkem Streich zerstreut den Feind und brach sein Reich“; der „starke Streich“ wird naturalistisch durch rhythmische Schläge des ganzen Orchesters verdeutlicht, die, immer wiederkehrend, das Stück leitmotivisch beherrschen. Der Chor stimmt feierlich, in gemessener Bewegung, in den Siegesgesang ein; das Zerstreuen der Feinde wird durch ein Auflösen und Auseinanderfallen des Satzes, das kriegerische Eingreifen Jehovas durch eine immerfort wiederholte, in einer Oktave aufsteigende Tonleiter gemalt. Nun erreicht das Geschehen seinen dramatischen Höhepunkt. Zu den Klängen einer heiteren Symphonie im wiegenden Siciliano-Takt zieht Iphis an der Spitze der Mädchen ihrem heimkehrenden Vater entgegen. Ihre Begrüßung ist eine anmutige Gavotte, die Zwischenspiele und Begleitungsfiguren der Violinen scheinen die Tanzbewegungen der Begleiterinnen anzudeuten. Knabenstimmen und Schalmeien führen den melodischen Reigen fort. Das lichte G-Dur des Freudenfestes wird durch eine jähe Wendung nach Es-Dur verdunkelt: Entsetzt schreit Jephtha auf, da seine eigene Tochter ihm entgegentritt, zu spät fleht er sie an, zu fliehen. Seine Verzweiflungsarie mit ihrem Unisono-Kopfthema, dessen Töne wie Hammerschläge niederfallen, mit ihren gewaltsamen, von c-Moll in dunkle Subdominantregionen von f-, b- und es-Moll führenden Modulationen ist eines der für diese Partitur kennzeichnenden Nachtstücke. Als ebenbürtig darf die von einem Sturm wilder Erregung durchflutete Arie Storges, der Mutter, gelten, die sich schützend vor die Tochter stellt. Hamor bietet sich selbst zum Opfer. Ein Quartett von erstaunlicher dramatischer Ausdruckskraft hält die Situation fest. Über dem stockend rhythmisierten, unruhig modulierenden Klanggrund des Streichorchesters wechseln die Stimmen Storges, Hamors, Jephthas und Zebuls mit Klagerufen ab; die drei Bittenden verbinden sich zum Ensemble gegen Jephtha, der starr und unbeugsam bei seinem Gelübde beharrt: wieder ein neuartiges, zukunftweisendes Stück, das in der älteren musikdramatischen Literatur nicht seinesgleichen hat. Iphis ergibt sich willig und ohne Klage in ihr Schicksal; ein Akkompagnato-Rezitativ und eine mild-feierliche h-Moll-Arie verkünden ihren Entschluß. Noch einmal gibt der verzweifelte Vater seinem Schmerz Ausdruck in einem wild durch die Tonarten schweifenden und doch in starren, unerbittlichen Largorhythmus gezwängten Akkompagnato-Rezitativ, das sich vergebens gegen Gott empört: „Er nahm den Eid und hielt den Bund – so muß auch ich." Nun, nach diesen Stürmen von Verzweiflung, Auflehnung und hoffnungsloser Ergebung ist die Zeit reif für einen der erhabensten und ergreifendsten Chorsätze, die Händel geschaffen hat: „Wie hart, wie dunkel Herr, was du gebracht, wie tief verborgen unserm Blick." Die Einleitung ist ein düsteres c-Moll-Largo; ein peitschender, punktierter Rhythmus begleitet die Deklamation der Singstimmen, denen sich klagende Oboen zugesellen. Ein kanonisches, lyrisch-melodisches Larghetto, das sich von f-Moll nach g-Moll wendet, wird zu einem Gesang milden Schmerzes. Ein kurzer fugierter Satz, der zwischen Es-Dur und c-Moll wie zwischen Fassung und Trauer schwankt, verkündet die Erkenntnis: „Kein sichres Glück, kein dauernd Heil wird uns auf Erden hier zuteil." Dann, nach einem spannungsvoll fragenden Halbschluß, bringt eine ruhige, über gleichmäßiger Achtelbegleitung schwebende Larghetto-Melodie in mildem, ergebenem c-Moll die Lösung: „Was uns geschieht, ist recht." Wie sich nach der einstimmigen, eine kleine Septime umfassenden Phrase der Männerstimmen „Was uns geschieht" der Schmerz in einer Unisonofigur des Orchesters noch einmal aufreckt und dann alle Stimmen zugleich mit entschlossener, endgültiger Durkadenz verkünden: „Ist recht", wie sich dieses Dur dann in den letzten Takten doch wieder in ein herbes, tragisches Moll zurückverwandelt, das ist von einer Unmittelbarkeit des Erlebens und einer Eindringlichkeit der Formulierung, die Kennzeichen großer, einsamer Kunst sind. Die starke, das Dunkel überwindende Religiosität des Alten Testamentes ist in diesem Chorsatz, wie kaum irgendwo anders, nacherlebt; zugleich zeigt das Stück eine Modernität, die die seelischen Kämpfe und Siege des klassisch-humanen Musikzeitalters vorwegnimmt. Daß Händel das Stück angesichts der ewigen Nacht, zu Beginn seiner Erblindung, geschrieben hat, zeugt von der unbeugsamen Kraft seiner Menschlichkeit.

Das Arioso und die Arie Jephthas, die den dritten Akt eröffnen, sind von gleicher dramatischer Kraft und Größe; mit dem Dunkel und der Zerrissenheit des schmerzlichen Rezitativs kontrastiert die visionäre Klarheit der Arie: „Tragt sie, Engel, sanft mit euch." Ein stockend einsetzender e-Moll-Gesang, der sich nach lichtem, frei hinströmendem E-Dur wendet, ist der Iphis Abschied vom Leben. Noch einmal verdichtet sich die angstvolle Stimmung in einem Priesterchor, der aus schreitender Fugato-Thematik und wuchtiger akkordischer Deklamation gefügt ist. Dann löst das Wunder die Verstrickung. Eine heiter bewegte Sinfonia begleitet die Erscheinung des Engels, der Jephtha seines blutigen Gelübdes entbindet. Mit einer frohen Arie weiht der Himmelsbote Iphis zur jungfräulichen Priesterin. Ein schlichter, fugiert ausschwingender Chorsatz dankt für die Gnade des Himmels. Arien Jephthas, Zabuls und Storges spinnen den Schluß breit aus, Iphis, nun ganz Priesterin, erhebt sich zu jubelnder Begeisterung. Ein Quintett der Solostimmen ergibt einen letzten opernhaften Höhepunkt, die Amen-Halleluja-Fuge des klangprächtigen Schlußchores leitet in die geistliche Sphäre zurück. Mag der Schluß des Oratoriums hinter der Ausdruckskraft der vorhergehenden Teile zurückstehen, so sollte man ihn doch nicht, wie es Bearbeiter versucht haben, durch fremde Einlagen verändern, sondern gerade dieses letzte, vermächtnishafte Oratorienwerk Händels in originaler (wenn auch vielleicht sinnvoll gekürzter) Gestalt aufführen.

Die weltliche Chorkunst der Renaissance

Chanson, Madrigal und Lied

In höherem Grade als die Musik der Kirche ist die weltliche Musik der früheren Epochen von Bedingungen der Zeit und des Ortes, von nationalen und gesellschaftlichen Voraussetzungen, vom Wechsel der Kulturen und der Moden abhängig gewesen; eine bunte, schwer übersehbare Vielfalt von Formen und Stilen, von vergänglichen und unvergänglichen, zeitgebundenen und absolut gültigen Werkchen und Werken, von Liedern und größeren, gebundenen Gesängen ist das Erbe, das die Jahrhunderte von der Gotik bis zum Barock hinterlassen haben. In derselben Zeit, in der sich die mehrstimmige Kunstmusik im Raume der Kirche entwickelte, setzte auch die Ausbildung von Kunstformen in der weltlichen Musik ein. Sie stützte sich auf Gedichte und Melodien des Volksliedes und des höfischen Gesanges, auf die Lieder der Minnesänger, der Troubadours und Trouvères. Die Technik der Komposition entsprach der der geistlichen Musik, war dieser aber oft durch affektbedingte Beweglichkeit und schärfere Pointierung der Wirkungen überlegen. Im Gegensatz zur geistlichen Musik, die in Motette und Messe bald größere Formen entwickelte, beschränkte sich das weltliche Musizieren auf die kleine, liedhaft-lyrische Form; es stand im Dienst gesellschaftlicher Unterhaltung, feierte die allgemeinen, immer gleichen Freuden der Welt, Liebe, Geselligkeit, Trunk und Jagd und maßte sich noch nicht an, als absolute und autonome Kunst Geltung zu fordern.

Die reiche und lebendige weltliche Musik, die die Ars nova des ausgehenden Mittelalters geschaffen hat, gehört nicht in den Bereich der Chormusik. Die Balladen, Chansons, Rondeaux und Virelais Guillaume de Machauts, des Sängers vergangener Ritterlichkeit (1300/05–1377), sind wesentlich solistisch konzipiert, und die als Ballata, Caccia, Madrigal (abgeleitet entweder von Mandra = Herde, also Hirtenlied, oder von matricalis = heimatlich, oder von materialis = weltlich) nominierte Liedkunst des italienischen Trecento, die mit dem Namen des blinden Musikers Francesco Landini (um 1335–1397) verbunden ist, hat überwiegend intimen Charakter. Erst die Renaissance, die gegenüber dem Adel und Klerus die Stellung des Bürgertums stärkte und eine selbständige Kultur der Städte entwickelte, hat in Festen und Aufzügen, in Schulen und Einrichtungen der öffentlichen Repräsentation die Bedingungen und Gelegenheiten der Chorpflege geschaffen. Die französischen Meister Guillaume Dufay (um 1400–1474) und Gilles Binchois (um 1400–1460) stehen mit ihren dreistimmigen **Chansons** auf der Grenze der neuen, in weitere soziale Räume dringenden Kunst. Die Chansons von Josquin des Prez (um 1440–1521) sind mit ihrer Ausdruckskraft und Formvollendung, ihrer natürlichen Deklamation und der Steigerung der Stimmenzahl ein Höhepunkt niederländischer Liedkunst. Sie leiten die große Epoche der französischen Chanson im 16. Jahrhundert ein, an der Komponisten wie Nicolas Gombert (Ende 15. Jh. – um 1556), Adrian Willaert (vor 1490–1562), Pierre Certon (um 1510–1572), Guillaume Costeley (um 1531–1606), Claude le Jeune (1528/30–1600), Orlando di Lasso (um 1532–1594), Clément Janequin (um 1485 bis 1558) beteiligt sind. Die Chanson wurde als gefühlshaft-melodischer Gesang und als heiter-bewegtes Scherzlied gepflegt. Später entstand unter italienischem Einfluß die strophisch-homophone Vaudeville (voix de ville); die französische Vorliebe für deskriptive Musik äußerte sich in Programmchansons, die Schlachten, Jagdszenen, Vogelkonzerte darstellten. Diese gefällige, gesellschaftliche

Kunst fand weite Verbreitung: der Pariser Verleger Attaignant hat fünfzig Bände mit mehr als 1500 Chansons gedruckt und vertrieben.

Italien entwickelte seine eigenen Formen weltlich-gesellschaftlicher Musik. Die **Frottola** (von frocta = Sammlung, Strauß) blühte im 15. und 16. Jahrhundert in Florenz, Mantua und Venedig, als Karnevalslied und musikalische Begleitung von Maskenzügen, als elegant-leichtsinniges Liebeslied, in homophonem Satz zu Lautenbegleitung gesungen. Ihr folgte gegen die Mitte des 16. Jahrhunderts die süditalienische, in Neapel beheimatete **Villanella** (Bauernliedchen); der ländlich-volkstümliche Charakter der Gattung äußerte sich darin, daß der homophone Satz oft aus einfachen Dreiklangsparallelen bestand.

Als anspruchsvolle, literarisch bestimmte Musikform wurde das **Madrigal** gegen die Arten volkstümlichen Musizierens ausgespielt. Das Madrigal des 16. Jahrhunderts hat mit dem des 14. nichts als den Namen gemein. Die Anregung ging von der Literatur aus. Der Kardinal und Dichter Pietro Bembo stellte den Typus auf, an Vorbildern Petrarcas, Ariosts, Tassos schulte sich eine Madrigaldichtung, die in freien Strophen aus elf- und siebensilbigen Zeilen amouröse, phantastische, mythologische Themen, auch Widmungen und Huldigungen behandelte. Die Musik pflegt einen anspruchsvollen polyphonen Stil. Charakteristisch sind Lebendigkeit des Satzes und Vielfalt der kompositorischen Mittel. Homophone und imitierende Episoden wechseln ab, die Harmonik wird durch Alterierungen bereichert, um dem poetischen Ausdruck gerecht zu werden. Chromatik, melodische Glut, eindringliche Deklamation, anschauliche Tonmalerei bilden sich aus, die Stimmung erhitzt sich zur Leidenschaft, die ästhetische Forderung der Nachahmung der Natur wird aufgestellt. Alles, was die kultische Würde der Kirchenmusik verbot, fand im Madrigal seine Stätte. Das Madrigal wurde zur Form künstlerischer Freiheit und schöpferischer Kühnheit, und in dieser Eigenschaft wuchs es über Italien hinaus und gewann internationale Geltung und Bedeutung.

Die Geschichte des Madrigals wird in drei Perioden geteilt. Die erste beginnt 1533 mit dem Erscheinen der ersten Sammlung gedruckter Madrigale in Rom; die wichtigsten Komponisten sind die in Italien wirkenden Niederländer Jakob Arcadelt (um 1500–1568), Philippe Verdelot († vor 1552), Adrian Willaert (vor 1490 bis 1562). Die zweite Periode ist die klassische Zeit der großen Meister, der Orlando di Lasso (um 1532–1594), Giovanni Pierluigi da Palestrina (um 1525–1594), Andrea Gabrieli (um 1510–1586), Giovanni Giacomo Gastoldi (um 1550–1622), Baldassare Donati (um 1530–1603) das Gesicht geben. Die dritte, durch Erhitzung des Ausdrucks und Verschärfung der Charakteristik schon auf die kommende dramatische Monodie vorausdeutende Periode zählt Luca Marenzio (1553/54–1599), Carlo Gesualdo, Fürsten von Venosa (um 1560–1613), Claudio Monteverdi (1567–1643) und, durch sein im Jahre 1611 in Venedig erschienenes Opus 1, Heinrich Schütz (1585–1672) zu ihren Meistern.

England ist durch den um das Jahr 1300 datierten „Sommerkanon“, einen erstaunlich geglätteten, naturhaften Rundgesang, früh als Land volkstümlichen Chorgesangs ausgewiesen; der berühmte Dankgesang der englischen Soldaten nach der Schlacht bei Azincourt im Jahre 1415, einem Entscheidungskampf des Hundertjährigen Krieges zwischen England und Frankreich, ist ein weiteres Zeugnis elementarer, volkstümlicher Chorlyrik. Durch den bedeutenden Komponisten John Dunstable (um 1380 bis 1453), der lange im Gefolge des Bruders König Heinrichs V. in Frankreich weilte, geriet die englische Musik unter französischen Einfluß, von dem sie sich erst in der elisabethanischen Epoche befreite. Die Musik des „Goldenen Zeitalters" bedient sich italienischer Formen. Aber die Werke der englischen Madrigalisten dürfen doch als charakteristisch englisch gelten in ihrer sinnfälligen, kraftvollen Melodik, ihrer satten Klangfülle, in der Größe ihres Gefühls, in ihrer Naturhaftigkeit und Volkstümlichkeit. Die Hauptmeister der elisabethanischen, auf der Grenze von Renaissance und Barock stehenden Musik sind William Byrd (1543–1623), Thomas Morley (1557 bis 1602), John Dowland (1562–1626), John Wilbye (1574–1638), Orlando Gibbons (1583–1625); sie alle, zeitlich fast derselben Generation angehörend, zum Teil auch auf den Gebieten der Kirchen- und der Instrumentalmusik schöpferisch, haben der weltlichen Kunst des Madrigals in ihrer Heimat zu hoher Blüte verholfen.

Der deutsche mehrstimmige Liedgesang ist bis in die Zeit der Minnesänger zu verfolgen. Der letzte von ihnen, Oswald von Wolkenstein (1376/78–1445), hat neben vielen einstimmigen Melodien siebenunddreißig zwei- und dreistimmige Gesänge hinterlassen. Die ältesten Handschriften stammen, wenn man von der schon am Ende des 14. Jahrhunderts zusammengetragenen Mondseer Liederhandschrift Hermanns, des Mönchs von Salzburg, absieht, aus der zweiten Hälfte des 15. Jahrhunderts: das Lochamer Liederbuch und das Schedelsche Liederbuch, beide gegen 1460 in Nürnberg aufgezeichnet und nach ihren Besitzern genannt, das Rostocker Liederbuch aus den Jahren 1470–1480 und das Glogauer Liederbuch von 1477–1488. Sie alle enthalten neben einstimmigen Weisen zwei- und dreistimmige Liedsätze – das Glogauer Buch sogar einen vierstimmigen Satz –, die sich der Technik der gleichzeitigen niederländischen Meister bedienen. Unter den Melodien finden sich noch heute gesungene Weisen wie „Der Wald hat sich entlaubet", „Ich fahr dahin", „All mein Gedanken", „Ach Elslein, liebes Elslein", „Es liegt ein Schloß in Österreich", schlichte, gefühlsschwere, zu lyrischer Fülle verdichtete Gesänge, die für die weltliche Musik die Bedeutung von Cantus firmi annahmen und von den Komponisten immer wieder in kunstvollen Sätzen verarbeitet wurden. Der Satz des deutschen Kunstliedes ist überwiegend vierstimmig; die Liedweise liegt anfangs im Tenor, später auch im Diskant, die übrigen Stimmen entwickeln sich aus Imitationen. Ähnlich wie in der geistlichen Musik der Renaissance wird auch hier oft nur die Hauptstimme solistisch oder chorisch gesungen worden sein, während die Nebenstimmen den Instrumenten überlassen blieben. In Texten und Melodien der Lieder spiegelt sich unmittelbar das Leben der Zeit. Liebessehnsucht und Liebesglück, Naturgefühl und Lebensfreude singen sich aus, es gibt Scherz- und Klagelieder, Hofweisen sowie derbe Landsknechts- und Bauernlieder. Aber trotz ihrer Lebensnähe ist auch diese Kunst keineswegs volkstümlich im Sinne von einfach und anspruchslos, sondern wie das italienische Madrigal eine Kunst der Gesellschaft: Ihre Träger waren in erster Linie Hofkapellen der Fürsten, denen die Komponisten als Kapellmeister vorstanden.

Heinrich ISAAC (um 1450–1517) ist, obwohl niederländischer Abstammung, der Prototyp des deutschen Liedmeisters geworden. Vielseitiger, in niederländischer und italienischer Schreibart gewandter Künstler, Humanist, Weltmann und Diplomat, im Dienste Kaiser Maximilians I. in Augsburg, Innsbruck und Wien tätig, hat er den Liedsatz auf die Ebene großer Kunst gestellt; als Erfinder oder zum mindesten Bearbeiter der Melodie „Innsbruck, ich muß dich lassen“ ist er unsterblich geworden. Seiner Generation gehören auch der durch Kühnheit und Herbheit des Stils ausgezeichnete Heinrich FINCK (1444/45–1527) und der für den harmonischen Wohllaut seiner Sätze berühmte Paul HOFHAIMER (1459 bis 1537) an. Der Isaac-Schüler Ludwig SENFL (um 1486–1542/43) ist als Schöpfer von etwa 250 Liedsätzen der fruchtbarste und zugleich kunstreichste und ausdrucksstärkste Meister des Gesellschaftsliedes seiner Zeit, die ihn als „Princeps totius Germaniae" feierte. In den Jahren nach 1539 erschien in Nürnberg die berühmteste Liedsammlung der Epoche, „Ein Auszug guter und neuer teutscher Liedlein", herausgegeben von dem Arzt und Sammler Georg FORSTER (um 1510–1568), der sich vielseitig als Dichter, Komponist und Bearbeiter betätigte.

Die Entwicklung des evangelischen Kirchenliedes, die von Martin Luther (1483–1546) und seinen musikalischen Mitarbeitern Georg RHAW (1488–1548) und Johann WALTER (1496–1570) ausging, kann hier nur kurz erwähnt werden; sie schuf einen neuen Choraltypus, der bis in die Gegenwart als Urstoff geistlicher Musik seine Bedeutung behalten hat.

In der zweiten Hälfte des 16. Jahrhunderts gewannen italienische Einflüsse auch im deutschen Liede die Oberhand, der alte Cantus-firmus-Satz wird durch den freien Madrigalstil ersetzt, melodischer und harmonischer Wohlklang fließen reichlicher in die lineare Polyphonie ein. Hauptmeister des späten 16. Jahrhunderts ist der Niederländer ORLANDO DI LASSO (um 1532–1594), dessen universale Schaffenskraft auch dem deutschen Liede zugute kam. Außer etwa 200 italienischen Madrigalen und rund 150 französischen Chansons hat er 94 deutsche Lieder geschrieben, die in der Weite ihres Ausdrucksbereichs Zeugnis einer großen Renaissance-Natur sind; neben tiefernsten Gesängen stehen Scherzlieder, in denen Lassos übermütiger und derber Musikantenhumor zu Worte kommt. Antonio SCANDELLO (1517–1580) und der Niederländer Jakob REGNART (um 1540 bis 1599), dessen leichtgefügte dreistimmige Villanellen mit Begeisterung gesungen wurden, sorgten weiter für die Italianisierung des Liedes, der sich auch die deutschen Meister nicht entziehen konnten. Bei Leonhard LECHNER (um 1553–1606), dem Komponisten deutscher Villanellen und „Neuer lustiger teutscher Lieder nach Art der welschen Canzonen", ist sie stärker spürbar als bei dem konservativen Johannes ECCARD (1553–1611), dem Verfertiger kraftvoller, klanglich glänzender Lied- und Choralsätze. Als Liedschöpfer höchsten Ranges ist Hans Leo HASSLER (1564–1612) zu nennen, der durch die Kraft und Innigkeit seiner melodischen Erfindung alle übrigen Meister überragt und überdies die ursprüngliche, für das Lied charakteristische Einheit von Dichtung und Musik wiederherstellte, indem er seine Texte selber schrieb. Seine Sammlung „Neue teutsche Gesang" enthält Lieder wie „Jungfrau, dein schöne G'stalt" und „Feinslieb, du hast mich g'fangen". Sein weltliches Hauptwerk „Lustgarten neuer teutscher Gesäng, Balletti, Gaillarden und Intraden" darf als Höhepunkt und schönste künstlerische Verfeinerung des Gesellschaftsliedes dieser Epoche gelten; es enthält 39 vokale und 11 instrumentale Sätze, unter den ersten das tiefempfundene Liebeslied „Mein G'müth ist mir verwirret", das durch geistliche Parodierung mit Paul Gerhardts Text „O Haupt voll Blut und Wunden" zum allbekannten religiösen Volkslied geworden ist. Als Nachzügler der großen Liedzeit darf der Thomaskantor Johann Hermann SCHEIN (1586–1630) gelten, der das gesellige Lied mit Eifer und künstlerischem Gelingen gepflegt hat. „Venuskränzlein", „Musica boscareccia oder Waldliederlein", „Diletti pastorali (Hirtenlust)", „Studentenschmaus" sind die Titel seiner mit leichter Hand und feinem Geschmack gesetzten, von Wohllaut und heiterer Laune überquellenden Liedsammlungen, die nicht nur durch Einführung eines Generalbaßinstruments in die Zukunft weisen und fast schon wie Vorklänge eines musikalischen Rokoko wirken. Das 17. und 18. Jahrhundert schoben andere Formen, das Sololied und die instrumental begleitete Kantate, in den Vordergrund; Johann Sebastian BACHS weltliche Kantaten – Huldigungs- und Festkantaten wie „Der gefesselte Äolus“, „Vereinigte Zwietracht der wechselnden Saiten“, „Vergnügte Pleissenstadt“, „Die Wahl des Herkules“, „Tönet, ihr Pauken“, „Preise dein Glücke, gesegnetes Sachsen“ und die burlesken Stücke „Der Streit zwischen Phöbus und Pan“, die „Kaffeekantate“ und die Bauernkantate „Mer han en neue Oberkeet“ – sind Höhe- und Endpunkt dieser Entwicklung.

KLASSIK UND ROMANTIK

Die geistliche Chormusik der Klassik und Romantik

Die geistliche Musik des späten 18. und des 19. Jahrhunderts steht in einer anderen Welt als die früherer Epochen. Bis zum Ausgang des Barock war die Kirche die alles beherrschende Macht; noch Johann Sebastian Bachs ungeheures Werk wurzelt ganz in ihrem Boden, ist nach Gehalt und Stil religiös bestimmt. Die Aufklärung, die umwälzende Geistesbewegung des 18. Jahrhunderts, setzte der religiösen Glaubensbindung das Ideal der freien, sich selbst genügenden Humanität entgegen. Damit war der Schritt zur Säkularisierung der Künste getan. In der Musik gewannen die weltlichen Formen, Oper, Symphonie, Sonate, an Bedeutung, sie spiegelten die wichtigsten Zeitinhalte wider und zogen die stärksten schöpferischen Kräfte an sich. Aber wie Religion und Kirche, zwar vorübergehend in den Hintergrund des Geisteslebens gedrängt, dennoch ihre alte, auf ewige Fundamente gegründete geistige Macht bewahrten, so büßte auch die Musik, die in ihrem Raume erwuchs, nichts von ihrer früheren Würde und Bedeutung ein. Sie wandelte sich im Wandel der Welt, sie bediente sich der neuen Mittel und Klänge, die die Zeit herausbildete; ihre künstlerische Qualität und die Kraft ihrer geistlichen Verkündigung blieben unangetastet bestehen.

Das ist die Erkenntnis, die die bedeutenden geistlichen Musikwerke des romantischen Jahrhunderts vermitteln. In den Spitzenleistungen geistlicher Kunst ist dieses Jahrhundert der großen Zeit des Barock ebenbürtig. Beethovens Missa solemnis steht gleichwertig neben der h-Moll-Messe Bachs, Bruckners geistliche Kompositionen erneuern mit romantischen Mitteln die fromme Begeisterung der palestrinensischen Epoche. Die Mehrzahl der großen Meister hat sich eingehend der geistlichen Musik gewidmet. Haydn und Mozart schufen eine beträchtliche Zahl von kirchlichen Werken, deren religiöser und liturgischer Geist heute nicht mehr bezweifelt wird. Musiker wie Schubert und Dvořák haben den Ton echter Frömmigkeit getroffen, der Urromantiker Berlioz hat ernstlich mit der Aufgabe der religiösen Kunst gerungen, Liszt, Bruckner und Reger haben neue Sphären geistlicher Musik erschlossen. Die Individualisierung des lyrischen Ausdrucks, die die Romantik bewirkte, mochte eine Gefahr für die Strenge der kultischen Form bedeuten. Andererseits führte sie zu einer Vertiefung und Verinnerlichung auch des religiösen Gefühls, aus der der Musik mystische Kräfte zuflossen. Daß das Requiem, die Totenmesse, ein bevorzugter Vorwurf der romantischen, von dem düsteren Geheimnis des Todes faszinierten Musiker wurde, ist in diesem Zusammenhang verständlich. Die Steigerung der klanglichen Mittel, die Ausbildung des musikalischen Kolorits, die keineswegs Veräußerlichung bedeutete, kam wiederum der kultischen Feierlichkeit zugute; der festliche Klang Brucknerscher Messen bezeichnet einen Höhepunkt musikalisch-geistlicher Inspiration, der neben allen Leistungen älterer Jahrhunderte besteht.

WOLFGANG AMADEUS MOZART

Wolfgang Amadeus Mozarts (1756–1791) Kirchenmusik hat lange im Schatten seiner Opern- und Instrumentalwerke gestanden; sie ist aber ein bedeutender, vollwertiger Teil seines Gesamtschaffens, wie sie auch eine vollwertige Leistung auf dem Gebiete kirchlich-religiöser Kunst darstellt. Der Vorwurf der Weltlichkeit, der unreligiösen Heiterkeit, der empfindsamen Subjektivität, den das 19. Jahrhundert gegen diese Werke geltend machte, wird heute, da das Mozartbild sich erweitert und gefestigt hat, nicht mehr erhoben. Mozart hat alle seine Kirchenwerke unmittelbar für den praktischen Gebrauch geschrieben; der größte Teil entstammt seiner Salzburger Zeit, in dem er als angestellter Musiker des Erzbischofs für die musikalische Gestaltung des Gottesdienstes im Dom und in der Peterskirche zu sorgen hatte. Er schrieb, wie es auch die Meister früherer Epochen taten, unbefangen, ohne historisierende Anlehnung, im Stile seiner Zeit, aber im Geiste der katholisch-süddeutschen kirchlichen Tradition. Man muß seine Musik aus dem Lebensgefühl des Rokoko verstehen; sie ist so geistlich wie die heiteren, lichten Kirchenbauten, die das 18. Jahrhundert in Bayern und Österreich geschaffen hat; sie atmet eine natürliche, ungekünstelte, von asketischen wie von pathetisch-gewichtigen Zügen freie Frömmigkeit, sie dient gewissenhaft dem liturgischen Wort und kleidet es in thematische Formulierungen von überzeugender Symbolkraft. Als Gebrauchskunst knüpft Mozarts Kirchenmusik an die barocke Handwerkstradition der geistlichen Chor- und Kapellmeister an; in ihrer Mischung galanter und gelehrter Stilelemente gehört sie der Gegenwart, der zweiten Hälfte des 18. Jahrhunderts an; in der Freiheit und heiteren Schönheit der melodischen Erfindung weist sie in die Zukunft der klassisch-romantischen Musikepoche voraus.

Die Messen der Salzburger Zeit. Von den fünfzehn vollendeten und einigen unvollendeten Messe-Kompositionen, die von Mozart überliefert sind, können hier nur einzelne charakteristische Beispiele betrachtet werden. Einige der Messen sind frühe Jugendwerke. Nicht nur diese, sondern auch spätere Arbeiten pflegen die Form der *Missa brevis,* der streng auf das liturgische Wort konzentrierten, auf jede konzertante Ausweitung und Ausschmückung verzichtenden Kurzmesse; der Erzbischof Hieronymus Colloredo, Mozarts Salzburger Brotherr, verlangte, daß die gesamte Meßhandlung nicht länger als dreiviertel Stunden dauern dürfe, und forderte damit vom Komponisten äußerste Beschränkung und Konzentration. An den Anfang stellt der Mozartforscher Alfred Einstein die c-Moll-Messe, die im Köchel-Verzeichnis unter der Nummer 139 geführt wird; der dreizehnjährige Knabe soll sie 1768 in Wien komponiert haben. Wenn diese Hypothese zutrifft, ist das Werk ein sprechendes Zeugnis für das frühreife Genie des Komponisten, nicht nur durch die reiche, geradezu luxuriöse Instrumentalbesetzung mit Oboen, Trompeten, Posaunen, Pauken und Streichorchester, sondern noch mehr durch die Kunst und die sinnvolle Gründlichkeit der Ausarbeitung. Schon das feierliche, mit einem langgehaltenen c-Moll-Dreiklang einsetzende, über eine Folge verminderter Septakkorde nach es-Moll und zurück zur Dominante von c-Moll modulierende „Kyrie" ist von geradezu romantischem Harmoniegefühl erfüllt. Im Fortgang fällt das liebliche, mit Trillern und Koloraturen der Solostimmen gezierte „Laudamus te" auf, ebenso das schmerzliche, von gleichmäßigen f-Moll-Triolen der Streicher getragene „Qui tollis", dem das naiv-fröhliche „Quoniam tu solus sanctus" des Solosoprans folgt. Die eigenwillig mit dem Tritonus-Intervall ansetzende Fuge „Cum sancto spiritu"

zeigt flüssiges kontrapunktisches Können, das „Crucifixus", wieder in der Haupttonart c-Moll, mit den gedämpften, auf dem tiefen c schmetternden Trompeten und den schmerzlichen synkopischen Akzenten der übrigen Instrumente ist eine Episode von dramatischer Ausdrucks- und Stimmungskraft, die jubelnde Soprankoloratur des „Resurrexit“ bildet einen packenden Kontrast. Auch das „Benedictus“ in idyllischem F-Dur und das in ernstem c-Moll mit feierlichem Posaunenklang einsetzende „Agnus Dei“ sind Stücke von höchst persönlicher Prägung. Das Ganze ist eine von Phantasie und Ausdruck strotzende, dennoch wahrhaft religiöse Schöpfung des Sturmes und Dranges, und man muß fragen, ob nicht doch die Meinung älterer Forscher wie Hermann Aberts anzuerkennen ist, die das „vom Himmel durch die Welt zur Hölle“ führende Werk erst in das Jahr 1772 datiert.

Auch die C-Dur-Messe K. V. 66 ist von festlich-großartigem Charakter. Mozart verwendet Trompeten und Pauken und musiziert mit beträchtlichem Aufwand an Klang und kompositorischer Kunst in die Breite; das Werk ist zu Ehren eines Familienfreundes der Mozarts geschrieben, der im Oktober 1769 als Pater Dominicus in der Salzburger Peterskirche sein erstes Hochamt hielt, und trägt daher den Namen *Dominicus-Messe.* Die Stimmung ist wesentlich heiterer als in dem vorigen Werk; schon im „Kyrie“ fällt der Tenoreinsatz im Walzertakt auf. „Laudamus te“ und „Domine Deus“ sind Gesänge der Solostimmen, „Quoniam tu solus sanctus“ ist eine Koloraturarie des Soprans. Wieder besteht das „Credo“ aus Einzelsätzen, unter denen das mit einem Dreiklangsabstieg der Chorstimmen beginnende, zu schwerem, massigem c-Moll verdichtete Adagio des „Crucifixus“ auffällt. Von eigenartigem Reiz ist das „Benedictus“, in dem die gehaltenen Töne der Solostimmen von einer stakkatierten, freudig erregten Sechzehntelbewegung der Violinen begleitet werden.

Auf zwei Missae breves der Frühzeit, die G-Dur-Messe K. V. 49 und die gehaltvolle, konzentrierte d-Moll-Messe K. V. 65 ist hinzuweisen. In das

Jahr 1773 fällt die anspruchsvollere Trinitatis-Messe in C-Dur K. V. 167, ein Werk des Siebzehnjährigen, der nun schon seine Italienreisen hinter sich und eine neue Entwicklungsstufe erreicht hatte: Oboen, Trompeten, Posaunen und Pauken treten zum Streichorchester und der Orgel, auf Solostimmen wird freilich der vom Erzbischof gebotenen Kürze halber verzichtet. Dafür ist der Chorsatz reich ausgeführt, vor allem in der thematisch langatmigen Fuge „Et vitam venturi saeculi“:

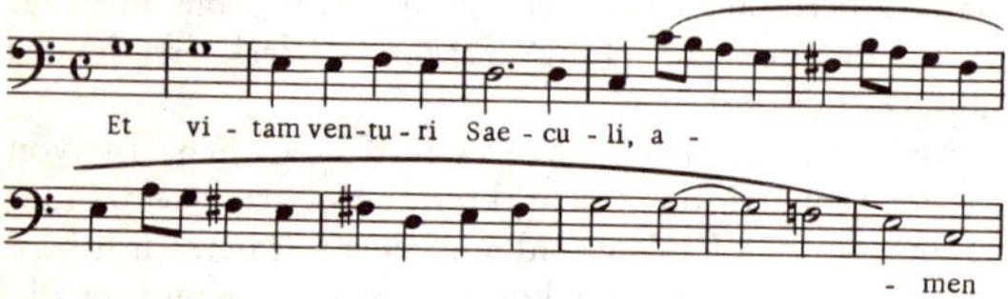

In der kurzen, 1774 komponierten F-Dur-Messe K. V. 192, die sich wieder durch einen fein gearbeiteten, polyphon verästelten Chorsatz auszeichnet, taucht im „Credo“ das – übrigens liturgische, der Intonation des Magnificat und des Gloria zugehörige – Viernotenmotiv auf, das Mozart bis in das Finale der Jupiter-Symphonie immer wieder aufgegriffen hat:

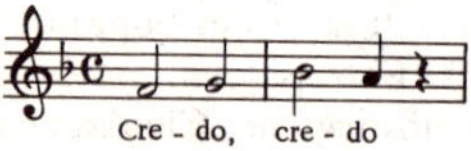

Zwölfmal wiederkehrend, durchzieht es den ganzen Satz und gibt ihm eine außerordentliche, von Mozart vorher nicht erreichte Strenge und Geschlossenheit. Da auch die übrigen Sätze – das anmutige „Benedictus“ und das in dunklem d-Moll einsetzende, von kühnen chromatischen Wendungen durchwirkte „Agnus Dei“ – an Kolorit und Ausdruck reich sind, darf das schlichte, nur von Violinen, Baß und Orgel begleitete Werk zu den wertvollsten Messekompositionen des jungen Mozart gezählt werden. Die aus dem gleichen Jahr stammende D-Dur-Messe K. V. 194 tritt dagegen etwas zurück.

Als leichtgewichtige Missa brevis volkstümlichen Charakters ist die 1775 in München geschriebene C-Dur-Messe K. V. 220 zu nennen. Sie verwendet wieder ein reicheres, durch Trompeten und Pauken verstärktes Instrumentarium, verzichtet aber völlig auf kontrapunktische Kunst; den wenig achtungsvollen Namen *Spatzenmesse* hat sie wegen einer zwitschernden Begleitfigur der Violinen im „Sanctus" erhalten:

Von den vier Messen des Jahres 1776, die alle in C-Dur stehen und reiche, verschiedenartige Bläserbesetzung aufweisen, bilden drei – die Credo-Messe K. V. 257, die Spaur-Messe K. V. 258 und die Orgelsolo-Messe K. V. 259 – eine Einheit. Die Messe K. V. 262, „Missa longa" genannt, ist ein halbes Jahr früher als die übrigen geschrieben. Sie zeichnet sich unter ihren Schwesterwerken nicht nur durch größere Länge, sondern auch durch reiche kontrapunktische Arbeit und feine Ausführung des Instrumentalparts aus; die fugierten Schlußsätze des „Gloria" und des „Credo" sind von glänzender Wirkung, das „Qui tollis peccata mundi" hebt sich mit seiner chromatischen Harmonik und den scharfen dynamischen Kontrasten als ein Moment religiöser Erschütterung von dem brillanten repräsentativen Stile des Ganzen ab. Mehr lyrischen, fast liedhaften Charakters ist die Credo-Messe; sie hat ihren Namen von dem markanten Kopfthema des „Credo", das wie eine Devise, von Stimmen und Instrumenten in Oktaven gesungen und gespielt, durch den ganzen Satz wiederkehrt und dem Bekenntniswort kraftvolle, überzeugende Betonung gibt; das Verfahren der F-Dur-Messe wird hier, rhythmisch und dynamisch noch stärker akzentuiert, wieder-

holt. Als Beginn des „Sanctus" erscheint wieder das Viernotenthema der F-Dur-Messe. Eine reizvolle, breit ausgeführte Idylle ist das „Benedictus"; hier und im kantablen, zuversichtlich heiteren „Agnus Dei" bezeugt sich vor allem der schlichte, liedhafte Ausdruck der Musik, der auf Schubert vorausweist. Die C-Dur-Messe K. V. 258, zur Konsekration eines Grafen von Spaur, späteren Domdechanten in Salzburg, komponiert, behält die neugewonnene lyrisch-poetische Einfachheit bei, ist aber reicher als das vorige Werk an kontrapunktischer Arbeit und an anschaulichen tonmalerischen Episoden. Das im Unisono von Singstimmen und Instrumenten absteigende „Descendit de coelis", das von seufzenden Orchesterakzenten begleitete „Et incarnatus", das vom Leide des Menschwerdens spricht, das „Crucifixus", in dem die leise Klage der hohen Solostimmen von lauten, chromatisch aufsteigenden Schrekkensrufen der Chorbässe kontrapunktiert wird, danach das „Resurrexit", im Unisono aufsteigend als Umkehrung des „Descendit" – ein Kurzbericht vom Erdenwandel des Heilands, auf engsten Raum zusammengedrängt. Die C-Dur-Messe K. V. 259 enthält eine Besonderheit, ein dem Chorsatz des „Benedictus" untergelegtes Orgelsolo, das diesem sonst meist lyrisch behandelten Stück ungewöhnliche konzertante Brillanz gibt.

Eine lyrische Kostbarkeit ist die B-Dur-Messe K. V. 275, die im Jahre 1777, vor Mozarts Reise nach Mannheim und Paris, entstand; intimen Charakters, nur von Violinen, Bässen und Orgel begleitet, auf Gelehrsamkeit und Kontrapunkt ganz verzichtend, erscheint sie als ein persönliches Bekenntniswerk des jungen Mozart und spricht unmittelbar zum Herzen des Hörers. Alles ist frisch, unmittelbar empfunden, von quellender melodischer Schönheit, in einem hohen, heiteren Stil gehalten, der die Unterscheidung von weltlicher und geistlicher Musik vergessen macht. Das Anfangsthema, wie ein Lied von Bässen und nachschlagenden Achteln der Geigen begleitet, legt den naiv-herzlichen Charakter fest:

Das „Credo" ist kurz und zu musikalischer Einheit zusammengefaßt, das „Sanctus" beginnt mit einem lyrisch schwingenden Fugato, das „Benedictus" ist ein arioses Sopransolo. Ergreifend wirkt das nach g-Moll verdunkelte, von schmerzlichen Akzenten erfüllte „Agnus Dei", dem das „Dona nobis pacem" wie ein heiteres, sein Thema durch alle Stimmen führendes Rondo-Finale folgt; Volkstümlichkeit und unbefangene Musizierlust verbinden sich, ohne doch jemals aus dem Bereich des Religiösen herauszutreten

Die Messe in C-Dur K. V. 317, bekannt unter dem Namen *Krönungsmesse,* hat Mozart im Jahre 1779 nach der Rückkehr von seiner schicksalvollen Reise nach Mannheim komponiert; sie ist nicht mehr zu den Jugendwerken zu zählen. Der Überlieferung nach wurde sie für die Feier geschrieben, die alljährlich zur Erinnerung an die Krönung des Gnadenbildes in der Wallfahrtskirche Maria Plain bei Salzburg stattfand. Daraus erklärt sich sowohl der festliche Charakter der Komposition, der sich in der reichen Orchesterbesetzung mit Oboen, Hörnern, Trompeten, Posaunen, Fagotten, Pauken, Streichern und Orgel erweist, als auch ihr durchweg heiterer, volkstümlicher Charakter; das Werk war für ein Kirchenfest in ländlicher Umgebung, für eine wohl überwiegend bäuerliche Wallfahrergemeinde bestimmt. Das symphonische Element, das im Erstarken der orchestralen Thematik zum Ausdruck kommt, nimmt größeren Raum ein, das Opernhafte, das den Komponisten mehr und mehr fesselte, drängt sich ein. Solostimmen und Chor treten einander wirkungsvoll gegenüber, im „Credo“ fehlt es nicht an Textdeutungen und Tonmalereien, die nun schon – der polyphone, imitierende Abstieg des „Descendit“, die mystischen, sordinierten Geigenpassagen im „Incarnatus“ – mit beträchtlichem künstlerischen Raffinement gearbeitet sind. Das „Benedictus“ ist ein ländliches, terzenfreudiges, fast tänzerisches Allegretto, das Sopransolo des „Agnus Dei“ nimmt die Melodie der Gräfin im „Figaro“, das hochberühmte „Dove sono“ in andeutenden Zügen vorweg:

Hier, im freien Stil der ländlichen Festmesse, scheint es zuweilen, als setze sich die freie individuelle Schöpferkraft über die liturgischen Bindungen hinweg. Um so strenger ist die kirchlich-liturgische Haltung in dem folgenden, 1780 für den Salzburger Dom geschriebenen Werk gewahrt, in der C-Dur-Messe K. V. 337, der letzten Messe aus Mozarts Salzburger Zeit. Hier herrschen Ernst und feierliche Einfachheit, das „Benedictus“ wird, ein einmaliger Fall, zur fast düsteren, dissonanzenreichen, streng durchgeführten a-Moll-Fuge; erst im „Agnus Dei“, einem bezaubernden Konzert für Solosopran, Oboe, Fagott und obligate Orgel, einem poetisch-anmutigen Stück musikalischen Rokokos, scheint sich der schöpferische Musiker für die Askese schadlos zu halten.

Kleinere Kirchenwerke. Auch aus der Zahl der kleineren Mozartschen Kirchenwerke sind nur einige hervorragende Stücke zu nennen. Von den zwei Lauretanischen Litaneien (B-Dur K. V. 109 und D-Dur K. V. 195) ist besonders die zweite wertvoll, ein inniges Mariengebet, in dem zart-schwärmerische mit zuversichtlich-heiteren Stimmungen abwechseln. Von den Chorsätzen, die sich um die liebliche Sopranarie „Sancta Maria“ gruppieren, ragen das ernste, von polyphonen und dramatisch effektvollen Momenten durchsetzte „Kyrie“ und das flehende, erregte „Salus infirmorum“ hervor. Krönung des Werkes ist das „Agnus Dei“, ein in milder Schönheit hinfließendes Adagio, das die Kantilene des Solosoprans dem Chorklang gegenüberstellt und nach einem dissonanten Aufschrei „Miserere“ weich-melodisch in der tiefen Lage der Singstimmen mit einer wunderbar beruhigenden plagalen Schlußwendung verklingt. Von den Litaneien De venerabili Altaris Sacramento (B-Dur K. V. 125 und Es-Dur K. V. 243) ist ebenfalls die zweite die bei weitem bedeutendere, ein feierlich-großartiges, aus Arien und Chorsätzen zusammengeschlossenes Werk voll starker Ausdrucksgegensätze, in dem posaunengetragenen Adagio „Tremendum ac vivificum sacramentum“ bis zum Erschütternden gesteigert, überhöht von einer Chorfuge „Pignus futurae gloriae", die zu den Meisterleistungen Mozarts im polyphonen Stile zählt. Zu den reichsten und phantasievollsten Kirchenkompositionen gehören die Vesperae de Dominica (K. V. 321) und die Vesperae solennes de Confessore (K. V. 339), die Mozart in den letzten Salzburger Jahren, 1779 und 1780, geschrieben hat. Beide sind vokal und instrumental in reichem, konzertantem Stile gehalten, die einzelnen Sätze in wirkungsvollen Kontrasten einander gegenübergestellt. „Dixit Dominus" und „Magnificat" bilden in beiden Werken den klangprächtigen Rahmen, der eine Fülle chorischer und arioser Schönheit einschließt. Das „Laudate pueri" ist hier wie dort eine Fuge, die erste in heiterem F-Dur frei hinströmend, die zweite archaisch-feierlich in ernstem d-Moll stehend.

Zwei Werke kleineren Maßes haben besonderen Ruhm erworben, weil in ihnen der Genius Mozarts sich besonders rein und unmittelbar, mit vollkommener, durch keine liturgische Konvention gebrochener Einfachheit bezeugt. Im Jahre 1777 entstand das Graduale Sancta Maria, mater Dei K. V. 273 für vier Singstimmen, Streicher und Orgel, ein Werk von überströmender Gefühlsfülle, liedhaft schlicht und feierlich zugleich; Mozart schrieb es in eigener Sache als Bitte an die Gottesmutter, zum Abschied aus dem Vaterhaus vor seiner Reise nach Mannheim. Das andere ist das Ave verum corpus, Motette für vier Singstimmen, Streicher und Orgel K. V. 618, im letzten Lebensjahr wahrscheinlich zum Fronleichnamsfest für den befreundeten Leiter des Kirchenchors in Baden, Anton Stoll, komponiert: ein zweistrophiger Gesang von nur sechsundvierzig Takten, mit „sotto voce" überschrieben, aber reich an verhaltener, harmonisch nuancierter Steigerung. Wie sich beim Anblick des von der Lanze verwundeten Heilands die D-Dur-Tonart nach F und weiter nach trauerndem d-Moll wendet, wie dann das tröstliche D-Dur mit einem imitierenden Stimmeneinsatz, einer leisen Andeutung liturgischer Polyphonie, wiederhergestellt wird, das zeugt von einer Ergriffenheit, die in der Einfachheit die Tiefe religiösen Ernstes mitzuteilen weiß.

c-Moll-Messe und Requiem. Zuletzt ist von zwei Werken zu sprechen, die unvollendet geblieben sind und dennoch an Wirkung und Verbreitung alle vollendeten übertroffen haben, so daß sie heute geradezu die Mozartsche Kirchenmusik im Konzertsaal repräsentieren. Die Messe in c-Moll für Singstimmen, Streicher, Oboen, Hörner, Fagotte, Trompeten, Posaunen, Pauken und Orgel, K. V. 427, ist nicht nur in der äußeren Anlage, sondern auch in der Souveränität des chorisch und symphonisch durchgebildeten, festlich-sakralen Stiles die bedeutendste der Mozartschen Messevertonungen, ein Werk des gereiften Meisters, der mit der „Entführung“ seinen Stil gefunden und sich zudem gerade mit dem Erlebnis Bach auseinandergesetzt hatte. Sie verdankt ihre Entstehung einem persönlichen Anlaß: Mozart hatte gelobt, eine Messe zu komponieren, wenn er seine geliebte Konstanze als Frau heimführen dürfe. Die Messeteile, die er 1782 komponierte und im August 1783, durch Sätze aus älteren Messen ergänzt, in der Salzburger Peterskirche mit Konstanze als Sopranistin aufführte, sind Einlösung dieses Gelübdes, und es versteht sich, daß sie mit besonderer menschlicher Beteiligung, mit echter frommer Begeisterung geschrieben wurden. Komponiert sind Kyrie, Gloria, Laudamus te,

Gratias, Domine, Qui tollis, Quoniam, Jesu Christe, Cum sancto spiritu, Sanctus, Benedictus, ein kurzes Bruchstück des Credo und das Incarnatus. Man pflegt das Werk bei Aufführungen durch Einfügungen aus Mozarts C-Dur-Messen zu ergänzen, es ist aber seiner stilistischen Besonderheit eher angemessen, es als Torso aufzuführen. Das Kyrie beginnt, nach einer kurzen, zeremoniell und graziös in Achteln schreitenden Orchestereinleitung feierlich mit c-Moll-Dreiklangsmotiven der Chorstimmen:

Der chromatische Nachsatz des Themas wird mit einem aus der Achtel- und Sechzehntelbewegung des Orchestervorspiels gebildeten Kontrapunkt zusammengeführt, woraus sich ein reich bewegtes, aufgelockertes Satzbild ergibt. Das „Gloria" setzt prächtig in C-Dur mit vollem Chor- und Bläserklang ein. Dem fugierten Satz liegt wieder ein in den Dreiklangstönen aufsteigendes Thema zugrunde:

„Laudamus te" ist Sopranarie, wie denn überhaupt die Bevorzugung des für Konstanze bestimmten Solosoprans in dieser Messe auffällt. An das „Gratias", ein fünfstimmiges Chor-Adagio von nur zwölf Takten, schließt sich das „Domine Deus" als Duett zweier Soprane an; die Zerlegung des Gloria-Textes in eine Folge kurzer Sätze bildet eine Eigentümlichkeit des Werkes. Hochbedeutend ist das doppelchörige „Qui tollis", das sich in düsterem g-Moll über scharf punktierten Orchesterrhythmen zu gewaltiger Stimmfülle entwickelt, ein Bild der Sündenlast der Welt, die dem Heiland aufgebürdet ist; der dreimal wiederholte, chromatisch absinkende Baß des Anfangs läßt an das „Crucifixus“ von Bachs h-Moll-Messe denken. „Quoniam tu solus sanctus“ wird als Terzett der Solostimmen behandelt, aus dem chorischen Anruf „Jesu Christe“ entwickelt sich eine breit ausgesponnene, enthusiastische Fuge über ein lapidares, in seinen aufsteigenden Quartschritten mit starken melodischen Energien geladenes Thema:

Der kurze Beginn des „Credo“ ist eine rauschende Entrata; sie läßt bedauern, daß von dem Kernstück der Messe, dem Glaubensbekenntnis, nur das „Et incarnatus est“ ausgeführt wurde. Dieses aber ist eine Kostbarkeit, ein Hirtenidyll in pastoralem Sechsachteltakt, vom Sopran wie von einer Engelstimme in sanft fließenden Koloraturen gesungen, vom Schalmeienklang der Holzblasinstrumente, Flöte, Oboe und Fagott, lieblich umspielt; der Eintritt des Gottessohnes in die irdische Welt wird als poetisches Weihnachtsidyll wiedergegeben. Das „Sanctus“ setzt fünfstimmig ein als Largo von hoher Feierlichkeit, das „Osanna“ ist eine vierstimmige, reichfigurierte Chorfuge, deren Thema wieder durch die Dreiklangsbrechung, dieses Mal in absteigender Richtung, charakterisiert ist:

Mit dem „Benedictus", das in a-Moll einsetzt und mit jubelnden Chorkoloraturen in C-Dur ausklingt, endet das Fragment.

Ein Bruchstück ist auch die letzte Kirchenkomposition Mozarts, sein letztes Werk überhaupt, das von romantischen Überlieferungen umsponnene Requiem. Daß Mozart am Ende seines Lebens eine Totenmesse komponierte, ist Folge eines Auftrags. Ein Graf Walsegg, der es liebte, sich als Autor fremder, gekaufter Werke feiern zu lassen, bestellte die Komposition im Juli des Jahres 1791 durch einen geheimnisvollen Boten, und Mozart, schon von Todesahnungen ergriffen, mag den Auftrag des Unbekannten wohl als Mahnung an sein eigenes, bald bevorstehendes Ende aufgefaßt haben. Daraus erklärt sich der subjektive Zug der Komposition, der sie von allen anderen Kirchenwerken Mozarts unterscheidet. Das Requiem ist eine romantische Todesdichtung, voll von Schwermut und Ängsten, vom Grabesdunkel überschattet, ohne den tröstlichen Durchblick auf das Licht der Ewigkeit; zwar eine Vertonung des liturgischen Textes, aber trotz seiner düsteren archaischen Fugenherrlichkeit, trotz der imponierenden Größe der Dies-irae-Visionen weniger ein liturgisches als ein menschliches Werk, eine Auseinandersetzung des am Leben Hängenden mit dem drohend nahenden Rätsel des Todes. Dazu kommt eine andere Problematik: das Ganze, das unter der Nummer 626 des Köchel-Verzeichnisses überliefert ist, wurde nur zum Teil von Mozart komponiert; der Tod ließ ihn das angefangene Werk nicht vollenden, sein Schüler Franz Xaver Süßmayr hat die fehlenden Stücke, zum Teil nach Mozartschen Skizzen, hinzugefügt. Daraus aber ergibt sich eine innere Ungleichwertigkeit des Werkes, die der Wirkung schadet. Etwa zwei Drittel der Partitur dürfen als mozartisch gelten. Das „Requiem" und „Kyrie" hat Mozart fertig ausgeführt, die sieben Stücke des „Dies irae" bis zur Hälfte des „Lacrymosa", das „Domine" und „Hostias" hat er in den wesentlichen Stimmen skizziert. Süßmayr arbeitete die skizzierten Teile aus, komponierte das „Sanctus", „Benedictus" und „Agnus Dei" ganz neu hinzu und wiederholte den Anfangschor als „Lux aeterna" am Schluß, so daß sich trotz der fremden, keineswegs kongenialen Stücke eine Abrundung, eine von Mozartschem Geist erfüllte Stimmungseinheit ergibt.

Der erste Satz, „Requiem aeternam dona eis, Domine", ist eine Eingebung, die an Suggestionskraft in der gesamten Musikliteratur ihresgleichen sucht. Die Atmosphäre des Werkes umfängt den Hörer mit dem ersten düsteren d-Moll-Takt, mit dem schwermütigen Klang der Bassetthörner und Fagotte. Mozart verzichtet in der ganzen Partitur auf die hohen Lagen der Holzbläser, auf Flöten, Oboen und Klarinetten, sowie auf den weichen Ton der Hörner. Trompeten, Posaunen, Pauken bestimmen das herbe Kolorit, die Streichinstrumente haben überwiegend begleitende Funktion. In starrem Forte setzen die Singstimmen ein; bei den Worten „Et lux perpetua luceat eis" wendet sich der Satz, zu akkordischer Homophonie konzentriert, nach B-Dur. Zu einer weich hinfließenden Sechzehntelfigur der Violinen singt der Solosopran „Te decet hymnus, Deus in Sion"; aber der Ruf „Exaudi orationem meam", vom Chor ausgestoßen, von harten, punktierten Orchesterrhythmen begleitet, klingt wie ein Verzweiflungsschrei. Der Chor greift das Anfangsthema wieder auf und übernimmt dazu als Gegenstimme jene fließende Figur der Violinen. Dann setzt mit „Kyrie eleison" eine gewaltige Fuge ein, die, in Sechzehntelläufen hinrollend, mit einem archaischen leeren Quintklang schließt:

Wie ein mystischer Sturm, mit naturalistischer Deklamation des Chores, bricht das „Dies irae" los; die Angst der Kreatur klingt in den schaudernden Einwürfen der Bässe:

Die Posaune ruft zum Gericht; das „Tuba mirum" ist ein großer, wenn auch fast theatralischer Moment des Werkes:

Aus dem Ruf der Posaune und des Baßsängers entwickelt sich ein Quartett der Solostimmen, dessen stockende, von Pausen unterbrochene Deklamation das Verzagen vor der Strenge des Gerichtes ausdrückt. Überwältigend ist die Majestät des Weltenrichters gemalt. Der dreimalige Chorruf „Rex" zu gewaltig abwärts schreitenden Orchesterpassagen ist der Angstschrei der sündigen Menschheit. Ergreifend ist das plötzliche Piano des Schlusses; die Bitte „Salva me" erklingt schüchtern, erst von den Frauen-, dann von den Männerstimmen gesungen, danach vom ganzen Chor wiederholt. Das Gebet der Solostimmen „Recordare Jesu pie", vom weichen Klang der Bassetthörner begleitet, ist ein Wunder religiöser Lyrik; hier erscheint zum einzigen Male der Klang der gläubigen, seligen Ruhe, die die Schrecken des Todes überwunden hat (Zitat auf S. 287):

Mit dem Chorsatz „Confutatis maledictis" gewinnt die düstere Stimmung wieder die Oberhand. Die Leiden der Verdammten werden durch ruhelose, bohrende Ostinato-Figuren der tiefen Streichinstrumente versinnbildlicht, die Bitte „Voca me cum benedictis" wird zart davon abgehoben. Von tiefer Schwermut erfüllt, von leisen Seufzern der Violinen begleitet, ist das „Lacrymosa", dessen Melodie in mächtigem Crescendo durch anderthalb Oktaven ansteigt:

„Domine Jesu" und „Hostias" werden beide von der gleichen Fuge „Quam olim Abrahae promisisti" beschlossen. Das „Sanctus", dessen D-Dur mit dem dunklen Moll-Grundklang des Werkes kontrastiert, das lyrische, herzlich empfundene „Benedictus" und das „Agnus Dei" sind Süßmayrs Arbeit. Dann setzt der Anfangschor wieder ein. Die tröstliche Schlußlösung zu finden, war Mozart nicht mehr vergönnt; der harte Quintklang des Schlußakkordes hallt nach als Symbol der Gnadenlosigkeit, der vernichtenden Übermacht des Todes.

JOSEPH HAYDN

Die Messe-Vertonungen Joseph Haydns (1732–1809), von denen zwölf erhalten sind, haben – wie die Mozarts – den Vorwurf zu großer Weltlichkeit auf sich gezogen. Er betrifft nicht den Geist und das Gefühl, aus denen sie geschaffen sind; ihre Heiterkeit steht mit Frömmigkeit nicht im Widerspruch. „Seine Andacht", sagt ein Zeitgenosse, „war nicht von der düsteren, immer büßenden Art, sondern heiter, ausgesöhnt, vertrauend, und in diesem Charakter ist auch seine Kirchenmusik geschrieben." Haydn hatte schon früh als Chorknabe bestimmende kirchenmusikalische Eindrücke aufgenommen, sein Verhältnis zur geistlichen Musik war ernst und echt; zudem sind seine Messen stets unmittelbar für den kirchlichen Gebrauch geschrieben. Eher mögen gegen den musikalischen Stil der Messen Bedenken erhoben werden. Das Instrumentale fesselte Haydns schöpferische Phantasie vor allem, der symphonische Geist der Komposition ist auch in den Messen spürbar. Daneben werden die Solostimmen grundsätzlich mit wichtigen Rollen bedacht, während der Chor, das alte, ursprüngliche Instrument kirchlichen Musizierens, an Selbständigkeit und Bedeutung verliert; die Bezeichnung *Instrumentalmesse*, die man für die Messekompositionen der klassisch-romantischen Zeit gefunden hat, um ihren Abstand von dem alten A-cappella-Stil zu bezeichnen, besteht für Haydn zu Recht. Dennoch enthalten seine Werke noch immer dankbare chorische Aufgaben genug, so daß sie in Kirche und Konzertsaal stets wieder aufgeführt werden.

Die früheste der Haydnschen Messen, abgesehen von einer 1750 komponierten Missa brevis in F, ist die Missa in honorem Beatissimae Virginis Mariae in Es-Dur aus dem Jahre 1766; wegen ihres konzertant ausgeführten Orgelparts wird sie als *Große Orgelmesse* bezeichnet. Hier bewahrt der Chor noch sein volles Recht, allerdings ist die Tonsprache oft konventionell. Durch tiefere Ausdruckskraft hebt sich das „Incarnatus", ein Tenorsolo, dem sich das „Crucifixus" als trauervoller, chromatisch klagender f-Moll-Satz des Chores anschließt. Reizvoll ist das „Benedictus", ein wohllautendes Quartett der Solostimmen, zu dem der Organist mit kunstreichem Passagen- und Figurenwerk konzertiert.

In der Missa Sancti Nicolai in G-Dur von 1772 überwiegen die heiteren, idyllischen Züge. Das „Sanctus" erzielt durch rauschende Violinfiguren und imitierend einsetzende Chorstimmen feierlich-ernste Wirkung, das „Benedictus" gehört wieder den Solisten. Eine Besonderheit ist, daß das im Sechsvierteltakt schreitende „Kyrie" am Schluß als „Dona nobis pacem" wiederkehrt; nach den Rahmenstücken wird das Werk *Sechsviertel-Messe* genannt.

Die Missa Sanctae Caeciliae in C-Dur, 1773, ist die längste der Haydnschen Messevertonungen. Nach der feierlichen Anrufung „Kyrie eleison", einem siebentaktigen Largo des Chores, setzt ein rauschendes Allegro über dieselben Textworte ein, dem das „Christe eleison" als a-Moll-Allegretto im Dreivierteltakt folgt; die Wiederkehr des „Kyrie" wird zur kunstvollen Chorfuge:

Das „Gloria", der am breitesten ausgeführte Teil des Werkes, besteht aus sechs aneinandergeschlossenen Einzelstücken verschiedenen Charakters. „Laudamus te" ist eine Sopranarie, „Gratias agimus tibi" eine weitausgesponnene Chormotette; von eindringlicher Wirkung ist das „Qui tollis", ein langes, ausdruckstarkes, instrumental reich begleitetes c-Moll-Adagio der Chor- und Solostimmen. Auch dieser Abschnitt schließt mit einer markant profilierten C-Dur-Fuge:

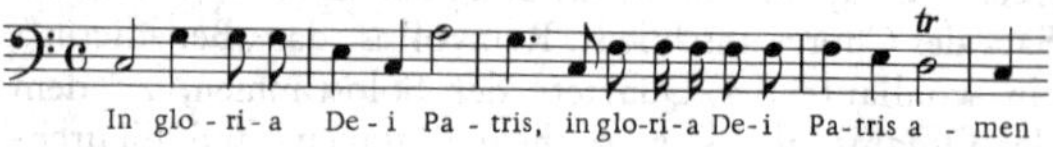

„Credo" und „Sanctus" sind demgegenüber kürzer gefaßt. Einen Ruhepunkt bildet das „Benedictus", ein ruhiger, instrumental gerahmter Chorsatz in c-Moll, in seiner homophonen Schlichtheit von hoher Schönheit und Würde.

Die Missa brevis Sancti Joannis de Deo in B-Dur, um 1775 komponiert, ist als *Kleine Orgelmesse* bekannt. Von knappster Form, nur von zwei Violinen, Baß und Orgel begleitet, ergreift sie durch den Ausdruck inniger Frömmigkeit. Das Glanzstück der schlichten Partitur, durch unverhältnismäßige Breite und subtile Feinheit der Ausführung hervorgehoben, ist das „Benedictus", ein anmutiges, von Rokoko-Heiterkeit strahlendes Engelkonzert, das eine Sopranstimme und die leicht und durchsichtig präludierende, mit dem Gesang reizvoll alternierende Orgel bestreiten.

Die Missa Cellensis oder Mariazeller Messe in C-Dur aus dem Jahre 1782 zeichnet sich durch festlichen Glanz und stetigen musikalischen Fluß aus. Aus dem glatten Ablauf heben sich charakteristische Episoden ab: das herbe, scharf akzentuierte „Qui tollis" im „Gloria", das von a-Moll nach c-Moll modulierende Largo „Et incarnatus est" im „Credo", das kraftvoll konturierte g-Moll-„Benedictus", das eine Arie aus der Oper „Il mondo della luna" verarbeitet, die Fuge „Dona nobis pacem", die das Werk in liturgisch strengem Stil beschließt.

Die übrigen Messen sind nach Haydns englischen Reisen entstanden und Zeugnisse seines Spätstils, was vor allem in ihrer durchweg feierlicheren Haltung und in der reicheren instrumentalen Besetzung und Ausarbeitung zum Ausdruck kommt. Die Missa in Tempore Belli (Messe in Kriegszeit) in C-Dur, 1796 komponiert, *Paukenmesse* genannt, entwickelt das „Kyrie" nach einer verhaltenen, spannungsvollen Largo-Introduktion in kraftvoller, bewegter Linienführung. Das „Gloria" behält den frischen Ton bei, das „Qui tollis" – vom Vivace ins Adagio, von C-Dur nach A-Dur übergehend – ist ein lyrischer Zwiegesang des Solo-Violoncellos und der Solobaßstimme, in den der Chor mit einfällt. Das „Credo" ist reich gegliedert, die ernste c-Moll-Episode, die das „Incarnatus" und „Crucifixus" in ein gefühlsschweres Largo zusammenfaßt, und die schwungvolle Fuge „Et vitam venturi saeculi" treten hervor. Das seltsame, von dramatischen Kontrasten erfüllte „Agnus Dei" hat der Messe den Namen gegeben. Ruhig, mit feierlicher Melodie, stimmt der Chor das Gebet an das Lamm Gottes an. Da dringt in eine Pause des Schweigens, ganz leise, wie von fern, aber hartnäckig festgehalten, ein dumpfer Rhythmus der Pauken. Zum zweiten Male erklingt das „Agnus" des Chores, dann schmettern laut und grell kriegerische Trompeten. Zum dritten Mal beginnt der Chor; seine Bitte „Dona nobis pacem" erstirbt, während die Pauke nur noch leise grollt, in ängstlichem Flüstern. Dann bricht, brutal lärmend, eine Kriegsmusik der Bläser und Pauken los, die – das „Dona nobis pacem" des Chores kontrapunktierend – bis zum Ende das Wort behält. Was Beethoven auf so aufsehenerregende Weise in der Missa solemnis versucht hat, die Kontrastierung von weltlicher Kriegsnot und geistlichem Frieden, hat Haydn vorweggenommen.

Die Missa Sancti Bernardi von Offida in B-Dur, gleichfalls aus dem Jahre 1796, trägt den Namen *Heilig-Messe,* weil Haydn in das „Sanctus" das volkstümliche Kirchenlied „Heilig, heilig" eingeflochten hat; Alt und Tenor intonieren die Melodie zu Beginn des Satzes:

Im „Gloria" ist die lebhaft bewegte, die Stimmen geschmeidig gegeneinanderführende Schlußfuge hervorzuheben; der kraftvolle, entschiedene Einsatz des „Credo" fordert ebenso Beachtung wie die Feinheiten des „Crucifixus", das chromatisch aufsteigende Unisono bei „Passus", die schmerzlichen, in tonloses Pianissimo zurücksinkenden Akzente bei „Et sepultus est". Das „Benedictus" ist ein ruhig-heiteres, von instrumentaler Thematik der Violinen beherrschtes Stück, das nur zuweilen von feierlichen Rhythmen durchsetzt wird.

LUDWIG VAN BEETHOVEN

Ludwig van Beethoven (1770–1827) hat zwei Vertonungen des Messetextes hinterlassen, von denen die erste, die C-Dur-Messe Opus 86, zu Unrecht im Schatten des hochberühmten Spätwerks, der Missa solemnis, steht. Beide Messen sind aus demselben Geiste geschaffen, aus einem Geiste, der das revolutionierende Erlebnis der Aufklärung unwiderruflich in sich trägt, der aber aus der neugewonnenen Freiheit seines Menschseins ein Verhältnis zum Göttlichen, ja zum dogmatisch bestimmten Gott des Christentums sucht, das an Ernst und Innigkeit nicht hinter dem älterer, von ungebrochener Religiosität erfüllter Zeiten zurücksteht. Daß ein so bewußter, geistig verantwortungsvoller Künstler wie Beethoven den Messetext komponiert hat und wie er ihn komponiert hat, beweist, daß er nicht einer vagen, schwärmerischen Gottesvorstellung nachhing, sondern daß er die überlieferte Form christlichen Glaubens und christlicher Gottesverehrung anerkannte. Neu aber ist seine Auffassung und damit seine Deutung des alten Textes. Er liest und komponiert ihn nicht als einen sicheren, nicht mehr diskutierbaren Besitz der Tradition und des Ritus, er betrachtet ihn unbefangen, selbständig, aber ehrfürchtig als bedeutendes Dokument der Gotteserkenntnis, das immer von neuem nach Entschlüsselung verlangt. Seine Messe-Kompositionen sind darum in keinem Takte schematisch oder konventionell. Die musikalischen Typen der Messeteile, die der Brauch herausgebildet hatte, haben für ihn keine Geltung. Das Detail gewinnt neue Bedeutung, jedes einzelne Wort wird komponiert, jedes Bild musikalisch ausgeführt. Beethovens Messen vollziehen eine Regeneration der Textbetrachtung und damit eine Erneuerung des religiösen Erlebens durch die Musik. Die Kraft seines Geistes und die Größe seiner menschlichen, religiös gebundenen Natur sorgten dafür, daß diese Betrachtung an den Kern des geistlichen Mysteriums drang. An der religiösen Eigenschaft der Beethovenschen Kirchenwerke ist nicht zu zweifeln. Sie sind auch, so unbequem ihre gesangliche Ausführung zuweilen sein mag, wahrhafte Chormusik, aus dem Geist des gemeinschaftlichen, kultischen Gesanges gestaltet. Ob sie im praktischen Sinne liturgische Musik sind, die Frage mag bei der übermäßigen Länge und Fülle der D-Dur-Messe, ähnlich übrigens wie bei Bachs h-Moll-Messe, offenbleiben; geistliche Musik im ernstesten, erhabenen Sinne sind sie gewiß.

Die Messe in C-Dur für vier Solostimmen, Chor und Orchester Opus 86 wurde im Jahre 1807, etwa zugleich mit der c-Moll-Symphonie, zum Namenstag der

Fürstin Esterhazy komponiert und in Eisenstadt aufgeführt – an derselben Stätte, an der auch Joseph Haydns Messen erklungen waren; daß ihre unkonventionelle Haltung wenig Verständnis fand, ist nicht verwunderlich. Das „Kyrie" beginnt, nach einem leise vorausgeschickten Kyrie-Ruf der Chorbässe, mit einem innigen, liedhaften Gesang der in Terzen verbundenen Frauenstimmen:

„Christe eleison" ist als a-Moll-Episode eingeschoben, die Wiederkehr des „Kyrie" ergibt die gewöhnliche dreiteilige Form. Mit großem instrumentalem Glanz, mit in Gegenbewegung auf- und absteigenden Skalen der Streicher setzt das „Gloria" ein, das ein kurzes Motiv als immer wiederkehrenden Leitgedanken verwendet:

„Et in terra pax", von warmem Hörnerklang begleitet, hat den Ausdruck ruhiger, demütiger Frömmigkeit. Das „Gratias agimus", in dem der Solotenor die Führung übernimmt, hält diese Stimmung fest; charakteristisch für Beethovens Textdeutung ist, daß er die Majestät des „Deus omnipotens" durch einen kurzen Einwurf der Trompeten und Pauken illustriert. Das „Qui tollis", vom Soloalt intoniert, von den übrigen Stimmen weitergeführt, wendet sich nach f-Moll. „Qui sedes ad dexteram Patris“ bringt eine kurze, großartige Steigerung, das „Miserere“ ist ein Bittgesang von ergreifendem Ausdruck. Mit „Quoniam tu solus sanctus“ tritt das strahlende C-Dur wieder in sein Recht, „Cum sancto spiritu“ wird auf traditionelle Weise fugiert:

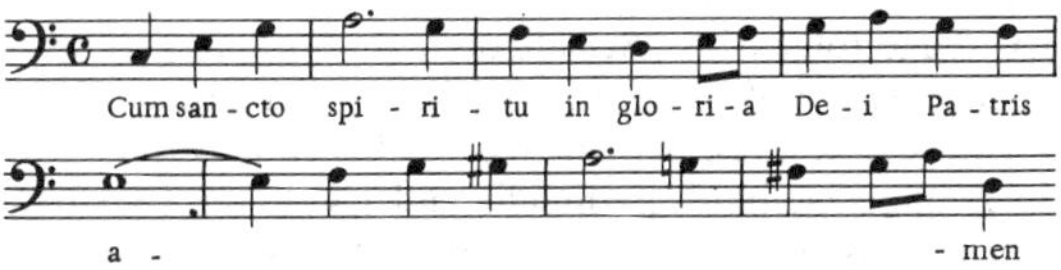

Das „Credo“ beginnt nicht mit kraftvoller, lauter Glaubensgewißheit; leise und stockend, wie in scheuer Ehrfurcht, wiederholt der Chor dreimal das Wort „Credo“, erst beim vierten Male sich zum entschiedenen Forte aufschwingend; dann, bei „in unum Deum“, setzt majestätisch das gesamte Blasorchester ein: Menschendemut und Gotteswürde werden eindringlich einander gegenübergestellt. Auffällig sind in diesem Satz die ostinaten Begleitungsfiguren der Streichinstrumente, wie sie ähnlich Bruckner später verwendet hat. Von besonderer Ausdruckskraft ist das „Crucifixus“, eine b-Moll-Episode voll schmerzlicher Akzente, der der Solobaß mit einem kraftvollen D-Dur-Unisono des Streichorchesters die Verkündigung „Et resurrexit“ entgegenstellt. „Qui locutus est per prophetas“ wird feierlich von Trompeten und Pauken untermalt, den Schluß bildet eine Fuge über ein in langatmiger Koloratur hinrollendes Thema:

Das „Sanctus“, sonst meist Ort der Entfaltung sakra. Klangpracht, ist ein kurzes, durchweg leise gehaltenes Adagio in warmem, hellem A-Dur; Bläser spielen eine ruhige, feierliche Melodie, die der Chor aufnimmt, Bässe und Pauken scheinen ein Erschauern des Menschen vor der Heiligkeit Gottes anzudeuten. Ebenso kurz ist das Allegro „Pleni sunt coeli“, dem die traditionelle „Osanna“-Fuge folgt. Das „Benedictus“, ein breit ausgeführtes F-Dur-Allegretto, beginnt mit einem vierstimmigen Vorspruch des Chores, der die Worte „Benedictus qui venit in nomine Domini“ psalmodierend gleichsam als Überschrift hinstellt; dann erst beginnt ein lyrischer Wechselgesang der Solostimmen, die sich in frohen Koloraturen ergehen, und des zart und kraftvoll grundierenden Chores. Die kurze „Osanna“-Fuge wird danach wiederholt. Reich an Ausdruck und religiösem Erleben ist das „Agnus Dei“. Es beginnt in mystischem c-Moll-Klang mit leisen, monotonen Triolen der Bläser; der Chor wechselt zwischen leidenschaftlichem Anruf und sanfter, flehender Bitte. Ergreifend ist der Übergang zum „Dona nobis pacem“. Das „Miserere“ verklingt mit dumpfem Murmeln der Streichbässe. Nach zweimaligem geflüsterten „Dona“ des Chores zu einer lieblichen, tröstenden Klarinettenfigur erklingt die Bitte um Frieden in den Solostimmen: eine Phrase von unbeschreiblicher Innigkeit, deren Klang den ganzen folgenden C-Dur-Satz erfüllt:

Noch einmal meldet sich mit flüsternden Miserere-Rufen in der Harmonie des verminderten Septimenakkords die Angst, dann führt derselbe Übergang in den frei hinströmenden Schlußsatz, dem die ersten, liedhaften Takte des „Kyrie“ als schlichter, abrundender Ausklang angefügt sind.

Missa solemnis, die Gattungsbezeichnung für eine feierliche, durch musikalischen Aufwand über das Maß der liturgischen Gebrauchskunst, der Missa brevis, hinausgehende Festmesse, ist der Musikbetrachtung zum Titel für ein einziges, in jedem Betracht außergewöhnliches Werk geworden: für die D-Dur-Messe, die Beethoven im Jahre 1818 zur Feier der Amtseinführung seines Schülers, des Erzherzogs Rudolf, als Erzbischof von Olmütz zu schreiben begann, die ihn aber jahrelang über den vorgesetzten Termin hinaus beschäftigte und die erst im Jahre 1823 vollendet und als Opus 123 zugleich mit der Neunten Symphonie veröffentlicht wurde; die erste Aufführung fand 1824 in Petersburg statt. Beethovens Versicherung, daß er die Messe für sein bestes Werk halte, ist von der Nachwelt nur sehr langsam als gültig akzeptiert worden. Heute aber gilt das Werk, in dem Beethoven die individualistisch präzisierte Ausdrucksfähigkeit seines Spätstils auf das allgemeine, ewige Thema des christlichen Glaubensmysteriums anwandte, nicht nur als Gipfel seines Schaffens; unangezweifelt ist es die großartigste Leistung des 19. Jahrhunderts auf dem Gebiete der religiösen Musik, die auch von den gläubigen, kirchlich inspirierten Schöpfungen Liszts und Bruckners nicht überboten worden ist. In dieser Eigenschaft bildet sie das gleichwertige Gegenstück zur h-Moll-Messe Bachs, dem repräsentativen liturgischen Musikwerk des 18. Jahrhunderts; was das barocke Welt- und Gottesgefühl auf dem Boden alter Überlieferung mit ruhiger Sicherheit verkündete, das wird vom freien, zur Selbstverantwortung erwachten Geiste der Klassik in ekstatischem Aufschwung neu erworben, bestätigt und bezeugt.

Die Messe beginnt schlicht mit der Anrufung des „Kyrie“, mit einem ruhigen, lyrischen D-Dur-Satz, der nach Beethovens Vorschrift „mit Andacht“ zu singen ist. Dreimal, auf den Akkorden der Tonika, der Subdominante und der Dominante, läßt der Chor den Ruf „Kyrie“ ertönen, jedesmal hallt der Ruf einer Solostimme nach, zuerst des Tenors, dann des Soprans, endlich des Alts; die Gleichberechtigung von Chor und Einzelstimme, von Gemeinschaft und Individuum, ist schon in den ersten Takten betont. „Christe eleison“ ist in einen zwischen h-Moll und fis-Moll schwankenden Zwischenteil eingefügt, dessen archaisierendes Thema motettisch durchgeführt wird:

Die Wiederkehr des „Kyrie“, harmonisch intensiviert, schließt ruhig und vertrauensvoll in D-Dur. Auch das „Gloria“, ein reichgegliederter Chorhymnus, steht in der Haupttonart. Nach einem enthusiastischen Anlauf des Orchesters setzt es mit einem Chormotiv ein, das den Jubel der Lobpreisung in eine lapidare Formel preßt:

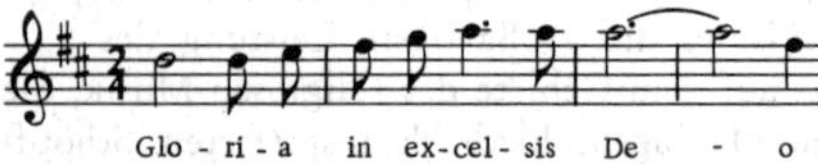

Über rastlos jagender Bewegung der Bässe entwickelt sich der Satz. Das „In terra pax“, sanft von den Chorstimmen in tiefer Lage intoniert, bringt den ersten, vorübergehenden Ruhepunkt; mit den Worten „Laudamus te“ tritt das begeisterte Anfangs-Motiv wieder in seine Rechte. Wundervoll ist das ehrfürchtige, demütige Pianissimo bei „Adoramus te“ mit einer Wendung nach H-Dur, auf die unvermittelt in D-Dur das fugierte

„Glorificamus te“ folgt; zweimal ansetzend, bleibt es auf einem langgehaltenen C-Dur-Dreiklang liegen, den das Orchester nach Moll alteriert, womit der Übergang zu dem sanften, den Solostimmen vorbehaltenen B-Dur-Teil des „Gratias agimus tibi“ gewonnen ist; auch dieser Teil hat einen mächtigen Höhepunkt in der Anrufung des „Pater omnipotens“, wo mit einer charakteristisch Beethovenschen Harmonierückung die Haupttonart D-Dur unversehens wieder erreicht ist. Der zweite Hauptteil des „Gloria“, „Qui tollis peccata mundi“, ist ein gefühlsschweres Larghetto, das im wesentlichen auf die Tonarten F-Dur und D-Dur bezogen ist und sich am Schluß mit einem gewaltsamen Schritt nach fis-Moll wendet. Der Satz ist reich an Ausdrucksnuancen von den flüsternden „Miserere“-Bitten des Chores bis zum Trompetenglanz der Vision „Qui sedes ad dexteram Patris“. Das „Quoniam tu solus sanctus“, der dritte Teil, jagt in eckigen, synkopisch verzerrten Rhythmen rasch vorüber. Dann setzt, in der wieder erreichten Haupttonart D-Dur, eine ekstatisch erregte Fuge ein:

Schon das Thema mit seinen drängenden Akzenten läßt die Dynamik dieses von Bach gänzlich verschiedenen Fugenstils erkennen; die über weite Intervalle gedehnten Amenrufe, die harmonischen Kühnheiten, die schöne, von Phantasie und Temperament diktierte Freiheit der Stimmführung kennzeichnen diese dramatisierte, von enthusiastischer Erregung erhitzte Polyphonie. Großartig ist der Höhepunkt der Entwicklung, wo das Thema in der Engführung, in taktweise einander folgenden Einsätzen der vier Stimmen von der Baßtiefe bis zum hohen h der Soprane aufsteigt und in breiter, chromatisch geschärfter Kadenz zum Abschluß geführt wird. Die Solostimmen beginnen den zweiten, noch mehr beschleunigten Teil der Fuge, den der Chor mit den punktierten Rhythmen des „Quoniam" kontrapunktiert; das Hauptthema, in rollenden Unisono-Koloraturen vom ganzen Chor gesungen, bildet hier den Höhepunkt. Aber noch ist der Gipfel der Steigerung nicht erreicht; als krönende Coda wird der Anfangsteil des „Gloria", nun zum Presto gesteigert, wiederholt, so daß das Ganze durch die lapidare Gloria-Formel wie durch eine Klammer zusammengefaßt erscheint.

Noch reicher an Geheimnis, von wahrhaft apokalyptischer Kraft der Visionen ist das „Credo". Kaum jemals, auch nicht von Bach, ist der Text des christlichen Bekenntnisses mit so bohrender Intensität auf seinen tiefsten Sinngehalt hin ausgelotet und erschöpft worden; die Auseinandersetzung mit den alten Heilswahrheiten, ihre Verwandlung und Neuerwerbung durch die Kraft eines radikalen, konventionslosen Geistes darf zu den größten religiösen Leistungen des 19. Jahrhunderts gezählt werden. Das herbe, klare, mit der Haupttonart D terzverwandte B-Dur ist die Tonart des Credo. Für das Glaubenszeugnis hat Beethoven eine eindringliche, auf eine gregorianische Formel zurückgehende Devise gewählt, die den Satz als Leitmotiv durchzieht:

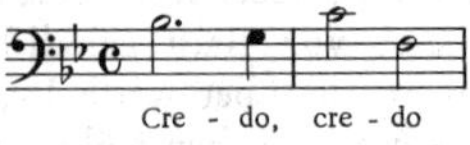

Der Glaube an den Vater, den allmächtigen Schöpfer, wird in einem kraftvollen Allegrosatz ausgesprochen. Ein zweiter, thematisch gleicher Ansatz gilt dem Herrn Jesus Christus, dem eingeborenen Sohne; bei der rätselhaften Stelle „Ex patre natum ante omnia saecula“ schweift die musikalische Darstellung mit plötzlich eindunkelnder, zum Pianissimo zurückgehender G-Dur-Wendung ins Mystische. Beim „Descendit de coelis“ wird der äußere Vorgang des Herabsteigens mehr beiläufig durch Oktavenschritte und durch die überlieferten absteigenden Skalen des Orchesters illustriert; die größere Sorgfalt des Komponisten gilt dem Gedanken „Propter nos homines et propter nostram salutem“, der mit warmer, aus Schuldgefühl und Dank gemischter Empfindung vorgetragen wird. Mit dem „Incarnatus“ tritt das musikalische Bekenntnis ins Innerste des Mysteriums. Über den weichen, das Tonartbewußtsein verwischenden Sextakkord auf cis wendet sich die Musik, plötzlich zur Ruhe des Adagio zurückgehalten, in eine Region, die anfangs als dorisches d-Moll erscheint, sich dann aber als weiträumiges, nach F-Dur und a-Moll tendierendes C-Dur herausstellt. Mit halber Stimme, ehrfurchtsvoll ergriffen, verkündet der Solotenor die Botschaft, daß Gott Mensch geworden sei: „Et incarnatus est de spiritu sancto ex Maria virgine“. Die Solostimmen nehmen Wort und Melodie auf, Holzblasinstrumente geben einen vibrierenden harmonischen Klanggrund, über dem die Flöte mit Trillerfiguren hinschwebt – wohl als musikalisches Symbol der „Taube“, des Heiligen Geistes, zu deuten; der Chor spricht flüsternd, auf einem Tone psalmodierend, die Worte der Botschaft nach. Es ist eine Stelle, deren geheimnisvolle Wirkung nicht aus musikalischen Ursachen zu erklären ist, ein Moment mystischer, kühn ins Unerforschliche vorstoßender Musik. Schlicht, vom ruhigen Menschenstolz des Humanitätszeitalters erfüllt, klingt der kurze

Satz „Et homo factus est". Mit brutalen Dissonanzen und gewaltsamen Taktverschiebungen setzt das „Crucifixus" ein, das sich bei dem seufzend wiederholten Worte „passus" zu einem tiefempfundenen, von den Instrumenten ausdrucksvoll begleiteten Trauergesang entwickelt. „Et sepultus est", stockend gesungen, von Pausen unterbrochen, ist der düstere Schluß; die letzten vier Takte, die von dem herrschenden d-Moll nach f-Moll modulieren, sind eine Grabmusik von abgründiger Traurigkeit. Hell und kraftvoll klingt dagegen in den Tenören, denen sich der ganze Chor zu einem archaisch harmonisierten A-cappella-Sätzchen verbindet, der Ruf: „Et resurrexit tertia die secundum scripturas." Bei „Et ascendit in coelum" tritt mit lebhaften, durch alle vier Singstimmen aufsteigenden Achtelskalen die Tonmalerei in ihre Rechte; das himmlische Reich wird in einem frohen Allegrosatz geschildert, den nur einmal die Posaunen mit der Drohung des Jüngsten Gerichts unterbrechen. Dann meldet sich nachdrücklich im Orchester und in den Chorstimmen das Credo-Thema; die Glaubensartikel werden in einem gedrängten, verschiedene Texte überlagernden Chorsatz zu Ende geführt. Um so breiter behandelt Beethoven die Vision des ewigen Lebens. Zwei Fugen folgen einander, denen dasselbe Thema zugrunde liegt:

Die erste, von Holzbläsern und Hörnern eingeleitet und gestützt, die Stimmen oft in weichen Terzenparallelen führend, ist ein zwar keineswegs idyllisches, aber doch maßvoll bewegtes Bild himmlischer Seligkeit, die zweite, die das Thema mit einer rollenden Achtelbewegung kontrapunktiert und den Ausdruck durch gewaltsame Akzente schärft, steigert den Jubel zur Verzückung. Daß in den Amen-Rufen, wie schon in der Schlußkadenz der ersten Fuge, das Credo-Thema auftaucht, festigt die innere Bindung der Sätze. Endlich wird die stürmische Bewegung von einem feierlichen akkordischen Grave aufgehalten, die Solostimmen treten mit weichen, fließenden Melismen vor den Chor, der zum Pianissimo zurückgeht, die Achtelbewegung glättet sich zu aufsteigenden, zur lichten Höhe strebenden Skalen der Instrumente: der Jubel verklingt, die Vision verschwebt.

„Sanctus" und „Benedictus" bilden eine Einheit, als Ganzes nicht weniger gewichtig als das Credo, nicht ebenso reich an Geist und subtil geformtem Detail, aber an Fülle des lyrischen Gefühls jenem noch überlegen. Ruhig, in tiefer Lage der Instrumente und der Singstimmen, in der freizügig ausgeweiteten Haupttonart D-Dur beginnt das „Sanctus", dem sich das fugierte „Pleni sunt coeli" und das ebenfalls fugierte „Osanna", beide zu äußerster Kürze konzentriert, anschließen. Dann, in einem Präludium der tiefen Streichinstrumente und der Holzbläser, das nicht mehr ist als ein geheimnisvolles Weben und Wirken gleitender, suchender Harmonien, kündigt sich das Mysterium an; mit dem Einsatz der Solovioline, die auf dem endlich erreichten G-Dur-Dreiklang, nur von zwei Flöten begleitet, mit einer ruhevollen Melodie aus ätherischer Höhe durch den Raum von mehr als zwei Oktaven hinabschwebt, wird es Wirklichkeit. Niemals ist das Wunder der Transsubstantiation, der Gegenwart Gottes im Brot und Wein des Abendmahls, zwingender und überzeugender Musik geworden; was Musik an mystischer Wahrheit geben kann, das hat sie hier erfüllt. Die Melodie der Solovioline zieht sich durch das ganze Stück, als sei es das Adagio eines Konzertes. Trompeten, Hörner, Posaunen und Pauken skandieren leise den Rhythmus des Wortes „Benedictus"; die Solisten singen die Geigenmelodie nach, der Chor beschränkt sich auf schlichtes Psalmodieren und übernimmt erst zuletzt die thematische Führung, als das kraftvolle, imitierend einsetzende Thema des „Osanna" eine andere Stimmung anzuschlagen scheint; aber die Melodie der Violine beginnt von neuem und läßt den Satz in einer Fülle von Wohllaut ausklingen.

Der Schlußsatz endlich ist berühmt durch eine dramatische Episode, die aus dem Frieden der Kirche in den Streit der Welt hinausführt und deshalb in ihrer künstlerischen und liturgischen Berechtigung oft angezweifelt, aber doch immer wieder als charakteristisch Beethovenscher Geniezug anerkannt wurde. Das „Agnus Dei" beginnt mit ruhiger Würde und Feierlichkeit als h-Moll-Adagio. Der Solobaß, leise vom Männerchor gestützt, stimmt die Bitte um Erbarmen an, einen ernsten, schwer in die Tiefe hinabsinkenden Gesang der Buße. Alt und Tenor führen die Melodie duettierend weiter, zuletzt, nach einem kurzen, hymnischen Bläserzwischenspiel, tritt auch der Sopran dazu, der Chor bekräftigt refrainartig das „Miserere", während eine melodisch fließende Achtelbewegung der Violinen und Holzblasinstrumente das Drängen des Bittens anzuzeigen scheint. Mit einer überraschenden Modulation nach D-Dur, durch einen überleitenden Spannungsbogen der Chorstimmen dem Vorigen eng verbunden, schließt sich das „Dona nobis pacem" an. Beethoven hat es überschrieben „Bitte um innern und äußern Frieden" und schon damit den zwiespältigen Inhalt des Satzes angedeutet. Es ist ein Allegretto im Sechsachteltakt, ein Stück von hoher, unbeschwerter, spielerischer Schönheit; man mag es als Bild einer friedlichen Welt deuten, die sich sorglos ihres Glückes erfreut. Aber auf dem Höhepunkt, während die Streichbässe die heitere tänzerische Bewegung ins Großartige steigern, brechen Gesang und Orchesterspiel plötzlich ab. Leise pocht in fremder Tonart auf dem tiefen f ein Marschrhythmus der Pauke, wie von fern klingt eine Fanfare der Trompeten; der Soloalt, dann der Tenor, bitten in ängstlich erregtem Rezitativ: „Agnus Dei, miserere nobis“ zu leisem Tremolo der Streicher; dann ertönen Pauken und Trompeten in voller Stärke, als sei das Kriegsunheil drohend nahe, der Sopran antwortet mit einem Aufschrei, die Solostimmen leiten mit der Bitte „Dona nobis pacem“ in die Musik des Friedens zurück. Der Chor nimmt die Bitte mit einem aus Händels „Messias“ entlehnten Motiv auf: nur der Heiland kann der Welt den Frieden geben. Aber der Chorfuge stellt sich eine erregte, die Stimmen mit der Härte des Beethovenschen Spätstils gegeneinanderführende Orchesterfuge entgegen; noch einmal übertönen Trompeten, Posaunen und Pauken mit gewaltigen Akkorden und kriegerischem Marschrhythmus den frommen Gesang, dann behauptet dieser das Feld, nur kurz vor dem Ende noch von leise nachhallenden, dumpf in der Ferne verklingenden Schlägen der Pauke unterbrochen. Es ist jedoch, als bleibe der Zwiespalt ungelöst; Beethoven schließt die Messe nicht mit der erlösenden Apotheose des himmlischen Friedens, er läßt den Hörer in der irdischen, im Widerstreit von Krieg und Frieden befangenen Welt.

LUIGI CHERUBINI

Luigi Cherubini (1760–1842), der französierte Italiener, der in Paris die Revolution und das Kaiserreich überdauerte und zum langjährig amtierenden Direktor des Konservatoriums aufstieg, hat als Kirchenmusiker seiner Zeit ein Vorbild gegeben; er verschmolz das Erbe der alten chorischen Polyphonie, des Palestrina-Stils, mit der instrumentalen Kultur der Klassik und schuf einen

Typus großer, liturgischer Musik, dessen schlichte Würde und Feierlichkeit erst von Bruckner wieder erreicht wurden. Die Kirchenmusik Cherubinis, die im wesentlichen der zweiten Hälfte seines langen Lebens angehört, ist ein Produkt der Weltabkehr und -überwindung und schon dadurch in ihrem religiösen Ernst legitimiert. Nach langem, erfolgreichem Wirken als Opernkomponist hatte sich Cherubini, gekränkt durch die Mißachtung, die Napoleon ihm entgegenbrachte, aus der Öffentlichkeit zurückgezogen und dem Schaffen entsagt, als im Jahre 1808 während eines Landaufenthalts zu Chimay im Hennegau durch die Bitte der Einheimischen, ihnen eine Messe zu schreiben, seine Schaffenskraft auf unerwartete Weise neu angeregt wurde; die F-Dur-Messe, die auf diese Weise entstand, leitete eine Periode überwiegend geistlicher Produktion ein, die dem dramatischen Schaffen Cherubinis an Wert und Bedeutung zum mindesten die Waage hält. Wenn auch die Nachwelt den Ruhm Cherubinis, den Beethoven und Brahms bestätigten, ein wenig hat verblassen lassen, so bleiben seine Werke unverändert wertvoll durch ihre edle, oft elegisch gefärbte Schönheit und ihren reinen chorischen Stil, dessen Sangbarkeit auch heute noch in Kirche und Konzertsaal von unmittelbar ergreifender Wirkung ist.

Von den elf Messen, die Cherubini geschrieben hat, ist die im Jahre 1811 entstandene d-Moll-Messe die bedeutendste; eine „Missa solemnis“ von hoher geistlicher Würde, musikalisch breit und mit reicher thematischer Gedankenfülle ausgeführt. Das Orchestervorspiel des „Kyrie“ legt Charakter und Stimmung des ganzen Werkes fest. In zwanzig geniale Takte, in einen Prolog von klassisch klaren und strengen Proportionen sind feierlicher Gebetsernst, sanfte Schwärmerei, demütige Bitte und Klage zusammengedrängt. Die Chorstimmen, die dazutreten, haben fast nur den Charakter von Füllstimmen; den thematischen Umriß dieses „Kyrie“ gibt das Orchester. Das „Christe eleison“ ist ein idyllischer F-Dur-Satz der Solostimmen. Das „Kyrie“ kehrt kurz wieder und geht sogleich in eine Fuge über. Der weiche

lyrische Fluß des Themas breitet sich über den ganzen langen Satz aus, der barocke Freiheit mit klassisch-sonatenhaftem Formmaß verbindet. Die Weite des harmonischen Raumes, der ausgeschritten wird, läßt niemals das Gefühl der Monotonie aufkommen. Von besonderer Schönheit sind die Kadenzen des Coda-Teils. Sie lenken den musikalischen Fluß in ein dunkles d-Moll, das sich sogleich, in der zweiten Takthälfte, in weiches, leuchtendes Dur aufhellt. Der Fugensatz löst sich auf in eine verschwebende Passage der Violinen und leise, ruhende d-Moll-Akkorde der Chorstimmen. Das Thema der Orchester-Introduktion macht den Epilog. Von wunderbarer Wirkung ist, daß der Komponist den Wechsel von Moll und Dur am Schluß wieder aufnimmt. Wenn das zwanzig Takte lang gehaltene d-Moll verklungen ist, ertönt nach einer Generalpause als Schlußakkord der Dreiklang von D-Dur; Tod und Ewigkeit können nicht schöner, nicht einfacher einander gegenübergestellt werden. Das „Gloria“ ist der musikalische Schwerpunkt des Werkes. Es beginnt in strahlendem D-Dur mit fanfarenartigen Dreiklangsmotiven der Chorstimmen. „Et in terra pax“ wird als beruhigte, in harmonische Fernen ausweichende Episode eingeschaltet, „Laudamus te“ ist eine effektvolle, klangprächtige Fuge (Zitat auf S. 308).

Aus der Wiederholung der einzelnen Teile in veränderter Reihenfolge ergibt sich eine gegliederte und zugleich geschlossene Gesamtform. Das „Gratias" ist ein heiter-lyrisches, von symphonisch reicher Orchesterbegleitung getragenes Terzett der Solostimmen Sopran, Tenor und Baß. Das bedeutendste Stück der Partitur ist das „Qui tollis", ein Andantino largo in h-Moll, das ganz von einer ostinaten Figur der Violinen, einem Symbol quälenden, stechenden Schmerzes durchzogen ist:

Die Bitte „Miserere" wird zum lyrischen Gegenthema:

Aus diesen Elementen formt der Komponist einen Satz, der dramatische Ausdruckskraft mit hoher sakraler Würde vereinigt. Die Männerstimmen treten den zarten Frauenstimmen mit drohendem Ernst gegenüber, es gibt naturalistische Wirkungen wie den drängenden chromatischen Unisono-Aufstieg der Singstimmen bei den Worten „Suscipe deprecationem nostram", aber der starre Rhythmus jenes Zweiunddreißigstel-Motivs hält alles fest zusammen. Im Gegensatz zu diesem tiefernsten Stück ist das „Quoniam“ ein heiteres Quartett der Solostimmen von italienischer Kantabilität. Die Schlußfuge „Cum sancto spiritu“, deren lapidares, fünftaktiges Thema meist mit einem in der Skala aufsteigenden Kontrapunkt erscheint, zeichnet sich durch bewundernswerte Kunst der Faktur und große klangliche Brillanz aus:

Das „Credo“ faßt den Text bis zu den Worten „Descendit de coelis“ summarisch in einen enthusiastisch bewegten Allegrosatz zusammen; ähnlich wie in Mozarts Credo-Messe bekräftigt ein akzentuiertes Zweiviertel-Motiv jeweils das Wort „Credo“. Mit dem „Incarnatus“ wird die musikalische Darstellung intimer und ausdrucksvoller. Cherubini behandelt die Menschwerdung Christi in einem Satz für sechs Solostimmen, der, nur von zarten Zwischenspielen der Holzblasinstrumente und harfenartigen Pizzikato-Akkorden der Streicher gestützt, fast A-cappella-Charakter hat.

Frauen- und Männerstimmen wechseln ab und finden sich gegen den Schluß zu vollem sechsstimmigem Satz zusammen. Der Wohllaut der reinen, durch chromatische

Ausweichungen schattierten C-Dur-Klänge ist bestrikkend, die Poesie, die alte italienische Maler der Schilderung der Christgeburt zu geben wußten, wird hier von der Musik erneuert. Noch packender in der Wirkung ist das „Crucifixus". Der Chor singt die Leidensgeschichte auf einem einzigen, fünfzig Takte lang festgehaltenen Ton, auf E, der Dominante von a-Moll, pianissimo in langen, vom Wortrhythmus bestimmten Notenwerten; die Bässe wiederholen immerfort einen trauermarschartigen Rhythmus, die gedämpften Violinen umwinden das Ganze mit einer sanft hinfließenden Achtelbewegung, die das menschliche Mitleid mit dem Leiden des Gottessohnes versinnbildlichen mag: die Monotonie, das durchweg festgehaltene Pianissimo ergeben eine magische Wirkung, die stärker ergreift als leidenschaftliche Akzente des Schmerzes. Mit dem „Resurrexit" kehrt die Darstellung in gewohnte Bahnen zurück, aber der Passus „Et in spiritum sanctum" ist, entgegen allem Brauch, ein arioses Larghetto der Solostimmen; erst das „Amen" wird als Chorfuge breit und mit mächtiger Steigerung ausgeführt. „Sanctus" und „Benedictus" entsprechen überlieferten Typen, jenes als kurzer, kraftvoller Chorhymnus, dieses als inniger, ruhevoller Gesang der Solisten; beide Stücke werden von dem kurzen chorischen „Osanna" beschlossen. Im „Agnus Dei" zeigen sich noch einmal die ganze Gefühlstiefe und Ausdruckskraft des Meisters. Die Singstimmen beginnen im Ton herzlicher, vertrauensvoller Bitte, aber bald gewinnt ein kleines Viernotenmotiv, das schon im ersten Takt des Orchestervorspiels in begleitender Funktion auftrat, als Ausdruck schmerzlichen Flehens Bedeutung:

Dreimal steigert sich die Bitte zu leidenschaftlicher Eindringlichkeit, dann wendet das „Dona nobis pacem", vom Soloalt auf eine schlichte Melodie angestimmt, vom Chor in flüssigem Allegro weitergeführt, die Stimmung zu heiterer Zuversicht; die Coda hemmt den Strom der Musik durch Generalpausen und glockenartig anschlagende Horntöne und läßt das Werk beruhigt ausklingen.

Die Requiem-Vertonungen. Die Vertonung der Totenmesse war eine Aufgabe, die dem elegischen Naturell Cherubinis besonders entsprach; zweimal, in dem c-Moll-Requiem von 1816, das in staatlichem Auftrag zum Gedächtnis des von den Revolutionären hingerichteten Königs Ludwig XVI. komponiert wurde, und in dem d-Moll-Requiem für Männerchor, das der gealterte Meister im Jahre 1836 schrieb und für seine eigene Totenfeier bestimmte, hat er diese Aufgabe gelöst. Beide Kompositionen verzichten auf Solostimmen. Was dem c-Moll-Requiem, der früheren und bedeutenderen der zwei Kompositionen, bis heute seine ergreifende Wirkung bewahrt hat, ist der schwermütige Klang der wahrhaftig todesnahen, vom dunklen Geheimnis der Vergänglichkeit und der Wandlung inspirierten Musik, die ungebrochene Einheit der Stimmung, die jeden lichten Kontrast ausschließt und doch gerade in ihrer Hingabe an das Dunkel etwas unendlich Trostvolles hat. Mit den ersten Takten des Introitus ist diese Stimmung da, die den Hörer bis zum Schluß umfängt, und niemand, der das Werk einmal gehört hat, wird den Eindruck jemals vergessen. Der Anfang mit dem aus der Tiefe sich emporwindenden Gang der Violoncelli und Fagotte und dem Choreinsatz in tiefer Lage auf dem dumpfen c-Moll-Akkord ist eine eindringliche Formulierung großer Musik:

Tiefe, gleichförmige Trauer beherrscht den Satz; der Lobgesang „Te decet hymnus“ wird nur in zaghaftem Pianissimo angestimmt, die Episode „Et lux perpetua luceat eis“ bringt kaum merkliche, von Dissonanzen getrübte Aufhellung. Die Anrufung „Kyrie eleison, Christe eleison“ ist ein dumpfes, hoffnungsloses Gebet, und der lösende C-Dur-Dreiklang, in den der Satz nach einem schmerzlich akzentuierten verminderten Septimenakkord ausklingt, wirkt nach so viel lastender Trauer fast wie ein Wunder. Nach einem eingeschobenen, die Bitte um ewige Ruhe wiederholenden g-Moll-Satz setzt das „Dies irae“ mit gewaltigem Unisono-Ruf der Trompeten, Hörner und Posaunen ein; ein dröhnender Schlag des Tamtam kündigt das Weltgericht an. Nicht mehr als einen einzigen Schlag gönnt der Komponist dem unheimlichen Instrument, aber gerade darum ist die Wirkung ungeheuer, die mystische Erschütterung ist erreicht, die spätere Komponisten durch ganze Orchester von Schlaginstrumenten hervorgerufen haben. Die Erwartung auf eine Dramatisierung des Textes, die dieser Beginn hervorrufen könnte, wird jedoch nicht erfüllt. Cherubini behandelt die ganze Sequenz als geschlossenen, aus vier großen Abschnitten bestehenden Satz, in dem das tonmalerische hinter dem lyrisch-gesanglichen Element zurücktritt. Ein stürmisches c-Moll-Allegro faßt die gesamte Schilderung bis zur Erscheinung des Weltenrichters, des „Rex tremendae maiestatis“ zusammen. Die Worte „Salva me“ leiten mit einer abrupten Dur-Wendung zum zweiten Abschnitt „Recordare Jesu pie“; der Chor singt einstimmig, im Wechsel von Frauen- und Männerstimmen, zu einer leichten Begleitungsfigur der Violinen, die man als das Züngeln der Flammen des Fegefeuers gedeutet hat. Bei den Worten „Inter oves locum praesta“ finden sich die Stimmen wieder zu akkordischer Fülle zusammen. Ein mächtiger g-Moll-Höhepunkt malt die Qual der Verdammten in den Höllenflammen, dann – bei „Voca me cum benedictis“ – beruhigt sich der Satz mit derselben Dur-Wendung, die schon bei „Salva me“ erschien, und leitet zum abschließenden „Lacrymosa“, einem elegischen, von schweren Seufzerakzenten durchsetzten Largo, das von gleichmäßig fließenden, weichen Violinfiguren, gleichsam von einem unendlichen Tränenstrome, begleitet wird. Das Offertorium „Domine Jesu“ hält dem „Dies irae“ an Bedeutung die Waage: ein feierlicher Satz, reich an düsteren und großartigen Episoden, der bei der Nennung des Bannerträgers Sankt Michael und des heiligen Lichtes in eine sanfte lyrische Ekstase übergeht. „Quam olim Abrahae promisisti“ ist eine weitausgreifende Tripelfuge, ein Meisterstück des Kontrapunktisten, die von dem ernst-zeremoniellen, an feinen harmonischen Wendungen reichen „Hostias“ unterbrochen wird. „Sanctus“ und „Pie Jesu“ sind kurz gehalten, das erste Stück von konventioneller Feierlichkeit, das andere ein wunderbar ruhiger, schlichter Chorgesang von palestrinensischem Wohllaut. Das „Agnus Dei“ steht auf der Höhe des Introitus. Aus ängstlicher Beklommenheit, die aus dem dreimaligen Anruf des „Lammes“ klingt, löst sich die Stimmung in träumerische, ahnungsvolle Ruhe. „Requiem sempiternam“ deklamieren die Stimmen in ehrfürchtiger Scheu, unterbrochen von glockenhaft anschlagenden Holzbläserakkorden, die wie eine leise mystische Bestätigung der Ewigkeitshoffnung klingen. Mit dem langgehaltenen Dominantton G, der chromatisch wie in drängender Bitte zur Oktave aufsteigt, bereiten die Bässe die Coda in der Haupttonart c-Moll vor. Der Schluß ist ein langsames, magisch ruhiges Verklingen. Achtzehn Takte lang intonieren die Singstimmen in fast flüsterndem Wechselgesang den Grundton C, während die Bewegung des Orchesters mit einem wiegenden, immerfort wiederholten Motiv entschläft. Der C-Dur-Dreiklang, fünfmal mit leiser Eindringlichkeit angeschlagen, ist der lösende Ausklang.

Das Requiem in d-Moll verdient vor allem wegen der Besonderheit der Chorbesetzung Beachtung. Es ist für dreistimmigen, zuweilen bis zu Vier- und Fünfstimmigkeit unterteilten Männerchor geschrieben, was dem Klangbild herbes, düsteres Kolorit verleiht und den Charakter liturgischer Strenge unterstreicht. Satzstil, melodische Erfindung und Instrumentation sind schlichter als in der früheren Komposition. Der Introitus ist ein ruhiges, lyrisches Musikstück in klarer dreiteiliger Form. Die Worte „Te decet hymnus" führen das sanft abwärts sinkende Seitenthema ein, das sich mit dem Gebet „Exaudi orationem meam" zu größerer Ausdrucksintensität steigert; ein schmerzlich akzentuierter Dominantnonenakkord der Instrumente bildet die Überleitung zur Wiederholung des Hauptteils. Das Kyrie führt in durchsichtigem Satz eine Melodielinie von aufsteigender Tendenz durch, so daß sich ein erhebender, befreiender Kontrast ergibt. Das folgende Graduale ist ein dreistimmiger A-cappella-Satz. Das „Dies irae" arbeitet anfangs mit konventionellen Mitteln, erweist sich aber im Fortgang als reich an dramatischen Episoden; bei „Judex ergo cum sedebit" und „Rex tremendae maiestatis" verbindet sich die Kraft der Männerstimmen wirksam mit dem scharf rhythmisierten Orchesterklang. Das „Lacrymosa", das mit lapidarem Chorunisono beginnt, wendet sich bei dem Anruf „Pie Jesu" nach einem mild leuchtenden D-Dur, zwei akkordische Amen-Rufe schließen den Gesang feierlich ab. Im Offertorium „Domine Jesu" ist die liebliche, im reinen C-Dur eines lichten Instrumentalsatzes strahlende Stelle „Sed signifer sanctus Michael" bemerkenswert. Im klangprächtigen „Sanctus", dem zart-lyrischen, kaum von Instrumenten gestützten „Pie Jesu" und dem „Agnus Dei" klingt die elegische Stimmung aus; wie schon im „Kyrie" und im „Dies irae" läßt der Komponist die Singstimmen in D-Dur schließen, leitet aber durch ein Orchesternachspiel in das düstere d-Moll des Anfangs zurück.

FRANZ SCHUBERT

Von den sechs Messen Franz Schuberts (1797–1828) sind vier – die in F-, B-, G- und C-Dur – in den Jahren 1814 bis 1816 entstanden, Werke des Siebzehn- bis Neunzehnjährigen, die ohne Anspruch auf Bedeutung und sakrale Größe aus der Fülle einer überströmenden Jugendbegabung geschaffen wurden. Ungleich bedeutender, vollwertige und charakteristische Meisterwerke der Gattung, sind die Messe in As-Dur aus dem Jahre 1822 und die in Es-Dur aus dem Jahre 1828, dem Todesjahr des Komponisten. Sie teilen die Vorzüge der Frühwerke, sind erfüllt von der gleichen liedhaften Melodiosität, von der gleichen Lust unbekümmerten Musizierens, aber sie erheben sich weit über jene durch Größe und Weite der Form, durch kirchliche Würde und Ernst in der Auffassung und Interpretation des liturgischen Textes. Ihre musikalische Sprache ist von einer Ursprünglichkeit, in die das Erbe der polyphonen Vergangenheit nur noch schwach hineinwirkt. Das Klang- und Harmoniegefühl der jungen Romantik, die expressive, liedhafte Melodie bestimmen Form und Wesen, das Menschlich-Volkstümliche ist stärker als das Liturgisch-Erhabene; ein Typus romantisch-sakraler Musik war geschaffen, der Meistern wie Dvořák, in mancher Beziehung auch Liszt und Bruckner zum Vorbild gedient hat.

Die Messe in As Dur für vier Singstimmen, Orchester und Orgel ist ein ganz und gar romantisches, zugleich aber wahrhaft kirchliches Werk. Schon der Beginn des „Kyrie" legt den Charakter des Ganzen fest. Zwei Klarinetten und ein Fagott stellen den melodischen Hauptgedanken des Satzes wie eine Devise hin, aber nicht wie ein Dogma, wie einen geprägten, energiegeladenen Gedanken, sondern wie einen Traum, eine lichte, schwebende Vision, eingegeben von Phantasie und schwärmerischem Gefühl:

Der Chor führt das „Kyrie eleison" in sanftem, breithinströmendem Gesange aus, zweimal schieben die Solostimmen das „Christe eleison" als Seitenthema dazwischen, so daß sich statt der üblichen dreiteiligen eine fünfteilige Form ergibt. Das „Gloria", im enharmonisch terzverwandten E-Dur, ist mit klanglichem Glanz und musikalischer Gründlichkeit ausgeführt. Zu festlichen Bläserakkorden und rauschenden Sechzehntelpassagen der Violinen stimmt der Chor den Lobgesang an. Von bezaubernder Anmut ist das „Gratias agimus", das in schwebender Zweistimmigkeit von Solosopran, Klarinette und Violinen hingesungen und gespielt wird (Zitat auf S. 317):

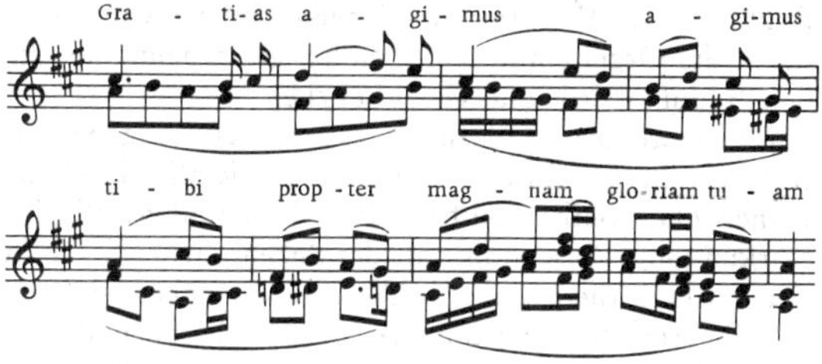

Das kraftvoll akzentuierte „Domine Deus, rex coelestis" wird durch die Wiederkehr des lieblichen „Gratias", dieses Mal in vierstimmig ausgefülltem Satz, umrahmt. Mit dem „Agnus Dei qui tollis peccata mundi" klingt ein neuer Ton auf, eine weiche, wehmütig-schwärmerische Frömmigkeit, die sich in dem elegischen cis-Moll-Thema des Soloalts ausspricht:

Das gleiche Thema, nun in E-Dur vom ganzen Chor gesungen, dient dem „Quoniam tu solus sanctus" als melodischer Kern. Hier ergibt sich ein großer Moment, wenn Soli und Chor zweimal versichern „Tu solus altissimus" und auf einem voll instrumentierten verminderten Septakkord das „Tu" wie einen wilden Schrei der Verehrung hinausschleudern, worauf nach einer Pause des Schweigens die Chorstimmen, im Pianissimo aus der Baßtiefe aufsteigend, in demütiger Hingabe die Huldigung „Tu solus dominus" anfügen. Dann beginnt die Fuge „Cum sancto spiritu", wirksam besonders durch die schwelgerischen, lang ausgesungenen „Amen"-Melismen, durch die

Engführungen des einfachen Themas in der Coda und durch die Orgelpunkte auf Tonika und Dominante, die dem Schluß Würde und Gewicht geben.

Das „Credo" ist bemerkenswert, weil es ganz auf strengen, altertümlichen, freilich durch die Mittel romantischer Harmonik modifizierten Choralton gestellt ist. Wirkung und Ausdruckskraft des Bekenntnisses liegen in der musikalischen Einheitlichkeit; damit nähert sich der Satz den schlichten Vertonungen früher Meister und steht in entschiedenem Gegensatz zu den entsprechenden Kompositionen des 19. Jahrhunderts, etwa zum „Credo" aus Beethovens Missa solemnis, das gerade in der Ausarbeitung der Einzelheiten seine Neuheit und Größe bezeugt. So hat der sonst meist komplizierte Satz hier einfache dreiteilige Form. Das Bekenntnis wird in vierstimmigem, archaisch harmonisiertem Chorsatz in C-Dur hingestellt; immer wieder wird es durch das Wort „Credo", begleitet von einem wuchtigen Orchesterakkord, bekräftigt. Der zweite Teil, ein ruhiger Zwischensatz in As-Dur, enthält Geburt und Passion Christi. Bezaubernd ist der Klang des „Incarnatus". Männer- und Frauenstimmen sind als getrennte Chöre geführt, die einen von Posaunen und Fagotten, die anderen von Oboen und Klarinetten begleitet; der akkordische Satz wird durch dynamische, zwischen Pianissimo und Fortissimo abwechselnde Schwellungen zu packender Ausdruckskraft gesteigert. Mit dem „Resurrexit" beginnt der dritte Teil, der das thematische und harmonische Material des ersten verarbeitet und das Bekenntnis ohne die traditionelle Fuge kurz und prägnant beschließt. Das „Sanctus", das auf konventionelle Feierlichkeit verzichtet, fesselt durch romantisch-mystische Wirkungen. Der Anfang ist eine Verherrlichung des Wunderbaren. Tremolierende Streicher, weiche Hornklänge, leise rhythmisierende Holzbläser; die Harmonie rückt von F-Dur über den übermäßigen Dreiklang f-a-cis unversehens eine halbe Stufe aufwärts, so daß der Chor, von Posaunen begleitet, in fis-Moll einsetzt. Dasselbe wiederholt sich noch zweimal auf verschiedenen Tonstufen – in es-Moll und c-Moll –, dann erst, in dem lieblichen „Pleni sunt coeli“, setzt sich die Haupttonart durch; das „Osanna“ steigert die Stimmung zu ekstatischer Freudigkeit. Das „Benedictus“ führt die Chorstimmen in choralartigem Satz über einer rastlos schreitenden Achtelbewegung der Bässe. Das „Agnus Dei“, in f-Moll, ist ein melodisch wohllautender Gesang der Solostimmen, den der Chor nur durch ein leises „Miserere“ unterbricht. Mit dem „Dona nobis pacem“, das in die Haupttonart As-Dur zurückkehrt, tritt der Chor wieder in seine Rechte und führt im Wechselgesang mit den Solisten, in ruhiger lyrischer Emphase die Messe zu Ende.

Die Messe in Es-Dur unterscheidet sich von dem älteren Schwesterwerk durch eine innere Erregtheit, die sich oft in extremen Ausdrucksgraden bezeugt; sie stammt aus der letzten Lebenszeit des Komponisten, in der schon die Schatten des Todes in die Welt seines Musizierens fielen; dennoch herrscht auch hier die ungetrübte melodische Schönheit, die das gesamte Werk Schuberts durchglüht. Das chorisch-homophone „Kyrie“ ist nicht mehr als ein kurzer, lyrischer Vorspruch. Feierlich setzt das „Gloria“ ein mit einem vierstimmigen A-cappella-Ruf des Chores und der majestätisch einfallenden Antwort des Orchesters. Chorische Vierstimmigkeit und Wechsel von Frauen- und Männerstimmen bleiben bis zum „Gratias agimus“ herrschend. Das „Qui tollis“ aber ist ein düsteres, wildes Zwischenspiel. Die Posaunen intonieren eine drohende, an das liturgische „Dies irae“ anklingende Melodie, gegen die die Streichinstrumente mit synkopischen Tremolo-Akzenten angehen; der Chor deklamiert, die Stimmen in Oktaven koppelnd, in abgerissenen Ausrufen, nur in der Bitte „Miserere“ findet er sich zu harmonischer Vierstimmigkeit zusammen. Das „Quoniam“ wiederholt den klangprächtigen Beginn des „Gloria“, eine freie, lyrisch strömende Fuge über ein langatmiges Thema schließt den Teil ab:

Das „Credo“ beginnt leise mit einem geheimnisvollen, in Sechzehnteln mensurierten Paukenwirbel, der wie ein banges, düsteres Leitmotiv immerfort wiederkehrt, der Chor singt das Glaubensbekenntnis liturgisch-förmlich in einfachen Es-Dur-Harmonien; ein Nachklang palestrinensischer Schönheit liegt über dem Satze. Wie in der As-Dur-Messe, sind auch hier Geburt und Leidensgeschichte Christi zu einem zweiteiligen Mittelsatz von lyrisch-balladeskem Klang zusammengeschlossen. „Et incarnatus est“ singt der Solotenor auf eine kantable, italienisch weiche Melodie, die die Violoncelli schon präludierend vorwegnahmen, während die übrigen Streichinstrumente nur leise rhythmisierend die tragenden As-Dur-Harmonien angeben; ein zweiter Solotenor und der Sopran führen die Melodie im dreistimmigen Kanon weiter. In dumpfem as-Moll, von schauernden Streicherfiguren begleitet, setzt das „Crucifixus“ ein, das dem Chor zugeteilt ist; es steigert sich vom unheimlichen Pianissimo über heftige Akzente schnell zu einem Aufschrei auf einem verminderten Septakkord, der mit dreifachem Forte bezeichnet ist und sogleich wieder ins Pianissimo zurücksinkt. Beide Teile, Incarnatus und Crucifixus, werden mit leichten harmonischen Varianten gekürzt wiederholt. Vom „Resurrexit“ an benutzt Schubert das thematische Material des Anfangs, so daß sich für das ganze „Credo“ eine dreiteilige Form ergibt, der das „Et vitam venturi saeculi“ als breit ausgeführte Fuge angehängt wird. Das klangprächtige „Sanctus“ ist kurz, das „Benedictus“, ein Stück von milder, ruhiger Schönheit, beruht auf einer schlichten, eigentümlich Schubertschen Melodie, die bei der Wiederholung in den Tenor gelegt und von einer ebenso melodischen Sopranstimme übersungen wird:

Erschreckend wirkt der Einsatz des „Agnus Dei“. Die Anrede an das Lamm Gottes ist ein schweres, starres Viernotenmotiv, das meist mit einer erregten Gegenstimme gekoppelt erscheint:

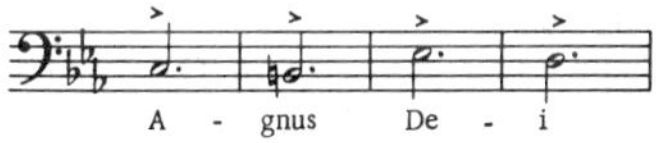

Der Vokalsatz wird von Posaunen verstärkt und von unruhig synkopierten Streicherfiguren und gewaltsamen Hornstößen begleitet: ein Ausbruch der Sündenangst und der Todesfurcht, den das einfache, still wie ein Wiegenlied gesungene „Dona nobis pacem“ nicht besänftigt; denn ganz kurz vor dem Schluß kehrt der Ausbruch des „Agnus“ mit äußerster Steigerung wieder, und seine Erregung klingt bis in die ruhig-feierlichen Schlußtakte nach.

HECTOR BERLIOZ

Große Totenmesse. Unter den drei großen, von Genie und Meisterschaft geprägten Totenmessen, die die klassisch-romantische Musikzeit hinterlassen hat – die Werke Cherubinis erreichen bei aller edlen Schönheit nicht diesen Rang –, steht die von Hector Berlioz in der Mitte: zwischen dem todestraurigen, fragmentarischen Requiem Wolfgang Amadeus Mozarts und dem melodienseligen, lichterfüllten Requiem Giuseppe Verdis – ein phantastisches Gemälde metaphysischer Schrecken und Seligkeiten, eine grandiose kirchliche Zeremonie, erneuert und gesteigert durch die visionäre, das Dunkel der Todessphäre durchleuchtende Kraft des romantischen Geistes. Hector Berlioz (1803–1869), das ungebärdige, lodernde Genie der französischen Romantik, hat das Werk unter dem Titel *Grande Messe des Morts* als Opus 5 im Jahre 1837 in staatlichem Auftrag für eine geplante Feier zum Gedenken an die Opfer der Julirevolution von 1830 geschrieben. Da diese Feier unterblieb, wurde die Ehrung des gefallenen Generals Damrémont zum Anlaß der glänzenden, vom Dirigenten Habeneck geleiteten Aufführung im Invalidendom zu Paris am 5. Dezember 1837. Aus der feierlichen Bestimmung erklärt sich der außergewöhnliche vokale und instrumentale Aufwand; der Komponist fordert zweihundert Chorsänger, hundert Streicher und ein Heer von Bläsern und Schlagzeugspielern. Aber das Requiem ist keineswegs ein in Äußerlichkeit sich erschöpfendes Gelegenheitswerk. Es ist die Auseinandersetzung des Romantikers mit dem immer gegenwärtigen Geheimnis des Todes, die Begegnung des exzentrischen Individualisten mit dem alten, gefestigten Glauben und dem Ritus der katholischen Kirche; die Glut und Fülle der geistlichen Visionen, die Bilder des Jüngsten Gerichts, die ergreifenden Töne des Lobes und der Fürbitte reihen das Werk unter die bedeutendsten und reinsten Schöpfungen aller geistlichen Musik. Eine charakteristische Briefstelle zeugt von der Begeisterung, mit der Berlioz seine Aufgabe anging: „Große Mühe hatte ich, meines Stoffes Herr zu werden. In den ersten Tagen hatte mich die Poesie dieser Prose des Morts in einem Grade trunken gemacht und erregt, daß mein Geist keines klaren und durchsichtigen Gedankens mehr fähig war. Jetzt ist Ordnung in den Vulkanausbruch gekommen, der Lavastrom hat sich ein Bett gegraben und mit Gottes Hilfe wird alles gut gehen. Zweifellos werde ich mir den Vorwurf der Neuerungssucht zuziehen, weil ich diesem Gebiet der Kunst einen Ausdruck der Wahrheit geben möchte – ich bringe erschreckende Verbindungen, die noch nie versucht worden sind, und von denen ich die erste Idee zu haben glaube." Bei allem instrumentalen Aufwand, den vor allem die Einführung von vier gesondert postierten Blasorchestern im „Tuba mirum" bedingt, ist das Requiem doch in erster Linie ein chorisches Werk. Der Chor trägt den vokalen Part fast allein, nur im „Sanctus" tritt ein Solotenor dazu. Ungewöhnlich und der Chorpraxis widersprechend ist freilich, daß Berlioz, auf den selbständigen Choralt verzichtend, die Frauenstimmen meist zusammen führt und dafür den Tenören viel zumutet.

Von den zehn Sätzen, in die der Komponist die Totenmesse gegliedert hat, kommen fünf auf die Sequenz „Dies irae"; voran geht der Introitus „Requiem" und „Kyrie", es folgen das Offertorium „Domine Jesu", „Hostias", „Sanctus" und „Agnus Dei". Der Beginn des „Requiem" ist ein Anheben aus dem Nichts. Eine Skala, von Violinen und Bratschen auf der G-Saite gespielt, steigt in langsamen, gleichmäßigen Schritten vom Grundton G bis zur Quinte D; das D, durch Bläser verstärkt und lange gehalten, schwillt an und ab wie eine einsame, ins Unendliche hallende Stimme der Klage. Zum zweiten Male, nach einer Pause des Schweigens, steigt die Skala bis zur Sexte, zum dritten Male, chromatisch aufwärtsdrängend, zur Oktave, die durch ein dreimal wiederholtes Rufmotiv bestätigt wird. Dann setzen die Chorbässe mit einem düsteren Trauergesang ein; er wird von einem chromatisch absteigenden Staccatomotiv der Tenöre kontrapunktiert, das als Umkehrung jener einleitenden Skala aufzufassen ist:

Das „Dona eis", von den Tenören in Terzen gesungen, wird zur tröstlichen Melodie, die die Soprane, von Holzbläsern gestützt, mit einer lieblichen instrumentalen Koloratur begleiten. Aber in die beruhigt ausklingende Kadenz des Abschnitts tönt schrecklich, von Hörnern und Fagotten verstärkt, der Todesruf der Bässe, den die übrigen Stimmen aufnehmen; die Bitte „Et lux perpetua luceat eis" führt zu einer seltsamen harmonischen Wendung, einem Schwanken zwischen den Durdreiklängen auf H und C, das wie ein leises Dämmern ewigen Lichtes wirkt. Über einer monoton kreisenden Begleitfigur der Violoncelli singt der Chor, in Einzelstimmen zerlegt, den Hymnus auf den Gott in Zion. Wieder erklingt der Ruf „Requiem"; das „Lux perpetua" wird dieses Mal von einer flimmernden Halbtonbewegung der Flöten und Klarinetten untermalt. Noch einmal ertönt, nun in voller, den Anfang rekapitulierender Durchführung, das „Requiem"-Thema; dann fallen die Stimmen in ein flüsterndes Stammeln, aus dem plötzlich, als sei ihre Bitte erhört, mit einem strahlenden D-Dur-Dreiklang das Licht der Ewigkeit hervorbricht. Wie diese klangmystische Vision in den Ablauf des Ganzen eingefügt wird, wie Stimmen und Instrumente sich zu leisen, lichten Klängen verbinden und die zarte Episode unter einem sanften, auf- und absteigenden Lauf der Flöten und Klarinetten in mildem G-Dur kadenziert, das zeugt von genialer Intuition und kühner, das Außergewöhnliche bezwingender Meisterschaft, durch die Berlioz immer wieder den Hörer überwältigt. Das „Kyrie eleison" erklingt nur als leises, dumpfes Murmeln, „Christe eleison" als chromatisch flehender Gesang. Bei der Wiederkehr steigert sich das „Kyrie eleison" plötzlich zum wilden Aufschrei und verklingt leise auf einer Dissonanz, dem Septakkord der Tonika, den das Orchester nach einer chromatischen Weiterführung erst im dritten Takte in einen Durdreiklang auflöst und nachträglich, als sei die Trauer stärker als der Trost, nach Moll korrigiert. Über einem Baßmotiv, dessen Intervalle sich immer enger zusammenziehen, verklingt der Satz in vierfachem Pianissimo.

Das „Dies irae" beginnt nicht, wie in den meisten Kompositionen, mit einem Schreckensschlage, sondern mit liturgischem Ernst in starrer, unheimlicher Ruhe. Die Streichbässe spielen eine monotone, choralartige Weise, die von den Chorbässen später aufgenommen wird; die Soprane intonieren im Einklang mit den hohen Holzblasinstrumenten leise und ausdruckslos die Sequenz:

Aus der Einstimmigkeit wird Zwei- und Dreistimmigkeit, ein drohend aufsteigender chromatischer Lauf des

Orchesters treibt die Tonart von a-Moll nach b-Moll empor und erhitzt die Stimmung zu fassungsloser Klage. Unter den langgehaltenen Tönen des Soprans und den Angstrufen des Tenors schreitet langsam, starr die Choralweise des Basses:

Der chromatische Orchesterlauf, zum zweiten Male ansetzend, trägt das musikalische Geschehen auf die Ebene von d-Moll; als er zum dritten Male, weiter ausholend und gewaltiger steigernd, bis zum Es emporsteigt, bricht auf diesem Tone ein Sturm schmetternder Trompeten und Posaunen los: die ehernen Stimmen rufen zum Jüngsten Gericht. Dies ist der vielbewunderte und oft als theatralisch angezweifelte Effekt des Berliozschen Requiems, der sich doch bei jeder Aufführung von neuem als Eingebung von überwältigender Größe und visionärer Kraft bewährt. Vier Sonderorchester, an den vier Ecken des Podiums, auch des Konzert- oder Kirchenraumes aufgestellt, mit Trompeten, Posaunen, Tuben, Pauken und Schlagzeug besetzt, schleudern eine brandende Flut von Bläserklang über Chor, Hauptorchester und Hörer hinweg. Es ist, als beginne das All zu tönen; aus Nord und Süd, aus West und Ost schmettern die Posaunen der rufenden Engel, rollen die Donner des Untergangs und der Auferstehung. Es ist erstaunlich, wie Berlioz aus einfachen Dreiklangsmotiven und wenigen chromatischen Nebentönen diese ungeheure Klangvision zustande bringt, die ebenso als Exzeß romantischer Phantastik zu bewundern ist, wie sie als Vorwegnahme des modernen Gedankens der Raummusik Beachtung verdient. In lapidarer Einstimmigkeit, immer wieder von schneidenden Bläserakzenten und aufflackernden mystischen Fanfaren unterbrochen, singen die Bässe von der Posaune des Gerichtes, die die Seelen vor den Thron des Höchsten zwingt. Noch einmal setzt das überdimensionale Bläserkonzert ein, wenn das Bild des Weltenrichters erscheint, vom Chor in archaischer Würde, durch das altertümliche Mittel eines zweistimmigen Kanons beschworen; dann reißt das Dröhnen der Sphären plötzlich ab, die Angst der sündigen Kreatur klingt in einem verhallenden Abgesang des Chores nach. Das folgende kurze Stück ist ganz von dieser Angst erfüllt. „Quid sum miser tunc dicturus" singen die Tenöre einstimmig, stockend, auf die variierte, durch Pausen zerschnittene Dies-irae-Melodie; Streichbässe und Holzbläser füllen die Pausen durch Fragmente derselben Melodie, leise Seufzer des Englischhorns begleiten den Gesang; der Monolog einer verzagten Seele, ein intimes, rührendes Bild zwischen zwei metaphysischen Kolossalgemälden. Denn das nächste Stück, „Rex tremendae maiestatis", entfesselt wieder die ganze Klangfülle des Chores und des Orchesters. Der zweimalige Ruf „Rex" wird von feierlichen Bläserakkorden eingerahmt. Es beginnt ein dramatisch erregter Satz, dem die Vorstellung einer unendlichen, sich verzagt und flehend um den Thron des Richters drängenden Menge zugrunde liegt; die Musik entfaltet eine Realistik in der Schilderung höllischer Schrecken, wie sie die Malerei etwa in den Rubensschen Darstellungen des Höllensturzes aufgebracht hat. Die Vision der Verdammten steigt aus dem wilden Angstgeschrei des Chores auf. Der schneidende Sekundakkord h-c-e-g, der die heißen Höllenflammen malt, das unheimliche Schweigen und der einzelne, abgründige Baßton bei „Voca me et de profundo lacu" sind Meisterzüge dieser infernalen Detailmalerei. Bei dem Verzweiflungsschrei „Ne cadam in obscurum" setzen mit einem gewaltigen Akkordschlag die vier Bläserorchester wieder ein, die dann den zweiten Anruf des Weltenherrschers mit schmetternder Klangfülle begleiten. Dazwischen aber klingt immer wieder sanft und vertrauensvoll die melodische Bitte „Salva me, fons pietatis", die den Satz als kurzer, beruhigender Epilog beschließt. Mit dem „Quaerens me", einem Satz für sechsstimmigen Chor a cappella, kehrt Berlioz, bewußt um Kontrastwirkung bemüht, zur Einfachheit alter Kirchenmusik zurück. Der ersten, dreistimmig behandelten Gesangstrophe folgt ein erregter, sechsstimmiger Mittelteil auf die Worte „Ingemisco tamquam reus". Die wiederkehrende Hauptstrophe wird nun von leisen, psalmodierenden Achteln der Bässe und der Tenöre getragen; der Schluß „Et ab haedis me sequestra" ergibt eine große harmonische Steigerung. In der Verschmelzung archaischen und romantisch-modernen Klanges liegt der eigentümliche Reiz des Stückes. Das „Lacrymosa" beschließt die Sequenz als ein großartiges lyrisches Chorfinale. Man hat auf den italienischen Charakter des Stückes hingewiesen, in dem die Singstimmen durchweg die Melodie führen, während das Orchester mit stereotypen Figuren begleitet. Die Tenöre intonieren das Hauptthema:

Eine Reihe ausdrucksvoller Nebenmotive treten ihm zur Seite. Es herrscht, bei durchgehend festgehaltenem a-Moll, eine Grundstimmung von Schwermut und Trauer; wunderbar ist die Wirkung, wenn das liebliche Seitenthema bei seinem zweiten Auftreten in A-Dur erscheint:

Einmal, gegen den Schluß, klingt noch einmal der Ton des Schreckens, wenn die Singstimmen und die Instrumente aller fünf Orchester das Hauptthema in gewaltigem Unisono herausschleudern; der Schluß ist klares, triumphierendes A-Dur.

Von seltsamer Wirkung ist das Offertorium. Die Violinen beginnen allein in fahlem d-Moll mit einer ruhig schreitenden, trauermarschartigen, zuweilen von schmerzlichen Akzenten aufgestörten Melodie, die von Bratschen und Bässen aufgenommen und fugiert wird. Die Chorstimmen halten das ganze Stück hindurch ein Zweitönemotiv a-b-a fest, das sie in starrer Monotonie unentwegt wiederholen und das die Bläser wiederum mit einem einzigen, in das Klanggewebe der Fuge hineinstechenden Tone beantworten. Der Instrumentalsatz wird reicher und bewegter, die Bitte an den heiligen Michael, den Bannerträger, bringt eine große klangliche Steigerung. Aber der Chor bleibt, gleichsam apathisch, auf seinem monotonen Motiv liegen, bis endlich am Schluß, beim Gedanken an das ewige Licht, das den Nachkommen Abrahams versprochen worden ist, die Stimmen sich in die Töne des D-Dur-Dreiklangs auseinanderfalten und ein warmer, erlösender Klang in die fahle Dämmerung bricht. Dem Komponisten schwebte das Bild der Seelen im Fegefeuer vor; das sehnende, qualvolle Warten auf die Erlösung, der endliche Anbruch der Seligkeit können nicht eindringlicher versinnbildlicht werden. Das kurze „Hostias“, Lobgesang und Fürbitte für die Toten, hält die zwielichtige Stimmung aufrecht; der Männerchor deklamiert in schmuckloser Homophonie. In den Pausen des Gesanges erklingt jeweils ein langgehaltener, an- und abschwellender Akkord, gespielt von drei Flöten in hoher Lage, darunter, durch einen Zwischenraum von mehr als drei Oktaven getrennt, ein einzelner Baßton, von Posaunen (Berlioz verlangt ihrer acht) geblasen – ein Tonsymbol von unmittelbar packender Primitivität, Grabesdunkel und Himmelslicht in einen einzigen Klang zusammengefaßt. Von hoher poetischer Schönheit ist das „Sanctus". Gedämpfte Violinen halten zarte, ätherische Akkorde, über ihnen schwebt eine Flötenstimme, darunter ein raunendes, dämmerndes Tremolo der Bratschen. Der Solotenor, der hier zum einzigen Male zu Worte kommt, stimmt einen schwärmerischen Hymnus an, der Frauenchor wiederholt Zeile für Zeile seine Melodie in dreistimmigem Satz, auf anderer Tonstufe:

Die Osanna-Fuge, die Frauen- und Männerstimmen beteiligt, wirkt als kraftvoller Kontrast. Beide Teile, Sanctus und Osanna, werden in reicherer Instrumentierung wiederholt, die Fuge wird dabei um eine Coda bereichert. Der letzte Satz, das „Agnus Dei", rundet das Werk ab, indem er auf den Anfang zurückgreift. Der mystische Akkord des „Hostias" leitet zu der Melodie „Te decet hymnus", die in gleicher Gestalt wie im Introitus wiederkehrt. Noch einmal leuchtet die D-Dur-Wendung des „Lux perpetua" auf, dann führt ein kurzer G-Dur-Satz auf die Worte „Quia pius es, amen" das Werk in ruhigem Ausklang zu Ende; in dumpfer Tiefe pochende Pauken und weiche, zur Höhe wogende Arpeggien der Streicher halten bis zuletzt die zwiespältige, zwischen Todesgrauen und Ewigkeitshoffnung schwankende Stimmung fest.

GIOACCHINO ROSSINI

Gioacchino Rossini (1792–1868) hat sich, wenn man von frühen Schülerarbeiten absieht, der Kirchenmusik erst nach seiner Abkehr von der Opernbühne gewidmet; in die langen Jahrzehnte der Muße, die er in Paris und in Italien verbrachte, fallen ein Stabat mater, 1832 komponiert und 1841 zur endgültigen Fassung erweitert, drei Chöre für Frauenstimmen und eine „Petite Messe solennelle“ für Soli, Chor, zwei Klaviere und Harmonium, die Rossini im Jahre 1863 geschrieben und im Jahr vor seinem Tode durch eine Orchesterfassung bereichert hat.

Das Stabat mater ist das Werk, das den Kirchenmusiker Rossini neben dem Opernkomponisten auch heute noch bedeutend erscheinen läßt. Man muß von allen Begriffen der deutschen kirchenmusikalischen Tradition absehen, wenn man der Komposition gerecht werden will. Rossini hat sich für den religiösen Stoff keine besondere, „gelehrte“ Tonsprache geschaffen. Das Melos der Arien und Ensembles, das seine Opern erfüllt, genügt ihm auch hier, und von den Chören geht nur der letzte, „In sempiterna saecula“, durch angedeutete Fugierung über die Satzweise der Chorfinales in den ernsten Opern hinaus. Aber die Melodien, auf die die Worte der alten Sequenz gesungen werden, sind von so hoher und reiner Schönheit, daß das Werk als vollgültige Schöpfung der Musica sacra anzuerkennen ist. Heinrich Heine, der 1842 die Aufführung des „Stabat“ in Paris hörte, hat die naive Schönheit dieser Musik überzeugend geschildert. Er spricht von einer Kinderprozession, die er in Cette gesehen hatte, und fährt fort: „An diese kleine fromme Mummerei mußte ich unwillkürlich denken, als ich der Aufführung des Stabat von Rossini zum ersten Mal beiwohnte: das ungeheure, erhabene Martyrium ward hier dargestellt, aber in den naivsten Jugendlauten, die furchtbaren Klagen der Mater dolorosa ertönten, aber wie aus unschuldig kleiner Mädchenkehle, neben den Floren der schwärzesten Trauer rauschten die Flügel aller Amoretten der Anmut, die Schrecknisse des Kreuztodes waren gemildert wie von tändelndem Schäferspiel, und das Gefühl der Unendlichkeit umwogte und umschloß das Ganze wie der blaue Himmel, der auf die Prozession von Cette herableuchtete, wie das blaue Meer, an dessen Ufern sie singend und klingend dahinzog." Das heißt aber nicht, daß Rossini die Marienklage leichtfertig komponiert habe. Der Ton des Schmerzes, der Feierlichkeit, der Größe durchklingt die Musik, immer gemäßigt durch eine Schönheit, die der Trauer die Schwere und Härte nimmt.

Die Introduktion, von Chor und Solisten gesungen, wird vom Violoncello mit einer gebundenen, in den Intervallen des verminderten Septimenakkords durch zwei Oktaven aufsteigenden Figur eröffnet, der ein seufzender Akkord der Holzbläser antwortet: ein naives, ausdrucksvolles Symbol des Schmerzes, das am Ende des Werkes wiederkehrt. Nach einem zum Fortissimo ansteigenden und wieder absinkenden Orchestervorspiel stimmt der Chorbaß eine einfache Melodie an, die die übrigen Stimmen in homophonem Satz weiterführen:

Der Tenor leitet eine kurze Episode der Solostimmen ein. Der Wiedereinsatz des Chores weicht gewaltsam nach Des-Dur aus und führt rasch in die Haupttonart g-Moll zurück. Von dunkler Größe ist die Stelle, an der das Hauptthema von den Männerstimmen aus der Tiefe gegen den starr gehaltenen Grundton g der Frauenstimmen und der Orchesterinstrumente emporgetrieben wird. In stockende Lamentationen klingt der Satz aus. Die

Tenorarie „Cuius animam“ mit ihrer emphatischen, zur Oktave emporgeschwungenen Melodie, mit ihren langatmigen Steigerungen und ihrer zum hohen Des aufsteigenden Kadenz ist das berühmteste Stück des Werkes. Das Duett von Sopran und Alt „Quis est homo, qui non fleret“ verbindet den Klang innigen Mitleids mit dem Glanz zweistimmiger Koloraturen. Von herberer Art ist die zwischen a-Moll und A-Dur wechselnde Baß-Arie „Pro peccatis suae gentis vidit Jesum in tormentis“. Der Solobaß intoniert auch das folgende Stück „Eia mater, fons amoris“, das den Chor als Klanghintergrund beteiligt. Das Quartett der Solostimmen „Sancta mater, istud agas“ bildet das opernhafteste Stück des Werkes. Von wunderbarer, ergreifender Schönheit ist die von sanften Hornklängen eingeleitete Alt-Arie „Fac ut portem Christi mortem“. In der folgenden Arie für Sopran und Chor erhebt sich der Stil des Werkes zu ernster Größe; der Text „Flammis ne urar succensus per te, Virgo, sim defensus in die iudicii“ bestimmt durch die Vorstellung des Gerichts den Charakter der Musik. Gegen ein starres C der Trompeten und Posaunen drängen chromatische Harmonien der Streicher an. Zu gleichmäßig vibrierenden Rhythmen fleht der Solosopran in leidenschaftlicher Melodie; der Chor wiederholt in drohendem Unisono die Worte „in die iudicii“. Der Gesang des Soprans wendet sich in großartiger Steigerung von c-Moll nach Es-Dur, bei der Wiederholung von c-Moll nach C-Dur und schwingt sich, vom Chor mit treibenden Harmonien begleitet, am Schluß zweimal zum hohen C auf. Das Quartett der Solostimmen „Quando corpus morietur“ ist ein homophoner, stark chromatischer A-cappella-Satz von ernstem kirchlichen Charakter; wundervoll sind die Worte „Paradisi gloria“ komponiert, bei denen die Menschenstimmen wie triumphierende Trompeten klingen, ergreifend ist der gedämpfte, chromatisch abwärtssinkende Schluß. Der Schlußchor setzt feierlich mit drei akkordischen Amen-Rufen des Chores auf Tonika, Subdominante und Dominante ein. Dann scheint eine vierstimmige Doppelfuge zu beginnen:

Aber nach der Exposition geht der Satz, Motivglieder in Sequenzen durchführend, in freieren Stil über und kadenziert nach einem Orgelpunkt D in der Haupttonart g-Moll. Eine Coda schließt sich an, die sich zu einem akkordischen Höhepunkt verdichtet; sogleich wiederholt, bricht sie im Fortissimo auf einem verminderten Septimenakkord ab. Nach einer Pause des Schweigens nimmt das Violoncello leise in den Tönen desselben Akkords die trauernde Phrase wieder auf, mit der der erste Satz begann; der Chor singt stockend mit der Musik des Anfangs „Amen". Ein kurzer, chorisch glanzvoller Allegro-Satz schließt das Werk ab.

GIUSEPPE VERDI

Giuseppe Verdis (1813–1901) Requiem-Vertonung ist die letzte in der großen Reihe, die durch die Namen Mozart und Berlioz eingeleitet wird; ohne Zweifel die musikalisch reichste, formal vollkommene Totenmesse, die die klassisch-romantische Epoche hervorgebracht hat, eine der gültigsten Konfrontierungen der transzendental gerichteten Musik mit ihrem eigensten Thema, dem Tode.

Verdi hat das Werk nach dem Tode Rossinis 1868 begonnen und nach dem Tode des Dichters Manzoni 1874 vollendet. Das Requiem ist Musik seiner späten Reifezeit, neben und nach der „Aida“ komponiert. Es feiert das Andenken zweier bedeutender Künstler Italiens, es ist repräsentative Musik von allgemeingültiger nationaler Bedeutung. Zugleich darf es als kirchliche Musik von höchstem geistlichem Ernst gelten. Der Vorwurf weltlicher Theatralik, der zuweilen gegen das Werk erhoben wurde, ist unbegründet. Zu allen Zeiten hat sich starke, spontane Kirchenmusik der zeitgegebenen Mittel weltlicher Musik bedient. Nicht die Besonderheit der Stilmittel, nicht der Gebrauch alter, als ehrwürdig konservierter Formen wie Fuge und Choralweise macht die geistliche Qualität eines Werkes aus, sondern der Gehalt, den diese oder andere Formen einschließen. Verdi hat die lyrischen Kantilenen, die Ensemble- und Chorformen der italienischen Oper in die Partitur seines Requiems übernommen, er hat den Vokalteil mit der ganzen Pracht und Farbenglut des romantischen Orchesters untermalt. Aber er hat mit diesen Mitteln dem Sinngehalt des Requiem-Textes erschütternde Ausdruckskraft gegeben und ist der liturgischen Würde der Zeremonie nichts schuldig geblieben. Gerade der Glanz der klanglichen Mittel bewirkt, daß das Dunkel und die Majestät des Todesgedankens um so stärker hervortreten; wenn bei Berlioz die romantische Dämonie der malenden, deskriptiven Musik ins Jenseitige erhöht wird, so ist hier die reine Schönheit der Melodie durch die Beziehung auf das transzendente Thema vertieft und geheiligt.

Verdi gliedert seine Komposition des Requiem-Textes in sieben Sätze, von denen der zweite, die „Dies-irae“-Sequenz, der längste und am reichsten gegliederte ist. Der Tonartenkreis, den das Werk umgreift, ist erstaunlich weit gezogen, eine herrschende Tonalität nicht festzustellen; zwischen dem a-Moll des Beginns und dem c-Moll des Schlußsatzes werden kontrastierende Tonartencharaktere mit romantischer Freiheit verwendet. Mit einem in den Dreiklangstönen e-c-a, dann weiter diatonisch zur tieferen Oktave e absinkenden Motiv – einem Symbol der Klage und der Ergebung – setzen die Violoncelli in wesenlosem Pianissimo ein. Die Chorstimmen murmeln in tiefer Lage die Worte „Requiem aeternam". Mit einem Seufzermotiv, das in eine dissonante Vorhaltskette des Orchesters eingefügt ist, fahren die Soprane fort: „Dona eis, Domine." Aber schon bei den Worten „Et lux perpetua luceat eis" intoniert das Orchester ein ätherisch zartes A-Dur: die Antithese von Dunkel und Licht, die das romantische Werk durchzieht, ist schon auf den ersten Partiturseiten ausgeprägt. Kraftvoll setzen mit einem vierstimmigen A-cappella-Satz von archaischer Einfachheit die Männerstimmen ein: „Te decet hymnus, Deus in Sion." Der Beginn des Satzes mit seinem Moll-Dur-Kontrast wird wiederholt, so daß sich für die Einleitung eine dreiteilige Form ergibt. Dann schließt sich unmittelbar in fließender Bewegung, in nun stetig festgehaltenem, modulatorisch geweitetem A-Dur das „Kyrie" an, von den Solisten im Wechselgesang angestimmt, vom Chor zu wachsender Klangfülle gesteigert, von einem immer wiederkehrenden absinkenden Baßmotiv getragen: ein Satz von blühender melodischer Schönheit, der nach stockenden, nach B-Dur ausweichenden „Christus"-Rufen im Pianissimo verklingt.

Vier gewaltige Orchesterschläge auf dem g-Moll-Dreiklang, die als elementares Klangereignis im Fortgang des Werkes leitmotivische Bedeutung erhalten, reißen gleichsam den Vorhang vor der düsteren Vision des „Dies irae" weg, deren Schrecken nun über den Hörer hereinbrechen. Der heulende chromatische Abstieg der Chorstimmen ist das Symbol, das Verdi für den Jammer der Sünder am Tage des Jüngsten Gerichts gefunden hat (Zitat auf S. 337):

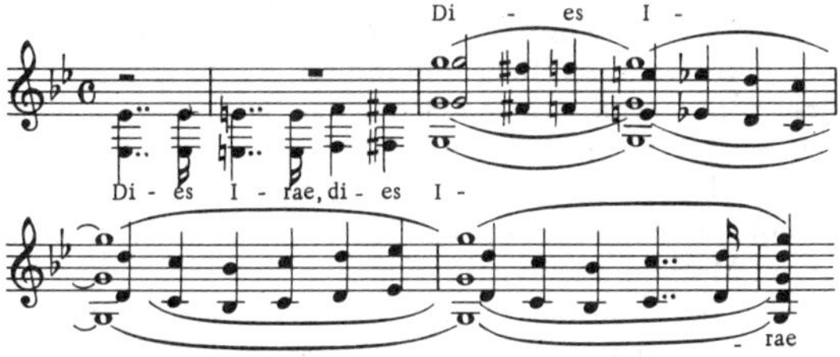

Nach gewaltigen Klangballungen verklingt der Gesang im leise nachhallenden Murmeln der Solostimmen. Trompeten, denen das Echo eines Fernorchesters antwortet, blasen den Auferstehungsruf. Ein chromatisch aufsteigendes Crescendo führt über den in massiver Fülle geschmetterten as-Moll-Dreiklang zum Choreinsatz „Tuba mirum spargens sonum“. Das verhaltene, von stockenden Staccatomotiven begleitete Baßsolo „Mors stupebit“ ergibt einen scharfen Kontrast. Auf dem gehaltenen Tone a intoniert der Soloalt die Worte „Liber scriptus proferetur“, aus denen sich eine leidenschaftlich-ausdrucksvolle Kantilene entwickelt; strahlende D-Dur-Dreiklänge der Bläser zeugen von der Würde des Richters. Wie ein erschreckter Zwischenruf wird der Choraufschrei „Dies irae“ eingeschaltet. Dann singen Alt, Tenor und Sopran in einem expressiven g-Moll-Terzett „Quid sum miser tunc dicturus“ von der Angst der sündigen Seele. Mit einem schwer in den Tönen des c-Moll-Dreiklangs abwärtsschreitenden Motiv huldigt der Chorbaß der Majestät des strafenden Gottes:

Die Bitte „Salva me“ entfaltet sich zu einem melodisch schwungvollen, glühend ausdrucksstarken Ensemblesatz der Chor- und Solostimmen, der immer von dem scharf rhythmisierten Baßthema grundiert wird. „Recordare, Jesu pie“ singen Alt und Sopran als lyrisch ausgesponnenes, in eine kunstvolle zweistimmige Kadenz auslaufendes Duett. Mit dem Schuldbekenntnis „Ingemisco tamquam reus“ kommt der Tenor zu Worte. Die Bitte „Qui Mariam absolvisti“ zählt zu den inspiriertesten Stellen des Werkes, eine melodische Eingebung, die aus dem Glanz der hohen Männerstimme wahrhaft ekstatische Wirkung zieht. Die Drohung der Höllenstrafe „Confutatis maledictis“ ist dem Solobaß zugeteilt. Die Wiederholung des „Dies-irae“-Chores, von den vier stereotypen g-Moll-Akkordschlägen eingeleitet, setzt erneut einen Einschnitt. Dann beginnt mit einem schlichten

Altsolo das „Lacrymosa“, ein üppig-klangvoller Abgesang, der Solisten und Chorstimmen vereinigt, charakterisiert durch seufzende, die Melodie begleitende Synkopen und durch ätherische, die Gnade Gottes symbolisierende Tremoli der Violinen. Seltsam ist der Schluß des durchgehend auf die b-Moll-Tonalität bezogenen Satzes: das „Amen“ der Singstimmen erklingt in dem tonartfremden G-Dur, worauf das Orchester unvermittelt den abschließenden B-Dur-Dreiklang anfügt.

Das Offertorium „Domine Jesu“ ist ein intimes, von den Solostimmen bestrittenes Stück, das sich mit dem Tenorsolo „Hostias et preces“ zu lichter Entrückung erhebt. Als doppelchörige Fuge hat Verdi das „Sanctus“ komponiert:

In der Paralleltonart d-Moll schließt sich das „Benedictus“, auf dasselbe Thema gesungen, unmittelbar an. Der harmonische Ablauf kompliziert sich, bis mit dem „Hosanna“-Ruf wieder ein ätherisches, von stakkatierten Holzbläserpassagen begleitetes F-Dur einsetzt, das sich über jagenden chromatischen Orchesterskalen zu erhabenem Schluß steigert. Das „Agnus Dei“, das die Singstimmen in Oktaven führt und erst nach und nach die Instrumente mit ausfüllenden Harmonien hinzutreten läßt, ist eine der verhaltensten, schlichtesten Partien des Werkes:

Dagegen erhebt sich das „Lux aeterna“, das die tieferen Solostimmen – Alt, Tenor und Baß – zum Teil im A-cappella-Satz bestreiten, schon mit dem ätherischen Violin-Tremolo der Anfangstakte in die Region romantischer Mystik: eine visionäre Episode, eine der trostvollsten Überwindungen der Todesangst, die der Musik zu verdanken sind. Todesangst steigt noch einmal auf mit dem Einsatz des Schlußsatzes, wenn der Sopran unbegleitet auf einem Tone psalmodiert „Libera me, Domine, de morte aeterna“ und die Chorstimmen dumpf murmelnd den Ruf wiederholen. Noch einmal rufen die vier g-Moll-Akkordschläge die Schrecken des Jüngsten Gerichtes herauf, noch einmal erklingt der wilde Chorausbruch „Dies irae“. Dann kehrt mit dem absteigenden Molldreiklangsthema, das das Werk eröffnete, die ruhige, ergebene Stimmung des Anfangs zurück; der Anfangsteil „Requiem aeternam“ wird, einen halben Ton höher transponiert, in b-Moll und B-Dur wiederholt. Die Bitte „Libera me“ wird zur kraftvollen, zuversichtlichen Fuge, deren Thema als freie Umkehrung auf die „Sanctus“-Fuge bezogen ist (Zitat auf S. 340).

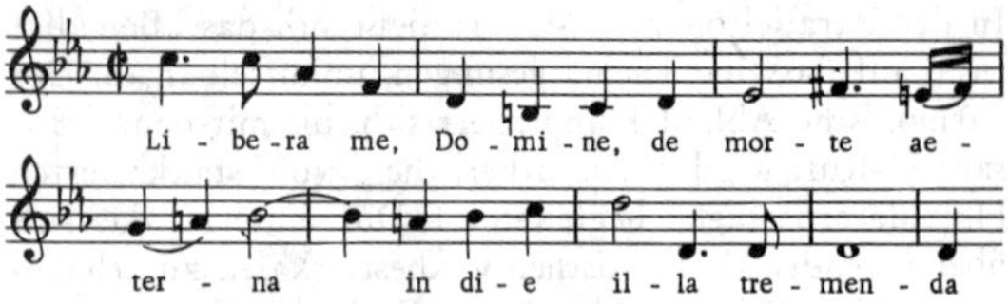

Nach einer verdichtenden Engführung mündet die Fuge in eine letzte, gewaltige akkordische Steigerung „Domine, libera me de morte aeterna". Dann bleibt, über raunenden Harmonien und sich gleichsam ins Nichts verflüchtigenden Erscheinungen des Anfangsmotivs das leise Psalmodieren des Solosoprans zurück, jetzt von reinen, milden C-Dur-Harmonien getragen und vom Chor mit der abschließenden, im Pianissimo ersterbenden Formel „Libera me" bestätigt.

Quattro pezzi sacri, vier geistliche Stücke, vom achtzigjährigen Verdi im letzten Jahrzehnt des 19. Jahrhunderts, nach dem „Falstaff", komponiert, sind der religiöse Epilog eines überwiegend der weltlichen Form der Oper gewidmeten Schaffens. In ihnen verbindet sich gefestigte, den lakonischen, konzentrierten Ausdruck suchende Altersmeisterschaft mit der seltsamen Lust des Experimentierens, die der Musik des greisen Verdi seit dem „Othello" einen überraschenden, zukunftweisenden Neuheitsreiz gibt.

Ave Maria, das erste Stück, für vierstimmigen gemischten Chor a cappella, ist eine Kompositionsstudie. Ihm liegt eine „Scala enigmatica" zugrunde, die ein Verlag mehreren Komponisten, darunter Verdi, zur Bearbeitung vorgelegt hatte:

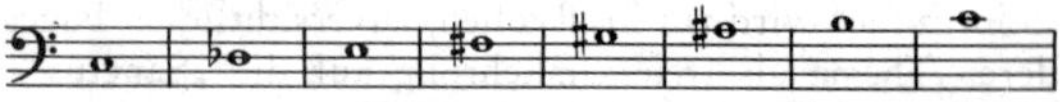

Die in tonalem Sinne recht unbequeme Tonfolge hat Verdi in vier Versetten bearbeitet. Er legt sie nacheinander in den Baß, den Alt und, nach F transponiert, in den Tenor und den Sopran, während die übrigen Stimmen ihr eine Harmonisierung geben, die das Tonartgefühl in hohem Grade ausschaltet, ohne aber die Tonalität durch ein neues Prinzip modaler oder serieller Art zu ersetzen. Dennoch sind die Kühnheiten des Satzes von frappierender Wirkung.

S t a b a t m a t e r für vierstimmigen gemischten Chor und Orchester, das zweite Stück, ist ein Meisterwerk kirchlicher Musik, das in seiner formalen Prägnanz und Ausdruckskraft zu den besten Vertonungen des Gedichtes zählt. Nach vier akzentuierten leeren Quintenakkorden des Orchesters beginnt der Chor mit einem klagenden, mit schmerzlichem Halbtonvorhalt einsetzenden Oktaven-Unisono in g-Moll:

Ohne alle Wortwiederholungen werden die Strophen der Dichtung in gedrängter, ausdrucksvoll modifizierter Folge gesungen. „Quae maerebat et dolebat“ ist eine gebundene, von As-Dur nach f-Moll modulierende Melodie der Baritonstimmen. Bei der Stelle „Pro peccatis sui gentis vidit Jesum in tormentis“ setzt das Orchester schärfere rhythmische Akzente, „Vidit suum dulcem Natum moriendo desolatum, dum emisit spiritum“ erklingt in stockender Deklamation zu Pizzicato-Akkorden der Saiteninstrumente. Nach einer ätherischen Harmoniefolge der Violinen setzt der Chor a cappella in klangvollem H-Dur ein: „Eia Mater, fons amoris.“ Die Bitte „Tui Nati vulnerati, tam dignati pro me pati, poenas mecum divide“ wird in eine weitausschwingende Melodie voll tiefen menschlichen Gefühls gekleidet, die zuerst von den Altstimmen allein gesungen, darauf vom vollen Chor mit der folgenden Textstrophe wiederholt wird; sie bildet den melodischen Höhepunkt des Werkes:

Höllenflammen und Gericht sind durch dynamische Steigerungen hervorgehoben, die Palme des Sieges wird durch einen strahlenden D-Dur-Dreiklang der Bläser versinnbildlicht. Dann führt ein einzelner, von Pizzicato-Akkorden begleiteter Hornton Fis durch den Todesschauer der Stelle „Quando corpus morietur“ zur abschließenden, von rauschenden Orchesterharmonien umspielten Vision paradiesischen Glanzes. Die lichten Harmonien sinken in die Tiefe hinab, ein leises, tonloses „Amen“ des Chores hallt nach, die Orchesterbässe schließen mit einer kurzen, den schmerzlichen Vorhalt Cis-D des Anfangs wiederholenden Wendung in archaischem, leittonlosem g-Moll.

Laudi alla vergine Maria, für vierstimmigen Frauenchor a cappella, auf einen Text aus dem letzten Gesange des Danteschen „Paradiso“ komponiert, sind eine Neubelebung palestrinensischer Schönheit, die durch das verfeinerte, nuancenreiche Klanggefühl der Romantik intensiviert wird. In sechs miteinander kontrastierenden musikalischen Strophen wird der Hymnus in teils homophonem, teils imitierendem Satz melodisch nachgeformt und in seinem Gehalt an Ausdruck und Poesie erschöpft.

Das T e d e u m für doppelten vierstimmigen gemischten Chor und Orchester ist das umfangreichste und bedeutendste der vier Stücke. Es beginnt mit der gregorianischen Intonation; die Bässe des ersten Chores singen „Te deum laudamus", die Tenöre des zweiten respondieren „Te dominum confitemur". Die Männerstimmen psalmodieren leise in einfachen Harmonien die ersten Zeilen des Ambrosianischen Lobgesangs, sie singen von Erde, Himmeln und Mächten, von Cherubim und Seraphim, die den Herrn verehren; der dreimalige Ruf „Sanctus" bricht mit Urgewalt auf einem Es-Dur-Dreiklang des ganzen Chores und des vollen Orchesters herein. Aus verhallenden, von den Violinen in die Höhe getragenen Ges-Dur-Akkorden löst sich ein kantables Thema los, mit dem der Chor von der Lobpreisung der Apostel, Propheten und Märtyrer singt; die Majestät des göttlichen Vaters wird durch eherne Des-Dur-Akkorde der Bläser und des Chores gefeiert. Von ähnlichem Glanz ist die Stelle „Tu Rex gloriae", die vom Chor einstimmig, wie ein überdimensionales Rezitativ, zu prächtigen Bläserharmonien gesungen wird:

Aus dem Thema entwickelt sich ein komplizierter, zur Achtstimmigkeit verästelter Chorsatz, der bei den Worten „Salvum fac populum tuum" zu akkordischer Monumentalität zusammengefaßt wird. Bei der Bitte um Gnade am Tage des Gerichts „Dignare domine" sinkt die Musik, nach fis-Moll modulierend, in ein gedämpftes Chor-Unisono zurück. Die Rufe „Miserere" schweben, von Solostimmen gesungen, im dämmernden Tonraum eines ungewissen e-Moll; beim Gebet „Fiat misericordia tua, Domine, super nos" ist das endgültige, lösende E-Dur erreicht. Das Bekenntnis „In te, Domine, speravi" wird noch zweimal zu dynamischer Fülle, bis zum hohen H der Soprane, gesteigert; beim zweiten Mal ist es einem nur für wenige Takte aus dem Chor hervortretenden Solosopran anvertraut, der Meister der individualistischen Melodie behält das letzte Wort. Wenn der volle E-Dur-Klang der Schlußakkorde verhallt ist, bleiben nur die ersten Violinen wie ein einziger nachzitternder Lichtstrahl in äußerster Höhe auf dem viergestrichenen E liegen, während die tieferen Instrumente in schattenhaftem Pianissimo über eine chromatische Harmoniefolge die Moll-Subdominante erreichen. Dann tönt in tiefster Tiefe ein leises E der Bässe nach; Licht und Dunkel, Ewigkeit und Tod sind in ungelöstem, unverschleiertem Kontrast wie eine offene Frage an das Ende nicht nur eines Werkes, sondern eines ganzen schöpferischen Lebens gestellt.

ANTON BRUCKNER

Anton Bruckner (1824–1896) bildet in der Musik des romantischen, säkularisierten Jahrhunderts eine einsame Erscheinung: seine Kunst ist von Grund auf geistlich inspiriert. Wenn die übrigen Komponisten seines Ranges in ihrem überwiegend weltlichen Schaffen sich gelegentlich geistlichen Werken zuwandten, so liegt es bei Bruckner umgekehrt: sein Schaffen entwickelte sich im Raum der Kirche, und auch seine Symphonien, mit denen er in die „Welt" hinaustrat, bleiben ihrem Wesen nach religiöse, von mystischen Inhalten erfüllte Musik. Von seinen kirchlichen Werken sind die drei Messen früh entstanden. Der langsam reifende, noch als fast Vierzigjähriger unablässig um Vervollkommnung seines kompositorischen Handwerks bemühte Künstler hat im Jahre 1864, während seiner Organistentätigkeit in Linz, mit der d-Moll-Messe sein erstes vollwertiges, von ihm selbst als gültig anerkanntes Werk geschaffen. 1869 und 1872, nach Vollendung der ersten Symphonie, folgten in Wien die Messen in e-Moll und f-Moll. Das Tedeum von 1885 und der 150. Psalm von 1892 gehören Bruckners Spätzeit an. Allen fünf Werken ist der gleiche, großartig sakrale Stil gemeinsam, die Verschmelzung alter Polyphonie und Fugenmeisterschaft mit dem leuchtenden Klang und Kolorit des hochromantischen Orchesters, die Synthese von Bach und Wagner, deren gewaltige Harmonie eine mystische Feierlichkeit ergibt, wie sie sich ähnlich überschwenglich und lebensstark in den Kirchenbauten des süddeutschen Barock bezeugt hatte.

In der d-Moll-Messe sind schon die wesentlichen Elemente der Brucknerschen Tonsprache enthalten. Das „Kyrie“ beginnt mit einem langgehaltenen, in gleichmäßigen Vierteln rhythmisierten Orgelpunkt der Bässe auf dem Grundton d, über dem die Geigen und Bratschen das Thema, in kanonischen Imitationen auf- und absteigend, gleichsam erst entstehen lassen; dann intoniert der Chor, wieder im Kanon, das Thema, das nach einem aufsteigenden Quintsprung chromatisch absinkt und alle Möglichkeiten freischweifender harmonischer Behandlung in sich birgt:

Quintaufstieg – oder, in der Umkehrung, Quintfall – und Chromatik bestimmen den weiteren Fortgang des „Kyrie“, das, dreiteilig gegliedert, zu mächtigem Höhepunkt auf den neapolitanischen Sextakkord Es ansteigend, in düsterem d-Moll verklingt. Das „Gloria" setzt nach der Intonation des Priesters verhalten mit der Verkündigung „Et in terra pax hominibus" ein; mit der Lobpreisung „Laudamus te" bricht zum ersten Mal der Glanz des Brucknerschen D-Dur aus, der nun den ganzen Satz über alle seine Episoden hin beherrscht. Die Danksagung „Gratias agimus tibi" wird zu einer durchsichtigen, von instrumentaler Polyphonie getragenen Episode zurückgezogen. Die Bitte „Agnus Dei qui tollis peccata mundi, miserere nobis" setzt die Wesenskräfte des Mystikers Bruckner ins Spiel; geheimnisvolle Hornrufe zu reinen, keuschen Durharmonien der Holzblasinstrumente führen in die Sphäre der Entrückung, die das Allerheiligste der Brucknerschen Frömmigkeit ist. Mit dem Bekenntnis des Solobasses „Quoniam tu solus sanctus" setzt das Hauptthema des Satzes wieder ein; das „Amen" wird zur Fuge geweitet, die den Satz in triumphierendem D-Dur beschließt:

D-Dur bleibt nicht nur im „Credo", sondern bis zum Ende der Messe die herrschende Tonart; der Anfang des Glaubensbekenntnisses wird in einen durchgehenden, kräftig akzentuierten Chorsatz zusammengefaßt. Mit dem „Incarnatus", einem mystischen Intermezzo in Fis-Dur, das die Solisten über leise wiegender Streicherbegleitung anstimmen, geht die musikalische Darstellung mehr ins einzelne. Der Satz „Et homo factus est" moduliert überraschend nach C-Dur. Zu jagenden Streicherfiguren erklingt auf dem Ton C im Unisono des Chores wie ein Aufschrei der Ruf „Crucifixus". „Passus" ist ein leiser, seufzerähnlicher verminderter Septakkord, „Et sepultus est" eine choralartige, von Orgelklängen umrahmte Kadenz in F-Dur. Ein langes, aus einem Pianissimo-Paukenwirbel ansteigendes Orchester-Crescendo leitet das „Resurrexit" ein. Das Bild der Gottesherrschaft wird mit orchestraler Pracht ausgemalt, bei den Worten „Et in spiritum sanctum" kehrt die Thematik des Anfangs wieder, die nun reicher und breiter ausgeführt wird; langgezogene „Amen"-Rufe sind der Schluß. In ruhiger Majestät setzt das „Sanctus" ein, dem das „Pleni sunt coeli" als lebhafter Kontrast angefügt wird. Dem „Benedictus" gibt eine liebliche G-Dur-Melodie der Violinen den Charakter:

Nach einem langen, mit harmonischen Wundern angefüllten Orchestervorspiel beginnen die Solostimmen in durchbrochenem Satz das Lob dessen, der kommt im Namen des Herrn, das der Chor aufnimmt und fortsetzt. Eine bezaubernde, von gleichmäßigen Achteln der Violinen und Holzbläser zusammengehaltene Episode zerstaubt das thematische Material zu leisen, einander ablösenden Rufen, bis Trompeten, Posaunen und der massierte Chor den Benedictus-Ruf zu mächtigem Klanghöhepunkt steigern. Der ganze Ablauf wird in variierter Form wiederholt, das „Osanna" bildet eine kurze, glänzende Coda. Das „Agnus", in B-Dur, dessen Hauptthema eine absteigende Skala ist, greift auf die verhaltenen Farben und Stimmungen des „Kyrie" zurück. Mit dem „Dona nobis pacem" setzt sanft und leise das lichte D-

Dur wieder ein; nach zweimaligem Aufschwung der Singstimmen verklingt die Messe in mystischem Pianissimo mit der Andeutung des Quintenthemas, das das „Kyrie" eröffnete.

Die Messe in e-Moll für achtstimmigen gemischten Chor und Blasorchester ist nicht nur im Schaffen Anton Bruckners, sondern in der Musik des 19. Jahrhunderts überhaupt eine Ausnahme. Sie verzichtet auf alle romantischen Klangmittel, auf orchestrales Kolorit und symphonische Steigerungstechnik, sie kehrt zur spröden, klaren Chorpolyphonie der Renaissancemeister zurück. Das Werk ist von Bruckner, dem damaligen Linzer Domorganisten, zur Einweihung einer Votivkapelle des Domes geschrieben worden, und die unmittelbare kirchliche Bestimmung wird den strengen liturgischen Stil vorgeschrieben haben; verwunderlich ist nicht, daß Bruckner sich dieses archaischen Stils bediente, was sicher viele mediokre Amtsgenossen neben ihm taten, sondern daß er in diesem Stil ein Meisterwerk schaffen konnte, das an Lebenskraft und innerer Wahrhaftigkeit allen „modernistischen" Schöpfungen der Zeit die Waage hält. Ein achtstimmiger Chor singt den Messetext in fortlaufender Folge ohne Mitwirkung von Solostimmen, gestützt durch ein Orchester von Holz- und Messingblasinstrumenten, das jede expressive Nuance, jedes weiche Vibrato ausschließt. Das herrliche, ruhevolle „Kyrie", die Amen-Fuge des „Gloria" und das „Sanctus" sind im Stil alter Polyphonie gehalten. Das vierstimmige „Credo" beginnt mit lapidaren melodischen Formeln, wie sie später Paul Hindemith in seiner Chormusik wieder aufgegriffen hat, und bringt im F-Dur-Adagio des „Incarnatus", im düsteren f-Moll des „Crucifixus" und im Allegro-Aufbruch des „Et resurrexit" dramatisch-ausdruckshafte Episoden. Mit dem Bekenntnis zum Heiligen Geist rundet sich der Satz durch Wiederaufnahme der Thematik des Anfangs, auf die konventionelle Schlußfuge wird zugunsten gedrängter liturgischer Kürze verzichtet. Das chorisch locker gesetzte, fünfstimmige „Benedictus“ umspielen arabeskenhafte Figuren der Holzbläser, das achtstimmige, klanggesättigte „Agnus“ führt zum feierlich-ruhigen Ausklang im langgehaltenen, abschwellenden E-Dur-Dreiklang.

Die Messe in f-Moll für vierstimmigen Chor, Solostimmen und Orchester ist die äußerlich großartigste und die innerlich gehaltvollste der Brucknerschen Messevertonungen. Hier sind, wie schon in der frühen d-Moll-Messe, alle harmonischen und orchestralen Mittel der Zeit eingesetzt, aber der geistliche Charakter der Komposition ist dennoch voll gewahrt. In diesem Werk vor allem bezeugt sich Bruckners Frömmigkeit, die in dunklen Tiefen verwurzelt ist, die die Verlorenheit, die Angst und das Ringen kennt, der das leise, aus mystischer Ahnung kommende Stammeln ebenso gemäß ist wie das feierliche triumphale Bekenntnis. Das Hauptmotiv, eine Folge von vier von der Tonika zur Dominante absteigenden Noten, ist bezeichnend für den lapidaren thematischen Stil des Werkes:

Leise, aus gedämpfter Mittellage der Stimmen, in stokkenden, durch Pausen unterbrochenen Ansätzen steigt der Gesang des Chores auf. Schon nach wenigen Takten werden die „Kyrie“-Rufe durch das „Christe eleison“ abgelöst, in das auch Solobaß und Solosopran eingreifen; charakteristisch sind im Orchester die aufsteigenden Sechzehntelskalen der Violinen, wie sie später auch im Tedeum als Ausdruck ruhiger Entrückung auftreten. Erst bei der Wiederkehr wird das „Kyrie“ mit der ganzen Fülle Brucknerscher Harmonik breiter ausgeführt und über eine ostinate kreisende Baßfigur zu einem Höhepunkt gesteigert, dem ein leiser, verklingender Abgesang angehängt ist; der Übergang von dem im Fortissimo ausgehaltenen Ces-Dur-Dreiklang zu dem pianissimo einsetzenden Quintsextakkord h-d-f-g, der sich in die Dominante der Grundtonart f-Moll auflöst, ist einer der Brucknerschen Geniezüge, die den tonalen Raum gleichsam ins Unendliche weiten. In strahlendem C-Dur über kraftvoller Baßbewegung setzt das „Gloria" ein. Das „Qui tollis" ist ein ausdrucksvolles Adagio. Im „Miserere" wechseln weiche, ineinander verschlungene Melismen der Solostimmen und psalmodierendes Murmeln des Chores mit schmerzlichen Tutti-Ausbrüchen ab. Der Schluß des „Gloria" ist eine ruhig schreitende Fuge über ein gewichtiges, in weiten Intervallsprüngen klaffendes Thema, die lange in Mollregionen umherschweift und in lauten C-Dur-Jubel mündet:

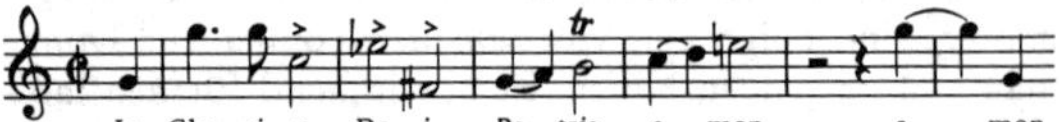

Das „Credo", in mächtigem chorischem Alfresco beginnend, behält den C-Dur-Klang bei. In lichtem E-Dur, mit der Vortragsbezeichnung „misterioso", beginnt das „Incarnatus" als Tenorsolo. Die aufsteigenden Skalen der Violinen kehren wieder und verwandeln sich in eine kontinuierende Synkopenbegleitung, die sich über das „Crucifixus" hin erstreckt und der ganzen Episode etwas geheimnisvoll Schwebendes gibt; der Passionsbericht bekommt zudem durch ein leidenschaftlich erregtes Baßsolo düstere, fast unheimliche Züge; das „Resurrexit" ist ein Beispiel des Brucknerschen, harmonische Blöcke aneinanderreihenden Lapidarstils, der den Chor überwiegend homophon als Klangmasse verwendet. Besondere Originalität zeigt der abschließende Satz „Et vitam venturi saeculi", ein Stück von Fugencharakter, dessen polyphoner Fluß aber immer wieder von dem akkordischen Ruf „Credo, credo" unterbrochen wird, eine drastische Betonung des Bekenntnisses „Ich glaube", das geradezu die musikalische Form zersprengt:

Das „Sanctus", auf kleinsten Raum zusammengedrängt, ohne den ebenfalls kurzen Anhang des „Pleni sunt coeli" und „Osanna" nur achtzehn Moderato-Takte umfassend, ist gleichwohl ein Wunder geistlicher Inspiration. Zu reinen, mystischen F-Dur-Harmonien der Violinen und Oboen singt der Chor leise, wie entrückt, nur das Wort „heilig", bis unversehens mit einem gewaltigen C-Dur-Ausbruch der Singstimmen und des vollen, von Trompeten, Posaunen und Pauken gestützten Orchesters der Name Gottes, „Dominus Deus Sabaoth", erklingt. Das „Benedictus" darf als Herzstück der Messe gelten: ein frei hinströmender As-Dur-Gesang, den die Streichinstrumente in klangsatter Mittellage anstimmen, den die Solostimmen in zarter lyrischer Ekstase fortsetzen; erst bei der Reprise des Hauptthemas nimmt der Chor die Führung an sich. Das „Osanna" des „Sanctus" beschließt den Satz in d-Moll. In der Haupttonart f-Moll setzt das „Agnus" ein. Beim „Miserere" übernehmen die Streichinstrumente des Orchesters das leise, raunende Psalmodieren, das an dieser Stelle in den meisten Kompositionen aufklingt. Mit der Bitte „Dona nobis pacem"

wendet sich der Satz nach F-Dur. Das absteigende Viernoten-Motiv, das als „Kyrie“-Ruf die Messe eröffnete, meldet sich wieder, nun aber nach Dur transponiert; und es ist vielleicht die eigentümlichste, unnachahmliche Schönheit des Werkes, daß diese unscheinbare Tonfolge f-e-d-c als zartes, verhauchendes Solo der Oboe, ganz ohne den sonst bei Bruckner üblichen Pomp der rauschenden, von Bläserglanz leuchtenden Dur-Dreiklänge, das Werk still und fast abrupt beschließt.

Das T e d e u m hat unter den Brucknerschen Chorwerken die größte Volkstümlichkeit erworben – zum Teil, weil es häufig, auf des Komponisten eigene Anregung, als „Finale“ der unvollendeten neunten Symphonie aufgeführt wird, ebensosehr aber als selbständiges Werk von besonderer, unwiederholbarer Qualität: der Brucknersche Lapidarstil, der sich schon in den Messen anmeldete, ist hier zu äußerster Einfachheit und Schlagkraft ausgebildet, das reine, wie Granit gehärtete C-Dur, das an entscheidenden Stellen des Werkes wiederkehrt, ist ein elementares Glaubenssymbol des romantischen Klanggefühls, dessen Wirkung sich niemand entziehen kann. Bruckner hat den Ambrosianischen Lobgesang in eine fünfteilige, in freiem Sinne zyklische Form gefaßt, die annähernd durch das Schema A-B-C-B-A dargestellt werden kann, wobei freilich keine Wiederholung, sondern stetige Verwandlung und Erweiterung der einzelnen Formglieder stattfindet. Er beginnt in chorischem Unisono, das von Bläserakkorden und einer stereotypen, das ganze Werk durchziehenden Quintenfigur der Streicher getragen wird:

Bald nehmen die Solostimmen das Wort, die mit dem Gesang der Cherubim und Seraphim den Satz über As-Dur nach f-Moll leiten. Leise setzt der Chor mit dem „Sanctus“ ein, das sich zu glanzvollem C-Dur-Ausbruch steigert; im ganzen ersten Teil bleibt die Grundtonart über alle Ausweichungen hin herrschend. Charakteristisch ist die Stelle „Tu devicto mortis aculeo“, wo über einem Orgelpunkt g der Bässe die Tenöre ein scharf konturiertes, schon auf die Schlußfuge vorausweisendes Motiv bringen:

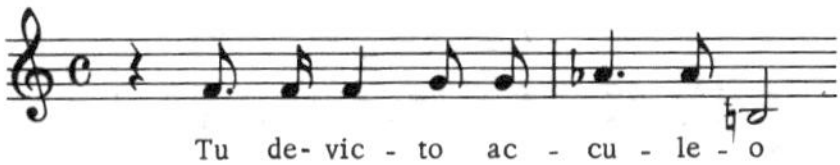

Der erste Teil kadenziert mit einem Halbschluß in f-Moll. In f-Moll setzt auch der zweite, die Stelle des langsamen Satzes vertretende Teil ein. Das Tenorsolo „Te ergo quaesumus“, dessen Schlußphrase von den übrigen Solostimmen mit lichten Durharmonien umkleidet wird, ist der schönste melodische Gedanke des Werkes:

Er wird sogleich um eine Tonstufe höher wiederholt; in zarten Modulationen führt das Solistenquartett, von aufsteigenden Skalen der Solovioline umrankt, den Satz nach F-Dur zurück, gehaltene Posaunenakkorde klingen im Pianissimo nach. Der Satz „Aeterna fac“, das Mittelstück der Messe, ist ein kraftvolles, kurzes Chor-Allegro, das am Schluß durch ekstatische Rufe der Tenöre zu machtvollem Lobgesang gesteigert wird. Das „Salvum fac" ist eine breiter ausgeführte Wiederholung des „Te ergo", dem ein gedrängter, von der Thematik des Anfangsteils gespeister Allegrosatz angehängt wird. Dann folgt, nach einer zarten, lyrischen Intonation der Solisten, die Schlußfuge:

Sie führt zu einem Höhepunkt auf einem mystischen, sogleich ins Piano zurücksinkenden Dominantdreiklang, worauf ein langer Orgelpunkt G in die akkordische, über gewaltige Harmoniestufen aufwärtssteigende Coda leitet; bewundernswert ist vor allem die elementare harmonische Wendung des Schlusses, die durch ein von cis zu g emporschreitendes Chorunisono das abschließende, von hellem Bläserklang strahlende C-Dur herbeizwingt.

Der 150. Psalm darf als Nachtrag des Brucknerschen Chorschaffens betrachtet werden. Auch hier herrscht, wie im Tedeum, klanggewaltiges C-Dur. Hallelujarufe eröffnen das Werk, der Befehl „Lobet den Herrn" wird in homophonem Chorsatz mit großem harmonischem Aufwand variiert. Bei den Worten „Alles, was Odem hat" legt ein Solosopran zarte gebundene Melismen über die Akkorde des Chores. Die Wiederkehr der anfänglichen Hallelujarufe führt zu einer Fuge, die

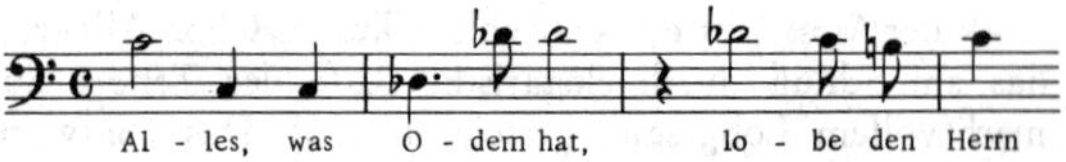

ein einfaches, aus Oktave und Halbton, dem größten und dem kleinsten Intervall gefügtes, harmonisch kühn erfundenes Thema mit kontrapunktischer Meisterschaft ausspielt (Zitat auf S. 354).

ANTONÍN DVOŘÁK

Antonín Dvořák (1841–1904), neben dem älteren Bedřich Smetana der bedeutendste tschechische Musiker des 19. Jahrhunderts, hat eine Reihe geistlicher Chorwerke geschrieben, die liturgische Texte mit den musikalischen Mitteln der Hochromantik behandeln; er begegnet sich darin mit Anton Bruckner. Während aber Bruckner mit modernen Mitteln eine kirchlich-liturgische Kunst zu schaffen bemüht war, ging es Dvořák mehr um freie künstlerische Bearbeitung religiöser Vorwürfe; seine geistlichen Kompositionen sind von vornherein mehr für den Konzertsaal bestimmt. Das sagt nichts gegen den Ernst ihres religiösen Gehalts. Sie sind Ausdruck naiver, undogmatischer Frömmigkeit, die sich mit starkem und tiefem menschlichem Gefühl verbindet; das slawisch-volkstümliche Melos, die leuchtende, schubertnahe Harmonik, die orchestrale Klangfülle, die Dvořáks weltliche Werke auszeichnen, genügen ihm auch zur Vertonung von Messe, Sequenz und Psalm.

Das Stabat mater, das früheste der geistlichen Werke Dvořáks, wurde in den Jahren 1876 und 1877 komponiert und im Jahre 1880 in Prag aufgeführt; 1881 erschien es als Opus 58 im Druck. Schwere menschliche Erschütterungen – schnell hintereinander starben drei Kinder des Komponisten – mochten der Anlaß sein, daß Dvořák sich mit dem Text der Marienklage beschäftigte, die das Leiden um den Tod des Sohnes besingt; er hat diesem Text Töne des Schmerzes und des Trostes abgewonnen, die seine Komposition vor den Vertonungen der Vergangenheit bestehen lassen. Dvořák gliedert die Sequenz in zehn musikalische Sätze, von denen der erste und der letzte, „Stabat mater“ und „Quando corpus“, durch thematische Beziehungen verbunden sind. Der erste Satz beginnt leise mit dem langgehaltenen, auf abwechselnde Blas- und Streichinstrumente verteilten Ton Fis, der Dominante der Haupttonart h-Moll. Nach acht Takten löst sich vom Anfangston eine absteigende Tonlinie los, die thematische Bedeutung gewinnt und in ruhiger Steigerung bis zum Höhepunkt eines verminderten Septimenakkordes geführt wird, worauf die Musik wieder ins Pianissimo zurücksinkt. Den Versrhythmus leise skandierend, das Melos durch Pausen unterbrechend, setzen die Chortenöre ein: „Stabat mater dolorosa iuxta crucem lacrimosa, dum pendebat filius.“ Sie enden auf dem Anfangston Fis; die übrigen Chorstimmen nehmen ihn auf, ein kurzer vierstimmiger Chorsatz wiederholt die Worte der Tenöre. Nach einem kurzen Zwischenspiel setzen die Soprane mit einer ähnlichen stockenden Phrase wie die Tenöre ein. Noch einmal unterbricht ein Zwischenspiel, dann erst entwickelt sich ein vierstimmiger Chorsatz, der sich, wie das Orchestervorspiel, zu akkordischen Höhepunkten steigert. Die Worte „Cuius animam gementem, contristatam et dolentem pertransivit gladius“ übernimmt der Solotenor in flüssiger lyrischer Kantilene. Zu feierlich leisen, stark modulierenden Akkorden der Posaunen und Trompeten beklagt der Solosopran das Leid der Mutter: „O quam tristis et afflicta fuit illa benedicta, mater Unigeniti!“ Die vier Solostimmen und der Chor nehmen die Klage auf, es entwickelt sich ein langer durchführungsartiger Satz, der vom entfernten F-Dur allmählich in die Haupttonart zurückführt. Mit dem gehaltenen Fis des Orchesters setzt der erste Teil als gedrängte Reprise wieder ein; der Satz endet in gewaltig aufrauschendem, schnell abklingendem

H-Dur, das ebenso die Härte des Schmerzes wie die Milde des Trostes zu bezeichnen scheint.

Mit den sprechend eindringlich melodisierten Worten „Quis est homo, qui non fleret“ beginnt der Alt ein tief ausdrucksvolles Quartett der Solostimmen. Wie ein Aufschrei wirkt das Solo des Basses „Pro peccatis suae gentis vidit Jesum in tormentis et flagellis subditum“. Der Schluß, „Vidit suum dulcem Natum moriendo desolatum, dum emisit spiritum“ ist ein leises Psalmodieren des Chores zu dunklen Bläserakkorden und dumpfen Paukenrhythmen. Der folgende Chor „Eia Mater, fons amoris“ schreitet in ernstem c-Moll im Rhythmus eines Trauermarsches; in der Mitte steht eine gebundene trioartige Episode, die am Schluß wiederkehrt. B-Moll ist die Tonart des folgenden Stückes, eines feierlichen Gebets, das der Solobaß anstimmt: „Fac ut ardeat cor meum in amando Christum deum.“ Der Frauenchor nimmt das Gebet leise, gleichsam flüsternd auf, eine kurze Steigerung beteiligt auch die Männerstimmen; fesselnd ist die harmonische Entwicklung, die E-Dur und C-Dur als tonartferne Ruhepunkte berührt. Der in Sechsachtel-Bewegung hinfließende Es-Dur-Chor „Tui Nati“ hat fast idyllischen Klang, der wohl durch die Worte des Mitleids „poenas mecum divide“ inspiriert ist; ein leidenschaftlich bewegter Mittelteil kontrastiert mit der milden Stimmung. Vollends tröstlich, fast heiter klingt das folgende, sechste Stück, ein volkstümlich schlichter, in gleichmäßigen Vierteln fließender Gesang des Tenors „Fac me vere tecum flere“, den der Männerchor in ebenso schlichtem akkordischem Satz begleitet; hier ist die Anfangstonart h-Moll nach H-Dur aufgehellt. Nur die Stelle „Juxta crucem tecum stare in planctu desidero“ bringt härtere Akzente. Der Chor „Virgo virginum praeclara“, dem eine gewaltsam modulierende akkordische Einleitung vorausgeht, ist ein inniger, melodiereicher Gesang in klangvollem A-Dur, ein

Stück, in dem Naivität und geistliche Würde wie sonst nur bei den Italienern zusammenklingen. Nun ergreifen die Solostimmen das Wort. „Fac ut portem Christi mortem“ ist ein klagender Zwiegesang des Soprans und des Tenors, die Alt-Arie „Inflammatus et accensus“ ein Meisterstück leidenschaftlich schmerzlichen Ausdrucks. Das düstere d-Moll ist durch Chromatik getrübt, die feierliche Melodie wird einmal zu erregtem, drängendem Sprechgesang, bevor sie sich zum lösenden Durschluß durchringt. Der letzte Satz greift die Musik des Anfangs wieder auf. Soli und Chor singen das Schlußgebet: „Quando corpus morietur, fac ut animae donetur paradisi gloria.“ Mit der Bitte um die Seligkeit des Paradieses wendet sich der Satz mit einer gewaltigen akkordischen Kadenz des vollstimmigen Chores nach D-Dur, das nun über einige harmonische Ausweichungen hin als Haupttonart beibehalten wird. Das „Amen“ setzt mit dem absteigenden Motiv des ersten Orchestervorspiels ein. Akkordische Rufe führen zu einem strahlenden Klanghöhepunkt. Dann setzt das Orchester aus, der Chor wiederholt mit voller Stimmkraft in einem klanggesättigten A-cappella-Satz einfacher, siebenstimmiger Harmonien das Gebet. Auf dem letzten Dominantdreiklang fällt das volle Orchester wieder ein und leitet in raschem Diminuendo in die Coda, die, vom Solosopran zart intoniert, von allen Stimmen noch einmal zu größerer Klangdichte gesteigert, in leisen, verschwebenden D-Dur-Harmonien verklingt.

Das Requiem, Opus 89, ist Antonín Dvořáks letztes Chorwerk; es entstand im Jahre 1890 und wurde im folgenden Jahre unter der Leitung des Komponisten in Birmingham aufgeführt. Es ist das ernste, düstere Gegenstück zum lyrisch-elegischen „Stabat mater“; freilich bleibt die Tonsprache des Komponisten auch diesem Vorwurf gegenüber gemäßigt; es fehlen die harten Akzente des Schreckens, wie sie sich bei Berlioz und Verdi finden, dafür herrscht der Ton einer milden, durch tröstliche Episoden aufgehellten Trauer. Die Partitur besteht aus dreizehn Stücken, die alle – mit der einen Ausnahme des Soloquartetts „Recordare" – den Chor beteiligen. Die Haupttonart ist ein düsteres b-Moll, das durch Ausweichungen in kontrastierende Tonarten modifiziert wird. Dem Werk liegt als Leitthema ein unscheinbares, aber in seiner lakonischen Einfachheit bedeutungsvolles Motiv zugrunde, das die Partitur in mannigfachen Verwandlungen wie ein unheimliches Todessymbol durchzieht: ein einziger Ton, von seinem oberen und unteren Halbton umspielt:

Von den Violinen unbegleitet intoniert, klingt das Motiv gleichsam aus dem Nichts auf. Von den Bässen in Oktaven verstärkt, sinkt es schrittweise in die Tiefe und wird von einem Dominantseptakkord auf F aufgefangen. Dann setzt der Chor in gedämpftem b-Moll, in tiefer Stimmlage, mit der Fürbitte ein: „Requiem aeternam dona eis, Domine." Horn, Flöte und Oboe flechten immer wieder das Halbtonmotiv ein; aus ihm entwickelt sich eine steigernde Passage, die den feierlichen, von Bläsern prächtig begleiteten Lobgesang „Te decet hymnus" einleitet. Der Solotenor nimmt die Worte auf, die Bitte „Exaudi orationem meam", vom Chor angestimmt, wird von den Solostimmen bekräftigt, die Versicherung „Ad te omnis caro veniet" leitet zur Musik des Anfangs zurück. Die Vorstellung des ewigen Lichtes ruft eine große Klangsteigerung hervor. Das abschließende „Kyrie eleison" wird von Chorstimmen einzeln in flüsterndem Piano auf das klagende Halbtonmotiv gesungen und dann in einem vierstimmigen A-cappella-Satz zu einer überraschenden Wendung nach B-Dur gesteigert, die die Blechbläser des Orchesters strahlend bestätigen; in Dur verharrt auch das kurze, in der Tiefe verklingende Nachspiel.

Der zweite Satz, Graduale, ist musikalisch nur ein kurzes Intermezzo, dessen Melos der Solosopran aus dem Halbton-Leitmotiv entwickelt; der Frauenchor stützt die Solostimme durch zarte Harmonien, der Männerchor fügt einen zehntaktigen A-cappella-Satz an, der das b-Moll-Stück in G-Dur ausklingen läßt. Mit scharfem Kontrast setzt in der Haupttonart b-Moll das „Dies irae" ein; der Komponist hat die Sequenz in sechs Sätze zerlegt. Zu tumultuoser Orchesterthematik singt der Chor in Oktaven eine einfache, alten Choralklang nachahmende Melodie:

Die Stimmführung bleibt den ganzen Satz hindurch einfach, gleichsam roh gezimmert; naturalistische Angstrufe mischen sich in den düsteren, von Hörnern und Posaunen verstärkten Gesang, der in schauerndem Pianissimo verklingt. Das „Tuba mirum", das unmittelbar anschließt, ist die eigenartigste und bewundernswerteste Eingebung des Werkes. Dvořák verzichtet nicht auf die traditionellen, vom Text geforderten Trompeten. Aber sie rufen zur Auferstehung nicht, wie bei Berlioz und Verdi, mit schmetternden Fanfaren. Sie lassen das Halbtonmotiv wie einen einsamen Ruf durch die Unendlichkeit tönen und fangen es in der dissonanten Harmonie eines übermäßigen Dreiklangs auf, den ein dumpfer Tamtamschlag markiert:

Damit ist dieser Moment seiner Theatralik beraubt und thematisch in das Ganze eingegliedert. Die Wirkung ist beklemmend: dreimal, jeweils um einen halben Ton höher, erklingt der Ruf, dann nehmen gedämpfte Streicher das Thema auf; eine einzelne Flöte verklingt in der Höhe, in der Tiefe hallen Posaunen, Tuba und Pauke nach; die Vision des anbrechenden Jüngsten Tages ist in wenige Takte voll einfachster musikalischer Symbole gepreßt. Soloalt und Solobaß fahren in der Schilderung des Gerichtes fort, von kurzen Choreinwürfen unterbrochen. Auffällig ist das von einem choralartigen Bläsersatz getragene Tenorsolo „Liber scriptus proferetur“, dem eine Oboe kadenzartige Zwischenspiele einfügt. Der wieder einsetzende Chor „Dies irae“ rundet den Satz ab. Er endet in majestätischem Es-Dur; wieder, wie im Graduale, klingt ein kurzer A-cappella-Satz des Männerchors nach. Die Furcht vor dem Gericht erfüllt den nächsten Satz „Quid sum miser tum dicturus“: ein seltsames Musikstück, aus Motivfetzen und Pausen gefügt, befremdlich in Harmonik und Stimmführung, stockend, ohne rechten Fluß und Fortgang. Erst beim Einsatz der Solostimmen „Rex tremendae maiestatis“ bindet sich der Satz zu feierlicher Bewegung und verklingt mit der Bitte „Salva me, fons pietatis“ über dumpfen Rhythmen der Pauke; As-Dur und cis-Moll sind die herrschenden Tonarten. Ein Ruhepunkt ist das D-Dur-Quartett der Solostimmen „Recordare, Jesu pie“, ein Stück von vokalem Wohllaut und melodischer Schönheit, ergreifend durch leidenschaftliche Kraft des Ausdrucks. Jagende Streicherskalen leiten den g-Moll-Satz „Confutatis maledictis“ ein, der sich bei der Stelle „Oro supplex et acclinis“ besänftigt und nach H-Dur aufhellt. Wilde Streichertriolen in der Harmonie des verminderten Septimenakkordes erklingen zu Beginn des „Lacrimosa“, dessen expressives Melos von düster-majestätischen Episoden und von hartnäckig wiederholten

Einsätzen des Todesmotivs durchsetzt ist. Erst beim Anruf „Pie Jesu“, wo die b-Moll-Tonart wieder erreicht ist, beruhigt sich die Musik zum Ton sanft beschwörender Bitte.

Das Offertorium „Domine Jesu Christe“ wird von einem feierlich gemessenen Holzbläsersatz in lichten F-Dur-Harmonien eingeleitet; eine slawisch gefärbte Melodie der Chorbässe, die die Altstimmen, von Holzbläsern in Sexten begleitet, wiederholen, gibt dem Satz volkstümlichen Klang:

Im Wechsel von Solo- und Chorstimmen entwickelt sich ein F-Dur-Satz von vokalem und instrumentalem Glanz, der von einer lieblichen D-Dur-Episode „Libera animas omnium fidelium“ unterbrochen wird. Auch dieser Teil steigert sich zum vollstimmigen Ensemble, das bei der Stelle „Libera eas de ore leonis“ bedrohliche Töne anschlägt. Herrlich klingt das heroische, von Bläsertriolen begleitete Unisono der Solostimmen „Sed signifer sanctus Michael repraesentet eas in lucem sanctam“, das der Chor weiterführt:

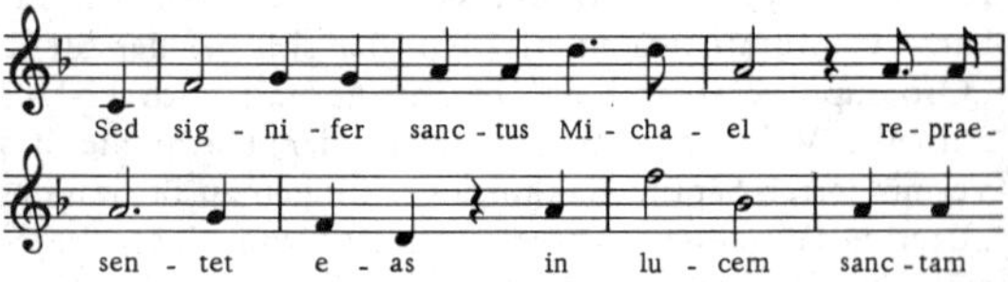

Ein schwungvoller, durch lebhafte Stimmführung und harmonischen Reichtum fesselnder Chor „Quam olim Abrahae promisisti", der die an dieser Stelle übliche Fuge ersetzt, schließt den wirkungsvollen Satz glanzvoll ab. Das folgende „Hostias" ist thematisch eng mit dem Offertorium verbunden. Der Solobaß eröffnet es mit derselben Melodie „Domine Jesu Christe"; in ihrer Fortführung durch Alt, Sopran und Tenor, im verhaltenen Klang der eingeschobenen Chorsätze „Fac eas, Domine, de morte transire ad vitam" entfaltet sich ein Überfluß zarter harmonischer und instrumentaler Reize. Der fugenähnliche Chor „Quam olim Abrahae" wird als Abschluß auch dieses Teiles wiederholt. Das „Sanctus" beginnt in den Solostimmen mit ruhiger Feierlichkeit, der ein Choreinsatz grandiose Steigerung gibt. „Pleni sunt coeli" ist ein ekstatisches Sopran-Solo, das von allen Stimmen aufgenommen wird. Der Hosanna-Chor leitet aus dem B-Dur des „Sanctus" unmittelbar in das ätherische H-Dur des innigen, in weicher Klangfülle strömenden „Benedictus", das mit dem abermaligen „Hosanna" in die B-Dur-Tonart zurückkehrt. „Pie Jesu", das zwölfte Stück der Partitur, ist ein ruhiger, teilweise unbegleiteter Chor in g-Moll, dem eine von drei Solostimmen intonierte Coda in G-Dur angehängt ist. Der Schlußsatz „Agnus Dei", in der Haupttonart b-Moll, enthält eine bewundernswerte Fülle musikalischer Eingebung und Ausdruckskraft. Das Halbtonmotiv, das das ganze Werk durchzog, meldet sich noch einmal nachdrücklich zu Worte und diktiert den Lauf des melodischen Geschehens. Nach einem kurzen Vorspruch des Solotenors setzt der Chor mit ruhigem, voll harmonisiertem Gesang ein, vom Orchester leise mit punktierten Rhythmen begleitet. Nach einem Einwurf des Solosoprans wird der Chorsatz in klangvoll ausladender Erweiterung wiederholt und unter Beteiligung des Soloquartetts phantasievoll fortgesponnen. Von einem Höhepunkt leiten zarte Sextakkordketten der Holzbläser zu einem neuen Gedanken über. In zweimaligem Ansatz steigt der Solosopran zum letzten, strahlenden Klanggipfel des Werkes auf: „Lux aeterna luceat eis.“ Durch den Tenor in der Oktave verstärkt, schwebt die Sopranstimme über den im Es-Dur-Dreiklang aufleuchtenden, durch chromatische Harmonien nach B-Dur modulierenden Klangmassen des Chores und des durch die Orgel verstärkten Orchesters. Mit den Worten „quia pius es“ sinkt die Musik allmählich ins Piano zurück. Noch einmal übernimmt das Halbtonmotiv, vom Horn angestimmt, die Führung. Soloalt und Solosopran entwickeln aus ihm ihre ruhig ausschwingenden Melodien, alle Stimmen vereinigen sich, von Trompeten und Posaunen gestützt, zu leisen, lösenden B-Dur-Akkorden. Mit hartem Akzent setzt der kurze Epilog des Orchesters ein, der das Moll wieder in sein Recht einsetzt und das Werk in leisen Bläserakkorden ausklingen läßt.

MAX REGER

Max Reger (1873–1916), Erneuerer der Orgelmusik aus dem Geiste der Bachschen Polyphonie, als Komponist von Kammer- und Orchestermusik ein Spätromantiker, der die Harmonik chromatisch bis an die Grenzen der Tonalität zerdehnte, hat der geistlichen Chormusik als Schöpfer von Motetten, Choralkantaten und Gesängen gedient. Die Harmonie ist der Motor seiner Musik, Melodie erscheint nur in der Gestalt des objektivierten, zum Zwecke kontrapunktischer Verarbeitung erfundenen Themas Bachscher Provenienz. Es ist daher verständlich, daß Regers Wirkung als Vokalkomponist noch begrenzt ist, zumal der komplizierte harmonische Bau seiner Sätze an die Musikalität der ausführenden Sänger hohe

Anforderungen stellt. Die Kraft seiner schöpferischen Phantasie und die Tiefe des religiösen Gehalts stellen seine Chorwerke in die Linie der großen geistlichen Tradition, die durch Bach und Bruckner bezeichnet ist.

Der 100. Psalm für gemischten Chor, Orchester und Orgel, Opus 106, Regers bedeutendstes geistliches Chorwerk, verschmilzt Formelemente der barocken Kantate mit denen der klassischen Sonate. Das Werk besteht aus vier ineinander übergehenden Sätzen, die wie Allegro, Andante, Scherzo und Finale der klassischen Instrumentalform einander folgen; der Chorsatz ist zum Teil polyphon-linear, zum Teil homophon-harmonisch gehalten. Gleich der Anfang des ersten Satzes ist ein Meisterstück des Harmonikers Reger, der ungeheure Kräfte aus den Spannungen der kühn geweiteten Tonalität entfesselt. Über dem tonartfremden Baßton C, der als Orgelpunkt sechzehn Takte lang liegen bleibt, setzen die höheren Instrumente in der Haupttonart D-Dur mit einem Freudenmotiv ein, das sie, ohne die Dissonanz aufzulösen, durch gleitende Harmonien vorwärtstreiben; der Chor wirft, einstimmig in Oktaven, scharf rhythmisierte Rufe dazwischen: „Jauchzet dem Herrn.“ Im elften Takt scheint sich C-Dur als Tonart durchzusetzen, aber sogleich beginnt, getragen von dem nun zu fünfstimmigem Satz auseinandertretenden Chor, eine neue chromatische Entwicklung, die über einen rumorenden Anstieg der Orchesterbässe zum ersten, auf die Haupttonart D-Dur bezogenen Klanghöhepunkt führt; einstimmig, Soprane und Tenöre auf dem hohen A, singt der Chor die Worte: „Alle Welt.“ Zwei leise Akkorde der Hörner leiten zu einer ruhigen, zart intonierten, die Textworte „Dienet dem Herrn“ ausdrükkenden Episode, die die Bedeutung eines lyrischen Seitenthemas hat. Aus dem Wechsel der beiden Themengruppen ergibt sich ein gewaltiger, stellenweise über wild bewegten Bässen hinschreitender Chorsatz in freiem polyphonem Stil, der nach mancherlei harmonischen Abenteuern in endlich gefestigtes D-Dur ausklingt. Der zweite, langsame Satz, der nach einer Generalpause unmittelbar anschließt, zählt zu den schönsten und tiefsten Eingebungen des Komponisten; die Worte „Erkennet, daß der Herr Gott ist" werden Anlaß zu einer mystischen Meditation, in der Demut, Ehrfurcht und tastende Gottesahnung wunderbar zusammenklingen. Hörner und Posaunen beginnen mit geheimnisvollen Akkorden, nach einem stockend synkopierten Paukensolo setzt der Chor ein. Die Harmonien a-Moll, c-Moll, d-Moll, cis-Moll folgen einander, die Stelle „daß der Herr Gott ist" wird durch zwei vom Orchester und der Orgel mit gewaltiger Klangfülle gestützte Septimenakkorde hervorgehoben, die der c-Moll-Region anzugehören scheinen. Ein tonales Zentrum ist lange nicht festzustellen, erst spät setzt sich der wiederholt aufklingende D-Dur-Dreiklang als Schwerpunkt durch. Reizvoll ist die idyllische Episode „Er hat uns gemacht zu seinem Volk und zu Schafen auf seiner Weide". Das Seitenthema des ersten Satzes klingt an, der Chor endet ruhig mit einem Halbschluß in D-Dur. Unmittelbar folgt in Fis-Dur in graziösem Dreivierteltakt der dritte Satz; die Textworte „Gehet zu seinen Toren ein mit Danken, zu seinen Vorhöfen mit Loben" mögen dem Komponisten die alttestamentliche Vorstellung eines kultischen Tanzfestes suggeriert haben. Von packender Wirkung ist am Schluß die abrupte Einführung des von Chor und vollem Orchester ausgehaltenen C-Dur-Dreiklangs in den Fis-Dur-Raum. Eine orchestrale Überleitung, die schon im ersten Satz verwendet wurde, führt zu der großartigen, mit unerschöpflicher Kraft des polyphonen Denkens entwickelten Schlußfuge, deren mit einem festen Kontrapunkt verkettetes Thema am Ende mit dem von Trompeten geblasenen Choral „Ein feste Burg ist unser Gott" kombiniert wird (Zitat auf S. 367).

Das R e q u i e m , Opus 145 a, das Reger in seiner letzten Lebenszeit begonnen hat, blieb Fragment; aber der vollendete Anfangssatz ist eine in sich geschlossene, tiefernste Trauermusik, die die Aufführung im Konzertsaal verdient. Auch für Reger ist, wie für Mozart, d-Moll die Tonart des Todes als des Führers in eine andere, übersinnliche Welt. Reger beginnt in äußerster Klangtiefe mit einem Orgelpunkt D, der von der Orgel gehalten, von den Kontrabässen in gleichmäßigen Vierteln rhythmisiert wird und über dem sich in ätherischem, wesenlosem Klang Akkordschichtungen aufbauen; es ist dieselbe thematische Idee, die Regers etwa gleichzeitiger, ebenfalls „Requiem“ betitelter Komposition des Hebbelschen Gedichts „Seele, vergiß sie nicht, Seele, vergiß nicht die Toten“ zugrunde liegt, aber der musikalische Fortgang ist in beiden Fällen verschieden. Hier, im liturgischen Requiem, bleibt der Orgelpunkt über vierundsechzig Sostenuto-Takte, das heißt fast den ganzen ersten Hauptteil des Satzes hindurch starr und unbewegt liegen. Die Violinen intonieren darüber geisterhafte, leere Quintklänge, ein Seufzer der Flöte, ein dunkler Septimenakkord der Hörner heben sich ab, wie eine Klage klingt eine absteigende, chromatisch harmonisierte

Melodie des Streicherchors. Dann setzt der Chor in tiefer Lage, in Quinten D–A, mit dem Wort „Requiem" ein. Die Solostimmen nehmen das Wort auf und variieren es in durcheinanderklingenden Rufen. Bald bindet sich der Chorgesang zu vier- bis siebenstimmigem Satz in durchgehender Viertelbewegung. Groß ist die Wirkung, wenn der Baß endlich um einen Ganzton von D nach C sinkt, übrigens ohne Rücksicht auf das harmonische Geschehen in den Oberstimmen, die sich ihm erst nachträglich anpassen und den ersten Teil des Satzes in C-Dur schließen. Ein romantischer Lichteinbruch sind die schwebenden As-Dur-Harmonien bei der Stelle „Et lux perpetua luceat eis", die im Wechselgesang von Chor und Solisten bis zu einem ruhigen D-Dur-Schluß ausgesponnen wird. Kraftvoll und majestätisch setzt, nach einem zwischengeschalteten B-Dur-Takt des Orchesters, der Chor in c-Moll ein: „Te decet hymnus." Von dramatischer Wirkung ist der Wechsel von Piano der Solostimmen und Fortissimo des Chores und Orchesters bei den Rufen „Exaudi"; der Abgesang „Ad te omnis caro veniet" kadenziert in A-Dur. Mit weichen Bläserakkorden beginnt die musikalisch reicher ausgeführte Wiederholung des ersten Teils „Requiem aeternam dona eis, Domine". Die Rufe „Kyrie eleison" werden durch Trompeten und Posaunen gestützt, die Bitten „Christe eleison" bilden einen zarten lyrischen Kontrast. Am Ende sinkt die Musik auf den Orgelpunkt D zurück. Wie ein Nachhall klingen in den Singstimmen die Motive des Anfangs auf, der leere Quintklang D–A verhallt diminuierend ins Unhörbare.

Oratorium und Chorballade

Das Oratorium, die Schöpfung des phantasiereichen, in Bildern und Affekten schwelgenden Barock, erwies sich als lebensfähig genug, die Epoche seiner Entstehung zu überdauern; es wuchs in die neue, von den geistigen Ergebnissen der Aufklärung und den sozialen Folgerungen der Französischen Revolution bestimmte Welt hinein und wurde eine der stärksten Stützen der bürgerlichen Musikkultur. Die musikalische Begeisterung der Laien und Liebhaber führte in Deutschland allerorts zur Gründung von Chorvereinigungen, die entweder den Typus der „Liedertafel", der geselligen Vereinigung zum Volksliedgesang, oder der „Singakademie", der Arbeitsgemeinschaft zur Konzertaufführung größerer Chorwerke, vertraten, und, entsprechend ähnlichen schon bestehenden Vereinigungen in England, zum wesentlichen Element des öffentlichen Musiklebens wurden.

Die Oratorien Joseph Haydns, die diese Entwicklung mächtig anregten und lange bevorzugter Gegenstand der Choraufführungen blieben, sind das Bindeglied zwischen der barocken und der klassisch-romantischen Chorkultur. Unmittelbar von Händel inspiriert, auf englische, barocken Geist atmende Texte komponiert, wurden sie doch andererseits Vorbild für eine Entwicklung, die aus den religiösen Bindungen des Barock in die Geistes- und Gefühlsfreiheit des neunzehnten Jahrhunderts hinausführte. Lehnen sich Mendelssohns Oratorien, in deren Mittelpunkt biblische Helden stehen, noch eng an das Muster Händels an, so vertreten Schumanns Vertonungen romantisch-märchenhafter Stoffe den neuen Typus des weltlichen Oratoriums, und die farbigen, von Shakespeare und Goethe inspirierten Chordramen des Hector Berlioz führen vollends in das grenzenlose Reich der poetischen Phantasie.

Der Unterschied zwischen geistlichem und weltlichem Oratorium, der schon bei Händel nicht wesentlich war, verwischte sich vollends. Die Form wurde durch die Tendenz zur Lockerung und Ausbreitung bestimmt, welche die romantische Entwicklung in Oper und Symphonie kennzeichnet. Orchestrale und vokale Elemente mischen sich stärker, die Formauflösung der Wagnerschen Schule greift vom Musikdrama auf das Oratorium über. Die Oratorien Franz Liszts und César Francks, die großen Chorkantaten Hans Pfitzners sind Zeugnisse des romantischen Kunstwillens, der die Geheimnisse des Himmels und der Erde zu ergründen strebt und mit der Größe seiner Leistungen neben der schöpferischen Fülle des Barock bestehen kann.

JOSEPH HAYDN

Die Schöpfung wurde von Joseph Haydn in den Jahren 1795–1798, um die Mitte seines siebenten Lebensjahrzehnts, komponiert und am 29. April 1799 in Wien erstmals aufgeführt. Sie ist eine Frucht seines englischen Aufenthalts und der Begegnung mit dem Oratorium Georg Friedrich Händels. Die Textdichtung, das Werk eines sonst nicht bekannten englischen Autors namens Lidley, der sich Miltons „Verlorenes Paradies“ zum Vorbild nahm, soll ursprünglich für Händel bestimmt gewesen sein, der sie aber nicht vertonte. Sie ist ein breit ausgesponnener, mit anschaulichem Detail und frommen Lobgesängen durchsetzter Bericht von der Erschaffung der Welt, der den Erzengeln Gabriel, Uriel, Raphael und dem Chor der himmlischen Heerscharen in den Mund gelegt ist; am Ende stimmt auch das erste Menschenpaar, Adam und Eva, in das Lied der himmlischen Sänger ein. Der erste Teil behandelt den ersten bis vierten Schöpfungstag mit der Erschaffung der Erde und der Gestirne, der zweite den fünften und sechsten Tag mit der Erschaffung der Tiere und Menschen, der dritte Teil feiert die paradiesischen Freuden des siebenten Tages. Die charakteristisch englische, naiv weltgläubige Frömmigkeit der Dichtung entsprach dem Geist und Wesen Haydns, der die optimistische Weltlichkeit des Aufklärungszeitalters und den kirchlichen Glauben in sich zur Harmonie verband. Der Wiener Diplomat und Kunstliebhaber Gottfried van Swieten übersetzte den Text, den Haydn von seiner zweiten Londoner Reise mit nach Haus brachte, ins Deutsche und regte den Komponisten zur Vertonung an. Haydn arbeitete mit großer Anstrengung drei Jahre lang und vollendete ein Werk, dem an Umfang und Bedeutung nichts aus seinem ganzen früheren Schaffen an die Seite zu stellen ist und das einer jahrhundertlangen Entwicklung zum Vorbild wurde.

Das Oratorium beginnt mit einem der eigenartigsten Instrumentalsätze der Musikliteratur, mit der Darstellung des Chaos, aus dem der Kosmos entstanden ist. Daß Haydn, das Genie der Ordnung und der Form, mit dem musikalischen Bilde der Formlosigkeit und der vorzeitlichen Unordnung eines seiner großartigsten Stücke gelungen ist, zeugt von der Weite und Tiefe seiner künstlerischen Natur; die chaotische Vision dieses Vorspiels ist der unermeßliche Hintergrund, vor dem die heiteren Bilder der Weltschöpfung erst ihre Bedeutung als Werke göttlicher Macht und Güte gewinnen, die Polarität des Nichts und des Seins ist die Spannung, die das Werk über die bloße Idylle hinaushebt. Ein starr ausgehaltenes Unisono-C des ganzen Orchesters symbolisiert die unendliche Leere. Undeutlich wie Schemen schweben thematische Rudimente im Dämmerlicht ziellos schweifender Harmonien. Die funktionelle Bedeutung der Klänge wird verschleiert, so daß die Tonart ungewiß bleibt, Dissonanz und Auflösung werden mit einer in der klassischen Musik beispiellosen Kühnheit ineinander verschränkt, so daß der Wechsel von Spannung und Lösung, das Grundprinzip tonaler Musik, aufgehoben ist. Chromatik, Vorhaltsbildungen und Ausweichungen in ferne harmonische Bereiche verwirren das Ohr; der erste Forte-Höhepunkt des c-Moll-Stückes täuscht ein Des-Dur vor, der Tonikadreiklang c-es-g erscheint unverschleiert vollständig und in Grundstellung – durchgehende Umkehrungen in Sextakkord- und Quartsextakkordform deuten ihn vorher an – erst als Schlußakkord im achtundfünfzigsten und neunundfünfzigsten Takte. Aber das chaotische Musikstück läßt doch undeutlich das dreiteilige Schema der Sonatenform durchscheinen. Der erste Teil, aus zwei Themengruppen bestehend, kadenziert in der Paralleltonart Es-Dur und leitet über in eine Durchführung des Seitenthemas, die in die stark verkürzte Reprise des Hauptteils zurückführt; eine chromatisch gleitende, in wesenlosem Pianissimo verschwebende Coda beschließt den Satz in c-Moll. Wichtiger aber als der technische Aufwand ist die künstlerische Wirkung: das Gestaltlose ist Gestalt geworden.

In schlichtem Rezitativ beginnt die Baßstimme Raphaels die Erzählung: „Im Anfang schuf Gott Himmel und Erde." Mit gedämpften Stimmen setzt der Chor ein: „Und der Geist Gottes schwebte auf der Fläche der Wasser." Der strahlende C-Dur-Einbruch des vollen, von Trompeten überglänzten Orchesters bei den Worten: „Und es ward Licht" ist ein elementares Klangereignis, das von der ersten Aufführung des Werkes bis heute seine überwältigende Wirkung bewahrt hat; die Naturgewalt des Durdreiklangs ist, sooft die Stelle auch im Jahrhundert der Tonmalerei kopiert wurde, niemals eindringlicher bezeugt worden. Der Engel Uriel, der Tenor, berichtet in einer strahlenden A-Dur-Arie vom Siege des Lichts und, in einer gewaltsamen Wendung nach c-Moll, von der Flucht der dunklen Höllengeister. Der Chor nimmt die Schilderung auf; heftige, einander jagende Einsätze eines abwärtsstürzenden Themas, von Posaunenklang verstärkt, verkünden den Schrecken des Höllensturzes, eine liebliche, kindlich einfache Melodie malt die lichte Schönheit der entstehenden Welt. Wieder nimmt Raphael, der Baß, das Wort. Er berichtet, von anschaulich untermalenden Orchester-Ritornellen begleitet, von den Stürmen der elementaren Welt, von Blitz und Donner, von Regen, Hagel und Schnee. Nach einem kurzen Lobgesang des Solosoprans und des Chores singt Raphael weiter vom wogenden Meere, von den Gipfeln der Berge, die sich aus den Wassern erheben, von breiten Strömen und vom leise rauschenden Bach im stillen Tale. Den idyllischen Ton, in den sein Gesang ausklingt, nimmt Gabriel auf; die Sopranarie „Nun beut die Flur das frische Grün dem Auge zur Ergötzung dar", in heiterer Pastoralstimmung gehalten, ist ein liebliches Blumenstück, in dem sich bukolische Klänge der Flöten, Klarinetten und Oboen mit den Koloraturen der Sängerin mischen. In festlichem D-Dur fallen die himmlischen Heerscharen ein: „Stimmt an die Saiten, ergreift die Leier"; die Chorfuge „denn er hat Himmel und Erde bekleidet in herrlicher Pracht", mit markantem, durch einen Septimenfall charakterisiertem Baßthema einsetzend, hat Händelsche Größe und Phantasiefülle. Sonne, Mond und Sterne werden von Uriel begrüßt. Das langsame Aufsteigen des Tagesgestirns, das sich aus langgezogenen Vorhaltsakkorden der Streicher wie aus duftigen Nebelschleiern zu strahlender Größe erhebt, ist ein ebenso zwingendes Tongemälde wie das stille Gleiten des Mondes am Nachthimmel, das durch sanfte, gebundene Geigenklänge über dunklen Bässen dargestellt wird. Mit einem machtvollen, reich gegliederten C-Dur-Finale, das sich in opernhafter Stretta zu einem langgehaltenen Dominant-Orgelpunkt steigert, beschließen Solo- und Chorstimmen den ersten Teil des Oratoriums: „Die Himmel erzählen die Ehre Gottes, und seiner Hände Werk zeigt an das Firmament.“

Vier Schöpfungstage umfaßt der erste Teil, zwei der zweite: Gott erschafft die lebendige Kreatur, daß sie auf der schönen Erde wohne. Hier entfaltet Haydn seine Kunst der Genremalerei, hier wird die Partitur zu einem Bilderbuch, das die geflügelten und vierbeinigen Bewohner einer paradiesischen Welt vor dem inneren Auge des Hörers vorüberziehen läßt; hier nimmt das Werk einen idyllischen Charakter an, der mit der ernsten Größe des ersten Teiles wirksam kontrastiert. Daß die Beschreibung der Vogelwelt der Sopranstimme vorbehalten bleibt, ist selbstverständlich. Die Arie Gabriels, die den Flug des Adlers, das Aufsteigen der Lerche, das Girren des Taubenpaars mit vokalen und instrumentalen Mitteln, mit schwebenden Flugsymbolen, Trillern und gurrenden Terzenfiguren schildert, ist ein Kabinettstück, in dem die Schäferpoesie des Rokoko nachklingt. Der Gesang der Nachtigall, in wehmütigem Moll beginnend und in jubelnde Koloraturen ausklingend, gibt dem reizenden Stück einen lyrisch ausholenden Schluß. Raphaels Rezitative, die von den Tieren des Wassers und der Erde handeln, sind die Gegenstücke. Der Löwe, der mit tiefem Kontrafagott-Triller brüllt, der Tiger, der mit kurzen, schnellen Streicherläufen emporspringt, der Hirsch, den eine Jagdmusik begleitet, das munter trabende Roß, Rind und Schaf, die zu Schalmeienklang auf grünen Matten weiden, schwirrende Insekten und Gewürm, das sich in chromatischen Baßlinien am Boden windet: die tonmalerische Akribie ist auf die Spitze getrieben, und es darf danach als absichtsvolle künstlerische Entsagung gelten, wenn die Erschaffung des Menschen nur in einem schlichten Cembalorezitativ berichtet und in einer mehr lyrischen als beschreibenden Tenorarie Uriels gefeiert wird. Die Lobgesänge des fünften Tages sind den Solisten und dem Chor zugeteilt; ein liebliches Terzett steigert sich zu einem glänzenden Chorschluß, der von Koloraturen des Soprans und des Tenors durchflochten ist. Ähnlich, aber reicher hat Haydn den Schlußgesang des sechsten Tages ausgeführt. Zwei Chorsätze umrahmen ein Terzett der Solisten, dessen milde, ruhevolle Stimmung von einer düsteren Episode des Basses unterbrochen wird; zum ersten Male fällt, während die Musik mit zitternden Triolen des Streichorchesters von E-Dur nach Ges-Dur ausweicht, die Ahnung des Todes in die junge Welt: „Du nimmst den Odem weg: in Staub zerfallen sie." Der Chor preist das vollendete Werk in einer kontrapunktisch und harmonisch reichen Fuge, die den hymnisch-feierlichen Charakter des Werkes wiederherstellt.

Ein Orchestervorspiel von lichtem, wohligem E-Dur-Klang eröffnet den dritten Teil, der das paradiesische Leben des ersten Menschenpaares vor dem Sündenfall schildert. Adam und Eva, zum Bewußtsein ihrer selbst erwacht, erheben ihre Stimmen und rufen alle Wesen der Natur zum Lobe Gottes auf – ein Duett mit Chor, das, über triolisch pulsender Orchesterbegleitung ruhig beginnend, sich über einen heiter tändelnden Mittelteil zu feurig bewegtem Schluß steigert, ein rauschendes Preislied, erfüllt von der frohen Morgenstimmung der neu erschaffenen Welt. Nach einem ausdrucksvollen, von menschlicher Gefühlswärme erfüllten Rezitativ verbinden sich die Baßstimme Adams und die Sopranstimme Evas zu einem Zwiegesang, der wie die Idealisierung eines opernhaften Liebesduetts wirkt und in seinem Schlußteil fast buffonesken Klang hat. Der Schlußchor des Werkes ist eine Fuge, der eine kurze, feierliche Einleitung vorangeht. Das einfache, nicht sehr charakteristische Thema „Des Herren Ruhm, er bleibt in Ewigkeit" wird mit großer Klangfülle in reizvollen harmonischen Wendungen durchgeführt; eingeschobene, in Terzenkoloraturen hinfließende „Amen"-Rufe der Solostimmen gliedern das Stück in zwei Teile, denen eine lapidare, die Chorstimmen zu höchster Klangwelt ballende Coda angehängt ist.

Die Jahreszeiten, Joseph Haydns zweites großes Oratorium, wurden unmittelbar nach der „Schöpfung" in den Jahren 1799 und 1800 komponiert und am 24. April 1801 im Schwarzenbergschen Palais zu Wien zum ersten Male aufgeführt. Wieder liegt ein englischer Text zugrunde, ein Gedicht von J. Thomson, das van Swieten ins Deutsche übertragen hat. Die vier Jahreszeiten werden aus der Sicht des Bauern, dessen Leben und Wirken sie in ewig gleichem Rhythmus bestimmen, geschildert. Saat und Ernte, Jagd und Weinlese sind die Themen, die winterliche Spinnstube macht den Beschluß. So ergibt sich eine Folge von Genrebildern überwiegend idyllischen Charakters. Damit wird das Werk zum Gegenstück der ernsten, in den Bereich des Erhabenen greifenden „Schöpfung". Die Überfülle der Bilder und Detailmalereien, die hier wie dort oft belächelt worden ist, die aber in der „Schöpfung" durch den roten Faden des biblischen Berichts zusammengehalten wird, erschwert in den Jahreszeiten die Bindung des Ganzen; das Werk zerfällt in vier in sich geschlossene Kantaten, ähnlich wie im Bachschen Weihnachtsoratorium bestimmt der Formbegriff des Oratoriums nur den äußeren Umriß. Immerhin ist es dem Textdichter gelungen, dem irdischen Poem durch eine religiöse Schlußwendung einen erhöhenden Ausklang zu geben: der Nacht des Erdenwinters wird die Vision der lichten Himmelswelt gegenübergestellt. Haydn hat diese Möglichkeit der Steigerung ausgenutzt und dem Ganzen einen feierlichen Schluß gegeben, der die Würde der „Schöpfungs"-Musik erreicht, so daß die Beziehung zwischen beiden Werken trotz ihres Stimmungsgegensatzes eng ist. Der Chor wird als „Landvolk" und „Jäger" bezeichnet, als Solisten treten der Pächter Simon (Baß), seine Tochter Hanne (Sopran) und der junge Bauer Lucas (Tenor) hervor.

Der *Frühling*, den der erste Teil des Oratoriums besingt, ist die Zeit der Saat und der Hoffnung. Den heiteren Gesängen der Lenzesfreude geht ein stürmisch bewegtes, in düsteren Mollfarben gehaltenes Vorspiel voraus, das den Übergang vom Winter zum Frühling schildert, ein seltsam regelloses, die Sonatenform mit Exposition, Durchführung und Reprise nur ungefähr andeutendes Stück, das der Chaos-Musik am Anfang der „Schöpfung" verwandt ist. Vier Largo-Takte, die Tonfolge g-f-es-d, in ganzen Noten unisono von Streichern und Fagotten gespielt, scheinen die Öde und Eisesstarre des Winters zu malen. Dann bricht im Vivace ein wildes Drängen und Treiben los, als rängen die Mächte der Natur miteinander um die Herrschaft. Auf einem verminderten Septakkord, dem Höhepunkt des Sturmes, bricht die Musik ab, es folgt unmittelbar das Rezitativ der drei Solisten, die die Flucht des Winters und das Nahen des Frühlings verkünden. Der erste Chor ist eine

der schlichten, sich unvergeßlich einprägenden Eingebungen; denen Haydns Oratorien ihre unvergleichliche Volkstümlichkeit verdanken; ein Lied der Frühlingserwartung, in dessen Mittelteil Frauen- und Männerstimmen sich im Wechselgesang gegenübertreten; die Mahnung der Männer: „Frohlocket ja nicht allzufrüh", die die Mollharmonien und Dissonanzen des Winters warnend zurückruft, ergibt einen wirksamen Kontrast, aber die Wiederkehr des Hauptteiles stellt die frohe Stimmung wieder her. Auch die Baßarie Simons, des Pächters, atmet diese Stimmung naiver Naturfreude. Hier hat sich

Haydn den Scherz gemacht, den Ackersmann, der dem Pfluge flötend nachschreitet, die allbekannte, behäbig-zopfige Melodie aus dem zweiten Satz der Symphonie mit dem Paukenschlag pfeifen zu lassen; das Orchester zitiert die Reminiszenz mit liebevoller Ausführlichkeit. Die Arbeit ist getan; der Segen des Himmels muß bewirken, daß die Saat Früchte trägt. Ein Bittgesang der Landleute fleht um Regen und Sonnenschein. Hier hat Haydn ein gewichtiges Stück von religiöser Feierlichkeit geschrieben, das zu den ernsten Höhepunkten der Partitur zählt. Chor und Solostimmen entfalten sich in ruhig fließender Melodie, die sich im zweiten Teil in ein polyphones Gewebe verästelt. Der strenge, durch eine fortlaufende Baßlinie gebundene Orchestersatz und die harfenartig rauschenden Violinfiguren des Schlusses geben dem Stück fast kirchliche Würde. Als heiteres, sonniges Intermezzo folgt ein Freudenlied der Jugend. Hanne, Simons Tochter, und Lucas, ein junger Bauer, führen als Solosopran und Solotenor den Chor der jungen Leute. Vom lichten A-Dur wendet sich der frohe, in Terzen hintändelnde Gesang überraschend nach G-Dur und verharrt endlich in D-Dur; reizend ist vor allem eine Episode der Mädchen und Burschen, in der das Orchester das Prickeln und Schwellen der Lenzestriebe ausdrückt. Mit mächtigem harmonischem Ruck nach B-Dur setzt der Schlußchor ein, Maestoso beginnend und in ein fugiertes Allegro von bäuerlich kraftvollem Klang auslaufend.

Der zweite Teil des Oratoriums, die Schilderung eines *Sommertages* vom Morgen bis zum Abend, ist ganz der Naturmalerei gewidmet. Ein kurzes Präludium in dämmernden c-Moll-Farben stellt die entweichende Nacht und die heraufkommende Dämmerung dar. Der Weckruf des Hahnes ertönt, von der Oboe geblasen; es ist lustig, wie der eifrige Vogel, seinen Schrei dreimal mit gesteigerter Eindringlichkeit wiederholend, mit dem „Kikeriki“ erst zur Quinte, dann zur Sexte, endlich zur Septime aufsteigt. Das Horn des Hirten ertönt; Simon schildert in einer gemächlichen Arie den Auszug der Herde. Hanne kündigt die Morgenröte an. Ein kurzes Chorensemble malt in chromatisch aus der Tiefe aufsteigenden Harmonien und gewaltigem Crescendo des ganzen Orchesters den Aufgang der Sonne. Von rauschenden Violinpassagen und strahlenden Trompetenklängen begleitet, erscheint das Gestirn „in flammender Majestät": ein Tonbild, das an suggestiver Gewalt dem lakonischen „Und es ward Licht" der Schöpfungsgeschichte entspricht. Ein Sonnenhymnus schließt sich an, ein reich gegliederter, mit kunstreichen Koloraturen der Solostimmen geschmückter Freudenchor. Die Morgenfrische weicht bald der Mittagsglut. Ein Largo in heißem, grell leuchtendem E-Dur, von Lucas gesungen, spricht von der drückenden, Mensch und Tier belastenden Hitze. Hanne preist dagegen die Kühle des schattigen Haines, in dem die Schalmei des Schäfers klingt; die Sopranarie mit Oboensolo „Welche Labung für die Sinne" ist ein bezauberndes Stück pastoraler Musik. Dann aber verdüstert sich die Szene. Fahle, dämmernde Harmonien erklingen, ferner, dumpfer Donner grollt, stockende Pizzikatoakkorde versinnbildlichen die ängstliche Erwartung der Natur. Eine Generalpause des Orchesters entspricht dem Moment der Todesstille. Dann bricht mit einem grellen Blitzschlag, einer in den Tönen des verminderten Septakkords abstürzenden Staccatofigur der Flöte, das Unwetter los. Die Gewittermusik in chromatisch verschleiertem c-Moll, die dem entsprechenden Stück in Beethovens Pastoralsymphonie manche Wirkung vorwegnimmt, geht in ein von Angstrufen unterbrochenes Chorfugato über. Dann zieht das Wetter vorüber. In stetem Diminuendo beruhigt sich die Musik, die Blitze leuchten fern, die Wolken verziehen sich; aus den Schleiern der Chromatik tauchen reine, leise C-Dur-Klänge empor, als breite sich eine erfrischte Atmosphäre über die Felder. Der Schlußgesang ist ein

Bild des Abendfriedens. Das heimkehrende Rind brüllt mit ungefügem Posaunenton, die Wachtel schlägt, die Grille zirpt mit schwirrendem Sekund-Intervall der Flöten, die Almglocke klingt, sanfter Es-Dur-Klang breitet sich aus wie das milde Sternenlicht der Nacht.

Der *Herbst* ist ein Triptychon, dessen Tafeln in den bunten, kräftigen Farben alter Kalenderbilder gemalt sind; Ernte, Jagd und Weinlese sind die Feste der Jahreszeit. Simon, Lukas und Hanne singen das Lob des Fleißes. Der Chor führt das wohl absichtlich etwas nüchtern erfundene, den Segen der Arbeit verherrlichende Stück in einer Fuge weiter, die aus mächtigen thematischen Stützen und Streben gezimmert ist; sie wird von einer klangvollen Coda gekrönt, die zum Höhepunkt eines Dominant-Nonenakkordes ansteigt. Dann beginnen Scherz und Spiel. Lucas lobt sein Hannchen, die „Tochter der Natur, die weder Putz noch Schminke kennt", Hanne preist „ein redlich Herz", das weder Gold noch Pracht verblenden können. Das buffonesk tändelnde Duett vertieft sich in einem Adagiosatz zu schlichtem Ernst, wenn das Paar das Glück treuer Liebe besingt. Die Jagdszene wird durch eine höchst eigenartige a-Moll-Arie des Simon eröffnet, die mit jagender Streicherbewegung und rollenden Baßkoloraturen den Eifer des Spürens und Hetzens verdeutlicht; der Hund streift, der Vogel steigt auf, Blitz und Knall der Büchse werden mit drastischer Klangmalerei nachgeahmt. Den ängstlichen Hasen ist ein eilig huschendes Rezitativ, dem stolzen Hirsch ein hörnerschmetternder Chor gewidmet, der in jubelnde Halali-Rufe ausklingt. Das dritte Bild, ganz erfüllt von Lust und Übermut, ist die Weinlese. Flöten und Fiedeln spielen wirbelnde Tanzweisen, der Dudelsack brummt schwerfällige Quintenbässe, die Singstimmen schreien „aus vollem Halse" ausgelassen durcheinander – ein dionysisches Finale, urkräftiges Lebensbehagen, zum Rausch erhöht.

Der *Winter* kommt mit Nebel und Dunkelheit. Ein Adagio in chromatisch schleichenden c-Moll-Harmonien, das Instrumentalvorspiel des vierten Teiles, gibt das Bild der entschlummernden, erstarrenden Natur. Rezitativische und ariose Gesänge malen das unfreundliche Bild weiter aus. Eine Arie des Lucas erzählt in atemlosem Presto von den Irrwegen des Wanderers, der im tiefen Schnee den Weg verloren hat und erst spät, ermüdet und fast erfroren, einen Lichtschein sieht, der ihn zu menschlichen Behausungen führt. Damit schlägt die Stimmung um. Der Hörer wird in die warme Stube geführt, in der gesponnen, gesungen und geschwatzt wird. Ein Spinnliedchen, charakterisiert durch surrende Streicherfiguren und Sforzato-Akzente der Bässe, die den Rhythmus des Fußtritts markieren, wird von Hanne und den Mädchen angestimmt; der volle Chor fällt am Schluß mit ein. Dann folgt, wieder von Hanne gesungen, ein Scherzlied von einem Bauernmädchen, das einem verliebten Edelmann einen Denkzettel gibt; ein altväterisches, schelmisch-biederes Strophenlied, dessen Refrain der Chor mit lustigem Gelächter variiert. Eine Arie Simons rückt die Betrachtung auf eine höhere Ebene und bereitet den großartigen, ins Metaphysische greifenden Schluß des Naturgedichts vor. Frühling, Sommer, Herbst und Winter werden als Sinnbilder menschlicher Lebensstadien begriffen: „Schon naht der bleiche Winter sich und zeiget dir das offne Grab.“ Über die Vergänglichkeit aber triumphiert die Ewigkeitshoffnung. Trompeten in hellem, klarem C-Dur verkünden den großen Morgen, der jenseits des Grabes anbricht. Ein Finale, das aufs glücklichste Naivität und religiöse Feierlichkeit verbindet, entwirft mit der gleichen Anschaulichkeit, die die Naturmalereien auszeichnete, ein Bild der jenseitigen Welt, der Himmelspforten und des Heiligen Berges, den das Zelt des Herren krönt. Aus den Fragen des in zwei Gruppen geteilten Chores und den zuversichtlich-gläubigen Antworten der Solisten ergibt sich ein Wechselgesang von fast liturgischer Feierlichkeit. Eine Chorfuge von Händelscher Größe rundet das Werk ab. Wie das Schöpfungsoratorium mit dem Idyll des Schlußteils in menschliche Region hinabsteigt, so erhebt sich umgekehrt das Naturpoem der „Jahreszeiten" am Ende in religiöse Sphären; erst dieser Schluß gibt dem Werk die Würde einer Weltfeier im Geist der großen abendländischen Musiktradition.

LUDWIG VAN BEETHOVEN

Der Meister der Missa solemnis und des Chorfinales der Neunten Symphonie ist in der Betrachtung des Oratoriums und der Chorkantate nur beiläufig zu erwähnen. Die gewaltsam gesteigerte Größe jener zwei Chorwerke bleibt Ausnahme, die zum übrigen Chorschaffen Beethovens (1770–1827) in keinem Verhältnis steht. Die Trauerkantate auf den Tod Josephs II. und die Kantate auf die Erhebung Leopolds II. sind Gelegenheitswerke der Bonner Frühzeit, den späten Schöpfungen „Meeresstille und glückliche Fahrt" und „Opferlied" mangelt es an Volumen und Gewicht. Als Versuch in größerem Maßstab ist sein einziges Oratorium „Christus am Ölberge", als reiz- und wirkungsvolle Besonderheit die Chorfantasie für Klavier, Orchester und Singstimmen zu nennen.

Das Oratorium Christus am Ölberge, als Opus 85 im Jahre 1811 herausgegeben, aber schon in den Jahren 1801 und 1802 komponiert und 1803 aufgeführt, ist der Versuch des Künstlers der Aufklärungszeit, der alten geistlichen Form der musikalischen Bibelerzählung gerecht zu werden. Daß dieser Versuch nicht glückte, liegt einerseits an der Art des Textes: Beethoven wählte zur Komposition nicht Wort und Darstellung der Bibel, sondern dem Zeitgebrauch entsprechend eine paraphrasierende, von vornherein opernhaft angelegte Dichtung von Franz Xaver Huber, die bei aller Feinheit der psychologischen und dogmatischen Exegese dem Stoff nicht im entferntesten gerecht wird und den bearbeiteten Ausschnitt aus dem Passionsgeschehen – das Gebet Jesu in Gethsemane und die Gefangennahme – zur rührenden und dramatisch packenden musikalischen Anekdote macht. Andererseits aber konnte Beethoven selber weder zur epischen Form des Oratoriums noch zum religiösen Gehalt der Passionsgeschichte ein nahes Verhältnis finden: das Werk ist viel eher der Nachfolge Grauns als der Bachs zuzuzählen. Den Hauptanteil tragen die Solostimmen, Christus (Tenor), ein Seraph (Sopran), Petrus (Baß), der Chor hat dramatische und betrachtende Funktion.

Eine Dreiklangsfanfare der Hörner, Fagotte und Posaunen in düsterem es-Moll eröffnet das Werk feierlich wie der Ruf zu einer kirchlichen Zeremonie. Ein langes orchestrales Vorspiel, das nicht durch thematische Beziehungen, aber durch die lastende Schwere und Zerrissenheit der Stimmung auf das Vorspiel zu Florestans Kerkerszene im zweiten Fidelio-Akt vorausweist, leitet das Rezitativ und die Arie Jesu ein, die beide bei aller Kraft der Schilderung menschlichen Leidens die göttliche Natur der Christusgestalt nicht ahnen lassen. Ein Seraph erscheint und verkündet dem Gottessohn einen unumstößlichen Beschluß des Vaters: nur durch das Leiden Christi kann die Menschheit erlöst werden. Die Arie des Seraphs wird durch den Chor der Engel, der der Menschheit Heil und Erlösung verheißt, zu klanglichem Glanz gesteigert; von starker dramatischer Wirkung ist die drohende Wendung: „Doch weh, die frech entehren das Blut, das für sie floß." Jesus ergibt sich in den Willen des Vaters; sein Duett mit dem Seraph ist edle, tief empfundene Musik. Nun wendet sich die Schilderung ganz den äußeren Vorgängen zu, das Oratorium wird zur Oper. Mit einem pianissimo einsetzenden, wie von fern sich nähernden Marsch schleichen im Dunkel der Nacht die Krieger heran, die den Heiland gefangennehmen wollen. Ein dreistimmiger Chor, meist in verhaltenem Piano, mit wenigen plötzlichen Ausbrüchen, gibt ihnen abenteuerliche, auf die Mannen Pizarros oder die Brigantenchöre der italienischen Oper vorausdeutende Gestalt. Noch einmal bittet der Heiland in einem kurzen, von den Rhythmen des Marsches durchzogenen Rezitativ seinen Vater, die Stunden des Leidens schnell an ihm vorüberfliehen zu lassen. Dann stürzen sich die Häscher auf ihn: „Hier ist er, der Verbannte, der sich im Volke kühn der Juden König nannte." Die Rufe der verängstigten Jünger vermischen sich mit dem Gesang der Krieger. Die dramatische Spannung der Situation wird noch gesteigert durch das Aufbegehren des Petrus, der mit dem Schwert den Häschern entgegentreten will. Jesus bedeutet ihm, das Schwert in der Scheide ruhen zu lassen; ein Terzett des Seraphs, Jesu und Petri bindet die widersprechenden Empfindungen in einen flüssigen, fast buffonesken Satz. Die Chöre der Krieger und der Jünger fallen ein, ein Maestoso hält die dramatische Bewegung auf und verwandelt sie in oratorische Feierlichkeit. Ein fugiert einsetzender Chor „Preiset ihn, ihr Engelchöre" endet das Werk in einem C-Dur-Rausch, wie er später am Schluß des „Fidelio" wiederkehrt.

Die F a n t a s i e für Pianoforte, Chor und Orchester, Opus 80, ist eine der eigenartigsten Schöpfungen Beethovens; sie darf in einer Betrachtung der Chormusik nicht fehlen, obgleich sie keinem der gebräuchlichen Formschemata dieser Gattung entspricht. Ihrer Anlage nach muß sie zu den Klavierkonzerten gezählt werden;

die Beteiligung des Chores ist aber so wesentlich, daß auch die Klassifizierung als Kantate gerechtfertigt wäre. Dem reizvollen Werk, das im Jahre 1808 zwischen der fünften Symphonie, dem G-Dur-Klavierkonzert und der sechsten Symphonie entstand und das am 22. Dezember dieses Jahres mit dem Komponisten am Flügel uraufgeführt wurde, liegt eine poetische Idee zugrunde. Der Komponist beginnt allein am Klavier zu phantasieren, er häuft Akkorde, Arpeggien und Passagen, ohne eine feste thematische Gestalt zu finden. Die Instrumente, durch sein beschwörendes Spiel herbeigerufen, kommen ihm zu Hilfe. Die Bässe intonieren einen Marschrhythmus, Hörner und Oboen blasen anfeuernde Quintenrufe; da ist der Bann gebrochen, der Pianist spielt, wie von einer glücklichen Eingebung fortgerissen, eine heitere Melodie, die er im Wechselspiel mit den Instrumenten – mit Flöte, Oboen, Klarinetten und Fagott – aufs mannigfachste variiert. Diese Melodie geht auf eine frühe Eingebung zurück; sie findet sich in einem 1795 komponierten Liede nach Bürgers „Gegenliebe", aber erst hier hat sie ihre endgültige Stellung und Form erhalten. Ein c-Moll-Allegro und ein A-Dur-Adagio variieren sie in gegensätzlicher Art. Aber damit nicht genug. Was später in der neunten Symphonie im Großen ausgeführt wird, ist hier im Kleinen vorweggenommen. Nach rauschend präludierenden Arpeggien des Klaviers setzt der Chor ein:

Das Variationenspiel beginnt im Wechselspiel von Frauen- und Männerstimmen von neuem, ein Schlußpresto, immerfort von temperamentvollen Einwürfen des Klaviers angefeuert, steigert den Gesang (wer den schönen, von Schillerscher Begeisterung erfüllten Text gedichtet hat, ist unbekannt) zu einem freudigen Hymnus auf die Kunst.

FELIX MENDELSSOHN BARTHOLDY

Noch deutlicher als bei Joseph Haydn ist der Einfluß des Händelschen Vorbildes in den Oratorien Felix Mendelssohn Bartholdys zu erkennen. Für Mendelssohn, der von 1809 bis 1847 lebte, bedeutete die musikalische Kultur des Barock schon eine vergangene, ferne, zum Teil versunkene Welt, an deren Wiederentdeckung er mit der vielzitierten Berliner Neuaufführung der Bachschen Matthäus-Passion selbst tätig beteiligt war. Die polyphone Kunst, die Ausdrucksherbheit der barocken Meister waren ihm, dem Romantiker, schon archaische Elemente, die mit künstlerischer Absicht verwendet wurden, um dem musikalischen Stil Größe und Würde zu geben. Darum haftet seinen Oratorien etwas Vergangenheitsbezogenes, Rückwärtsgewandtes an, das aber keineswegs als epigonal zu bezeichnen ist. Die Verschmelzung von romantischer Gefühlswärme und barocker Formstrenge ergibt einen eigenartigen Klang. Dazu kommt, daß Mendelssohn, wie Händel, ein nahes und ernstes Verhältnis zu den biblischen Stoffen hatte, die er komponierte. Paulus, den gegen das Christentum wütenden, dann zu Christus bekehrten und als Märtyrer zeugenden Juden, und Elias, den eifernden, wundertätigen Propheten des Alten Testaments, hat er als Helden gewählt; der Plan eines dritten Oratoriums, in dessen Mitte Christus selbst stehen sollte, blieb unausgeführt. Die Themen bezeugen seine romantische, undogmatische Frömmigkeit, die die jüdische und die christliche Religion – gemäß der Bibel, die beide enthält und verkündet – als poetische Einheit zu begreifen suchte.

Paulus wurde nach zweijähriger Arbeitszeit, 1836, von dem siebenundzwanzigjährigen Komponisten vollendet und am 22. Mai desselben Jahres während des

Rheinischen Musikfestes in Düsseldorf aufgeführt. Den Text hatte der Dessauer Konsistorialrat Julius Schubring aus Worten der Bibel zusammengestellt. Der erste Teil des Oratoriums behandelt, nach einer hymnischen Einleitung, die Predigt und die Steinigung des Stephanus und die Bekehrung des Paulus durch die Vision vor Damaskus. Der zweite Teil enthält das Wirken des Apostels und seine Verfolgung. Als singende Personen erscheinen Paulus als Baß, Stephanus und Barnabas als Tenöre, zwei Falsche Zeugen als Bässe; die biblische Erzählung ist auf Sopran-, Alt- und Tenorstimme verteilt, der Chor hat dramatische und betrachtende Funktion.

Die Ouvertüre beginnt mit dem Choral „Wachet auf, ruft uns die Stimme", der hier als Symbol der geistigen Erweckung, der Bekehrung zum Licht des Christentums verstanden wird. Tiefe Streichinstrumente, Klarinetten und Fagotte intonieren die Melodie in vollen, romantisch-weichen Akkorden, Violinen, Flöten und Oboen treten dazu und steigern das Thema zu einem lyrischen Höhepunkt, von dem ein Halbschluß in das Allegro, einen fugierten Moll-Satz im Dreivierteltakt, überleitet. Das Stück, das sich von Achtel- zu Sechzehntelbewegung entwickelt und in das Posaunen und Trompeten immer wieder das Choralthema „Wachet auf" hineinblasen, ist ein Schulbeispiel der Romantisierung barocker Polyphonie; es steigert sich zu einer Dur-Aufhellung, die dem Choral strahlenden Glanz gibt. Ein Einleitungschor stellt gleichsam das Thema des Oratoriums auf: „Herr, gib Deinen Knechten mit aller Freudigkeit zu reden Dein Wort." Wie bei Bach sind Choräle als vierstimmige Chorsätze in den Verlauf eingeschaltet; „Allein Gott in der Höh sei Ehr" ist der erste. Dann erst beginnt die Erzählung. Ein Sopran-Rezitativ berichtet von Stephanus, dessen Predigten und Wundertaten die jüdischen Schriftgelehrten empören. Sie stellen zwei falsche Zeugen auf, die, in kanonischer Form wie schon bei Schütz, ihre Anklage vorbringen und den Stephanus der Lästerung wider das Gesetz beschuldigen. Das Volk hört auf sie und führt Stephanus vor den Rat; ein großartiger, aus ungefügen und hastenden Motiven komponierter d-Moll-Satz kündet das Mißtrauen gegen die Lehre des Jesus von Nazareth, der das mosaische Gesetz ändern wolle. Stephanus (Tenor) verteidigt sich in einem Rezitativ, das zu den schönsten und ausdrucksvollsten Stücken der Partitur zählt. Seine Rede beginnt in ruhigem g-Moll; ein kurzes, kantables Legato-Motiv des Orchesters markiert Tonika, Subdominante und Dominante als harmonische Schwerpunkte. Aber bei der Vorstellung des höchsten Gottes ereifert sich der Angeklagte und wird zum Ankläger derer, die ihn richten wollen. Der Satz wendet sich, zum Allegro gesteigert, nach a-Moll. Das empörte Volk fordert in einem kurzen, wilden, von A-Dur zum Es-Dur-Dreiklang modulierenden Chorsatz seinen Tod; ein kurzer Einwurf des verzückten Stephanus („Siehe, ich sehe den Himmel offen und des Menschen Sohn zur Rechten Gottes stehn") führt die Tonalität nach d-Moll zurück. Auf dem Höhepunkt der dramatischen Erregung wird als meditatives Intermezzo eine Adagio-Arie des Solosoprans eingeschaltet: „Jerusalem, die du tötest die Propheten", ein höchst charakteristisches, zart romantisches Stück, in dem die Singstimme von mildem Holzbläserklang getragen wird. Die Steinigung des Stephanus, die dann folgt, ist ein wild rhythmisierter Chorsatz in c-Moll, dessen Vokalpart aus naturalistischen Schreien besteht. Der Choral „Dir, Herr, Dir will ich mich ergeben" leitet zur Totenklage um den Märtyrer über; ein elegisches Chor-Andante in Es-Dur, von harfenden Violinfiguren begleitet, ist die Seligpreisung des Dulders.

Nun erst tritt Paulus, von einer Baßstimme gesungen, in das Geschehen ein. In einer wilden h-Moll-Arie wütet er, noch als fanatischer Christenfeind Saulus, gegen die

Jünger und die Gemeinde ihrer Anhänger: „Vertilge sie, Herr Zebaoth, wie Stoppeln von dem Feuer!" Die schwerfällige, in langen, gleichmäßigen Notenwerten schreitende Melodie des Sängers ist größtenteils im Einklang mit den Orchesterbässen geführt, was ihr Gewicht und ihre Dynamik noch verstärkt. Die Altstimme berichtet in einem kurzen Rezitativ vom Zuge des Saulus nach Damaskus und schließt sogleich ein kleines, tröstliches Arioso an: „Doch der Herr vergißt der Seinen nicht", eine jener schlichten, liedhaften, durch Gefühlsfülle ergreifenden Melodien, deren Erfindung Mendelssohns besondere Stärke war. Das lyrische Intermezzo bereitet den Wendepunkt vor; ein Rezitativ des Tenors berichtet das Wunder der Bekehrung. Ein volltönender E-Dur-Dreiklang malt das Licht vom Himmel, das den Niederstürzenden umleuchtet; der Frauenchor, von lichten Akkorden der hohen Holzblasinstrumente getragen, singt die Worte des Herrn. Dreimal erklingt die mystische Stimme, mit sanftem Ruf des Namens einsetzend, leise und doch unwiderstehlich befehlend: „Saul, was verfolgst Du mich? Ich bin Jesus von Nazareth, den Du verfolgst! Stehe auf und gehe in die Stadt, da wird man Dir sagen, was Du tun sollst" – drei kurze, nur wenige Takte umfassende Adagiosätze, die die düstere Wirkung der Geisterstimme in Mozarts „Don Giovanni" ins Lichte, Beseeligende einer göttlichen Offenbarung umkehren. Ein großartiger, von gewaltigem Orchester-Crescendo eingeleiteter Chorsatz wiederholt den Befehl: „Mache dich auf, werde Licht!" Ein vielfach verschlungenes h-Moll-Fugato, das wild jagende Violinfiguren begleiten, singt von der Finsternis, die die Erde bedeckt, der akkordische, majestätische D-Dur-Schluß verkündet die Herrlichkeit des Herrn. Wieder erklingt, in hellem D-Dur von vierstimmigem Chor gesungen, von Fanfaren-Einwürfen der Trompeten, Hörner und Posaunen unterbrochen, der Choral „Wachet auf!" Und wieder ertönt die Stimme des Paulus, des nun Bekehrten, den das blendende göttliche Licht mit Blindheit geschlagen hat; auch diese Arie steht in h-Moll, aber die Tonart hat jetzt den milden, elegischen Klang, den Bach ihr gab; in Zerknirschung fleht der Sünder, der seinen Frevel erkannt hat, um Gottes Barmherzigkeit. Ein Tenorrezitativ erzählt die Berufung des Jüngers Ananias, der beauftragt wird, die Blindheit des Paulus zu heilen; dazu klingen wieder die Bläserakkorde der Damaskus-Vision, nun aber in den weniger leuchtenden Tonarten C-Dur und a-Moll. In einer Arie mit Chor äußert Paulus seine heitere Zuversicht, der Solosopran berichtet in einem koloristisch reich ausgeführten Rezitativ die Heilung: „Und alsbald fiel es wie Schuppen von seinen Augen, und er ward wieder sehend und stand auf und ließ sich taufen." Mit einem weiträumigen Chor schließt der erste Teil des Oratoriums. Ein massiv-akkordisches sechstaktiges Thema hält als Anfang, Mitte und Schluß die Form zusammen. Dazwischen stehen polyphon gelockerte Episoden, deren zweite sich zu einem kunstvollen Fugato entwickelt; eine Amen-Fuge, die die früheren Themen mitverarbeitet, leitet zum abschließenden akkordischen Hauptthema zurück.

Noch großartiger ist der Chor, der den zweiten Teil eröffnet: „Der Erdkreis ist nun des Herrn, denn alle Heiden werden kommen und anbeten." Der Chor ist durch Teilung der Soprane zur Fünfstimmigkeit erweitert. Auf eine pathetische Adagio-Einleitung folgt eine Fuge über zwei gegensätzliche, miteinander abwechselnde, am Schluß kontrapunktisch verkettete Themen, ein Stück aus Händelschem Geist, weniger durch Satzkunst als durch strömenden thematischen Fluß imponierend. Der Apostel zieht aus, den Heiden zu predigen, begleitet von Barnabas, den Gott ihm zum Gefährten bestimmt hat. Beider Stimmen, Tenor und Baß, verbinden sich in einem Duettino, dem ein reizvoller Chor folgt: „Wie lieblich sind die Boten, die den Frieden verkündigen", ein G-Dur-Satz in ruhig fließendem Sechsachteltakt von idyllischem Klang, wieder eine charakteristische Eingebung des Melodikers Mendelssohn. Als drittes idyllisches Stück schließt sich ein Arioso des Soprans an, ein Lied von der Gnade des Herrn. Dann aber nimmt die Musik wieder dramatische Züge an. Die Juden erkennen in dem Prediger Paulus denselben, der schon in Jerusalem das Volk verstörte und dem alten Gott abspenstig machte. Ein starr rhythmisierter d-Moll-Satz ist ihr Gottesbekenntnis, in einem jagenden, von raunenden Streicherfiguren getragenen g-Moll-Chor steigert sich ihr Haß von heimlichem Flüstern bis zu Schreien der Raserei. Auf dem Höhepunkt bricht der Chor ab, und wie aus einer anderen Welt klingt, von Klarinette, Fagott und Violoncello durch ein sanft präludierendes, melodisches Wechselspiel eingeleitet, der Choral: „O Jesu Christe, wahres Licht, erleuchte, die dich kennen nicht." Die zweite Strophe begleitet ein Filigran aus duftigen Sechzehntelfiguren der Holzblasinstrumente und der Violinen. Auf ein Duett der beiden Apostel folgt im Rezitativ des Soprans die Erzählung von dem Lahmen in Lystra, den Paulus gehend macht. Die Heiden erweisen darauf den Aposteln göttliche Verehrung; ein reizender, sinnenschöner A-Dur-Chor bittet: „Seid uns gnädig, hohe Götter." Aber Paulus empört sich gegen ihre Anbetung und predigt ihnen den wahren, unsichtbaren Gott; seinen feierlichen, archaisch strengen Gesang „Aber unser Gott ist im Himmel, er schaffet alles, was er will" weitet der Chor zu einem gewaltigen, motettischen d-Moll-Satz, den die Choralmelodie „Wir glauben all an einen Gott" als Cantus firmus durchzieht, im Orchester durch Altposaune, Hörner und Oboen akzentuiert. Da erhebt sich das Volk gegen den Prediger. Juden und Heiden tun sich zusammen, ihn zu steinigen; „aber der Herr stand ihm bei und stärkte ihn." Eine Cavatine des Tenors „Sei getreu bis in den Tod, so will ich Dir die Krone des Lebens geben" bereitet den letzten Teil des Oratoriums vor. Die schlichte, aus dem Wortklang entwickelte Melodie wird von ruhig fließenden Sechzehntelläufen des Violoncellos umspielt, wie eine milde, tröstende Weissagung klingen die Worte: „Fürchte Dich nicht, ich bin bei Dir"; wieder genügt einfaches, liedhaftes Melos, das Ernsteste zu sagen. Paulus verabschiedet sich von den Ältesten der Gemeinde zu Ephesus, um sich in Jerusalem dem Gericht der Juden und dem Martyrium zu stellen. Die Bitte der Gemeinde, ein kunstloser, trauernder a-Moll-Chor, hält ihn nicht zurück; „sie geleiten ihn in das Schiff und sahen sein Angesicht nicht mehr." Damit endet die Handlung. Zwei Chorsätze sind der lyrische Ausklang; sie preisen die Liebe des Herrn und verheißen dem Frommen die Krone der Gerechtigkeit; eine Fuge, die dem Choraltext „Lobe den Herrn, meine Seele, und was in mir ist, seinen heiligen Namen" ein lebhaftes, hochgeschwungenes Thema unterlegt, führt zum klangprächtigen D-Dur-Schluß.

Elias, als alttestamentliches Gegenstück zum „Paulus" gleich nach dessen Vollendung geplant, aber erst zehn Jahre später, 1846, abgeschlossen und in Birmingham aufgeführt, wirkt gegenüber dem vorwiegend lyrisch-weichen, nazarenisch-schwärmerischen „Paulus" als herbes, großartiges Spätwerk. Schon der Stoff schreibt diesen Charakter vor. Der Held ist eine der erhabenen, fanatisch-besessenen Prophetengestalten der Bibel, der Text zeigt ihn in dramatischen Situationen als Wundertäter, der den Regen vom Himmel auf das ausgedörrte Land hinabzwingt, als Kämpfer, der über den Götzendienst des Baal triumphiert; die Kontraste und spannungsvollen Situationen sind gegeben, und der Komponist hat sie ausgenutzt, um eine farbige, dramatisch fesselnde Partitur zu schaffen. Als Solostimmen erscheinen eine Witwe, die den Elias beherbergt, ein Knabe, der nach dem Wetter ausschaut (Sopran), der Engel und die Königin (Alt), Obadjah und Ahab (Tenor); Elias singt Baß.

Mitten in das Geschehen führt der Komponist seine Hörer. Im Anschluß an vier ernste, düstere d-Moll-Akkorde der tiefen Blechbläser tönt die Stimme des Propheten Elias, der verkündet, es solle weder Tau noch Regen fallen, bevor er, Elias, es ansagen werde; charakteristisch sind die verminderten Quintintervalle auf dem Höhepunkt der Prophezeiung. Danach erst setzt die Ouvertüre ein, ein fugierter d-Moll-Satz, der mit seiner farblosen Monotonie die Dürre und die Not des Volkes malt; er leitet unmittelbar in den ersten Chor über, die Klage des Volkes um die verlorene Ernte, die Bitte um Hilfe. Die Bitte des Chores wird in intimerer Form als Duett zweier Soprane wiederholt; der zweistimmige a-Moll-Satz „Zion streckt ihre Hände aus" ist echter, schlichter Mendelssohn, wohlklingendes, liedhaft empfundenes Duettieren. Der fromme Obadjah ruft das Volk zur Reue auf; die Tenorarie „So ihr mich von ganzem Herzen suchet" ist ein schwärmerisches Bekenntnis der Gottessehnsucht, die emphatisch geschwungene Melodie wird von einer wiegenden Begleitung getragen, aus der die weichen Holzblasinstrumente – Fagott, Klarinette und Flöte – solistisch hervortreten. Das verzweifelte Volk antwortet mit einem wilderregten Chorsatz: „Aber der Herr sieht es nicht, er spottet unser." Der Komponist arbeitet mit naturalistischen Mitteln: heftig aufzuckende Baßthematik zu vibrierendem c-Moll-Tremolo der Violinen, massierte Akkordschläge, die wie Schreie der Volksmenge klingen; die verminderten Quinten, die schon die Prophezeiung des Elias charakterisierten, gewinnen als Thema des Fluches, der über dem Volke liegt, leitmotivische Bedeutung. Ein choralartiger, herber Mollsatz und ein fließender, polyphon gelockerter Schlußteil in C-Dur stellen die Bilder des zürnenden und des gnädigen Gottes einander gegenüber; beruhigt und hoffnungsvoll verklingt der Gesang in leisen, gehaltenen Akkorden. Ein Intermezzo berichtet, wie Elias durch einen Engel aus dem mit Dürre und Hungersnot geplagten Lande gerettet und an den Bach Crith geführt wird, wo Raben ihm Brot bringen. Ein Doppelquartett der Engel begleitet seinen Weg; acht Solostimmen, teils schlicht homophon, teils in durchbrochenem, imitierendem Satz geführt, vereinigen sich zu einem liedhaften Gesang, dessen milde, lichte Schönheit zu den bezauberndsten Eindrücken des Werkes zählt. Als auch der Bach vertrocknet ist, weist der Engel den Elias weiter nach Zarpath, wo eine Witwe ihn aufnehmen soll. Der Prophet erweckt den Sohn der Witwe, der an einer Krankheit gestorben ist, zum Leben. Die Szene ist in einem dramatischen Duett geschildert, das die Klagen der Trauernden, das Gebet des Elias und den jubelnden Dank der Mutter in großartiger Steigerung zusammenfaßt; der Chor fällt ein mit einem frohen, von fließenden Sechzehntelfiguren der tieferen Streichinstrumente, der Violen und Violoncelli, begleiteten Gesang: „Wohl dem, der den Herren fürchtet und auf seinem Wege geht!" – ein lyrisch-heiteres, im Mittelteil mit einem fanfarenartig aufsteigenden Dreiklangsthema zu fester Zuversicht gesteigertes Stück, ein reines Dokument romantischer Religiosität.

Auf das intime Zwischenspiel folgt die dramatische Hauptszene des Werkes. Der Prophet tritt aus der Verborgenheit hervor. Er kündigt an, daß er nun, im dritten Jahre der Dürre, vor den König von Israel treten will und daß Gott es wieder regnen lassen werde auf Erden; sein Rezitativ nimmt, von d-Moll nach Es-Dur transponiert, die schweren Bläserakkorde und den verminderten Quintschritt, die musikalischen Symbole seiner prophetischen Würde, wieder auf. Elias spricht zu Ahab, dem abtrünnigen, götzendienerischen König, und ruft die Priester des heidnischen Baal zu einem Wettstreit auf.

Ein Brandopfer soll bereitet, aber kein Feuer darangelegt werden. Beide – die Priester Baals und Elias, der einzige übriggebliebene Priester Jehovas – sollen den Namen ihres Gottes anrufen; welcher den entzündenden Blitzstrahl auf den Altar sendet, der soll als wahrer Gott verehrt werden. Die großartige Szene wird nun aufs farbigste ausgemalt und zu äußerster Wirkung gesteigert. Die Baalspriester beginnen mit einem Bittgesang von antiker Feierlichkeit:

Männerstimmen, von Hörnern und Posaunen begleitet, und Frauenstimmen, von Holzblasinstrumenten getragen, wechseln miteinander ab und vereinigen sich zu gewaltigem, klangprächtigem Tuttisatz. Das rituelle Pathos schlägt um in drängende Erregung; ein jagender, zwischen Dur und Moll schwankender Allegrosatz scheint schon die innere Unsicherheit der Betenden anzudeuten. Höhnisch mahnt Elias die Priester, lauter nach ihrem Gott zu rufen. Mit einem lapidaren, durch brutale Dissonanzen gekennzeichneten fis Moll-Satz raffen sie sich von neuem auf. Ihr Gesang mündet in ein wirbelndes Presto. Auf ihre Rufe „Baal, gib uns Antwort!" folgt nichts als Schweigen; zweimal zwei Takte Generalpause symbolisieren die Ohnmacht des Götzen und die Enttäuschung des Volkes, dessen fanatisierte Glaubensbegeisterung ins Nichts greift. Nun ist für Elias der Augenblick des Triumphes gekommen. Er betet zu Jehova (Zitat auf S. 396).

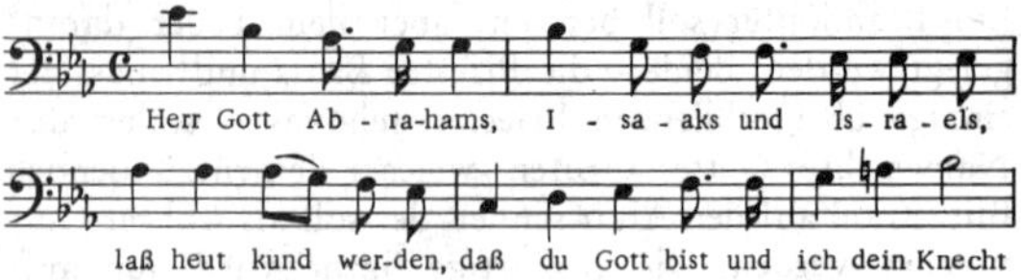

Die Adagiomelodie, die in drei Ansätzen vom Grundton um eine Dezime absinkt und wieder in gleichmäßigen Schritten zur Dominante aufsteigt, ist Inbegriff alttestamentlicher Größe und Frömmigkeit. Hier, auf dem Spannungshöhepunkt, schaltet der Komponist als retardierendes Moment einen Choral ein: „Wirf Dein Anliegen auf den Herrn", der von vier Solostimmen zu gehaltenen Akkorden der Bläser und kadenzierenden Violinfiguren gesungen wird. Noch einmal ruft Elias die Engel des Herrn; da stürzt die Flamme vom Himmel auf den Opferaltar herab. Ein e-Moll-Satz malt mit schwirrenden Streicherfiguren den Brand; der Feuerzauber mündet in einen choralartigen Gesang des Volkes, das dem Eindruck des Wunders erliegt: „Der Herr ist Gott, es sind keine anderen Götter neben ihm." Elias läßt die Priester des Götzen Baal hinrichten; seine a-Moll-Arie „Ist nicht des Herrn Wort wie ein Feuer und wie ein Hammer, der Felsen zerschlägt?" offenbart die schreckliche, erhabene Seite seines Wesens. Ein eingeschobenes, kurzes Arioso des Alts beklagt noch einmal die Abtrünnigkeit des Volkes. Dann kündigt sich das zweite Wunder an. Der Prophet fleht zu Gott, die Not des Volkes zu enden und Regen zu spenden. Dreimal wiederholt er, im ariosen Rezitativ, immer dringender seine Bitte, die der Chor des Volkes wie ein Echo bekräftigt. Er sendet einen Knaben, auszuspähen, ob der Himmel das Gebet erhöre. Dreimal antwortet der Knabe, während ein leiser, gehaltener C-Dur-Akkord der Holzblasinstrumente die atemlose Stille und Spannung malt:

„Ich sehe nichts." Dann zwingt die beschwörende Kraft des Propheten das Raunen und Rauschen des Windes und des Regens herbei, die in arpeggierenden Sechzehntelfiguren der Violen leise aufklingen. Noch ein letzter, von mächtigen Akkorden der Hörner und Posaunen getragener Aufschwung des Gebets: dann verkündet die Stimme des Knaben, vom rasch anwachsenden Tremolo des Orchesters begleitet, das Nahen einer Wolke vom Meere her. Der ersehnte Regen stürzt herab, durch tropfende Triolenfiguren der Violinen symbolisiert, das Volk dankt in einem Chorsatz, der durch dissonante Akkordschichtungen der Stimmen und durch rauschende Begleitfiguren des Orchesters die exaltierte, jubelnde Stimmung deutlich macht.

Der zweite Teil des Oratoriums setzt ein mit einer meditativen Zwischenaktmusik. Die Sopranarie „Höre, Israel, höre des Herren Stimme!" zählt zu den bezaubernsten Eingebungen des Komponisten. Die schlichte, von Flöten, Oboen und Klarinetten begleitete Melodie des h-Moll-Adagio ist ganz aus dem Wortklang entwikkelt, eine immerfort wiederholte Beschwörung: „Ach daß Du merktest auf sein Gebot!" An den Dur-Teil der Arie schließt sich ein majestätischer Chorsatz „Fürchte Dich nicht, spricht unser Gott", der in eine großartige, dissonanzenreich enggeführte Fuge einmündet; der Ton h des scharf skandierten Rufes „Fürchtet Euch nicht" hat als harmonischer Angelpunkt zwischen den Tonarten e-Moll und G-Dur kritische Bedeutung. Die Handlung geht weiter: Elias beschuldigt den König Ahab des Götzendienstes. Die Königin hetzt das Volk auf, den unbequemen Mahner zu töten; der Volkschor „Wehe ihm, er muß sterben" ähnelt in seinem dissonanzenreichen, mit rasenden Orchesterfiguren untermalten Realismus den Turba-Chören der Bachschen Passionen. Dem wilden a-Moll-Ausbruch wird eine beruhigende A-Dur-Episode gegenübergestellt. Obadjah beredet in einem ariosen

Rezitativ den Propheten, in die Wüste zu fliehen. Elias gibt den Kampf auf und flieht. Seine vom Violoncello begleitete fis-Moll-Arie „Es ist genug", an Innigkeit und Ernst das ausdrucksvolle Hauptstück des Werkes, ist erfüllt vom milden Klang einer Resignation, die zugleich Erhebung über das Leben, Eingehen in die erlösende Sphäre der Vollendung ist. Engelchöre geleiten den Wanderer in die Wüste, auf den Berg Horeb. Die Altarie „Sei stille dem Herrn" und der schlichte, choralartige Chorsatz „Wer bis ans Ende beharrt, der wird selig" geben der resignierten Episode tröstlichen Ausklang. Dann setzt das Geschehen zur Schlußsteigerung an. Ein Engel befiehlt dem Elias, auf den Gipfel des Berges Horeb zu treten: „Verhülle Dein Antlitz, denn es naht der Herr." Und es ereignet sich die Begegnung mit dem unsichtbaren, unvorstellbaren Gott, die Höhepunkt und Erfüllung dieses Prophetenlebens ist. Der Chorsatz, der dieses Ereignis schildert, ist ein inspiriertes Musikstück, dessen farbige Tonmalerei mystischen Sinn hat. Aus raunenden, rasch anschwellenden e-Moll-Harmonien des mit Hörnern, Trompeten und Posaunen besetzten Orchesters steigt, mit einem vom Grundton zur Quinte und Sexte fortschreitenden Motiv, der Ruf des Frauenchores auf: „Der Herr ging vorüber." In drei Ansätzen wird die Erscheinung des Gottes vorbereitet. Ein Sturmwind, ein Erdbeben, ein Feuer gehen ihm voraus, aber der Herr ist nicht in ihnen. Dann, mit einer zarten, lieblichen Wendung nach E-Dur, wird das Wunder Ereignis: „Und nach dem Feuer kam ein stilles, sanftes Sausen, und in dem Säuseln nahte sich der Herr." Einfache, reine Harmonien, von flüsternden Streicherfiguren umspielt, verkünden die Gegenwart Gottes; in einem majestätischen Doppelchor in klarem C-Dur, von Bläserharmonien gestützt, singen die Seraphim sein Lob. Ein einstimmiger Männerchor, in den die Frauenstimmen mit vollen Akkorden einfallen, befiehlt dem Propheten, wieder hinabzugehen in das Land Israels und seinen Kampf gegen den Götzendienst zu Ende zu führen. In einer schlichten Arie spricht Elias seinen Gehorsam aus. Sein Lebensende ist in einer großen, balladesken Chorerzählung zusammengefaßt. Noch einmal kehrt er in die Welt zurück: „Und der Prophet brach hervor wie ein Feuer, und sein Wort brannte wie eine Fackel." Ein stürmischer f-Moll-Satz erzählt von dem letzten, eifernden Wirken des Propheten; eine C-Dur-Fanfare des Orchesters, die der Chor aufnimmt, leitet den Bericht seiner Himmelfahrt ein. Mit einem lichten A-Dur-Klang kündigt sich dieses letzte Wunder an: „Siehe, da kam ein feuriger Wagen mit feurigen Rossen, und er fuhr im Wetter gen Himmel." Der Satz wendet sich von d-Moll über C-Dur nach Es-Dur; in Terzen aufsteigende Tonleitern der Singstimmen symbolisieren die Auffahrt zum Himmel, lapidares Unisono des Chores bildet den Schluß.

Was noch folgt, ist als Anhang zu betrachten: Die Weissagung vom Kommen des Messias, der das Werk des Elias vollenden wird. Der Chor und ein Solistenquartett feiern den Heiland; die harmonisch kräftig untermalte Schlußfuge „Herr unser Herrscher, wie herrlich ist Dein Name in allen Landen" stimmt noch einmal in hellem D-Dur das Lob Gottes an.

Die Erste Walpurgisnacht, Ballade von Goethe für Chor und Orchester, in Musik gesetzt von Felix Mendelssohn Bartholdy, Opus 60, ist neben den Oratorien als Meisterwerk geringeren Umfangs zu nennen. Goethe hatte das Gedicht eigens zur Vertonung als Chorkantate geschrieben; Mendelssohn nahm die Anregung des Dichters auf und begann schon früh, auf seiner ersten italienischen Reise, mit der Komposition; aber erst viel später wurde das Werk vollendet und im Jahre 1843 aufgeführt. Der Dichter bezeugt in dem heiter-phantastischen Poem seine Sympathie mit dem

Heidentum; er ironisiert zugleich den Gespensterglauben an die Walpurgisnacht, dem er freilich an anderem Orte, in der Faustdichtung, selber huldigt. Ein gallischer Volksstamm, der von christlichen Unterdrückern geknechtet ist, will in nächtlicher Heimlichkeit den alten Brauch des Druidenkults erfüllen und das Frühlingsfest begehen. Um die christlichen Wächter zu täuschen und zu erschrecken, vermummen sich die Feiernden und vollführen einen teuflischen Lärm; die Wächter glauben, die Hölle sei losgebrochen, und fliehen. Das ist die „erste Walpurgisnacht", von der sich der Glaube an den Teufels- und Hexenspuk der Mainacht herschreiben mag. Mendelssohn hat aus dem launigen Text ein Kabinettstück romantisch-humoristischer Musik gemacht, das durch seine grotesken Züge Berlioz nahesteht. Zum Chor, der sowohl Heiden wie Christen vertritt, kommen mehrere Solisten: ein Druide (Tenor), ein Priester (Bariton), eine alte Frau aus dem Volke (Alt), ein Wächter der Druiden (Baß), ein christlicher Wächter (Tenor).

Die Ouvertüre, überschrieben „Das schlechte Wetter", schildert in stürmisch bewegtem a-Moll die Unbilden des Winters. Zweimal steigert sich das Unwetter zu mächtigen Höhepunkten, dann erlahmt die Kraft der Stürme, in freundlichem A-Dur, zu zarten Holzbläserakkorden und duftigen Violinarabesken stimmt die Klarinette ein heiteres Frühlingslied an. Damit beginnt die Handlung; das Volk ist im Walde zur Feier versammelt. Ein Druide nimmt als Solotenor die Melodie der Klarinette auf, der Frauenchor singt sie nach und beginnt einen charakteristisch Mendelssohnschen Frühlingsgesang: der Druide fordert auf, die heilige Flamme zu Ehren des Allvaters zu entzünden; der ganze Chor, einschließlich der Männerstimmen, fällt begeistert ein. Aber eine ängstliche Alte warnt die Verwegenen; ihr Altsolo, von trippelnden Stakkato-Motiven der Violinen begleitet, trifft den Ausdruck komisch-kläglicher Zaghaftigkeit. Der Priester, der

Solobariton, mahnt: „Wer Opfer heut zu bringen scheut, verdient erst seine Bande.“ Das Dunkel der Nacht soll die Feier einhüllen, Wachen sollen sie vor der Störung durch die Christen schützen. Mit mutigen Bläserklängen schreiten die Versammelten zum Fest, die Wächter verteilen sich, mit einem reizvollen Pianissimo-Chorsatz, flüsternd und schleichend im Walde. Da kommt einem der Wächter ein übermütiger Gedanke: „Diese dumpfen Pfaffenchristen, laßt uns keck sie überlisten! Mit dem Teufel, den sie fabeln, wollen wir sie selbst erschrecken.“ Der Solobaß singt die Worte prononciert-eindringlich in einem kurzen Rezitativ, dem einzigen des Werkes, und gibt im Marschrhythmus – ganz leise von Bässen, Pauken, großer Trommel und Becken begleitet – das Stichwort zu der gespenstischen Mummerei: „Kommt mit Zacken und mit Gabeln, und mit Glut und Klapperstöcken lärmen wir bei nächt'ger Weile durch die leeren Felsenstrecken.“ Was an Phantasie und Groteske in den Versen steckt, das bringt Mendelssohns Musik eindringlich zum Klingen. Realistisch-deutlich sind die durcheinanderschwirrenden Rufe: „Kommt! Kommt!“, die kichernden Begleitfiguren der Holzblasinstrumente, die flüsternden Sechzehntel der Violinen. Der erste Teil der Chorszene, ein marschartiger Viervierteltakt, verharrt ganz in geheimnisvollem Piano. Dann bricht in wildem Sechsachteltakt der Sabbath los, mit chromatischem Heulen des Chores, mit auf- und abjagenden Passagen der Bässe, angefeuert von der schrillen Piccoloflöte, von großer Trommel und Becken; ein jubelndes Orchesternachspiel ist der Ausklang. Die christlichen Wächter suchen das Weite, schauernde Streichertremoli malen ihre Furcht. Frei strömt der Gesang der Druiden und des Heidenvolks dahin, ein Gruß an die lodernde Flamme des Opferfeuers und das Licht des alten Glaubens.

ROBERT SCHUMANN

Durch Robert Schumann (1810–1856), den Romantiker des Klaviers und des Liedes, wurde das Oratorium in den Gefühls- und Stilbereich der deutschen Romantik einbezogen. Hatte Mendelssohn die ursprüngliche geistliche Bedeutung der Oratorienform respektiert und die große Tradition Händels zu erneuern versucht, so wandte sich Schumann – radikaler, weniger traditionshörig, extrem individualistisch empfindend – entschieden von allen Vorbildern ab und entwickelte aus den charakteristischen Wesenskräften der romantischen Gegenwart, aus ihrer Phantastik, ihrer poetischen Schwärmerei, ihrer Gefühlsinnigkeit einen neuen Typus der Chorerzählung, der im Verhältnis zu den barocken Vorbildern kleineren, intimeren Formats und entsprechend der besonderen Begabung des Komponisten ausgeprägt lyrischen Wesens war, der aber als eigentümliche, reine Schöpfung der Romantik absolute, überzeitliche Bedeutung hat.

Das Paradies und die Peri, Robert Schumanns erstes Oratorium, wurde im Jahre 1843 vollendet. Den Stoff suchte sich der Romantiker in weiter, poetischer Ferne: er entnahm ihn, auf Anregung seines Freundes Emil Flechsig, der den betreffenden Abschnitt des Originals übersetzte, dem Epos „Lalla Rookh" des englischen Dichters Thomas Moore. Die Dichtung ist ein Erlösungsmythos, der sich orientalisch-indischer Bilder und Gestalten bedient. Ein sündiger Engel, eine Peri, will die Seligkeit des verlorenen Paradieses wiedergewinnen. Ein Spruch verkündet ihr, sie werde Einlaß in das Paradies finden, wenn sie „des Himmels liebste Gabe" darbrächte. Zweimal wird sie abgewiesen. Ein Tropfen vom Blute eines Kriegers, der für die Freiheit gefallen ist, der letzte Seufzer einer Liebenden, die mit dem Geliebten den Tod geteilt hat, genügen nicht der Forderung. Beim dritten Male wird sie erhört: die Träne eines reuigen Sünders öffnet ihr die Pforte des Paradieses. Das ist im Grunde ein religiöser Stoff, und darum steht das Werk trotz seiner exotischen Einkleidung der Tradition des geistlichen Oratoriums nicht so fern, wie es auf den ersten Blick erscheinen will. Neu ist aber die romantisch-freie, lyrische Form. Schumann verzichtet ganz auf das Rezitativ, das überlieferte Mittel der Erzählung. Auch die berichtenden Partien haben liedhaften Charakter, in ununterbrochenem melodischem Fluß von Solo- und Chorgesängen, wie eine große Ballade, zieht das Geschehen vorüber. Das mag vor allem der Grund dafür sein, daß Schumann die Bezeichnung „Oratorium" vermied und von einem „neuen Genre für den Konzertsaal" sprach. Bericht, Betrachtung und Lyrik verfließen ineinander. Singende Personen sind die Peri (Sopran), eine Jungfrau (Sopran), ein Engel (Alt), ein Jüngling (Tenor), ein Mann (Bariton), der Tyrann Gazna (Baß). Die Erzählung ist auf Solostimmen und den Chor verteilt, der auch die tonmalenden Stimmungsbilder und die großen, zusammenfassenden Schlußgesänge des dreiteiligen Werkes vorträgt.

„Die Geschichte der Peri", sagt Schumann, „ist wie für Musik geschrieben. Die Idee des Ganzen ist so dichterisch, so rein, daß es mich ganz begeisterte." Diese poetische Begeisterung, die den eigentümlichen Zauber des Werkes ausmacht, umfängt den Hörer mit den ersten Takten. Das kurze Orchestervorspiel, ein Andantesatz in E-Dur, aus gebundenen Figuren der Violinen entwickelt, die sich wie zartes Rankenwerk ineinanderschlingen, scheint in seiner verhaltenen, zwischen Heiterkeit und Wehmut schwebenden Stimmung von der Sehnsucht eines Engels nach der Seligkeit zu sprechen. Ein Altsolo, das sich unmittelbar anschließt, stellt die Heldin vor; es schildert die Peri, die trauernd vor der Paradiesespforte steht und sehnsüchtig den Harmonien lauscht, die zu ihr herausdringen. Der erste Gesang der Peri ist ein schlichtes dreistrophiges Lied von fast kindlicher Naivität, das die liebenswürdige Gestalt des Lichtwesens dem Hörer anschaulich vor Augen stellt. Ein Engel hört ihre Klage und verkündet ihr die Bedingung der Erlösung: „Es sei der Schuld die Peri bar, die bringt zu dieser ewgen Pforte des Himmels liebste Gabe dar" – ein getragener, von zarten Holzbläserakkorden begleiteter Gesang der Altstimme, dessen Melos sich bei der Verkündung des Schicksalsspruches zu weiten, feierlichen Intervallschritten dehnt. Ein melodischer, von Holzbläsern getragener As-Dur-Satz spricht die Hoffnung und die Zweifel der Peri aus, die nachsinnt, welche Gabe würdig sein könne; dann schwingt sie sich auf die Erde, nach Indien hinab. Ein Solistenquartett singt von der Schönheit des Landes, von Sonne und Meer, von Palmen und rieselnden Bächen. Aber in das heitere F-Dur fährt unversehens mit einer gewaltsamen Modulation nach Des-Dur der Chor hinein: im Lande tobt der Krieg, es wüten Tod und Zerstörung. Schmetternde Fanfaren der Bläser und erregte Streicherpassagen malen die Schlacht. Der Tyrann Gazna naht mit seinem Heere, das Land zu unterwerfen. Die Chöre der Eroberer und der Verteidiger klingen zusammen, eine kleine, wie ein Schwertschlag zuckende Zweiunddreißigstelfigur im Orchester versinnbildlicht das Schlachtgetümmel, das bald abebbt: die Inder werden von den Eindringlingen geschlagen. Der Solotenor spinnt die Erzählung weiter: Ein einziger, ein Jüngling, schon aus vielen Wunden blutend, leistet den Siegern noch Widerstand. Der Schlachtlärm, von Chor und Orchester demonstriert, lebt wieder auf; aus dem Getümmel erklingt, als Baßsolo, die Stimme Gaznas, der den Jüngling auffordert, sich zu ergeben. Der Jüngling antwortet trotzig, er schießt seinen letzten Pfeil auf den Tyrannen, aber er verfehlt sein Ziel. Weherufe des Chores begleiten sein Ende. Die Peri nimmt den letzten Blutstropfen, der aus dem Herzen des Helden floß, als Gabe für die Hüter des Paradieses. Der Chor feiert den Opfertod für die Freiheit in einem weitausschwingenden, fugierten Satz, der altes polyphones Denken mit romantisch-modernem Harmoniegefühl verschmilzt und die Stimmen in kühnen, kunstvoll verschränkten Dissonanzen zusammenführt; das großartige Stück, das den ersten Teil des Oratoriums beschließt, darf als musikalischer Höhepunkt der Partitur gelten.

Den zweiten Teil eröffnet der Tenor in seiner altüberlieferten Eigenschaft als „Testo“: Er erzählt in liedhaft gebundener, vom Orchester weich und fließend begleiteter Rede, wie die Peri mit ihrer Gabe vor das Tor Edens tritt; aber der Engel weist sie zurück: „Viel heilger muß die Gabe sein, die Dich zum Tor des Lichts läßt ein.“ Wieder kehrt die Peri auf die Erde zurück; ihr Weg führt nach Afrika, an die Quellen des Nils. Der neue Schauplatz ergibt ein bezauberndes musikalisches Stimmungsbild. Die Nilgenien tauchen aus den Wassern empor, die Elementargeister huldigen dem Himmelskind. Frauenstimmen und Tenöre, von einer unentwegt hinplätschernden Sechzehntelfigur der Violinen begleitet, verbinden sich zu einem duftigen, aus elementaren Dreiklangsthemen entwickelten Chorsatz, in den die Peri mit dem leitmotivisch verwendeten Thema ihrer ersten Arie, dem Motiv der Paradiesessehnsucht, mit einstimmt: ein poetisches Naturgemälde, das die Mendelssohnschen Landschaftsschilderungen zum Vorbild hat. Aber auch hier schlägt die Stimmung ins Düstere um. In Ägypten herrscht die Pest. Die Peri beweint die leidenden Menschen. Ein inniges Quartett von Solostimmen, wieder von Mendelssohnscher Grazie und Herzlichkeit inspiriert, dankt für ihre Tränen. Die Seele der romantischen Musik erschließt sich vollends in dem folgenden Stück. In Romanzenform, in getragener Melodie, von seufzenden

Vorhaltakkorden des Orchesters begleitet, spinnt die Altstimme die Erzählung fort: „Im Waldesgrün am stillen See, da seufzt ein Jüngling in schwerem Weh" – ein Kranker hat sich in die Einsamkeit geflüchtet, um allein zu sterben. Sein Trost ist der Gedanke an die Geliebte, die er fern in Sicherheit wähnt; aber sie kommt zu ihm, um sein Los zu teilen. Mezzosopran und Tenor erzählen den Vorgang über eilenden Sechsviertelrhythmen; die Stimme der Jungfrau erklingt in italienisch-emphatischem Fis-Dur-Allegro. Ein liebliches Schlaflied der Peri singt die Liebenden in den Tod; daraus entwickelt sich über wogenden Streicherklängen und leisen, ernsten Bläserharmonien in leuchtendem H-Dur ein beruhigender Abgesang des Chores, eine magische Feier des Liebestodes, die den zweiten Teil des Oratoriums beschließt.

In scharfem Kontrast beginnt der dritte Teil mit einer heiteren, fast buffonesken Szene. Die Houris, die freundlichen Genien des Paradieses, singen in einem reizenden, tänzerisch bewegten Satz von den Freuden des Himmels, die „türkische Musik" der Becken, Triangel und Trommeln gibt dem Stück orientalisches Kolorit:

Die Peri naht mit ihrer zweiten Gabe, dem letzten Seufzer der Liebenden, die mit ihrem Geliebten starb, aber noch nicht öffnet sich ihr das Tor der Seligkeit. Ihre Klage greift das zarte, elegische Geigenmotiv des Vorspiels auf; dann steigt sie mutig zum dritten Mal auf die Erde herab. Wieder wechselt die Szene. Ein Baritonsolo beschreibt die Schönheit Syriens, die Pracht der Blumenfelder und die Majestät des Libanon. Noch einmal schiebt sich eine heiter-ironische Episode ein: eine Schar von Peri, die mit ihrem Lose zufrieden sind, verspottet die Genossin, die sich nach Erlösung sehnt; aber um so leidenschaftlicher entfaltet sich in ihr der Wunsch nach Entsühnung und Reinheit. Das Weitere wird von tiefen Solostimmen, Bariton und Mezzosopran, erzählt. Ein Mann, ein Verbrecher, dessen Gesicht mit den Spuren aller Laster gezeichnet ist, begegnet einem spielenden Knaben; beim Anblick des Kindes regt sich sein besseres Wesen: er vergießt Tränen der Reue. Ein feierlicher, choralartiger Satz des Soloquartetts und des Chores begleitet die Wandlung des Sünders; himmlische Hymnen künden ihm Vergebung. Damit ist auch die Peri entsühnt; ein jubelndes Finale, das ihre Stimme, bis zum hohen C aufwärtsgeschwungen, mit dem Gesang des vollen Chors verbindet, feiert ihre Aufnahme in die Gemeinschaft der Seligen.

Der Rose Pilgerfahrt, Schumanns letztes, 1851 in Düsseldorf unter der Werkzahl 112 geschriebenes Oratorium, verkörpert noch einmal rein den romantischen, poetisch-märchenhaften Typus; ganz auf leise, intime Wirkung gestellt – die erste Aufführung fand im Hause des Komponisten am Klavier statt, die Orchesterfassung wurde erst nachträglich ausgearbeitet –, ganz von volkstümlichem Liedklang erfüllt, bezeichnet das Werk den äußersten Gegensatz zur monumentalen Händelschen Form; der Kontrast von Barock und Biedermeier könnte nicht einleuchtender demonstriert werden. Die Dichtung Moritz Horns behandelt ein Lieblingsmotiv der Romantik, das Fouqué mit seinem Undinen-Märchen zuerst angeschlagen hatte: Eine Elfe verläßt die Geisterwelt, um Mensch zu werden; als armes Menschenmädchen erlebt sie das Leid und das Glück der Kinder dieser Erde; sie liebt, bringt ein Kind zur Welt und stirbt, und Engel singen ihr Requiem; der Aufstieg aus der Elementarsphäre durch die Menschenwelt in die himmlische Höhe wird in naiven, schlichten Bildern dargestellt. Rose, die Hauptpartie, singt ein Sopran. Eine Tenorstimme fungiert als Erzähler, als Personen des Spiels erscheinen die Elfenfürstin (Mezzosopran), Marthe (Alt), der Totengräber (Baß), der Müller (Bariton), die Müllerin (Mezzosopran), der Försterssohn (Tenor). Der Chor, in den Elfen- und Engelszenen zum Frauenchor reduziert, hat in volksliedhaften und feierlichen, Bilder und Stimmungen schildernden Gesängen vielfältige Aufgaben zu erfüllen.

Ein Meisterstück poetischer Stimmungskraft und schlichter, reifer Satzkunst ist die Einleitung, die vom zwei- und dreistimmigen Frauenchor zur Begleitung von Streichern, Holzbläsern und Hörnern gesungen wird: ein liebliches, lichtes Frühlingslied, das zwar zur Handlung keine unmittelbare Beziehung hat, aber den idyllischen Grundklang des Ganzen rein und eindringlich anschlägt. Der Tenor vertritt die Rolle des Erzählers, aber er bedient sich nicht des Rezitativs. In liedhafter Form berichtet er vom Zauber der Johannisnacht, vom Mondlicht, das den Hain durchwandelt und über Schilf und Wasserblumen liegt. Das Orchester nimmt das Raunen des Nachtzaubers in leisen Sechzehntelfiguren auf, mit einer aufhellenden Wendung nach A-Dur fällt ein Elfenchor ein, wieder nur von Frauenstimmen gesungen: der romantische Zauber ist entfesselt. Aus dem anmutigen Spiel löst sich eine klagende Stimme: Rose, eine der Elfen, singt von ihrer Sehnsucht nach Liebe, die mit dem Frühling neu erwacht, die aber den Elfen versagt ist. Sie hört nicht auf die Warnung der Elfenfürstin, die ihr Leid und Schmerzen prophezeit. Sie bittet: „O laß mich eine Jungfrau werden, laß lieben mich den Mädchen gleich", und ihre Bitte wird erfüllt: die Fürstin entläßt sie zu den Menschen. Der Elfenchor verklingt. Rosa erwacht, als der Morgen anbricht, als Menschenmädchen und macht sich auf, ein Obdach zu suchen. Sie klopft an die Tür des ersten Hauses, zu dem sie gelangt. Ihr Bittgesang klingt einfach und innig wie ein Kinderlied, aber barsch fährt die Stimme der Bäuerin Marthe dazwischen, die sie abweist. Rosa setzt ihre Pilgerfahrt fort – der Tenor berichtet in einem stimmungsstarken, von ernsten Harmonien getragenen Arioso – und gelangt auf den Friedhof. Der Totengräber hebt ein Grab aus; ein Trauerzug naht, von Trompeten und Posaunen begleitet erklingt leiser Choralgesang. Des Müllers Tochter wird zur Ruhe geleitet; sie ist an Herzenskummer gestorben, weil ihr Liebster sie verlassen hat. Rosa kniet als letzte am Grabe; der greise Totengräber nimmt sie für die Nacht in sein Haus. Bezaubernd ist der Schluß des ersten Teiles. Rosa singt ihr Nachtgebet, aber während sie im Einschlummern leise fragt: „Ob sie wohl meiner noch gedenken?“, melden sich mit einem kapriziösen Klarinettenlauf ganz andere, geheimnisvolle Klänge: leise tönen, vom Frauenchor gesungen, die Lieder der Elfenwelt in ihren Schlaf und erfüllen ihren Traum mit lieblichen, zart beschwörenden Melodien.

Der neue Tag beginnt; der Tenor eröffnet mit seiner Liederzählung den zweiten Teil. Rosa, von dem Totengräber begleitet, setzt ihre Wanderung fort. Ein frisches Liedchen im Volkston, von zwei Frauenstimmen gesungen, beschreibt die veränderte Szenerie: des Müllers Haus, das zwischen Bäumen am Waldbach liegt. Der Totengräber führt das fremde Mädchen in das Haus; die Müllersleute, von der Ähnlichkeit Rosas mit ihrer verstorbenen Tochter überrascht, nehmen sie mit Freuden an Kindesstatt auf; ein kurzes Quartett besiegelt den Bund der Liebe. In frischem, heiterem Ton führt der Tenor die Erzählung weiter: Rosa gewinnt das Herz der Pflegeeltern und die Liebe aller Menschen im Dorfe, die jungen Burschen blicken ihr sehnsüchtig nach. Wieder wechselt die Szenerie. Ein Waldlied des vierstimmigen

Männerchors, von Jagdhörnern in interessanter Harmonisierung begleitet, bereitet auf Neues vor. Die Altstimme singt ein Lied, das den sehnsüchtigen Mollton alter Liebesweisen hat; es handelt von dem jungen Förstersohn, der des Müllers Töchterlein liebt. Ein Duett von Sopran und Alt spinnt den Herzensroman weiter. Rosa erwidert die Liebe des jungen Jägersmannes. Die Stimmen der Liebenden mischen sich ein und verbinden sich zum Zwiegesang; ein Chor besingt in feierlichem homophonem Satz die selige Zeit der ersten Liebe. Dann beginnt das Hochzeitsfest, eingeleitet von einem lustigen zweistimmigen Liede: „Ei Mühle, liebe Mühle, wie schaust so schmuck du heut!" Hörner erklingen und melden die Ankunft des Bräutigams, Glockengeläut lädt zur Trauung; dann spielen die Geigen auf, ein derber Chorwalzer steigert die Lust zur Ausgelassenheit, bis der Festeslärm im Diminuendo des Orchesternachspiels verklingt. Der Epilog ist kurz. In ruhigem, von innigster Empfindung überquellendem Gesang führt der Tenor die Erzählung zu Ende. Rosa hat einem Kinde das Leben geschenkt; die Elfe hat ihr Menschenlos erfüllt. In einem letzten, glückerfüllten Gesang nimmt sie Abschied; Engel grüßen sie in reinem C-Dur: „Zu höh'rem Licht schwing Dich empor!" Das Märchen ist zu Ende.

Szenen aus Goethes Faust heißt eine umfangreiche, die herkömmliche Besetzung des Oratoriums – Solostimmen, Chor und Orchester – verwendende Komposition, die Robert Schumann in den Jahren von 1845 bis 1853 beschäftigte. Es ist die Auseinandersetzung des romantischen, jeder literarischen Anregung zugänglichen Musikers mit Goethes „Faust"-Dichtung, dem unergründlichen poetischen Koloß, der das künstlerische Schaffen des Jahrhunderts überschattete. Schumanns Komposition, die sich streng an den Goetheschen Wortlaut hält, unterscheidet sich von der Mehrzahl der übrigen Faust-Vertonungen, indem sie von vornherein den Inhalt der *ganzen* Goetheschen Dichtung, nicht nur die Gretchentragödie oder die Fabel des Puppenspiels, zum Vorwurf nimmt. Der Komponist begann seine Arbeit mit der Schlußszene des zweiten Teils; sie wurde als Chorkantate im Goethe-Gedenkjahr 1849 in Dresden, Leipzig und Weimar aufgeführt. Von hier aus schritt er rückwärts und fügte zunächst den Szenenkomplex „Fausts Tod", sodann die Gretchenszenen aus dem ersten Teil der Goetheschen Dichtung hinzu; die Ouvertüre entstand zuletzt. Das Ganze ist dennoch nicht, wie die etwa gleichzeitige Faust-Komposition des Hector Berlioz, ein geschlossenes, durch den Faden einer fortlaufenden Handlung und durch voll ausgeführte dramatische Charaktere zusammengehaltenes Oratorium geworden. Es gleicht mehr einer lyrischen Kantate, die Szenen aus der als bekannt vorausgesetzten Dichtung aneinanderreiht und durch die Einheit der musikalischen Stimmung miteinander verschmilzt. Die erste Abteilung enthält die Liebesszene im Garten, Gretchens Monolog vor dem Bilde der Gottesmutter und die Szene im Dom, die zweite den Sonnenaufgang am Anfang von Goethes zweitem „Faust"-Teil und die Todesszenen des fünften Aktes; die dritte, musikalisch bedeutendste Abteilung ist eine frühe Vertonung der ganzen Schlußszene, wie sie später Gustav Mahler in seiner achten Symphonie unternommen hat; die Verklärung, die Reinigung und Rettung der Sündigen und Irrenden ist das Ziel, die eigentliche, erlösende Aufgabe der romantischen Musik. Auch darin unterscheidet sich Schumann von Berlioz, den vor allem das satanische Element des Stoffes reizte; bei Berlioz ist Mephistopheles die aktive Hauptgestalt, das Drama endet mit dem Höllensturz Fausts, der ganze zweite Teil der Goetheschen Dichtung, der lange Weg der Läuterung und Erlösung, bleibt unberücksichtigt. Die charakteristischen Stimmen des Schumannschen Werkes sind: Faust (Bariton), Mephistopheles (Bariton), Gretchen (Sopran), Böser Geist (Baß), Ariel (Tenor), vier graue Weiber (Soprane und Alte), die heiligen Anachoreten: Pater ecstaticus (Tenor), Pater profundus (Baß), Pater seraphicus (Baß); Doctor Marianus (Tenor oder Bariton), Mater gloriosa (Alt), drei Sünderinnen (zwei Soprane und Alt), Una Poenitentium (Sopran). Der Chor hat die Sänger des „Dies irae" im Dom, Elfen, Lemuren und Engel darzustellen.

Die Ouvertüre, „Langsam, feierlich" überschrieben, auf den traditionellen Allegro-Teil verzichtend, ist ein überwiegend düster gehaltener d-Moll-Satz, ein konzentriertes, stimmungshaftes Vorspiel im Sinne der späteren romantischen Oper. Das Hauptthema deutet die beiden widersprechenden Wesenszüge Fausts an, das prometheisch sich Aufreckende und das fruchtlos Grübelnde, eine Formel, die den dramatischen Charakter wie eine Porträtzeichnung umreißt:

Das Stück stellt dem Hauptthema einen lyrischen, vielleicht als Gretchenthema zu deutenden Seitengedanken gegenüber und schließt nach interessanter Durchführung und Steigerung mit einem kurzen, triumphierenden D-Dur-Teil, der den verklärenden Ausgang des Oratoriums vorwegnimmt. Man hat gesagt, daß diese Ouvertüre die Stelle des ersten Faust-Monologs bei Goethe vertrete; Faust wird durch sie dem Hörer vorgestellt. Der erste Teil des Oratoriums ist ganz der lieblichen und mitleidenswerten Gestalt Gretchens gewidmet. Die Szene im Garten ist ein Duett in der idyllischen F-Dur-Tonart, das durch das Dazwischentreten Mephistopheles' und

Marthes einen unvermittelten, leicht buffonesken Abschluß erhält. Gretchens Gebet vor dem Bild der Mater dolorosa ist ein wehmütiger, von Figuren untergründiger Erregung durchsetzter a-Moll-Satz; als Höhepunkt darf der dramatische Fortissimo-Ausbruch „Hilf, rette mich vor Schmach und Tod" gelten, nach dem eine sanfte, ergebene Kantilene wieder in die Stimmung des Anfangs zurückführt. Vollends zu dramatischer, ja theatralischer Wirkung gesteigert ist die Szene im Dom. Der ungewöhnliche, um ein Sechzehntel nach dem Niederschlag des Taktes verzögerte Einsatz des vollen Orchesters zeigt die exaltierte Stimmung an:

Die Worte des bösen Geistes und die angstvollen Klagen Gretchens sind gebundenes, vom ausdrucksvollen Orchestersatz getragenes Rezitativ. Wenn der vierstimmige Chor mit dem „Dies irae" dazutritt, scheinen die Blasinstrumente eine Orgelbegleitung anzudeuten. Das majestätische Dur der Stelle „Judex ergo cum sedebit" wird durch die Stimme des bösen Geistes in ein düsteres, drohendes d-Moll zurückgeleitet; Gretchen, fast ohnmächtig, übernimmt mit ihrer Bitte „Nachbarin, Euer Fläschchen" die Chormelodie „Quid sum miser tum dicturus"; in dröhnendem, die Gewalt des vollen Orgelwerks nachahmendem d-Moll klingt die Szene aus.

Der zweite, mittlere Teil gilt ausschließlich der Gestalt Fausts, des Tätigen, Strebenden, im Weltleben sich Vollendenden; er rückt die Rahmenszenen von Goethes zweitem Faustteil – das Erwachen zu neuem, frohem Leben und den Tod – dicht nebeneinander. Der Gesang Ariels in pastoralem F-Dur ist ein lieblicher romantischer Elfenzauber, dessen Orchestersatz die Harfe ätherischen Klang gibt; der Gesang der Geister, in Solo- und Chorstimmen geteilt, schwillt an zu der ermutigenden Mahnung „Alles kann der Edle leisten, der versteht und rasch ergreift". Ariel verkündet den „Sturm der Horen", den Aufgang der Sonne; die Elfen ziehen sich in die Dämmerung zurück, der schlafende Faust erwacht: „des Lebens Pulse schlagen frisch lebendig." Das alles ist mit äußerster Zurückhaltung, mit einem Minimum an tonmalerischem Effekt, liedhaft schlicht gestaltet. Fausts Monolog ist in zwei Teile geteilt. Der erste, die Betrachtung der Sonne, steigert sich zu dem von lichten D-Dur-Klängen und glitzernden Violinpassagen begleiteten Ruf: „Sie tritt hervor", der zweite, die Betrachtung des Wasserfalls, illustriert mit ruhiger Klarheit die Erkenntnis „Am farbigen Abglanz haben wir das Leben". Mit der folgenden Szene „Mitternacht" schlägt die Stimmung um. Vier graue Weiber stehen vor dem Palast des alternden Faust: Mangel, Schuld, Sorge, Not. Ein leise und lange durch drei Oktaven gehaltenes Fis der Holzbläser und wispernde, huschende Figuren leiten das Quartett der Frauenstimmen ein. Nur eine darf eintreten: die Sorge. Fausts Gespräch mit der gespenstischen Besucherin ist ein liedhaft gebundener Wechselgesang, der von h-Moll nach b-Moll abschweift und sich nach dem unheimlich fahlen f-Moll zurückwendet, als Faust unter dem Anhauch des Dämons erblindet. In d-Moll, der Tonart der Ouvertüre, beginnt das nächste Stück, „Fausts Tod". Der Chor der Lemuren, von einem steifen, eckigen Thema der Trompete eingeleitet, durch begleitende Posaunenakkorde düster koloriert, ist eine makabre Groteske; Altstimmen (der Komponist fordert nach Möglichkeit Knabenstimmen) und Tenöre, in Terzen und Sexten geführt, singen, „mit neckischen Gebärden" das Grab aushebend, eine kindische, banale Melodie. Fausts letzter Monolog ist auf helles C-Dur gestimmt, das über die harmonischen Trübungen des geisterhaften Totengesangs hinaus bis zum sanft verklingenden Schluß des Stückes herrschend bleibt.

Der Schlußteil, „Fausts Verklärung“, ist der musikalisch gewichtigste Teil des Werkes, zugleich der Teil, in dem der Chor die bedeutendsten Aufgaben zu erfüllen hat. Er gliedert sich in drei größere, zum Teil aus verschiedenen einzelnen Chornummern zusammengesetzte Komplexe: der erste umfaßt die Gesänge der Anachoreten, der zweite die Lieder der Engel, die Fausts unsterbliches Teil emportragen, der dritte die Heiligung Fausts, des Doktor Marianus und der Büßerin Margarethe sowie den abschließenden Chorus mysticus. Der Chor beginnt mit der Schilderung der Himmelslandschaft in einem pastoralen F-Dur-Satz. Der Pater ecstaticus singt zu einer fließenden, auf- und abwogenden Figur der Streichinstrumente, der Pater profundus fährt mit ruhigem Ernst in gleichförmig mensurierter Melodie fort; der Pater seraphicus erscheint im Wechselgesang mit einem Chor seliger Knaben, der Sopran- und Altstimmen zu einfacher, volksliedhafter Dreistimmigkeit verbindet. Das alles war Schilderung der Szenerie, der heiligen, waldig-felsigen, von verklärten Einsiedlern bewohnten Einöde, die Goethe zum Vorhof der höchsten himmlischen Sphäre gemacht hat. Nun setzt die Handlung ein: Engel schweben herauf, sie tragen die Seele Fausts, die sie der Hölle entrissen haben. Ihr Gesang: „Gerettet ist das edle Glied der Geisterwelt vom Bösen“ ist ein kerniger, kraftvoll rhythmisierter Chorspruch, dem die jüngeren Engel einen poetischen Bericht über die himmlischen Rosen anhängen, deren Flammenkraft die Geister des Abgrunds überwunden hat; es entwickelt sich ein vielgliedriger, die „vollendeteren“ und die „jüngeren“ Engel abwechselnd beteiligender Chorsatz, aus dessen flüssiger, im As-Dur-Raum verharrender Zweiviertelbewegung sich eine triolische cis-

Moll-Episode reizvoll abhebt. Der Anfangsspruch „Gerettet ist das edle Glied“ wird vom vollen Chor wiederaufgenommen, jetzt in feierlich fugierter Form zu rauschender Orchesterbegleitung; von eindringlicher Wirkung ist die durch eine Oktave aufsteigende Tonleiter auf die Worte „Wer immer strebend sich bemüht“, ein musikalisches Symbol des Aufstiegs zur Vollendung. Mit dem Gesang des Doktor Marianus beginnt die letzte, mystische Szene des Faustdramas, die Verklärung des Helden und seiner schuldigen irdischen Gefährtin Margarethe. Die Harfe als Begleitinstrument versinnbildlicht die geistliche Stimmung; Fausts Bittgesang an die Gottesmutter, von dunklem, sattem Klang geteilter Violoncelli begleitet, ist eine schlichte, hymnisch begeisterte Melodie, die der Chor aufnimmt:

Die Episode der drei Büßerinnen fließt rasch vorüber, aus Margarethes ausdrucksvollem Solo „Neige, Du Ohnegleiche, Du Strahlenreiche, Dein Antlitz gnädig meinem Glück“ entwickelt sich ein Chorsatz in lichtem A-Dur, dem die hellen Stimmen der seligen Knaben und der Alt der Mater gloriosa Kolorit geben. Nach einer Pause des Schweigens erklingt, pianissimo in feierlichem a-Moll, das chorische Schlußwort:

Der Schlußchor ist eine orchesterbegleitete Motette für achtstimmigen Doppelchor und Solostimmen, die den

Klang alter geistlicher Chormusik beschwört; in dem reinen vollstimmigen Satz klingt das Erlebnis Palestrinas nach, dessen Musik Schumann kurz zuvor kennengelernt hatte. Der erste, langsame Teil führt das Quintenmotiv des Anfangs imitatorisch durch. Den zweiten, lebhaften Teil, der sich nach F-Dur wendet, komponierte Schumann in zwei Fassungen. Die erste Fassung, der ein triumphierendes Motiv zugrunde liegt, hat er, als

„zu weltlich", später durch eine zartere, mystisch-lyrische Komposition ersetzt; bei Aufführungen wird aber im allgemeinen die kraftvolle, zu Höhepunkten von gewaltiger Klangfülle gesteigerte, am Ende sanft verschwebende erste Fassung bevorzugt, die das Werk mit stärkerer Abschlußwirkung abrundet.

HECTOR BERLIOZ

Die Chorwerke Hector Berlioz' (1803–1869), des musikalischen Genies der französischen Romantik, sind nur bedingt der Gattung des Oratoriums zuzuordnen. Das leidenschaftliche, revolutionäre Temperament des Komponisten, das sich über alle überlieferten Formbegriffe hinwegsetzte, raffte sämtliche verfügbaren Klangmittel zusammen, um seine ungeheueren, ausschweifenden Visionen zu verwirklichen: Töne und Worte, Instrumente und Menschenstimmen sind ihm, wie später dem ähnlich universal empfindenden Gustav Mahler, willkommene Helfer, das umfassende Gebilde zu schaffen, das er –

mit Beziehung auf den alten, ursprünglichen Wortsinn – „Symphonie“ nennt. „Man wird sich zweifellos“, schreibt Berlioz im Vorwort der Partitur von „Romeo und Julia“, „über die Art dieses Werkes nicht täuschen. Obgleich die Singstimmen häufig verwendet worden sind, ist es weder eine Konzert-Oper noch eine Kantate, sondern eine Symphonie mit Chören.“ Diese Definition scheint auf den Typus anzuspielen, den Beethoven mit seiner neunten Symphonie aufgestellt hatte. Berlioz ist im Gesamtbilde der romantischen Musik in erster Linie der Virtuose des Orchesters, so wie Franz Liszt der Virtuose des Klaviers ist. Er, Berlioz, hat die Farbenpalette des Instrumentalklangs unendlich bereichert, er hat die Ausdrucksfähigkeit des Orchesters nahezu bis zur Deutlichkeit der Wortsprache gesteigert. Und gerade dieses Ringen um Deutlichkeit des Ausdrucks war es, das ihn antrieb, die Menschenstimme, den Gesang, das Wort mit in den symphonischen Klangbereich einzubeziehen. Mögen die Singstimmen für die schöpferische Phantasie dieses Symphonikers nur sekundäre Bedeutung haben, sie sind ihm doch unentbehrlich, und er bedient sich ihrer in zunehmendem Maße. Sind in „Romeo und Julia“ die wichtigsten Partien noch allein dem Orchester zugeteilt, so tragen in „Fausts Verdammung“ die Singstimmen, Soli und Chöre, überwiegend das Geschehen; beide Werke haben, ebenso wie die geistliche, bewußt an die alte Tradition anknüpfende Idylle „Des Heilands Kindheit“ in der Geschichte des Oratoriums ihre Stelle.

R o m e o u n d J u l i a, dramatische Symphonie, als Opus 17 im Jahre 1839 komponiert und in Paris aufgeführt, ist eine Frucht der Shakespeare-Begeisterung, die den jungen Hector Berlioz so wie das ganze romantische Paris schon um 1830 erfaßt hatte und die zur

Ehe des Komponisten mit der englischen Schauspielerin Henriette Smithson, der Darstellerin der Julia und Ophelia, führte. Das berauschende Erlebnis, das die Tragödie der Liebenden von Verona für den jungen, exzentrischen Musiker bedeutete, hat sich geklärt. Er hat inzwischen zwei Symphonien und eine Oper geschrieben, und man mag die Partitur als einen Versuch betrachten, die Wirkungen der beiden Gattungen zu kombinieren. Aber noch immer steht er völlig im Banne der Dichtung. Er wählt Szenen und Situationen des Schauspiels aus, malt farbenprächtige Tonbilder, vertieft poetische Stimmungen zu symphonischen Impressionen, ohne sich um dramatischen Zusammenhang und geschlossene musikalische Form zu bemühen. Vokale und instrumentale Stücke wechseln ab, aus der Folge der Szenen und Bilder ergibt sich die freie romantische Form, die durch ein inneres Band, durch die poetische Atmosphäre der Konzeption, zusammengehalten wird. Der Chor singt in kleiner und großer Besetzung, zuweilen in die Parteien der Capulets und Montagues geteilt. Die Solostimmen sind von untergeordneter Bedeutung, die Helden der Tragödie als Stimmen nicht vertreten; ein Tenor singt Mercutios Erzählung von der Fee Mab, nur der Pater Lorenzo, eine Baßpartie, tritt als fest umrissene dramatische Person dem Chor gegenüber.

Der Aufbau des Werkes ist ungewöhnlich. Als Introduktion erklingt ein Orchesterstück, das der ersten Szene der Shakespearschen Tragödie entspricht. Ein scharf rhythmisiertes Fugato in h-Moll schildert den Streit der Capulets und Montagues, der sich aus dem Geplänkel der Diener auf der Straße entspinnt. Ein majestätisches Rezitativ der Posaunen, in B-Dur einsetzend, in a-Moll wiederholt und durch chromatische Fortschreitungen zu einem Höhepunkt in H-Dur geführt, symbolisiert auf naturalistische Weise das Dazwischentreten des Fürsten. Das Streitmotiv, leise wiederaufgenommen, sinkt in den

Baß hinab und verklingt auf einer lange ausgehaltenen Dissonanz, dem Dominantseptakkord auf Fis; es ist, als gingen die Streitlustigen, durch die Autorität des Fürsten gezwungen, murrend und heimlich grollend auseinander. Auf diese instrumentale Ouvertüre folgt ein Prolog in der Form eines Chorrezitativs. Der Prolog erzählt nach altem Theaterbrauch im voraus den Gang der Handlung; Berlioz gibt damit dem Hörer einen Leitfaden, sich den Zusammenhang der dramatischen Fragmente, aus denen die Partitur besteht, zu ergänzen. Ein kleiner, dreistimmiger Chor (Berlioz verlangt vier Bässe, vier Tenöre und vier Alte) ist der Sprecher. In homophonem Satz, im Einklang oder in einfachen Akkorden psalmodierend, berichtet er von dem alten Haß der Geschlechter in Verona, von der Liebe Romeos zu Julia, der Tochter des feindlichen Hauses. Zuweilen wird das monotone Chorrezitativ von instrumentalen Zwischenspielen unterbrochen. Die Festmusik der Capulets klingt an, Romeos Liebesthemen begleiten den Bericht der Gartenszene; als lyrische Einlage folgt ein zweistrophiges Lied des Soloalts zum Preise der ersten Liebe. Dann fabelt Mercutio von der Fee Mab: ein Scherzetto für Solotenor, Chor und Orchester, das musikalisch mit dem späteren großen Scherzo nichts gemein hat. Mit wenigen Sätzen singt der Chor von der Katastrophe, vom Tode der Liebenden und der Versöhnung der feindlichen Häuser. Damit endet dieses vorausgeschickte Miniatur-Oratorium, und die „dramatische Symphonie" beginnt.

Die erste Szene ist ein Instrumentalstück. Die Überschrift lautet: „Romeo allein. Melancholie. Konzert und Ball in der Ferne. Großes Fest bei Capulet." Eine seufzende Melodie der Violinen, die in einen träumerisch-sehnsüchtigen Gesang der Holzbläser übergeht, dazwischen, wie vom Winde hergeweht, leise Klänge ferner Festmusik, dann, Larghetto espressivo, der schwermütige

Gesang einer Oboe: das Bild des Liebenden, der sich in seine Trauer und Sehnsucht verliert. Endlich rafft er sich auf und tritt in den Festsaal. Rauschend klingt die Festmusik auf und reißt das schwermütige Thema Romeos in ihren Wirbel hinein: einer der blendendsten Berliozschen Orchestersätze, temperamentgeladen und von strahlender Leuchtkraft der Farbe. Die zweite Szene bringt einen scharfen Stimmungskontrast: „Heitere Nacht. Capulets Garten still und verlassen. Die jungen Capulets ziehen, vom Feste heimkehrend, vorüber, Nachklänge der Ballmusik singend." Ruhende, hauchzarte Harmonien der Streichinstrumente, Flöten und Klarinetten malen das Weben der Nacht. Von fernher klingen Stimmen. Das Fest ist aus. Junge Leute ziehen in Gruppen nach Haus, trällern leichte Melodien und rufen sich Scherzworte zu, kommen näher und verschwinden: zwei Chöre von Männerstimmen „hinter der Szene", deren Gesang in lockerem, zwei- und dreistimmigem Satz bis zum Forte anschwillt und wieder verklingt. Romeo bleibt allein zurück; es beginnt die „Scène d'amour", das weitausholende, leidenschaftliche Orchesteradagio, das Herzstück des Werkes. Die Skala der Gefühle, die Shakespeare in dem nächtlichen Liebesgespräch der Balkonszene erklingen läßt, wird hier in der glühenden, ausdrucksmächtigen Sprache der Instrumentalmusik durchmessen; Schwärmerei, Sehnsucht, stürmisches Werben, Exaltation, alles verwandelt sich in Stimme und sprechenden Klang. In zweimaligem Ansatz, über einem gleichmäßigen, ruhigen Rhythmus der tiefen Streichinstrumente wird das Liebesthema gleichsam ahnend und fragend in seinen wesentlichen Passagen angeschlagen. Dann schiebt sich ein Allegro agitato ein, ein Ausbruch drängender, werbender Leidenschaft, der über eine höchst expressive, die Spannung lösende Modulation in die Ruhe des Adagio zurückleitet. Nun erst breitet sich das Melos des Liebesgesanges ganz aus, steigert sich zu stürmischen und zarten Ekstasen und verklingt, wie ein Abschiednehmen, in der Stille der Nacht. Unvermittelt, wie in der Symphonie auf das Adagio das Scherzo folgt, schließt sich der nächste Satz an: „Königin Mab, die Fee der Träume." Mercutios Märchen von der launischen Fee, die nachts in einer Nußschale mit einem Gespann von Sonnenstäubchen ausfährt, um den Schläfern flüchtige, trügende Träume zu schenken, hat den Komponisten zu einem sprühenden Orchesterscherzo inspiriert, einem musikalischen Elfenspuk, der die Klangvisionen Webers und Mendelssohns an Brillanz und instrumentaler Leuchtkraft noch übertrifft. Nach kurzer, geheimnisvoller Einleitung wird der Hauptgedanke, ein thematischer Komplex in leichtfüßigem, jagendem Dreiachteltakt, aufgestellt und in variierter Form wiederholt. Nach einem eingeschobenen, zart-lyrischen Allegretto in der Mollparallele der Haupttonart F-Dur folgt die Durchführung des ersten Themenkomplexes, die eine Reihe reizender instrumentaler Episoden bringt – ein Hornsolo deutet auf den Soldaten, der von Krieg und Schlacht träumt. Endlich verklingt das leichte Tonspiel in gehaltenen Akkorden, Pausen und Fermaten, und eine kurze, rabiate Coda schließt ab; der Spuk ist verflogen.

Die weitere Entwicklung der Handlung – die heimliche Vermählung der Liebenden durch den Pater Lorenzo, den Tod Tybalts, die Verbannung Romeos, Julias durch den Schlaftrunk des Paters bewirkte Ohnmacht – übergeht der Komponist. Die Musik setzt wieder ein an einem Ruhepunkt: „Julias Leichenzug" ist das nächste Stück der Partitur, eine zarte, lyrische Totenklage, die sich aus einem schleppenden Orchesterfugato entwikkelt. Der Chor der Capulets, der zu Anfang nur monotone Klagerufe in den Instrumentalsatz einwirft, übernimmt mit einer Wendung von e-Moll nach E-Dur die Stimmführung und breitet sich aus in einer feierlichen, die ganze Poesie der Dichtung atmenden Elegie; im Orchester klingt das Läuten der Totenglocke nach. Wenn Berlioz nun das Geschehen im Grabgewölbe – Romeos Eintritt, seine Verzweiflung, seinen Selbstmord, Julias zu spätes Erwachen und die Vereinigung der Liebenden im Tode – in einem Orchesterstück schildert, so überfordert er die instrumentale Sprache; der Satz, der dem Erleben der Todgeweihten vom trügerischen Freudentaumel bis zum verhauchenden Todesseufzer nachgeht, wirkt wie melodramatische Untermalung eines nicht gesprochenen Dialogs. An die Katastrophe der Tragödie fügt Berlioz einen musikalischen Ausklang, ein breit ausgeführtes Chorfinale, das die Partitur zur Kantate abrundet. Die Menge eilt in das Grabgewölbe, die Capulets und die Montagues treten drohend einander gegenüber, den alten Streit von neuem zu entfachen. Da tritt der Pater Lorenzo, die einzige singende, als kantable Baßpartie ausgeführte Figur des Werkes, zwischen sie und beschwört sie durch Rede und Gebet, den unheilvollen Zwist beizulegen, der so schweres Opfer gefordert hat. Noch einmal will das Kampfmotiv der Introduktion aufflackern, dann ist der Trotz überwunden. Ein gewaltiger, opernhafter Chorsatz vereinigt die feindlichen Geschlechter zum Versöhnungsschwur.

Fausts Verdammung, in den Jahren 1845 und 1846 komponiert und im Dezember 1846 in Paris aufgeführt, geht, ebenso wie „Romeo und Julia“, auf frühe Eindrücke und Entwürfe zurück. Schon im Jahre 1829 veröffentlichte Hector Berlioz, sechsundzwanzigjährig und noch Schüler des Konservatoriums, als Opus 1 „Acht Szenen aus Goethes Faust“; sie waren die Frucht eines aufwühlenden Goetheerlebnisses, das neben den Begegnungen mit Virgil und Shakespeare zu den wichtigen Richtpunkten seiner Entwicklung zählt. Anderthalb Jahrzehnte später gewann dieses Erlebnis wieder schöpferische Kraft. Während einer Konzertreise durch Österreich, Ungarn und Deutschland überfiel ihn ein Schaffensrausch. Er komponierte im Wagen, in der Bahn, auf dem Schiff, im Gasthof, inspiriert durch das Erlebnis der Länder und Landschaften, die er durchreiste; daß seine Faustdichtung in Ungarn beginnt, daß Mephisto „in Hainen und Auen an den Ufern der Elbe" Gnomen und Sylphen beschwört, ist unmittelbar auf Reiseeindrücke zurückzuführen. Im übrigen aber ist dieses Werk, im Gegensatz zu „Romeo und Julia", keineswegs von Zufall und künstlerischer Willkür bestimmt. Das langsame Reifen der Idee hat die Form gerundet. Diese „dramatische Legende" (so nennt Berlioz sein Werk) ist ein Ganzes. Die Fausttragödie wird im Zusammenhang dargestellt, in Anlehnung an den ersten Teil der Goetheschen Dichtung, aber mit der Freiheit der Auffassung und Deutung, die das herrische Genie des französischen Romantikers forderte; daß Faust nicht erlöst wird, sondern zur Hölle fährt, entspricht nicht nur der Überzeugung dieses dem Dämonischen und Satanischen verbundenen Musikers, sondern der der Romantik überhaupt – denken wir an Grabbe und Heine, denken wir an die frühesten Bühnenaufführungen der Goetheschen Dichtung, die das „Her zu mir" als Triumph Mephistos deuteten. In ihrer zwiespältig von Goetheschem und romantischem Geist bestimmten und dennoch bruchlosen Eigenart ist die Legende von Fausts Verdammung das geschlossenste und damit populärste unter den Vokalwerken des Komponisten Hector Berlioz geworden. Die Hauptfiguren der Dichtung sind, anders als im „Romeo", voll ausgeführte Solopartien; Faust ist Tenor, Mephistopheles Bariton oder Baß (Berlioz hat die Partie in einer höheren und einer tieferen Fassung notiert), Margarethe Mezzosopran; dazu kommt als Episodenfigur der Baß Brander. Dem Chor sind vielfältige Aufgaben gestellt, er hat Landleuten und Bürgern, Studenten und Soldaten, Sylphen und Höllengeistern Stimme und musikalische Gestalt zu leihen.

Der erste Teil der Legende spielt in den Ebenen Ungarns. Er ist nur lose mit der Handlung verbunden und könnte ohne Schaden für das ohnehin umfangreiche Werk fehlen; man wird ihn aber stets aufführen, weil er in dem eingefügten Rákoczy-Marsch ein Orchesterstück von zündender Wirkung enthält. Es gibt keine Ouvertüre, ein Monolog Fausts, getragen von lieblichem, pastoralem Streichermelos, eröffnet das Werk, ein Frühlingsbild, dessen Stimmung etwa dem Osterspaziergang der Goetheschen Dichtung entspricht: Faust in der Natur, unter dem fröhlichen, feiernden Volk, hingegeben an die Lust der Erde und des einfachen, genügsamen Lebens. Aber in die frohen Chorgesänge der Landleute klingt von fernher der Lärm des Krieges. Trompetensignale nähern sich, ein Heer zieht vorüber. Hier hat Berlioz seine Bearbeitung des Rakoczy-Marsches eingefügt, einer ungarischen Nationalmelodie, deren Feuer durch die funkelnde, mit Bläserklang, Beckenschlägen und dem Dröhnen der großen Trommel prunkende Instrumentation zu lodernder Glut erhitzt wird:

Die Schlußsteigerung, die das Marschthema immer wieder auf verschiedenen Tonstufen im Baß ansetzen läßt und das zigeunerische Moll in strahlendes Dur verwandelt, rief bei der ersten Aufführung des Stückes in Pest einen vulkanischen Beifallsausbruch hervor und ist noch heute, sooft sie erklingt, von hinreißender Wirkung. „Man kann“, so entschuldigt Berlioz diesen unmotivierten Ausflug nach Ungarn, „einer Figur wie Faust die exzentrischsten Reisen zumuten, ohne daß die Wahrscheinlichkeit dadurch in Frage gestellt wird.“ Die musikalische Wirkung rechtfertigt die dramaturgische Willkür; der Kontrast der ländlichen und kriegerischen Klänge ergibt eine farbenprächtige Introduktion.

Mit dem zweiten Teil des Oratoriums nähert sich Berlioz dem Goetheschen Vorbild. Die Handlung spielt nun im Norden von Deutschland. Faust ist allein in seinem Studierzimmer: die Situation des ersten Monologs. Ein müde schleichendes Fugato in fis-Moll, dessen Thema vom Grundton zur tonartfremden kleinen None aufsteigt, spricht den Lebensüberdruß des Einsamen aus. Die Szene ist voll von ergreifenden Einzelzügen. Der reine C-Dur-Dreiklang der Violoncelli und Bratschen, der das Schweigen der dunklen, sternenlosen Nacht malt, in die Faust hinaussieht, ist von überraschender Wirkung. Die Rede wird zum Rezitativ. Faust setzt die Giftschale an die Lippen, um sein leeres Leben zu enden; da erklingen über einer glockenhaft schwingenden Baßbewegung ferne Stimmen, die zu einem hymnischen Chorsatz an- und wieder abschwellen: die Gesänge der Ostermesse, die die Auferstehung des Herrn feiern. Faust ist überwältigt; in einem wunderbar innigen Rezitativ äußert sich seine Bewegung; der Himmel hat gesiegt. Das ist der Augenblick, in dem der Widersacher sein Spiel beginnt. Wie mit einem Tigersprung erscheint Mephistopheles aus dem Dunkel. Das Motiv, das sein Erscheinen begleitet, ist eine der genialsten musikalischen Kurzformeln, die jemals für die erschreckende, grauenerregende Wirkung des Bösen erfunden worden sind: drei kurze, stakkatierte Noten, drei abwärtsrückende, mit brutalem Ruck von F nach H modulierende, die Tritonus-Spannung überbrückende Sextakkorde, von Posaunen, Fagotten, Trompeten, großer und kleiner Flöte gespielt, auf dem letzten Ton durch einen harten, blitzenden Beckenschlag verschärft (Zitat auf S. 427):

Entschiedener, mit nachhaltigerer Wirkung kann die Stimmung nicht in ihr Gegenteil verkehrt werden; die frommen Gesänge sind verklungen, die Magie der Hölle wirkt im flirrenden Tremolo der Streichinstrumente, im düsteren Drohen der begleitenden Posaunen. Als „Geist des Lebens“ stellt sich der höllische Gast vor; Faust folgt ihm, um sich ins Leben zu stürzen, die Freuden der Welt zu genießen. Wenige Musiktakte begleiten den Flug, der die beiden nach Leipzig, in Auerbachs Keller entführt. Die Trinkszene der Studenten hat Berlioz, der Meister des grotesken Humors und der Satire, mit besonderer Freude ausgemalt. Die „Bestialität“, von der Mephisto spricht, zeigt sich schon in dem ungefügen, lärmenden Chor der Trinker. Branders Lied von der „Ratt im Kellernest“ ist ein unbeholfenes, holperndes Couplet. Die Stimmung erreicht ihren Höhepunkt, als die Studenten der toten Ratte die ewige Ruhe wünschen und auf das „Amen“ eine schulmäßige vierstimmige Fuge anstimmen, deren Thema aus der Melodie des Liedes entwickelt ist: eine Satire des Romantikers auf die barocke Kunst des Kontrapunkts, die in Leipzig ihre Stätte hatte:

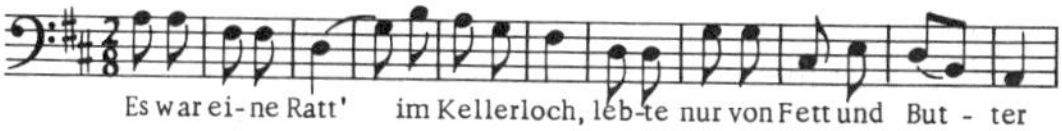

Mit einer Umformung des Dreinoten-Motivs, das sein erstes Erscheinen begleitete, tritt Mephistopheles in die lustige Runde, verspottet den „andächtigen“ Gesang und erbietet sich, selbst ein Lied vorzutragen: das Lied vom Floh, dessen prickelnd rhythmisierte Eleganz beträchtlich von dem plumpen Lied Branders absticht. Aber Faust mißfällt das rohe Treiben. Wieder erklingt die Musik des Fluges, aber sie geht dieses Mal in bukolische Triller und heitere Melodien über. Mephistopheles entführt Faust an die lieblichen Ufer der Elbe, bettet ihn unter eben erblühte Rosen und beschwört die Geister der Erde und der Luft, seinen Schlaf zu bewachen. Mephistopheles' Arie ist eine lyrische, ruhige Kantilene, die nur durch die düstere Begleitung der Posaunen, Trompeten und Fagotte infernalischen Klang erhält. Gnomen und Sylphen umgaukeln Faust mit Liebesvisionen. Die Melodie ihres wundervollen, mit impressionistischer Lockerheit gesetzten Chores ist eine der schönsten und berühmtesten Melodien des Werkes:

Vor dem Auge des Träumenden erscheint das Bild eines Mädchens; er flüstert: „Margarethe!“ Der Chor fällt wieder ein, nun von wispernden Skalen der Streicher und leichten Elfenrhythmen der Flöten begleitet. Dann verwandelt sich die Chormelodie zum Thema eines Instrumentalsatzes, des Sylphentanzes, eines der pittoresken Berliozschen Orchesterstücke, die den Ruhm des Komponisten in die Weite getragen haben, eine zarte, duftige Traummusik, die über einem einzigen, ununterbrochenen Orgelpunkt der Bässe dahinschwebt:

Mit dem Ruf „Margarethe“ fährt Faust aus dem Traume auf; Mephisto verspricht ihm, daß er das liebliche Traumbild leibhaftig sehen und besitzen soll. Als turbulentes Finale folgt eine Chorszene, deren dramaturgischer Zweck es ist, den Schauplatz des Folgenden anzudeuten, die Stadt, in der Margarethe zu Haus ist. Soldaten und Studenten ziehen singend vorüber. Die Soldaten singen ein frisches Marschlied, die Studenten ein lateinisches Lied, dessen leichtfertiger Text seltsam mit der etwas altväterisch zeremoniellen Melodie kontrastiert. Berlioz läßt es sich nicht nehmen, beide Melodien zu großer Schlußwirkung zusammenzuführen, wobei Faust und Mephisto in das Studentenlied mit einstimmen.

Der dritte Teil enthält die Begegnung Fausts mit Margarethe. Er beginnt mit einem kurzen Satz der Trompeten, Hörner und Pauken: der abendliche Zapfenstreich wird geblasen; ohne militärische Klänge kann sich der französische Komponist eine deutsche Stadt nicht vorstellen. Faust, von Mephisto hingeführt, ist allein in Margarethes Stübchen. Seine Arie atmet unruhige, schwärmerische Erwartung. Mephisto kündigt Margarethe an und verbirgt Faust hinter einem Vorhang. Sie tritt ein mit einer c-Moll-Melodie der Flöte, die ein wenig an den Auftritt der wahnsinnigen Lucia bei Donizetti erinnert. Ihr Rezitativ ist ein bezauberndes Stimmungsbild. Ängstliche Ahnung ist der Grundklang, wie ein leises Erschauern zieht sich ein Sechzehntelrhythmus der Bratschen durch das elegische Melos der Holzbläser. Einmal – „Im Schlafe sah ich ihn“ – klingt ein zartes Es-Dur-Arpeggio auf; dann folgt, ahnungsvoll vorausgenommen, in den Violinen eine Stelle von Margarethes späterer Arie, „Sein Schreiten war so edel“; ihre Gedanken kreisen um den Fremden, Unbekannten, dessen Bild ihr Mephistopheles im Traume gezeigt hat. Sie singt das Lied vom König in Thule. „Gotisches Lied“ nennt es Berlioz, und er gibt sich Mühe, den Eindruck des Altertümlichen, Vergangenheitsdunklen durch eine Begleitung von Bratschen und Bässen und durch das immer wiederkehrende, befremdende Intervall der übermäßigen Quart hervorzurufen:

Mephistopheles schürt das Feuer. Mit einer Beschwörung, in deren von Holzbläsern intoniertem Ritornell das diabolische Tritonus-Intervall eine große Rolle spielt, ruft er – die Szene ist im Freien, vor Margarethes Hause zu denken – die Irrlichter, durch ihre trügerischen Flammen das liebende Mädchen zur Sünde zu verführen. Der Tanz der Irrlichter ist ein zeremonielles Menuett; vielleicht wollte Berlioz durch den „ehrbaren Klang“ Mephistos Absicht illustrieren: „Ich sing ihr ein moralisch Lied, sie desto gewisser zu betören.“ Das Teufelsständchen, das folgt – die Stretta des Irrlichtertanzes nimmt schon die Melodie vorweg –, ist mit seiner chansonhaften Eleganz, mit seiner Pizzicatobegleitung, die eine virtuos gespielte Laute vortäuscht, ein Meisterstück dämonischen Humors; die Stimmen der Irrlichter, Tenöre und Bässe, geben unheimliche Akzente. Das Thema des Liedes vom König in Thule, leise als Reminiszenz gespielt, führt in Margarethes Kammer zurück. Margarethe erblickt Faust; der Fremde, den sie im Traume gesehen hat, steht vor ihr. Ein schwärmerischer Liebesgesang vereint ihre Stimmen. Sie scheint willenlos, nur noch flüsternd, in seine Arme zu sinken, da tritt Mephisto ungestüm herein und mahnt Faust zum Aufbruch; die Nachbarn, durch das Ständchen aufmerksam gemacht, eilen herbei, Margarethe zu verspotten. Berlioz nutzt die kontrastreiche Situation zu einem großartigen Finale aus; die Liebesbegeisterung des Paares klingt mit dem Hohn Mephistos zu einem stürmisch bewegten Terzett zusammen, dem die drohenden Stimmen des draußen lärmenden Volkes die letzte, wilde Steigerung geben.

Im vierten und letzten Teil eilt das Geschehen zur Katastrophe. Eine Romanze Margarethes vertritt den Monolog „Meine Ruh ist hin“. Schon die einleitende, von stockenden Pausen unterbrochene Melodie des Englischhorns spricht von der Verzweiflung der Verlassenen. Ihr Gesang ist ein dreistrophiges, am Ende in sehnsüchtige Träumerei auslaufendes Lied von bezwingender Schönheit des Ausdrucks. Von fernher klingen Trompeten und frohe Soldaten- und Studentenlieder wie Erinnerung an schönere Zeiten herein; dann nimmt das Englischhorn wieder seine klagende Weise auf, Margarethes Stimme endet das Stück mit einem langen, verhauchenden Seufzer. „Beschwörung der Natur“ ist das nächste Bild, die Entsprechung zu Goethes Szene „Wald und Höhle“. Es ist die letzte Besinnung, die diesem dem Elementaren verbundenen Faust vergönnt wird: ein „Andante maestoso“ in der mystischen cis-Moll-Tonart, deren gleitende Harmonien den dämmernden Wolkendunst der Mondnacht widerspiegeln; ein immer wiederkehrendes Baßmotiv, wie es ähnlich schon in dem Pastoralsatz der Phantastischen Symphonie erklang, wirkt wie ein Symbol der Kraft, die in Stürmen wirkt, die sich in Erde und Strom, in Wald und Fels verkörpert. Mephistopheles stört die Meditation des Einsamen mit der Mahnung an Margarethe, die im Kerker des Todes harrt, weil sie ihre Mutter mit dem von Faust gereichten Schlaftrunk vergiftet hat; das Motiv des Kindesmordes ist hier ausgeschaltet. Faust erkauft ihre Rettung von Mephisto um den Preis seiner Seele; mit einem dumpfen Wirbel der großen Trommel unterschreibt er das höllische Pergament. Berlioz läßt das hastige rezitativische Gespräch der beiden von den Hörnerklängen einer fernen Waldjagd begleiten. Sie leiten über zur folgenden Szene, dem Höllenritt. „Faust und Mephisto auf schwarzen Pferden daherbrausend" – was bei Goethe eine kurze, flüchtig vorübereilende Vision ist, wird bei Berlioz zum düsteren, katastrophischen Höhepunkt des Ganzen, zu einem Tongemälde von dämonischer Größe und Wirkungsgewalt. Mephisto, der nun Faust in seiner Gewalt hat, führt ihn mit teuflischer Perfidie nicht in Margarethes Kerker, sondern geradewegs in die Hölle. Der Rhythmus der galoppierenden Zauberpferde be-

herrscht das ganze Stück, in einer klagenden Melodie der Oboe klingt die Angst der verlorenen Seele. Ein frommer Gesang von Landleuten, die vor einem Kreuz am Wege knien, tönt flüchtig hinein, Gespenster, nächtige Vögel folgen den Reitern, Totenglocken hallen, das ganze dröhnende und rasselnde Instrumentarium des Geisterbeschwörers Berlioz ist zu einem wirbelnden Crescendo aufgeboten; dann stürzen beide mit einem Siegesruf Mephistos in den Abgrund. Ein Triumphgesang der Höllengeister tönt ihnen entgegen. Die gemeine Melodisierung ergibt zusammen mit der leuchtenden Klangpracht der Instrumentation einen infernalischen Effekt; Berlioz steigert ihn noch, indem er die Dämonen in einer unverständlichen, von Svedenborg übernommenen Höllensprache singen läßt:

Nach diesem Exzeß ist ein scharfer Kontrast notwendig; auf die äußerste Dramatisierung folgt eine epische Episode. Ein einstimmiger Männerchor, der die Rolle des Erzählers übernimmt, beklagt in kurzem, unbegleitetem Rezitativ das schreckliche Ende Fausts. Dann klingen Harfen, Flöten und ätherische Akkorde von Violinen. Margarethes Seele wird in den Himmel aufgenommen; Chöre der Seraphim, von Kinder-, Frauen- und Männerstimmen dargestellt, singen in feierlichem, arpeggienumrauschtem Des-Dur ihre Verklärung.

Des Heilands Kindheit ist Hector Berlioz' Beitrag zur Gattung des geistlichen Oratoriums: eine Idylle, ein Werk von intimem, stellenweise kammermusikalischem Charakter, aber eine Komposition von hoher, poetischer Schönheit, die an künstlerischem Wert im Gesamtwerk des Komponisten mit an erster Stelle steht. „Man kann gar nicht genug bewundern, wie ein Künstler, der mit so viel Treue die stürmischsten Leidenschaften des menschlichen Herzens gemalt hat, den reinen, ruhigen Stil der Erhabenheit des Evangeliums zu finden und sich in der religiösen Betrachtung zu solcher Höhe zu erheben vermochte" – diese Anerkennung, die ein Brief eines Priesters dem Komponisten zuteil werden ließ, darf als treffendes Urteil zitiert werden: nicht nur die ästhetische, auch die geistliche Qualität der Musik steht außer Frage. Berlioz bezeichnet das dreiteilige Werk als „Geistliche Trilogie". Die Partitur ist in mehrjähriger Arbeitszeit entstanden. Schon im Jahre 1850 wurde der archaisierende Hirtenchor aus dem zweiten Teil, der „Flucht nach Ägypten", in Paris aufgeführt, und nur auf ihn bezieht sich die Geschichte von einer Mystifikation des Publikums, die Berlioz in seinen Memoiren berichtet: er kündigte das Stück als Werk eines fingierten alten Meisters Pierre Ducré aus dem Jahre 1679 an, dem die Hörer achtungsvollen Beifall zollten. Die „Flucht nach Ägypten", das Mittelstück der Trilogie, wurde 1853 in Leipzig aufgeführt, der dritte Teil des Werkes entstand danach, zuletzt der erste; am 10. Dezember 1854 fand die Uraufführung des vollständigen Oratoriums in Paris statt, die dem bezaubernden Werk einen großen und nachhaltigen Erfolg brachte. Den Text auch dieses Werkes hat Berlioz selbst geschrieben; die deutsche Übersetzung stammt von Peter Cornelius. Die Dichtung behandelt eine Episode aus der Kindheitsgeschichte Christi, die Rettung Jesu vor dem bethlehemitischen Kindermord durch die Flucht nach Ägypten. Als singende Personen erscheinen Maria (Mezzosopran), Joseph (Bariton), Herodes (Baß), Polydor (Baß), ein Centurio (Tenor), ein Hausvater (Baß), ein Erzähler (Tenor). Der Chor wirkt als Männer-, Frauen- und gemischter Chor, er verkörpert Magier, Hirten, Engel, Ägypter und Ismaeliter.

„Der Traum des Herodes" ist der erste Teil betitelt. Ein Erzähler, Nachfahre des alten Evangelisten, singt den Prolog: in einem kurzen, abwechselnd von Holzbläsern und Streichern begleiteten Rezitativ bereitet er die Hörer auf den Inhalt der folgenden Szenen vor. Die Exposition des Geschehens gibt Berlioz als pittoreskes Stimmungsbild: eine Straße in Jerusalem, römische Soldaten auf nächtlicher Runde. Mit einem leisen, langgezogenen Hornruf und dumpfen, wie leise Tritte hallenden Pizzicati der Bässe beginnt der „Nächtliche Marsch", dessen Thema, von sordinierten Streichern und Holzbläsern imitierend gebracht, jeden Anklang an moderne Militärmärsche vermeidet und die antike Szenerie glaubhaft macht:

Ein Ruf „Wer da?" unterbricht auf naturalistische Weise den Marschtritt. Ein Centurio trifft auf der nächtlichen Straße einen Bekannten, Polydor, den er in Rom glaubte, der aber auf Befehl des Prätors in der tristen Stadt Jerusalem bleiben muß, um die Geister vom Lager des abergläubischen Königs Herodes zu verscheuchen. Im Rezitativ berichten die beiden Soldaten vom Wahn des Herodes. Dann setzt das Marschthema, zuerst in Horn und Pauken, danach in den Streichern, wieder ein. „Die Abteilung setzt sich in Marsch und entfernt sich": das Verklingen des Marschtritts ist mit wunderbarer Natürlichkeit als Diminuendo vom Pianissimo bis zum wesenlosen Echo-Ton dargestellt. Terzen der Geigen, wie vom Winde hergeweht, ein nachhallendes tiefes C der Violoncelli, ein paar Baß-Pizzicati – und die Straße liegt wieder in tiefer nächtlicher Ruhe. Im Königspalast spielt die zweite Szene. Herodes fährt aus einem Angsttraum auf: „Schon wieder dieses Kind, das mich entthronen soll" – Shakespeare hat die Szene inspiriert. Herodes' Baßarie ist ein düsteres, ausdrucksstarkes Gesangsstück. Er läßt Priester und Schriftgelehrte rufen. Sie erscheinen mit einem kleinen Chorsatz, dessen leere Quinten ihre unheimliche Würde versinnbildlichen. Der König erzählt seinen Traum. Sie beschwören die Geister mit kabbalistischen Zeremonien, die Berlioz mit einer brodelnden Hexenmusik begleitet. Dann geben sie die Antwort: „Geboren ward ein Kind, das bestimmt ist zu rauben Dein Reich und Deine Macht. Doch niemand kennt das Kind noch den Namen, dem es eigen." Sie raten dem König, alles Neugeborene erbarmungslos dem Tode zu weihen. Mit wildem Entschluß stimmt Herodes zu. Sein Gesang weitet sich zu einer Chorstretta von opernhafter Dämonie, deren Nachspiel allmählich verklingt und in eine lange Generalpause mündet; dann folgt unmittelbar die nächste Szene, „An der Krippe zu Bethlehem". Hier läßt Berlioz den Zauber des Pastoralklangs wirken, der ihm immer zu Gebote stand, der aber nun in Verbindung mit der himmlischen Poesie der Geschichte von Bethlehem von besonderer Reinheit und Lieblichkeit ist. Ein Zwiegesang des Elternpaares, ein Stück geistlicher Schäferdichtung mit kleinen tonmalerischen

Zügen, leichten Holzbläserfiguren, die das Hüpfen der fröhlichen Lämmer malen, schildert das Glück der heiligen Familie. Zu ätherischen Akkorden der Orgel und der geteilten Violinen ertönt, von Frauenstimmen gesungen, der Anruf der Engel, die Maria befehlen, aufzubrechen und nach Ägypten zu ziehen, um das Kind vor drohender Gefahr zu retten. Ein kurzes vierstimmiges Hosanna, von der Orgel und wenigen Orchesterinstrumenten zart begleitet, beschließt den ersten Teil.

Der zweite Teil, „Die Flucht nach Ägypten", ist das Kernstück des Werkes; hier ließ Berlioz sich vom schlichten Stil alter Meister, noch mehr aber zweifellos von den Darstellungen alter Maler inspirieren, die die Episoden der Reise, Marias Ritt auf dem Maultier und die Rast an der Quelle, oft geschildert haben. Schon der Klang der kleinen, polyphon entwickelten Ouvertüre erinnert an die reinen, lichten Farben und die heitere Idealität frühitalienischer Bilder; das leittonlose fis-Moll-Thema soll eine archaisierende Wirkung erzielen:

Schalmeien leiten den Chor der Hirten von Bethlehem ein, die von den Reisenden Abschied nehmen. Das nächste Bild, die Rast der heiligen Familie, ist womöglich noch schlichter gehalten. Eine kleine Pastoralsymphonie, ein Sechsachtel-Allegretto der Holzbläser und Streicher, schildert das „liebliche Plätzchen, wo Bäume standen dicht belaubt und Wasser reichlich war zu finden". Der Erzähler berichtet im Romanzenton vom Glück der Ruhe, die die Engel beschützen; ihr Halleluja rundet das Stück mit einer einfachen A-Dur-Kadenz ab.

Breiter ausgeführt, reicher an Kontrasten lyrischer und dramatischer Wirkung ist der dritte Teil, „Die Ankunft in Sais". Er beginnt mit dem Zug durch die Wüste, einem monotonen, müde sich hinschleppenden Marsch. Endlich ist Sais erreicht. Der Erzähler berichtet vom Hochmut der Bewohner und kündigt neue Leiden der Pilger an. Ein Duett mit Chor-Episoden faßt die folgenden Ereignisse zusammen. Verwirrt durch das Getöse der großen Stadt, suchen die Wanderer Herberge. Joseph bittet um Gastfreundschaft, wird aber von den bürgerstolzen Einwohnern als Heimatloser abgewiesen. Endlich klopft er an eine bescheidene Hütte, Maria unterstützt seine Bitte; da öffnet der Hausvater, ein Ismaelite, und nimmt das Paar freundlich auf. Die Güte der ismaelitischen Familie wird in einem Chorsatz von herzhaft biederem Klang geschildert, die Geschäftigkeit der Hilfsbereiten ergibt ein lebhaftes Orchester-Fugato; ein behaglicher Ton beherrscht das rezitativische Gespräch, in dem der Hausvater nach Namen und Herkunft der Gäste fragt. Musik soll, so will es der Hausvater, den Tag fröhlich beschließen; die jungen Ismaeliten lassen ihre Instrumente erklingen. Berlioz gibt ihr Musizieren wieder durch ein Trio für zwei Flöten und Harfe von bezauberndem Kolorit, das vor allem durch den strengen, cembaloartigen Harfensatz Reiz erhält; ein liebliches, pastorales Andante umschließt eine tänzerische Allegro-Episode, so daß sich eine dreiteilige Form ergibt. Mit einem vielstimmigen Nachtgesang gehen alle zur Ruhe. Der Erzähler singt den Epilog: so wurde der Heiland von den Heiden vor dem Tode bewahrt. Als die Zeit kam, zogen die Eltern mit dem Kinde in ihre Heimat, „auf daß Jesus das göttliche Opfer vollende, daß er uns führ' auf des Heils rechte Bahn". Der Rest ist fromme Betrachtung. Der Erzähler stimmt eine mystische, entrückte Melodie an:

– „als in Demut zu knien vor diesem großen Wunder!" Die Chorstimmen fallen frei imitierend ein, das Werk schließt, seinem intimen Charakter gemäß, mit einem ruhigen, im Pianissimo entschwebenden A-cappella-Satz von palestrinensischem Wohlklang.

FRANZ LISZT

Zur Universalität des Schaffens von Franz Liszt (1811 bis 1886) gehört auch die Beschäftigung mit dem Oratorium. Vom Klavier aus, dem er als Virtuose und Komponist bis zu seinem fünfunddreißigsten Lebensjahr fast ausschließlich gedient hatte, schritt er in seiner Weimarer Zeit weiter zur Orchestermusik; in das Jahrzehnt nach 1848 fallen die Symphonischen Dichtungen, die „Faust"- und die „Dante-Symphonie". Mit derselben Bewußtheit wandte er sich dann dem Oratorium zu. In einem Brief, den er 1862, nach der Vollendung der „Legende von der Heiligen Elisabeth" in Rom schrieb, sagt er ausdrücklich: „Nachdem ich die mir gestellte symphonische Aufgabe in Deutschland, so gut ich es vermochte, zum größeren Teil gelöst habe, will ich nunmehr die oratorische erfüllen." Liszts Oratorien sind also keine Zufallsschöpfungen. Sie bezwecken nichts weniger als die Erneuerung der Oratorienform in ihrer ursprünglichen geistlichen Eigenschaft mit den reichen harmonischen und koloristischen Mitteln der hochromantischen Musik, zugleich aber im Geiste kirchlicher Frömmigkeit und im Stile sakraler Würde und Tradition. Das oratorische Schaffen Liszts fällt in die Zeit, in der die Wiederherstellung der katholischen Kirchenmusik, die Renaissance der Gregorianik, durch den Cäcilienverein einsetzte. Wenn Liszt als schöpferischer Komponist auch andere Wege ging als die Liturgiker, so stimmte er mit ihnen überein in der hohen

Auffassung des Zieles. Es ging ihm darum, seinem Jahrhundert die allgemeinbedeutende, von kirchlichen Glaubenselementen und Klangformeln gespeiste religiöse Kunst zu geben, die es – trotz der Mendelssohnschen Oratorien – noch nicht besaß. In diesem Sinne sind die Oratorien „Die Legende von der Heiligen Elisabeth" und „Christus" nicht nur Höhepunkte in Franz Liszts geistlichem Schaffen, sondern darüber hinaus bedeutsame Stationen in der Kunst- und Geistesgeschichte des neunzehnten Jahrhunderts.

Die Legende von der Heiligen Elisabeth wurde von Liszt 1862 in Rom vollendet und am 15. August 1865 in Pest, im folgenden Jahre in München und am 20. August 1867 auf der Wartburg zur Feier des achthundertjährigen Bestehens der Burg aufgeführt, wo man sie mit Begeisterung aufnahm. Liszt greift mit dem Werk auf die alte, in Italien gepflegte Form der oratorischen Legende zurück. Die Dichtung von Otto Roquette behandelt das Leben der heiligen Elisabeth von der Kindheit bis zum Tode und zur feierlichen Bestattung nicht in dramatisch spannender Form, sondern in einer Folge von Bildern, die an die Schwindschen Wandmalereien auf der Wartburg anzuknüpfen scheinen. Dennoch ist das Werk sinnvoll aufgebaut und gegliedert. Der erste Teil, aus drei Bildern bestehend, behandelt das Glück der Landgräfin Elisabeth von ihrer Ankunft als Kind auf der Wartburg bis zum Abschied ihres Gatten, des Landgrafen Ludwig, der zum Kreuzzug aufbricht; der zweite Teil enthält, wieder in drei Bildern, das Leiden und den Tod der Heiligen. Die starken Stimmungskontraste, die damit gegeben sind, nutzt Liszts Musik aufs wirksamste aus; sie fesselt nicht nur durch Poesie und religiöse Begeisterung, sondern auch durch Bildhaftigkeit und dramatische Leidenschaft. Das Werk hat darum, trotz des undramatischen Textes, auch bei szenischen Aufführungen auf der Opernbühne Erfolg gehabt. Personen sind: Hermann, Landgraf von Thüringen (Baß), Sophie, dessen Gemahlin (Alt), Ludwig, deren Sohn (Bariton), Elisabeth, Tochter Andreas' II., Königs von Ungarn (Sopran), Friedrich II., deutscher Kaiser (Baß), ein ungarischer Magnat (Baß), ein Seneschall (Baß), der Chor der Kinder, der Kreuzfahrer, der Armen, der Engel, der Bischöfe und des Volkes.

Dem Orchestervorspiel, das mit dem ätherischen Klang dreier Flöten einsetzt, liegt eine alte geistliche Melodie zugrunde, die im 16. Jahrhundert bei kirchlichen Festen der heiligen Elisabeth als „Quasi stella matutina" gesungen wurde und die mit dem Text „Joseph, lieber Joseph mein" als Weihnachtslied volkstümliche Verbreitung gefunden hat:

Sie wird vom Violoncello übernommen, steigt zur Höhe der Violinen auf und steigert sich zur Klangfülle eines hymnischen, von strahlenden Trompeten- und Posaunenklängen getragenen Satzes. Sie ist, im Sinne des Wagnerschen Leitmotivs, das musikalische Signum der lieblichen und leidenden Heldin, das in vielfachen Verwandlungen das ganze Werk durchzieht. Nach dem mächtigen Klanghöhepunkt und einer Generalpause leitet ein sexten- und terzenseliges Diminuendo der Streicher, Flöten, Oboen und Klarinetten zu einem Abgesang von liedhafter Schlichtheit, dem Horn und Violoncello weiche, dunkle Klangfarbe geben.

Die erste Szene enthält die Ankunft Elisabeths auf der Wartburg. Im zartesten Kindesalter ist sie nach dem Brauch der Fürstenhäuser dem Knaben Ludwig, dem Sohne und Erben des Landgrafen Hermann von Thüringen, verlobt worden; ein ungarischer Magnat geleitet das

Kind und übergibt es der väterlichen Obhut des Landgrafen; Liszt, der seinem Geburtsland Ungarn immer verbunden blieb, läßt es sich nicht nehmen, die ungarische Herkunft der Heiligen zu betonen. Der festliche Begrüßungschor des Volkes, die von ungarischen Rhythmen getragene Ansprache des Magnaten, die ein nationales

Motiv verwendet, ein lyrischer Gesang des Landgrafen, die erste, von zarten Holzbläserklängen begleitete Begegnung der beiden Kinder, ein Tanzliedchen des Kinderchors, ein Schlußgesang des Volkes, der der kleinen Prinzessin mit dem schon vorher erklungenen ungarischen Motiv huldigt: das alles ergibt eine Szene, in der festlich heitere und idyllische Töne zusammenklingen. Zwischen der ersten und der zweiten Szene sind viele Jahre vergangen zu denken. Die Kinder sind herangewachsen, Ludwig, nun regierender Landgraf, ist mit Elisabeth vermählt. Das Rosenwunder steht im Mittelpunkt der zweiten Szene. Eine Jagdmusik macht den Anfang; Hornrufe wechseln ab mit lebhaft bewegten Orchestersätzen: Landgraf Ludwig streift als Jäger durch die Wälder. Liszt vermeidet den opernhaften, dem geistlichen Oratorium nicht angemessenen Jägerchor und gibt dem Landgrafen statt dessen eine lyrische Kantilene, mit der er die Schönheit seiner Heimat preist. Ludwig stutzt, da er eine Gestalt den Pfad von der Wartburg hinabschreiten sieht. In den Flöten meldet sich die Melodie der Ouvertüre, das Thema Elisabeths. Er erkennt seine Gattin, die allein heimlich zu Tal steigt, um den Armen und Kranken Wein und Brot zu bringen. Ängstlich und verlegen gibt sie vor, Rosen gepflückt zu haben. Als er ihr befiehlt, ihren Korb zu öffnen, fällt sie ihm zu Füßen und gesteht; aber ihr Korb, den sie dem Gatten entgegenhält, enthält nicht Brot und Wein, sondern Rosen. Die Musik schildert das Wunder in einem ekstatischen Des-Dur-Satz, der sich steigernd zu strahlendem E-Dur wendet. Horn und Violoncello lassen erst einstimmig, dann in weichen Terzen, die liebliche Leitmelodie Elisabeths erklingen, begleitet von auf- und abwogenden Figuren der Harfen, Flöten und Violinen. „An dieser Stelle", bemerkt der Komponist in der Partitur, „soll das Orchester wie verklärt erklingen. Der Dirigent wird gebeten, den Takt kaum zu markieren. Musik ist eine Folge von Tönen, die sich einander begehren, umschließen, und nicht durch Taktprügel gekettet werden dürften!" Der Chor fällt ein: „Ein Wunder hat der Herr getan!" Als auch der Landgraf in das Lob des Wunders einstimmt, erscheint im Orchester, in der gewichtigen Stimme der Posaunen, ein neues Motiv, das erst in der folgenden Szene größere Bedeutung gewinnt:

Das Motiv ist alten, gregorianischen Ursprungs, es findet sich als „Magnificat" und „Gloria in excelsis". Ein Zwiegesang des Paares und ein überwiegend zart gehaltener, einmal zu mächtiger Klangfülle gesteigerter Chorsatz, immer von dem Thema Elisabeths getragen, beschließen die Mirakelszene mit frommer Lobpreisung. „Die Kreuzritter" lautet die Überschrift der dritten Szene: Ludwig nimmt Abschied von seiner Gemahlin, um ins Heilige Land zu ziehen. Der Marsch der Kreuzfahrer, der den größten Teil der Szene ausfüllt, ist beherrscht von jenem gregorianischen Gloria-Motiv:

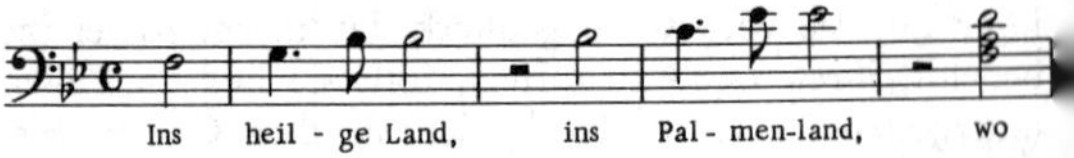

Das ritterliche, mit orchestralem Glanz ausgestattete Tonstück enthält als Kernstück eine schlichte A-cappella-Melodie des Männerchores, die den Charakter eines volkstümlichen Wallfahrtsliedes hat:

Elisabeths Abschiedsschmerz, ihre dunklen Unheilsahnungen, die sie in einer leidenschaftlichen Kantilene aussingt, werden übertönt von dem wiedereinsetzenden Marsch; mit dem Ruf „Gott will es“ ziehen die Krieger von dannen.

Mit einer klagenden Melodie der Klarinette, einer Umformung des Elisabeth-Themas, beginnt der zweite Teil des Oratoriums; ein gewaltsames Agitato des Orchesters deutet auf Haß, Ränke und Untat; das Martyrium der Heiligen beginnt. Die Landgräfin Sophie, die Witwe Hermanns und Mutter Ludwigs, hat die Nachricht erhalten, daß ihr Sohn im Heiligen Lande gefallen ist. Sie beschließt, Elisabeth, die legitime Erbin, zu verstoßen und die Macht an sich zu reißen. Ihre Arie ist ein Ausbruch dämonischer Wildheit, charakterisiert durch eine stürmische Baßfigur in punktiertem Rhythmus und das immer wiederkehrende Tritonusintervall, das Symbol des Bösen. Elisabeth beklagt den Tod ihres Gemahls. Sophie tritt ihr hart und kalt entgegen und weist sie aus dem Schlosse. Vergebens beruft sich Elisabeth mit dem ungarischen Thema des ersten Bildes auf den Adel ihrer Abkunft, vergebens bittet sie zu den sanften Klängen ihrer Hymne um Mitleid; die Fürstin bleibt erbarmungslos. Mit einem letzten innigen Dank an das Haus, das ihr Heimat gewesen ist, geht Elisabeth hinaus in das Dunkel; eine wilde Orchestermusik malt Sturm und Unwetter, die sie draußen empfangen. Die folgende Szene ist im geistlichen und im musikalischen Sinne der Höhepunkt des Oratoriums; sie enthält die Vollendung von Elisabeths irdischer Laufbahn, ihren Abschied von der Erde und ihren Tod. Die Musik ist von wunderbarer Zartheit und Entrücktheit, sie spricht von dem heiligen Glück der Seele, die das irdische Leid überwunden hat und dem himmlischen Frieden entgegengeht. Mit einer lieblichen ariosen Melodie gedenkt die Verstoßene des Glückes, das ihr an der Seite ihres Gatten zuteil geworden ist, dann sammelt sie sich zum Gebet, Gott für Glück und Schmerz zu danken und ihre Kinder seinem Schutz zu empfehlen. Die Erinnerung an ihre eigene Kindheit steigt in ihr auf. Zu leisem Tremolo der Violinen erklingt im Baß das ungarische Thema; auch für ihr Vaterland erfleht sie in leidenschaftlicher, weitausholender Melodie den Segen des Himmels. Die Armen nahen, um ihre Wohltäterin zum letzten Male zu grüßen. Liszt hat ihrem Gesang ein altes ungarisches Kirchenlied zugrunde gelegt:

Daraus entwickelt sich eine Chorszene, deren Schlichtheit dem Geiste der Heiligenlegende wahrhaft angemessen ist. Noch einmal erhebt die Sterbende ihre Stimme in ekstatischem Gesang, sie glaubt dem ewigen Licht, dem verklärten Freunde entgegenzuschweben und empfiehlt ihren Geist in Gottes Hand. Sie schweigt, eine einzige

Flöte, aus der Tiefe zu höchster Höhe aufsteigend, nimmt die Melodie ihres Gesanges auf: die Seele der Dulderin entschwebt zum Himmel. Eine zarte Symphonie der Flöten, Klarinetten und Violinen, aus dem Hymnus des Vorspiels gewoben, erklingt, Engelstimmen singen von himmlischem Glück; eine wahrhaft verklärte, ätherisch reine Musik, vom Frauenchor intoniert, von Holzbläsern, Harfe, Harmonium und vibrierenden Streichern begleitet, läßt über den Leiden der Dulderin den Glanz der Ewigkeit aufleuchten. Die Schlußszene, „Feierliche Bestattung der Elisabeth", ist eine prunkvolle chorische Zeremonie, die das motivische Material des Werkes in Gesängen des Volkes, der Krieger, der Bischöfe und des Kaisers zusammenfaßt und das Oratorium mit einer hymnischen Lobpreisung der Heiligen beschließt.

Christus, Oratorium nach Texten aus der Heiligen Schrift und der katholischen Liturgie, für Soli, Chor, Orgel und großes Orchester, wurde in Rom komponiert und 1867, fünf Jahre nach der Elisabeth-Legende, vollendet. Überwogen in dem vorigen Werk die lyrisch-poetischen und dramatischen Züge, so wird im „Christus" das Oratorium zur kultischen Form, die Musik zum Medium des Gebets und der Gottesverehrung. Seinem Geiste und seiner Form nach müßte das Werk zur kirchlichen Musik gezählt werden, wenn es sich in die Liturgie der Kirche fügte. Es ist aber eine phantastische, von der Freiheit des romantischen Geistes inspirierte Feier, die, ähnlich wie Beethovens neunte Symphonie, in einem imaginären Raume vor sich geht. So eng sich Liszt gerade in diesem Werk an das überlieferte melodische Gut der katholischen Kirche gebunden hat, so streng er bei aller stilistischen Unbefangenheit, bei bedenkenloser Mischung archaischer und romantisch-moderner Klangformen die Würde des kultischen Musizierens gewahrt hat: die Konzeption des Ganzen ist eine romantisch-individualistische

Genietat, entsprechend der Konzeption etwa der Wagnerschen Musikdramen; darauf beruhen die Besonderheit und die Einsamkeit des Werkes, das weder in der Kirche noch im Konzertsaal wirklich zu Hause ist. Immer hat man den „Christus", neben der h-Moll-Sonate und der „Faust-Symphonie", als eines der großen Selbstbekenntnisse des Komponisten bezeichnet. Er ist das Bekenntniswerk des Katholiken Liszt, die dogmatische Fixierung der religiösen Begeisterung, die sein gesamtes Leben und Wirken durchzieht, und damit der überragende Gipfel seines religiösen Schaffens. Will man eine historische Parallele ziehen, so ist das Werk mit Händels „Messias" zu vergleichen. Beide Werke haben die Gestalt des Heilands in ihrer geistig-religiösen Bedeutung zum Gegenstand, beide erschaffen in der Form des Oratoriums eine eigene, freie Liturgie. Damit wird der Rang des Lisztschen Werkes deutlich; dem Christushymnus des Barock tritt der der Romantik gleichbedeutend gegenüber. Dem liturgischen Charakter des Lisztschen Oratoriums entspricht es, daß der Chor als Sprecher des Allgemeinen, Überpersönlichen die beherrschende Rolle spielt; die Solostimmen treten zurück, nur der Bariton, die Stimme des Christus, hat eine wichtige Aufgabe zu erfüllen. Ungewöhnlich ist der bedeutende Anteil der Instrumentalmusik; während das Orchester sonst im Oratorium überwiegend begleitende Funktion hat, hält es hier dem Chor als nahezu gleichberechtigter, oftmals selbständig wirkender Partner die Waage. Das Oratorium besteht aus drei Abteilungen. Der erste Teil ist das Weihnachtsoratorium, der zweite Teil, „Nach Epiphania", umfaßt die Lehre und die Wundertaten des Heilands, der dritte Passion und Auferstehung. Die Vorgänge werden nicht episch – durch einen Erzähler – oder dramatisch – durch Dialoge – dargestellt, sondern durch entsprechende biblische oder liturgische Texte, durch Instrumental- und Chorsätze angedeutet; der Fluß der autonomen Musik wird nirgends durch berichtende, überleitende Partien unterbrochen.

Im ersten Teil des Oratoriums überwiegt das instrumentale Element. Den Anfang macht eine Symphonie über das gregorianische Thema „Rorate coeli“:

Es sind die prophezeienden Worte des Jesajas, die der Einleitung zugrunde liegen: „Tauet, ihr Himmel, von oben, die Wolken mögen regnen den Gerechten; die Erde tue sich auf und sprosse den Heiland.“ Der Satz, von archaisch schlichtem Klang, in dorischer Tonart, in stetiger Viertelbewegung schreitend, steigert sich bis zu einem majestätischen Bläserruf und verklingt, als verblasse eine Vision, in einem tremolierend absinkenden D-Dur-Dreiklang der Violinen. Wieder ertönt die Melodie „Rorate coeli“, nun als Thema einer heiteren, von Holzbläsern gespielten, streckenweise von ostinaten Dudelsackbässen zusammengehaltenen Pastoralmusik, die die Hirten auf dem Felde von Bethlehem schildert. Der Engel, vom Solosopran gesungen, verkündet ihnen in liturgischer Rezitation die Geburt des Heilandes. Frauenstimmen fallen ein, in drei- und vierstimmigem, zuerst unbegleitetem, dann von Holzbläserakkorden gestütztem Satz: „Gloria in excelsis Deo et in terra pax hominibus bonae voluntatis.“ Der volle, gemischte Chor nimmt das Gloria auf, vom Orchester mit wogenden Triolenfiguren und dem immer durchklingenden Motiv „Rorate coeli“ begleitet; mit dem Halleluja steigert sich der Gesang zu hymnischer Begeisterung und verklingt nach einer Generalpause a cappella mit einer Reihe langgehaltener, ruhevoll von Es-Dur in die Grundtonart G zurückleitender Akkorde. Ein zartes Nachspiel der Violinen, Flöten und Klarinetten verbindet die Melodie der Engel mit den Schalmeienklängen der Hirten. Als drittes Stück folgt die Hymne „Stabat mater speciosa", das Lied von der Mutterfreude Marias an der Krippe, eine Parodie der Passionssequenz „Stabat mater dolorosa". Die Hymne, die in diesem Zusammenhang als Betrachtung und Anbetung gläubiger, sich der Christgeburt freuender Menschen aufzufassen ist, wird vom Chor in homophonem, akkordischem Satz gesungen; der Chor, nur von der Orgel begleitet, ist bis zur Siebenstimmigkeit geteilt. Liszt vermeidet Monotonie durch den Wechsel von Vierviertel- und Dreivierteltakt und steigert die Entwicklung gegen das Ende durch romantisch freischweifende Harmonik. Wieder folgen zwei Instrumentalstücke. Der „Hirtengesang an der Krippe" ist, ähnlich wie die Musik der Hirten auf dem Felde, aus volkstümlichen Schalmeienmotiven entwickelt,

er verwendet eine hymnisch-begeisterte, durch den Wechsel von Dreiviertel- und Zweivierteltakt fesselnde und eine feierlich-ruhige Melodie und verbreitet sich zu einem farbenreichen, poetischen Tonbild. Der Marsch der Heiligen Drei Könige ist ein pittoreskes Finale. Die ekstatische Des-Dur-Melodie, die den voranleuchtenden Stern bezeichnet, hat die Funktion des Hauptthemas, während die Überreichung der Geschenke Gold, Weihrauch und Myrrhen als ruhige, trioartige Episode eingefügt ist.

Der zweite Teil des Oratoriums beschreibt das Wirken des lehrenden und wundertätigen Christus bis zu seinem Einzug in Jerusalem; er entfernt sich vollends vom Typus des epischen Oratoriums und stellt die einzelnen Stücke wie die Glaubensartikel eines musikalischen Katechismus nebeneinander; nicht nur durch seinen dogmatischen Gehalt, auch durch die Fülle der musikalischen Inspiration ist er der gewichtigste Teil des Werkes. Er beginnt mit den Seligpreisungen der Bergpredigt, einer der schönsten, tiefempfundenen Sätze Lisztscher Kirchenmusik. Christus, eine Baritonstimme, preist die Armen an Geist, die Sanften, die Trauernden, die das Himmelreich besitzen werden:

Der Chor singt die Worte der Lobpreisung, jeweils in ehrfürchtiger Versenkung, in vier- bis siebenstimmigem Satz nach, als Begleitinstrument ist nur die Orgel verwendet. Wieder ist die langsame harmonische Entfaltung zu bewundern, die den Satz über steigernde Sequenzen bei der Stelle „Beati, qui persecutionem patiuntur propter iustitiam“ zu dramatischer Ausdruckskraft verdichtet und ihn nach ruhigem Diminuendo mit einem in leisem Unisono gehauchten „Amen“ in eine plagale E-Dur-Kadenz verklingen läßt. Das ebenfalls der Bergpredigt angehörende Pater noster, wieder ein Chorsatz mit Orgelbegleitung, ist ähnlich angelegt. Jede Bitte wird zuerst einstimmig intoniert, darauf vom ganzen Chor in harmonischer und kontrapunktischer Entfaltung durchgeführt; die Rolle des Vorsängers übernehmen hier abwechselnd die einzelnen Chorstimmen. Der harmonische Reichtum des Stückes, dessen Haupttonart As-Dur ist, verdient Bewunderung, hervorzuheben sind das majestätische Des-Dur bei „Fiat voluntas tua“, die schlichte, demütige G-Dur-Wendung bei der Bitte um das tägliche

Brot, vor allem aber die schmerzliche, durch Enharmonik verschleierte Dissonanzenfolge „Sed libera nos a malo“, aus der nur einmal das Wort „libera“ als reiner C-Dur-Dreiklang strahlend herausspringt. „Die Gründung der Kirche“ steht im Zentrum des Werkes, ein kurzes, monumentales Stück für Chor und Orchester. Es beginnt mit dem Rufe „Tu es Petrus“, vom Männerchor gesungen: Simon Petrus soll der Fels sein, auf dem der Herr seine Kirche bauen will. Als Mittelteil folgt ein weicher, klangvoller Satz des ganzen Chores: „Simon Johanna, hast Du mich lieb? Weide meine Lämmer!“ Der Schluß greift auf das lapidare „Tu es Petrus“ zurück – eine Glorifikation der katholischen Kirche, mit romantischer Klangpracht und Emphase gestaltet. „Das Wunder“ ist die Stillung des Sturmes auf dem See Genezareth, die der Evangelist Matthäus berichtet. Das Stück ist überwiegend instrumental gehalten. Der Sturm wird in einer naturalistischen, chromatischen Tonmalerei dargestellt; eine ruhige Episode deutet auf den Herrn, der unbekümmert um den Aufruhr der Elemente im Schiffe schläft. Als die Wogen, wiedergegeben durch ein wildes Auf und Ab der Bässe, noch höher gehen, ertönt im Unisono des Männerchors der Angstruf der Jünger: „Herr, rette uns, wir sterben!“ Mit einem gehaltenen Fortissimo-C des Orchesters reißt der Sturm ab; in das Schweigen klingt die Stimme Christi: „Was seid ihr so furchtsam, ihr Kleingläubigen?“ Langgehaltene, leise Akkorde, die in die mystische Tonart Cis-Dur modulieren, verkünden das Wunder: „Und alsbald ward große Stille.“ Auch der Einzug in Jerusalem, mit dem Wanderschaft und Lehre des Heilands enden, beginnt instrumental, als Marsch, dessen Thema aus dem gregorianischen Gloria entwickelt ist. Aber der Chor, der anfangs nur Hosanna-Rufe einwirft, übernimmt bald die Führung. Das „Benedictus“ erklingt leise, wie von fern, in vierstimmigen Akkorden des Männerchors. Eine Mezzosopranstimme nimmt den

Ruf auf und steigert ihn, vom Chor begleitet, zu immer größerer Begeisterung. Das liturgische Thema des Kyrie

wird als Fugato durchgeführt und erklingt in vollem Chorklang, von schmetternden Trompeten begleitet, als Höhepunkt. Dann bricht der Klangrausch ab. Bis zum Ende herrschen ruhigere, verhaltene Töne, nur der letzte Hosanna-Ruf setzt noch einen kraftvollen Schlußakzent.

Passion und Auferstehung sind die Themen des dritten Teiles. Der Romantiker Liszt wählt die menschlichste Situation des Heilands, um von ihr aus an den Sinn des Passionsgeschehens zu dringen: das Gebet in Gethsemane. Ein Vorspiel, aus aufsteigenden und absinkenden Seufzermotiven zusammengefügt, legt die Stimmung fest, aus der die Worte Christi aufklingen: „Tristis est anima mea usque ad mortem." Der Seelenkampf wird in einem Orchesterzwischenspiel geschildert, das bis zu einem gewaltigen Höhepunkt, einem Sturm chromatischer Baßfiguren, ansteigt und leise mit stockenden Seufzern verklingt. Dann löst sich aus der Klage das Gebet an den Vater, daß der Kelch vorübergehen möge; mit der Ergebung in Gottes Willen – „Sed non quod ego volo, sed quod tu" – wandelt sich die Klage in lyrisch gebundenen Gesang. Die Kreuzigung wird, wieder mit nächster menschlicher Beteiligung, aus dem Aspekt der Muttergottes erlebt. Liszt wählt als Text die alte Sequenz „Stabat mater dolorosa" und gibt damit ein, freilich ungleich bedeutenderes, Gegenstück zu dem Chor „Stabat mater speciosa" des ersten Teiles. Der weitausgesponnene Chorsatz ist nicht nur, neben den Seligpreisungen, ein Höhepunkt des Christus-Oratoriums, sondern eine der schönsten und ergreifendsten Stabat-Vertonungen überhaupt. Das Orchester deutet präludierend eine Weise an, die seit dem 17. Jahrhundert mit der Dichtung verbunden ist; der Solo-Mezzosopran nimmt sie auf und gibt sie an den Chor weiter:

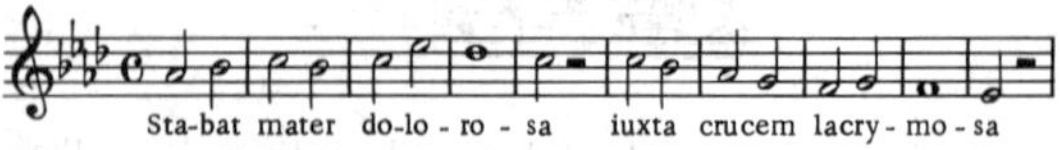

Der erste Teil, ein meist homophoner Chorsatz in der Tonart f-Moll, umfaßt die erste und zweite Strophe der Dichtung, die Beschreibung der trauernden Mutter, die ihren Sohn am Kreuze sterben sieht. Die dritte und vierte Strophe bringen ein neues Moment: die Beteiligung des Menschen am Passionsereignis. Mit einem markanten Dreivierteltakt-Thema, das zum Hauptmotiv des Abschnittes wird, fragt der Solobaß: „Quis est homo, qui non fleret?" Die übrigen Solostimmen und der Chor folgen; die Selbstanklage der sündigen Menschen wird zu einem leidenschaftlichen, von gewaltig auf- und abschreitenden Orchesterbässen getragenen Höhepunkt. Sanft und wehmütig ist die Stimmung des folgenden Abschnitts. Mit einer chromatisch schweifenden Kantilene

bittet der Soloalt um die Kraft des Mitleidens. Alle Stimmen ergehen sich in einem schwärmerischen Gesang der Christusliebe, der sich bei den Worten „Sancta mater, istud agas" zu größerer Feierlichkeit und voller Klangstärke steigert und abschwellend über eine Kette von Seufzermotiven in die Melodie des Anfangs zurückführt. „Virgo virginum praeclara" singt der Sopran auf die sanfte Altkantilene „Eia mater", wie denn überhaupt nun das gesamte thematische Material chorisch verarbeitet wird. Die Stelle „Inflammatus et accensus" ergibt einen zweimaligen, bei der Wiederholung um einen halben Ton höher gerückten Klanghöhepunkt. Die Schlußstrophe „Fac me cruce custodiri“ wird noch einmal Anlaß zu einer weitausholenden chorischen Entwicklung. Der Ausklang „Quando corpus morietur“ ist leise und verhalten; die Paradiesesherrlichkeit wird durch ein ineinander verschränktes, entrücktes Vorsichhinsingen der Solo- und Chorstimmen, durch eine Folge reiner, beziehungslos nebeneinandergestellter, endlich nach F-Dur kadenzierender Durdreiklänge angedeutet. Nach diesem großartigen, tief ausdrucksvollen Stück wirkt die schlichte Osterhymne „O filii et filiae“, vom Frauenchor teils einstimmig, teils dreistimmig gesungen, nur als Intermezzo. Das Osterwunder wird gefeiert durch das „Resurrexit“, das sich aus einer Fuge über ein kraftvolles Quintenthema

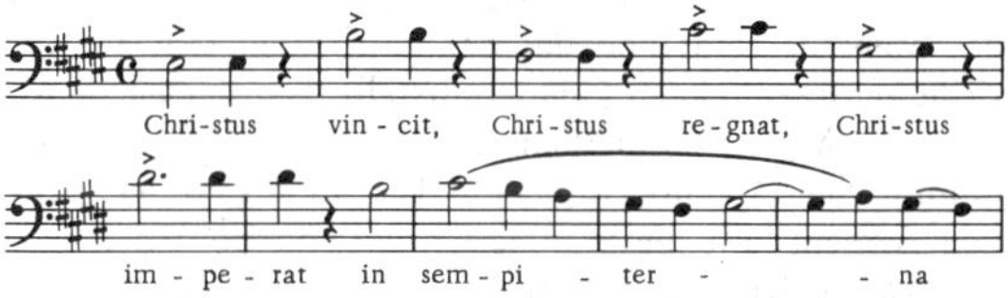

entwickelt und noch einmal, auf Früheres wie das Benedictus-Thema aus dem zweiten Teil zurückgreifend, alle Klangmittel zu höchstem sakralem Glanz zusammenfaßt.

CÉSAR FRANCK

César Franck (1822–90) nimmt in der französischen Musik eine Sonderstellung ein. In Lüttich als Sohn deutscher Eltern geboren, Schüler des Pariser Konservatoriums, hat er seit seinem 21. Jahre als Organist in Paris gewirkt und ist völlig in die französische Musikkultur hineingewachsen, der er eine eigenartige, poetisch-mystische Nuance hinzugefügt hat; der ernste Fugengeist Bachs, die farbenglühende Harmonik Liszts mischen sich mit dem weichen Melos der französischen Romantik, ein Zug tiefer, schwärmerischer Religiosität ist der Grundton seiner Musik.

Franck hielt das Oratorium Les Béatitudes, an dem er von 1869 bis 1879 gearbeitet hat, für sein Hauptwerk; die Seligpreisungen der Bergpredigt bilden den geistigen Kern der Konzeption. Es besteht aus einem Prolog und acht Teilen und beschäftigt einen „irdischen" und einen „himmlischen" Chor, acht Solostimmen (Sopran, Mezzosopran, Alt, zwei Tenöre, Bariton, zwei Bässe) und Orchester.

Nach dem Prolog des Tenors, der zwei wichtige Themen, das schlichte, aufwärtsdrängende Viernotenmotiv des Menschenleids und das der göttlichen, sich auf die Erde herabsenkenden Gnade aufstellt, beginnt ein musikalisches Mysterienspiel, ein Streit der irdischen und der himmlischen Mächte. Im ersten Teil, dem Lob der geistlich Armen, läßt die Stimme Christi (Bariton) den wilden Erdenlärm verstummen, die Himmelsboten feiern in einem klangleuchtenden Fis-Dur-Satz die heilige Caritas. Im zweiten, den Sanftmütigen gewidmeten Teil steht den unruhig und trübe harmonisierten Erdenstimmen ein himmlisches Solistenquintett in reinem A-Dur gegenüber. Der dritte Teil, der Trost der Leidtragenden, beginnt mit einem trauermarschartigen fis-Moll-Chor, einer Huldigung an den Schmerz, den Herrscher der Welt. Eine Mutter, die ihr Kind verlor, eine Waise und eine Witwe klagen ihr Leid, Sklaven schreien zum Himmel auf; der Hymnus des Schmerzes verklingt vor dem lichten Es-Dur der Himmelsstimmen: „Selig sind, die da weinen." Der vierte Teil, der vom ungestillten Hunger nach Gerechtigkeit handelt, besteht aus einer zu fast opernhaftem Glanz gesteigerten Tenor-Arie, der die Christusworte als kurzer Abgesang folgen. Mit dem fünften Stück, dem Preise der Barmherzigen, wird das Oratorium zum Drama. Die gequälte Menschheit schreit vergeblich zu Gott; die Armen erheben sich gegen ihre Unterdrücker, die Revolution triumphiert; aber Christus hält ihr Gottes Wort entgegen „Mir allein ist die Rache", und der himmlische Chor, aus dem sich die Stimme des Engels der Vergebung als Sopransolo abhebt, preist die Barmherzigkeit mit einer innigen, in gleichmäßigen Vierteln wie ein Wallfahrtslied hinfließenden Melodie. Der sechste Teil spricht von den Menschen reinen Herzens, denen der Todesengel (Baß-Rezitativ) nichts anhaben kann. Im siebenten Teil, dem Lob der Friedfertigen, tritt Satan (Baß) selbst auf den Plan, eingeführt durch ein schlangenwurmartig sich windendes Baßmotiv. Er hetzt das Volk zu Aufstand und Anarchie, aber der Gesang der Friedfertigen, ein weitausgreifendes, melodisch strömendes Quintett der Solisten, vertreibt die höllischen Mächte. Noch einmal, im achten und letzten Teil, erhebt sich der Widersacher. Dreimal antwortet ihm der Chor der Gerechten, die Mater dolorosa, eine Mezzosopranstimme, singt von ihrem Leiden unter dem Kreuz, Christus selbst preist die Märtyrer, die um der Gerechtigkeit willen Verfolgung leiden; Satan gibt sich besiegt, das Hosanna der Engelchöre ist der seraphisch strahlende Ausklang.

JOHANNES BRAHMS

Das Chorschaffen von Johannes Brahms (1833–1897) umfaßt vielerlei Formen vom einfachen Liede über die Motette bis zur orchesterbegleiteten Kantate; der vergangenheitsgläubige, nach alten, einfachen Formen des Musizierens spürende Meister mußte dem Chor der

Menschenstimmen, dem ursprünglichsten der Instrumente, schöpferisches Interesse abgewinnen. Seinen Chorwerken merkt man die Beziehung zur Vergangenheit an; sie sind in anderem Sinne traditionsgebunden und kulturbelastet als die der fortschrittlichen, mit individualistischer Unbefangenheit schaffenden Musiker seiner Zeit, als die eines Berlioz oder Liszt; das Erbe Bachs, das Erbe der alten Liederzeit und Polyphonie ist in Brahms' Chorwerken, so ausgeprägt auch der romantisch-klassizistische Personalstil sich bezeugen mag, als Sangbarkeit, als schlichte Natürlichkeit von Stimmführung und Harmonik, als Verzicht auf Dramatik und Kolorit lebendig. Darauf vor allem gründet sich ihr echter und nachhaltiger Erfolg: sie sind Erneuerung alter, dauernder Werte mit den Mitteln einer späten, reifen und ausdrucksfähigen musikalischen Kultur.

Ein deutsches Requiem, Opus 45, nach Worten der Heiligen Schrift für Soli, Chor und Orchester (Orgel ad libitum), das früheste der größeren Brahmsschen Chorwerke, durch den Tod Robert Schumanns und der Mutter des Komponisten angeregt, in der Zeit zwischen 1861 und 1868 komponiert und 1868 im Dom von Bremen uraufgeführt, ist nicht, wie der Titel „Requiem" nahelegen könnte, der Gattung der kirchlich-liturgischen Musik zuzuordnen. Es ist vielmehr eine menschliche, romantisch-erlebnishafte Auseinandersetzung mit der Tragik des Todes, eine Gegenüberstellung von Vergänglichkeit und Ewigkeitshoffnung, von Trauer und Trost nach freigewählten Worten der Bibel in der Form einer Chorkantate. Daß Tod und Ewigkeit aus menschlichem Aspekt, zwar im Sinne des christlichen Glaubens, aber ohne Beziehung auf kirchlich-konfessionelle Formen behandelt werden, ist einer der Gründe für die ungeheuere Wirkung, die das Werk geübt hat; es ist das Bekenntnis einer freireligiösen Zeit, des humanitätsgläubigen, den kirchlichen Dogmen entwachsenen 19. Jahrhunderts. Die Texte der sieben Sätze hat Brahms dem Neuen Testament und den Psalmen entnommen. Sie führen den Hörer aus der Erschütterung über die Vernichtung („denn alles Fleisch ist wie Gras“) bis zu tröstlicher Erhebung; man hat das Werk seines meditativen und zusprechenden Charakters wegen mit einer Predigt verglichen, womit auch seine protestantische Grundhaltung angedeutet ist. Zu Chor und Orchester treten zwei Solostimmen, Sopran und Bariton.

Mit dem Grundton f, den sie in gleichmäßigem Viertelrhythmus zehn Takte lang festhalten und nach kurzer kadenzierender Abweichung sogleich wieder erreichen, setzen die Kontrabässe ein, die Violoncelli legen sanft die tiefalterierte Septime es darüber und intonieren in der Subdominanttonart eine schlichte, zweitaktige Melodie:

Erst im vierten Takte ist die Haupttonart F-Dur ganz und eindeutig da und wird sogleich wieder durch eine chromatisch absinkende Weiterführung verschleiert. Mit gehaltenen, ganzen Noten beginnt leise der Chor: „Selig sind, die da Leid tragen, denn sie sollen getröstet werden“, die zweite der Seligpreisungen aus der Bergpredigt Christi. Der Chorsatz erhält durch Bevorzugung der Mollmedianten ernstes, altertümliches Kolorit. Ein Seitensatz in Des-Dur, mit einem Seufzermotiv in weichen Sexten einsetzend, bringt vorübergehende Erhebung: „Die mit Tränen säen, werden mit Freuden ernten.“ Ein Durchführungsteil verarbeitet zu den Worten „Sie gehen hin und weinen“ beide Themengruppen, dann folgt die Reprise des Anfangs, die mit lichten Harfenakkorden tröstlich ausklingt. Der zweite Teil des Werkes huldigt der unerbittlichen Majestät des Todes. Langsam, in starrem Dreivierteltakt, an den gleichmäßigen Schritt einer Passacaglia erinnernd, in fahlen, gedämpften Klangfarben instrumentiert, setzt eine trauermarschartige b-Moll-Melodie ein, die refrainartig immer wiederkehrt; eine der eindringlichsten, zwingendsten Eingebungen, die sich bei Brahms finden, eine der ergreifendsten Todesklagen der Musik überhaupt:

Der Chor intoniert dazu in starrem Unisono eine Weise, die wie ein altertümliches Sterbelied klingt:

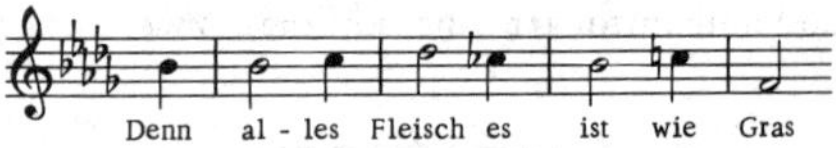

Es ist das harte, erbarmungslose Wort des Propheten Jesaias, das im ersten Petrusbrief zitiert wird: „Denn alles Fleisch ist wie Gras und alle Herrlichkeit des Menschen wie des Grases Blumen; das Gras ist verdorret und die Blume abgefallen." Wie ein ernster, feierlicher Reigen, dessen Figuren immer wiederkehren, wie ein Totentanz schreitet die Musik dahin, zweimal zum gewaltigen, niederschmetternden Fortissimo anschwellend; als Trio des mystischen Trauermarschs fungiert ein lieblicher Ges-Dur-Satz: „So seid nun geduldig, lieben Brüder, bis auf die Zukunft des Herrn." Nach der Reprise des düsteren b-Moll-Teils ein scharfer, dramatisch zugespitzter Kontrast: „Aber des Herrn Wort bleibet in Ewigkeit." Ein strahlender B-Dur-Dreiklang der Posaunen und Holzbläser zerreißt die Trauerstimmung, der Chor verkündet die Freuden der Ewigkeit in einem teils fugierten, teils akkordisch zu gewaltsamen Modulationen verdichteten

Satz, der, von auf- und absteigenden Skalen der Instrumente begleitet, in zarte Entrückung ausklingt:

„Herr, lehre mich doch, daß es ein Ende mit mir haben muß, und mein Leben ein Ziel hat, und ich davon muß" – mit den Worten des 39. Psalms eröffnet der Solobariton den dritten Teil des Requiems. Der Eintritt der Solostimme bezeichnet den Moment, in dem die Betrachtung vom Allgemeinen ins Persönliche umschlägt. Was bisher Bild, Anschauung, allgemeine Meditation war, tritt nun als Erlebnis den einzelnen an; ein neuer Ton der Angst, der persönlichen Erschütterung klingt auf, den der Chor, gedämpft psalmodierend, von der Solostimme übernimmt. Trübes d-Moll beherrscht die Stimmung; ein Motiv der Angst erscheint im Orchester, ein Aufschrei der Instrumente, der immer wiederkehrt:

Mit dem zweiten Einsatz des Baritons „Ach wie garnichts sind alle Menschen" erhellt sich die Stimmung vorübergehend nach D-Dur, aber bald gewinnen die Töne der Todesfurcht wieder die Oberhand; der Höhepunkt ist erreicht, wenn der Chor zum immerfort wiederholten Drängen des Angstmotivs laut, auf dem hohen a der Soprane, aufschreit: „Nun Herr, wes soll ich mich trösten?" und die verzweifelte Frage sogleich leise und verzagt, in verhaltener, nachzitternder Erregung wiederholt. Dann aber findet er die Antwort. Mit der endgültigen

Wendung nach D-Dur erklingt sie im orgelhaft gebundenen, melodischen Satz der Singstimmen: „Ich hoffe auf dich.“ Und die gewonnene Zuversicht lebt sich aus in einer kraftvollen, reich figurierten Fuge über das Thema

Das ganze, sechsunddreißig Takte lange Stück ruht auf einem einzigen Orgelpunkt D, den die Bässe und die in Achtelschlägen pochende Pauke unentwegt festhalten; die Sicherheit des Glaubens könnte nicht deutlicher und eindringlicher versinnbildlicht werden.

Nun, da der Sieg über die Todesangst gewonnen ist, wird Raum für ruhigere, freundlichere Stimmungen. Die beiden nachfolgenden Sätze sind liebliche Idyllen, die von den Freuden des Himmels sprechen. Der vierte Satz, in klarem Es-Dur, ein fließender, schlichter Chorgesang, steigert sich in der Mitte zu begeisterter Lobpreisung:

Noch schöner und ergreifender ist der fünfte Satz. Nach der von gedämpften Streichinstrumenten gespielten Einleitung, deren Anfangsfigur späterhin oft wiederkehrt,

singt der Solosopran, gleichsam eine selige Stimme vom Himmel, von den ewigen Freuden, die niemand nehmen kann: „Ihr habt nun Traurigkeit, aber ich will euch wiedersehen und euer Herz soll sich freuen.“ Und der Chor begleitet die Botschaft mit leisem, fast nur gehauchtem Gesang, der wie ein weicher Klangteppich unter der Solostimme liegt: „Ich will euch trösten, wie einen seine Mutter tröstet.“ Das wundervolle Stück ist bei aller lyrischen Stimmungseinheit voll feiner und fesselnder Wendungen. Der Mittelteil weicht aus der Grundtonart G-Dur nach B-Dur aus und schweift frei, wie in seliger Entrückung, durch entfernte Tonarten; die Wiederkehr des Hauptteils, reicher figuriert, bringt harmonische Beruhigung; das Ganze ist wie eine lichte Vision, die langsam verblaßt, als die Stimme mit dem dreimal immer leiser wie von fern gerufenen Worte „wiedersehen“ entschwebt.

Der sechste Satz, der dramatische Höhepunkt des Werkes, kommt mit seinen Dies-irae-Klängen dem liturgischen Requiem am nächsten. Noch einmal schlägt die Stimmung um, noch einmal siegt die Furcht vor dem dunklen Geheimnis des Todes. Wie Brahms diesen Stimmungsumschlag in zwei Takten deutlich macht, das ist einer der Geniezüge der Partitur. Die tiefen Streichinstrumente halten den G-Dur-Dreiklang fest, den Schlußakkord des vorigen beglückenden Stückes, die Bläser setzen den d-Moll-Dreiklang dagegen, beide Akkorde schwellen wie Seufzer langsam an und ab – eine lapidare Formel, die den Übergang von Himmelsseligkeit zu Erdentrauer in sich faßt; ihre Wirkung wird dadurch verstärkt, daß sie als harmonisches Prinzip für das folgende Stück Geltung behält. Leise, zaghaft singt der Chor: „Denn wir haben hie keine bleibende Statt, sondern die zukünftige suchen wir.“ In die Ungewißheit des Suchens klingt die Stimme des Solobaritons, der den Zweifelnden die dunklen, verheißenden Worte des Paulus entgegenhält: „Siehe, ich sage euch ein Geheimnis. Wir werden nicht alle entschlafen, wir werden aber alle verwandelt werden, und dasselbige plötzlich zur Zeit der letzten Posaune." Mit einer Wendung nach fis-Moll verfärbt sich der Klang vollends ins Mystische. Der Chor wiederholt leise, ehrfürchtig die Worte des Vorsängers. Bei der Erwähnung der Posaune, die das Jüngste Gericht verkündet, brechen mit einer gewaltsamen Modulation nach c-Moll die Schrecken des Dies irae los. Aber stärker als sie ist die Zuversicht des Paulus-Wortes: „Der Tod ist verschlungen in den Sieg." Der stürmisch bewegte Satz steigert sich bis zu der triumphierenden, vom Chor in gewaltigen Akkorden hinausgeschleuderten Frage: „Tod, wo ist dein Stachel? Hölle, wo ist dein Sieg?" Hier, in der grandiosen, die harmonischen Elemente des Satzes zusammenraffenden Schlußkadenz, im strahlenden C-Dur des Wortes „Sieg" erreicht das ganze Werk seinen Höhepunkt; der Tod ist überwunden durch den Glauben. Die Fuge, die sich anschließt, wirkt wie ein Dankgesang von archaischer Feierlichkeit:

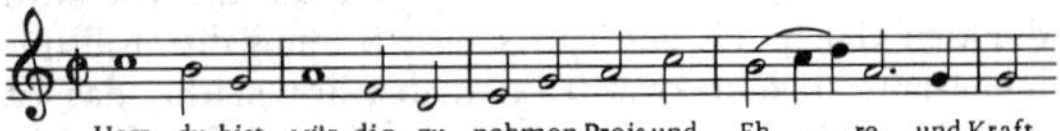

Der Schlußsatz kann danach nur noch Epilog, Ausgleich, Zusammenfassung sein. „Selig sind die Toten, die in dem Herren sterben" singt der Chorsopran auf eine ruhevolle, von gleichmäßiger Achtelbewegung der Instrumente begleitete Melodie, die der Baß aufnimmt und in einen vierstimmigen Satz hinüberleitet. Eine lichte A-Dur-Episode spricht von der Ruhe der Toten. Die Musik des ersten Satzes kehrt wieder und rundet das Werk in lauterem, von Harfenklang umspieltem F-Dur; „Selig" ist das letzte Wort, das lange und leise nachhallend verklingt.

Rinaldo, Kantate für Tenorsolo, Männerchor und Orchester, als Opus 50 im Jahre 1869 veröffentlicht, ist die Vertonung eines Goetheschen Gedichts, das auf die Armida-Erzählung in Tassos Epos „Das befreite Jerusalem" zurückgeht. Rinaldo, der Held des Kreuzfahrerheeres, ist in die Bande der schönen heidnischen Zauberin Armida verstrickt. Seine Gefährten bemühen sich, ihn zu befreien. Sie halten ihm einen diamantenen Schild vor, in dem er sein Spiegelbild in weichem, unmännlichem Gewande erblickt. Er reißt sich los und will den Gefährten folgen. Noch einmal zögert er, da zerstört die zürnende Armida mit Dämonenmacht die Paläste und Gärten der Lust; verzweifelt flieht Rinaldo die Stätte seiner Liebe, um auf der Meerfahrt mit den Gefährten das Vergangene zu vergessen.

Eine kurze Orchestereinleitung kontrapunktiert Armidas verführerische Zaubermotive mit chromatisch klagenden Melodien Rinaldos und mahnenden Einwürfen der Ritter. Dann setzt der Männerchor ein, mit einfachem, kraftvollem Gesang zur Abfahrt auffordernd. Aber Rinaldo, noch im Banne der Zaubermelodien Armidas, bittet um Aufschub; seine Klage um das verlorene Glück der Liebe ist eine dreiteilige lyrische Arie. Leise mahnen die Freunde mit einem wohlklingenden, ruhigen E-Dur-Satz. Als Rinaldo in seiner Liebesschwärmerei verharrt, drängen sie mit einem energischen, imitierend einsetzenden c-Moll-Allegro: „Nein, nicht länger ist zu säumen, wecket ihn aus seinen Träumen, zeigt den diamantnen Schild!" Eine tonmalerisch suggestive Des-Dur-Stelle mit leisen Kriegsrufen der Trompeten, Oboen und Posaunen bezeichnet die Enthüllung des Schildes. Rinaldo ist gewonnen; mit einem fröhlichen A-Dur-Satz rüsten alle zur Meerfahrt. Aber wieder gibt es ein Hindernis. Mit einem zarten, schwermütigen a-Moll-Andante erscheint, nur vom Orchester angedeutet, Armida. Unversehens schlägt ihre Klage in dämonisches c-Moll um, in einen wilden Ausbruch der Verzweiflung und des Grimmes: vom Blitz getroffen stürzen ihre Paläste zusammen. Von schlichter, flüssiger Kantabilität ist der Gesang der Ritter

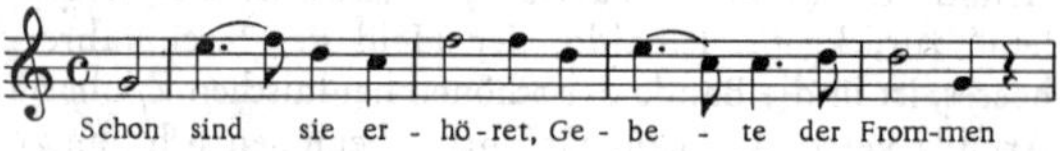

in dem das zuversichtliche C-Dur des Chores mit dem c-Moll des klagenden Rinaldo abwechselt. Im Schlußchor, der Meerfahrt, hebt sich ein lieblicher, zuerst in Es-Dur, dann in G-Dur erscheinender Seitengedanke ab, eine echt romantische Eingebung, die das sanfte Spiel der Wellen und das Gleiten der Delphine zu malen scheint:

Mit dem Rufe „Godofred und Solyma" (Gottfried und Jerusalem) schließt die Kantate in ritterlichem Glanz ab.

R h a p s o d i e für eine Altstimme, Männerchor und Orchester, Opus 53, 1870 veröffentlicht, ist nächst dem „Deutschen Requiem" das meistaufgeführte der Brahmsschen Chorwerke. Goethes Gedicht „Harzreise im Winter" bildet den Vorwurf, das poetische Porträt eines Verbitterten, Enttäuschten, dem der Dichter auf seiner einsamen Bergwanderung begegnete und den er als Typus des selbstsüchtig in seinem Leide Befangenen, des Lebensverneiners, „der sich Menschenhaß aus der Fülle der Liebe trank", festhielt. Brahms hat den Vorwurf vollends ins Typische, Allgemein-Gefühlshafte gewendet und sich bemüht, die versöhnenden, hoffnungsvollen Züge der Dichtung zu unterstreichen. Der erste Teil der Komposition gibt das Bild des Unglücklichen, der zweite führt breit und eindringlich die Bitte an den „Vater der Liebe" aus, das Herz des Leidenden zu erquicken; Weltschmerz und Trost stehen einander als lyrische Antithese gegenüber.

Die Einleitung hat die Form eines Accompagnato-Rezitativs. Eine düstere, von schmerzlichen Akzenten zerrissene Melodie der Bässe, eine abwärtssinkende, in lang gehaltenen Seufzern verklingende Terzenfolge der Geigen und Bratschen schildern die Erscheinung des Wanderers in der unwirtlichen Einsamkeit des Gebirges, den die Altstimme danach mit gesungenen Worten beschreibt: „Aber abseits, wer ist's? Ins Gebüsch verliert sich sein Pfad, hinter ihm schlagen die Sträuche zusammen, das Gras steht wieder auf, die Öde verschlingt ihn." Mit den Worten: „Ach, wer heilet die Schmerzen des, dem Balsam zu Gift ward?" wird die Rede zu lyrisch gebundenem Gesang; der Satz ist ein dreiteiliges, nach der Formel A-B-A gebautes Lied, für dessen pathetisches Melos die weiten, bis zur Duodezime gedehnten Intervallschritte charakteristisch sind:

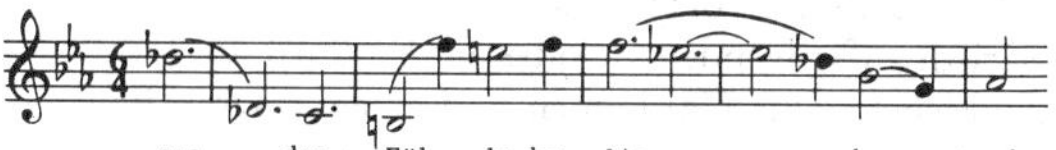

Das düstere c-Moll löst sich zum milden, tröstlichen C-Dur. Leise, gedämpft, den Gesang der Altstimme untermalend, setzt der Männerchor ein: „Ist auf Deinem Psalter, Vater der Liebe, ein Ton seinem Ohre vernehmlich, so erquicke sein Herz!" Das schlichte, in reinen Harmonien schreitende Adagio entwickelt sich, von gleichmäßig pulsierenden Achteltriolen der Streichinstrumente getragen, in zwei Ansätzen zu einer gemäßigten, durch eine imitierende Achtelfigur intensivierten Schlußsteigerung und verklingt nach einer ernsten, plagalen

Kadenz mit einem langsam an- und abschwellenden C-Dur-Dreiklang der Sänger, dem Holzblasinstrumente und Hörner weichen, lichten Klang geben.

Schicksalslied für Chor und Orchester, Opus 54, 1871 veröffentlicht, ist eine Komposition des Gedichtes von Friedrich Hölderlin, das die Vergänglichkeit und das Leiden der Menschheit der ewigen, schicksallosen Heiterkeit der Götter gegenüberstellt. Der Stimmungsgegensatz wird in einem zweiteiligen Chorliede musikalisch ausgeführt. Die fatalistische Härte der Dichtung gewinnt aber in der Komposition milderen, versöhnenden Klang; auf den leidenschaftlichen Chorausbruch, der das dunkle, ungewisse Los der Menschen beklagt, läßt der Komponist ein ruhiges Orchesternachspiel folgen, das die heitere Anfangsstimmung wiederaufnimmt und zu stiller Seligkeit verklärt. Brahms verwendet hier, im Gegensatz zu den vorigen Werken, Frauen- und Männerstimmen, verzichtet aber auf Solostimmen; dafür ist dem Orchester ein größerer Anteil am poetischen Ausdruck eingeräumt.

Das Orchestervorspiel, das mit einer ruhigen, schwärmerisch aufsteigenden Melodie der Violinen über weichen, dunklen Es-Dur-Harmonien und einem starren Paukenrhythmus einsetzt, kündet von einer gedämpften, gleichsam nur geahnten Seligkeit. Das Leben der Götter wird mit menschlichem Auge gesehen, mit menschlichem Herzen nachgefühlt. Leise, mit schlichter Melodie, setzt der Alt ein: „Ihr wandelt droben im Licht auf weichem Boden, selige Genien"; leise wiederholt es der vierstimmige Chor. Die Stelle „Götterlüfte rühren euch leicht, wie die Finger der Künstlerin heilige Saiten" wird mit arpeggierenden Pizzicato-Akkorden der Geigen und Bratschen ausgemalt. Mit dem ostinaten Paukenrhythmus, der das Stück eröffnete, verklingt der erste Teil. Mit einer wild sich aufreckenden, ruhelos fortlaufenden

Achtelfigur der Streichinstrumente setzt der zweite Teil, die Klage der Menschheit, ein:

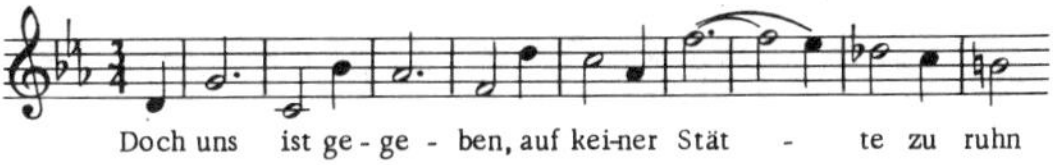

Harte Bläserakkorde illustrieren die Stelle „Wie Wasser von Klippe zu Klippe geworfen". In einer leisen Variante wird der thematische Komplex wiederholt, dann leitet ein Crescendo in das anfängliche Forte zurück. Auch dieses sinkt zurück in die Stille und verklingt mit leiser, stockender Chordeklamation, mit hingeworfenen Themenfragmenten des Orchesters und einem dumpf pochenden Orgelpunkt der Pauke. Dann ertönt, nun im lichten Klang der Soloflöte, von weichen Arpeggienfiguren der Streicher begleitet, die Melodie des Vorspiels, ein Orchesterepilog beschließt das Werk in klarem C-Dur: auch dem Menschen ist die Hoffnung auf die Seligkeit gegeben.

T r i u m p h l i e d für achtstimmigen Chor, Baritonsolo, Orchester und Orgel, Opus 55, ist in den Jahren 1870 und 1871 komponiert und dem deutschen Kaiser Wilhelm I. zugeeignet; eine Huldigung, die Verse und Bilder aus der Offenbarung Johannis benutzt und umdeutet. Das dreisätzige Werk erneuert den Typus der barocken Festkantate; kaum irgendwo anders ist Brahms dem Vorbild Händels so nah wie hier, wo es ihm um glänzende, rauschende Wirkungen geht, wo er eine Fülle kontrapunktischer Künste spielen läßt und das Orchesterkolorit reichlich mit den Glanzlichtern des Bläserklangs überblendet. In strahlendem D-Dur, mit kreisenden Terzenfiguren der Holzbläser, präludiert das Orchester; auf dem Quartsextakkord über der Dominante schmettern Hörner und Trompeten, mit drei mächtigen Halleluja-Rufen setzt der achtstimmige Doppelchor ein. Das Hauptthema des ersten Satzes

wird in kunstreichem polyphonem Satz durchgeführt, den immer wieder naturalistische Halleluja-Rufe unterbrechen. Die Stimmen vereinigen sich zu akkordischem Klang, die zwei Chöre greifen respondierend ineinander und führen zur anfänglichen Gestalt des Hauptthemas zurück. Nach einem beruhigenden Orchesterzwischenspiel erscheint das gleiche Thema in einer lyrischen Variation, die rasch von einer brillanten, von Geigenarpeggien umrauschten Coda abgelöst wird. Der zweite Teil beginnt in G-Dur in ruhigerer Bewegung mit einem kraftvollen Lobgesang, der sich in freiem Fugensatz mit Imitationen und Themenumkehrungen entwickelt. Nach einem feurigen Halleluja-Zwischensatz setzt ein lapidares, vom Grundton zur Quinte aufsteigendes Thema ein:

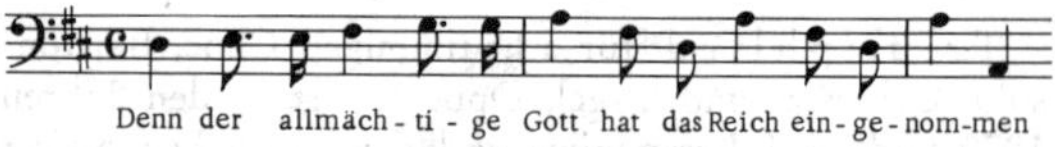

Der Ansatz zur Fuge wird nicht fortgeführt, der Satz endet ruhig mit einer heiteren Zwölfachtel-Melodie: „Laßt uns freuen und fröhlich sein und ihm die Ehre geben." Im dritten Teil, der wieder in der Haupttonart D-Dur steht, kommt die Solostimme zu Wort. Der Bariton verkündet, von mystischen Orchesterklängen begleitet: „Und ich sahe den Himmel aufgetan", der Chor beschreibt das weiße Pferd und seinen streitbaren Reiter. Wieder setzt – dieses Mal mit einem bis zur None aufsteigenden Thema – ein kurzes Fugato ein, dessen Stimmführung auf dem Höhepunkt von der Gewalt des „grimmigen Zorns" gleichsam zerrissen wird (Zitat auf S. 469):

Dann huldigen Solostimme und Chöre dem „König aller Könige". Das Finale ist ein vielgliedriger, kontrapunktisch und harmonisch überreich ausgestatteter doppelchöriger Satz, dessen Schlußtakte an das berühmte „Halleluja" des Händelschen „Messias" anklingen.

N ä n i e für Chor und Orchester, Opus 82, gehört ebenso wie das folgende Werk, der „Gesang der Parzen", einer späteren Schaffenszeit an; die Komposition wurde 1881 vollendet. Das kurze, ungemein konzentrierte, wie in einem Gusse geschaffene Werk ist eine Todesklage aus antikem Geist, ein Trauergesang in mildem, heiterem D-Dur. „Nänie" heißt Klagegesang; Schillers antikisierendes, in Distichen abgefaßtes Gedicht ist eine Klage um die Vergänglichkeit des Schönen, das dem Tode unterliegt. Schon in der Orchestereinleitung, einem dichten, gebundenen Stimmengeflecht der Holzblasinstrumente, hat Brahms die Stimmung eines ruhigen, milden Ernstes angeschlagen, die das ganze Werk erfüllt. Der Chor nimmt das angedeutete Thema auf und spinnt es aus zu weitgeschwungener, mehrstimmiger Melodie:

Die einzelnen Bilder der Dichtung, die Mitleidlosigkeit des Totengottes, der Eurydike nicht herausgab, der Tod des Adonis und des Achill werden farbig ausgemalt. Die

Trauer der Thetis und der meerentsteigenden Nereiden gibt Anlaß zu einem melodischen, harfenumrauschten Mittelsatz in Fis-Dur, der resignierend wieder in Thema und Tonart des Anfangs zurückleitet. Sanfte Harfenakkorde begleiten den Schluß: „Auch ein Klagelied zu sein im Mund der Geliebten ist herrlich."

Gesang der Parzen für sechsstimmigen Chor und Orchester, Opus 89, 1883 vollendet, ist das härtere, herbere Gegenstück zu dem vorigen Werk; der Text stammt von Goethe, der Monolog Iphigenies, der Gesang von der Grausamkeit der Götter, die Menschengeschlechter mit Willkür vernichten. Wild und stürmisch, in aufgewühltem, trübem d-Moll setzt das Orchester ein und sinkt nach mächtigem Aufschwung zur Höhe seufzend in dunkle Tiefen hinab. Ängstlich flüsternd beginnt, in Männer- und Frauenstimmen abwechselnd, der Chor: „Es fürchte die Götter das Menschengeschlecht." Bei der Stelle „Der fürchte sie doppelt, den je sie erheben" wird der ganze sechsstimmige Chor zusammengefaßt. Der Sturz in die Tiefe ist ein wildes, schreckenvolles Klangbild. Das Harren der entrechteten, verstoßenen Menschen im Finstern wird dem Triumph der Götter – „Sie aber, sie bleiben in ewigen Festen an goldenen Tischen" – wirkungsvoll gegenübergestellt. Mit der Wiederkehr der Anfangsstrophe „Es fürchte die Götter" scheint der Gesang zu schließen. Aber es folgt, in gleichmäßiger Viertelbewegung „sehr weich und gebunden" gesungen, kaum mehr ein Lied der strengen Parzen, sondern eine milde Stimme des Mitleids, die Sinndeutung der alten Geschichte vom Sturz des Tantalus: „Es wenden die Herrscher ihr segnendes Auge von ganzen Geschlechtern." Und es schließt sich als Anhang, vom Chor zu seltsam versponnener, zerfaserter Begleitung der Streicher und Holzbläser mehr geflüstert als gesungen und in dumpfem Murmeln verklingend, die Schlußstrophe an: „So sangen die Parzen“, das Bild des Ahnherrn Tantalus, der in der nächtigen Verbannung seiner Kinder und Enkel, seines schuldlos verfluchten Geschlechtes gedenkt.

MAX REGER

Die Form der lyrischen Chorballade, wie sie Brahms mit der „Altrhapsodie“ und dem „Schicksalslied“ gepflegt hatte, wurde von Max Reger (1873–1916) aufgegriffen und in der Richtung auf das lyrische Chorlied weitergebildet. Reger wählt als Texte romantische Gedichte von Eichendorff und Hebbel, seine Kompositionen entsprächen dem, was das 19. Jahrhundert in überreichlicher Menge als volkstümliches Chorlied geschaffen, ragten sie nicht durch den hohen Ernst der Konzeption und die Kompliziertheit der musikalischen Mittel weit über die Ebene der volkstümlichen Musik hinaus. Auch im Chorsatz, hinter dem als Modell der Bachsche Choralsatz steht, bedient Reger sich freier, schweifender Chromatik, die die tonalen Konturen verschwimmen läßt und seiner Musik die schwermütige Stimmungsfülle verleiht, die den meist düsteren romantischen Texten entspricht.

Die Weihe der Nacht nach Friedrich Hebbel, für Altsolo, Männerchor und Orchester, Opus 119, ist ein Bild der Stille und des Dunkels, über dem der Segen der Sterne und die erahnte Gegenwart Gottes stehen, ein Dokument aus der Natur hinausstrebender und doch an die Natur gebundener Religiosität, die eine andere ist, als sie Reger in seinen geistlichen Werken verkündet. Das Orchester beginnt leise mit einem Sarabandenrhythmus der Hörner und der tiefen Streicher, der dem Hörer einen Dreihalbetakt vorspiegelt; erst im fünften Takt setzt sich der vorgezeichnete Sechsvierteltakt hörbar durch. Posaunen und eine zarte, aus der Höhe herabsinkende Phrase der Violinen bezeichnen die zwielichtige Stimmung des Ganzen. Das Vorspiel führt in den akkordischen Anfangsrhythmus zurück. Dann setzt in der Haupttonart E-Dur der Chor und mit ihm der Soloalt ein: „Nächtliche Stille, heilige Fülle, wie von göttlichem Segen schwer säuselt aus ewiger Ferne daher." Auf die Durchführung dieses thematischen Komplexes folgt ein neuer Gedanke. Ein Tremolo der Violinen, zu dem Flöte und Oboe gleichsam stammelnde Melodien intonieren, spiegelt das Erlebnis der Sternennacht; Klanghöhepunkt, vom Fortissimo des vollen Orchesters getragen, ist die mystische Stelle: „Und aus seinen Finsternissen tritt der Herr, so weit er kann, und die Fäden, die zerrissen, knüpft er alle wieder an." Eine verkürzte Reprise des Anfangsteils gibt dem Ganzen dreiteilige Form.

Der Einsiedler, nach Eichendorff, für Bariton, fünfstimmigen gemischten Chor und Orchester, Opus 144 a, stellt Solostimme und Chor als kontrastierende Ausdrucksmittel einander gegenüber. Die erste Strophe des Gedichts wird nach kurzem, fast durchweg im Piano verharrendem Orchestervorspiel vom Chor gesungen: „Komm, Trost der Welt, du stille Nacht." Der Chorsatz ist durch das Abwechseln tiefer und hoher Stimmen, durch die langsame Steigerung zur Fülle und durch die weiche Harmonik von großer Schönheit; tonartlich auf As-Dur bezogen, schließt er pianissimo mit einem C-Dur-Dreiklang. Dann erklingt in ausdrucksvoller Deklamation, die allmählich lyrische Melodie wird, die Stimme des Einsiedlers, des Solobaritons: „Die Jahre wie die Wolken gehn und lassen mich hier einsam stehn, die Welt hat mich vergessen." Weltmüdigkeit und Sehnsucht nach Ruhe finden in der Musik wundervollen, ergreifenden Ausdruck. Der Chor, der hier zart begleitend zurücktritt, verbindet sich mit der Solostimme zur Wiederholung der ersten Strophe, die die musikalische Form abrundet.

R e q u i e m , nach Hebbel, für Alt oder Bariton, gemischten Chor und Orchester, Opus 144 b, hat mit Regers liturgischem Requiemfragment den musikalischen Keim, den Orgelpunkt auf D, gemeinsam. Hier aber spielt die Harmonie von Anfang an eine wichtige Rolle. Akkorde werden auf impressionistische Weise unverbunden nebeneinandergestellt, der Baß rückt nach zehn Takten chromatisch aufwärts, die Musik verharrt nicht in liturgischer Starrheit, sie atmet geheimnisvoll drängendes Leben. Die Alt- oder Baritonstimme singt die Mahnung des Hebbelschen Gedichts:

In fahlem d-Moll setzt der Chor ein: „Sieh, sie umschweben dich, schauernd, verlassen." Der Gegensatz der Liebe, die die Toten aufatmen und erwarmen läßt, und des kalten Sichverschließens, das sie erstarren macht, wird sinnfällige und ausdrucksvolle Musik. Die Drohung: „Dann ergreift sie der Sturm der Nacht, und er jagt sie mit Ungestüm durch die unendliche Wüste hin" führt zu einer wilden, gespenstischen Steigerung, die dissonant abbricht und in einem kurzen Orchesterzwischenspiel ins Pianissimo zurücksinkt. Die Wiederholung der Anfangsworte „Seele, vergiß nicht die Toten", von der Solostimme und vom Chor gesungen, beendet in leisem, verklärtem D-Dur das unheimliche Stück, das Reger dem Andenken der Gefallenen des ersten Weltkriegs gewidmet hat und das zugleich die Vorahnung seines eigenen nahen Todes enthält.

ARNOLD SCHÖNBERG

Die Gurre-Lieder für Soli, Chor und Orchester nach der Dichtung von Jens Peter Jacobsen nehmen im Schaffen Arnold Schönbergs (1874–1951) eine Ausnahmestellung ein. Fester als alle übrigen, auch die frühen Werke des Komponisten, stehen sie in der romantischen Tradition, sie lassen den späteren Schöpfer der atonalen und der dodekaphonischen Musik noch nicht ahnen; sie sind darum in den Stilbereich des romantischen Oratoriums einzuordnen. Schönberg hat das Werk im Jahre 1900 skizziert und in der Folgezeit teilweise ausgearbeitet, hat es dann, an der Möglichkeit der Aufführung verzweifelnd, liegenlassen und hat erst im Jahre 1911, als er mitten in seiner atonalen Schaffensphase stand, die Partitur vollendet; die Uraufführung im Jahre 1913 in Wien war der größte Erfolg, den er in seinem Leben errungen hat. Der Komponist bedient sich der reichen Klangmittel, die die Musik der Jahrhundertwende liebte. Die Besetzung fordert sechs Solisten, darunter einen Sprecher, drei vierstimmige Männerchöre, achtstimmigen gemischten Chor und ein starkes Orchester; zehn Hörner, sieben Trompeten, sieben Posaunen und eine Kontrabaßtuba sind vorgeschrieben, die Violinen werden zehnfach, Bratschen und Violoncelli achtfach geteilt.

Die Liederfolge des dänischen Dichters Jens Peter Jacobsen, die dem Werk zugrunde liegt, behandelt die Liebe des Dänenkönigs Waldemar, der um die Mitte des 14. Jahrhunderts herrschte, zu der schönen Tove. Königin Helvig, Waldemars Gemahlin, läßt die Rivalin ermorden. Waldemar lästert in maßlosem Schmerz Gott und verliert die ewige Ruhe. Er und seine Mannen jagen nachts als wildes Heer in der Luft um die verfallene Burg Gurre. Die verlorene Liebe kann nicht sterben, sie will nicht die Gnade des Himmels und tobt als gespenstischer Sturm über die dunkle Erde hin; erst die Morgensonne des Frühlings vertreibt den Spuk, das Leben der Natur ist stärker als der Mensch und der Wahn seines Herzens. Die Dichtung, eine Folge lyrischer Gesänge, bestimmt die musikalische Form; das Werk ist eine dreiteilige Liedkantate, die nur im dritten, letzten Teil den Chor beteiligt. Der erste Teil, dem ein orchestrales Vorspiel von zarter Klangpoesie vorausgeht, ist ein Wechselgesang Waldemars und Toves. Neun Lieder für Tenor und Sopran erzählen die Geschichte ihrer Liebe, von der Erwartung in der dunklen, verschwiegenen Nacht, vom Ritt des Königs durch den dichten Wald, vom Jubel der Begegnung auf der Treppe der Burg Gurre, von selbstvergessenem Glück der Erfüllung, das von Todesahnung überschattet ist: „So laß uns die goldene Schale leeren ihm, dem mächtig verschönenden Tod: denn wir gehn zu Grab wie ein Lächeln, ersterbend im seligen Kuß.“ Ein Orchesterzwischenspiel, das

die Melodie Toves breit ausspielt und sich zu einem katastrophischen Höhepunkt steigert, schließt die Liebesszene ab. Dann berichtet das Lied der Waldtaube

vom Tode Toves, vom wilden Schmerz Waldemars, von dem Sarg, den das Streitroß des Königs durch die Nacht zieht, von dumpfem Grabgeläute – ein ausdrucksmächtiger Gesang des Mezzosoprans zu klanglich differenzierter, thematisch feingewobener Orchesterbegleitung, die alle harmonischen Kühnheiten dem noch gültigen tonalen Gesetz unterordnet.

Der zweite Teil besteht nur aus einem einzigen Lied Waldemars. Das Vorspiel entwickelt sich aus dem Todesakkord Toves und dem drohenden Terzschritt des Basses. Die Anklage des unglücklichen Königs an den grausamen Gott ist ein Gesang von wundervoller melodischer Emphase, der sich zum Höhepunkt trotziger Auflehnung steigert: „Laß mich, Herr, die Kappe deines Hofnarren tragen!"

Als dritter Teil folgt das gespenstische Nachspiel, die Chorballade der wilden Jagd. König Waldemars Ruf weckt seine toten Mannen. Ihr Erwachen, ihr unheimliches Rühren und Drängen aus der Tiefe des Grabes wird in dem Baßliede eines Bauern geschildert, der ängstlich in seiner Kammer das Geisterheer draußen vorbeifahren hört. Dann erklingen nach gewaltiger, vom Rhythmus des Reitens getragener Steigerung die Stimmen der Mannen: „Gegrüßt, o König, an Gurres Strand!" Schönberg teilt den Männerchor in drei vierstimmige Gruppen, die zu einem wildbewegten, vielstimmig verschränkten Satzbild verbunden werden. Das Orchester entfesselt die Klangfülle der düsteren Posaunen, der dröhnenden und rasselnden Schlaginstrumente; der Chor aber ist überwiegend linear-kontrapunktisch geführt. Von packender Wirkung und infernalischem Klang ist der dreifach imitierende Einsatz der Tenöre über einer unentwegt kreisenden Figur der Bässe:

Der Rhythmus des Reitens als durchgehendes Baßmotiv hält den gewaltigen Satz zusammen. Es folgen zwei Gesänge Waldemars, einer im Tone verzweifelter, friedloser Sehnsucht, in dem die Gesangsmelodie zu schmerzlich weiten Intervallspannungen getrieben wird, der andere ein wilder Ausbruch der Empörung gegen den strengen Richter droben, der Schwur: „Ich und Tove, wir sind eins", der über den Tod hinaus bis zum Auferstehungstage gelten soll. Dazwischen steht eine seltsame Parodie des Schmerzes, das groteske, vom Buffotenor gesungene Lied des armen „Klaus-Narr von Farum", der allnächtlich mit dem wilden Heer reiten muß und doch viel lieber ruhig im Grabe läge; hier klingt ein neuer Ton romantischer Ironie, die sich von der Schauerballade distanziert. Dann graut der Tag. „Mit offenem Munde gähnt das Grab." Die wilden Reiter versinken wieder in den Todesschlaf; die kunstvolle Verschränkung zweier vierstimmiger, pianissimo gesungener Kanons „O könnten in Frieden wir schlafen" ist ein beklemmender Nachklang der gespenstischen Szene. Wenn endlich der Spuk verflogen ist, setzt mit ätherischen, ruhenden Violinklängen der Schlußteil ein, „des Sommerwindes wilde Jagd", die heitere, naturfrohe Entsprechung zur makabren Vision des Geisterheeres. Ein Orchestervorspiel von wundervoller Frische und Zartheit ist die Einleitung. Das gehaltene hohe H der Violinen ist wie ein Sonnenstrahl, der allmählich zu morgendlicher Lichtfülle wächst; glitzernde Läufe der Harfen, fließende Sechzehntelfiguren der Streichinstrumente bringen Bewegung, chromatisches Drängen führt zu einer zart-ekstatischen, an harmonischen Reizen reichen Steigerung: der Morgen bricht an. Ein Sprecher, dessen Part nach Tonhöhe und Rhythmus genau notiert ist, erzählt vom Frühwind, der durch Blätter und Ähren raschelt, sich zu den Baumkronen aufschwingt und endlich auf dem glatten Spiegel des Sees zur Ruhe kommt.

Zum ersten Mal verwendet Schönberg hier das Melodram, das in seinen späteren Werken eine wichtige Rolle spielt. Das riesige Orchester wird zu kammermusikalischer Besetzung zurückgezogen. Ein feinverästeltes Stimmengeflecht legt sich wie ein Blumenteppich unter die Stimme des Sprechers, der Klang leuchtet und funkelt. Aber die dunkle Erinnerung hallt nach; bei den Worten: „Still! Was mag der Wind nur wollen? Wenn das welke Laub er wendet, sucht er, was zu früh geendet" ertönt im Orchester die Melodie Toves. Mit einem Weckruf klingt das zarte Stück aus: „Erwacht, ihr Blumen, zur Wonne!" Dann führt eine rasche, kurze Steigerung zum Schlußchor, der – in imposantem Kontrast zur kammermusikalischen Finesse des Melodrams – an Klangpracht alles erreicht oder überbietet, was Gustav Mahler und Richard Strauss in jener Zeit an chorischen und symphonischen Monumentalwirkungen erzielt haben. Erst hier treten die Frauenstimmen in das musikalische Geschehen ein und verbinden sich mit den Männerstimmen zur Achtstimmigkeit. Die Tonart ist klares, vorübergehend in ferne harmonische Bereiche ausweichendes C-Dur. Der Chorsatz ist überwiegend linear konzipiert, ein Nebeneinander stürmisch geschwungener Melodielinien, die einander in harten und herben Zusammenklängen begegnen und überschneiden. Die Schlußkadenz rückt h-Moll, D-Dur, E-Dur, Cis-Dur, F-Dur als harmonische Akzente eng zusammen, bevor die Harmonie achtundzwanzig Takte lang auf dem endgültigen C-Dur-Klang liegen bleibt. Der Text lautet: „Seht die Sonne, farbenfroh am Himmelssaum östlich grüßt ihr Morgentraum." Es ist wohl der strahlendste Sonnenaufgang, der jemals komponiert worden ist – lichter, lebensgläubiger Abschluß einer Tondichtung, die das Leid und den Fluch todverbundener Liebe besang.

HANS PFITZNER

Als Bewahrer romantischen Geistes in einer Epoche, die sich bewußt und absichtsvoll vom Lebens- und Kunstgefühl der Romantik distanzierte, ist Hans Pfitzner (1869–1949) eine einigermaßen anachronistische Erscheinung. Keineswegs darf er aber als Epigone einer vergangenen Musikzeit verstanden werden. Gerade im Widerspruch zu seiner Mitwelt entwickelte und bewährte sich seine tiefe, urkräftige Originalität; an der selbstgewählten Aufgabe, der Mode zu trotzen und der Zeit das zu geben, was ihr zu entgleiten drohte, wuchs er zu einer großen, einsamen Persönlichkeit, deren künstlerische Leistung die Zeit überdauert hat. Sein Glaube an den Vorrang der Inspiration vor der handwerklichen Arbeit ist romantisches Erbteil; aber sein Stil macht von den Mitteln seiner Zeit, von der Linearität, der harmonischen Komplizierung ausgiebig Gebrauch, seine Werke sind legitimer Besitz des 20. Jahrhunderts. Der Oper, dem Liede und der Kammermusik in besonderem Maße verbunden, hat er auch auf dem Gebiete der Chorkantate bedeutsame Schöpfungen hinterlassen. Die Eichendorff-Kantate „Von deutscher Seele“ darf neben dem Musikdrama „Palestrina“ als sein Hauptwerk gelten, die Chorphantasie „Das dunkle Reich“ ist ein persönliches Bekenntniswerk von ergreifender Wirkungskraft.

Von deutscher Seele, eine romantische Kantate nach Sprüchen und Gedichten von Joseph von Eichendorff, für vier Solostimmen, gemischten Chor, großes Orchester und Orgel, wurde von Hans Pfitzner im Jahre 1921 als Opus 28 vollendet. Das Werk ging hervor aus der Idee eines Liederzyklus nach den Versen des romantischen Dichters. Erst allmählich ordneten sich die Gedichte zu einem beziehungsvollen Ganzen, und zugleich wuchs die Form ins Große. Zwanzig Gedichte sind in zwei Abteilungen verarbeitet. Der erste Teil, „Mensch und Natur", handelt von Leben und Tod, von Sonnenschein und Sturm, von Morgenhelle und Nachtdunkel; der zweite, „Leben und Singen", ist lockerer gefügt, er stellt sich dar als Liederfolge, als farbiges Bilderbuch romantischer Stimmungen. Aber auch im scheinbar unbekümmerten Singen und Musizieren wird die Idee des Ganzen deutlich: die Hingabe an die unergründlichen romantischen Tiefen der Seele und der dämonischen Natur, und zugleich das Vertrauen auf Menschenkraft und Gottesgnade, die die Macht des Dunkels brechen. So ist das Werk, voll von Naturschwärmerei, von Innerlichkeit, Lebensweisheit und gläubigem Gottvertrauen, eine Konfession von allgemeiner Bedeutung; der Titel deutet an, daß Pfitzner damit in dunkler, ungewisser Nachkriegszeit das Innenbild seines Volkes zeichnen wollte, dessen reines, tiefes Wesen gefährdet schien.

Kammermusikalisch schlicht und leise, mit einem ruhigen d-Moll-Satz der Solostreicher und der Holzblasinstrumente, beginnt der erste Teil. Die Altstimme singt von der Unbeständigkeit und dem Wechsel des Lebens: „Es geht wohl anders, als Du meinst: derweil Du rot und fröhlich scheinst, ist Lenz und Sonnenschein verflogen, die liebe Gegend schwarz umzogen." Die klare, herbe Linearität des Satzes, die ausdrucksvolle, wortgebundene Melodie der Singstimme ergeben einen Eindruck, der den Hörer sofort in die Stimmung des Werkes hineinzieht. Bezaubernd ist die Aufhellung des Klanges bei den Worten: „Und kaum hast Du Dich ausgeweint, lacht alles wieder, die Sonne scheint" – hohe Flageolett-Töne der Violinen, glitzernde Harfenklänge, ein behagliches kanonisches Themenspiel von Flöte, Klarinette und Horn zeugen von der wiedergewonnenen Lebensfreude. Aber streng und gemessen ruft der Tenor in das Behagen hinein: „Was willst auf dieser Station so breit

Dich niederlassen? Wie bald nicht bläst der Postillon, Du mußt doch alles lassen.“ Und es folgt das dämonische Orchesterscherzo „Tod als Postillon“, eine düstere Groteske von der Wildheit alter Totentanz-Darstellungen, Sechsachtel- und Vierachtelrhythmen kombiniert, von thematischen Rufen der Hörner und Trompeten durchzogen, aber ohne alle billige Tonmalerei, mehr Zeichnung als Farbe, mehr Abstraktion als Stimmungsbild. Wenn der Wirbel abflaut, wiederholen Solostimmen und Chor leise, nachhallend, das Lied vom Postillon. Mit zarten Orgelakkorden, die von f-Moll nach A-Dur modulieren, klingt die Episode aus. Dann stimmt unvermittelt, in hellem A-Dur, der Tenor ein fröhliches Lied an, der Chor fällt ein: „Herz, in Deinen sonnenhellen Tagen halt nicht karg zurück! Allwärts fröhliche Gesellen trifft der Frohe und sein Glück.“ Das Leben fordert sein Recht, das Spiel der fröhlichen Gesellen nehmen der Chor und die übrigen Solisten übermütig auf. Als Mollteil wird von den Solisten die Warnung eingeschoben: „Sinkt Dein Stern, alleine wandern magst Du bis ans End' der Welt“, während der Chor zugleich in choralartigen halben Noten zum Gottvertrauen mahnt. Die Reprise des lustigen Teils klingt aus in eine Kadenz der Klarinette über einem dumpfen Wirbel der großen Trommel, der zum nächsten Stück überleitet: „Der Sturm geht lärmend um das Haus. Ich bin kein Narr und geh hinaus. Aber bin ich eben draußen, will ich mich wacker mit ihm zausen.“ Das ergibt ein charakteristisches Stück skurrilen Pfitznerschen Humors, in dem die krausen Instrumentalfiguren mit der trotzig und eigensinnig hervorgestoßenen Deklamation des Solistenquartetts wetteifern. Der Sturm beruhigt sich. Flöte, Horn und Harfen intonieren ein Adagio von wunderbarer Stimmungskraft, „Abend“ überschrieben. Aus der sehnsüchtig geschwungenen Melodie des Horns, die zwei Harfen mit glitzernden Arabesken begleiten, entwickelt sich eine ruhevolle Streicherkantilene, die das Entschlummern der Natur erleben läßt. Dann, unter der Überschrift „Nacht“, stimmen Posaunen, Hörner und Baßtuba einen feierlichen Choral an, den die Violoncelli mit einer freien, rhapsodischen Melodie, einem Gesang träumerischer, zum dunklen Nachthimmel aufsteigender Sehnsucht, kontrapunktieren. Wenn der Choral verklingt, steigen in den gedämpften Streichern zarte, ätherische Akkorde von der Tiefe bis zur höchsten Höhe auf. Das Morgenlicht durchdringt das Dunkel, Flöten klingen wie Vogelgezwitscher, und die Sopranstimme singt: „Die Lerche grüßt den ersten Strahl.“ Der Morgen mahnt den Menschen zur Zuversicht: „Was ist Dein kleines Erdenleid? Du mußt es überfliegen.“ Und sogleich bricht, in einem derben Liedsatz der Solostimmen und des Chores, lärmende Lustigkeit aus:

Ruhig wie einen Wächterruf singt der Baß ein Gebet hinein, das die übrigen Stimmen aufnehmen: „Gott behüte Land und Haus.“ An das Morgenlied schließt sich, von unablässig wogender Achtelbegleitung der Streicher und Holzbläser getragen, ein Gesang der Altstimme über die Unbeständigkeit des Glücks: „Ewig muntres Spiel der Wogen, viele hast Du schon belogen.“ Dann erklingt die Abendmusik des Horns und der Harfen zum zweiten Mal, nun in ihrer Bedeutung vertieft durch Worte, die von der Einsamkeit und dem Schweigen der Nacht, von den Gedanken des Dunkels und der Stille berichten. Auch der feierliche Choral der Bläser erhält nun die Worte; der Chor nimmt ihn in schlichter Vierstimmigkeit als „Nachtgruß“ auf (Zitat auf S. 483):

Die Weise weitet sich zu einem lyrischen, vielstimmigen Satz, der die Eitelkeit und Zerstreuung des Tages ablehnt und den „wunderreichen König" feiert, der herrlich einzieht im stillen Reich. Es entspricht dem volkstümlichen, naiven Klang der Dichtung, wenn die Choralweise am Ende in ihrer ursprünglichen schlichten Gestalt wiederkehrt, nun auf den Fermaten am Schluß der Verszeilen von freien, gleichsam begeistert improvisierenden Einwürfen der Solostimmen unterbrochen.

„Leben und Singen", die Überschrift des zweiten Teils, ist im Sinne romantischer Welterfahrung zu deuten: Leben ist Kampf, fruchtloses Mühen, Resignation, Singen ist Trost, Befreiung, Erhebung über die Unbill des Lebens. Mit einem eigensinnigen, hartnäckig festgehaltenen Rhythmus setzt das Vorspiel ein:

Der Chor, dessen Stimmen, im Abstand von zwei Takten einander folgend, in strengem Kanon singen, erläutert den Sinn der rauhen, ringenden Musik:

Großartig, mit dem Einsatz des vollen Orgelwerks auf einem Nonenakkord, ist die folgende Zeile hervorgehoben: „Der Strom wohl rauscht an die tausend gar und kommt doch nicht zur Quelle.“ An das Bekenntnis der Fruchtlosigkeit alles Strebens schließt sich eine kurze Episode der Resignation, rezitativisch vom Tenor gesungen: „Was ich wollte, liegt zerschlagen; Herr, ich lasse ja das Klagen, und das Herz steht still.“ Es folgt ein Orchester-Adagio „Ergebung“, in dem die Soloflöte mit versponnenen Sechzehntelfiguren und Arpeggien das Wort führt, anfangs von Klarinetten, dann vom Streichorchester, von Posaunen und Hörnern sanft begleitet. Nun, mit der Ergebung in das Schicksal, ist auch die Überlegenheit über das Leben gewonnen. Mit einem übermäßigen Dreiklang, im jagenden Achtelrhythmus der Pauken, mit Beckenschlag und Schellengeläut setzt ein frisches Stück von fast humoristischem Klang ein: „Der jagt dahin, daß die Rosse schnaufen. Der muß im Staub daneben laufen. Aber die Nacht holt beide ein.“ Das Orchester tollt noch eine Weile im Rhythmus der jagenden Rosse fort. Als es sich beruhigt hat, nimmt der Solobaß das Wort zu einer feierlichen Ansage: „Gleichwie auf dunklem Grunde der Friedensbogen blüht, so durch die böse Stunde versöhnend geht das Lied.“ Harfe und Horn präludieren, und der Liederteil beginnt. Er umfaßt drei lyrische und balladeske Gedichte. „Kaiserkron und Päonien rot“, das Lied vom alten Garten, dem Solosopran zugeteilt, darf mit raunendem Stimmungszauber der Streicher, mit leisen, verwehten Harfen- und Mandolinenklängen als das poetischste Stück der Partitur gelten. „Die Nonne und der Ritter“, abwechselnd von Alt und Tenor gesungen, ist eine traurige, von wildleidenschaftlichen Episoden durchsetzte Ballade der enttäuschten Liebe. „Der Friedensbote“, das Ständchen eines heimkehrenden Kriegers für seine Liebste, vom Solobaß vorgetragen, leitet in die zuversichtliche Stimmung des

Schlußchors über. Zwischen den Liedern stehen, gleichsam als Interpunktion, zwei kurze Chorsprüche: der erste, in choralhaft ruhigem vierstimmigem Satz, ein Bekenntnis zur lebensüberwindenden Macht des Leides, der zweite, lustig und rasch vorüberflatternd, eine närrische Meditation über Singen und Leben, eine Spielerei romantischer Ironie:

Breit und prächtig, mit einem Orgelsolo, setzt in der nach Dur aufgehellten Anfangstonart der Schlußchor ein: „Wenn die Wogen drunten toben, Menschenwitz zu Schaden wird, weist mit feur'gen Zügen droben heimwärts Dich der Wogen Hirt." Der Hauptsatz des dreiteiligen Stückes ist charakterisiert durch schwung- und klangvollen, stellenweise oktavierten Chorsatz und füllige, durch die Vorstellung des Wogens inspirierte Orchesterbegleitung. Der Mittelteil, mehr von den Solisten bestritten und durchsichtiger gesetzt, leitet von stürmischer Erregung zur Beruhigung. Die Wiederkehr des Hauptteils beschließt das Werk in rauschendem D-Dur-Klang der Singstimmen, der Orgel und des vollen Orchesters mit der Mahnung zu Lebensmut und Gottvertrauen: „Faß das Steuer, laß das Zagen! Aufgerollt hat Gottes Hand diese Wogen zum Befahren und die Sterne, Dich zu wahren."

D a s d u n k l e R e i c h, eine Chorfantasie mit Orchester, Orgel, Sopran- und Baritonsolo, Opus 38, wurde im Januar 1930 vollendet und im Oktober desselben Jahres in Köln uraufgeführt. Das Thema ist der Tod, das rätselhafte Dunkel, die unergründete Nachtseite des Lebens, in die das romantische Weltgefühl ahnungsvoll einzudringen sucht. Hans Pfitzner hat die

Kantate nach dem Tode seiner Frau geschrieben; sie ist künstlerischer Niederschlag schmerzlichen Erlebens, eine Art von „Deutschem Requiem", aber noch viel weiter als das Brahmssche Werk von aller religiösen und kirchlichen Tradition entfernt. Wie der Kantate „Von deutscher Seele", so liegt auch der Chorfantasie als Text eine Auswahl inhaltlich verwandter Gedichte zugrunde, die die Musik zu lyrischer Einheit verschmilzt; hier aber werden statt eines Dichters vier – Michelangelo, Goethe, Conrad Ferdinand Meyer, Richard Dehmel – als Autoren zitiert. Eine innere Entwicklung, eine Überwindung des Todes in christlichem Sinne wird nicht erstrebt, eher ein Erkennen, ein Einfühlen in die dunkle Sphäre, die bei näherer Vertrautheit ihre Schrecken verliert. Tod und Leben stehen einander als verschiedene Chöre gegenüber, Gretchens Gebet vor der Mater dolorosa und einige Verse aus Conrad Ferdinand Meyers Zyklus „Huttens letzte Tage" hat Pfitzner als Auseinandersetzung des einzelnen mit Tod und Todesfurcht eingefügt. Von den acht Stücken der Partitur sind fünf dem Chor zugeteilt, zwei sind Sologesänge, eins, der „Tanz des Lebens", ist ein reines Instrumentalstück.

In feierlich düsterem d-Moll, der bevorzugten Tonart der Todesmystik, in leisem, gespenstischem Unisono beginnt der Chor der Toten einen ernsten Gesang: „Wir Toten, wir Toten sind größere Heere als ihr auf der Erde, als ihr auf dem Meere." Die Gegenwart der Toten im Sein und Tun der Lebenden, die Übermacht der ins Dunkel gesunkenen Vergangenheit über den kurzen Augenblick des Lichtes, der Grundgedanke von Conrad Ferdinand Meyers Gedicht, wird durch die Musik eindringlich verdeutlicht. Die Verse: „Und was wir vollendet, und was wir begonnen, das füllt noch dort oben die rauschenden Bronnen" ergeben ein seltsames, von Harfenakkorden, Horntrillern, Orgel- und Holzbläserläufen bestimmtes Klangbild, das man als das Rauschen der Wasser des Lebens deuten mag. Die Stelle: „Und unsere Töne, Gebilde, Gedichte erkämpfen den Lorbeer im strahlenden Lichte“ führt zu einem triumphierenden Höhepunkt. Dann sinkt die Musik in die düstere Monotonie des Anfangs zurück. „Drum ehret und opfert“ ist nur noch ein tonloses Flüstern; aber das letzte Wort „Denn unser sind viele“ schwillt unvermittelt an zu drohendem Fortissimo, zu einem langgehaltenen, fahlen d-Moll-Dreiklang, als stünde die ganze, unübersehbare Schar der Toten plötzlich sichtbar da. Unmittelbar schließt sich mit einer raschen Wendung nach der Paralleltonart F-Dur, bei gleichbleibendem Dreivierteltakt, aber in schnellerem Zeitmaß, der Chor der Lebenden an, das heitere, von Lebenskraft strotzende und doch mit tiefsinniger Todesahnung durchsetzte „Schnitterlied“ desselben Dichters. Der Komponist macht daraus einen derben, zu wildem Wirbel gesteigerten Bauerntanz, der in ein phantastisches, sprudelnd bewegtes, von kraftvollen, jubelnden Bläserrufen durchsetztes Orchesterscherzo, „Tanz des Lebens“, übergeht. Wenn die Bewegung erstirbt, hallt ein langausgehaltener D-Dur-Dreiklang der Orgel nach. Aus ihm entwickelt sich das nächste Stück, „Chorspruch“, Richard Dehmels Gedicht: „Es ist ein Brunnen, der heißt Leid, draus fließt die lautre Seligkeit.“ Das kurze Stück ist der persönlichste, bekenntnishafteste Teil der Partitur; hier beweist der Komponist seine eigenste Fähigkeit, mit wenigen Noten viel zu sagen. Die Tenöre beginnen allein zur Orgel; das Wort „Leid“ wird leise, aber nachdrücklich vom ganzen Chor als g-Moll-Dreiklang gesungen. Auf das Wort „Seligkeit“ erklingt ein ätherischer Quartenakkord der Streicher und Holzbläser, den Harfen und Orgel anschwellen lassen und weiterführen. Das Grauen, das den erfaßt, der in die dunkle Brunnentiefe hinabschaut, wird durch ein seltsames Spiel mit Septimen-Intervallen geschildert, das vorübergehend aus jeder tonalen Bindung hinausführt; „O trinke, da zerrinnt Dein Bild“ – das Zerrinnen, das Sichauflösen der Persönlichkeit wird Klang; der erlösende Ruf der Chorsoprane „Licht quillt“ ist von einer rauschenden Apotheose des Quartenklangs begleitet. Aus diesem Klang, der in gleitende Chromatik übergeht, entwickelt sich als Lied des Solosoprans Gretchens Gebet „Ach neige, Du Schmerzensreiche, Dein Antlitz gnädig meiner Not“, die Klage einer verzweifelnden Frau auf der Grenze zwischen Leben und Tod. Die Orgel intoniert ein kurzes, ruhiges Fugato und führt damit aus dem Bereich der leidenschaftlichen Klage wieder auf die Ebene der allgemeinen Betrachtung. Der Chor hält sich auf dieser Ebene mit Michelangelos Worten „Alles endet, was entstehet“ – ein ruhig-eindringlicher Gesang, in dem archaische Einfachheit und romantische Klangverfeinerung sich verbinden. „Scheiden im Licht“, die heroische Begegnung des Mannes mit dem Tode, zu der Conrad Ferdinand Meyer mit seiner Hutten-Dichtung den Text geliefert hat, ist ein schwungvoll einsetzendes, über zarte Partien zur Emphase gesteigertes Orchesterlied des Baritons; der „Kämpfer“ wird mit kriegerischen Fanfaren der Trompeten und Posaunen und mit hochgeschwungener Melodie der Hörner gefeiert; der Schluß, der Gruß an das Licht, ist strahlendes, kraftvoll rhythmisiertes C-Dur. Dann erklingt wieder, durch einen einzigen verbindenden Molldreiklang der Orgel angeschlossen, der Chor der Toten, der das Werk eröffnete. Er wird notengetreu wiederholt; aber der gewaltige d-Moll-Akkord am Ende hellt sich auf zum strahlenden D-Dur; das dunkle Reich hat seinen Schrecken verloren, Tod und Leben sind eins.

Das volkstümliche Chorlied der Romantik

Das 19. Jahrhundert hat die großen Formen der Musik, die Symphonie, das Oratorium, die Oper, zu äußerster, unüberbietbarer Wirkungskraft entwickelt; es hat daneben eine Kultur des schlichten volkstümlichen Liedgesanges geschaffen, die sich gleichwertig neben der großen Liedzeit des 16. Jahrhunderts behaupten kann. Das Lied des 19. Jahrhunderts ist dem universalen Geist der Romantik verpflichtet, der sich ebensowohl in der phantastischen Intimität der Schumannschen Klaviermusik, in der mystischen Weite der Brucknerschen Symphonien, im harmonischen Raffinement des Wagnerschen „Tristan" wie in den einfachen, herzlichen Melodien eines aus verschütteten Vergangenheitstiefen neu erweckten Volksliedes bezeugte. Johann Gottfried Herder, der dem Klang des Volksliedes nachging, darf als früher poetischer Anreger dieser Bewegung gelten. Das Naturgefühl, dem Jean Jacques Rousseau literarischen Ausdruck gegeben hatte, das in Goethes Gedichten rein und stark widerklang, wurde allgemeiner Besitz und überflutete das Fühlen, Denken und Dichten des beginnenden Jahrhunderts mit einem Strome frischer Erlebniskraft, die sich an Wäldern, Wiesen und Gebirgen, an der Idylle der Dörfer und der Majestät der alten Burgen begeisterte und den Menschen hinaus aus abgestorbenen gesellschaftlichen Konventionen in eine unberührte, geheimnisvolle, von Sonnenglanz und Mondeszauber verklärte Welt des einfachen, ursprünglichen Lebens führte. Mit dem Ergreifen der Natur verband sich ein neues Innewerden des nationalen Wesens, das sich in der Liebe zur Heimat, zur eigenen Sprache und zur eigenen musikalischen Melodie ausdrückte; das Nationalgefühl, das durch die Erhebung gegen den übernationalen Herrscher Napoleon mächtig gefördert wurde, ist ein Grunderlebnis der romantischen Epoche. Wie die Maler – Caspar David Friedrich, Ludwig Richter, Karl Spitzweg – die romantische Welt sahen, so schilderten sie die Dichter. Die raunenden Wälder Eichendorffs, in denen Nixen und Zauberfrauen wohnen, sind die charakteristische Landschaft dieser traumseligen, der Erde und dem Himmel in Sehnsucht verbundenen Zeit, die Jäger und Wandergesellen, die Zigeuner und Glücksritter seiner Gedichte und Novellen sind die Gestalten, in denen das allgemeine Lebensgefühl sich verkörperte. Eine schöpferische Dichtung vervielfältigte und variierte das romantische Erlebnis. Die weltschmerzliche Lyrik Heines, die Idyllen Mörikes, die Phantasien Brentanos, die schlichten Lieder Uhlands waren Vorbilder, die die Nachfolge vieler kleinerer, aber keineswegs minderwertiger Poeten fanden. Carl Maria von Weber hat die romantische Welt in dem Geniewurf des „Freischütz“ auf die Opernbühne übertragen. Ihre umfassende musikalische Abspiegelung fand sie im Liede, dessen Meister die einfache, allverständliche Melodie der Klassik weiterbildeten und mit neuen Inhalten, mit Lust, Trauer, Sehnsucht und Geheimnis erfüllten.

Die Chorkunst der Romantik entwickelte sich gemäß den Lebensbedingungen der biedermeierlichen Umwelt. Das nationale Erlebnis der Freiheitskriege gab starke Impulse; Webers Liedzyklus „Leier und Schwert“ nach Gedichten Theodor Körners ist die klassische Formulierung dieser Stimmung. Schon in dieser idealisierten Soldatenlyrik zeigt sich die Bevorzugung der Männerstimmen, die für die Zeit charakteristisch ist; der Männerchor als Interpret von Studenten-, Handwerker-, Trink- und Gesellschaftsliedern ist eine Erfindung der Romantik. Anfangs erschien er in kleiner Besetzung; die ersten „Liedertafeln“, musikalisch-gastliche Konvente einer geselligen, für Bünde und Gemeinschaften begeisterten Zeit, waren von Einzelsängern besucht. Mit der Entwicklung der bürgerlichen Welt, mit dem Wachsen der Menschenmassen und der Vergrößerung der Städte, wurden sie zu Männergesangvereinen, die die Podien der Säle okkupierten und ihre Leistung als Konzert zur Schau stellten. Frauenstimmen traten bald hinzu, der gemischte Chor setzte sich auch auf diesem Gebiete neben dem reinen Männergesang durch. Diese Entwicklung spiegelte sich in der Chorliteratur, die vom schlichten Volksliedsatz bis zur pathetischen Monumentalkomposition für sängerische Massenveranstaltungen fortschritt.

CARL FRIEDRICH ZELTER (1758–1832), der im Jahre 1809 in Berlin die erste, satzungsgemäß nicht mehr als fünfundzwanzig Mitglieder umfassende Liedertafel gründete und sie als Komponist reichlich mit sangbarem Liedgut versorgte, gehört als Bachkenner und Freund Goethes noch dem klassischen Geistesbereich an, darf aber doch, vor allem dank seiner praktisch-pädagogischen, auf die soziale Geltung der Musik gerichteten Interessen, als Anreger der romantischen Liedkultur betrachtet werden. Auf den Arbeiten der älteren Berliner Liederschule fußend, fand er den Typus von Melodie, der dem chorischen Vortrag in geselliger Runde entsprach: einfach, kräftig liniiert, zu klangvoller Harmonisierung ebenso wie zu kanonischer Verarbeitung geeignet, von würdig-feierlichem oder humoristischem Ausdruck, niemals sentimental; seine Vertonung des Goetheschen Bundesliedes steht wie ein Motto über dieser ganzen Kunst:

Zu seinen Dichtern zählen außer Goethe, dessen autorisierter Komponist er war, Ernst Moritz Arndt, Brentano, Chamisso und ältere anonyme Verseschmiede. Neben ernsten und gesellig-fröhlichen Gesängen stehen viele humoristische wie das lustige Goethesche Epiphanias-Lied von den Heiligen Drei Königen, Chamissos „Tragische Geschichte“ „von einem, dems zu Herzen ging, daß ihm der Zopf so hinten hing“, das Lied vom Schlossergesellen, der beim Fressen fleißiger als beim Feilen war, oder das Weinlied „Sankt Paulus war ein Medicus“. Immer ist die Stimmung mit einfachen, aber feinen kompositorischen Mitteln getroffen, Einstimmigkeit, harmonischer Satz und kanonische Spielereien wechseln miteinander ab, das Ganze ist gute musikalische Unterhaltung, von reinem Gefühl und Geschmack gelenkt.

FRIEDRICH SILCHER (1789–1860), Universitätsmusikdirektor in Tübingen, Sammler, Herausgeber und Komponist von Volksliedern, steht mitten im Bereich der Romantik. Seine Sätze haben meist einen empfindsamen, idyllischen Zug, sie sind liebenswerte Miniaturen intimen Charakters, gemütvoll und gemäßigt lustig, von schwäbischem Gefühlsernst geprägt. Die zwölf Hefte „Volkslieder, gesammelt und für vier Männerstimmen gesetzt“, die Silcher in den Jahren 1826–1860 herausgab, enthalten fremde und eigene Kompositionen in vierstimmigen Fassungen, deren einfache Natürlichkeit das Ideal des romantischen Liedsatzes verkörpert. Ein Lied wie Eichendorffs „Untreue“, dessen schwermütige, in der dritten Zeile durch einen eindringlichen Septimenfall akzentuierte Melodie von Friedrich Glück stammt, ist bezeichnend für den Charakter der Sammlung:

Es ist viel von Liebesleid, Sehnsucht, Abschied und Heimweh die Rede, freilich auch von Glück, Spiel und Tanz. Das schwäbische Volkslied ist durch viele charakteristische Stücke wie „Das Lieben bringt groß Freud", „Drunten im Unterland", „Jetzt gang i ans Brünnele", „Muß i denn zum Städtele hinaus" vertreten; zu großem Ruhm sind Lieder wie „Ich hatt' einen Kameraden" und „Morgenrot" gelangt; Silchers eigene Melodien sind unter anderen „Ännchen von Tharau", „Zu Straßburg auf der Schanz", „Morgen muß ich fort von hier" und die schwermütige Weise zu Heines „Lorelei". Was die Romantik an Sehnsucht, Innerlichkeit, an Lebenslust und Lebenstrauer in die Seele der Zeit legte, das ist in diesen Liedern schlichte, allgemein faßliche Gestalt geworden.

FRANZ SCHUBERT (1797–1828), der Meister des Sololiedes, hat auch dem Chorgesang seine Schaffenskraft gewidmet. Sein Chorsatz, mag er für Männer-, Frauen- oder gemischte Stimmen geschrieben sein, ist von naturhafter, elementarer Schönheit; die Kraft und Ursprünglichkeit der Melodie, die diesem Musiker wie keinem anderen zur Verfügung steht, verbindet sich mit einer Fülle harmonischen Wohlklangs, der Reichtum an kühnen, aber ungezwungenen, natürlich fließenden Modulationen gibt seinen Sätzen leuchtendes Kolorit und starke innere Spannung. Diese Kunst steht nicht auf der Ebene des Gesellschafts- und Volksliedes; jedes Stück, mag es von noch so einfachem, liedhaftem Klang sein, ist ein romantisches Kunstwerk von persönlicher, unnachahmlicher Originalität. Ein Satz wie „Die Nacht" mit seinen einfachen D-Dur-Dreiklängen, mit dem sanften Akzent des querständigen B im dritten Takt und der ausklingenden Fermate am Zeilenende verkörpert geradezu das Ideal des romantischen Männerchor-Klanges (Zitat auf S. 494).

Reine A-cappella-Sätze wie „Die Abendglocke tönet" oder „Ertönet, ihr Saiten in nächtlicher Ruh" sind selten; vielen Stücken hat Schubert eine Klavierbegleitung beigegeben, wie dem reizenden Allegretto „Ich rühme mir mein Dörfchen hier", das das Gleiten der Fische im Bache mit Sechzehntelketten malt und in kanonischem Jubel „O Seligkeit" ausklingt, wie dem poetischen, harmonisch reichen Notturno „Die Nacht ist heiter und ist rein", in dem dem Chor ein Solotenor gegenübertritt, oder in dem vielgesungenen, von idyllischer Biedermeierstimmung erfüllten Ständchen „Zögernd leise in des Dunkels nächt'ger Stille sind wir hier", in dem eine Alt- oder Baritonstimme den Vorsänger macht. Der „Nachtgesang im Walde" („Sei uns stets gegrüßt, o Nacht") wird stimmungsvoll von einem Hornquartett begleitet, der bedeutenden achtstimmigen Vertonung von Goethes „Gesang der Geister über den Wassern" geben Bratschen, Violoncelli und Kontrabaß dunkles instrumentales Kolorit. Schuberts chorisches Pathos erhebt sich mühelos in die religiöse Sphäre; die von Holz- und Messingblasinstrumenten begleitete Hymne „Herr, unser Gott, erhöre unser Flehen" und der von einem Klaviersatz getragene dreiundzwanzigste Psalm „Gott ist mein Herr" sind von kirchlicher Feierlichkeit, das ausdrucksvolle „Salve Regina" und der achtteilige Zyklus der Deutschen Messe „Wohin soll ich mich wenden" mit der schönen Melodie „Heilig ist der Herr" sind A-cappella-Musik von volkstümlichem Klang.

JOHANNES BRAHMS (1833–1897) hat den romantischen Klang, den Schubert anschlug, in seinen Chören weiterschwingen lassen. Auch er ist ein Meister des lyrischen, freilich in Führung und Ausdruck verhaltenen Melos und der vollen, weichen, aber im Kolorit gedämpften Harmonik; auch er hat die nahe Beziehung zum Volkslied, dessen alte, aus früheren Jahrhunderten überlieferte Melodien er mit stilgemäßen, wohllautenden Sätzen versehen hat. Seine Kompositionen für gemischten Chor, denen ebenfalls zum Teil Volksmelodien zugrunde liegen, verteilen sich auf die Opuszahlen 42, 62, 93 a und 104. Das zarte, sehnsuchtsvolle Abendständchen nach Brentano „Horch, es klagt die Flöte wieder“, das volkstümlich melodische „Vineta“ nach Wilhelm Müllers „Aus des Meeres tiefem, tiefem Grunde“, der feierliche, von Ossian-Stimmungen erfüllte „Grabgesang Darthulas“ mit dem Alternieren der Männer- und Frauenstimmen sind charakteristische, ausdrucksvolle Schöpfungen, ein Satz wie „Waldesnacht“ mit seiner ruhigen Harmoniefülle und seiner sanft geschwungenen Melodie bezeugt die Schubertnähe dieser Kunst:

Chorische Prunkstücke sind die achtstimmigen, auf Bibeltexte komponierten „Fest- und Gedenksprüche“ Opus 109, klangliche Kostbarkeiten die Frauenchöre mit Begleitung von Hörnern und Harfe Opus 17; mit den Motetten Opus 29, 74 und 110 hat Brahms die alte geistliche Form aus verstehender Sympathie erneuert.

Unter den bedeutenden Komponisten der Romantik haben sich ferner Robert Schumann (1810–1856), Felix Mendelssohn Bartholdy (1809–1847), Heinrich Marschner (1795–1861), Peter Cornelius (1824–1874), Hugo Wolf (1860–1903) dem Chorlied gewidmet, Anton Bruckner (1824–1896) hat mit seinen begleiteten und unbegleiteten geistlichen Chören eine hohe und einsame Kunst geschaffen, die den volkstümlichen Schubertklang mit der kunstvollen palestrinensischen Tradition der Kirche verbindet. Aus der Menge der kleineren Meister, die gelegentlich oder mit Überzeugung und Ausdauer auf dem Gebiet der florierenden, von unzähligen geselligen und konzertierenden Vereinen getragenen Kultur des Chorgesangs tätig waren, sind nur einige Namen zu nennen. Zu den frühesten Anregern zählt der Schweizer Hans Georg Nägeli (1773–1836). Karl Friedrich Rungenhagen (1778–1851) setzte mit Liedern der Geselligkeit das Werk Zelters fort. Der Thüringer Ludwig Erk (1807 bis 1883) ergänzte als Volksliedsammler die Arbeit Silchers. Carl Friedrich Zöllner (1800–1860), dem sein Sohn Heinrich Zöllner (1854–1941) nachfolgte, lebt fort als Erfinder der Melodie „Das Wandern ist des Müllers Lust". Moritz Hauptmann (1792–1868) und der Liederkomponist Robert Franz (1815–1892) verfolgten als Chorschöpfer hohe künstlerische Ziele, Carl Reinecke (1824–1910) schrieb Kantaten und Märchenoratorien für Frauenchor, Max Bruch (1838–1920) eroberte sich als Komponist volkstümlicher Chorwerke („Frithjof", „Das Lied von der Glocke") sowie chorischer Gebrauchsmusik den Konzertsaal, Joseph Rheinberger (1839–1901) verfertigte neben Messen und Oratorien weltliche Männer- und Frauenchöre. Der Schweizer Friedrich Hegar (1841 bis 1927), Komponist effektvoller Chorballaden, versuchte dem Männergesang einen virtuosen und brillanten Zug zu geben. Philipp Wolfrum (1854–1919), Kirchenmusiker und Komponist eines bedeutenden „Weihnachtsmysteriums", bediente sich auch kleinerer chorischer Formen. Felix Woyrsch (1860–1944) bearbeitete alle Gebiete des Chorgesangs vom Oratorium bis zum Volkslied, Hugo Kaun (1863–1932) und August von Othegraven (1864–1946) galten ihrer Zeit als Klassiker des Männerchorsatzes. Heinrich Kaspar Schmid (1874–1953), Richard Wetz (1875–1935), Justus Hermann Wetzel (1879 bis 1973), Richard Trunk (1879–1968), Joseph Haas (1879–1960), vielseitig schöpferische Musiker von Rang, wuchsen aus der Spätromantik in das neue Jahrhundert hinein. Am weitesten griff Erwin Lendvai (1882–1949) in die Zukunft vor, der als Schöpfer unkonventioneller, in große Formen geweiteter Chorzyklen aus der romantischen Idyllik in eine moderne Klangwelt hinausstrebte.

Alle diese Musiker, sosehr sie sich durch Generation und Individualität, durch die persönliche Tendenz ihres Schaffens unterscheiden, das den weiten Raum vom schlichten Volkslied bis zum orchesterbegleiteten Oratorium, vom lustigen, unterhaltenden Gesellschaftslied bis zur geistlichen Motette umfaßt, sind der Idee des romantischen Liedes verpflichtet, seiner Naturfreude, seiner Lebenslust und seiner träumerischen, oft sentimentalen Schwermut, seiner Bezogenheit auf eine einfache, enge, bürgerlich-behagliche Welt. Je mehr diese Welt durch die veränderten Lebensformen des Industriezeitalters in die Vergangenheit gedrängt wurde, je mehr sich auch die Musik von den volkstümlichen, sangbaren Melodien der Frühromantik zu den Komplizierungen des Tristan-Stils und der Regerschen Polyphonie entwikkelte, um so problematischer wurde die Stellung dieser lebensverbundenen Kunst. Das Lob der idyllischen Natur entsprach nicht mehr der öden Steinlandschaft der großen Städte, das Schritthalten mit der musikalischen Entwicklung schloß Volkstümlichkeit der Wirkung und leichte Ausführbarkeit der Kompositionen durch Laiensänger aus. Der immer schärfer hervortretende Zwiespalt zwischen Ursprünglichkeit und künstlerischer Sublimierung, zwischen soziologisch geforderter Einfachheit und künstlerisch unumgänglicher Komplizierung, zwischen den nicht mehr zu vereinbarenden Forderungen der Popularität und der geistigen Originalität wurde der Kultur des nachromantischen Chorgesangs zum Verderben und machte eine neue, auf weitere Basis gegründete Orientierung notwendig. Dennoch ist die Chormusik der Romantik mit ihrer Gefühlstiefe und ihrem reinen Naturklang nicht versunken; ihr Nachklang erfüllt, auch mit den zum Teil fragwürdigen, gealterten Werken ihrer kleineren epigonalen Meister, noch heute unsere Konzertsäle.

20. JAHRHUNDERT

Die Erneuerung der Volks- und Kirchenmusik in der Gegenwart

Das 20. Jahrhundert eröffnete eine neue Phase der Chormusik. Mit dem Ende des romantischen Individualismus, mit dem Aufkommen eines neuen Begriffs von Gemeinschaftskunst, den die Soziologie des Massenzeitalters nahelegte, wurde der Chor, die Gemeinschaft der Menschenstimmen, in seiner ursprünglichen Bedeutung als wichtiges, selbständiges Instrument musikalischer Mitteilung nachdrücklich bestätigt. Das „Wir", das die Stimme des Chores in der Musik als Gegensatz zum „Ich" des Solosängers repräsentiert, wurde von politischen und religiösen Mächten der erregten, auf Umsturz und Neuaufbau bedachten Zeit usurpiert und zum Träger von Idealen und Überzeugungen gemacht, die wiederum durch die Würde des musikalischen Pathos erhöht und erhärtet wurden; im Raume der Kirche, durch die Erneuerung des alten transzendenten Auftrags, gewann das Musizieren strenge liturgische Form. Vorausgegangen war eine Regeneration der klanglichen Mittel, die die Musik wieder zu einer Sprache für alle machte. Die Komplizierung der spätromantischen Kunst, die sich in der Chromatisierung der Harmonik, in der luxuriösen Verfeinerung des Instrumentalklanges, in der Ausweitung der formalen Dimensionen anzeigte, war in ihr Gegenteil umgeschlagen; das Verlangen nach Klarheit und Einfachheit ergab die Forderung einer neuen Klassizität und darüber hinaus, in noch tieferer Vergangenheit nach Maßstäben suchend, das Programm einer Erneuerung des musikalischen Barock. Johann Sebastian Bach und die Meister vor ihm wurden zum Stilvorbild, der polyphone Geist der alten Musik wurde wiedererweckt. Das lineare Denken trat an die Stelle der harmonischen Konzeption, Sangbarkeit war wieder bestimmendes Prinzip der Melodie und des mehrstimmigen Satzes. Alle Arten der Musik, vom schlichten Liede bis zur großen polyphonen Form, wurden von dieser Entwicklung erfaßt, ein neues Zeitalter der Chormusik brach an, das die versunkenen Werte früherer Jahrhunderte verwandelt und gesteigert in die Gegenwart herauf rief.

Die Jugendbewegung, zu deren weite Lebensgebiete umgreifendem Programm die musikalische Erneuerung gehörte, setzte schon in den letzten Jahren des 19. Jahrhunderts ein. Was noch in naiver Form in Hans Breuers Liederbuch „Zupfgeigenhansl“ von 1909 sich ankündigte, wurde durch die Wandervogel-Bewegung weitergetragen und in den zwanziger Jahren durch die „Musikantengilde“ Fritz Jödes (1887–1970) und den „Finkensteiner Bund“ Walther Hensels (1887–1956) systematisch gepflegt; Singkreise und Instrumentalgruppen widmeten sich einer neuen, an der wiederentdeckten Chorliteratur des 16. Jahrhunderts geschulten Volksmusik, die Liedweisen und Chorsätze, Madrigale und Kantaten als einfaches, zum aktiven Musizieren aufforderndes Gebrauchsgut der kunstreicheren, passiven Genuß bietenden Musik der Konzertsäle entgegensetzte. Unter den Komponisten dieses Kreises finden sich Namen wie Heinz Tiessen (1887–1971), Ludwig Weber (1891–1947), Bruno Stürmer (1892–1958), Walter Rein (1893–1955), Paul Höffer (1895–1949), Hermann Simon (1896–1948), Ernst Lothar von Knorr (1896–1973), Karl Marx (1897–1985), Hans Wedig (* 1898), Wilhelm Maler (1902–1976), Fritz Büchtger (1903–1978), Siegfried Borris (1906–1987), Gerhard Maasz (* 1906), Philipp Mohler (1908–1982), Kurt Hessenberg (* 1908), Cesar Bresgen (* 1913), Jens Rohwer (* 1914).

ARMIN KNAB (1881–1951), in seiner Frühzeit noch dem romantischen Musikgeist nahestehend, ist vom Klavierlied zur Chormusik gekommen, die er in allen ihren Gattungen vom einfachen Liedsatz bis zum Oratorium gepflegt hat. Seine Entwicklung läßt eine stetige Vereinfachung der Mittel erkennen, die durch das individuell verarbeitete Erlebnis barocker Monodie bedingt ist; er verfällt nicht dem Zwang archaisierender Stildoktrin, sondern bewahrt sich die Naivität und Frische spontanen Musizierens. Knab hat Gedichte von Matthias und Hermann Claudius, Eichendorff, Uhland, Storm, Guido Gezelle (den A-cappella-Zyklus „Zeitkranz"), Trakl, Billinger vertont. Seine Kantaten auf Mariae Geburt und auf die Weihnacht, jene mit Frauenchor, diese mit gemischtem Chor, Altstimme und Orchester, sind tönende Miniaturbilder von altertümlichem Kolorit und zartem Stimmungsreiz; mit den Hölderlin-Hymnen „Das heilige Ziel" und dem Oratorium „Das gesegnete Jahr" hat er sich größeren Formen zugewandt.

PAUL HINDEMITH (1895–1963), als Begabung den vorigen überlegen, wurde in dem Jahrzehnt nach 1920 von den Ideen der Jugendbewegung beeinflußt. Die fünf gemischten Chöre auf alte Texte Opus 33, 1923 in erster und 1936 in zweiter Fassung erschienen, zeigen ein verhältnismäßig einfaches, zum Teil (in des Burggrafen von Regensburg „Frauenklage") stark vergangenheitsbezogenes Satzbild, die Vertonung von Martin Luthers Spruch „Vom Hausregiment" ist eine Probe herzhaften Humors:

Die „Lieder für Singkreise“ Opus 43 nach Platen, Rilke und Claudius gehören dem gleichen Stilbereich an. Die Männerchöre aus dem Jahre 1930 nach Gedichten von Brecht, Whitman, Benn und Hölderlin sind in barocker Linearität, in freier, geweiteter Tonalität geschrieben; die harte Klarheit des Satzes steht dem romantischen Männerchorklang denkbar fern. Unter den späteren Werken sind die Männerchor-Variationen über ein altes Tanzlied von 1939 für die archaisierende Neigung des Komponisten charakteristisch. Synthese von Alt und Neu, Beispiele des Hindemithschen Spätstils, sind die 1958 veröffentlichten fünfstimmigen Madrigale für gemischten Chor nach Gedichten Josef Weinhebers, Meisterwerke der Reife, die freilich nicht mehr dem Bereich volkstümlichen Musizierens angehören. Der Komponist will den Stil des alten Madrigals nicht nachahmen, „dessen Geist, Würde und selbstlose Haltung dem Sänger und Hörer gegenüber aber mit aller Hingabe wieder zu erreichen suchen“. Virtuose Ausschweifungen und drastische Konzertwirkungen werden ausgeschlossen; „nichts darf geschrieben werden, das dem hingegebenen, nicht nach äußeren Wirkungen strebenden Miteinanderwirken einer Sängergruppe störend entgegenwirken könnte.“ Diese Sängergruppe ist als Kammerchor gedacht. Die pessimistisch dunklen oder satirischen Gedichte Weinhebers sind musikalisch scharf charakterisiert. „Eines Narren, eines Künstlers Leben“ ist ein langsames, lastendes Fugato, „Tauche deine Furcht in schwarzen Wein“ läßt den Sopran als Solostimme über Akkorden und Themenrudimenten der Unterstimmen rezitieren. Dieselbe Wirkung wird in dem ergreifenden Gesang „An eine Tote“ („Stille Blume, erblaßt unter herbstlichen Sternen“) wiederholt, wo der Satz sich in flüsterndes, seufzendes Psalmodieren auflöst. „An einen Schmetterling“ ist durch schwebende Grazie in Thematik und Stimmführung gekennzeichnet (Zitat auf S. 505):

„Judaskuß“, die Rechtfertigung des Verräters, stellt die Bässe als Stimme des reuigen Judas dem übrigen Chor gegenüber. „Es bleibt wohl, was gesagt wird, alles daneben gesagt“, eine skeptische Meditation über Wort und Werk, Pflicht und Schicksal, ist eine Passacaglia. „Kraft fand zur Form“, die Vision einer zerfallenden Welt, aus der sich eine neue gebiert, ist erfüllt vom Pathos einer großen, zuerst von den Tenören, dann von den Sopranen gesungenen Melodie:

Ein kurzes, dreiteiliges Chorlied, das sich von Zweifel und Frage zu Vertrauen und Hoffnung klärt, beendet den Zyklus als „schlichter Abgesang“.

Die Erneuerung der **Kirchenmusik** gründete sich auf die wiedergewonnene Überzeugung, daß Musik ursprünglich und wesentlich nicht humaner, sondern transzendenter Art, daß sie nicht Ausdruck menschlichen Gefühls, sondern Erscheinung göttlicher Existenz ist, daß sie durch Vollendung ihrer eigenen immanenten Form zugleich ihre liturgische Bestimmung erfüllt. Das Erstarken der absolut-musikalischen Kräfte, das Erwachen der linear-melodischen Energien und ihre Verknüpfung zu polyphonen Spannungen, zu in sich ruhenden, von ausdruckshaften und darstellenden Tendenzen unabhängigen, vom alten Fugengeist erfüllten Formen bewirkte nach dieser Überzeugung zugleich eine Heiligung der Musik, enthob sie der affektbestimmten menschlichen Sphäre und machte sie fähig, der höheren Forderung kirchlichen Gottesdienstes zu genügen. Die Regeneration ging Hand in Hand mit der Besinnung auf die historischen Elemente, auf die Melodie des gregorianischen und des protestantischen Chorals, die, zwar verschiedenen Entwicklungsschichten angehörend, aber an geistlicher Würde und künstlerischer Symbolkraft einander gleichend, als absolute, unantastbare Substanz der neuen Kunst Gesetz und Gehalt gaben. Mit der Volksmusik teilte die neue Kirchenmusik den Willen zu leichter Ausführbarkeit und Wirkung auf eine Gemeinde; den neoklassizistischen Programmen der Kunstmusik entsprach ihre Bindung an barocke, romantische Klangformen ausschließende Musizierweisen. Aus diesen Voraussetzungen erwuchs eine in sich geschlossene und vollendete, durch ihren hohen Auftrag und durch die Solidität ihrer musikalischen Mittel legitimierte Kunst, die in der stürmisch bewegten, von Revolutionen erschütterten, von schnellebigen Moden gehetzten Geisteswelt des 20. Jahrhunderts eine Oase des Friedens darstellt und den Namen einer sakralen Klassik verdient.

Die „klassische" Periode der neuen Kirchenmusik, die in die Jahrzehnte zwischen 1930 und 1960 fällt, wurde eingeleitet durch frühe, um die Hebung der kirchlichen Gebrauchsmusik bemühte Vorläufer wie Arnold Mendelssohn (1855–1933), dessen Motetten den Jüngeren zur Anregung dienten, durch den Kantatenmeister Martin Grabert (1868–1951) und den Regerschüler Hermann Grabner (1886–1969); der junge Kurt Thomas (1904 bis 1973) gab schon im Anfang der zwanziger Jahre mit seinem Opus 1, einer A-cappella-Messe, und mit einer motettischen Markus-Passion vielbeachtete Vorbilder des neuen Stils. Die Hauptmeister sind Johann Nepomuk David (1895–1977), Ernst Pepping (1901–1981), Hans Friedrich Micheelsen (1902–1973), Josef Ahrens (* 1904), Hugo Distler (1908–1942), denen sich Eberhard Wenzel (* 1896), Hans Humpert (1901–1943), Günter Raphael (1903–1960) und Helmut Bornefeld (* 1906) anschlossen. Paul Hindemith hat mit seinem letzten Werk, der Messe für gemischten Chor a cappella von 1963, einen späten bedeutenden Beitrag zu dieser Kunst geliefert. Die zweite, stilistisch beweglichere Periode wird durch eine jüngere Komponistengeneration repräsentiert, die sich den Problemen der rapide fortschreitenden weltlichen Musik aufschließt und um des notwendigen Experimentes willen auf den Anspruch klassischer, historisch gestützter Vollendung verzichtet. Auf der Grenze stehen Siegfried Reda (1916 bis 1968), Max Baumann (* 1917), Johannes Driessler (* 1921), Anton Heiller (1923–1979). Helmut Barbe

(* 1927) und Heinz Werner Zimmermann (* 1930) streben entschiedener nach Aktualität. Einige der Jüngeren haben dodekaphonische Anregungen, andere Klangformen und Prinzipien des Orffschen Elementarstils oder des Jazz in den Bezirk der Musica sacra eingeführt.

HUGO DISTLER

Hugo Distler (1908–1942), aus Nürnberg gebürtig, über Kantoren- und Lehrstellungen in Lübeck und Stuttgart zum Domchordirigenten in Berlin aufsteigend, hat die Schaffenskraft seines kurzen, durch freiwilligen Tod beschlossenen Lebens überwiegend der Kirchenmusik gewidmet. Neben seinen geistlichen Hauptwerken, der Choralmesse Opus 3, der Choralpassion Opus 7, der Weihnachtsgeschichte Opus 10 und der zehn Motetten enthaltenden Geistlichen Chormusik Opus 12 steht als weltliches Gegenstück das Mörike-Liederbuch mit 48 Liedsätzen für Männer-, Frauen- und gemischten Chor. Der Reiz der Distlerschen Musik liegt in ihrer reinen, seraphischen Schönheit, in ihrer aus Einfachheit hervorgehenden, auf künstliche Übersteigerungen und Effekte verzichtenden Originalität. Durch ihre geistliche Kraft hat sie der gesamten Kirchenmusikbewegung die stärksten Impulse gegeben und sich, wie nur wenige Schöpfungen der musikalischen Moderne, nachhaltige volkstümliche Geltung verschafft.

Die Choralpassion Opus 7 für fünfstimmigen gemischten Chor und zwei Vorsänger nach den vier Evangelien der Heiligen Schrift, 1932 vollendet, stellte den vierundzwanzigjährigen Komponisten in die erste Reihe der schöpferischen Kirchenmusiker seiner Zeit. Der Name „Choralpassion“ will nicht an die frühe, einstimmig im Choralton gesungene Form der Passion erinnern; er sagt vielmehr, daß der evangelische Choral als bestimmendes Formelement in die musikalische Passionserzählung eingebaut ist. „Der Gedanke einer Darstellung der Passionsgeschichte in zeitgemäßer Gewandung", sagt Hugo Distler, „doch im Geist der alten, durch Schütz zu herrlicher Vollendung geführten A-cappella-Passion, die in der Verwendung der Mittel sich zugunsten einer volkhaften, allgemeinverständlichen, lapidaren, ebenso primitiven wie eindringlichen Sprache befleißigt: dieser Gedanke war es, der die Entstehung der vorliegenden A-cappella-Passion veranlaßte. Der dramatisch geladenen Darstellung des Passionsgeschehens in ihrer unerbittlichen Sachlichkeit und grausigen Kürze stellte ich als notwendig-ergänzenden Ausgleich den Choral gegenüber, und zwar in der Form der Variation. Die in sieben Teilen dargestellte Historie wird umrahmt von den acht Chorvariationen über den Passionschoral ‚Jesu, deine Passion'. Der erzählende Text ist aus allen vier Evangelien ausgewählt: Möglichst plastische, eindringliche Gestaltung bewog zu dieser Art von Darstellung." Damit ist das Wesentliche über das Werk gesagt: die Spannung von Modernität und Vergangenheit, die auch von Bach geübte Kontrastierung von Dramatik und Lyrik, die Gliederung des Berichts in sieben „Kapitel". Der Bericht selbst wird vom Evangelisten, einem Tenor, in ruhiger, übrigens nur wenig kirchentonartlich gefärbter Deklamation vorgetragen; Jesus, Judas, Kaiphas, Pilatus und der Schächer werden von Baßstimmen gesungen. Die Textauswahl der Evangelienharmonie erlaubt dem Komponisten, auf manche traditionellen Elemente wie die Petrus-Episode und das „Eli, eli, lama asabthani" zu verzichten.

Der erste Teil, der Einzug in Jerusalem, ist erfüllt vom Jubel des Volkes, das den König von Israel begrüßt: „Gelobet sei, der da kommt im Namen des

Herrn"; ein zweiteiliger Chor, aus weitgeschwungener, polyphon verflochtener Melodie gebildet, in der Mitte

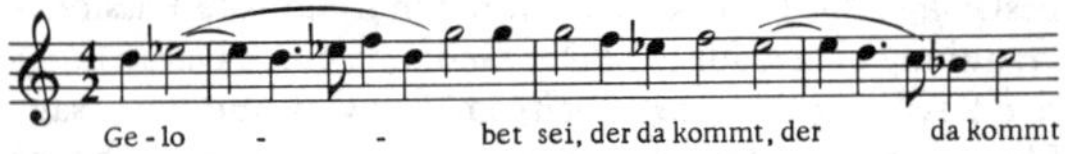

von einer Solostelle des zweiten Soprans wie von einer begeisterten Einzelstimme unterbrochen, von einem Nachsatz in tanzendem Dreivierteltakt beschlossen: „Siehe, ein König vor Israel." Der kurze zweite Teil „Judas und der Pharisäer Rat" enthält nur einen naturalistisch-kunstlosen Chor der ängstlichen Pharisäer: „Ja nicht auf das Fest, daß nicht ein Aufruhr werde im Volk." Mit großer Feierlichkeit ist im dritten Teil das Abendmahl behandelt. Der Chor der Jünger „Wo willst du, daß wir dir bereiten, das Osterlamm zu essen?", der in nur fünfzehn Takten sanft von C-Dur über a-Moll, D-Dur, h-Moll nach E-Dur moduliert, atmet eine mystische Stimmung. Das Melos der Einsetzungsworte Jesu in

äolisch oder dorisch zu deutendem Moll wird bei der Stelle „Trinket alle daraus" eine Stufe höher wiederholt, die Feier schließt in einem leuchtenden H-Dur, dem der Hörer imaginäre Harmonie unterlegen möchte. „Gethsemane", der vierte Teil, ist nur Rezitativ. Der fünfte Teil, die Verhandlung vor Kaiphas, bringt durch den traditionellen Kanon der falschen Zeugen und durch lebhafte Turbachöre starke dramatische Steigerung; von packender Wirkung ist vor allem die Frage des Chores: „Weissage uns, Christe, wer ist es, der dich schlug?", wo der Hohn in einen Tanzrhythmus stilisiert ist und danach in wilde Schreie ausbricht. Noch bewegter ist der sechste und längste Teil des Werkes, die Verhandlung vor Pilatus. Hier steht eine lange Reihe wilderregter Volkschöre, die der Szene stets wachsende Spannung geben. „Er hat das Volk erreget" wird in verschiedenen Rhythmen durcheinandergeschrien. „Wir dürfen niemand töten" ist anschwellendes Murmeln der Menge, „Sei gegrüßet, lieber Judenkönig" wird wieder auf höhnisch-feierliche Tanzthemen gesungen. Den beschwörenden Worten des Pilatus „Sehet, welch ein Mensch" antwortet ein zweimaliger Aufschrei, der von einer einzigen Frauenstimme übertönt wird:

Von eindringlicher Wirkung ist der Chor: „Sein Blut komme über uns und unsere Kinder", dessen unstetes, von eifernden Imitationen durchsetztes Allegro von einer unheimlichen Pianissimo-Stelle wie von einer bösen Ahnung unterbrochen wird. Der letzte Teil ist der Bericht von Golgatha; bei den Worten „Allda kreuzigten sie ihn" schweift der sonst schlicht erzählende Evangelist in ein schmerzliches Melisma aus. Hier erzielt Distler eine seiner stärksten Wirkungen: Der Spottchor „Er hat Gott vertrauet, der erlöse ihn nun" wird notengetreu auf die Musik des Einzugschores „Gelobet sei, der da kommt im Namen des Herrn" gesungen; der Wankelmut des Volkes, das mit der gleichen Melodie den Messias feiert und den Gekreuzigten verhöhnt, kann nicht drastischer geschildert werden. Der vorreformatorische Choral

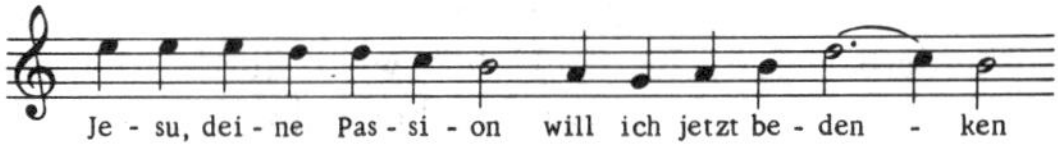

in acht Variationen bearbeitet, gibt dem Werk den Rahmen und die lyrischen Ruhepunkte. Der Einleitungschor, der die Choralmelodie im Sopran führt, ist in schlichtem altem Stile gehalten. Von besonderer Schönheit sind die vierte, auf das Abendmahl fallende Variation, die Männer- und Frauenstimmen in zwei- und dreistimmigen Zeilen einander gegenüberstellt, und die fünfte Variation, die, an die Gefangennahme anschließend, unter dem Cantus firmus des Soprans ein erregtes Spiel polyphoner Stimmen entfesselt. Die sechste Variation spielt mit Echowirkungen, die siebente ist ein schlichter, der Einleitung verwandter Choralsatz; der Schlußchor „Jesu, dir sei ewig Lob" ist ein wohllautendes Schweifen in vielstimmigen Koloraturen, das Sopran und Baß mit Fragmenten der Choralweise umklammern.

Die Weihnachtsgeschichte für vierstimmigen gemischten Kammerchor und vier Vorsänger, 1933 vollendet, entspricht in ihrer Form der Choralpassion. Auch hier wird die Evangelienerzählung, die vom Tenor vorgetragen und von Soliloquenten und Chor dramatisch belebt wird, durch einen motettischen Einleitungs- und Schlußchor umrahmt und von Choralstrophen – es sind sechs Variationen des Liedes „Es ist ein Ros entsprungen" – unterbrochen. Aber die Stimmung des Werkes ist, wie es der Vorwurf verlangt, der der Passion entgegengesetzt; der idyllische, poetisch-liebliche Gehalt der Weihnachtserzählung ist kaum jemals so rein und ungetrübt Klang geworden wie in Distlers Komposition. Als Einleitung dient eine Motette über den Text „Das Volk, so im Finstern wandelt, siehet ein Licht", deren anfängliches a-Moll in die Haupttonart E-Dur hinleitet. Eigentümlich Distlersche Erfindung sind die exaltierten Quartenrufe „Siehet ein Licht, ein großes Licht". Die Stelle „Wunderbar Rat, Kraft, Held" wird durch schwere, rhythmisch ineinander verschränkte halbe Noten hervorgehoben, der „Friedefürst“ wird durch lyrisches Ausschwingen der Stimmen in eine zarte A-Dur-Wendung charakterisiert; „auf daß seine Herrschaft groß werde“ ist der fugierte Schlußteil. Dann stimmt der Chor den Choral „Es ist ein Ros entsprungen“ an, dessen Variationen wie ein melodisches Band die Erzählung durchziehen; die erste Strophe erklingt in schlichter, übrigens vom Satz des Michael Praetorius unabhängiger Harmonisierung, die lichte E-Dur-Tonart bleibt in allen, das Klangbild komplizierenden Variationen bestehen. Hervorzuheben sind die vierte Strophe „Das Blümelein so kleine“, in der die Bässe dem Choralsatz der Oberstimmen einen leisen Wiegenliedrhythmus im Dreiertakt unterlegen, und die fünfte „Die Hirten zu der Stunden machten sich auf die Fahrt“, in der die Melodie von zwei Chören kanonisch im Abstand von einem und einem halben Takt in vollem achtstimmigem Satz gesungen wird. Die Rezitative des Erzählers sind einfach, in begrenztem Tonraum, oft in pentatonischer Melodik gehalten; der Komponist möchte den bukolischen Klang der Weihnachtserzählung auch im Wort des Evangelisten schwingen lassen und ermahnt den Sänger zu freiem, pedantische Schwere vermeidendem Vortrag. Als Soliloquenten erscheinen der Engel (Sopran), Maria (Mezzosopran), Elisabeth (Sopran), Herodes und Simeon (Baß). Von schöner Wirkung ist Marias Lobgesang nach der Verkündigung des Engels, das Magnificat: Maria singt den Hymnus „Meine Seele erhebt Gott, den Herren“ als Solostimme, die der dritten Choralstrophe „Wir bitten dich von Herzen, du edle Königin“ eingefügt ist; die Musikalisierung des Rezitativs durch die einfallenden Chorstimmen ergibt eine große lyrische Steigerung. Der Gesang der Engel ist freudig beschwingte, in ein dreistimmiges, schwebendes Melisma auslaufende Musik; in dem eifrigen Durcheinandersprechen des Chores der Hirten „Lasset uns nun gehen gen Bethlehem“ hebt sich die ruhige, akkordische Vertonung der Worte „und die Geschichte sehen, die da geschehen ist" durch geheimnisvolle, märchenhafte Klangpoesie ab. Die Weisen aus dem Morgenlande fragen erregt, in kanonischen Einsätzen, nach dem neugeborenen König der Juden und singen ihre freudige Erwartung in melodischen Koloraturen aus, die Schriftgelehrten geben ihre Auskunft „Zu Bethlehem im jüdischen Lande" mit Feierlichkeit, die in rasche, erregte Deklamation umschlägt. Der chorische Beschluß ist ein dreiteiliger motettischer Satz. Der erste, ruhige Abschnitt „Also hat Gott die Welt geliebet, daß er seinen eingeborenen Sohn gab" beginnt in dunklem d-Moll und wendet sich in lyrisch gebundener Melodik nach A-Dur und a-Moll. Er wird gefolgt von einem freudigen Allegro „Auf daß alle, die an ihn glauben, nicht verloren gehen, sondern das ewige Leben haben", das mehr ein exaltiertes chorisches Rufen als ein thematisch gebundener Satz ist. Von höchster Schönheit ist das zarte, melodisch auskomponierte „Amen", das den lichten E-Dur-Klang, die Haupttonart des Ganzen, wieder rein zur Geltung bringt und das Werk in heiterer Harmonie beschließt.

ERNST PEPPING

Ernst Pepping, 1901 in Duisburg geboren, 1981 in Berlin gestorben, an der Evangelischen Kirchenmusikschule in Spandau und an der Musikhochschule in Berlin wirkend, ist neben und nach dem frühvollendeten Hugo Distler der bedeutendste Vertreter der neuen evangelischen Kirchenmusik. In seinem Schaffen, das Liederzyklen nach Paul Gerhardt, Goethe und anderen Dichtern, ein Streichquartett und drei Symphonien umfaßt, nehmen Orgel- und Chorwerke eine hervorragende Stelle ein. Zu den geistlichen Kompositionen, dem Spandauer

Chorbuch, den Evangelienmotetten, den Motetten nach Liedern der Böhmischen Brüder, der Deutschen Messe „Kyrie Gott Vater", der Missa „Dona nobis pacem", dem Passionsbericht des Matthäus und der Weihnachtsgeschichte des Lukas treten weltliche Werke, die Zyklen „Das Jahr" und „Der Wagen" nach Josef Weinheber und der Liederkreis „Heut und ewig" nach Goethe. Durch die Stetigkeit seines Schaffens und die Kraft seines persönlichen, auf alte Tradition gestützten Stiles hat Ernst Pepping sich eine feste, unangreifbare Position in der vielgestaltigen, von widerstreitenden Strömungen bewegten Musik unseres Jahrhunderts erworben.

Die deutsche Messe „Kyrie Gott Vater in Ewigkeit", die im Jahre 1938 veröffentlicht wurde, ist ein Beispiel des Peppingschen Frühstils, der stark unter dem Einfluß des melodischen und harmonischen Denkens der Spätrenaissance steht und auf individuelle und neue Klangformen in viel höherem Grade als etwa die gleichzeitigen Werke Hugo Distlers verzichtet; ein zweistimmiger kanonischer Anfang wie dieser könnte auch bei einem Meister von 1600 stehen:

Das sagt aber nichts gegen die Schönheit und die innere, von der Kraft der Persönlichkeit genährte Eigenart der Musik; der lyrische Fluß der Chorsätze, die Ausgewogenheit ihres vier-, fünf- und sechsstimmigen Liniengewebes sind von hoher sakraler Wirkung. Pepping hat den fünf Teilen der Messe altkirchliche liturgische Gesänge zugrunde gelegt, die aber nicht streng als Cantus firmi festgehalten werden, sondern nur als thematische

Elemente anklingen; die Komposition fließt aus der freien Inspiration des Musikers. In dem zitierten Anfang steckt die alte Choralmelodie „Kyrie Gott Vater in Ewigkeit“; „Wir glauben all an einen Gott“ wird am Anfang des Credo vom Baß notengetreu, aber in frei rhythmisierter Form gesungen:

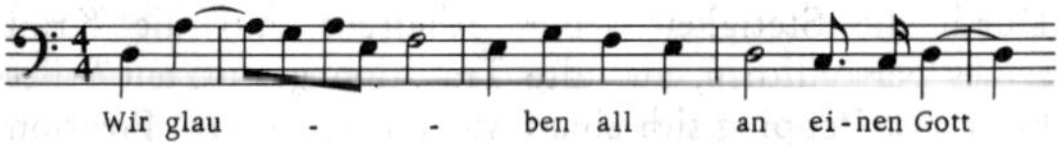

Das dreiteilige Credo, dessen Schlußteil „Wir glauben an den heiligen Geist“ eine erweiterte, reich kolorierte Variante des Anfangsteils ist, ragt durch musikalische Fülle hervor, Sanctus und Agnus, das auf die Melodie „Christe, du Lamm Gottes“ zurückgreift, haben schlichten, idyllischen Klang.

Die drei Evangelienmotetten, die aus dem gleichen Jahre stammen, sind darum bedeutsam, weil sich in ihnen der epische Geist der Peppingschen Musik deutlich ankündigt. Die Form der Chorerzählung, die in der alten Motettenpassion ihr klassisches Vorbild hat, wird wiederaufgenommen; Vorgänge werden vom Chor ohne Einschaltung eines rezitierenden Solisten berichtet, der musikalische Fluß faßt Erzählung, Rede und Gegenrede zur geschlossenen motettischen Form zusammen. „Jesus und Nikodemus“ (Johannes 3, 1–15), die nächtliche Begegnung Jesu mit dem glaubenswilligen, aber zum Glauben nicht fähigen Pharisäer, ist ein Dialog voller dramatischer Kontraste. Die Fragen des Nikodemus sind den Männerstimmen in zwei- und dreistimmigem Satz zugeteilt, die Worte Jesu singt der volle vierstimmige Chor. Die Forderung der geistlichen Neugeburt wird durch das Gleichnis des wehenden Windes musikalisch anschaulich gemacht, die mystische Verkündigung

„Also muß des Menschen Sohn erhöht werden, auf daß alle, die an ihn glauben, nicht verloren werden, sondern das ewige Leben haben“ strahlt einfache und großartige Überzeugungskraft aus. Das „Gleichnis vom Unkraut zwischen dem Weizen“ (Matthäus 13, 24–30), die Erzählung von der List des bösen, die gute Saat verderbenden Feindes und der Langmut des Herrn, der erst am Tag der Ernte Schlechtes und Gutes scheidet, hat bei aller Klarheit gegensätzlicher Charakterisierung mehr lyrischen Klang. Im dritten Stück, dem „Gleichnis von der königlichen Hochzeit“ (Matthäus 22, 1–14), hat der Komponist auf die durchgehende motettische Form verzichtet. Der Liturg als Sprecher verliest die Erzählung, der vier- und sechsstimmige Chor singt nur die Reden des Königs, der von seinen Hochzeitsgästen verachtet wird, darauf das Volk von den Straßen zu Tische lädt, aber den Mann ohne hochzeitliches Kleid in die Finsternis hinauswerfen läßt: vier Sätzchen, zum Teil holzschnittartig streng in kanonischer Zweistimmigkeit; nur der letzte, mit der Lehre „Denn viele sind berufen, aber wenige sind auserwählt“, verdichtet sich zu schöner harmonischer Fülle.

Der Passionsbericht des Matthäus für Chor a cappella, 1950 vollendet, darf als das zentrale Werk des Peppingschen Chorschaffens betrachtet werden. Hier hat sich die herbe, tonale, aber von der romantischen Funktionsharmonik losgelöste Tonsprache des Komponisten zu voller Reife entwickelt, hier werden die archaisch spröde, modal gefärbte Harmonik, die eigenwillige Linearität des Satzes zu Formelementen, die große musikalische Zusammenhänge ausfüllen und ein Chorepos von feierlich sakralem und zugleich erregend ausdrucksgeladenem Klang schaffen. Ernst Pepping hat auf die Form der motettischen Passion zurückgegriffen; der ganze Bericht wird vom Chor ohne Mitwirkung eines

Evangelisten gesungen. Die Erzählung, die in zwölf Episoden zerlegt ist, wird von zwei Rahmenchören eingeschlossen und durch ein in der Mitte eingefügtes Intermedium in zwei Hälften geteilt. Wichtige Momente der Erzählung werden durch meditative Gegenstimmen kontrapunktiert. Achtstimmige Doppelchörigkeit wechselt ab mit vier-, fünf- und sechsstimmigen Partien. Aus alledem ergibt sich ein reiches, bewegtes Klangbild, eine musikalische Dramaturgie, die den Stoff gliedert und dem einfachen Bericht die Tiefe geistiger Perspektiven hinzufügt.

Die Einleitung stellt zwei Chöre einander gegenüber. Der zweite Chor beginnt mit dem Jesajas-Wort: „Fürwahr, er trug unsere Krankheit und lud auf sich unsere Schmerzen." Die ersten Takte, die je zwei in Quinten und Quarten gekoppelte Stimmen durch chromatische Rückungen gegeneinanderführen, sind bezeichnend für Peppings Kunst, aus melodischen Vorgängen harmonische Ergebnisse zu schaffen:

Trotz Verwendung ferner, dissonant geschärfter Klänge verharrt der Satz im d-Moll-Raum; durch ein Crescendo akzentuiert, erscheint bei den Worten „von Gott geschlagen" der g-Moll-Dreiklang. Die Schlußkadenz „auf daß wir Frieden hätten" und „durch seine Wunden sind wir geheilt" führt zweimal über den neapolitanischen Sextakkord von g-Moll in die Dominante D-Dur, aber diese Dominante wirkt durch die Logik des harmonischen Ganzen als Tonika. Nach einer Generalpause beginnt der erste Chor, leise auf dem Ton D psalmodierend: „Höre die Passion unseres Herrn Jesu Christi, geboren, gelitten, gestorben für dich.“ Auf die Silbe „dich“ fällt der erste Chor mit schmerzlicher Dissonanz wieder ein „Fürwahr, er trug unsere Krankheit“ und wiederholt den ganzen ersten Teil, so daß sich eine dreiteilige Form ergibt. Der erste Chor nennt als Coda mit einem Unisonothema, das wie eine verschnörkelte Initiale wirkt, den Namen des Autors:

Der Passionsbericht beginnt mit einem kurzen, düsteren Vorspiel, dem Verrat des Judas, der vom ersten Chor in einem naturalistisch charakterisierten, nur achtzehn Takte langen Satz erzählt wird. Der Name des Verräters wird durch zwei Moll-Akkorde auf d und ges bedeutungsvoll hervorgehoben, wie ein Empordrängen satanischer Kräfte wirkt die stakkatierte, crescendo und accellerando gesungene Skala des Soprans:

Der zweite Abschnitt, das Abendmahl, ist ein breit ausgeführtes, zweichöriges Tongemälde. Die Erzählung wird dem ersten Chor zugeteilt. Die Frage der Jünger nach dem Ort des Passahmahles, die Bereitung des Osterlammes gehen in sachlicher Deklamation vorüber. Bei den Worten „Und am Abend setzte er sich zu Tische“, beim Beginn der Feier, hebt breites lyrisches Melos an. Die Bezeichnung des Verräters ist in Rede und Frage dramatisch auskomponiert. Dann setzt der zweite Chor mit der Darstellung der Abendmahlshandlung ein, die

Paulus im ersten Korintherbrief gegeben hat und die schon den dogmatischen Sinn der Handlung bezeichnet: „Unser Herr Jesus in der Nacht, da er verraten ward, nahm das Brot, dankte und brachs und sprach: Nehmet, esset, das ist mein Leib, der für euch gebrochen wird; solches tut zu meinem Gedächtnis." Der erste Chor führt währenddessen den Text des Matthäus fort. Der Satz breitet sich zum zehnstimmigen Liniengewebe aus, das bei der Prophezeiung „Ich sage euch: ich werde von nun an nicht mehr von diesem Gewächs des Weinstocks trinken bis an den Tag, da ichs neu trinken werde mit euch in meines Vaters Reich" zu massiver akkordischer Steigerung komprimiert wird und danach in eine Coda in hymnisch bewegtem Dreivierteltakt ausklingt. Das Kapitel „Jesus und Petrus" ist erzählende Musik. Der erste Chor berichtet in fünfstimmigem, oft syllabisch-homophonem Satz, wie Christus auf dem Wege zum Ölberg seinen Jüngern voraussagt, daß sie sich an ihm ärgern werden, und wie Petrus leidenschaftlich widerspricht. Von beklemmender Wirkung ist der Schluß, wenn der zweite Chor in tiefer Lage und dreifachem Piano die Worte „Ehe der Hahn krähen wird, wirst du mich dreimal verleugnen" wie ein dumpfes Echo wiederholt. Gethsemane, der vierte Abschnitt, ist mit gebührender Breite behandelt. Der Erzählung des ersten Chores legt der zweite ein motettisches Stimmengewebe unter, welches die Worte des Herrn vorwegnimmt:

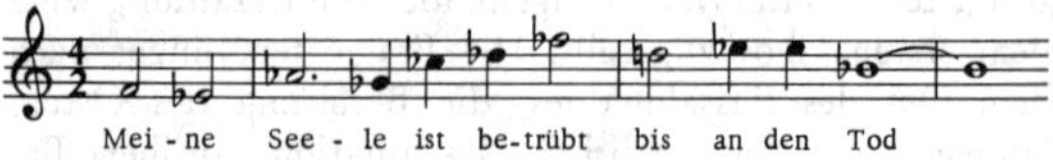

Das zweimalige Gebet „Mein Vater, ist's möglich, so gehe dieser Kelch von mir" ist von heftigen expressiven Spannungen erfüllt; beide Male sinkt es in akkordische Ruhe der Ergebung zurück (Zitat auf S. 521):

Die Gespräche mit den Jüngern sind dramatisch bewegt, dem mächtigen akkordischen Anruf „Wachet und betet" steht der zerrissene, von dissonanten Intervallschritten durchzogene Satz der Stelle „das Fleisch ist schwach" gegenüber. Als Jesus die Jünger zum dritten Male weckt, ist die Stunde der Passion angebrochen; ein Tritonussprung des Soprans akzentuiert die in grellem Fortissimo hervorgestoßenen Worte: „Siehe, er ist da, der mich verrät." Die Gefangennahme, der fünfte Abschnitt, ist mit allen Mitteln chorischer Charakteristik als dramatischer Abschluß der ersten Hälfte der Passionserzählung gestaltet. Scharfkantige Themen zeichnen den Verräter, spitze, stakkatierte Quintenfolgen versinnbildlichen die Schwerter und Stangen der Kriegsknechte, der Gruß des Judas ist durch eine raffinierte, Brutalität und schleichende Falschheit in sich fassende Formel dargestellt:

Am Ende symbolisiert eine durch anderthalb Oktaven abwärtseilende Tonleiter die Flucht der Jünger, die ihren Herrn im Stich lassen. Die ganze Szene ist bildhaft wie ein altes Gemälde, das mit krassen und düsteren Farben das Geschehen der Passionsnacht malt.

Mit einem Aufschrei „Herr, bleibe bei uns“ setzt nach kurzer Generalpause das Intermedium ein, das lyrische Kernstück des Werkes. Die Worte der Jünger in Emmaus werden vorwegnehmend in dem Augenblick zitiert, in dem Jesus der irdischen Gewalt verfällt und den Seinen entrissen wird; das Stück ist eine Klage der Verlassenheit, der eine tröstende Antwort zuteil wird. Die zwielichtige Stimmung der Textzeile „Es will Abend werden“ wird durch die harmonische Tritonusbeziehung von cis-Moll und G-Dur auf wunderbar zwingende Weise ausgedrückt, den mystisch klingenden Tonsatz durchzieht eine kantable Tonfolge als thematisches Band:

Die Bitte „Hilf uns, wir verderben“ beschwört musikalische Symbole der satanischen, durch Judas verkörperten Region. Ihr antwortet, nach langer Generalpause, „flüsternd, wie von ferne“ die Stimme des Herrn: „Siehe, ich bin bei euch alle Tage bis an der Welt Ende“, dargestellt durch fünffach geteilte Frauenstimmen, zu denen sich nach acht Takten Tenöre und Bässe gesellen; eine Klangvision, die, durch Pausen des Schweigens aus dem musikalischen Ablauf herausgehoben, das Wunder einer Stimme vom Himmel glaubhaft macht. Die Getrösteten antworten mit einem frohbewegten, koloraturenreichen Sätzchen, das unmittelbar in den zweiten Teil der Passion überleitet.

Mit einem scharf rhythmisierten Rezitativ der Männerstimmen setzt die folgende Szene ein, das Verhör Jesu vor dem Hohen Rat. Die Frauenstimmen werden erst an der Aussage der falschen Zeugen beteiligt: „Er hat gesagt, ich kann den Tempel Gottes abbrechen und in drei Tagen ihn bauen." Die Worte klingen in seltsam verzerrter Stakkato-Thematik in den Alt- und Baßstimmen nach, als flüsterten die empörten Hörer sie sich gegenseitig zu. Das Schweigen Jesu auf die Frage des Hohenpriesters wird durch ruhende Harmonien symbolisiert. Seine Aussage, „daß ihr sehen werdet des Menschen Sohn sitzen zur Rechten der Kraft und kommen in den Wolken des Himmels", macht Jesus in feierlich homophonem, sechsstimmigem Satz, der sich zu hymnischer Größe steigert. Der Hohepriester fragt den Rat um seine Meinung: Mit packendem Realismus ist die Situation, die Spannung vor dem Urteilsspruch, gezeichnet, wenn in das Schweigen hinein wieder einige Stimmen die ungeheuerlichen Worte des Angeklagten gleichsam kopfschüttelnd und höhnisch wiederholen. Dann erklingt im Fortissimo des Chores der Urteilsspruch: „Er ist des Todes schuldig." In wildem Ausbruch des Hasses stürzt sich die Menge auf den Verurteilten, in schneidender Dissonanz gellt die Frage: „Wer ists, der dich schlug?" Der zweite Chor, der hier erst einsetzt, stellt dem Toben die ruhigen Worte entgegen: „Jesus schwieg still." Mit ein paar stammelnden, nachhallenden Worten bricht der wilde Chor ab, als triumphiere die schweigende Hoheit des Heilands über den Haß der Verfolger. Die nächsten Episoden, Petri Verleugnung und der Tod des Judas, sind erzählende, deskriptive Musik, voll von charakterisierenden Nuancen und makabrer Tonmalerei. Das Gericht des Pilatus wird mit großen dramatischen Akzenten in einem Baß-Rezitativ dargestellt, das der zweite Chor mit einem leise nachhallenden motettischen Satz über die Worte „Jesus antwortete ihm nicht" begleitet. Das folgende Bild, Jesus vor dem Volk, ist eine wildbewegte Chorszene, in der Erzählung, Rede und Volksgeschrei abwechseln. Die Stimmen der Hohenpriester, die das Volk aufhetzen, sind ein groteskes Intermezzo des Männerchors. Der Ruf nach Barrabas erklingt in peitschenden Rhythmen und schwingt aus in ein melodisch stilisiertes Geheul, die Worte „Laßt ihn kreuzigen“ sind in weit klaffende Intervalle zerdehnt:

Verhaltener, im Tone ruhigen chorischen Rezitierens ist der folgende Abschnitt, „Jesus und die Kriegsknechte“, angelegt; aber auch hier sind der höhnische Gruß an den Judenkönig, das Anspeien und Schlagen mit deutlichen musikalischen Symbolen gestaltet. „Golgatha“, der letzte Abschnitt, ist der musikalische Höhepunkt des Werkes. Den Bericht der Kreuzigung hat der Komponist über allen Naturalismus hinaus in eine lyrisch-musikalische Sphäre gehoben, indem er die Erzählung des ersten Chores mit einer Fuge des zweiten Chores über die Worte „Crucifixus etiam pro nobis“ kontrapunktiert; Bericht, Meditation, liturgische Deutung und Erhöhung sind eins, das mit markanten Quinten- und Quartenschritten beginnende Thema der fugierten Motette zieht sich, in seiner Grundgestalt und in der Umkehrung, wie ein Band durch den ganzen Satz:

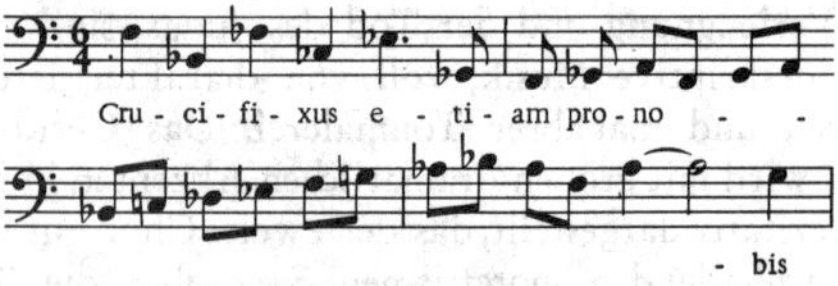

Mit dem Verscheiden Jesu endet der Bericht. Der Schlußchor beginnt stockend und leise, aber schnell zum lauten Aufschrei anschwellend, mit der Bitte: „Herr Christe, erbarme dich unser, der du für uns gelitten, gekreuzigt wurdest.“ Auf den emotionellen, ins Pianissimo zurücksinkenden Ausbruch folgen als Nachwort die ersten Verse des Johannes-Evangeliums „Im Anfang war das Wort“ als gebundener, doppelchöriger Satz in der Anfangstonart des Werkes d-Moll.

JOHANN NEPOMUK DAVID

Johann Nepomuk David (1895–1977) steht der Welt der frühen Polyphonie nahe und hat ihre Formen mit den Mitteln seiner Zeit, zuweilen an und über die Grenzen der Tonalität vordringend, erneuert. Aus seinem umfangreichen Chorschaffen sind vor allem die sechs vier- bis sechsstimmigen „Evangelienmotetten“ von 1958 bedeutsam. 1956 entstanden die „Deutsche Messe“, Opus 42, und die „Missa choralis de angelis“, Opus 43, die eine auf protestantische Choralweisen, die andere auf gregorianische Themen Bezug nehmend; beide mit reifer kontrapunktischer Meisterschaft in meist kanonisch gebundenem, auf harmonische Komplizierung verzichtendem Satz komponiert.

Davids geistliches Hauptwerk ist das in demselben Jahre 1956 entstandene Requiem chorale, Opus 48, für vier Solostimmen, Chor und Orchester, ein einstündiges Werk, welches die Transparenz des polyphonen Chorsatzes mit den pittoresken Wirkungen des modernen Orchesterklangs vereinigt und für die Todesmystik des alten Gedichts neue, unverbrauchte Formulierungen findet. Das Werk besteht aus acht Sätzen: „Requiem“, „Tractus“ („Absolve Domine“), „Sequenz“ („Dies irae“), „Offertorium“ („Domine Jesu Christe“), „Sanctus“, „Agnus Dei“, „Lux aeterna“ und „Libera“, unter denen das „Dies irae“ durch Umfang und musikalischen Bilderreichtum hervorragt. Die Ecksätze sowie das „Dies irae“ fixieren die D-Tonalität, die auch in den übrigen Teilen immer wieder durchklingt. Die Chorstimmen sind durch kanonische Führung fest ineinander verschränkt, ihre Selbständigkeit zeitigt Härten, die ebenso von der Anlehnung an spröde modale Klangformen wie von der Freiheit und Komplizierung des gegenwärtigen Harmoniegefühls eingegeben sind. Der asketischen Schlichtheit des vierstimmigen, auf die Gregorianik gegründeten Chorsatzes steht die Phantastik einer farbigen, durch Schlagzeug, Glocken, Xylophon, Vibraphon bereicherten Orchesterpalette gegenüber; archaische und moderne Elemente mischen sich zu faszinierend eigenartigem Gesamtklang.

Aus lastendem Grabesdunkel klingt der erste Satz auf. Unter dem tremolierenden Grundton D der Bratschen wiederholen Bässe und Pauken 54 Takte hindurch unentwegt den Sekundschritt D–C, als läuteten dumpfe Totenglocken, während der Chor, zuerst unisono, dann Frauen- und Männerstimmen im Kanon der Unterquarte einander folgend, die Bitte um ewige Ruhe intoniert. Das „Te decet hymnus", von einem Knabenchor und Solostimmen gesungen, bildet ein lichtes Intermezzo, worauf die Requiem-Intonation des Chores, zweistimmig im Kanon der Unterquinte, wiederkehrt. Das „Kyrie" ist eine mit den Künsten der Engführung und der Vergrößerung ausgestattete Chorfuge über das Thema,

deren freizügiger Satz noch durch harmonisch kontrastierende Kontrapunkte des Orchesters kompliziert wird. An den Tractus „Absolve Domine", einen in lyrischen Melismen ausgesponnenen Gesang des Solotenors, schließt sich unmittelbar an das „Dies irae", das auf herkömmliche Tonmalerei verzichtet und die Bilderfülle des Gedichts in eine thematisch gebundene Chorkantate zusammenfaßt, deren musikalische Dynamik der poetischen Vehemenz des Textes die Waage hält. Der Chor beginnt mit der liturgischen Formel „Dies irae, dies illa", der das Orchester ein auf- und absteigendes, zehnmal wiederholtes Ostinato-Motiv unterlegt, welches, im weiteren Verlauf wiederkehrend, zum inneren Band des Satzes wird.

Die Posaune des Jüngsten Gerichts ertönt in zweistimmigem Kanon und klingt aus in einen mystischen, aus sieben aufeinandergeschichteten Quinten gebildeten Bläserakkord B–F–C–G–D–A–E; der Chor singt ängstlich flüsternd in abgerissenen Motiven. Die Vision der Auferstehung („Mors stupebit et natura") wird durch Glockenklang und wilde Sechzehntel-Passagen der Violinen ausgemalt. Die Episode gipfelt in einem Aufschrei des Chores, einem zehntönigen, aus dem Zusammenklang des d-Moll-, Es-Dur-, f-Moll- und Ges-Dur-Dreiklangs resultierendem Akkord, einer Säule von elf übereinander gelagerten Terzen.

Mit den Worten „Liber scriptus proferetur" beginnt eine längere solistische Partie, nur einmal durch das chorische „Rex tremendae majestatis" machtvoll unterbrochen. „Recordare" ist als Soloquartett ausgeführt; mit dem Bekenntnis „Ingemisco tamquam reus" tritt der Chor leise psalmodierend dazu und übernimmt bei „Qui Mariam absolvisti" mit dem Dies-irae-Thema die Führung. Hier beginnt eine Art von freier, stark zusammengedrängter Reprise des bisherigen Verlaufs, die zu dem Klanghöhepunkt „Voca me cum benedictis" führt. Das „Lacrymosa", ein vollstimmiger Chorsatz, bildet die Coda des Satzes, der mit dem gleichsam zerbröckelnden, von Pausen zerrissenen Orchester-Ostinato des Anfangs gespenstisch-unheimlich verklingt.

Es folgen drei kürzere Sätze: Das Offertorium „Domine Jesu Christe", welches durch homophone Rollfiguren des Chores charakterisiert ist, das auf langen Orgelpunkten ruhende „Sanctus“, welches Frauen- und Männerstimmen anfangs alternieren läßt, dann zur Vierstimmigkeit zusammenführt, und das „Agnus Dei“, welches das Gesangsthema mit einer Oboen-Melodie kontrapunktiert und mit sordinierten Streicherpassagen umspielt. Das kontrastreiche, aus bewegten und still-kontemplativen Episoden bestehende „Lux aeterna“, dessen zarter Dur-Schluß wie ein Strahl ewigen Lichtes in das Todesdunkel fällt, leitet zum zweiten Schwerpunkt des Werkes, der Bitte „Libera me Domine de morte aeterna“, die nicht als ruhiges Vertrauen auf göttliche Gnade gedeutet wird, sondern als Ausbruch der Angst vor den Schrecken des Jüngsten Tages. Der Satz, der auf früheres thematisches Material, auf den Sekundschritt des „Requiem“, auf das Orchester-Ostinato des „Dies irae“ zurückgreift, steigert sich zu einem schaurigen, Chorstimmen und schlagzeuggesättigten Orchesterklang mischenden Gemälde des Weltuntergangs. Damit offenbart das Werk seine verborgene Aktualität, seine Beziehung auf die kaum vergangenen Schrecken des Krieges und die verhüllten Drohungen der Zukunft; auf der Grenze von Kirche und Konzertsaal stehend, birgt es in der liturgischen, archaisch gehärteten Form die Ängste und Ahnungen einer erschütterten Gegenwart.

Im Jahre 1957 entstand (eine frühere Vertonung des Textes war im Kriege verlorengegangen, ist aber wieder aufgefunden) das Oratorium Ezzolied, Opus 51, für zwei Soprane, Baß, Chor, Orchester und Orgel. Die von Karl Wolfskehl übertragene altdeutsche Dichtung des Bamberger Priesters Ezzo verbindet die Schöpfungsgeschichte mit der Passion Christi; die Stilmittel der Musik reichen von herb-linearer Polyphonie bis zu Chromatik und Polytonalität, Passacaglia und Fuge stehen neben jazzartigen Klängen – ein visionäres Tonbild von dramatischer Wirkungsgewalt.

Der Chor im modernen Konzert

LEOŠ JANÁČEK

Leoš Janáček (1854–1928) hat seine Festliche (Glagolitische) Messe (Glagolsky mše) für Chor, vier Solostimmen, Orgel und Orchester im Jahre 1926, zwei Jahre vor seinem Tode, komponiert, nicht zu liturgischem Gebrauch, sondern als Ausdruck eines freien, undogmatischen Gottesglaubens. Er hat den Messetext in tschechischer Sprache vertont und jeden Anklang an die kirchenmusikalische Tradition, jeden Rückgriff auf Polyphonie und Fugentechnik vermieden; auf der unkonventionellen Neuheit und Frische seiner Tonsprache beruht die Wirkung des etwa dreiviertelstündigen Werkes. Die Gliederung der Partitur entspricht dem Gang der Messehandlung, aber der Komponist umschließt die Vokalsätze mit einleitenden und ausklingenden Instrumentalstücken, wie denn überhaupt das Orchester gegenüber dem Chor oft beherrschend hervortritt. Thematisch bedient sich Janáček meist kurzer, wortverbundener Motive; Harmonien werden unter Verzicht auf funktionelle Entwicklung als ruhende Klangflächen nebeneinandergestellt, woraus sich impressionistische Wirkungen ergeben; das instrumentale Kolorit ist von bewundernswerter Leuchtkraft und Eigenart. Der naturhafte Klang, die Kraft des unmittelbaren Gefühlsausdrucks, die Janáčeks dramatische Werke auszeichnen, sind auch für die Messe charakteristisch.

Auf eine orchestrale Einleitung, deren von Hörnern und Trompeten intonierte Quintenmotive an Bruckner denken lassen, folgt die Anrufung des Herrn, ein wesentlich ruhiger, die Tonalitäten As und E verschränkender Chorsatz, der aus einem eintaktigen Motivkeim entwickelt ist.

Der zweite Satz, „Ehre sei Gott in der Höhe", beginnt mit einem Sopransolo, das durch ein ätherisches Klangspiel von Klarinette und Oboe, Glocken, Harfe und hohen Streichinstrumenten begleitet wird, und entwickelt sich erst allmählich zu dem in älteren Gloria-Vertonungen üblichen Maestoso. Dieses wird nach langer Steigerung erreicht bei dem von gehämmerten Quarten der Pauke eingeleiteten Tenorsolo „Der du zur Rechten Gottes sitzest", zu dem der Chor steigernd hinzutritt. Nach der Wiederkehr der ätherischen, nun voller instrumentierten Anfangsmusik („Du einzig Höchster") schließt das „Amen" als kraftvolles, vom Plenum der Orgel gestütztes Allegro in E-Dur ab. Das Credo wird von den Streichbässen mit einer hart geprägten thematischen Formel eröffnet, die der Chor mit den Worten „Ich glaube an einen Gott den Vater" übernimmt und die im Fortgang des Satzes leitmotivisch wiederkehrt.

Der menschlichen Geburt des Heilands folgt ein längeres Orchesterzwischenspiel, das sich aus zarten, ineinander verschlungenen Kantilenen von Flöte und Klarinette, Violoncello und Viola entwickelt; der Kreuzestod wird nur von schmerzlichen chromatischen Akkordrückungen der Orgel begleitet, die Auferstehung durch ein majestätisches Bläsersignal angezeigt; das Bekenntnis des Chores zur katholisch-apostolischen Kirche, das vom Solotenor unterstützt wird, führt zu einem ekstatischen, wogende Klangmassen türmenden Satzschluß. Sanctus und Benedictus sind zu einem vielfältig gegliederten Satz zusammengezogen, der sich von ruhigem Beginn zum lebhaften „Osanna"-Chor steigert und den Gruß „Hochgelobt sei, der da kommt im Namen des Herrn" dem Quartett der Solostimmen zuteilt. Von äußerster Einfachheit, dabei von ergreifender Schönheit und Ausdruckskraft ist das Agnus Dei: Ein Ritornell, aus ruhenden Dreiklängen der Streichbässe und Posaunen und aus einer gebundenen Achtelfigur der Violinen und der Flöte gebildet, wechselt mit dem akkordischen Chorsatz ab; der expressiv bewegte Mittelteil „O du Lamm Gottes, das hinwegnimmt die Sünden" gehört den Solisten. Zwei Instrumentalstücke, ein Orgelsolo über ein Ostinato-Thema und ein „Intrada" überschriebener Orchestersatz, bilden den Ausklang.

ARNOLD SCHÖNBERG

Arnold Schönbergs (1874–1951) Oratorium Die Jakobsleiter ist in den Kriegsjahren 1915 bis 1918 entstanden, in einer Zeit, die für den Komponisten eine Periode des Suchens ebensosehr nach neuen Glaubensinhalten wie nach neuen musikalischen Ausdrucksmitteln und Gesetzen war. Es ist durch die zu anderen Zielen führende Entwicklung Schönbergs begründet, daß die Skizze des Werkes, das ursprünglich für eine utopische Besetzung von zehn- bis zwanzigfachen Bläsern, 170 Streichern und 720 Chorsängern geplant war, unausgeführt liegenblieb. Im Jahre 1955 hat Winfried Zillig das nachgelassene Particell ausgearbeitet; ein Bruchstück wurde 1958 in Hamburg, das ganze Werk 1961 in Wien uraufgeführt. Als Besetzung sind acht Solisten (drei Tenöre, drei Baritone, ein Mezzosopran, ein hoher Sopran), ein starker, fünffach geteilter gemischter Chor und großes Orchester erforderlich.

Das Werk gibt Aufschluß über eine krisenhafte Lebensperiode des Komponisten, über die Jahre des Schweigens, die der Stabilisierung der dodekaphonischen Technik vorausgingen; es zeugt vom Ringen um religiöse Rechtfertigung menschlicher Existenz, von einem Glaubenskampf außerhalb des Bereichs kirchlicher Dogmen und Konfessionen. Die Dichtung, die Schönberg nach Strindbergschen und Swedenborgschen Anregungen selbst verfaßt hat, deutet das alttestamentliche Traumsymbol der Jakobsleiter als Stufenfolge menschlicher, sich dem Göttlichen annähernder Entwicklungszustände, über welche der Engel Gabriel als Richter gesetzt ist; ein Berufener, ein Aufrührerischer, ein Ringender, ein Auserwählter, ein Mönch geben Rechenschaft über ihren Erdenweg, ein Sterbender naht sich dem Licht, um zu neuem Leben in das Erdendunkel zurückzukehren. „Kehrst du wieder", so sagt ihm der Engel, „so lasse die Klage hinter dir. Wenn du nicht mehr klagst, bist du nah, dann ist dein Ich gelöscht." Die leidenschaftlich expressive Tonsprache verzichtet auf tonale Bindung. Die Melodik ist durch die Spannungen weiter Intervallschritte charakterisiert; große Teile der Chöre und der Solostücke sind in fixiertem Rhythmus und angedeuteter Tonhöhe zu sprechen. In dem ekstatischen Schlußteil treten zum Chor und Hauptorchester vier besondere, in der Höhe und in der Ferne aufgestellte Sänger- und Instrumentengruppen hinzu.

Die Einleitung beginnt mit einem sechstönigen Ostinato-Baß der Violoncelli, über dem als Oberstimmen die sechs übrigen Töne der chromatischen Skala erklingen; das Zwölftonprinzip deutet sich an. Die starre Formel ist Ausdruck des Gebotes, welches der Engel Gabriel als Motto an den Anfang stellt: „Ob rechts, ob links, vorwärts oder rückwärts, bergauf oder bergab – man hat weiterzugehen, ohne zu fragen, was vor oder hinter einem liegt. Es soll verborgen sein, ihr durftet, mußtet es vergessen, um die Aufgabe zu erfüllen." Unmittelbar nach diesen von der Baritonstimme gesprochenen Worten

Gabriels setzt der Chor ein. Er ist in zwei meist sechsstimmige Gruppen geteilt; die Stimmen sind melodisch und rhythmisch exakt notiert, sollen aber gesprochen werden; es ergibt sich eine komplizierte, in scharfe Ausdrucksgegensätze zerklüftete Sprechchor-Polyphonie, die durch den Orchesterklang gestützt wird. Der Inhalt ist Klage über das Leid des unverstandenen Lebens, über seine Last, seine Schmerzen, über die Qual der Begierden, die Trostlosigkeit der Einsamkeit. Dann hellt sich die Stimmung auf: „Ein Kind kam zur Welt, ein Weib küßt, ein Mann jauchzt“ – hier, im 70. Takt, wird die Sprache zu Gesang, der in mächtigen Melodiebögen aufschwillt, aber sogleich wieder zu trockener Sprache erstarrt: „Und sinkt zurück, und ächzt weiter, und stirbt, wird begraben, vergessen.“ Nun teilt sich der Chor dreifach in die hohen

Stimmen der Jubelnden (Sopran und Tenor), die mittleren der Zweifelnden (Mezzosopran und Bariton) und die tiefen der Unzufriedenen (Alt und Baß); noch einmal

erklingt Gesang. Als Beispiel der expressiven Chorpolyphonie mag das vom Zweifel kontrapunktierte Lob der Liebe gelten (Zitat S. 528). Als weitere Chorgruppen treten die „Gleichgültigen“ und die „Sanftergebenen“ hinzu; ihr banal-einschläfernder, von Summstimmen getragener Gesang endet pianissimo in trägem Unisono: „O wie schön lebt sichs doch im Dreck.“

Nacheinander treten einzelne vor den Engel, der sie belehrt und richtet. Nur der Sterbende (von einer Frauenstimme gesprochen) ist dem Lichte nah, aber seine befreite Seele wird aus der Läuterung des Todes in das Dunkel der Welt zurückgesandt. Die Lichtvision des Jenseits bildet den Schluß des Oratoriums. Die ruhig auf- und abschwebende Sopranmelodie der Seele verbindet sich mit der Stimme des Engels zu ekstatischem Duettieren, das von leisem Chorgesang und ätherischem Orchesterklang begleitet wird; Fernmusik mischt sich ein und entfaltet sich in einem langen Zwischenspiel zu himmlischem Konzert. Die Melodie der Seele, durch kanonische Echowirkungen zur Zweistimmigkeit verdoppelt – ein Effekt, der die Möglichkeiten moderner Tonbandtechnik ahnungsvoll vorwegnimmt – hat, in weiten Intervallen in der Höhe verschwebend, das letzte Wort.

FRANZ SCHMIDT

Der Österreicher Franz Schmidt (1874–1939), als vielseitiger Komponist auf den Gebieten der Oper, der Symphonie, der Kammer- und Orgelmusik tätig, hat während derselben Zeit, in welcher die „zweite Wiener Schule“ Schönbergs, Bergs und Weberns den radikalen Fortschritt vertrat, eine mehr konservative Kompositionsweise gepflegt und in ihr Werke von Gewicht und Bedeutung geschaffen.

Das Oratorium Das Buch mit sieben Siegeln, das in den Jahren 1935 und 1936 entstandene, 1938 in Wien uraufgeführte Spätwerk des Komponisten, zählt zu den gültigen Leistungen der religiösen Musik unseres Jahrhunderts. Die persönlich geprägte Tonsprache, die sich von spätromantischer Klangsinnlichkeit ebenso fernhält wie von neobarocker Askese, genügt den strengen Forderungen des sakralen Stils; die Phantasie des Komponisten, die sich in dramatisch erregten Tonbildern und in großartigen Fugengebäuden bezeugt, vermag die Visionen der Apokalypse zu beschwören.

Dem Oratorium liegt als Text der deutsche Wortlaut der Offenbarung des Johannes zugrunde, den der Komponist durch geringe Zusätze seiner musikalischen Darstellung angepaßt und im zweiten Teil durch Auslassungen auf die Haupthandlung, die Öffnung der sieben Siegel, hin konzentriert hat. So ergibt sich aus der Mischung von mystischer Schau und fast realistischer Gegenwärtigkeit der Schreckensbilder ein Abriß der Menschheitsgeschichte, die durch Sünde, Krieg und Tod zum Gericht und zur endlichen Läuterung führt. Johannes tritt als Erzähler auf; seine teils rezitativische, teils in gebundene musikalische Form gefaßte Tenorpartie entspricht dem barocken Evangelisten. Die Stimmen Gottes, der Engel und der Menschen sind einem Soloquartett und dem Chor zugeteilt, den Instrumentalpart bestreiten das stark besetzte Orchester und die solistisch hervortretende Orgel.

Der erste, prologartige Teil des Oratoriums enthält die Beschreibung des versiegelten Buches in der Hand Gottes und die Erscheinung des Lammes, welches beauftragt wird, die Siegel zu lösen. Die Grußworte des Johannes werden von einer zeremoniellen akkordischen Viertelbewegung getragen. Nach dreimaligem orchestralem Präludieren erklingt als Baßsolo die Stimme des Herrn, der den Jünger beruft, um ihm zu zeigen, „was nachher geschehen muß". Mit einem langgehaltenen Tremolo der Violinen auf dem hohen H, dem Nachhall eines Dominantnonenakkordes von D-Dur, setzt die Vision ein: Der Himmel öffnet sich und zeigt den thronenden Gott; die vier „Wesen", Löwe, Stier, Mensch und Adler, singen sein Lob, in welches die vierundzwanzig „Ältesten" einstimmen – ein Soloquartett mit Chor, welches ein einfaches gesangliches Thema fugenhaft verarbeitet.

Johannes berichtet: „Und ich sah in der rechten Hand des, der auf dem Throne saß, ein Buch, beschrieben inwendig und auswendig und versiegelt mit sieben Siegeln." Dazu erklingt im Orchester das zwölftönige Thema des Buches, welches in einem polyphonen, harmonisch freizügigen Satz durchgeführt wird.

Dreimal fragen die Engel, wer würdig sei, das Buch zu lesen, aber die Antwort ist Schweigen; die Umkehrung des Buchthemas verklingt in der äußersten Baßtiefe. In die Stille tönt ein ätherisch zarter G-Dur-Dreiklang, und es folgt eine der schönsten Episoden des Werkes, die Erscheinung des Lammes: ein melodisch fließender Streichersatz von Schubertscher Reinheit, der von choralartigen Choreinwürfen unterbrochen wird. Das Lamm nimmt das Buch aus der Hand Gottes; die Engel singen sein Lob in einem Chorsatz, in welchem ein majestätischer, vom Orgelklang getragener Hymnus mit einem tänzerischen, orchesterbegleiteten Refrain abwechselt.

Ein Zwischenspiel der Orgel über das Thema des Buches leitet den zweiten, umfangreichsten Teil des Oratoriums ein; er enthält die Öffnung von sechs Siegeln und behandelt in einer Reihe großartiger Chorsätze die fortschreitende Versündigung und Verderbnis der Welt. Der weiße Reiter, der König der Gerechtigkeit, zieht daher mit einer Marschmusik, die das Thema des Lammes ins Heroische abwandelt. Mit dem Erscheinen des roten Reiters, der den Krieg bringt, verfärbt sich die Harmonie zu trüber Chromatik, die Rhythmen jagen in fiebernder Unrast, die wilden Rufe mordender Soldaten mischen sich mit flehenden Frauenstimmen. Dem schwarzen Reiter folgt die Not, ein Bild trostloser Verzweiflung, ein klagender Zwiegesang von Sopran und Alt über einem unbarmherzig pochenden Ostinato-Rhythmus: ein Kind bittet die Mutter vergeblich um Brot. Der fahle Reiter, der Tod, wird durch spitze Orchester-Staccati als klapperndes Knochengerippe geschildert. Die Seelen der Märtyrer bitten Gott, ihr Blut zu rächen: ein fugierter Chor in lebhaftem Sechsachteltakt, den Orgel und tiefe Orchesterinstrumente im Einklang mit einer drängenden Sechzehntelbewegung begleiten. Das Erdbeben, welches die Welt vernichtet, wird naturalistisch durch den Wechsel angstvoller Chorrufe und wilder Orchesterausbrüche dargestellt; aus den Tonmalereien löst sich eine Chorfuge

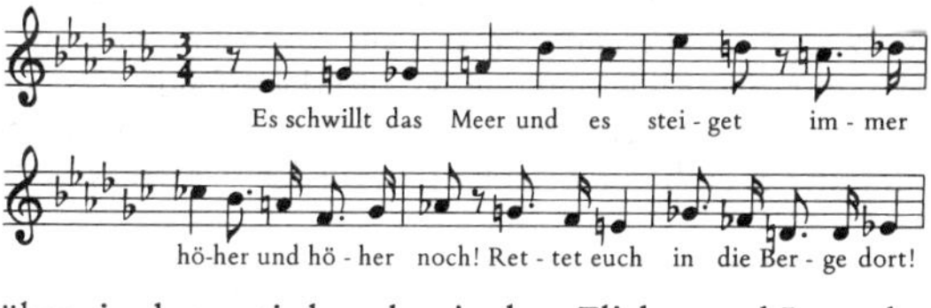

über ein chromatisches, das sinnlose Fliehen und Irren der Verlorenen ausdrückendes Thema; sie steigert sich zu einem katastrophischen Höhepunkt, einem Gemälde des Weltuntergangs.

Der dritte Teil, dem wieder ein Orgelpräludium, eine Fantasie über das Thema der den zweiten Teil beschließenden Chorfuge, vorausgeht, führt in den Himmel zurück. „Nach dem Auftun des siebenten der Siegel aber war ein großes Schweigen im Himmel.“ Die Pause wird von zarten, lichten Streicherharmonien ausgefüllt. Dann erscheint eine neue Vision: das Weib, das den Heiland gebiert, und der siebenköpfige Drache, der ihr Kind verschlingen will – eine Folge lieblicher und unheimlicher Tonbilder, aus welcher die idyllische Pastoralmusik der Christgeburt hervorragt. Der Kampf der himmlischen und der höllischen Heerscharen ist ein turbulentes Orchesterstück; der weiße Reiter, von den Klängen seiner heroischen Marschmusik begleitet, bannt den Drachen in den Abgrund. Dann ertönen, in drohenden Tritonus-Intervallen, die Posaunen des Gerichts. Eine Chorfuge, welche das Posaunenthema mit drei weiteren Themen kontrapunktiert, entfesselt die Schrecken des Jüngsten Tages. Mit dem Ruf der siebenten Posaune schlägt die Stimmung um: „Nun sind die Reiche dieser Welt unsres Herrn geworden; er wird herrschen von Ewigkeit zu Ewigkeit.“ Das Buch des Lebens wird aufgeschlagen, eine neue, gottverbundene Menschheit singt dem Herrn ein majestätisches, in schweren Akkorden schreitendes Halleluja, dem der Wechsel von Dreiviertel- und Viervierteltakt eigentümlichen rhythmischen Reiz verleiht. Eine kurze, psalmodierende Danksagung des Männerchors und das auf die Einleitungsmusik zurückgreifende Zeugnis des Johannes – „Ich bin es, der all dies sah und hörte und der es euch nun offenbart“ – runden das Werk ab.

IGOR STRAWINSKY

Igor Strawinsky (1882–1971), der, in Oranienbaum bei St. Petersburg geboren, als Siebenundzwanzigjähriger den Weg nach Frankreich wählte, durch die russische Revolution von seinem Geburtsland abgeschnitten, durch die Ausbreitung des Nationalsozialismus aus Europa vertrieben wurde und in Amerika die Heimat seines Alters fand, ist durch Begabung, Persönlichkeit und Schicksal zum Meister einer übernationalen, weltgültigen Kunst geworden, die den Musikgeist unseres Jahrhunderts auf repräsentative Weise verkörpert. Nach revolutionären, von russischer Folklore bestimmten Anfängen verwirklichte er in den Kompositionen seiner Reife die von Ferruccio Busoni vertretene Zeitidee eines neuen Klassizismus und wandte sich in seinen Spätwerken der Reihenmusik in der Nachfolge Arnold Schönbergs zu, als deren bedeutendster Antipode er vorher erschienen war. Sein Werk ist die Auseinandersetzung mit allen wesentlichen Strömungen der Epoche. Das Ballett, dem er in seinen drei Frühwerken „Feuervogel", „Petruschka" und „Frühlingsopfer" huldigte, hat seine schöpferische Phantasie stärker angeregt als die Oper, der er sich auf dem Umweg über das szenische Oratorium näherte; erst das Spätwerk „The Rake's Progress" gehört ausschließlich der Bühne, „Oedipus Rex" und „Persephone" haben ebensowohl im Konzertsaal ihre Stätte und sind darum hier als Chor-Oratorien zu erwähnen. Der Zug zu liturgischer Gebundenheit, der seinem Stil eigen ist, hat Strawinsky zu einem formgewaltigen Vertoner religiöser Themen gemacht; die Psalmensymphonie, die Messe, die späten geistlichen Kantaten sind Meisterwerke sakraler Chorkunst.

Oedipus Rex, Opern-Oratorium in zwei Akten nach Sophokles, in den Jahren 1926 und 1927 komponiert und 1927 in Paris in Konzertform uraufgeführt, ist die stärkste und reinste Dokumentation des modernen Klassizismus in der Musik geworden und geblieben; der lapidaren Schlagkraft des lateinischen Textes entspricht die Konzentration einer prägnant geformten, von musikalischen Elementarkräften erfüllten Partitur, deren chorische Teile gleichsam aus tönenden Quadern gefügt sind. Es war Strawinskys Gedanke, die Tragödie in der „versteinerten" lateinischen Sprache zu komponieren, die zugleich distanzierend und in höherem Sinne allgemeinverständlich ist; damit war von vornherein aller dramatische Realismus ausgeschlossen. Jean Cocteau schrieb den Text, eine Kurzfassung der Sophokleischen Dichtung, die Jean Daniélou ins Lateinische übersetzte. Um dem sprachunkundigen Hörer das Verständnis zu ermöglichen, wurde ein Ansager eingefügt, der den Inhalt der kommenden Szene jeweils in kurzen Schlagzeilen in der Landessprache ankündigt. Als Gestalten und Stimmen erscheinen Oedipus (Tenor), Jokaste (Mezzosopran), Kreon (Baßbariton), Tiresias (Baß), ein Hirt (Tenor), ein Bote (Baßbariton) und ein aus Tenören und Bässen bestehender Männerchor, der das Volk von Theben darstellt. Das Orchester hat die traditionelle symphonische Besetzung.

Stilistisch bezeugt sich in der Partitur des „Oedipus Rex" die tonale Restauration, die seit dem Pariser Manifest der Groupe des Six zum Programm des Neoklassizismus gehörte. Die tonart- und formauflösenden Tendenzen des Expressionismus sind überwunden. Die schweifende, schwerpunktlose Harmonik, die die Schönberg-Schule entfesselt hatte, ist gebändigt. Die Herrschaft der Tonalität ist wieder gefestigt; freilich wird der Klangbereich der Tonart durch neue, unverbrauchte, zum Teil dem russischen Musikgefühl des Komponisten entstammende Klänge bereichert. Neben dem Dreiklang gewinnen andere, irreguläre Intervallschichtungen Bedeutung, die Logik der Akkordverbindung gehorcht neuen, komplizierteren Gesetzen. Der Rhythmus, als musikalische Urkraft verwendet, schafft metrische Vielgestaltigkeit. Dem Zerfließen der Formen, das die spätromantische Musik kennzeichnet, wird Halt geboten. Der Ablauf ist in klar begrenzte Abschnitte gegliedert, die „Nummern" der klassischen Oper und des klassischen Oratoriums, Arien, Ensembles, Chöre, werden wieder eingeführt. Die übermäßig gedehnten Dimensionen des Musizierens sind auf prägnante, überschaubare Kürze reduziert. Es ergibt sich eine Musik von klarem, durchsichtigem Klang, von verhaltenem, objektiviertem Ausdruck, die formal den vor- und frühklassischen Kulturen verpflichtet ist.

Das Werk setzt gleichsam mit einem Aufschrei ein. Chor und volles Orchester beginnen zugleich mit starren b-Moll-Akkorden über wilden Skalen der Bässe die Klage über die Pest, die in Theben wütet. Auf den zweimaligen, in strenger formaler Symmetrie gehaltenen Forte-Ruf folgt ein Piano-Satz, der die gedrückte, angstvolle Stimmung ausdrückt, der aber wiederholt von Forte-Schlägen unterbrochen wird. Er entwickelt sich über einem ostinaten, das Intervall der kleinen Terz markierenden Paukenrhythmus, der für das ganze Werk konstruktive Bedeutung gewinnt:

Aus Sechsachtel- in Zweivierteltakt übergehend, beruhigt sich der Satz zum Ton flehender Bitte, bei der die vorher fast homophon geführten Stimmen zu lockerer Zweistimmigkeit auseinandertreten: „E peste serva nos, Oedipus, adest pestis, a peste libera urbem, urbem serva morientem." Die Antwort des Oedipus nimmt den Zweivierteltakt auf; er verspricht den Flehenden Rettung: „Ego clarissimus Oedipus vos diligo, vos servabo.“ Der Dreiachtelrhythmus des Anfangschors unterbricht seine Rede; hier handelt es sich um eine der wenigen Stellen, an der der Chorsatz bis zur Vierstimmigkeit verstärkt ist. Oedipus teilt mit, daß Kreon, Jokastes Bruder, ausgeschickt worden ist, um das Orakel Apollons in Delphi zu befragen; der Chor begrüßt den Zurückkehrenden erwartungsvoll: „Audituri te salutant.“ Die Arie Kreons drückt das Unumstößliche des Götterspruchs durch ein klares, in gleichmäßigen Viervierteltakt gefaßtes C-Dur aus: Göttlicher Zorn hat die Pest geschickt, weil der Mörder des früheren Königs Laius unbestraft in Theben verborgen ist. Oedipus verspricht, den Schuldigen zu finden; er rühmt sich, die Rätsel der Sphinx gelöst zu haben, und will Theben zum zweiten Male retten. Er fragt den Seher Tiresias, der die Auskunft verweigert, dann aber, da Oedipus ihm droht, sein Wissen preisgibt: „Ein König hat den König getötet.“ Oedipus bezichtigt ihn, mit Kreon verschworen zu sein, um ihn, Oedipus, zu stürzen. Der Chor hat diese Szenen mit Einwürfen in seinem stereotypen Dreiachtelrhythmus begleitet. Nun unterbricht er den Streit durch die Begrüßung der nahenden Königin Jokaste. Sein Gesang, in strahlendem C-Dur, vom ganzen Orchester begleitet, von rollenden Achtelbässen der Pauke und des Klaviers getragen, läßt akkordische Gloria-Rufe mit hymnischer Melodie abwechseln:

Bei szenischer Aufführung beschließt dieser Chor den ersten Akt und wird zu Anfang des zweiten Aktes wiederholt; in einer Konzertaufführung kann ohne Zäsur nach einmaligem Absingen des Chores weitergespielt werden. Die Königin Jokaste tritt aus dem Palast und schilt die streitenden Fürsten. Sie glaubt nicht an Orakel und lästert die Weissagungen. Ihre Szene ist eine Dacapo-Arie in pathetischem g-Moll, deren melodische Diktion und gleichmäßiger Zweiviertelrhythmus an Verdi anklingen; ihr Spott auf die Orakel wird durch Deklamation auf leichten, stakkatierten Achteln ausgedrückt. Sie erzählt, daß Laius, ihr früherer Gatte, dem geweissagt war, von der Hand seines Sohnes zu sterben, an einem Kreuzweg von Fremden ermordet wurde. Der Chor wiederholt das fatale Wort „trivium", Kreuzweg, in einem dreistimmigen imitierenden Satz. Oedipus erschrickt: in einem kurzen Rezitativ, das von vibrierenden Rhythmen dumpfer, im c-Moll-Dreiklang gestimmter Pauken begleitet wird, gesteht er Jokaste, daß er einst an einem Kreuzweg einen alten Mann erschlagen habe. Das folgende, leidenschaftliche Duett Jokastes und Oedipus' ist bis in die Schluß-Stretta wieder dem italienischen Typus nachgebildet. Nun erscheinen die Zeugen der dunklen Vergangenheit. Ein Bote aus Korinth meldet, daß der König Polybius nicht der leibliche Vater des Oedipus war, den er als ausgesetztes Kind angenommen und aufgezogen habe; ein alter Hirt berichtet, daß er vor langen Jahren den Sohn des Laius und der Jokaste, den er töten sollte, lebend im Gebirge ausgesetzt habe. Jokaste begreift den Zusammenhang und geht stumm in den Palast, um ihrem Leben ein Ende zu machen. Oedipus glaubt, daß sie sich seiner niederen Herkunft schäme, aber der Chor schreit ihm, von harten, grellen Quintenklängen der Blasinstrumente begleitet, die Wahrheit ins Gesicht: „Sohn des Laius und der Jokaste! Mörder deines Vaters Laius! Gatte deiner Mutter Jokaste!" Erschüttert bricht Oedipus unter der furchtbaren Erkenntnis zusammen: „Es ward Licht." Er flüchtet in den Palast. – Trompeten erklingen, der Ansager kündigt die Schlußszene an, den berühmten Monolog „Divum Jokastae caput mortuum“. Der Bote, aus dem Palast herausstürzend, berichtet vom Tod Jokastes, die sich erhängt hat. Der Chor nimmt ihm das Wort aus dem Munde. Die auf- und absteigenden Skalen der Streicher und die Sechs- und Neunachtelrhythmen des Anfangschors beherrschen auch den Schlußchor, der immer wieder von dem Verzweiflungsruf des Boten unterbrochen wird. Oedipus erscheint wieder, das Antlitz blutüberströmt; er hat sich selbst das Augenlicht genommen. Als Bettler geht er in die Verbannung; der Chor sendet ihm zu dem dumpf auf dem Terzintervall ausschwingenden Sechsachtelrhythmus der Pauken und Bässe ein trauerndes Lebewohl nach.

Die Psalmensymphonie, die im Jahre 1930 komponiert wurde, trägt die Widmung: „Cette symphonie composée à la gloire de Dieu est dédiée au Boston Symphony Orchestra à l'occasion du cinquantenaire de son existence“; sie ist ein Meisterwerk sakraler Musik und eine der bedeutendsten und konzentriertesten Schöpfungen Strawinskys überhaupt. Die Bezeichnung „Symphonie“ mag durch die dreiteilige, der Instrumentalform nachgebildete Anlage motiviert sein; das Werk ist eher eine Kantate für vierstimmigen Chor; das Orchester, das aus starker Bläserbesetzung, Harfe, zwei Klavieren, Violoncelli und Kontrabässen besteht, hat überwiegend begleitende Funktion und tritt nur in Vor- und Zwischenspielen selbständig hervor. Der Verzicht auf Violinen und Violen und das Überwiegen der Blasinstrumente bewirken den herben, dunklen und starren Klang, der dem Ganzen einen archaischen Charakter gibt; die lapidare Thematik, die einfache Stimmführung des Chorparts suggerieren dem Hörer den Eindruck einer urtümlichen, russisch gefärbten Liturgik. Strawinsky hat der Komposition lateinische Psalmworte zugrunde gelegt, und zwar den dreizehnten und vierzehnten Vers des 38. Psalms, den zweiten bis vierten Vers des 39. Psalms und den ganzen 150. Psalm nach der Zählung der Vulgata; Gebet, Dank und Lobpreisung sind die Inhalte der drei Sätze, sie geben dem Ganzen eine aufsteigende Entwicklung von flehender Bitte über das Glück der Erhörung, das der Mittelsatz verkündet, bis zum hymnischen Aufschwung des Schlußteils.

Der erste Satz beginnt mit einer kurzen Orchestereinleitung, die aus einem wiederholt hart angeschlagenen e-Moll-Dreiklang und arpeggierenden Figuren der Holzbläser und Klaviere besteht. Der Alt stimmt ein monoton klagendes, nur aus Halbtonschritten gebildetes Thema an, dessen Einfachheit für den Stil des Werkes bezeichnend ist:

Es wird begleitet von einer Figur aus zwei ineinandergeschobenen Terzen, die als harmonisches und melodisches

Grundelement für das ganze Werk Bedeutung behalten. Der volle, vierstimmige Chor respondiert „et deprecationem meam“, der Alt wiederholt sein Halbtonthema. Zwei e-Moll-Akkorde schließen einen Ruf der Tenöre und Soprane auf dem Ton e ein, der von den Arpeggien des Anfangs zugleich in Achtel- und Sechzehntelbewegung begleitet wird. Dann setzt in den Instrumenten über Stakkatobässen eine gemessene Achtelbewegung ein, die den Hauptteil des Satzes beherrscht:

Der Chor singt dazu in weiten, bis zur Oktave und Septime ausgreifenden Intervallen: „Quoniam advena ego sum apud te et peregrinus.“ Die Coda „Remitte mihi priusquam abeam et amplius non ero“ wird beherrscht von dem Halbtonmotiv des Anfangs, das nun Tenöre und Soprane übernehmen; das Orchester begleitet mit den ineinander verschränkten Terzen, die zugleich in Viertel- und Achtelbewegung erklingen. Der Satz, dessen tonaler Schwerpunkt e-Moll ist, endet nach einer kadenzierenden f-Moll-Wendung mit einem G-Dur-Dreiklang; er ist ein Beispiel für die von Strawinsky in dieser Schaffensperiode geübte Technik, Klangkomplexe wie Blöcke scheinbar unverbunden nebeneinanderzustellen und doch durch Intervallbeziehungen und motorische Elemente ein inneres Band zwischen ihnen zu schaffen.

Der zweite, langsame Satz steht stilistisch zu den ihn umgebenden Teilen in Kontrast, ja er nimmt im Schaffen Strawinskys überhaupt eine Sonderstellung ein; er bezeichnet einen der wenigen Momente, in denen der fugierte Stil Johann Sebastian Bachs unmittelbar als Vorbild in das Werk des russischen Meisters hineinwirkt. Er hat die Form einer Doppelfuge. Das erste, dem Orchester anvertraute Thema ist wieder aus einer Terz und ihrer Umkehrung, einer Sexte, entwickelt; es wird von zwei Flöten und zwei Oboen vierstimmig durchgeführt, die Tonart ist c-Moll (Zitat auf S. 547).

Nach einem kunstreich figurierten Zwischenspiel von vier Flöten setzt der Chorsopran mit dem zweiten, durch einen markanten Quartschritt charakterisierten Thema in es-Moll ein:

Er fugiert es in schulmäßigen, in Tonika und Dominante abwechselnden Stimmeinsätzen, während das Orchester seine eigene Fuge weiterführt. Eine A-cappella-Episode bringt eine vierstimmige Engführung. Auf ein neuntaktiges Orchesterzwischenspiel folgt ein Forte-Ausbruch „Et immisit in os meum canticum novum, carmen Deo nostro“, dem das Orchester durch eine klangmächtige Oktavierung seines Themas Nachdruck gibt. Mit dem durch fünf Takte gehaltenen Es des Chores endet der Satz leise in schwebender, Es-Dur, es-Moll und c-Moll mischender Harmonie.

In c-Moll beginnt der letzte, umfangreichste Satz, ein reich gegliedertes Finale. Nach einem vierstimmigen Alleluja-Ruf intoniert der Chor auf einem Quartenmotiv über einem in den Tönen des C-Dur-Dreiklangs auf- und abschreitenden Baß den Lobgesang: „Laudate Dominum in sanctis Eius, laudate Eum in firmamento virtutis Eius.“ Der C-Dur-Dreiklang auf „Dominum“ gewinnt leitmotivische Bedeutung. In einem Zwischenspiel lassen die Bläser einen stakkatierten Achtelrhythmus erklingen, der als Skandierung der Worte „Laudate Dominum“ den Fortgang des Satzes beherrscht (Zitat auf S. 548):

Die Soprane fahren fort mit dem Thema „Exaudi orationem meam“ aus dem ersten Satz, dessen Halbtonschritt nun zum Text „Laudate Eum in virtutibus Eius“ zum Ganzton gedehnt ist. In den Mittelstimmen erklingt psalmodierend der von den Bläsern angeschlagene Achtelrhythmus. Aus einem emphatischen Sextenthema der Baßstimmen entwickelt sich ein gebundener Chorsatz, der sich zu großer Klangfülle steigert: „Laudate Eum in sono tubae.“ Die Musik bricht ab, der leise Alleluja-Ruf des Anfangs wird als ruhiges Intermezzo eingeschoben. Dann setzt, wieder in lebhaftem Tempo, von kräftigen Hörner- und Trompetenklängen vorwärtsgetrieben, eine neue Entwicklung ein. Das Orchester übernimmt in thematisch reichem Satz über dem von Halbtönen umspielten Baßton G die Führung, der Chor wirft sechsmal hintereinander den psalmodierenden Achtelrhythmus „Laudate Dominum“ ein. Nach großer orchestraler Steigerung reißt die Musik wiederum ab, und als zarter, lyrischer Abgesang erklingt in durchsichtigem Chorsatz ein neues, in Dreiklangstönen aufsteigendes Thema:

Die Harmonie wendet sich von G-Dur über B-Dur nach Es-Dur, und nun beginnt die herrliche, das Werk ins Mystische erhöhende Coda. Über einem in Quarten pendelnden, die drei Töne Es, B, F durch 42 Takte unentwegt wiederholenden Baß, der wie ein monotones Ausläuten von Glocken klingt, verbinden sich die Chorstimmen und die Holzblasinstrumente zu einem zarten, gleichsam in himmlische Höhe entschwebenden Klanggewebe. Eine überraschende Modulation leitet von Es nach C; das Zitat des anfänglichen Halleluja-Rufs und das erste Thema „Laudate Dominum“, dem die Holzblasinstrumente einen lichten C-Dur-Dreiklang unterlegen, sind der Epilog.

Persephone, Melodram für eine Sprecherin, Tenor, gemischten Chor und Orchester nach einem Gedicht André Gides, wurde von Strawinsky im Jahre 1933 im Auftrage der Tänzerin Ida Rubinstein komponiert, die in der szenischen Uraufführung 1934 in Paris die Titelrolle verkörperte. Die szenische Form des Werkes nimmt die Trennung der mimischen Funktionen wieder auf, die Strawinsky zuerst in der „Geschichte vom Soldaten“ versucht hatte. Sprecher, Sänger und Tänzer wirken nebeneinander, ein tenorsingender Erzähler Eumolpos erläutert die Handlung. Der Chor singt die Stimmen der Nymphen, Schatten und Menschen. Da die dramaturgische Anlage der Konvention der Opernbühne wenig entspricht, hat das Werk mehr im Konzertsaal seine Stätte gefunden.

Die Dichtung André Gides, die auf eine homerische Hymne zurückgeht, behandelt eine der ältesten und bedeutsamsten Naturmythen der griechischen Antike: Persephone, die Tochter Demeters, wird der Erde entrissen und herrscht als Gattin Plutos über die Schatten der Unterwelt. Aber die Sehnsucht nach der Erde treibt sie wieder hinauf an das Licht, zu ihrer Mutter, zu ihrem irdischen Gatten Triptolemos; in stetem Wechsel gehört sie zur Hälfte der Erde und dem Leben, zur Hälfte der Tiefe und dem Tode. In einer Gestalt verkörpert sich der ewige Wechsel der Natur; Persephone ist der Frühling, der Leben und Wachstum spendet, sie ist auch die geheimnisvolle Todesgöttin, die sich in ihr dunkles Reich zurückzieht, während der kalte, öde Winter auf der Erde herrscht. Die Komposition Strawinskys bringt die bei aller Hintergründigkeit wesentlich idyllische Stimmung des Naturmythos aufs schönste zur Geltung. Die Partitur ist lockerer gefügt als die des „Oedipus Rex", es fehlen ihr die harten, dramatischen Akzente, eine schöne, ruhige Grazie ist der Grundton. In drei ineinander übergehenden Teilen – Persephones Entführung, Persephone in der Unterwelt, Persephones Wiederkehr – wird die Handlung dargestellt, ähnlich wie sie als Spiel in den antiken Mysterien der Demeter aufgeführt worden sein mag. Ein Gesang des Eumolpos, des Dichters und Mysterienpriesters, ist die Einleitung; in gleichförmiger liturgischer Deklamation, von einem starren Orchestersatz in e-Moll getragen, ruft er die mächtige Demeter an, die Göttin mit tausend Namen, und berichtet, daß ihre Tochter Persephone mit den Nymphen ausgezogen sei, um der Welt den Frühling zu bringen. Ein Chor der Nymphen, ein anmutig-schwereloser dreistimmiger G-Dur-Satz für Sopran und zwei Altstimmen, singt von der Sonne, von Blumen und Vögeln; Persephone hört mit ganzem Herzen „das Lied des ersten Morgens der Welt". Ein zweiter, noch graziöserer Chorsatz der Nymphen, eine tänzerisch stakkatierte, von Pausen unterbrochene Melodie in h-Moll, feiert die Morgenfrische der knospenden und blühenden Erde. Während die Nymphen Hyazinthe und Anemone, Safran und Adonide loben, nennt Eumolpos die Narzisse: wer sich über ihren Kelch beugt und ihren Duft atmet, sieht die unbekannte Welt der Toten. Persephone bricht die Narzisse und sieht die Schatten; Eumolpos ruft sie auf, zu ihnen hinabzusteigen und als Königin über sie zu herrschen. Das Mitleid zieht sie hinab: „Ihr Nymphen, meine Schwestern, meine reizenden Gefährtinnen, wie könnte ich mit Euch noch lachen und sorglos singen, da ich sah, da ich weiß, daß ein Volk leidet und mich mit Sehnsucht erwartet."

Mit einem harten Orchesterakzent und einer Symphonie grotesk punktierter Rhythmen über dem in dumpfer

Tiefe gehaltenen Orgelpunkt H setzt der zweite Teil ein. Eumolpos erzählt: „Der König des Winters, der höllische Pluto, hat Persephone ihrer Mutter und der Erde den Frühling geraubt.“ Persephone ruht in der Unterwelt am Ufer des Lethestroms, die Schatten singen ihr ein Schlaflied, eine ruhige, einstimmige Melodie des Chorsoprans über einer zarten, synkopisch wiegenden Begleitung. Sie erwacht, die Schatten erzählen ihr, auf dieselbe, jetzt in zweistimmigem Satz von Sopranen und Alten zu vollerer akkordischer Orchesterbegleitung gesungene Melodie, von ihrem Schicksal: sie sind ohne Glück und Leid, ohne Haß und Liebe. Die Stimme Plutos ertönt, durch den Männerchor dargestellt, der hier zum ersten Male das Wort ergreift. Eumolpos ermahnt Persephone in einer Arie von düsterer Feierlichkeit: sie soll herrschen, nicht sich erbarmen; „dein Schicksal ist Königin zu sein.“ Während eines Orchesterzwischenspiels, das aus unförmigen thematischen Gestalten und hart pochenden Rhythmen gefügt ist, bieten Schatten ihr die Schätze der Erdentiefe an, aber Persephone weist sie zurück, die Blumen der Wiesen gelten ihr mehr als kostbare Steine. Mit zeremoniellem Ruf kündigt der Chor Merkur, den Seelenführer, an. Eumolpos berichtet in zwei Arien von fast italienisch flüssigem Melos, was weiter geschieht. Merkur reicht Persephone eine reife Frucht, einen Granatapfel, in den Sonne und Licht der Erde eingesogen sind. Als sie die Frucht kostet, erwacht in ihr übermächtig die Sehnsucht nach der Oberwelt, nach ihrer Mutter. Sie blickt in den Kelch der Narzisse, sieht die Welt in Frost erstarrt, sieht ihre Mutter Demeter klagend durch die winterlichen Felder irren; aber sie sieht auch, wie im Schutze Demeters der junge Triptolemos heranwächst, dem es bestimmt ist, sie aus dem Hades zu befreien. Die Schatten begrüßen sie abschiednehmend als „Königin des Erdenfrühlings, nicht mehr der Unterwelt“, ein langes, ausdrucksvoll begleitetes Melodram spricht von Persephones Hoffnung und Erwartung: „O mein irdischer Gatte, herrlicher Triptolemos, du rufst mich, ich komme. Ich gehöre dir, ich liebe dich."

Das Orchestervorspiel des dritten Teils, ein Largo in a-Moll mit gewaltsamen Oktavenschlägen der Bläser, die von einem lyrischen Gegenthema abgelöst werden, mag die Tat des Triptolemos, es mag auch den Kampf des Frühlings mit dem Winter, des Lebens mit dem Tode illustrieren. Eumolpos berichtet im feierlichen Ton seines ersten Gesanges, daß Nymphen und Menschen im Tempel Demeters die Wiederkehr Persephones erwarten. Es beginnt eine Szene von antiker Schönheit, die der chorische Höhepunkt des Werkes ist. Zum vierstimmigen Chor tritt ein zweistimmiger Knabenchor, der sich mit dem Hauptchor mischt oder mit ihm alterniert. Ein gemessener Gesang in klangvollem As-Dur begleitet das Darbringen von Opfergaben, von Blumen, Sträußen und Girlanden. Dann ertönt der Weckruf: „Öffnet euch, Todespforten! Es ist Zeit, daß du aus den Höhlen der Nacht hervorgehst, Frühling!" Persephone tritt aus dem Tore eines steinernen Grabmals, noch schlaftrunken, des Lichtes entwöhnt; ihr Kommen begleitet ein Chorreigen von wundervoller, schwebender Anmut, der aus einem Thema von Gluckscher Einfachheit entwickelt ist:

Ein Melodram in der Tonart Ges-Dur, ein Monolog Persephones, zieht die Summe des dramatischen Geschehens: Persephone ist glücklich, ihrer Mutter, ihren Schwestern, den Nymphen, ihrem irdischen Gatten Triptolemos wiedergegeben zu sein, aber sie weiß, daß sie auch der Unterwelt gehört, daß auch der düstere Pluto ihr Gemahl ist. Zwischen beiden Welten ihre Liebe zu teilen ist ihr Schicksal; sie erwartet Merkur, der sie die Stufen hinabführen wird, die auf den Grund des menschlichen Elends führen. Der kurze Schlußgesang, den Eumolpos anstimmt und in den die Chorstimmen nacheinander einfallen, wendet sich in die Anfangstonart e-Moll zurück; er gibt dem Schicksal Persephones die menschliche und die naturhaft-symbolische Deutung: „Dein Los ist, den Schatten ein wenig vom Licht des Tages zu bringen, einen Trost ihren unermeßlichen Leiden, ihrer Not ein wenig Liebe. Wenn ein neuer Frühling geboren werden soll, muß das Samenkorn in der Erde vergehen, damit es wiedererscheine in der goldenen Ernte der Zukunft."

Die Messe für gemischten Chor (Strawinsky wünscht sich Knabenstimmen als Soprane und Alte), Soli und doppeltes Bläserquintett (Oboen, Englischhorn, Fagotte, Trompeten und Posaunen), die 1948 vollendet und im gleichen Jahr in der Scala in Mailand uraufgeführt wurde, ist trotz der asketischen Einfachheit ihres Klangbildes kein schlichtes liturgisches Gebrauchswerk, sondern vielmehr die künstlerische Stilisierung eines solchen, eine Komposition von höchst persönlicher Prägung, die den in der Psalmensymphonie eingeschlagenen Weg zu Ende geht. Einfache thematische Komplexe werden nebeneinandergestellt, das architektonisch-statische Prinzip ist stärker als das lyrische Prinzip der musikalischen Entwicklung. Mit der Konzentration der Formen, die auf Durchführungen und Steigerungen verzichten, mit der Ausschaltung des expressiven, deklamatorischen Elements scheint die Musik der Frührenaissance als Vorbild beschworen zu sein. Fünf Sätze, Kyrie, Gloria, Sanctus und Agnus Dei, sind als „Figuralmusik" komponiert, der mittlere, textlich längste, das Credo, wird streng homophon, ohne Aufwand an kompositorischer Kunst, zu gehaltenen Bläserakkorden gesungen. Das

Kyrie beginnt, nach der Intonation der Moll-Terz c-es in einem Einleitungstakt des Orchesters, mit einem choralhaften vierstimmigen Satz:

„Christe eleison" ist eine dreiteilige Episode, die mit einem fünftaktigen gebundenen Gesang in g-Moll beginnt. Es folgen sechs Takte imitierender Polyphonie über ein charakteristisches, aus einem Oktavsprung und seiner Ausfüllung durch eine diatonische Tonleiter bestehendes Thema in d-Moll:

Daran schließt sich ein viertaktiger D-Dur-Satz, in dem die Stimmen gedämpft in Achtel- und Viertelnoten psalmodieren. Auf ein Orchesterzwischenspiel, das über As-Dur nach B-Dur führt, folgt das zweite „Kyrie", zuerst auf die psalmodierenden Achtelnoten des „Christe" gesungen, dann in die Wiederholung der choralhaften Anfangszeile einmündend, die nun mit einem Halbschluß auf einen G-Dur-Dreiklang hin kadenziert. Das „Gloria" setzt entgegen barockem Brauch mit zarten zweistimmigen Melismen von Oboe und Trompete ein, die vom Soloalt und vom Solosopran weitergesponnen werden. „Laudamus te" ist ein vierstimmiger Chorsatz, „Domine Deus" wird wieder von den hohen Solostimmen gesungen. Das Prinzip des Wechsels beherrscht den Fortgang des Satzes, Soli und Chor alternieren von „Qui tollis peccata mundi“ an zeilenweise, die Solostimmen haben mit „Quoniam tu solus sanctus“, mit gebundener, aus psalmodierender Deklamation aufsteigender Melodie das Schlußwort, nur die zwei Silben „Amen“ sind noch dem Chor zugeteilt. Eindrucksvoll ist der Beginn des „Sanctus“ mit der dreimal wiederholten lyrischen Intonation zweier Tenöre, denen ein kraftvoller Chorruf antwortet:

„Pleni sunt coeli“ ist ein kantabler, imitierender Satz der vier Solostimmen, mit dem „Hosanna“ tritt der Chor, akkordisch-homophon geführt, wieder ein. Das kurze, nur zwölftaktige „Benedictus“ erklingt in schlichter, liedhafter Melodik. Im „Agnus Dei“ treten sich Chor und Orchester als selbständige Klangkörper gegenüber. Ein viertaktiges, von C-Dur nach D-Dur modulierendes Bläserritornell unterbricht dreimal den A-cappella-Gesang des Chores. Ein kurzes Nachspiel führt die ungelöste Harmonie des Gesanges in ein unbestimmtes, schwebendes d-Moll zurück.

C a n t i c u m s a c r u m für Tenor und Baritonsolo, Chor und Orchester, zur Ehre des heiligen Markus im Jahre 1955 komponiert und in S. Marco zu Venedig aufgeführt, ist eine Lobpreisung der drei Kardinaltugenden Liebe, Hoffnung, Glaube; Einleitung und Schluß feiern das Wirken der Apostel. Der Text besteht aus Worten des Alten und des Neuen Testaments in der lateinischen Fassung der Vulgata. Die Musik trägt die Kennzeichen von Strawinskys Spätstil, der wesentlich durch die dodekaphonische Technik bestimmt ist. Reihen von zwölf oder weniger Tönen liegen den Themen zugrunde, Umkehrung und Krebsgang sind formbildende Mittel, die Integration des Satzes ist durch Ausschaltung aller zufälligen Elemente zu radikaler Einfachheit fortgeschritten. Das Orchester, das mit Holz- und Messingblasinstrumenten, Harfe, Orgel, Violen und Kontrabässen besetzt ist, wird nur sparsam in transparenter Instrumentation eingesetzt. Dem Werk geht eine „Dedicatio" voraus, die von den zwei Solostimmen zur Begleitung tiefer Blasinstrumente in archaisch herber Linearität gesungen wird: „Urbi Venetiae in laude Sancti sui Presidis, Beati Marci Apostoli." Das eigentliche Canticum ist in strenger zyklischer Form aufgebaut. Einleitungs- und Schlußchor, das erste und fünfte Stück, die mit Worten des Markus-Evangeliums den apostolischen Auftrag verkünden, stehen musikalisch in enger Beziehung: der Schlußchor ist die notentreue, rückläufige Wiederholung des Anfangssatzes; beide Stücke werden durch ein zweimal eingeschaltetes Orchesterritornell fünfteilig gegliedert. Der zweite und der vierte Satz, eine Stelle des Hohen Liedes „Surge, aquilo, et veni, auster" und das Wort Jesu zu dem Vater des fallsüchtigen Kindes „Si potes credere, omnia possiblia sunt credenti", sind überwiegend den Solostimmen zugeteilt und dementsprechend lyrisch-melodischen Charakters. Den zweiten Satz bildet eine Tenor-Arie, deren Gesangsstimme aus Krebsgang und Variation eines Zwölftonthemas entwickelt wird, den vierten Satz eine Kantilene des Baritons, dem der Chor in strenger kanonischer Nachahmung respondiert. Kernstück der Komposition ist der dritte, dreiteilige Satz „Ad tres Virtutes Hortationes". Caritas wird mit Worten des mosaischen Gesetzes und des ersten Johannesbriefes verehrt, für Spes und Fides zeugen Psalmworte. Symbol aller drei Tugenden ist dasselbe Zwölftonthema, das dreimal vom Orchester als Ritornell gespielt wird, beim zweiten Mal um eine kleine Terz, beim dritten Mal um einen Ganzton aufwärts transponiert:

Der Liebe gilt ein dreistimmiger Chorsatz; Tenor und Sopran intonieren, jeweils von anderen Tonstufen ausgehend, den Krebs der Umkehrung, der Alt singt den Krebs der Grundgestalt der Reihe, dann laufen alle Stimmen zurück, und der ganze Satz wird wiederholt. Die Hoffnung wird im Wechselgesang von Solostimmen und Chor gefeiert, der Glaube in einem Chor-Unisono, das eine metrische, durch einen gedehnten Auftakt verlängerte Umformung des um einen halben Ton höher transponierten Hauptthemas ist:

Als Nachsatz in Dreivierteltakt folgt eine neue, in vierstimmigem Kanon gesungene Variante des Themas. Das Stück ist eine klare und feste musikalische Konstruktion, die in den durchorganisierten Sätzen Anton von Weberns ihr Vorbild hat.

T h r e n i , id est Lamentationes Jeremiae Prophetae, für Soli, gemischten Chor und Orchester, in den Jahren 1957 und 1958 entstanden, sind ein Werk von größeren klanglichen und zeitlichen Dimensionen. Der Text ist den Klageliedern des Jeremias entnommen, die zur Liturgie der Karwoche gehören. Strawinsky hat die Textauszüge in drei Teile geordnet; der zweite Teil gliedert sich in Klage, Hoffnung und Trost, der dritte ist Gebet. Der Komponist schickt seinem Werk einen Vorspruch voraus: „Incipit lamentatio Jeremiae Prophetae" verkünden zwei Solostimmen nach kurzem, energisch einsetzendem Orchestervorspiel. Der Chor intoniert vierstimmig das Signum „Aleph"; die Buchstaben des hebräischen Alphabets sind den Textversen als tönende Vignetten vorangestellt. Dann erst beginnt eigentlich die Lamentation mit der Aufstellung eines orchestralen Zwölftonkomplexes, der in mannigfachen Mutationen im Folgenden wiederkehrt:

In rhythmisiertem Sprechgesang stimmt der Chor die Klage um Jerusalem und das jüdische Volk an; der erste Solotenor setzt sie fort als Kantilene, die die Frauenstimmen des Chors mit einer ostinaten Achtelfigur begleiten; in Melodie und Begleitung spielt das Quartenintervall eine beherrschende Rolle. Zweimal wird der Satz von zweistimmigen, als „Diaphona" bezeichneten Sätzen der zwei Solotenöre unterbrochen, deren streng dodekaphonische Melodien durch Umkehrung und Krebsgang ineinander verschränkte Varianten jener früheren Tenorkantilene sind (Zitat auf S. 554 oben). Es ergibt sich ein fünfteiliger Satz, dessen melodische Gestalten sämtlich aus einer Grundreihe entwickelt sind. – Der Abschnitt „Querimonia", der den zweiten Teil er-

Krebs der Umkehrung der Grundreihe

öffnet, wird, abgesehen von den eingestreuten Alphabetzeichen, nur von Männerstimmen gesungen; ein Basso profondo als Vorsänger erinnert an den Klang russischen Kirchengesangs. Den Satz beherrscht das Prinzip des Kanons. Die Solostimmen, zwei Tenöre und zwei Bässe, folgen einander in strenger kanonischer Nachahmung; ein vierstimmiger Doppelkanon, dessen Hauptstimme in der Quinte, dessen Kontrapunkt in der kleinen Sexte imitiert wird, ist der Schluß. Das Thema des Kanons enthüllt sich als Umkehrung der Grundreihe, so daß die thematische Einheit auch hier gewahrt bleibt. Der Abschnitt „Sensus Spei", das umfangreichste und klangvollste Stück der Partitur, das den ganzen Chor und vier Solostimmen, Sopran, Alt, ersten Tenor und zweiten Baß, beteiligt, enthält wieder eine Fülle interessanter Umformungen der Reihe; hier entfaltet sich das Spiel des Komponisten mit dem Tonmaterial zu voller Freiheit, hier triumphiert seine Phantasie vollends über den Zwang der Methodik. Der Abschnitt „Solacium" wird von den duettierenden Solostimmen Sopran und Alt bestritten, zu denen später erster Tenor und erster Baß sowie der Chor hinzutreten. In der von zwei Solobässen gesungenen Überschrift des Schlußteils tritt die Reihe noch einmal in ursprünglicher Gestalt hervor; der erste Baß singt die Grundform, der zweite zugleich die Umkehrung (Zitat auf S. 560). Ein kurzer, vom Chor und allen Solostimmen gesungener Chor beendet das Werk: „Converte nos, Domine, ad te, et convertemur; innova

dies nostros sicut a principio." Die „Threni" haben ihren Platz in der Reihe bedeutender Spätwerke großer Meister: eine Gedankenmusik zur Verherrlichung göttlicher Ordnung, ein geistliches Klagelied, das durch das strenge Gesetz der rationalisierten Form zur hohen, überwindenden Zeremonie wird.

ZOLTÁN KODÁLY

Zoltán Kodálys (1882–1966) Psalmus Hungaricus Opus 13 für Tenorsolo, Chor und Orchester zählt seit seiner Uraufführung, die im Jahre 1923 in Budapest stattfand und mit Begeisterung aufgenommen wurde, zu den repräsentativen Hauptwerken der neuen ungarischen Musik. Der Text ist eine freie, durch poetische Zusätze und Klagen über die Not der Zeit bereicherte Übersetzung des 55. Psalms von Michael Vég aus Kecskemét, ein Dokument ungarischer Volksdichtung des 16. Jahrhunderts; Kodálys Komposition verschmilzt Klang und Rhythmus der lange verschütteten, von ihm und Béla Bartók wiederentdeckten Volksmusik mit der virtuos gehandhabten Satz- und Instrumentationskunst der Gegenwart, so daß sich ein ungemein lebendiges, farbenprächtiges Konzentrat aus Folklore und schöpferischer Individualität, eine Chorkantate von nicht viel mehr als zwanzig Minuten Dauer ergibt.

Nach einem stürmisch einsetzenden Vorspiel, das durch

scharfe Septimenakkorde und die reizvolle Mischung von Dur- und Mollklängen den harmonischen Stil des Werkes festlegt, setzt der Chor unisono in der Haupttonart a-Moll mit einer in vielerlei Variationen wiederkehrenden Melodie in ruhigem Sechsachteltakt ein (Zitat oben). Der Solotenor intoniert die Klage Davids, die, anfangs das Metrum der Chormelodie beibehaltend, in Viervierteltakt- und Zweihalbetakt übergeht und wieder in die klangvoll ausharmonisierte Anfangsmelodie des durch Knabenstimmen verstärkten Chores einmündet. Zum zweiten Mal setzt Davids Klage, nun mit gesteigertem Ausdruck und mit stärkerer Beteiligung des Chores, ein, dann schlägt die Stimmung um. Nach einer Generalpause ertönt zarter Harfenklang, die Solovioline singt eine ausdrucksvolle, tröstliche Melodie; der Solotenor stimmt zu fortdauernden, sanften Arpeggien eine neue Weise der Zuversicht an. Mit einer kraftvollen, in Zweivierteltakt versetzten Variante der Hauptmelodie befestigt der Chor das Vertrauen auf die Gerechtigkeit Gottes. Das Finale gipfelt in einem strahlenden, vom Chor und Orchester lang ausgehaltenen D-Dur-Dreiklang, der sich überraschend nach Moll verfärbt. Dann spricht der Chor, in leisem Unisono wie zu Anfang, das Nachwort: „So sagts die Bibel, so schrieb es David, so stehts im fünfundfünfzigsten Psalm, daraus ein Frommer, traurig im Herzen, allen zum Troste diesen Gesang erdacht.“

ARTHUR HONEGGER

Der Schweizer Arthur Honegger (1892–1955) zählt als Mitglied der Pariser Groupe des Six zu den Avantgardisten der Jahre um 1920, die die Zeitidee des neuen Klassizismus durch radikale Abkehr von der Ausdrucksintensität und der chromatisierten Harmonik der Romantik schon vor Strawinskys „Oedipus Rex" verwirklichten; sowenig diese Stilrichtung eigentlich seinem schwerblütigen, an Bach geschulten künstlerischen Temperament entsprach, so hat er doch gerade mit seinen Frühwerken – seinem ersten Oratorium und dem Orchesterstück „Pacific 231", dem symphonischen Abbild einer Schnellzugslokomotive – musikgeschichtliche Bedeutung gewonnen, die später durch seine Symphonien und die mystisch-religiöse Choroper „Johanna auf dem Scheiterhaufen" bestätigt und erweitert wurde.

König David, symphonischer Psalm in drei Teilen nach einem Drama von René Morax, in deutscher Nachdichtung von Hans Reinhart, für Sprecher, Sopran-, Alt-, Tenorsolo, Chor und Orchester, ist ursprünglich nicht als Oratorium, sondern als Bühnenmusik zu dem genannten Schauspiel komponiert und 1921 aufgeführt worden; danach hat Honegger die Theatermusik zu einem Oratorium umgearbeitet, dessen Uraufführung im Jahre 1923 in Winterthur stattfand. Die frühere Bestimmung der Musik macht sich im Oratorium noch bemerkbar. Es besteht aus geschlossenen, überwiegend kurzen Stücken von illustrativem Charakter, ein Sprecher, der den Faden der Handlung erzählt, ersetzt die dramatische Aktion. Der Part Davids, den drei Solostimmen zugeteilt, besteht aus Gesängen, denen Psalmentexte in freier Umarbeitung zugrunde liegen, so daß der Dichterkönig durch die Kraft seines eigenen Wortes vor die Phantasie des Hörers tritt. Der Chor stellt das israelische Volk dar. Die Wirkung des Werkes beruht auf der Frische und Originalität der Musik, deren orchestrales und harmonisches Kolorit auch heute nicht verblaßt ist. Gerade die prägnante Kürze der musikalischen Formen fesselt das Interesse des Hörers. Auf Durchführungstechnik, auf kontrapunktische Belastung des Satzes wird verzichtet. Die noch neuen Mittel des Impressionismus, Quartenklänge, ornamentale Melodielinien, bitonale Harmonien, bestimmen den Stil, die Anschaulichkeit der musikalischen Schilderung durch Hirtenschalmeien, kriegerische Trompeten, Märsche, Hymnen und Tänze ergibt ein tönendes Gemälde von leuchtender Farbenpracht.

Der erste Teil des Oratoriums behandelt die Heldentaten des jungen David, der zweite das Fest des Sieges und den Tanz des Königs vor der Bundeslade, der dritte die Schuld und die Prüfungen seines Alters und seinen Tod; der hellste Glanz liegt in der Mitte, im Festhymnus des zweiten Teils, der Schlußteil bildet den ernsten, dunklen Kontrast. Das Oratorium beginnt nach einem kurzen, aus kriegerischen und pastoralen Klängen gemischten Orchestervorspiel mit Davids Berufung; der Prophet Samuel geht nach Bethlehem und salbt den Hirtenknaben David, den jüngsten Sohn Isais, zum König, der dem von Gottes Gnade verlassenen Saul nachfolgen soll. Davids Hirtenlied, von der Altstimme gesungen, und der Psalm „Lob sei dem Herrn“, ein einstimmiger Frauenchor über einer bewegten, scharf rhythmisierten Baßlinie, sind die musikalische Untermalung. Bitonale Fanfaren kündigen die folgende Szene an, Davids Kampf mit dem Riesen Goliath. Ein kurzer vierstimmiger Chor feiert den Sieg: „Tausend Saul erschlug, aber zehntausend David.“ Der Zorn Sauls treibt David in die Wüste zu den Propheten; ihr Gesang ist ein zweistimmiger Männerchor, der die Vergänglichkeit des Menschen beklagt. Drei Psalmen, vom Tenor und Sopran gesungen, drücken Davids traurige Stimmung aus. Saul und David sind verfeindet; als der Krieg zwischen Israeliten und Philistern wieder ausbricht, steht David im Lager der Philister. Der Chor der Israeliten „Gott, mein Herr, du bist mein Licht in Finsternissen“ entwickelt sich aus herber Zweistimmigkeit zu kraftvoller akkordischer Dichte. Saul verzweifelt an seinem Glück und sucht die Hexe von Endor auf, die den Schatten Samuels heraufruft; die Beschwörung ist eine pittoreske melodramatische Szene. Samuel verkündet dem König den Tod: „Morgen sollst du samt deinen Söhnen mit mir im Reich der Schatten sein.“ Saul fällt im Kampf auf dem Berge Gilboa, ein Bote überbringt David seine Krone. Auf den Siegesmarsch der Philister folgt die Klage der Frauen um den gefallenen König, ein melodisches Lamentieren auf gehaltenen, von der unteren und oberen Sekunde umspielten Tönen, die sich nach und nach zu primitiver Zweistimmigkeit verbinden.

„David ist König“ – mit diesen Worten des Erzählers beginnt der zweite Teil des Werkes, der ganz der Festfreude, der Verehrung der Bundeslade gewidmet ist. Auf einen Frauenchor folgt der „Tanz vor der Bundeslade“, das bei weitem umfangreichste Stück und der musikalische Höhepunkt der Partitur. Aus einem geheimnisvollen, von einer getragenen Flötenmelodie beherrschten Vorspiel brechen orgiastische Tanzrhythmen des Orchesters auf. Die Männerstimmen beginnen unisono „Jehova, sei mit uns“, die Frauen fallen zweistimmig ein; ein feierliches Thema der Priester gibt dem Chorsatz den kraftvollen Baß. Die Krieger erzählen in einstimmigem, rezitativischem, von wilden Baßfiguren begleitetem Gesang von ihren Heldentaten, Jehova-Rufe der Frauenstimmen erschallen, ein viertaktiges, akkordisches Largamente des Chores und des Orchesters ergibt einen Ruhe- und Höhepunkt. Aus den starren, massiven Akkordsäulen löst sich eine leichte, eilende Achtelbewegung der Violinen in tänzerisch exaltiertem Dreivierteltakt los.

Frauenstimmen singen dazu „Preiset den Herrn", der Männerchor tritt steigernd hinzu, der Tanz des Königs vor der Bundeslade entfesselt die religiöse Ekstase:

Das leichte, über ostinaten Rhythmen entwickelte Scherzo wird abgelöst von der wilden Musik der Krieger, dann steigert sich der anapästische Rhythmus des ersten Taktes des Scherzo-Themas in Chor und Orchester zu stampfender Gewalt. Auf einem gehaltenen F-Dur-Dreiklang bricht der Chor ab; zum Tremolo der Violinen verkündet eine Engelstimme, der Solosopran, daß dem König David ein Sproß erblühen solle, der allen Völkern eine Leuchte sein und dessen Name auf Erden nie vergehen werde. Mit einem kantablen, vom Grundton zur Quinte

aufsteigenden Motiv stimmt der Chor ein vielstimmiges Halleluja an. Die Harmonik wendet sich von D-Dur über H-Dur nach Fis-Dur, über absteigenden Skalen der Bässe verklingt der Gesang mit sanftem Diminuendo, von ätherisch leuchtenden Orchesterakkorden getragen.

Der dritte Teil des Oratoriums enthält eine Fülle erzählter Handlung, er umfaßt die ganze Regierungszeit des Königs David bis zu seinem Tode. Ein Lobgesang, ein einstimmiger, spröde harmonisierter Chor, ist die Einleitung. Der Erzähler berichtet von Davids Größe und Schuld, von seinem Begehren nach Bathseba, des Urias Frau. Der lockende Gesang einer Dienerin und zwei Psalmen sind die musikalische Illustration der Episode. Der eine Psalm, ein Bußlied, wird von Männer- und Frauenstimmen in linearer Zweistimmigkeit über gleichförmig rhythmisierten Nonenakkorden des Orchesters gesungen, der zweite, ein gemessen schreitender Klagegesang, bindet Frauen- und Männerstimmen anfangs in Oktaven und breitet sie am Ende zu vierstimmigem Satz auseinander, ein Stück von strengem motettischem Charakter, das in dieser impressionistisch gefärbten Partitur allein steht. Jehova straft David für seine Schuld: sein Sohn Absalom erhebt sich mit Heeresmacht gegen den Vater und wird im Kampf im Wald von Ephraim erschlagen; der „Gesang von Ephraim", die Totenklage, ist eine zartlyrische, von Tamburinschlägen begleitete Melodie des Solosoprans, der die Altstimmen des Frauenchors echohafte Imitationen hinzufügen. Noch einmal erhebt sich der Streit mit den Philistern; der Siegesgesang der Israeliten ist ein ruhiges, von stiller Frömmigkeit erfülltes Stück, das einstimmig beginnt, sich in der Mitte zu einer vierstimmigen Episode verdichtet und mit leisem Unisono der Soprane und Tenöre schließt, während Alte und Bässe der Melodie gebundene, orientalisch wirkende Koloraturen anhängen. Davids Stolz erregt den Zorn Gottes, der die Pest als Strafe schickt. Der Chor bittet in einem kurzen, erregten, durch harmonische Härte auffallenden Gesang um Erbarmen und Rettung. Das Gelöbnis des Tempelbaus besänftigt den Zorn des Ewigen. Der gealterte König läßt seinen Sohn Salomo zum Nachfolger krönen und bereitet sich zum Sterben. In einer lichtumflossenen, von ätherischen Harmonien des Orchesters geschilderten Vision erblickt er einen Cherub, der das Kommen des Messias prophezeit. Sein Dank für sein reiches, erfülltes Leben verbindet sich mit dem Halleluja des Volkes: der Schlußchor des zweiten Teils beendet auch den dritten Teil des Werkes, nun in feierliches, strahlendes D-Dur ausklingend.

CARL ORFF

Carl Orff (1895–1982) ist ein Außenseiter der modernen Musik gewesen. Der Münchner, gleichaltrig mit Paul Hindemith, hat an der Entwicklung der neuen Harmonik kaum teilgenommen, sondern an einer bewußt primitiven, durch modale Klangformen bestimmten Tonalität festgehalten. Der schöpferische Motor seiner Kunst ist der Rhythmus, den er bald als einförmigen ostinaten Schlag, bald in lebendiger, erregender Varietät verwendete, um seiner Musik mitreißenden tänzerischen Elan zu geben. Schlaginstrumente in vielfach abgetönter Besetzung sind ein gewichtiger Bestandteil seines Orchesters, das im übrigen durch Härte des Bläserklanges und unsinnliches, barockisierendes Kolorit der Streicher charakterisiert ist. Seinem Wesen nach Dramatiker, auf die Erneuerung des musikalischen Theaters von seinen Ursprüngen her bedacht, hat Orff volkstümliche Märchenspiele und antike tragische Stoffe, „Antigonae“ und „Oedipus der Tyrann“ nach Sophokles in der deutschen Übersetzung Friedrich Hölderlins, komponiert. Seine Chorkantaten haben auch im Konzertsaal ihre Stellung erobert.

T r i o n f i ist der Titel einer musikalisch-szenischen Trilogie, die den Festspielen der Renaissance nachgebildet ist, einer hymnischen Verherrlichung des Lebens und seiner gesteigerten, sieghaften Bezeugung im Eros, in die Form einer kultischen Zeremonie gefaßt. Das Werk besteht aus drei nach Inhalt und Form verschiedenartigen, nur durch die Gesamtidee zusammengefaßten Kantaten, die in längeren Zeitabständen nacheinander entstanden und in den Jahren 1937, 1942 und 1954 uraufgeführt worden sind.

C a r m i n a B u r a n a , Cantiones profanae cantoribus et choris cantandae comitantibus instrumentis atque imaginibus magicis, ist eine Vertonung lateinischer und deutscher Vagantenlieder des Mittelalters, die der Benediktbeurer Liederhandschrift entnommen sind: Gesänge von Frühling und Liebe, vom Trunk in der Taverne, zart und derb, innig und ausgelassen, aufgeschrieben in gereimtem Mönchs- und Scholarenlatein und kernigem Mittelhochdeutsch, erfüllt von einer ungebändigten Lebenslust, die außerhalb der christlich-klösterlichen Welt und ihrer geistlichen Erhebungen irdische Erfüllung sucht. Die Kantate besteht aus drei Teilen. Der erste, „Primo vere" und „Uf dem Anger" überschrieben, ist eine Idylle, erfüllt von Natur- und Liebesfreude, der zweite, „In taberna", ein Lob des Essens und Trinkens, der dritte, „Cour d'amour", ein ritterliches Liebesfest. Der Anfangschor, der als Schlußchor wiederkehrt, huldigt Fortuna, der launischen, wandelbaren Herrscherin der Welt – ein elementares, aus lapidaren Formeln gefügtes Musikstück über ostinatem Rhythmus, dessen dissonanter, von dröhnendem Schlagzeug akzentuierter Einsatz zu den volkstümlichen Signen neuer Musik zählt:

Die Frühlingsfeier, angekündigt von einem fröhlichen Xylophon-Signal, beginnt mit einer äolischen Unisono-Melodie der Alte und Bässe,

der ein Nachsatz der Soprane und Tenöre folgt. Der Solobariton lobt die helle klare Sonne und die Erneuerung der Natur, die das Herz zu Freude und Liebe stimmt. Das ist das Stichwort für den Chor „Ecce gratum et optatum Ver reducit gaudia“, der sich in fast bänkelsängerische Lustigkeit hineinsteigert:

Eine Tanzmusik in übermütigen, zwischen vier Vierteln und drei Achteln wechselnden Metren versetzt den Hörer auf den Anger. Die Mädchen fragen in weichen, sehnsüchtigen Terzen:

Die Tenöre antworten spottend zum Rhythmus des Reitens „Hinc equitavit, der ist geritten hinnen“. Das Lied der Mädchen „Chramer, gip die Varwe mir, die min Wengel röte“ ist ein Gesang voll zarter Koketterie, der in liebliche Terzenketten ausklingt. Ein Ausbruch lärmender Fröhlichkeit ist der Chor „Swaz hie gat umbe, das sind alles Megede, die wellent an man alle diesen Summer gan“. Dann singen die Chor-Alte eine neue, einschmeichelnde Melodie zu einem alten Liedtext:

Männerstimmen und eine Flöte machen den Refrain. Der

kurze, übermütige Schlußgesang endet mit einem wilden Schrei.

Die Szene wechselt: der zweite Teil spielt in der Schenke. Am Anfang steht das Lied des Archipoeta: „Estuans interius ira vehementi", ein wilder Gesang von der Vergänglichkeit und Nichtigkeit des Lebens, das nur wert ist, der Lust geweiht zu werden, ein atemlos hinstürmendes, in höchste Stimmlage aufgeschwungenes Solo des Baritons. Es folgen das Lamento des gebratenen Schwans in der Pfanne, eine falsettierte Kantilene des Buffotenors, und die trunkene Rede des „Abbas Cucaniensis", auf die der Männerchor mit „Waffna"-Rufen antwortet. Der Chor „In taberna quando sumus", zuerst einstimmig, dann zwei- und dreistimmig gesungen, steigert sich in rhythmischer Monotonie bis zu orgiastischer Fröhlichkeit.

Mit einem ätherischen Klang von Flöte, Trompete, Klavier und Glockenspiel, mit einem tändelnden Knabenchor setzt der dritte Teil ein, das Bild des Liebeshofes. Gesänge des werbenden Ritters, des Baritons, wechseln ab mit denen der Dame, des Solosoprans. Ein Spottchor der Männer „Si puer cum puellula moraretur in cellula" ergibt ein buffoneskes Intermezzo. Chorlieder treiben die Stimmung zum Rausch empor, im reißenden Fluß der Rhythmen klingt wie ein Kinderlied eine naive, liebesselige Melodie auf:

Mit einer perlenden, bis zum hohen D aufsteigenden Koloratur gesteht die Dame ihrem Ritter ihre Liebe: „Dulcissime, ah, totam tibi subdo me." Mit mächtigen Bläserchören,

Glockenspielen und Beckenschlägen setzt der ekstatische Chor-Hymnus ein, der die Venus generosa feiert. Die Wiederholung des Anfangschors „O Fortuna" setzt triumphierendes D-Dur zum langgehaltenen Schlußakkord.

Catulli carmina, der zweite Teil der Trilogie, spielt im cäsarischen Rom; Catullus, der ursprünglichste, gefühlsstärkste Lyriker lateinischer Sprache, ist der Held, seine unglückliche Liebe zu der lasterhaften Clodia, die er mit dem dichterischen Namen Lesbia nennt, ist der Stoff, seine Gedichte, in der Originalsprache gesungen, sind der Text. In der Gesamtkonzeption der „Trionfi" bilden „Catulli carmina" das tragische Mittelstück zwischen den Hymnen der Lebenslust. Sie sind zugleich ein kammermusikalisches Intermezzo zwischen zwei Eckpfeilern von großen klanglichen Dimensionen; das Orchester, das nur als Begleitung der Rahmenchöre in Aktion tritt, besteht aus vier Klavieren und vielstimmigem Schlagzeug, die Chöre des als „Ludus scaenicus" bezeichneten Hauptteils werden a cappella, dem intimen Charakter des Stoffes entsprechend, in kleiner Besetzung gesungen. Die Musik der „Catulli carmina" ist enger als die der „Carmina Burana" an die Bühne, an Szenenbild und tänzerische Darstellung gebunden, Konzertaufführungen sind darum seltener.

Die Einleitung, „Praelusio", ist ein ekstatischer, in einfachsten Klangformen gehaltener, von hämmernden Klavieren begleiteter Chorsatz. Jünglinge und Mädchen, Soprane, Alte und Tenöre, stehen einander, glühend vor Liebesverlangen, gegenüber: „Eis aiona tui sum, ewig bin ich dein." Greise, von Bässen gesungen, warnen sie höhnisch vor der Vergänglichkeit der Liebe und zeigen ihnen zur Abschreckung ein Spiel; „audite et videte: Catulli carmina." Das Hauptspiel beginnt mit Catulls verzweifeltem Bekenntnis: „Ich hasse und liebe. Warum ich das tue, fragst du vielleicht. Ich weiß es nicht, aber ich fühle es und leide.“ Es ist ein kurzer motettischer Chorsatz, aus ein- und mehrstimmigen Partien gefügt, am Schluß von schmerzlichen Dissonanzen zerrissen:

Es folgen, von Tenor und Sopran, den Stimmen Catulls und Lesbias, und vom Chor gesungen, das übermütige Liebeslied „Vivamus, mea Lesbia, et amemus“, die schwärmerische Huldigung „Ille mi par esse deo videtur“ und, als Tenorsolo über leichtfertigem „Lalera la la la“ der Frauenstimmen, das Lied von den Liebesschwüren der treulosen Frau, die in Wind und reißendes Wasser geschrieben sind. Das schönste Stück der Partitur ist ein Notturno: der schlafende Catull träumt von Lesbias Liebe. Das flüsternde, am Ende sanft zum hohen H aufsteigende Sopransolo über gesummten Akkorden der Bässe hat magischen Klang:

Catull erwacht und sieht seinen Rivalen Caelius in Lesbias Armen. Er will seine unselige Liebe durch Leichtsinn betäuben, aber im Gewühl der Dirnen und Liebhaber sucht er nur Lesbia. Der Chor „Miser Catulle“ ist von tragischer Größe. Die Bässe, in Nonen und Dezimen aneinandergekettet, wiederholen unentwegt eine kreisende, ostinate Figur, die Oberstimmen, in Quinten und Okta-

ven geführt, deklamieren mit schneidender Schärfe. Eine dorische Melodie der Altstimmen ist als elegischer Zwischensatz eingefügt. Endlich erblickt Catull seine treulose Geliebte mit Caelius, sie ruft ihn, aber er stößt sie zurück und verzweifelt. Das Spiel ist aus. Die jungen Zuschauer, die schon lange nicht mehr hinsahen, haben die Warnung nicht verstanden. Der Ausbruch des Verlangens übertönt die Lieder Catulls; der wilde Ruf „Accendite faces“ ist das Ende.

Trionfo di Afrodite, Concerto scenico, ist eine Kantate für Solisten, Chöre, Tänzer und großes Orchester, eine Hochzeitsmusik von ekstatischer Bewegtheit nach lateinischen und griechischen Texten Catulls, der Sappho und des Euripides. Der Untertitel „Szenisches Konzert“ trifft den zwiespältigen Charakter des Werkes: Sosehr die Konzeption vom Musikalischen her bestimmt ist, sosehr bedarf doch das „Konzert“ der szenischen Ergänzung; die Musik ist Trägerin tänzerischer Aktion, Entsprechung glänzenden theatralischen Dekors. Die Partitur besteht aus sieben Teilen. „Liebeslied der Jungfrauen und Jünglinge am Abend in Erwartung der Braut und des Bräutigams“, nach der Dichtung Catulls, ist die Einleitung, ein verhaltenes, aus rezitativischen und psalmodierenden Elementen entwickeltes, mit Arpeggien und

Koloraturen verbrämtes Musikstück, das in eine steigernde Stretta ausläuft und mit einer Unisono-Koloratur aller Singstimmen, einem Ruf an Hymen, schließt:

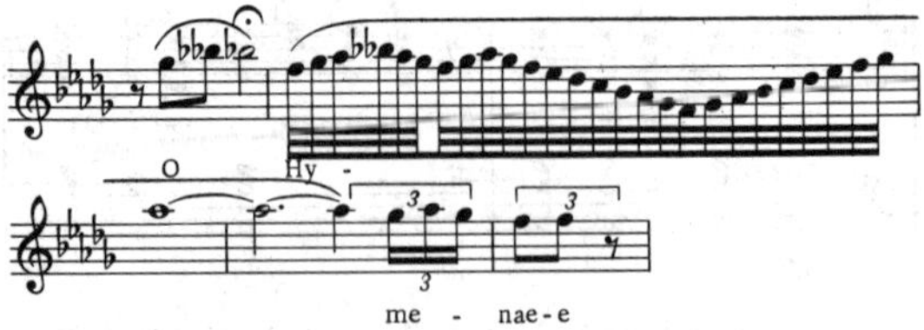

Der zweite, kurze Teil ist der in unregelmäßigen Metren schreitende Hochzeitszug, der dritte ein Zwiegespräch von Braut und Bräutigam, dem der Chor einen zarten Klanghintergrund hinzufügt; beiden Stücken liegen Texte der Dichterin Sappho zugrunde. Die Sologesänge sind in freiem, bald auf einem Ton verharrendem, bald in weite Intervalle ausgreifendem Melos gehalten, das den Klang der Antike nachzuahmen scheint:

Der vierte Teil, die rauschend einsetzende „Invocazione dell'Imeneo", benutzt wieder ein Gedicht Catulls als Text; ein Stück statischer, entwicklungsloser, auf den bitonalen Zusammenklang des C-Dur- und des D-Dur-Dreiklanges gegründeter Musik, die die Chordeklamation auf lange Strecken an den Grundton C bindet; der unmittelbar folgende „Inno all'Imeneo" bringt rhythmische und harmonische Steigerung. Der fünfte Teil,

„Hochzeitliche Spiele und Lieder vor dem Brautgemach", ist eine Folge feierlicher, froher und lustiger Gesänge auf Texte Catulls, vom immer wiederkehrenden Ruf „Jo Hymen Hymenaee" unterbrochen. Es folgt als sechster Teil der „Gesang der Neuvermählten im Brautgemach", ein Duett auf griechische Sappho-Texte, dessen musikalischer Stil dem ersten Gesang der Liebenden entspricht. Die Erscheinung Aphrodites, von Euripides beschrieben, vom Chor über synkopisch rhythmisierte C-Dur-Akkorde und drängenden Sprechgesang zu einem allgemeinen Schrei gesteigert, beendet die Liebesfeier mit einer Klangapotheose.

PAUL HINDEMITH

Als stärkste und ursprünglichste Begabung seiner Generation hat Paul Hindemith (1895–1963) das Gesicht der deutschen Musik in der ersten Hälfte des 20. Jahrhunderts wesentlich mitbestimmt. Er war einer der ersten, die der spätromantischen Harmonik das Prinzip der barocken Linearität entgegenstellten. Seine frühen Kammermusikwerke, hart und klar instrumentierte Kompositionen voll motorischer Energie, reich an zeitgebundenen Elementen und an parodistischen Zügen, ließen ihn zu Beginn der zwanziger Jahre als Revolutionär erscheinen. Er fand Anschluß an die Jugendmusikbewegung und hat in den Instrumental- und Chorsätzen des „Plöner Musiktags" Muster einfacher Gebrauchsmusik geschaffen. Durch den Nationalsozialismus, der die Aufführung seines musikdramatischen Hauptwerkes „Mathis der Maler" verbot, aus Deutschland vertrieben, lebte er in Amerika; seit 1950 nahm er, in Zürich wohnend, wieder tätig am europäischen Musikleben teil. Sosehr Paul Hindemith zur Loslösung der modernen Musik von der

Romantik beigetragen hat, so hat er andererseits das Prinzip der Tonalität niemals angetastet und das Recht des Grundtons in seiner „Lehre vom Tonsatz“ mit religiös-philosophischen und physikalisch-akustischen Argumenten vertreten; er galt daher in seiner Spätzeit als Reaktionär. Seine Musik verdient mit überzeitlichen Maßstäben gemessen zu werden.

Das Unaufhörliche, Oratorium in drei Teilen mit einem Text von Gottfried Benn, für Sopran, Tenor, Baß, gemischten Chor, Knabenchor und Orchester, 1931 vollendet, darf als Hindemiths bedeutendstes Chorwerk gelten. Die Dichtung Gottfried Benns ist ein Bekenntnis moderner vitalistischer Weltanschauung in poetisch inspirierter, spätexpressionistischer Sprache. „Das Unaufhörliche“ ist das Prinzip des Lebens, das sich in immerwährendem Werden und Vergehen, im naturhaften Gegensatz der Rassen und Völker, in der Polarität von Glauben und Intellekt, von Mythos und Fortschritt bezeugt. Der Text ist zwischen Chöre und Solisten aufgeteilt, die die Problematik des Stoffes in Rede und Gegenrede behandeln. Monumentale Chorsätze wechseln ab mit intimen, liedhaften Solostücken, das Ganze gliedert sich in drei Teile.

Die Worte „Das Unaufhörliche. Großes Gesetz“ stellt der Chor gleichsam als eine auskomponierte Überschrift an den Anfang; die Stelle ist darüber hinaus ein Bei-

spiel Hindemithscher Polyphonie und tonaler (auf B bezogener), auf der Zwölftonskala basierender Harmonik. Nach diesem Vorspruch wird das Hauptthema des Satzes vom Orchester in einem Präludium vorgestellt, das in ein fanfarenartiges Bläser-Unisono ausklingt; dann führt der Chor das Thema in einem vollklingenden vierstim-

migen Satz durch, in dem auch das Thema des Vorspruchs und sein Anhang Bedeutung gewinnen. Der erste

Teil des Satzes, der das „Unaufhörliche" als die verrinnende Zeit begreift, die Welten und Menschen in die Vergangenheit hinabsinken läßt, endet dominantisch auf dem Quintklang f-c. Unmittelbar darauf folgt ein fugierter Teil in lebhaftem, scherzoartigem Dreivierteltakt, der auf den Grundton fis bezogen ist; sein Thema ist mit einem markanten Kontrapunkt gekoppelt:

Der Schluß „O Haupt, von Gold und Doppelflügeln umarmt, das Unaufhörliche, es beugt auch dich" (die Drohung an den Mächtigen) wird zum strahlenden, in den langgehaltenen Dur-Dreiklang auf Fis ausklingenden Triumph des übermächtigen Prinzips. Dann haben die Solostimmen das Wort. Ein ruhiger Zwiegesang des Soprans und des Tenors, die in zwei „Stollen" alternieren und im „Abgesang" in Oktaven zusammengehen, meditiert über das dunkle Geheimnis. Eine lebhafte, dreiteilige Baß-Arie klingt wie Auflehnung gegen die Vergänglichkeit, die die ehernen Gesetzestafeln des Moses und die „Wälle der Cäsaren" vernichtet; der Männerchor beschließt den aufrührerischen Gesang mit den wilden Rufen: „Hinan! hinab!" Ein Lied des Soprans, in Dichtung und Musik eines der kostbarsten Stücke der Partitur, schwärmt von schwermütigem Zauber der versunkenen Antike, von Göttern, Flöten und Säulen, von Asche und Blumengeruch. Ein ruhiges Ensemble, das aus der Fis-Tonalität in verwandte und entfernte Regionen schweift, faßt den Gedankengehalt des ersten Teiles zu zeremoniellem Wechselgesang von Chor und Solistenterzett zusammen.

Im zweiten Teil löst dramatische Diskussion die lyrische Betrachtung ab. Fragen werden gestellt und beantwortet, Hoffnung und Resignation, Glaube und Verneinung stehen einander in allen Stücken in gedanklicher Kontrapunktierung gegenüber. Der Solosopran, die Stimme der Frau, singt das Lob des hellen Tages und fragt: „Soll man denn keine Kinder gebären, weil sie vergehn?" Der Frauenchor verwirft ihre Frage und läßt sie ohne Antwort; der ruhelos pochende Paukenrhythmus, der dem ganzen Stück untergelegt ist, schwillt am Ende zu dröhnendem Fortissimo an und reißt unvermittelt ab. Der Tenor tritt in einem gewichtigen Arioso für die Wissenschaft, für das Hirn des Denkers ein; aber der Baß singt vom Kern der Dinge, an den das Denken nicht rührt: „Verwandlung unaufhörlich reicht ihren Becher Nichts, den dunklen Trank." Beide Stimmen gehen, ohne sich zu verbinden, im Duett nebeneinander her. Das Lob des Fortschritts, der Raketenautos und der Sternenprojektile, das der Baß danach anstimmt, ist ein parodistischer Geschwindmarsch; dem Ruf „Hoch die mythenlose weiße Rasse" stellt der Chor in leisen, gehaltenen Akkorden den Satz gegenüber, der nun zum Leitspruch wird: „Schmeckt ihr den Becher Nichts, den dunklen Trank?" Die Sopranstimme plädiert für die Kunst: eine zart und ornamental begleitete Arie über einem zweitaktigen ostinaten Baßmotiv, die zum Duett wird; der Solobaß repliziert, daß auch die Kunst der Vergänglichkeit unterworfen ist: „Säulen, die ruhn, von Hermen rinnt es, weiße, parische Asche, Vergänglichkeit von hellen Himmeln." Der Chor stellt die Frage nach der Religion:

Dreimal preist der Chor die Herrlichkeit der Götter, die mit Drachenfüßen gehen und auf Donnerwagen fahren, die mit Blumen und Opfern die Träume der Menschen vorlebten, aber immer wieder zerstört der Solobaß als Widersacher den Glauben durch den Hinweis auf die Vergänglichkeit der Tempel und der Riten. Das Ganze ist ein Chorsatz in Passacaglia-Charakter, der durch die Einwürfe der Solostimme in vier Teile zerlegt wird; ein weiträumiger Tonartenplan, der neben der Haupttonart H die Nebentonalitäten E, Es, Gis, G, Cis als Schwerpunkte setzt, hält das vielgliedrige Stück zusammen. Die letzte Frage stellt die Frauenstimme, die Frage nach der Liebe. Der Chor stimmt in ihren schwärmerischen, von zarten Orchesterstimmen begleiteten Gesang ein:

Aber der ironische Widerspruch des Basses zerstört auch diesen Traum; der Ausklang besingt den dunklen Trank des Nichts.

Ein Vorspiel, das das Hauptthema des folgenden Chores in instrumentaler Auszierung vorwegnimmt, eröffnet den dritten Teil des Oratoriums: ein ruhiger Satz von feierlicher Schönheit, mehr durch Kraft der weitgeschwungenen Linienführung als durch akkordische Klangfülle wirkend. Ein Wechselchor behandelt ein Thema, das zu den beherrschenden Problemen der Epoche gehört: den Gegensatz von Asien und Europa, von Alter und Jugend, Ruhen und Schaffen, Traum und Tat. Ein Chor der tiefen Stimmen, Baß und Alt, singt von den uralten Völkern Asiens, Tenor und Sopran vertreten die jungen Völker Europas. Dem Wechselgesang, der stets im gleichen, lebhaften Zeitmaß gesungen wird, liegt ein Thema zugrunde, dessen Intervallfolge in vielfacher Gestalt wiederkehrt:

Die drei Solostimmen betrauern die Situation des Menschen, der als Ich hilflos in das rätselhafte All gestellt ist, ein Lied des Tenors feiert melancholischen Abschied von der Welt. In grellem Kontrast meldet sich noch einmal die Stimme des Widersachers zum Wort; ein Couplet des Basses verhöhnt die Welttrauer und die Frage nach dem Sinn: „Das ist ja alles Tiefsinn, Feldkult, Mythe. Ich bin von heute, ich bin Relativist.“ Noch einmal klingen die frechen Rhythmen und die parodistischen Instrumentaleffekte des jungen Hindemith auf. Dann aber ist aus Frage und Widerspruch die Lösung gewonnen. Ein feierlicher Marsch setzt ein, zum Männerchor tritt ein zweistimmiger Knabenchor, der jugendlich-gläubig die positive Wendung verkündet: „Uns aber soll ein andres Wort begleiten: das Ringende geht in die Schöpfung ein.“ Und weiter in schlichtem, transparent begleitetem zweistimmigem Satz: „Das Leidende wird es erstreiten, das Einsame, das Stille, das Tiefe, das allein die alten Mächte fühlt, die uns begleiten: und dieser Mensch wird unaufhörlich sein.“ Der Schlußchor ist eine großartige Zusammenfassung des gedanklichen Gehalts, ein Hymnus auf den Menschen, der dem Verfall und dem Wandel trotzt. Chor, Knabenchor und Solisten sind beteiligt, das Orchester stützt das schwungvolle vokale Melos durch eine mächtige Fülle von Instrumentalklang. Die reiche harmonische Entwicklung des Satzes berührt an Schwerpunkten immer wieder die Grundtonart C. Der Baß bleibt endlich auf einem 14 Takte langen Orgelpunkt F liegen und sinkt dann in zwingender Kadenz diatonisch von der Septime B über Ges, F, Es, Des zum Grundton C hinab; ein langgehaltener Dur-Dreiklang ist der frohe, kraftvolle Ausklang.

Als Flieder jüngst mir im Garten blüht, ein Requiem „für die, die wir lieben“ für Mezzosopran und Baritonsolo, Chor und Orchester, ist im Jahre 1946, nach dem Ende des zweiten Weltkrieges, komponiert worden. Hindemith hat sich eine Dichtung Walt Whitmans, die auf den Tod des amerikanischen Präsidenten Abraham Lincoln geschrieben war, als Text gewählt und sie zur Klage um die Toten des jüngsten großen Krieges umgedeutet; die zart-elegischen Stimmungen und die großartigen, die Weite des amerikanischen Kontinents überschauenden Bilder der Dichtung spiegeln sich in einer Kantate, in der intime, kammermusikalisch begleitete Sologesänge und klanggewaltige Chöre zu einem Ganzen von fast liturgischer Würde und Feierlichkeit verbunden sind. Die Dichtung deutet Natureindrücke als Symbole der Todestrauer: die Fliederblüte im Garten, die untergehende Sonne im Westen, das nächtliche Lied eines Vogels im Ried mahnen den Dichter zum Gedenken an den, der ihm lieb war. Dann steigt die Vision eines Trauerzuges auf, ein Sarg fährt durch das Land, durch Ährenfelder und trauernde Städte, begleitet von Prozessionen und Litaneien, von Orgel und Glockenton – Erinnerungen an die Zeremonie, die den ermordeten Präsidenten Lincoln zu Grabe geleitete. Neben dieses dunkle Bild wird die glänzende, lebendige Schilderung des Landes Amerika gestellt mit Ebenen und Flüssen, mit Fabriken und Schiffen, mit Seen und Wäldern. Der Schluß ist ein „Hymnus für den Tod". Aus der gespenstischen Vision geisterhafter Heere von gefallenen Soldaten fließt der Trost: „Voller Ruhe schienen sie, sie litten nicht." Milde Trauer ist der Ausklang.

Hindemiths Komposition folgt den Akzenten der Dichtung. Ein hart und schwer rhythmisierter Trauermarsch, wie ein düsterer Prozessionsgesang vom Chor angestimmt, geleitet den Sarg:

Das Bild Amerikas ist eine kraftvolle, durch eine Introduktion vorbereitete Chorfuge über ein weitgespanntes, energiegeladenes Thema:

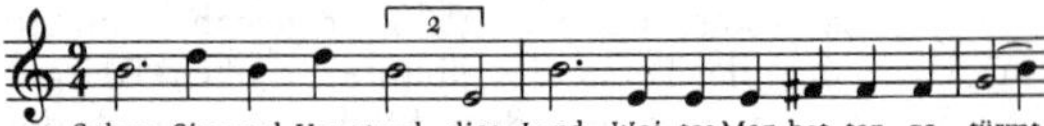

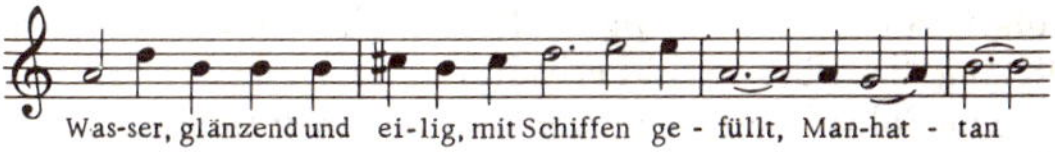

Der Satz hat dreiteilige Form. Auf den ersten fugierten Teil folgt ein lyrisches Mittelstück, dann setzt die Fuge als freie Reprise wieder ein. Ein kurzes Orchesterzwischenspiel führt zu einer klangprächtigen Coda: „Schau dies Land, weites, üppiges Land, Missouri, Ohios Strand, Süden und Norden im Licht.“ Der „Hymnus für den Tod“ ist das zentrale lyrische Stück des Werkes. „Komm, lieber und sanfter Tod“ intoniert der Chor leise und ruhig in homophonem Satz. In fließendem Dreivierteltakt wird die dunkle Todesnacht besungen, der Schluß steigert sich zur Emphase und sinkt ins Pianissimo zurück: „Erschall mein Hymnus voll Lust zu dir, o Tod.“ Der vierte der großen Chorsätze ist die Vision der toten Soldaten. Ein bizarrer Marsch der Blechblasinstrumente leitet sie ein. „Geisterarmeen erspäht' ich“, berichtet der Solobariton, „und ich sah, wie in trübem Traum kriegerische Fahnen wehn.“ Der Chor, pianissimo einsetzend, führt die Vision fort, singt von zerrissenen, blutigen Fahnen, die im Pulverrauch schwanken. Wieder erklingt der grelle Marsch. Der Bariton beschwört das Bild des Todes: „Das weiße Gebein von Jünglingen sah ich, sah Schutt und Staub.“ Aber der Chor, in leisem Unisono in tiefer Stimmlage beginnend, spricht das lösende Wort:

Zum dritten Mal setzt der Marsch ein, eine Trompete

bläst von ferne ein Signal hinein, dann versickert der Klang, das düstere Bild erlischt.

Die Solostimmen vertreten das lyrisch-intime Element. Dem Mezzosopran ist das wehmütige Vogellied zugeteilt, das das ganze Werk durchzieht. Der Bariton eröffnet die Kantate nach einem kurzen, auf dem langgehaltenen Orgelpunkt Cis ruhenden Orchestervorspiel mit der Elegie auf Fliederblüte und Abendsonne, in die der Chor einstimmt. Er hat die führende Stimme in den Trauergesängen, die das große Chorgemälde Amerikas vorbereiten. Er stimmt den Hymnus an „Denen, die wir lieben", verbindet sich mit dem Mezzosopran zu einem Duett, das das Vogellied variiert, und singt den Schlußgesang: „Schwinden die Bilder, schwindet die Nacht", am Ende vom Mezzosopran in der höheren Oktave verstärkt, von leisem Unisono des Chores und zart angeschlagenen cis-Moll-Dreiklängen des Orchesters begleitet; schlicht und schmucklos, von herbem, sprödem Klang wie das Ganze ist auch der Schluß.

A p p a r e b i t   r e p e n t i n a   d i e s, Kantate für vierstimmigen gemischten Chor und Messingblasinstrumente, 1947 entstanden, ist auf ein lateinisches Gedicht des Mittelalters komponiert, das ähnlich wie die Dies-irae-Sequenz den Tag des Jüngsten Gerichtes ausmalt. Der Komponist gliedert seinen Text in vier Chorsätze; die Bläserbegleitung will den strengen archaischen Klang der Dichtung auch in der Musik hörbar machen. Die Hörner setzen mit einer kurzen Fanfare ein, die das ganze Blasorchester mit dem Dreiklang der Grundtonart As-Dur beantwortet. Dann beginnt ein rasches fugiertes Vorspiel, das später notengetreu als Begleitung des Chores wiederkehrt:

Der Chorsatz ist schlicht, oft homophon, nur stellenweise durch kontrapunktische Kunst kompliziert. Der erste Teil behandelt den Anbruch des Gerichtstages und das Nahen des Richters in seiner strahlenden Majestät. Der zweite Teil enthält die Urteilssprüche. Die Chorbässe vertreten in rezitativischer Einstimmigkeit die Stimme des Richters, der Frauenchor singt die frohen und angstvollen Erwiderungen der Gerechten und der Sünder. Im dritten Teil wird der Höllensturz der Verdammten den Freuden des Himmels entgegengestellt, die die Gerechten erwarten. Kurz, von Aufschreien eines Sechzehntelmotivs der Bläser begleitet, ist die Schilderung der Verdammnis; die Herrlichkeit der „ewigen Stadt Jerusalem" wird durch eine feierliche Passacaglia über ein elftöniges Thema versinnbildlicht:

Der vierte Satz, eine Mahnung zu Frömmigkeit, Armut und Keuschheit, ist in zwei kurze Chorstrophen gefaßt, deren kantable Vierstimmigkeit das Vorbild des Bachschen Choralsatzes nachahmt.

Die Messe für gemischten Chor a cappella, Paul Hindemiths letzte, 1963 entstandene und am 12. November desselben Jahres in Wien uraufgeführte Komposition, darf als ein Werk der Rückschau betrachtet werden; in der schlichten, den Aufwand an polyphoner Kunst eher verhüllenden als zur Schau stellenden Meisterschaft ihres vierstimmigen Satzes, in der Dichte und Prägnanz ihrer von tiefem religiösem Gefühl erfüllten Formen ist sie der sinngemäße, harmonische Abschluß seines Schaffens. Der Komponist greift auf traditionelle Mittel der alten Polyphonie, auf Imitation, Cantus-firmus- und Fauxbourdon-Technik zurück; zugleich scheint er sich gewisser lyrischer, noch der Romantik nahestehender Klangformen seiner Frühzeit zu erinnern, woraus sich die persönliche Färbung und die bei aller Formstrenge spontane Ausdruckswirkung seiner Tonsprache ergeben. Das etwa zwanzig Minuten lange Werk besteht aus sechs tonal gebundenen Sätzen. Das dreiteilige, in Fis stehende Kyrie, dem ein Quartenthema zugrunde liegt:

fesselt durch lyrische Stimmungseinheit, welche die ruhigen Rahmenstücke „Kyrie eleison" und den lebhafteren, drängenden Mittelteil „Christe eleison" ineinander verschmilzt. Das auf den Grundton Cis bezogene Gloria verarbeitet den liturgischen Text Satz für Satz durch Aneinanderreihung kurzer, durch Fermaten getrennter Episoden. Der Chorsatz ist stellenweise fünfstimmig; bei der Anrufung Jesu Christi „Domine Deus, Agnus Dei" verstärkt er sich durch sonore Nonenakkordfolgen der Unterstimmen zu Siebenstimmigkeit. Das Amen ist ein im vierfachen Kontrapunkt angelegter Cantus-firmus-Satz über die gregorianische Intonation „Gloria in excelsis Deo", die nacheinander im Alt, Sopran und Tenor, zuletzt oktaviert im Baß erscheint; ein Cis-Dur-Dreiklang ist der Ausklang. Das ausgedehnte, sich durch die A-Tonalität abhebende Credo beginnt mit einem kraftvoll konturierten Thema, dessen weite Intervalle durch Glissandi überbrückt werden. Wie in den meisten Messekompositionen zeichnen sich Incarnatus und Crucifixus durch zarte Klangmystik aus; „et sepultus est" ist ein schmerzliches, von f nach cis modulierendes Melisma des Soprans über dunklen Pianissimo-Harmonien. Bei den Worten „Et in spiritum sanctum" kehrt das kraftvolle Anfangsthema wieder; der Schlußteil „Et expecto resurrectionem mortuorum et vitam venturi saeculi", mit „langsam und verklärt" überschrieben, wird von einem Ostinato-Baß getragen, der sich am Ende als Unisono aller Stimmen durchsetzt und in eine zweitaktige A-Dur-Kadenz mündet.

Der Hauptteil des von naturalistischen Chorrufen eingeleiteten Sanctus ist eine Passacaglia in Fis, deren Thema im Unisono aller Stimmen aufgestellt und darauf vom Alt durch zwölf Variationen festgehalten wird.

Das Benedictus, welches in Cis steht, ist „nach Art eines Faux Bourdon" gesetzt: Die drei Unterstimmen sind in Quartsextakkorden aneinander gebunden, der Sopran wechselt zwischen gehaltenen Noten und leichtem Sechzehntel-Parlando. Von besonderem Reiz ist die „Hosanna"-Fuge, deren lyrisch-kantablem Thema (a) ein fanfarenartiger, neunmal in gleicher Tonhöhe wieder-

a) 

b) 

kehrender Baß-Ostinato (b) entgegengesetzt ist. Das zarte, die Fis-Tonalität bestätigende Agnus Dei knüpft thematisch an das Kyrie an, woraus sich für die ganze Messe die Andeutung einer zyklischen Form ergibt; die akkordisch psalmodierenden Unterstimmen führen zu einem schwebend kadenzierenden, mystisch verhaltenen Schluß.

ERNST KRENEK

Ernst Kreneks (* 1900) in den Jahren 1941 und 1942 entstandene Lamentatio Jeremiae Prophetae für gemischten Chor a cappella ist bemerkenswert als Versuch, einen liturgischen Text mit den Mitteln der modernen, dodekaphonischen Musik, zugleich aber mit deutlicher Beziehung auf die rituelle Tonsprache der kirchlichen Tradition zu komponieren; der stilistische Reiz des Werkes beruht auf dem Eindruck der Verschmelzung gegensätzlicher Elemente, auf der Spannung von archaisch strenger Linearität und neuer freier Klanglichkeit. Der lateinische Text umfaßt die Abschnitte aus den Klageliedern des Jeremias, die in der katholischen Liturgie des Gründonnerstags, Karfreitags und Karsamstags rezitiert werden. Jeder der drei Abschnitte gliedert sich in drei Lektionen, die aus mehreren Versen bestehen und in die Anrufung „Jerusalem, convertere ad Dominum Deum tuum" (Jerusalem, bekehre dich zum Herrn, deinem Gott) ausklingen. Die hebräischen Buchstaben, welche die Verseinteilung markieren, sind nach dem Vorbild der katholischen Fastenliturgie mitkomponiert, teils als selbständige Sätzchen, teils in den Text verflochten.

Aus den vier Tönen der gregorianischen Intonation

a) 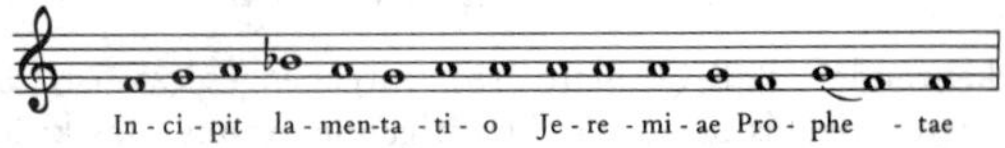

b) 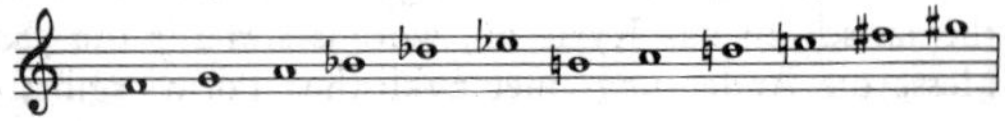

(a), welche nur in der ersten und in der letzten Lektion vollständig als Cantus firmus zitiert wird, hat der Komponist eine zweiteilige Grundreihe (b) entwickelt, deren sechstönige Hälften durch Transposition und Verschiebung des Anfangstons (Rotation) vielfältig verarbeitet werden. An kontrapunktischen Künsten wird nicht gespart; die erste Lektion des zweiten Abschnitts beginnt

mit einem vierstimmigen Kanon in der Vergrößerung und in Gegenbewegung („Cogitavit Dominus"), die zweite mit einem vierstimmigen endlosen Doppelkanon, ebenfalls in der Vergrößerung und in Gegenbewegung („Matribus suis dixerunt"); den Ausklang des Abschnitts („Jerusalem") bildet ein sechsstimmiger Krebskanon. Die umfangreiche dritte Lektion des dritten Abschnitts („Recordare, Domine") ist als Sonatenform mit zweithematiger Exposition, Durchführung, Reprise und Coda ausgeführt. Der meist vierstimmige Chorsatz verdichtet sich zuweilen zu Sechs- und Achtstimmigkeit; der lineare Ablauf wird von akkordischen Episoden unterbrochen; die Monotonie der geistlichen Klage wird durch reiche klangliche Differenzierung belebt. Die neunstimmigen Schlußtakte des Werkes geben einen Begriff von der Fülle und Klangphantastik, die der Satz an Höhepunkten erreicht. (Zitat S. 589.)

BORIS BLACHER

Boris Blacher (1903–1975), erfolgreicher, durch einen ausgeprägten Personalstil auffallender Komponist von Instrumental- und Bühnenwerken, hat zwar nur wenige, aber eigenartige und zeitwichtige Chorwerke geschrieben; neben dem Dostojewski-Oratorium „Der Großinquisitor" von 1942 (für Bariton, Chor und Orchester) und der Hans-Arp-Kantate „Träume vom Tod und vom Leben" Opus 49 von 1955 (Tenorsolo, Chor und Orchester) ist vor allem sein in den Jahren 1958 und 1959 entstandenes Requiem Opus 58 für Sopran, Bariton, gemischten, vier- bis achtstimmigen Chor und Orchester von Bedeutung, ein fesselnder, in der Wirkung überzeugender Versuch, dem liturgischen Text mit den Mitteln einer unkonventionellen, lapidaren und pathoslosen Tonsprache gerecht zu werden. Das Werk ist ein Beispiel des Blacherschen Spätstils, eine ausgesparte, transparente Konstruktion aus fein gezogenen thematischen Linien, harten Akkordklängen und scharf profilierten rhythmischen Gestalten; das stark besetzte, vier Schlagzeugspieler erfordernde Orchester tritt nur selten geschlossen auf; der Chor wird oft nur von leichten Klangstützen, Soloinstrumenten oder Schlagzeug begleitet. In fugierten Episoden und in Andeutungen einer freien Tonalität wird eine Annäherung an die kirchenmusikalische Tradition erkennbar.

Das dreiviertelstündige Werk besteht aus sieben Sätzen, unter denen „Dies irae", „Sanctus" und „Libera me" durch Umfang und Bedeutung hervorragen. Ein geisterhaftes, aus dem Nichts aufklingendes Wechselspiel von Solovioline und gedämpftem Horn mit den leitmotivischen Tönen D, Cis und C, zu denen nacheinander A, G, Fis und F als Elemente einer D-Tonalität hinzutreten, eröffnet das „Requiem aeternam"; das verhaltende Psalmodieren der Solo- und Chorstimmen geht mit dem Anruf „Kyrie eleison" in einen fugierten Satz über, der ein d-Moll-Thema kunstvoll mit Umkehrung und Krebsgang durchführt. Das „Dies irae" ist reich an naturalistischen, die Schrecken des Jüngsten Tages malenden Effekten. Ein einziger Tremolo-Takt der Bässe, der Pauke und der großen Trommel auf dem Ton D, vom Pianissimo zum Fortissimo anwachsend, genügt dem Komponisten, die Stimmung der Angst hervorzurufen, die den ganzen Satz erfüllt. Sogleich setzen die Chortenöre mit dem „Dies-irae"-Thema ein, welches wieder aus den Tönen D–Cis–C gebildet ist und an die rhythmische Deklamation des gregorianischen Themas anklingt, während die übrigen Stimmen mit geflüsterten, abgerissenen Einwürfen begleiten. Das „Tuba mirum" steigert die Angst zum Entsetzen. Trompeten, Posaunen und Hörner wechseln, mit dem Sekundenklang C–Cis–D einsetzend, mit langgehaltenen dissonanten Akkordrufen ab, ein Schreckenskonzert himmlischer Herolde, die zum Gericht rufen. Zum „Dies-irae"-Thema des Chors gesellt sich eine jagende Achtelfigur, die vom Orchester übernommen wird. „Quid sum miser tunc dicturus" singt der Solobariton in fragend aufwärtsdrängenden Koloraturen; der Ruf „Rex tremendae majestatis" ertönt in massiertem Chor- und Bläserklang, der sich bei der Bitte „Salva me, fons pietatis" in durchbrochenen, chromatisch gleitenden Satz auflöst. Das „Recordare", ein Duett der Solostimmen, bringt eine neue Verwandlung des allgegenwärtigen Dreitonmotivs, das zugleich als Melodie und als Baß erscheint; „Ingemisco tamquam reus" ist ein Sopransolo von leidenschaftlichem Ausdruck. Im „Lacrymosa" tritt der Chor wieder ein; das sechsstimmige „Amen" schwingt in gebundenen Melismen gedämpft und verhalten aus.

Auf das kurze, von den Solisten intonierte, vom Chor psalmodierend weitergeführte „Domine Jesu" folgt das breit ausgeführte, doppelchörige „Sanctus", dem thematisch eine vom Grundton D aus absteigende Skala und ihre Umkehrung zugrunde liegen. Von besonderem Reiz ist das zarte, von einem Flötenduett (Thema und Umkehrung gekoppelt) eingeleitete „Agnus Dei", in welchem Solostimmen, Frauen- und Männerchorgruppen alternieren; „Lux aeterna" ist ein expressives, von wenigen instrumentalen Klangtupfen begleitetes Adagio des Solosoprans. Mit einer stürmischen zwölftönigen Orchesterpassage setzt der Schlußsatz „Libera me" ein. Solo- und Chorstimmen verbinden sich zu verzweifelten, ab- und wieder anschwellenden Bittrufen, die auf einem letzten, vom vollen Orchester akzentuierten Höhepunkt plötzlich abreißen. Die Antwort ist Schweigen. Nach einer Generalpause erklingt noch einmal das ätherische, nun in das Nichts ausklingende Tonspiel des Anfangs; demütig und ergeben wiederholen die Solostimmen die Bitte um ewige Ruhe.

WOLFGANG FORTNER

Wolfgang Fortners (1907–1987) Kantate Die Pfingstgeschichte für Tenorsolo, sechsstimmigen Chor, 11 Instrumentalsolisten und Orgel ist in den Jahren 1962 und 1963 entstanden; sie erneuert die alte Kantatenform mit den Mitteln der nachseriellen Musik. Der Komposition liegt der gekürzte Bericht von der Ausgießung des Heiligen Geistes, Apostelgeschichte des Lukas 2, 1–38, zugrunde. Der Text der Erzählung ist auf den Solotenor, den „Evangelisten“, und den Chor verteilt; der Solist singt auch die Worte des Petrus, die Einwürfe des Volkes sind dem Chor zugeteilt. Der Solopart ist überwiegend im Charakter eines begleitenden Rezitativs gehalten, bindet sich aber zuweilen, vor allem in der Rede des Petrus, zu geschlossener arioser Form. Der Chor ist als komplexer Klangkörper behandelt, derart, daß die Textworte syllabisch auf verschiedene Stimmen verteilt werden und das Verständnis des Sinnes sich für den Hörer aus der Zusammenfassung des Klangbildes wie aus einem Mosaik von Einzeltönen ergibt. Im Instrumentalpart tritt die Orgel mit Vor- und Zwischenspielen solistisch hervor; das Schlagzeug (Xylophon, Vibraphon, Trommel, Holzblock, Becken, Maracas, Gong und Glocken) bestimmt streckenweise das Kolorit.

Die Erzählung ist in drei Abschnitte gegliedert. Nach einer dreiteiligen, durch eine freie Kadenz bereicherten Orgelfantasie beginnt der Solotenor rezitativisch. Mit den Worten „und es geschah schnell ein Brausen vom Himmel“ fällt der Chor ein (Sopran und Baß sind geteilt); die Stelle, die dreimal in jeweils gesteigerter Tonstärke wiederholt wird, ist bezeichnend für den durchbrochenen, syllabisch aufgespaltenen Satz, der von mitgehenden Instrumenten verstärkt und von Schlagzeugwirbeln untermalt wird. In ähnlicher Weise wird die Erscheinung der feurigen Zungen vom Chor geschildert;

Sopran
und es ge-schah ein ein
und es schnell
Alt
und es ge-schah ein
Tenor
schnell Brau -
Bass
Brau - - -
ge-schah schnell
- sen vom Him -
Him -
Him - - mel
vom
- sen vom -mel
Brau - - - - sen -mel

das Predigen der Apostel ist ein verhaltenes Parlando auf liegenden Tönen, das geheimnisvoll in tonlosem Flüstern verklingt. Nach einem „Contrapunctus“ überschriebenen Orgelzwischenspiel beginnt der zweite Abschnitt mit einem Rezitativ des Erzählers. Das Erstaunen der Zuhörer über das Zungenwunder äußert sich in einem Sprechchor, der bald in gesungenen Satz übergeht; der Spott der Ungläubigen „Sie sind voll süßen Weins“ ist ein viertaktiges Walzer-Intermezzo. Die Rede des Petrus, das Kernstück des Werkes, gipfelt in dem Bekenntnis zu Jesus Christus, dem Gekreuzigten und Auferstandenen; sie wird gekrönt von einem dritten, majestätischen Orgelsatz „Conclusio“. Der letzte, kurze Abschnitt enthält die Frage des Volkes „Ihr Männer, liebe Brüder, was sollen wir tun?“ und die Aufforderung des Petrus zu Buße und Taufe. Den Abschluß bildet der Pfingstchoral „Komm Heil'ger Geist, Herre Gott“. Der frei erfundene Satz, der Frauen- und Männerstimmen doppelchörig kontrastiert, wird vom Cantus firmus „Veni creator spiritus“ im Orgelpedal getragen und von feierlichen Glockenklängen begleitet.

BENJAMIN BRITTEN

Benjamin Britten (1913–1976), in Lowestoft in der englischen Grafschaft Suffolk geboren, hat seine Schaffenskraft vor allem der Oper gewidmet, daneben aber auch das Lied und die Instrumentalmusik gepflegt. Sein Stil verschmilzt Nachklänge des Impressionismus mit Anregungen neuerer Kompositionsmethoden und mit traditionellen Formelementen. Seine Musik zeichnet sich vor allem durch zwei Eigenschaften aus: Kantabilität, die aus dem nahen Verhältnis des Komponisten zur menschlichen Stimme hervorgeht, und sinnfälligen Wohlklang, der das der modernen Musik innewohnende dissonante Element sänftigt und überwindet. Britten war wohl der repräsentative Meister der englischen Musik, der er die lange verlorene Weltgeltung zurückgewonnen hat.

War Requiem, für Sopran, Tenor und Bariton Solo, gemischten Chor und Knabenchor, Orchester und Kammerorchester, ist Benjamin Brittens bedeutendster Beitrag zur großen Tradition der englischen Chormusik, der er außerdem mit den Weihnachtszyklen „A Boy was born“ und „A Ceremony of Carols“ gedient hat. Das Kriegs-Requiem wurde komponiert für die Wiedereröffnung der im zweiten Weltkrieg von deutschen Fliegern zerstörten Kathedrale von Coventry und dort im Juni 1962 aufgeführt; der Charakter der Aufführung als einer Versöhnungsfeier wurde auch dadurch betont, daß ein englischer und ein deutscher Sänger, Peter Pears und Dietrich Fischer-Dieskau, die männlichen Solopartien sangen. Das Werk vereint kirchlich-liturgische Feierlichkeit mit aufrührender Aktualität, es ist ebensowohl kultische Musik wie engagierte Zeitkunst. Britten hat dem lateinischen Text der Totenmesse Verse des englischen Dichters Wilfred Owen eingefügt, der fünfundzwanzigjährig in den letzten Tagen des ersten Weltkriegs gefallen ist; Verse der Klage, der Anklage und der Auflehnung gegen den grausamen Wahnsinn des Krieges, die sich mit den Gebeten und Verheißungen der Totenmesse verbinden oder zu ihr in bitterem, fast blasphemischem Kontrast stehen. Die Partitur besteht aus den sechs Teilen „Requiem aeternam“, „Dies irae“, „Offertorium“, „Sanctus“, „Agnus Dei“ und „Libera me“, in die die englischen Gedichte beziehungsvoll verschmolzen sind. Der Requiem-Text ist dem Chor, dem Solosopran und dem großen Orchester, die Einfügungen sind dem Solotenor und dem Solobariton, den Stimmen des englischen und des deutschen Soldaten, und dem Kammerorchester zugeteilt, so daß der Wechsel von kirchlicher

Feierlichkeit und freier lyrischer Meditation schon äußerlich durch den Kontrast des Klangvolumens deutlich gemacht ist.

Der erste Teil ist das Bild einer Totenfeier. Über einem dumpfen, mit einem Gongschlag intonierten Akkord klingen Glocken, im schmerzlichen Tritonus-Intervall c-fis gestimmt; der Chor murmelt auf denselben Tönen psalmodierend die Worte „Requiem aeternam dona eis Domine". Ein drängendes orchestrales Zwischenspiel steigert den Klang bei der Stelle „et lux perpetua luceat eis" zum Forte. Der Knabenchor stimmt eine einstimmige, von gläubiger Zuversicht beschwingte Melodie „Te decet hymnus" an, die bald ermattend auf dem zweistimmig gehaltenen Tritonus-Klang c-fis liegen bleibt, worauf der große Chor wieder mit seinen gedämpften, psalmodierenden Requiem-Rufen einfällt. Dann aber unterbricht der Solotenor den frommen Gesang: nicht Glockenklang, sondern donnernde Geschütze, heulende Granaten, grelle Signalhörner sind das rechte Requiem für die, die im Krieg gefallen sind; Marschrhythmen, leidenschaftliche aufwärtsdrängende Motive, Anklänge an die Melodie des Knabenchors begleiten seinen Gesang. In das verklingende Orchesternachspiel setzt ruhig der sechsstimmige Chor mit dem unentwegt festgehaltenen Tritonus-Intervall ein: „Kyrie eleison". Zweimal kommt er am Zeilenende auf den schmerzlichen Klang zurück; beim dritten Einsatz führt eine ebenso einfache wie kühne Wendung nach F-Dur; der Chorsatz und seine dreitaktige Kadenz kehren am Ende des Dies

irae und als Ausklang des ganzen Werkes wieder (Zitat S. 592).

Das Dies irae beginnt mit leisen, sich allmählich zu gewaltiger Klangstärke steigernden Signalen der Hörner, Trompeten und Posaunen, die hier einen geistlich-weltlichen Doppelsinn haben als Rufer des Jüngsten Gerichts und als grelles Instrumentarium des irdischen Krieges. Der Chor setzt mit abgerissener Deklamation, die Silben durch Pausen trennend, in gehetztem Siebenvierteltakt ein, sein Gesang schwillt an und wieder ab. Ein sanfter Hornruf erklingt, bitonal harmonisiert, von einer schwirrenden Figur der Harfe gefolgt; der Solobariton schaltet ein kurzes, trauriges Abendlied ein. Mit einer majestätischen, von Bläsern begleiteten Kantilene: „Liber scriptus proferetur" fährt der Solosopran im Text des Requiems fort; in unruhiger Achtelbewegung bekennt der Chor die Angst der Seelen vor dem Gericht: „Quid sum miser tum dicturus?" Tenor und Bariton setzen in einem fast übermütigen Duett die Todesvertrautheit des Soldaten dagegen: „Nein, Tod war niemals wirklich unser Feind; wir lachten sein, verbündet ihm, Kamerad." Sanft, mit einer ruhigen Melodie der Altstimmen einsetzend, bittet der Frauenchor um Jesu Erbarmen:

Die Männerstimmen steigern das „Confutatis maledictis" zu einem leidenschaftlichen, von Schauern der Furcht durchbebten Bittgesang, auf dessen Höhepunkt der Bariton, von einem dröhnenden Ostinato der Pauken begleitet, dem Tod einen wilden Gruß entgegenruft. Der

Chor fällt, nun in voll ausharmonisiertem Satz, mit dem jagenden Siebenviertelrhythmus des „Dies irae" ein, Trompeten und Posaunen blasen schmetternde Akkorde hinein, ein Höhepunkt des Grauens ist erreicht. Dann beruhigt sich die Musik zu dem herrlichen, melodischen „Lacrimosa", das der Solosopran über leisen, dunklen Chorharmonien anstimmt:

Der Solotenor fügt nur noch rezitativische Episoden im Tone milder Trauer ein. Der A-cappella-Chor „Kyrie eleison", der am Ende des „Requiem aeternam" steht, beschließt, harmonisch und metrisch leicht verändert, als mystischer, beruhigender Nachklang auch die Schreckensvision des „Dies irae".

Das Offertorium beginnt mit einem lichten Klangbild. Zu einem arpeggierten, aus Sekunden und Quarten gebildeten Orgelakkord in hoher Lage singt der Knabenchor die Bitte an den Herrn Jesus um Erlösung der frommen Seelen; Soprane und Alte wechseln einstimmig miteinander ab. Zu einer Fanfare des Blasorchesters ruft der große Chor den Erzengel Michael an, daß er die Abgeschiedenen zum heiligen Lichte führe, das Gott einst Abraham und seinen Nachkommen versprochen hat. „Quam olim Abrahae promisisti" ist ein G-Dur-Satz in lebhaftem Sechs- und Neunachteltakt, der ein scharf profiliertes Thema durch harmonische Varianten zu großer Steigerung führt:

Auf dem Höhepunkt bricht der Chorgesang ab, und während der Sechsachtelrhythmus im Orchester noch nachschwingt, beginnt der Solobariton die schreckliche, symbolhafte Erzählung von Abraham, der gegen das Geheiß des Engels seinen Sohn opferte. Großartig ist die Stelle: „Da band ihn Abraham mit Gurt und Strick und zog den Dolch, zu schlachten seinen Sohn", wo Fagott, Horn und tiefe Klarinette mit skurriler Thematik über schweren, stockenden Rhythmen der Bässe das Grauen malen. Die Erscheinung des Engels, der ihm befiehlt, „des Stolzes Widder, nicht den Sohn" zu opfern, wird durch einen leuchtenden C-Dur-Zweiklang der Harfe und der Streicher illustriert. Aber eine wilde, aus der Tiefe aufbrechende Steigerung führt zum Schluß: „Aber der Alte wollt' nicht so, er bracht' ihn um, und halb Europas Samen, Mann für Mann." Während die Solostimmen, Tenor und Bariton, die letzte Zeile zu einem kanonischen Duett ausspinnen, intoniert der Knabenchor zu einem dissonant schwingenden Klang der Orgel und vom Forte bis zum Pianissimo diminuierenden Akkordschlägen des Orchesters: „Hostias et preces tibi Domine laudis offerimus." Hier ist der Krisenpunkt der Konzeption, wo Heiliges und Irdisch-Böses in schauerlicher Dissonanz zusammenklingen, wo die Anklage der Zeit die kultische Feier übertönt. Danach wiederholt der Chor den Satz „Quam olim Abrahae promisisti", in der Transposition nach e-Moll, mit der Umkehrung des Themas, in stetem, in der Tiefe verklingendem Pianissimo; der Glaube an das Versprechen Gottes hat seine beseligende Kraft verloren, da die Menschheit das gebotene Heil verscherzt hat.

Das „Sanctus", vom Solosopran angestimmt, vom Chor in freiem, vom Pianissimo bis zum Fortissimo anschwellendem Psalmodieren fortgeführt, wirkt durch die Leuchtkraft des materiellen Klanges; das „Osanna" erhält durch Glissando-Effekte der Blechblasinstrumente eine erregende Brillanz. Im „Benedictus" vereinigen sich Solosopran und Chor zu ruhigem, in Quintenklängen harmonisiertem Gesang. Der Solobariton fügt die bange Frage an: „Wird Leben Tote wecken? Wird denn dann durch Ihn Tod nicht mehr sein, noch Schmerz und Not?“ Im „Agnus Dei“ sind die gegensätzlichen Elemente des Werkes zur Einheit verschmolzen; der Solotenor verbindet sich mit dem Chor zur Verehrung dessen, der Sünde und Leid der Welt auf sich nahm; ein kurzes, liedhaftes Stück, das vom Chor fast flüsternd untermalt wird.

Der letzte Satz „Libera me“ faßt noch einmal alle widerstreitenden Elemente des Werkes zu dramatischer Steigerung zusammen. Ein Marsch, von dumpfen Trommeln rhythmisiert, von gleitender Streicher-Chromatik vorwärtsgetrieben, begleitet das Gebet des Chores „Libera me de morte aeterna“. Bei der Stelle „Dum veneris judicare“ nimmt die Thematik härtere, bedrohliche Konturen an; beim Einsatz des Solosoprans „Tremens factus sum ego et timeo“ springt die Orchesterbegleitung in einen jagenden Scherzorhythmus über. Auf einem grell strahlenden C-Dur-Dreiklang der Trompeten sammelt sich der Chor von neuem zu dem Ruf „Libera me“. Die Steigerung geht weiter. Aus schweren Akkordschichtungen der Bläser, die Terzen bis zur Tredecime aufeinanderbauen, ringt sich das schreckenvolle Klangbild des „Dies irae“ los, nicht mehr mit der Musik des zweiten Satzes, sondern mit g-Moll-Akkordschlägen des Orchesters und abwärtseilenden, heulenden Passagen des Chors, die an Verdis Komposition der Stelle anklingen und wohl als „Hommage“ an den italienischen Meister aufzufassen sind. Nach einem letzten, gewaltigen Aufschrei bricht der Satz gleichsam in Stücken auseinander, die Rufe „Libera me“ verklingen, und aus dem beruhigten Klang steigt eine dunkle Vision auf. Im Totenreich, in unterirdischen Grüften, in denen kein Einschlag dröhnt und keine Granate heult, treffen sich die früheren Feinde und erkennen einander: „Ich bin der Feind, den du getötet, Freund." Das ist das Wort der Versöhnung, das stärker ist als die Formeln der Liturgie. Tenor und Bariton singen über langgehaltenen Akkorden des Orchesters, Soloinstrumente, Harfe, Holzbläser werfen kurze thematische Formeln ein: ein Rezitativ im Stile Peris oder Monteverdis. „Laßt uns schlafen nun" ist das letzte Wort. Harfe und Klarinette stützen es durch eine gleichförmig fließende Bewegung, der Knabenchor fällt ein: „In paradisum deducant te angeli"; der große Chor tritt leise, in sechsstimmigem Satz, hinzu, Orchester und Orgel geben den hellen, zarten Klanggrund. In ein Wiegenlied, über dem leuchtend der Solosopran schwebt, klingt das Werk aus. Noch einmal ertönt im Knabenchor bei den Worten „Requiem aeternam dona eis domine" der schmerzliche Tritonus fis-c. Dann singt der große Chor, pianissimo a cappella, nur von einem einzigen nachhallenden Glockenanschlag unterbrochen: „Requiescant in pace, amen." Es ist dieselbe choralhafte Akkordfolge, die schon den ersten und den zweiten Satz abschloß. In äußerster Schlichtheit endet ein Werk, das als christliche Auseinandersetzung mit dem furchtbaren Thema des Krieges von Bedeutung ist und das durch das Nebeneinander und die Durchdringung geistlicher und weltlicher Inhalte und Symbole die Gebrochenheit unserer säkularisierten, aber noch immer vom Nachhall alter religiöser Kultur durchklungenen Zeit widerspiegelt.

GYÖRGY LIGETI

Der Ungar György Ligeti (* 1923) hat mit seinem in den Jahren 1963 bis 1965 entstandenen R e q u i e m ein weithin beachtetes Beispiel moderner, postserieller Chormusik geschaffen. Das Werk, das eine Spieldauer von etwa 27 Minuten hat, ist, liturgisch betrachtet, ein Fragment der Totenmesse; es besteht lediglich aus den vier Sätzen „Introitus“, „Kyrie“, „De Die Judicii Sequentia“, „Lacrimosa“. Die Besetzung sieht zwei Solostimmen, Sopran und Mezzosopran, zwei Chöre und ein großes Orchester vor. Der erste Chor setzt sich aus fünf Stimmgattungen zusammen, Sopran, Mezzosopran, Alt, Tenor und Baß, die jeweils vierfach unterteilt sind, so daß sich ein zwanzigstimmiger Vokalsatz ergibt; der zweite beschränkt sich auf die traditionelle Vierstimmigkeit und dient im „Dies irae“ zur Verstärkung des ersten.

Ligetis Tonsprache gründet sich auf die anfänglichsten und einfachsten Grundelemente der Musik, auf den Einzelton und auf sein Verhältnis zu seinesgleichen, das Intervall. Der Komponist verzichtete darauf, aus diesen Elementen übergeordnete Gestalten zu entwickeln; die zeitliche Folge der Einzeltöne wird nicht zum musikalischen Thema, die „räumliche“ Übereinanderschichtung nicht zum fixierten Akkord; Tonfolge und Tonaufschichtung sind absolute Vorgänge, aus deren Dynamik sich die Gesamtform als resultierender Ablauf entwickelt. Die chorische Vielstimmigkeit hat nichts zu tun mit überlieferter Polyphonie. Es geht nicht um deutliche Profilierung der Einzelstimme; der Komponist rechnet an manchen Stellen, etwa bei der Überlagerung vieler im Abstand kleiner Sekunden, parallel laufender oder polyrhythmisch gegeneinander geführter Stimmen, mit dem verschwimmenden, die Tonabstände verwischenden Eindruck ungenauer Intonation. Es geht um den unbestimmbar differenzierten, in sich vibrierenden Gesamtklang, aus dem sich wie vom Untergrund eines Reliefs erhaben modellierte Gestalten und Episoden abheben.

Der „Introitus“ beginnt mystisch-dunkel mit dem leisen, in der Tiefe der großen Oktave von zwei Posaunen geblasenen Zusammenklang fis–g, zu dem die Chorbässe auf die Worte „Requiem aeternam“ die Tonfolgen g–as, g–a, fis–g und fis–eis intonieren. Damit ist das Material für das ganze Werk gegeben. Das Sekund-Intervall bestimmt als vielfach abgewandelte chromatische Linie und als Prinzip der Klangschichtung den Ablauf des ersten Satzes, der, durchaus im Pianissimo verharrend, auf den einheitlichen Ton tiefer Trauer gestimmt ist. – Im zweiten Satz, „Kyrie eleison", der mit „Espressivo" überschrieben ist, steigert sich die innere Erregung. Die Chorstimmen beleben sich zu unregelmäßig in Quintolen und Sextolen mensurierter Achtelbewegung, kreisende Gruppen dicht nebeneinanderliegender Töne werden aneinandergereiht und vielfach übereinandergelagert, dynamische Steigerungen führen zu Forte-Höhepunkten, das Sekund-Intervall dehnt sich, schrittweise auseinanderklaffend, bis zur großen Septime.

Im dritten Teil, dem „Dies irae", ändert sich das musikalische Bild. Der Chorsatz wird auf Fünfstimmigkeit reduziert, lineare Wirkungen heben sich ab. Mit einer wilden, durch harten Bläserklang akzentuierten Agitato-Passage des Chores brechen die Schrecken des Jüngsten Tages herein; die Musik folgt ausmalend mit oft primitiv-drastischen Klangsymbolen den Bildern des Textes. Die Posaune des Gerichts erklingt in langgezogenen, drohend anschwellenden Tönen, gleichsam in Urlauten, die sich nicht in musikalische Form fügen; die exaltierte Linie des Solosoprans versinnlicht das Unerhörte, das zu Grunde liegende Sekund-Intervall wird über Oktaven auseinandergerissen (Zitat auf S. 605).

Höhepunkte dramatischer Erregung sind die Stellen „Liber scriptus proferetur" und „Rex tremendae majestatis". Solo- und Chorstimmen sind so miteinander verschmolzen, daß Textworte syllabisch zwischen ihnen aufgeteilt sind und ein kontinuierendes Legato über verschiedene Klanggruppen hin verlangt wird; es ergibt sich ein wirkungssicher disponiertes Tongemälde der Todesschrecken und der Sündenangst, das mit der demütigen

Bitte des nunmehr wieder zwölffach geteilten Frauenchors „Curam gere mei finis“ verklingt. – Der vierte Satz, „Lacrimosa dies illa“, ein mit zartesten Instrumentalfarben untermaltes Duo der Solostimmen Sopran und Mezzosopran, wirkt danach wie ein leiser, entschwebender Nachhall.

HANS WERNER HENZE

Hans Werner Henze, im Jahre 1926 in Gütersloh in Westfalen geboren, hat sich durch Kammermusik, sechs Symphonien und eine Reihe von Bühnenwerken als die stärkste schöpferische Kraft in der jüngeren deutschen Komponistengeneration erwiesen. Seinen Kompositionsstil hat er durch Aneignung der Zwölftontechnik gebildet, die ihm jedoch kein verpflichtendes Gesetz bedeutet; seine Musik enthält ebensowohl tonale Elemente, die durch eine souveräne Freiheit des künstlerischen Wollens mit dodekaphonischen Strukturen und atonalen Klangimpressionen verschmolzen werden. Dem Einfluß Italiens, das Henzes Wahlheimat wurde, verdankt seine Musik südlich leuchtendes Kolorit, das sich mit dem romantischen Klang seiner Harmonik zu phantastisch-eigenartiger Wirkung verbindet; über den Schulen und Doktrinen stehend, verkörpert Henze die Tradition der individualistisch-expressiven Musik.

Novae de infinito laudes, Kantate für vier Solostimmen, gemischten Chor und Orchester, im Jahre 1961 geschrieben, lassen den Einfluß italienischen Geistes auf Henzes Schaffen erkennen. Der Komposition liegen Stellen aus den Schriften Giordano Brunos zugrunde, des Philosophen der italienischen Spätrenaissance, der gegen das Dogma der Kirche eine pantheistische Naturreligion vertrat und im Jahre 1600 in Rom den Feuertod des Ketzers erleiden mußte. Damit wird das Werk zu einem musikalischen Bekenntnis, zur Verkündigung einer Weltanschauung, die mit starker Überzeugungskraft in die Gegenwart hineinwirkt. Henze hat die umfangreichen Prosatexte, die er den Büchern Giordano Brunos entnahm, in italienischer Sprache fortlaufend ohne Wortwiederholungen komponiert. Chor und Soli greifen ineinander, das Orchester ist mit Bläsern, Lauten, Harfen, Klavieren, Pauken, Violoncelli und Kontrabässen besetzt.

Die Partitur besteht aus sechs Sätzen. Der erste Satz behandelt die Himmelskörper, den unermeßlichen Äther, das unendliche Weltall. Der Chor beginnt maestoso: „Uno è il cielo“. Ein leichtbewegter Satz erzählt von den Sternen, Sonnen und Erden; in durchbrochenem dodekaphonischem Satz setzt das Solistenquartett den Bericht fort. Zu treibenden Begleitfiguren des Klaviers singen Alt, Sopran, Bariton und Tenor nacheinander von dem Willen zur Kommunikation, von den Drehungen der Gestirne, von Tag und Nacht, Sommer und Winter; ein Solo des Baritons betont den ewigen Wandel der Dinge. Der Chor überträgt das Gesetz der Bewegung in den Raum der irdischen Welt. Ein feierlicher achtstimmiger Vokalsatz der Solisten und des Chores ist der Schluß: „Diese flammenden Körper sind Botschafter, welche die Vollkommenheit des Glanzes und der Majestät Gottes verkünden. Das gibt uns den Anstoß, die unendliche Wirkung der unendlichen Ursache zu entdecken, die wahre, die lebendige Spur der unendlichen Energie. Und wir haben die wissenschaftlich begründete Ansicht, das Göttliche nicht außerhalb unseres Selbst zu vermuten; wenn wir das verstanden haben, sind wir innerlich mehr als wir selbst sind, in uns selbst begriffen."

Dem zweiten Teil, „Die vier Elemente", liegt eine Zwölftonreihe zugrunde, die von der Flöte aufgestellt wird:

Dieser Teil ist, abgesehen von dem ersten Wort „Dico", ganz den Solisten vorbehalten, die die Vielfalt der Stoffe und Körper beschreiben, in denen jene Elemente sich gestalten.

Der dritte Teil, „Der fortlaufende Umbruch", ist ein achtstimmiger Chorsatz, der durch Orchester-Ritornelle in fünf Abschnitte gegliedert wird; der monumentale, von Messingblasinstrumenten gestützte Einsatz (Zitat S. 608) legt die Stimmung des Ganzen fest; wie ein starres Dogma wird die These hingestellt: „Im Schoß und Leib der Erde werden Dinge aufgefangen, und Dinge brechen

daraus hervor. Und wir selber und unsere Dinge kommen daraus und gehen dahin zurück; wir wandeln und kehren ein; und nichts ist unser, das sich nicht entfremde, und nichts ist Fremdes, das nicht unser würde.“

Mit dem vierten Satz, „Die Freude liegt in der Bewegung“, tritt die Betrachtung und damit auch die Musik aus der kosmischen in die menschliche Sphäre. Die Pauken präludieren mit einem fanfarenartigen Thema, der Solotenor singt zu vibrierenden Lautenklängen von Hunger und Sättigung, Wollust und Befriedigung, von der Last der Ruhe und der Lust des Übergangs. Der Chor flicht einen melodischen Refrain ein, das Orchester unterbricht den Gesang mit einem scharf punktierten Tanzrhythmus; so ergibt sich eine Art italienischer Canzone, in die alle Solisten am Ende mit einstimmen.

„Der Sonnenaufgang“, der fünfte Satz, ist das eigenartigste Stück der Partitur, ein Gesang von der Erde, vom Naturreich der Tiere, die das elementare Leben verkörpern. Der dichterisch inspirierte Text stellt das Dunkel der Nacht dem Sonnenglanz des Tages gegenüber; die Nachttiere fliehen in ihre Höhlen, wenn die Sonne aufgeht, aber die Lebewesen, die geschaffen sind, das Tagesgestirn zu sehen, erwachen zu geschäftigem, lärmendem Leben. Die Musik wird zur Tonmalerei. Ein Orchestervorspiel schildert, aus tiefster Tiefe aufsteigend, mit gehaltenen Tönen der Baßtuben und Posaunen das Dunkel der Nacht. In stockendem Fluß wechselnder Metren singen Solo- und Chorstimmen von den ängstlichen Nachtvögeln; der Hornruf des Alecto, der sie in ihre Schlupfwinkel zurückruft, wird durch gewaltige Bläserakkorde symbolisiert. Die eine Silbe „Ma“ (aber), in vierfachem Forte vom ganzen Chor gesungen, bezeichnet die Wendung vom Dunkel zum Licht. In einem hoch aufgeschwungenen Rezitativ ruft der Solosopran die Wesen herbei, die in der Sonne leben, und nun entfaltet sich ein musikalischer Katalog der Tierwelt, der dem Vorbild der Haydnschen Schöpfung an naiver Anschaulichkeit der Zeichnung nicht nachsteht, ihn aber durch Fülle und Vielfalt der Gestalten übertrifft. Die Vierfüßer, die muhenden Rinder, die wiehernden Pferde, die grunzenden Sauen, werden zuerst noch einzeln vorgestellt. Die Raubtiere, brummende Bären, in rauhen Baßtrillern brüllende Löwen, Tiger und Füchse, erscheinen als Ensemble. In leichtbeschwingtem Vivace folgen die Vögel; Hähne, Spatzen, Krähen, Kraniche, Kuckucke schreien, vom durchdringenden Zirpen der Zikaden begleitet, in zwölfstimmigem Chorsatz munter durcheinander. Zuletzt kommen die Wassertiere, Schwäne, Enten, Gänse, Brachvögel, deren weniger aufgeregtem Konzert quakende Frösche den monotonen Grundbaß geben. Die Vielfalt der Natur wird in der brodelnden, wirbelnden Fülle des Klanges gespiegelt.

Der Schlußsatz ist kurz. Solo- und Chorstimmen vereinigen sich zum Preise des „höchsten Gutes“: „Gelobt seien die Götter, und zu den Sternen erhoben von allen Lebewesen die unendliche, höchst einfache, höchst einzige, höchste und absoluteste Ursache, der Ursprung, die Einheit.“ So endet das Werk, das eine Schöpfung ohne Schöpfer besingt, ein Lied des unendlichen Kosmos, der die Erde in sich faßt.

Das Floß der Medusa, Oratorium für Sopran, Bariton, Sprecher, gemischten Chor, Knabenchor und Orchester, wurde im Jahre 1968 vom Hamburger Rundfunk zum ersten Mal gesendet; die gleichzeitig geplante Konzert-Uraufführung wurde durch Tumulte des Publikums vereitelt. Der Textdichtung Ernst Schnabels liegt eine grausige, von Augenzeugen überlieferte Begebenheit aus der französischen Kolonialgeschichte zugrunde. Im Jahre 1816 fuhr von Rochefort und La Rochelle ein Geschwader von Kriegsschiffen aus, verlorenes Land in Senegal zurückzuerobern. Kurz vor dem Ziel geriet das Flaggschiff „Medusa" auf ein Riff. Admiral und Offiziere retteten sich in Booten, der Hauptteil der Mannschaft, 150 Männer, Frauen und Kinder, trieben neun Tage und Nächte, verdurstend und verzweifelnd, auf einem Floß im Ozean, nur wenige überlebten.

Ein Sprecher, der den Namen des Totenfährmanns Charon trägt, berichtet den Hergang. Solisten sind der Mulatte Jean-Charles, der Führer des Floßes (Bariton), und La Mort, der Tod (Sopran). Der Chor ist geteilt in die Stimmen der Lebenden und der Toten; sein Part enthält neben gesungenen, bis zur Sechzehnstimmigkeit geteilten Sätzen gesprochene Episoden, naturalistische Schreie und unartikulierte Vokallaute. Das Orchester umfaßt außer Saiten- und Blasinstrumenten neunzehn verschiedene Arten von Schlagzeug.

Als Motto ist dem Werk ein Fragment aus Pascals „Pensées" vorangestellt, das von allen Solo- und Chorstimmen gesungen wird: „Vom Hafen aus läßt sich urteilen über die, die in einem Schiffe sind. Die in einem Schiffe sind, glauben von denen, die am Ufer stehen, daß sie fliehen. Man spricht hüben wie drüben." Unmittelbar anschließend beginnt die Erzählung der Überfahrt, in durchbrochenem, oft syllabisch aufgeteiltem Chorsatz, vom Orchester teils mit farbenreicher Klangmalerei, teils mit einem Gewebe thematischer Strukturen begleitet. Jean-Charles schildert den Anblick Teneriffas: „Der Berg, im halben Himmel schwebend ohne Schwere – ein Phantom der Sicherheit." Dann erklingt zum ersten Mal, auf einem leisen, zwölftönigen Akkord tiefer Streichinstrumente, die geheimnisvolle, drohende Stimme des Todes, wie ein böses Echo die Worte Jean-Charles' entstellend. Aber der Chorruf „Nach Afrika" übertönt die Warnung. Das Schiff jagt mit vollen Segeln und scheitert; ein naturalistischer, alle Vokale vermischender Aufschrei des Chores begleitet die Katastrophe. Wieder erklingt, eine melodisch-expressive, von transparentem Orchestersatz getragene Sopranarie, die Stimme des Todes: „Komm, Hochmut, kommt ihr Vielzuvielen, kommt, wo

die Schiffe hingehn: kommt zu den Sternen, die vom andern Pol herüberrufen!“ Jean-Charles berichtet rezitativisch von der Ausschiffung der Offiziere, der Chor in erregtem Durcheinander der Stimmen vom Bau des Floßes, das die Mannschaft aufnimmt. Die Boote vermögen das schwere Floß nicht zu schleppen, die Trosse wird gekappt, die Mannschaft treibt verlassen und verloren in der Weite des Meeres. Die „Ballade vom Verrat“, die dies erzählt, gipfelt in einem Unisono-Höhepunkt, einer Formel der Empörung und Verzweiflung (Zitat S. 611). Als die Nacht kommt, sinken die ersten in die Tiefe; von hier an teilt sich der Chor in die Stimmen der Lebenden und der Toten, wobei immer mehr Sänger zu den Toten hinübertreten. Zwei große Musikstücke fassen alle vokalen und instrumentalen Mittel zusammen; das eine, unheimlich verhalten, spricht von den Sterbenden – den Stimmen der Toten werden italienische Verse aus Dantes „Divina Commedia“ geliehen –, das andere, wild einsetzende und in Ermattung verklingende, vom Lebenswillen, vom Kampf und der Qual derer, die sich noch aufrecht halten.

Der zweite Teil des Oratoriums spielt acht Tage später. Nur noch wenige leben; der Chor der Toten ist mächtig angewachsen. Wieder ist ein Pascalsches Fragment die Einleitung: „Wie viele Königreiche wissen nichts von uns?“ Das folgende Stück, „Appell unter dem Monde“, ist der Schwerpunkt des Werkes, ein grausiges Notturno, gesungen von Lebenden, Sterbenden und Toten, ein Bild der Agonie, die alle Stadien der Auflösung von der Qual der Vernichtung bis zur Euphorie der Ergebung durchläuft; über allem schwebt der lockende Sopran der Todesgöttin: „Kommt, ihr Vielzuvielen, Eure Zeit ist um.“ Ein anderes, nicht weniger schreckliches Bild, die „Ballade vom Mann auf dem Floß“: Jean-Charles läßt die Sterbenden ins Meer sinken, um den Rest des Trinkwassers für die Lebenden zu retten. Die „Fuge der Überlebenden“, von 14 in dichter Polyphonie verschränkten Solostimmen gesungen, zieht das Fazit: „Wir haben kein Gesetz, und wir sterben, weil Königreiche kein Gewissen

haben“; sie führt zu dem Höhepunkt: „Wir sind das Gesetz und werden nie mehr schweigen.“ Jean-Charles sichtet das rettende Schiff, winkt es mit letzter Kraft, ein rotes Tuch schwingend, heran – Géricaults Bild „Das Floß der Medusa“ hat den Textdichter inspiriert – und stirbt. Charon spricht die Schlußworte: „Die Überlebenden aber kehrten in die Welt zurück, belehrt von Wirklichkeit, fiebernd, sie umzustürzen.“ Eine Orgie des vielstimmigen Schlagzeugs, über dem gleichmäßigen, dumpfen Pochen der großen Trommel zu äußerstem Fortissimo anschwellend, gibt der Drohung der aufrührenden Worte erschreckenden Nachdruck.

HEINZ WERNER ZIMMERMANN

Heinz Werner Zimmermann (* 1930), anerkannt als stilistisch richtungweisender Komponist der evangelischen Kirchenmusik, hat nach vieljähriger Arbeitszeit 1973 eine M i s s a p r o f a n a für vier Solostimmen, fünfstimmigen Chor und großes, Jazzband und elektronische Tonerzeuger einbeziehendes Orchester vollendet, eine etwa einstündige Komposition, deren Wiedergabe große chorische und instrumentale Mittel erfordert. Der Titel sagt, daß das Werk, welchem der lateinische Messetext zugrunde liegt, nicht zum liturgischen Gebrauch, sondern zur Aufführung im Konzertsaal bestimmt ist; die Musik dient nicht der gottesdienstlichen Handlung, sie stellt den Messetext als Bekenntnis in die Mitte der profanen Welt, kommentiert ihn mit vielerlei musikalischen Symbolen, begleitet ihn mit fremden Gegenstimmen und macht ihn zum Leitgedanken eines fast dramatisch bewegten geistigen Geschehens. Der Komponist ist sich seines Standortes in der modernen Welt und der Besonderheit seiner Aufgabe bewußt. Er fühlt sich als Teilhaber einer weltumfassenden, polymorphen Kultur, deren musikalische Sprache ein vielstimmiges, aus nahen und fernen Bereichen herklingendes Ton- und Stilgemisch ist; das Ordnungsprinzip, welches diese Vielfalt meistert, ist die Technik der „polystilistischen Polyphonie", die stilistisch heterogene Elemente zueinander in Beziehung setzt, ohne ihre Selbständigkeit zu beeinträchtigen.

Heinz Werner Zimmermann hält keine der modernen Kompositionsarten für fähig, in der Beschränkung auf ihre eigenen Mittel das große, allgemeingültige Kunstwerk zu schaffen; sie müßten zu vieles ausschließen, was doch im allgemeinen Musikbewußtsein ununterdrückbar lebendig ist. „So sehr die historischen Entfernungen an Bedeutung verloren haben, so sehr auch die räumlichen: wir leben mehr und mehr auch mit den verschiedenartigen Stilen exotischer Folklore. Wir kennen durch die modernen Techniken der Tonaufzeichnungen außer der abendländischen Musik auch afro-amerikanische und lateinamerikanische Musik, indische Ragas, indonesische Gamelan-Musik, arabische und afrikanische Musik und so weiter. Wir leben heute in der Welt des musikalischen Pluralismus, in einer Vielfalt von historischen und exotischen Musikidiomen, die durch Schallplatte und Tonband unbeschränkt verfügbar geworden ist. Wahrhaft polystilistische Polyphonie ist heute möglich geworden, weil heute das musikalische Bewußtsein polystilistisch geworden ist. Zugleich ist polystilistische Polyphonie heute wünschenswert, ja notwendig geworden. Denn Polyphonie ist ihrem innersten Wesen nach keine Spezialtechnik zur Bekundung besonderer musikalischer Gelehrsamkeit, sondern der Schauplatz, auf dem die Gesamtheit der kompositorischen Technik zur Schaffung eines musikalischen Mikrokosmos versammelt wird. Polystilistische Polyphonie eröffnet die Möglichkeit, der kontrapunktischen Schreibweise wieder die Verfügung über die Gesamtheit aller kompositorischen Ausdrucksmittel zurückzugeben. Nur eine polystilistische Polyphonie wäre fähig, die vielen verselbständigten und einander widersprechenden Stile, die heute in unserem musikalischen Bewußtsein lebendig sind, im Kunstwerk miteinander zu versöhnen. Das Ziel dieses Weges ist nicht ein eklektisches Potpourri von beziehungslos aneinander montierten Stilen, sondern die kompositorische Versinnbildlichung all dessen, was in unserem heutigen Musikbewußtsein lebendig ist, seine Ausprägung in selbständigen Satzcharakteren und seine sinnvolle Verknüpfung in einer neuen Polyphonie."

Das sind Sätze, die unter den wesentlichen und richtungweisenden Programmformulierungen unseres Jahrhunderts ihre Stelle haben, Sätze, die überreden und überzeugen, weil in ihnen die wichtigste Voraussetzung schöpferischen Gelingens lebendig ist: der Glaube an eine größere, reichere Zukunft der Musik. Sie sind der Schlüssel zum Verständnis des Werkes, das durch die scheinbar willkürliche Vielfalt seiner Mittel, durch die Schärfe seiner stilistischen Kontraste befremden könnte; sie weisen es aus als Ergebnis klarer künstlerischer Konzeption.

Das „Kyrie" beginnt mit einer grellen stilistischen Dissonanz. Leise setzt ein Trommelrhythmus ein, düstere, in enge Intervalle gepreßte Posaunenakkorde erklingen, Klavier und Elektronenorgel deuten Jazzrhythmen an. Rhythmisch gesprochene, gleichsam verängstigt hervorgestoßene Chorrufe „Kyrie eleison" steigern sich zu gesungenen, bitonal aus Dreiklangsformen geschichteten Akkorden. Dann fällt mit einer wilden Improvisation des

Schlagzeugspielers eine Dixieland-Band von Klarinette, Cornet, Posaune, Gitarre und Baß ein, musikalisches Symbol hektisch lärmender, geistloser Lustigkeit, Abbild einer Welt, die dem billigen Rausch oberflächlicher Vergnügungssucht verfallen ist; nicht wahre materielle oder geistige Not, nicht Todesangst und Verlassenheit, sondern die Leere und die sinnlose Betriebsamkeit der säkularisierten Welt schaffen das Inferno, aus dem sich der Ruf nach Gott losringt. Er verdichtet sich zu langgehaltenen Chorakkorden, so daß der lebhaft bewegte Satz den Charakter eines feierlichen Adagio annimmt. Die Solostimmen fügen melodische, vom Pizzikato-Baß getragene Episoden ein, der Gesang schwillt mächtig an bis zum vokalen Höhepunkt, dem von allen Stimmen zwölf Takte lang gehaltenen Terzenakkord G–B–D–Fis–A. Ein Solo des Jazzdrummers, fortissimo einsetzend, läßt die gestauten Energien abschwellen, der Satz verklingt im flüsternden, bis zuletzt vom Rhythmus der Band begleiteten Sprechgesang der Chorstimmen, der Zwiespalt der Stimmungen und der stilistischen Elemente bleibt ungelöst bestehen.

Das „Gloria" wird durch einen schleppenden Blues eingeleitet. Wieder wird der Jazz, den der Komponist in früheren Werken seiner ursprünglichen geistlichen Bedeutung gemäß als Stilelement in die liturgische Komposition einbezog, als weltliche Gegenstimme, als Ausdruck irdischer Unrast und Wirrnis zitiert. Vibrierende Flageolettklänge der Streichinstrumente leuchten auf wie ein mystischer Lichtschein, Solo- und Chorstimmen verkünden die Engelsbotschaft „Gloria in exelsis" mit einem immer wiederkehrenden, jubelnd ab- und aufschwebenden Motiv, welches dem Satz trotz des beibehaltenen langsamen Zeitmaßes einen ekstatisch bewegten Charakter verleiht. Nach einem abermaligen Blues-Intermezzo zu den Worten „Qui tollis peccata mundi" setzt mit der Lobpreisung „Quoniam tu solus sanctus" eine weiträumig angelegte Chor-Doppelfuge ein, die vom Orchester durch das Gloria-Thema bereichert wird und sich zu festlichem, von majestätischer Fülle des Bläserklangs getragenem Glanz steigert.

Das „Credo" ist nicht nur durch den Aufwand an kontrapunktischer Kunst, sondern auch durch die Kraft und Tiefe seiner geistlichen Konzeption das Kernstück der Messe. Hier sucht der Komponist Bestätigung und Erhärtung seines musikalischen Bekenntnisses in der Vergangenheit, bei Bach, der höchsten Autorität der kirchenmusikalischen Tradition. Er zitiert im Orchester den vollständigen ersten Chorsatz des „Credo" von Bachs h-Moll-Messe, der seinerseits durch ein gregorianisches Zitat in noch tiefere Vergangenheit zurückgreift; damit bezieht er sich auf das Wort des Römerbriefes, daß der Glaube aus dem Hören des Gotteswortes kommt, daß er durch das Zeugnis der Überlieferung vermittelt wird. Der Bachsche Chorsatz, von A-Dur nach B-Dur transponiert und in vergrößerten Notenwerten von den Streichinstrumenten gespielt, liegt als siebenstimmiger „Cantus firmus" dem ersten und dritten Glaubensartikel zugrunde und wird von einem fünfstimmigen, selbständig erfundenen Chorsatz kontrapunktiert – ein satztechnisches Kunststück, das man als Reverenz vor den Meistern der niederländischen Schulen deuten mag. Der zweite Glaubensartikel ist frei komponiert. Wie von jeher begleitet die Musik den Erdenweg des Heilands mit tonmalenden Symbolen: „Descendit de coelis" wird durch eine absteigende, drei Oktaven durchschreitende Scala der Holzblasinstrumente versinnbildlicht, deren Töne die Streicher wie einen Pedalklang nachhallen und ineinander verschwimmen lassen; „Crucifixus etiam pro nobis" wird vom Chor zu leisen, dumpfen Paukenschlägen geflüstert und von den Solisten melodisch ausgesponnen, während fernher klingender Jazzrhythmus die Schuld der Welt anzudeuten scheint; die Auferstehungsbotschaft „Et resurrexit" erhebt sich zu triumphalem Glanz.

Im „Sanctus" überläßt sich der Komponist spontanem Musizieren. Der dreimalige Chorruf „Heilig" erklingt in schlichten Dreiklangsharmonien, Bläserchöre, Glocken und Gong geben majestätische Klangfülle. Bei den Worten „Pleni sunt coeli et terra gloria tua" mischt sich die ekstatische Thematik des Gloria ein, der fugierte Satz, ursprünglich breit und feierlich angelegt, belebt sich zum mächtig aufbrandenden Hymnus des „Osanna"; die Engelsvision des Jesaja, die schon so viele Musiker inspirierte, hat eine neue, klanglich überwältigende Deutung gefunden. Das unmittelbar anschließende „Benedictus" greift an den Ursprung kirchlichen Musizierens zurück. Die Männerstimmen intonieren eine gregorianische Melodie, das Benedictus der elften Messe „Orbis factor", welches Flöten und Klarinetten mit seiner eigenen Vergrößerung kontrapunktieren, die Frauenstimmen folgen mit einer einfachen, nach Art eines mittelalterlichen Conductus ausgeführten Gesangsweise; die archaische Schlichtheit wird durch ein lyrisches Violinsolo belebt. Die Wiederkehr des „Osanna" schließt den Satz mit rauschender Steigerung ab.

Das „Agnus Dei" nimmt, die zyklische Form abrundend, die musikalische Problematik des „Kyrie" wieder auf. Die Band improvisiert über eine banal erfundene Melodie, elektronische Geräusche steigern sich bis zu brutalem Sirenengeheul, die Chorstimmen in dissonanten übermäßigen Quarten gekoppelt, scheinen mit ihren „Miserere"-Rufen vergeblich gegen die entfesselte Dämonie gottloser Gewöhnlichkeit anzukämpfen; aber der Spuk zieht vorüber, der lärmende Taumel sinkt in sich selbst zusammen, und es bleibt, in immer schlichteren melodischen Formeln von Chor und Solostimmen gesungen, die Bitte „Dona nobis pacem", der die Musik Erfüllung gewährt. Der Schluß ist tiefe Beruhigung. Die harmonischen Spannungen lösen sich, in einen sechsundvierzig Takte lang gehaltenen, von Harfe, Celesta und Glocken ätherisch umspielten B-Dur-Dreiklang klingt die Messe aus.

Ist sie, als „Missa profana" in den modernen Konzertsaal gestellt, künstlerisch gültiges Bekenntnis christlichen

Glaubens in der Welt? Vieles, die Bewußtheit und Weite der Konzeption, die undoktrinäre, umfassende Wahl der musikalischen Mittel, nicht zuletzt die bei allem kompositorischen Aufwand gewahrte Allgemeinverständlichkeit der Tonsprache scheint dafür zu sprechen.

KRZYSZTOF PENDERECKI

Mit der Lukas-Passion Krzysztof Pendereckis (* 1933) (Passio et mors Domini nostri Iesu Christi secundum Lucam) hat die Neue Musik einen bedeutenden Schritt in die breite Öffentlichkeit getan; das Werk erwarb sich sogleich mit seiner Uraufführung, die am 30. März 1966 in Münster stattfand, eine ungewöhnliche Volkstümlichkeit und wurde als adäquate, zeitgenössische Erneuerung der alten, von Bach zur Vollendung geführten Passionsform begrüßt. Diese Wirkung ist verständlich, weil Pendereckis Komposition bei aller Modernität der musikalischen Mittel in ihrem Aufbau manche traditionellen Formelemente einbezieht und weil sie ihren Stoff, die Leidensgeschichte des Heilands, mit geradezu naturalistischer, aufwühlender Dramatik dem Hörer nahebringt.

Der lateinische Text ist dem 22. und 23. Kapitel des Lukas-Evangeliums entnommen. Er wird ergänzt durch Einfügungen aus dem Evangelium des Johannes, durch Worte aus den Klageliedern des Jeremias, durch Psalmverse und Bruchstücke liturgischer Gesänge, darunter der Hymnen „Vexilla regis“ und „Pange lingua“ und der Sequenz „Stabat mater“. Auch die Einlagen, welche wie die ariosen Meditationen der Bachschen Passion der Stärkung des lyrischen Elements dienen und musikalisch entsprechend behandelt werden, sind der Bibel und der kultischen Dichtung entnommen. Das etwa achtzig Minuten lange Werk besteht aus zwei Teilen, deren erster die Passionserzählung vom Gebet in Gethsemane bis zum Verhör vor Pilatus, deren zweiter die Fortsetzung vom Kreuzweg bis zum Tod enthält. Die Erzählung ist einem Sprecher, zuweilen auch dem Chor zugeteilt; die Worte Jesu werden von einem Bariton gesungen, auch die episodischen Figuren sind solistisch besetzt. Der Bericht wird von lyrischen Ruhepunkten, von Chören und Arien unterbrochen; hier tritt vor allem der Solosopran als leidenschaftlich erregter Ausdrucksträger, neben ihm auch der Solobaß, hervor. Der Chor umfaßt Knabenstimmen, Soprane und Alt, sowie Frauen- und Männerstimmen, die in drei vierstimmige Gruppen geteilt sind. Ihm fällt die umfangreichste und bedeutendste Aufgabe zu; außer den traditionellen Turba-Chören gehören ihm die motettischen, teils orchesterbegleiteten, teils a cappella zu singenden Psalmen und Hymnen, die den Satz bis zur Zwölfstimmigkeit komplizieren. Das Orchester wird gebildet von Holz- und Messingbläsern, Streichern, Schlagzeug, Harfe, Klavier, Harmonium und Orgel.

Pendereckis Tonsprache bedient sich der Klangmittel der postseriellen Musik der sechziger Jahre. Cluster, Gleittöne, denaturierte, vibrierende Klänge, geräuschartige Effekte werden häufig verwendet, Wiederholung und Mutation ostinater Figuren bestimmen vielfach den Ablauf. Die Gesangstimmen gehorchen dem Prinzip einer frei schweifenden, Chromatik und Vierteltöne einbeziehenden Kantabilität; die Chorsätze enthalten alle vokalen Möglichkeiten vom unartikulierten Schrei, vom rhythmisierten oder frei durcheinanderklingenden Sprechen, Flüstern und Lachen bis zum polyphon gebundenen Gesang. Die freie Harmonik greift an bedeutungsvollen Stellen auf einfache Intervallbildungen wie Oktave und Dreiklang zurück. Das orchestrale Kolorit ist mehr durch Schlag- und Blasinstrumente als durch den Streicherton charakterisiert. Die Musik ist erfüllt von einem stürmischen, den Hörer attackierenden Ausdruckswillen, der ohne den Umweg sakraler Stilisierung dem Passionsgeschehen lebendige, unmittelbar packende Gegenwärtigkeit verleiht.

Schon mit dem ersten Ton bezeugt sich die dramatische Grundhaltung des Werkes. Das Wort „Crux“, vom Chor als leere Oktave G wie ein Schrei hervorgestoßen und durch einen Paukenschlag akzentuiert, steht wie eine lapidare, die Essenz des Ganzen zusammenfassende Überschrift am Anfang. Aus wiederholten, von Trompeten, Posaunen und Orgel verstärkten Rufen entwickelt sich die Strophe „O crux, ave, spes unica“, anfangs psalmodierend, dann in polyphonem Satz gesungen. Der Evangelist beginnt den Bericht: „Et egressus ibat secundum consuetudinem in montem Olivarum.“ Das Gebet Jesu steigt in phantastisch freischweifender Melodik aus der Tiefe zur Höhe auf:

Mit einem einfachen, den Raum einer kleinen Terz umfassenden Motiv

stimmt der Solobariton die Klage des 22. Psalms an: „Deus, Deus meus, respice in me, qua re me dereliquisti?“ Der Chor nimmt das Motiv auf und entfaltet es in einem motettischen Satz von herbem, düsterem Klang. Schon hier taucht die prägnant rhythmisierte, von der Dissonanz zur Auflösung schreitende Anrufungsformel auf, die wie ein Leitmotiv das Werk durchzieht:

Auf dem letzten Chorakkord setzt der Solosopran mit einem langgehaltenen, an- und abschwellenden Ton ein, der in gebundene Koloraturen übergeht und in das expressive Melos einer Arie mündet; die Worte sind dem 14. Psalm entnommen: „Domine, quis habitabit in tabernaculo tuo?“ Nach diesem lyrischen Zwischenspiel leitet ein lärmender Orchesterausbruch zur Passionshandlung zurück: Judas erscheint mit den Häschern, die Jesus gefangennehmen. Die unheimliche Szene wird durch ein vielstimmiges, jazzartiges Pizzicato der Kontrabässe eingeleitet und mit einem chorischen Nachwort abgeschlossen, welches die Klage des Jeremias um Jerusalem mit dem Psalmwort „Ut quid, Domine, recessisti longe“ zusammenstellt. Der Chor führt die Erzählung weiter und berichtet in aufgeregtem Durcheinandersprechen die dreimalige Verleugnung des Petrus; auf die Schlußworte des Evangelisten „Et egressus foras flevit amare“ folgt eine kurze Baßarie auf die Worte des 42. Psalms „Judica me, Deus, et discerne causam meam“. Ein steigerndes Vivace des Streichorchesters, das in ein naturalistisches, von instrumentalen Geräuschklängen begleitetes Chorgelächter einmündet, illustriert die Verspottung Jesu durch die Kriegsknechte, die durch ein Lamento des Solosoprans und durch ein a cappella gesungenes, transparent gesetztes Miserere des Chores nach Worten des 55. Psalms kommentiert wird. Das Verhör vor Pilatus ist mit krasser Dramatik ausgemalt. Ein bedrohlich aus der Tiefe aufsteigendes Crescendo von Tonclustern, das wie das Murmeln einer erregten Volksmenge klingt, artikuliert sich zu der im Sprechchor hinausgeschrienen Anklage, daß Christus sich König genannt habe. Als Christus die Frage des Pilatus, ob er König der Juden sei, mit „Tu dicis" beantwortet, fügt der Chor pianissimo, wie in visionärer Entrückung, den leitmotivischen Anruf „Domine" ein. Der Ruf nach Barabbas erklingt als Sprechchor; die Szene endet mit dem fünfmaligen „Crucifige" des Chores, mit äußerster Stimmkraft zuerst in Oktaven, dann als zwölftöniger Akkord gesungen, und zwar so, daß die drei Chorgruppen drei verschiedene verminderte Septimenakkorde intonieren, die sich zum Gesamtklang ineinanderschieben.

War hier der Höhepunkt der naturalistischen Darstellung erreicht, so überwiegen im zweiten Teil die lyrisch-musikalischen Wirkungen. Der Weg nach Golgatha wird vom Chor mit der Klage der Improperien begleitet: „Popule meus, quid feci tibi? Aut in quo contristavi te?" Es ist ein breit ausgeführtes und gegliedertes, als Passacaglia bezeichnetes Gesangstück, dem als Baß das B–A–C–H-Thema zugrunde liegt. Unmittelbar folgt die Verehrung des Kreuzes. Der Solosopran intoniert zu einer lang ausgesponnenen elegischen Kantilene der Violoncelli, die stellenweise von den höheren Streichinstrumenten übernommen wird, den Hymnus „Crux fidelis", der Frauenchor respondiert „Ecce lignum crucis, in quo salus mundi pependit", ein Chorsatz, dessen ätherischer Reiz sich aus dem Kontrast leerer Oktaven und dichter Halbtonschichtungen ergibt. Ein dritter, schmerzlich ausdrucksvoller Chorsatz über Worte des

21. Psalms („Foderunt manus meas et pedes meos"), der die drei Chorgruppen in zwölfstimmigem Satz über einem Orgelpunkt zusammenführt, rundet die lyrische Episode mit großer Steigerung ab. Der Evangelist berichtet weiter. Die Spötter unter dem Kreuz ergehen sich in Sprechchören zu jazzartigen Geräuschklängen. Die Worte Jesu an seine Mutter geben Anlaß zur Einfügung des „Stabat mater", dessen zarte, psalmodierende Deklamation von grell dissonanten Christus-Rufen und von litaneiartig murmelndem Sprechen unterbrochen wird. Ein Rumoren der Baßinstrumente malt das Zerreißen des Tempelvorhangs; den letzten Worten Jesu hallt das „Consummatum est" als aufschwebendes Melisma der Knabenstimmen nach. Ein kurzer Rückblick auf die wichtigsten musikalischen Motive des Werkes füllt den Augenblick tödlichen Schweigens, der auf das Abschneiden des Heilands folgt; dann finden sich Solo- und Chorstimmen zu kraftvollem Unisono zusammen:

Ein orgelbegleiteter Chorsatz über die Worte des 30. Psalms läßt das Werk in reine E-Dur-Akkorde ausklingen.

Verzeichnis der Komponisten und Werke

Fauré

Gosset

Saint-Saëns